宋本纂圖互注禮記

第一册

漢 鄭玄注 唐 陸德明釋文

中國國家圖書館藏宋刻本（卷一之一至二十五頁補鈔，清錢天樹、孫鋆、楊希鈺、李兆洛、陳鑾、吴憲澂、張爾旦、季錫疇、吴輔仁、張蓉鏡跋）

山東人民出版社·濟南

圖書在版編目（CIP）數據

宋本纂圖互注禮記 /（漢）鄭玄注；（唐）陸德明釋文 .— 濟南：山東人民出版社，2024.3
（儒典）
ISBN 978-7-209-14348-6

Ⅰ．①宋… Ⅱ．①鄭… ②陸… Ⅲ．①《禮記》- 注釋 Ⅳ．① K892.9

中國國家版本館 CIP 數據核字（2024）第 036148 號

項目統籌：胡長青
責任編輯：劉嬌嬌
裝幀設計：武　斌
項目完成：文化藝術編輯室

宋本纂圖互注禮記
〔漢〕鄭玄注　〔唐〕陸德明釋文

主管單位　山東出版傳媒股份有限公司
出版發行　山東人民出版社
出 版 人　胡長青
社　　址　濟南市市中區舜耕路517號
郵　　編　250003
電　　話　總編室（0531）82098914
　　　　　市場部（0531）82098027
網　　址　http://www.sd-book.com.cn
印　　裝　山東華立印務有限公司
經　　銷　新華書店

規　　格　16開（160mm×240mm）
印　　張　55
字　　數　440千字
版　　次　2024年3月第1版
印　　次　2024年3月第1次
ISBN 978-7-209-14348-6
定　　價　132.00圓（全三册）

《儒典》選刊工作團隊

學術顧問　杜澤遜　李振聚　徐　泳

項目統籌　胡長青

責任編輯　劉　晨　劉嬌嬌　張艷艷
　　　　　呂士遠　趙　菲　劉一星

前言

中國是一個文明古國、文化大國，中華文化源遠流長，博大精深。在中國歷史上影響較大的是孔子創立的儒家思想，因此整理儒家經典、注解儒家經典，爲儒家經典的現代化闡釋提供权威、典范、精粹的典籍文本，是推進中華優秀傳統文化創造性轉化、創新性發展的奠基性工作和重要任務。

中國經學史是中國學術史的核心，歷史上創造的文本方面和經解方面的輝煌成果，大量失傳了。西漢是經學的第一個興盛期，除了當時非主流的《詩經》毛傳以外，其他經師的注釋後來全部失傳了。東漢的經解祇有鄭玄、何休等少數人的著作留存下來，其餘也大都失傳了。南北朝至隋朝興盛的義疏之學，其成果僅有皇侃《論語疏》幸存於日本。五代時期精心校刻的《九經》、北宋時期國子監重刻的《九經》以及校刻的單疏本，也全部失傳。南宋國子監刻的單疏本，我國僅存《周易正義》、《爾雅疏》、《春秋公羊疏》（三十卷殘存七卷）、《春秋穀梁疏》（十二卷殘存七卷），日本保存了《尚書正義》、《毛詩正義》、《禮記正義》（七十卷殘存八卷）、《周禮疏》（日本傳抄本）、《春秋公羊疏》（日本傳抄本）、《春秋正義》（日本傳抄本）。南宋兩浙東路茶鹽司刻八行本，我國保存下來的有《周禮疏》、《禮記正義》、《春秋左傳正義》（紹興府刻）、《論語注疏解經》（二十卷殘存十卷）、《孟子注疏解經》（存臺北『故宮』），日本保存有《周易注疏》《尚書正義》（凡兩部，其中一部被清楊守敬購歸）。南宋福建刻十行本，我國僅存《春秋穀梁注疏》、《春秋左傳注疏》（六十卷，一半在大陸，一半在臺灣），日本保存有《毛詩注疏》《春秋左傳注疏》。從這些情況可以看出，經書代表性的早期注釋和早期版本國內失傳嚴重，有的僅保存在東鄰日本。

鑒於這樣的現實，一百多年來我國學術界、出版界努力搜集影印了多種珍貴版本，但是在系統性、全面性和準確性方面都還存在一定的差距。例如唐代開成石經共十二部經典，石碑在明代嘉靖年間地震中受到損害，明代萬曆初年西安府學等學校師生曾把損失的文字補刻在另外的小石上，立於唐碑之旁。近年影印出版唐石經拓本多次，都是以唐代石刻與明代補刻割裂配補的裱本爲底本。由於明代補刻采用的是唐碑的字形，這種配補本難以區分唐刻與明代補刻，不便使用，亟需單獨影印唐碑拓本。

爲把幸存於世的、具有代表性的早期經解成果以及早期經典文本收集起來，系統地影印出版，我們規劃了《儒典》編纂出版項目。

《儒典》出版後受到文化學術界廣泛關注和好評，爲了滿足廣大讀者的需求，現陸續出版平裝單行本。共收録一百十一種元典，共計三百九十七册，收録底本大體可分爲八個系列：經注本（以開成石經、宋刊本爲主。開成石經僅有經文，無注，但它是用經注本删去注文形成的）、經注附釋文本、纂圖互注本、單疏本、八行本、十行本、宋元人經注系列、明清人經注系列。

《儒典》是王志民、杜澤遜先生主編的。本次出版單行本，特請杜澤遜、李振聚、徐泳先生幫助酌定選目。特此説明。

二〇二四年二月二十八日

目録

第一册

第二册

第三册

味經書屋

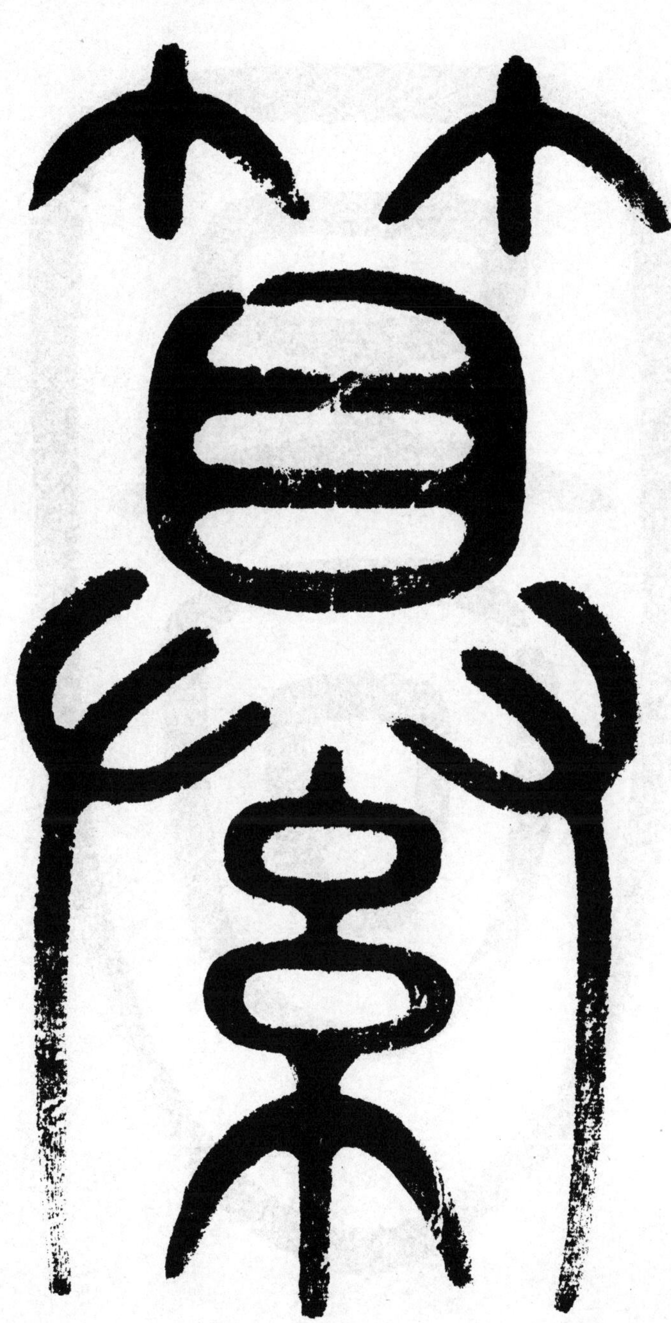

八

康熙甲午秋日
鹿原林佶題

道光庚寅三月弎巳
古歙程恩澤觀於
芥川先生齋頭因識

二

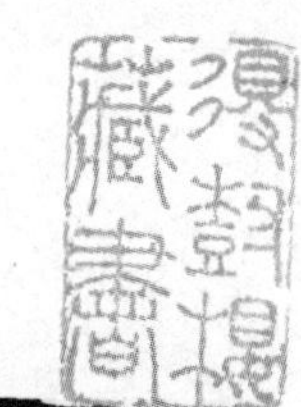

禮記舉要圖

州	州	州
州	畿	州
州	州	州

王制商

公侯之

方百里

此公侯之国方百里者三十

此伯之国方七十里者凡六十国計二千九百四十里

断

此子男之国方百里者三十為五十里之国一百二十国

餘此一千里為附庸

餘六十里

伯國方七千里

按馬希孟解曰九州方千里者九其一為王畿八州各□□□以開方之法計之盖得百州建百里之国三十為方百里者三十公侯之國也七十里之国六十為方百里者二十有奇伯之国也五十里之國一百有二十為方百里者三十子男之国也合一州而計之建二百一十國封地八千九百四十里猶有一千六十里為附庸

地方千里為一百箇方百里内除三十箇百里為公侯之国猶有七十箇百里存在

又将二十箇百里為方七十里之國六十箇七七四十九每

建國圖

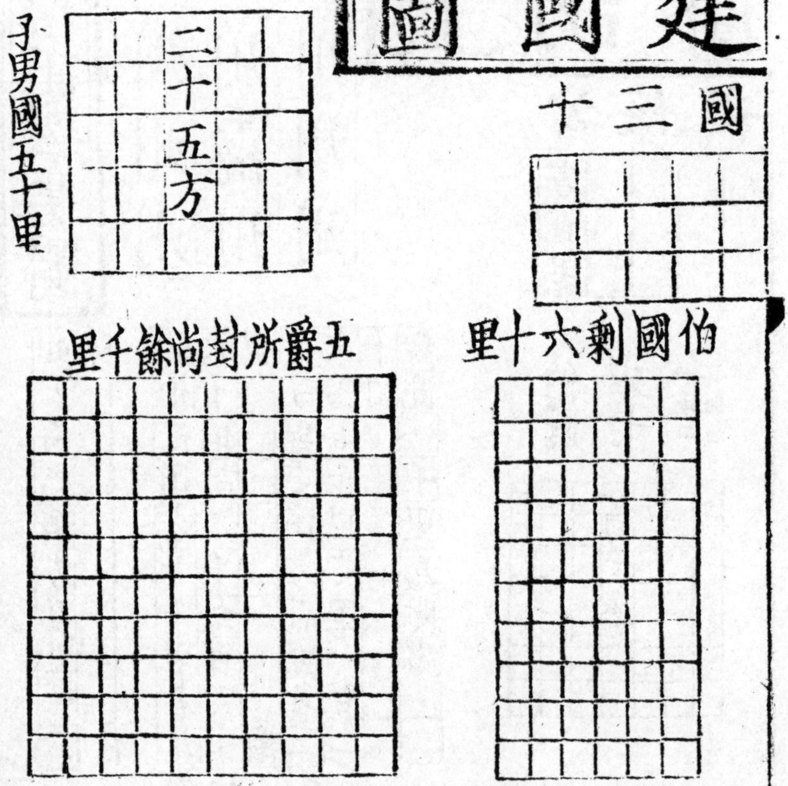

國三十

子男國五十里

二十五方

伯國剩六十里

五爵所封尚餘千里

一國用四十九箇十里以六十國通計用二千九百四十箇外猶剩方十里者六十箇爲附庸之國先餘七十箇百里除三十箇分封此伯國猶餘四十箇百里存在又將三十箇百里爲方五十里之國一百二十箇一箇百里爲五十里之國凡四箇五五二十五毎國計一十五箇十里以十箇百里分得四十箇五十里國凡二十箇百里制得一百二十箇子男之國外猶揔剩得方十里者二百箇并前剩六十箇名山大澤不以封其餘以爲附庸閒田

周制建

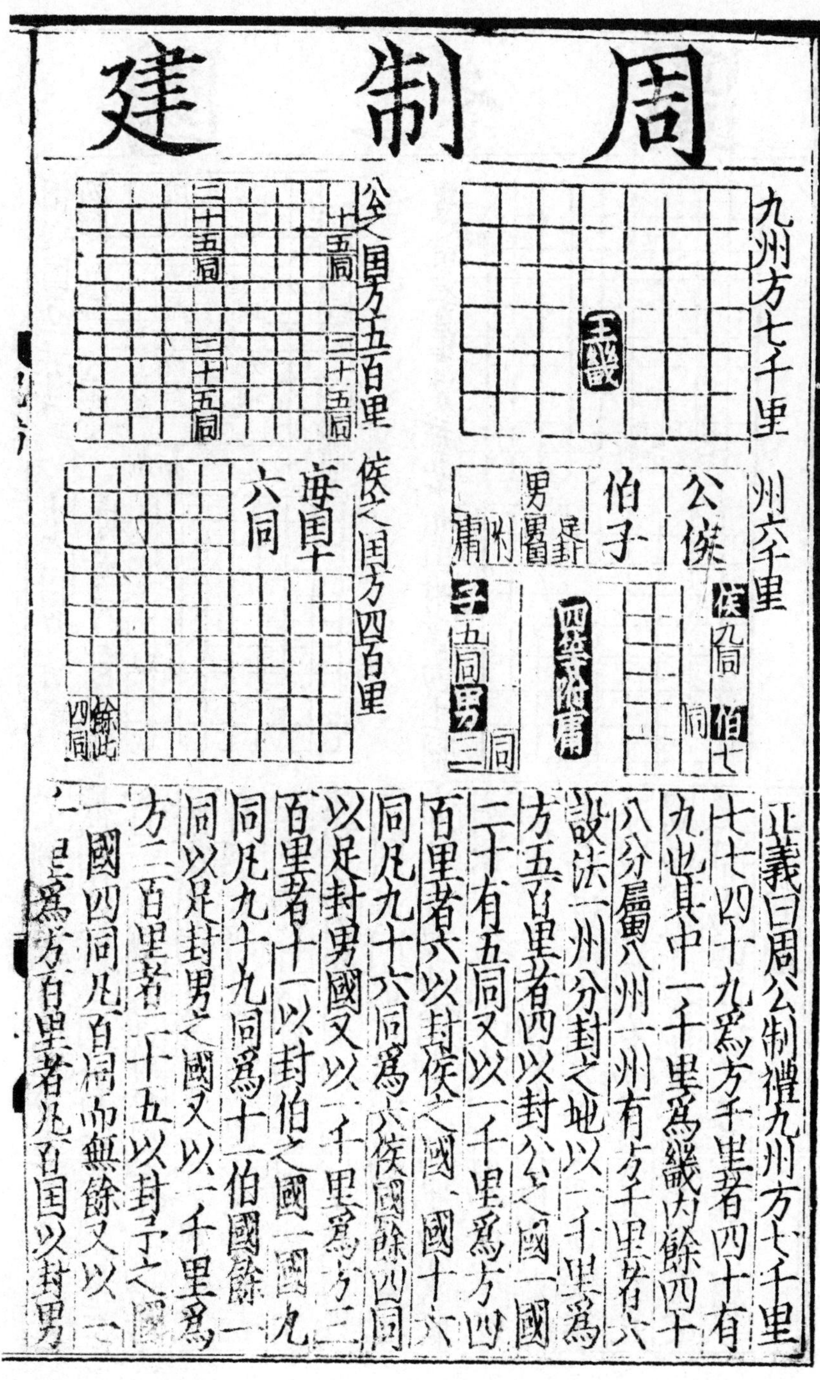

正義曰周公制禮九州方七千里七七四十九爲方千里者四十有九也其中一千里爲畿内餘四十八分屬八州一州有方千里者六設法一州分封之地以一千里爲方五百里者四以封公之國一國二十有五同又以一千里爲方四百里者六以封侯之國國十六同凡九十六同爲六侯國餘四同以足封男國又以一千里爲方三百里者十一以封伯之國一國九同凡九十九同爲十一伯國餘一同以足封男之國又以一千里爲方二百里者二十五以封子之國一國四同凡百同而無餘又以一千里爲方百里者凡百国以封男

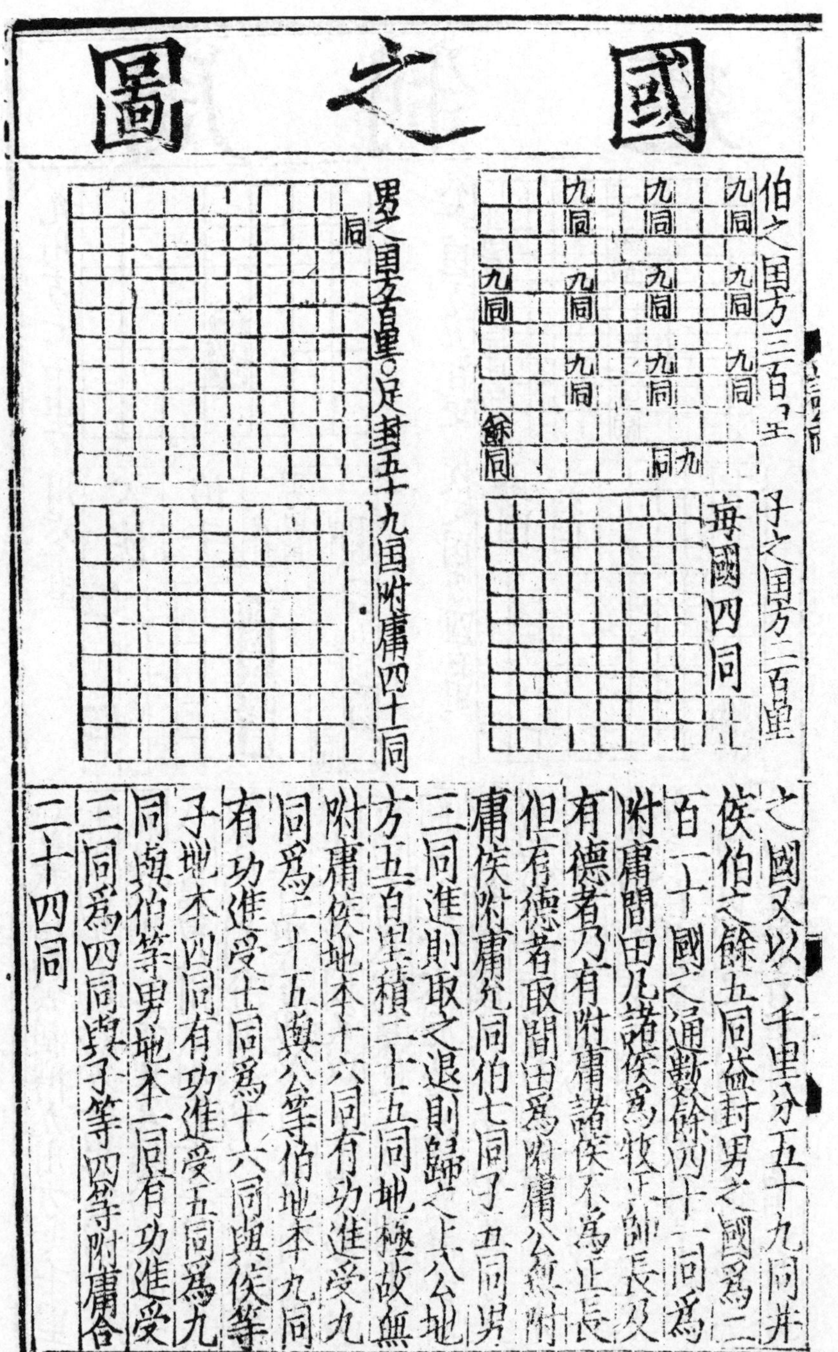

國之圖

之國又以千里分五十九同并侯伯之餘五同益封男之國爲二百一十國之通數餘四十一同爲附庸閒田凡諸侯爲牧正帥長及有德者乃有附庸諸侯不爲正長但有德者取閒田爲附庸公無附庸侯附庸九同伯七同子五同男三同進則取之退則歸之大公地方五百里積二十五同地極故無附庸侯地本十六同有功進受九同爲二十五與公等伯地本九同有功進受七同爲十六同與侯等子地本四同有功進受五同爲九同與伯等男地本一同有功進受三同爲四同與子等四等附庸合二十四同

天子縣內圖

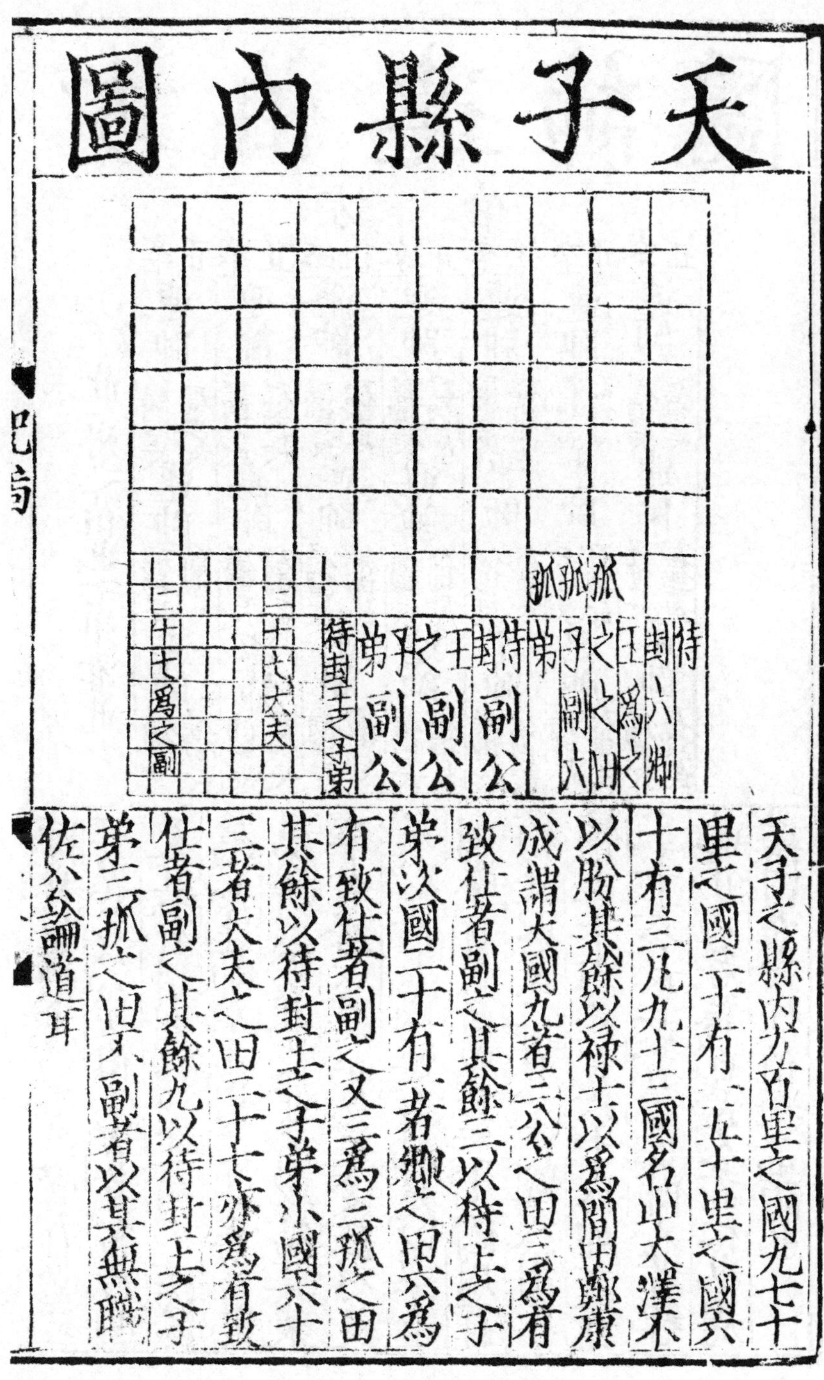

天子之縣內方百里之國九七十里之國二十有一五十里之國六十有三凡九十三國名山大澤不以朌其餘以祿士以爲閒田鄭康成謂大國九者三公之田三爲有致仕者副之其餘二以待王之子弟次國二十有一者卿之田六爲有致仕者副之又三爲三孤之田其餘以待封王之子弟小國六十三者大夫之田二十七亦爲有致仕者副之其餘九以待封王之子弟三孤之田不副者以其無職佐公論道耳

方伯連帥圖

方伯

卒正	卒正	卒正	卒正	卒正	卒正	卒正
連帥 屬長 屬長	連帥 屬長 屬長	連帥 屬長 屬長	連帥 屬長 屬長	連帥 屬長 屬長	連帥 屬長 屬長	連帥 屬長 屬長
連帥 屬長 屬長	連帥 屬長 屬長	連帥 屬長 屬長	連帥 屬長 屬長	連帥 屬長 屬長	連帥 屬長 屬長	連帥 屬長 屬長
連帥 屬長 屬長	連帥 屬長 屬長	連帥 屬長 屬長	連帥 屬長 屬長	連帥 屬長 屬長	連帥 屬長 屬長	連帥 屬長 屬長

此一州之伯也七州皆此

陳祥道禮書曰古之官有常名有異名公侯伯子男者常名也及其有用則寓以連屬之法爲屬長連帥卒正州伯此異名也屬所以繫其人連所以結其衆卒者所以應卒然之變屬有長足以長五國連有帥足以率十國卒有正足以正三十國州有伯足以長二百一十國八州八伯五十六正百六十八帥三百三十六長長者才也帥人者智也正人者義也長人者仁也周禮曰九命作伯此之謂也

王制九命之圖

命									
九	二王之後						作牧	上公	
八	王之三公	三公命一卿九					作伯	王之三公	
七	伯國之君						賜國	侯伯	
六							賜官	王之卿	
五	子男之君						賜則	子男	
四							受器	王之大夫	公之孤
三	公國之上卿		赤韍葱衡	不齒于族	受車馬		受位	公之卿	
二	公國之下卿		赤韍幽衡	齒于族	受服		受服	公之大夫	子男之卿
一	公國之下大夫	子男之卿	縕韍幽衡	齒于鄉	受爵		受職	公之士	子男之大夫
			並見玉藻	並見祭義	並見曲礼		見宗伯		

公卿大夫士圖

天子

三公
九卿

二十七大夫

八十一元士

大國

上卿
中卿皆命於天子
下卿

下大夫五人

上士二十七人

次國

上卿二卿命於天子
中卿一卿命於其君
下卿

下大夫五人

上士二十七人

小國

卿皆命於其君

下大夫五人

上士二十七人

卿制爵位之圖

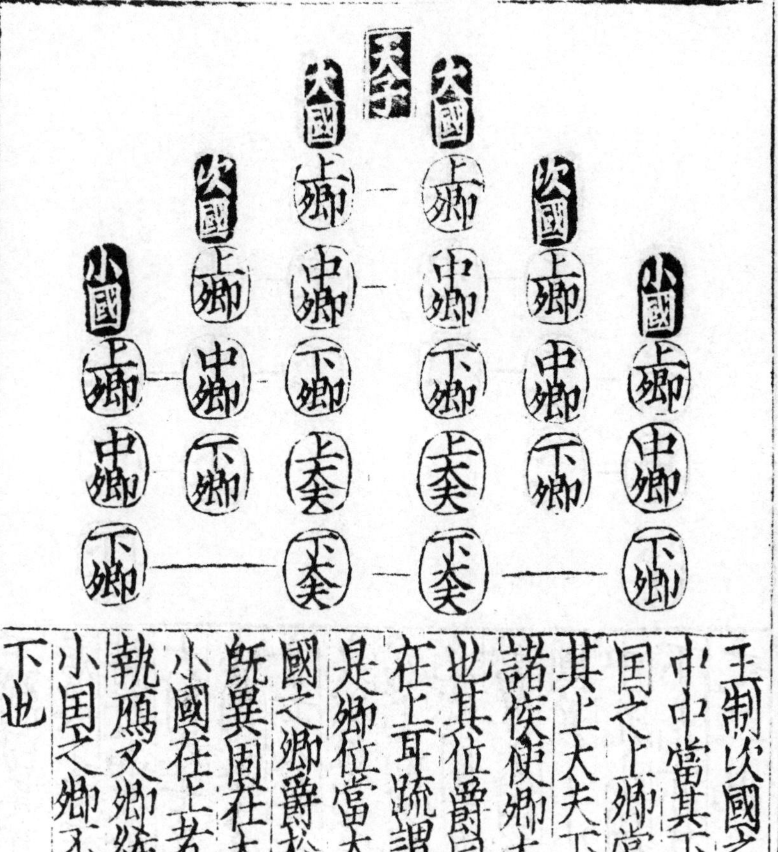

天子

大國　上卿　中卿　下卿　上大夫　下大夫

次國　上卿　中卿　下卿

小國　上卿　中卿　下卿

大國　上卿　中卿　下卿　上大夫　下大夫

次國　上卿　中卿　下卿

小國　上卿　中卿　下卿

王制次國之上卿位當大國之中中當其下下當其上大夫小国之上卿當大国之下卿中當其上大夫下當其下大夫注謂諸侯使卿大夫覜聘並會之序也其位爵同小国在下爵異固在上耳疏謂大国是大夫小国是卿位當大国之上大夫是小國之卿爵於大国之大夫其爵既異固在大国之上必知爵異小國在上者以其卿執羔大夫執鴈又卿絺冕大夫玄冕故知小国之卿不得在大国大夫之下也

士制爵位之圖

天子

大國　上士　中士　下士

次國　上士　中士　下士

小國　上士　中士　下士

王制曰其有中士下士者數各居其上之三分注謂其爲介若特行而並會也此據大国而言大国之士爲上次国之士爲中小国之士爲下士之數国皆二十七人各三分之上九中九下九以位相當䟽謂次国以大国爲上而次国上九當大国之中九次国中九當大国之下九是當其大国三分之三小国以次國爲上小國上九當次国中九小國中九當次国下九亦是居次国三分之二也

衮冕裘

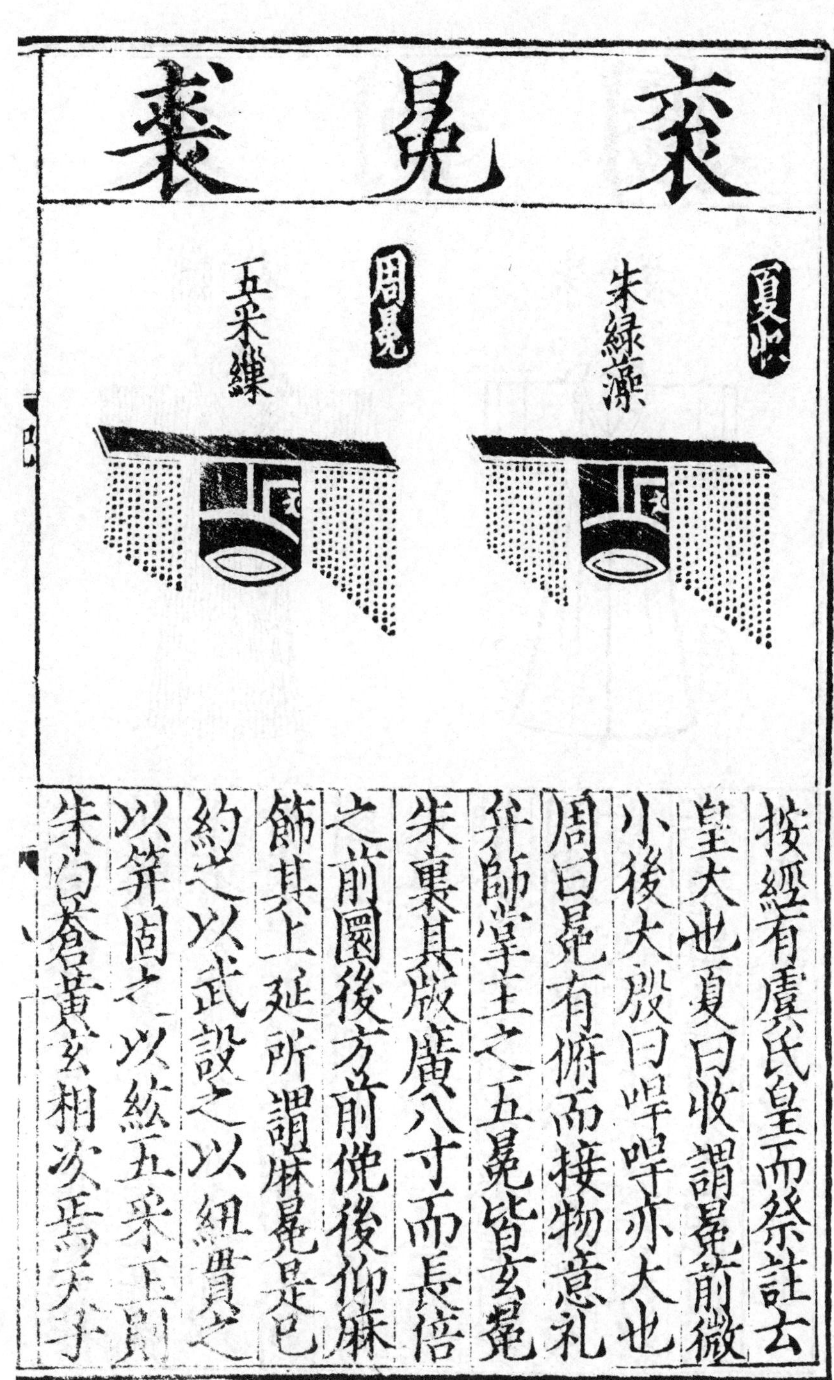

按經有虞氏皇而祭註云皇大也夏曰收謂冕前微小後大殷曰冔冔亦大也周曰冕有俯而接物意礼弁師掌王之五冕皆玄冕朱裏其版廣八寸而長倍之前圜後方前俛後仰麻飾其上延所謂麻冕是已約之以武設之以紐貫之以笄固之以紘五采玉則朱白蒼黃玄相次焉天子

衣制圖

黼衣

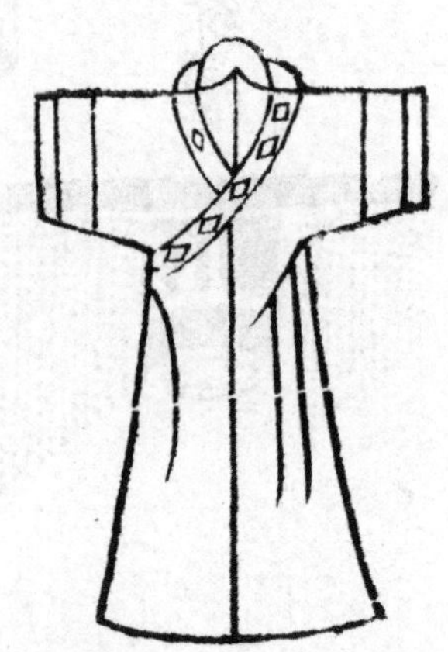

朱中衣

大裘而下皆曰冕公衮侯伯鷩子男毳亦謂之裨冕王衣祭服其内明衣加以丹朱中衣孫炎謂中衣刺繡文以襮領也必以丹者取其赤心奉神焉又君唯黼裘以誓省謂戒誓省眡用黼裘也及祭然後服衮焉朱紱素帶朱裏朱緑終辟執鎮圭搢大圭佩白玉玄組綬赤舄以爲稱也

韠制度圖

天子韠

革帶

大夫韠

士韎韐

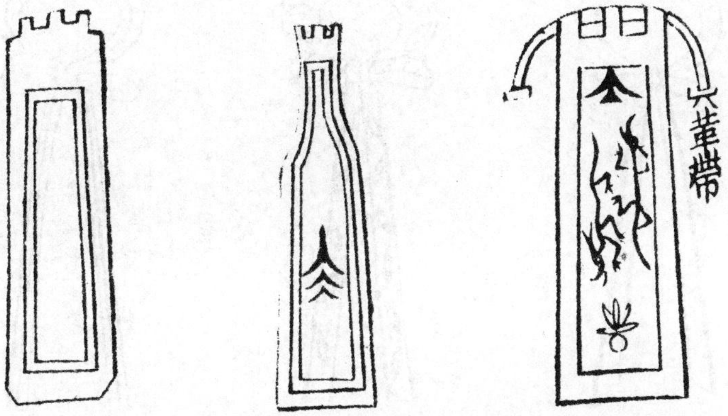

礼書去韠長三尺以象三才頸五寸以象五行兩旁有肩下廣二尺象地也上廣一尺象天也會去上五寸紕以爵韋六寸不至下五寸純以素紃以五采會所謂作會也紕以其上與其旁也純緣其下也去會与純合五寸則其中餘二尺也紕六寸則表裏各三寸也天子之韠宜會以龍火與山諸侯前後方會以火而下大夫前方後挫角特會山而已鄭氏謂山取其仁火取其明龍取其变天子備焉先儒謂祭服謂之韠是服謂之芾以其芾前則曰韍士畢但

帶制度圖

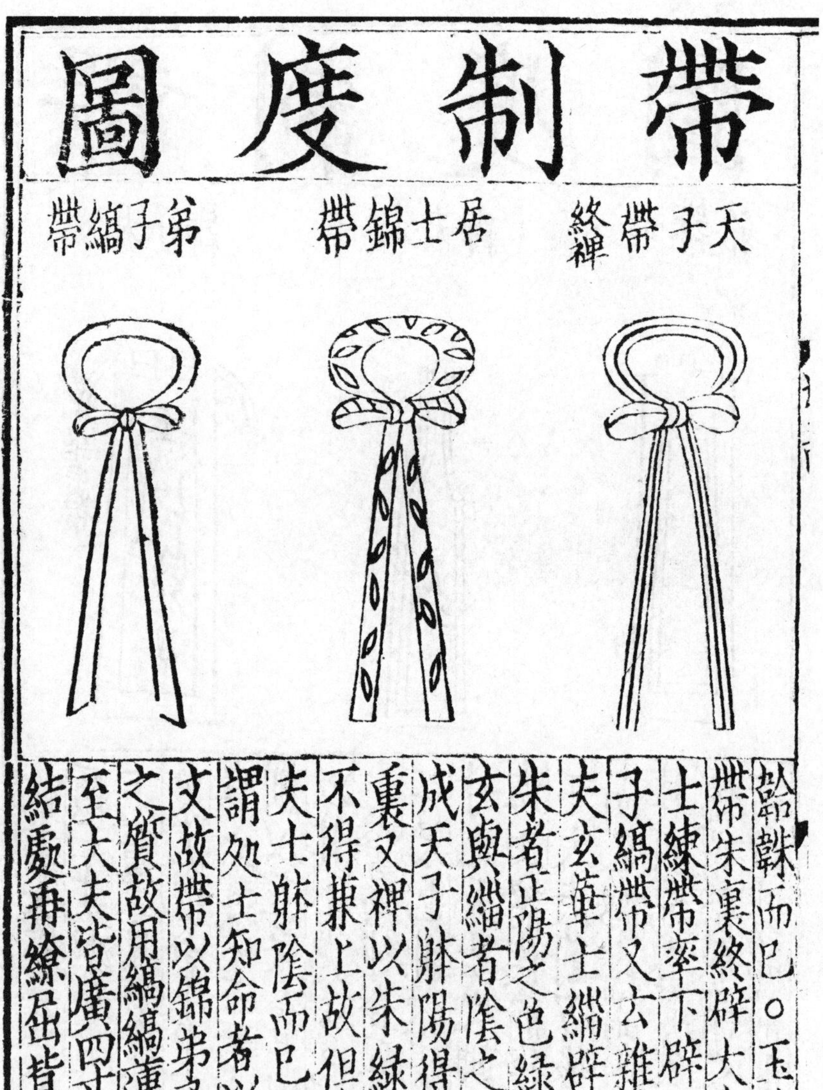

韐韍而已○玉藻注云天子素帶朱裏終辟大夫素帶辟垂士練帶率下辟居士錦帶弟子縞帶又云雜帶君朱綠大夫玄華士緇辟二寸陳氏云朱者正陽之色綠者少陽之雜玄與緇者陰之躰華者文之成天子躰陽得兼乎下故朱裏又裨以朱綠諸侯雖躰陽不得兼上故但飾以朱綠大夫士躰陰而已居士竘卿所謂処士知命者以其有脩成之文故帶以錦弟子取其有受道之質故用縞縞薄繒也自天子至大夫皆廣四寸士又殺焉其結處再繚屈背四寸也

上

玄端冠冕制圖

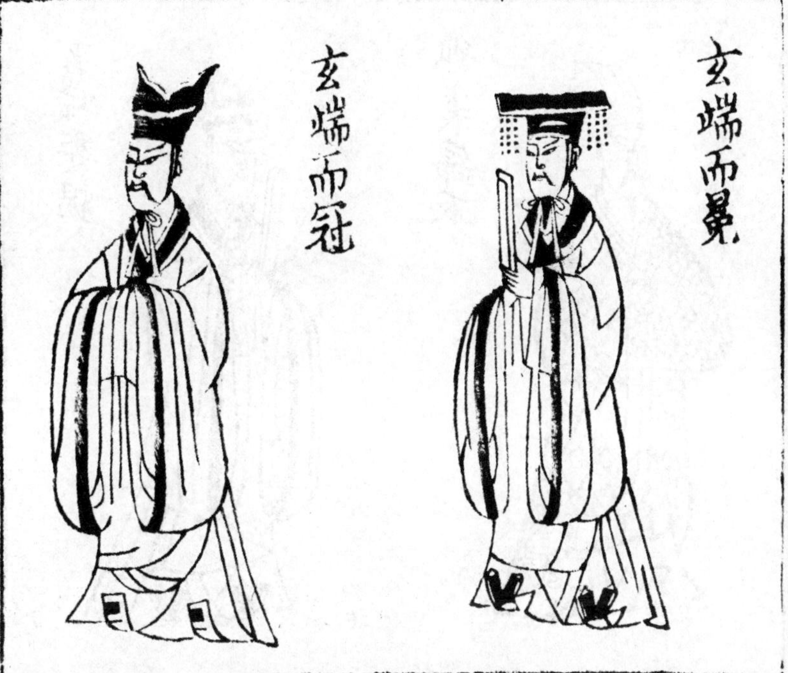

玄端而冕

玄端而冠

禮象云有玄端而冕若玉藻天子龍衮以祭玄端朝日諸侯玄端以祭是也有玄端而冠若朝玄端夕深衣是也有玄端而章甫如公西赤端章甫願爲小相焉是也有玄端而委貌若晏平仲端委立于虎門是也鄭玄端取其正謂士之衣袂皆二尺二寸而屬幅廣袤等也冠與委貌又有不同有朝服而冠者有朝服而委貌者亦

委貌錦衣制圖

特牲禮玄朝服玄冠緇帶緇韠此朝服而冠也士冠禮玄冠朝服緇帶素韠此朝服而委貌也玄冠卑朝服尊故曰朝服玄冠委貌尊朝服卑故曰玄冠朝服鄭氏謂玄冠委貌是已

狐裘玉藻云君衣狐白裘錦衣以裼之説者謂此天子諸侯燕居之盛服也蓋礼卒食玄端而居又曰不文飾也不裼餘見礼象爲甚詳

曲禮師行圖

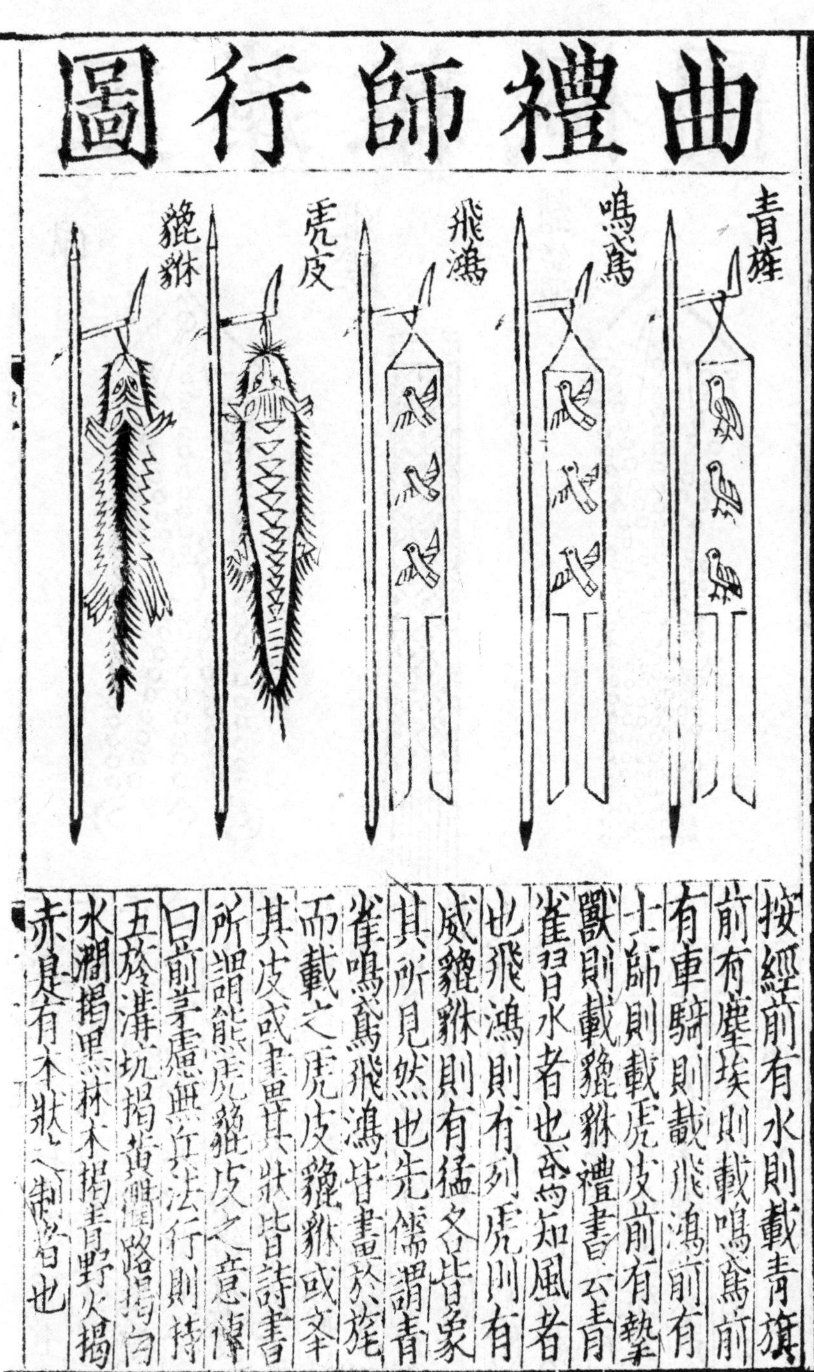

按經前有水則載青旗前有塵埃則載鳴鳶前有車騎則載飛鴻前有士師則載虎皮前有摯獸則載貔貅禮書云青雀習水者也或爲知風者也飛鴻則有列虎則有威貔貅則有猛各皆象其所見然也先儒謂青雀鳴鳶飛鴻皆畫於旌而載之虎皮貔貅或全其皮或畫其狀皆詩書所謂熊虎貔皮之意傳曰前茅慮無兵法行則持五旍溝坑揭黃衢路揭白水澗揭黑林木揭青野火揭赤是有木狀之制者也

玉藻雜佩圖

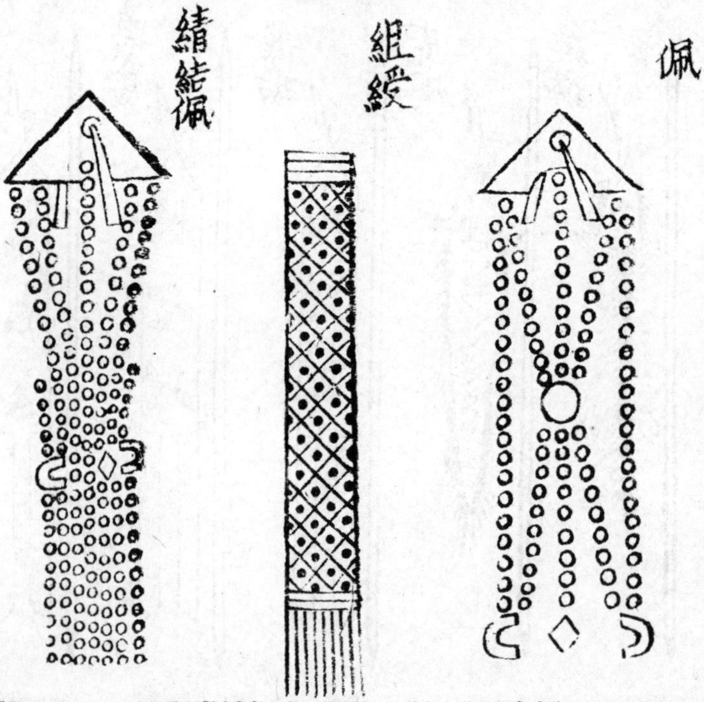

佩

組綬

綪結佩

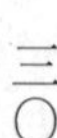

玉藻曰古之君子必佩玉左徵角右宫羽佩玉有衡牙天子佩白玉而玄組綬公侯佩山玄玉而朱組綬大夫佩水蒼玉而純組綬世子佩瑜玉而綦組綬士佩瓀玟而緼組綬以其貫玉相承受也一命緼韍幽衡再命赤韍幽衡三命赤韍葱衡其制上有折衡下有雙璜中有琚瑀下有衝牙貫之以組綬焉齊則綪結佩鄭氏曰綪屈也齊所以致精明之德佩旣結矣又屈之心在事神不以声散其志也或結或垂屈伸所寓以象德焉

纂圖互註禮記卷第一

曲禮上第一 陸德明音義曰本或作曲礼上者後人加也檀弓雜記放此曲礼者是儀礼之舊名委曲說礼之事

禮記 陸曰此記二礼之遺闕故名礼記 鄭氏註

曲禮曰毋不敬 礼主於敬○陸曰毋音无說文云止之詞其字從女内有一畫象有姦之形禁止之勿令姦古人云毋猶今人言莫也案毋字與父毋字不同俗本多乱讀者皆朱黙毋字以作无音非也後放此疑者特復音之重意哀公問君子毋不敬也 儼若思 儼矜莊貌人之坐思貌必儼然○儼魚檢反本亦作嚴同矜莊貌思如字徐息嗣反矜居氷反 安定辭 審言語也易曰言語者君子之樞機○樞昌朱反 安民哉 此上三句可以安民說曲禮者美之云耳○

敖不可長欲不可從志不可滿樂不可極 四者慢遊之道桀紂所以自禍○敖五報反慢也王肅五高反遨遊也長丁丈反盧植馬融王肅並直良反欲如字從足用反放縱也樂音洛皇侃音岳極如字桀其列反夏主名癸紂直丑反殷主名辛○

賢者狎而敬之 狎習也近也謂附而近之習其所行

也月令曰雖有貴戚近習○狎戶甲反滅音戚本亦作戚畏而愛之心服曰畏曾子曰吾先子之所
畏愛而知其惡憎而知其善謂凡與人交不可以己心之愛憎誣人之善惡○誣
音无後並同積而能散謂己有蓄積見貧窮者則當能散以賙救之若宋樂氏○蓄勑六反賙音
周樂音岳謂宋司城樂喜安安而能遷謂己今安此之安圖後有害則當能迁晋咎犯與姜
氏辭重耳而行近之○害如字本亦作難乃旦反咎其九反重直龍反臨財毋苟得為傷廉也
○為于偽反下為傷為近皆同臨難毋苟免為傷義也○難乃旦反狠毋求勝分毋
求多為傷平也狠閱也謂爭訟也詩云兄弟閱於牆○狠胡懇反勝舒證反分扶問反聞吁曆反猶鬪也
疑事毋質質成也彼己俱疑而己成言之終不然則傷知○知音智直而勿有直正也己
若不疑則當稱師友而正之謙也○若夫言若欲為丈夫也春秋傳曰是謂我非夫○夫方于反丈
夫也坐如尸視貌正重言坐如尸又王藻重意坐如尸少儀尸則坐立如齊磬且聽也齊謂
祭祀時○齊側皆反本亦作齋禮從宜事不可常也音士句師師侵齊聞齊侯卒乃還春秋善之○丐
本亦作句音蓋還音旋使從俗亦事不可常也牲幣之屬則當從俗所出礼器曰天不生地不養君

子不以爲礼鬼神不饗○使色吏反幣徐扶世反饗許兩反○夫禮者所以定親疏決嫌疑別同異明是非也禮不妄說人爲近佞媚也君子說之不以其道則不說也○夫音扶凡發語之端皆然後放此疏所居反或作疎決徐古穴反嫌戶恬反別被列反下同說音悅又始悅反佞徐乃定反口才曰佞媚眉忌反意向曰媚不辭費爲傷信君子先行其言而後從之○辭本又作詞同說文以詞爲言詞之字辭不受也後皆放此費芳味反言而不行爲辭費禮不踰節不侵侮不好狎爲傷敬也人則習近爲好狎○侮徐亡撫反輕慢也好呼報反注同脩身踐言謂之善行踐履也言履而行之○行下孟反下同行脩言道禮之質也言道言合於道質猶本也禮爲之文飾耳重言礼之質也又樂記禮聞取於人不聞取人謂君人者取於人謂高尚其道取人謂制服其身○取於舊十樹反謂趣就師求道也皇如字謂取師之道取人如字謂制師使從已禮聞來學不聞往教尊道藝○道德仁義非禮不成教訓正俗非禮不備分爭辨訟非禮不決君臣上下父子兄弟非禮不定宦學事師非禮不

親班朝治軍涖官行法非禮威嚴不行禱祠祭祀供給鬼神非禮不誠不莊分辨皆別也宦仕也班次也涖臨也莊敬也學或為御○辨皮勉反徐方勉反上下上謂公卿下謂大夫上宦音患朝直遙反涖本亦作蒞音利禱丁老反鄭云求福曰禱祠音詞求得曰祠共音恭本或作供莊側良反徐側亮反是以君子恭敬撙節退讓以明禮撙猶趍也○撙祖本反趍七俱反就也向也鸚鵡能言不離飛鳥猩猩能言不離禽獸今人而無禮雖能言不亦禽獸之心乎夫唯禽獸無禮故父子聚麀聚猶共也鹿牝曰麀○鸚本或作嬰厄耕反鵡本或作母同音武离力智反下同猩本又作狌音生禽獸盧本作走獸麀音憂牝鹿也牝頻忍反是故聖人作為禮以教人使人以有禮知自別於禽獸大上貴德大上帝皇之世其民施而不惟報○大音泰注同大上謂三皇五帝之世不施始豉反下同其次務施報禮尚往來往而不來非禮也來而不往亦非禮也人有禮則安無禮則危重言非礼也亦非礼也又曾子問重意人

有禮則安無禮則危禮運篇失之者死得之者生故曰禮者不可不學也夫禮
者自卑而尊人雖負販者必有尊也而況冨貴乎負販者尤
輕恌志利宜若無禮然○恌吐彫反販方萬反○重言必有尊也又曽子問冨貴而知好禮
則不驕不淫貧賤而知好禮則志不懾懾猶怯惑○好呼報反下同懾
之涉反怯立劫反何胤云憚所行為怯○人生十年曰幼學名曰幼時始可學也內則
曰十年出就外傳居宿於外學書計○重意十年曰幼學內則十年斈幼儀二十曰弱冠三
十曰壯有室有室有妻也妻稱室○冠古乱反重意二十曰弱冠三十曰壯有室內則二十而冠
三十而有室四十曰強而仕五十曰艾服官政艾老也○艾五盖反謂蒼
艾色一音刈治也重意四十曰強而仕內則四十始仕六十曰耆指使指事使人也六十不
與服戎不親斈○耆渠夷反賀瑒云至也至老境也與音預七十曰老而傳傳家事任子孫
是謂宗子之父○傳直尊反沈直應反八十九十曰耄耄惛忘也春秋傳曰謂老將知耄又
及之○耄本又作旄同亦報反注同惛音昏一音呼困反忘亡亮反又如字知音智七年曰悼悼憐

愛也○悼徒報反悼與耄雖有罪不加刑焉愛幼而尊老百年曰期頤期猶要也頤養也不知衣服食味孝子要盡養道而已○頤羊時反要於遥反又如字下同養道羊尚反又如字大夫七十而致事致其所掌之事於君而告老○章意大夫七十而致事内則七十致仕若不得謝謝猶聽也君必有命勞苦辞謝之其有德尚壯則不聽耳○聽吐丁反後可以意求皆不音勞如字又力報反則必賜之几杖行役以婦人適四方乘安車自稱曰老夫几杖婦人安車所以養其身躰也安車坐乘若令小車也老夫老人稱也亦明君尊賢春秋傳曰老夫耄矣○坐乘繩證反稱尺證反於其國則稱名君雖尊異之自稱猶若臣越國而問焉必告之以其制鄰国来問必問於老者以荅之制法度○謀於長者必操几杖以從之從猶就也○長丁丈反下皆同操七刀反長者問不辭讓而對非禮也當謝不敵若曾子之為㊃凡為人子之禮冬温而夏清昏定而晨省安定其牀衽也省問其安否何如○夏遐嫁反清七性反字從水冷也衽而審反席也在醜夷不爭醜衆也夷猶儕也四皓曰陛下之等夷○

濟仕皆反等也沈才詣反皓户老反四皓園公綺李夏黄公角里先生◎夫為人子者三賜不及車馬三賜三命也凡仕者一命而受爵再命而受衣服三命而受車馬車馬而身所以尊者備矣卿大夫士之子不受不敢以成尊比踰於父天子諸侯之子不受自卑遠於君○遠于方反故州閭鄉黨稱其孝也兄弟親戚稱其慈也僚友稱其弟也執友稱其仁也交遊稱其信也不敢重受賜者心也如此而五者備有焉周礼二十五家為閭四閭為族五族為黨五黨為州五州為鄉僚友官同者執友志同者○僚本又作寮了彫反同官者弟大計反下注同見父之執不謂之進不敢進不謂之退不敢退不問不敢對敬父同志如事父此孝子之行也重言孝子之行也文祭統◎夫為人子者出必告反必面告面同耳反言面者從外来宜知親之顏色安否○行下孟反告音谷重意出必告下篇反必告所遊必有常所習必有業緣親之意欲知之恒言不稱老廣敬年長以倍則父事之謂年二十於四十者人年二十弱冠成人有為人父之端今四十於二十者有子道內則曰年二十惇行孝弟○冠工喚反惇

都温反十年以長則兄事之五年以長則肩隨之肩隨者與之並行差退○差初佳反徐初宜反羣居五人則長者必異席席以四人為節因宜有所尊○為人子者居不主奧坐不中席行不中道立不中門謂與父同宮者也不敢當其尊處室中西南隅謂之奧道有左右中門謂棖闑之中央內則曰由命士以上父子皆異宮○奧烏報反沈於六反處昌慮反下同棖直衡反闑也闑魚列五結二反上時掌反後以上皆同重意立不中門玉藻賓入不中門食饗不為槩槩量也不制待賓客饌具之所有○食音嗣饗本又作享香兩反槩古愛反饌士恋反祭祀不為尸尊者之處為其失子之道然則尸上筮無父者○為其于偽反下注除不為狐皆同聽於無聲視於無形恒若親之將有教使然不登高不臨深不苟訾不苟笑為其近危辱也人之性不欲見毀訾不欲見笑君子樂然後笑○訾音紫毀沈又將知反樂音洛○孝子不服闇不登危懼辱親也服事也闇冥也不於闇冥之中從事為卒有非常且嫌失礼也男女夜行以燭○冥本亦作瞑莫定反下文同卒才忽反父母存不許友以死為忘親也死為報仇讎不有私財

〇為人子者父母存冠衣不純素為其有喪象也純緣也玉藻曰縞冠玄武
子姓之冠也縞冠素紕既祥之冠也深衣曰具父母衣純以青〇純諸允反又之閏反下注皆同緣悅絹反縞
古老反又古到反紕婢支反徐補移反重意父母存不有私財坊記篇父母在不敢私其財孤子當
室冠衣不純采早喪親雖除喪不忘哀也謂年未三十者三十壯有室有代親之端不為孤也
當室適子也深衣曰孤子衣純以素〇早喪息浪反適丁歷反〇幼子常視毋誑視今之示
字小未有所知常示以正物以正教之无誑欺〇視音示誑本或作註同九況反欺也童子不衣
裘裳裘大溫消陰氣使不堪苦不衣裘裳便易〇衣於既反下同大音泰徐池佐反便婢面反易以豉反
立必正方不傾聽習其自端正長者與之提攜則兩手奉長
者之手習其扶持尊者提攜謂牽將行〇提大兮反攜户圭反奉芳勇反又扶恭反下及注奉扃奉席
奉箕皆同負劍辟咠詔之負謂置之於背劍謂挾之於旁辟咠詔之謂傾頭與語口旁曰咠〇
辟匹亦反側也徐芳益反沈扶亦反注同咠如志反何云口耳之閭曰咠挾音協〇重意辟咠詔之少儀篇辟
咠而對則掩口而對習其鄉尊者屏氣也〇俺於檢反鄉許亮反本亦作嚮後文注皆同屏必

領反〇從於先生不越路而與人言尊不二也先生老人教學者〇從才用反
下同背遭先生於道趨而進正立拱手為有教使〇拱俱勇反
與之言則對不與之言則趨而退為其不欲與己並行
從長者而上丘陵則必鄉長者所視為遠視不察有所問〇上時掌反下同
登城不指城上不呼為惑人〇呼火故反號叫也
將適舍求毋固謂行而就人館固猶常也求主人物不可以舊常或時之無周礼士訓下地物原其生以詔地求其類
將上堂聲必揚警內人也〇警京領反
戶外有二屨言聞則入言不聞則不入
將入戶視必下入戶奉扃視瞻毋回不干掩人之私也奉扃敬也〇屨紀其反單下日屨聞音問又如字下同視常止反下同徐音亦扃古螢反何云閔也二云門扇上鐶鈕瞻毋徐音如字
戶開亦開戶闔亦闔不以後来变先〇闔胡臘反
有後入者闔而勿遂示不拒人〇拒其許反
毋踐屨毋踖席摳衣趨隅必慎唯諾趨隅升席必由下也慎唯諾者不先舉見問乃應〇踖在亦反躐也摳苦侯反提也下及注同趨七俱反向也

注同唯于癸反應辟也注同徐于比反沈以水反諾乃各反應應對之應大夫士出入君門
由闑右臣統於君闑門橛○闑魚列反橛也橛求月反門中木不踐閾閾門限也○閾于逼
反又況域反重意不踐閾玉藻不履閾○凡與客入者每門讓於客下賓也敵
者迎於大門外聘禮曰君迎賓於大門內○下遐嫁反客至於寢門則主人請入
為席為猶敷也雖君亦然○敷芳夫反然後出迎客客固辭又讓先入主人
肅客而入肅進也進客謂道之○道音導主人入門而右客入門而左
右就其右左就其左主人就東階客就西階客若降等則就主人
之階降下也謂大夫於君士於大夫也不敢輒由其階卑統於尊不敢自尊主人固辭然
後客復就西階復其正○復音服後同更不重出○重言主人固辭又下文主人
與客讓登主人先登客從之拾級聚足拾當為涉聲之誤也級等也涉
等聚足謂前足躡一等後足從之併○拾依注音涉級音急階等攝女攝反併步頂反連步以上
重蹉跌也連步謂足相隨不相過也○上時掌反下皆同重直勇反徐治恭反蹉本亦作差同七何反跌大結

反過古卧反後不音者放此上於東階則先右足上於西階則先左
足近於相鄉敬○帷薄之外不趨不見尊者行自由不為容也入則容行而張足曰趨
○帷位悲反帷慢也薄平搏反簾也堂上不趨為其迫也堂下則趨○為于僞反下並同迫音伯重
言堂上不趨又見少儀問喪執玉不趨志重玉也聘礼曰上介授賓玉於廟門外○介音界堂
上接武武迹也迹相接謂每移足半躡之中人之迹尺二寸堂下布武武謂每移足各自成
迹不相躡室中不翔又為迫也行而張拱曰翔並坐不橫肱為害旁人○並如字又步
頂反後放此肱古弘反授立不跪授坐不立為煩尊者俛仰受之○跪求妻反本又作
危授坐本又作俛仰重意授立不蹝授坐不立少儀受立不坐○凡為長者糞之禮必
加帚於箕上如是得兩手奉箕恭也謂初執而往時也弟子取曰執箕膺厥中有帚○為于僞
反糞本又作攢徐音舊掃席前曰攢帚之手反箕音基膺於陵反葉如字箕舌以袂拘而退其
塵不及長者謂埽時也以袂擁帚之前埽而却行之○袂武世反衣袖末拘古候反徐音俱埽先
報反又先早反擁於勇反以箕自鄉而扱之扱讀曰吸謂极糞時也箕去弃物以鄉尊者則

閩君綏衲注綏讀為安士毛本不誤

字依鄭注誤入陸氏音义

第一頁注仝人之仝誤作令注貌字
誤作猊　敖不可長四句音义欲如字不妨
一音樂極如字下同皇佗力反反下有之未

二字　自家屬字下有二書二字

不恭。扱許急反歛也去丘吕反下注同奉席如橋衡横奉之令左昂右低如有首尾然橋井上
擇槹衡上低昂。橋居廟反令力呈反昂本又作卬又作仰同五剛反又魚丈反下同擇本又作契又作絜同
音結槹右毫反擇槹依字作桔槹見莊子請席何鄉請衽何趾順尊者所安也衽臥席也
坐問鄉臥問趾因於陰陽。衽而審反趾音止重意請席何鄉請衽何趾內則奉席請何鄉將衽長者奉席請
何趾席南鄉北鄉以西方為上東鄉西鄉以南方為上布席
無常此其順之也上謂席端也坐在陽則上左坐在陰則上右。坐才臥反又如字若非飲食之
客則布席席間函丈謂講問之客也函猶容也講問宜相對容丈足以指畫也飲食之客
布席於牖前丈或為杖。函胡南反丈如字丈尺之丈王肅作杖畫胡麥反牖羊九反主人跪正
席雖來講問猶以客礼待之異於弟子客跪撫席而辭撫之者畣主人之親正
重席主人固辭徹去也去重席謙也再辭曰固。重直龍反注同毋辭曰固一本作曰固辭
客踐席乃坐客安主人乃敢安也講問宜坐主人不問客不先舉客自外來
宜問其安否无恙及所為來故。恙羊尚反尔雅云憂也為于偽反下同將即席容毋作作顏

色變也。作才洛反慙也兩手摳衣去齊尺齊謂裳下緝也。齊音咨注同本又作齋緝七
立反衣毋撥撥發揚貌。撥半末反足毋蹶蹶行遽貌。蹶本又作蹷居衛反又求月反遽
其據反□先生書策琴瑟在前坐而遷之戒勿越廣敬也在前謂
當行之前。策本又作筴初革反編簡也虛坐盡後謙也。尽津忍反後放此食坐盡前
為汙席。汙汙辱之汙又故反後放此坐必安執爾顏執猶守也長者不及毋
儳言儳猶暫也非類雜。儳仕鑒反正爾容聽必恭聽先生之言既說又敬。說音悦
毋勦說勦猶擘也謂取人之說以為己說。勦初交反一音初教反擘取說如字注同徐舒銳反擘徐
力敢反毋雷同雷之發声物无不同時應者人之言當各由已不當然也孟子曰人無是非之心非
人也。應應對之應下同必則古昔稱先王言必有依據侍坐於先生先
生問焉終則對不敢錯乱尊者之言。坐才卧反後放此。重意侍坐於先生玉藻侍食於先
生請業則起請益則起尊師重道也起若今摳衣前請也業謂篇巻也益謂受說不了
欲師更明說之子路問政子曰先之勞之請益曰無倦。巻音眷父召無諾先生召無

諾唯而起應辭唯恭於諾○唯于癸反徐于比反重意父召無諾玉藻父命呼唯而不諾侍坐
於所尊敬毋餘席必盡其所近尊者之端為有後來者○為于為反下為饌同見同
等不起不為私敬燭至起異晝夜食至起為饌變上客起敬尊者燭
不見跋跋本也燭盡則去之嫌若燼多有厭倦○見賢徧反跋半末反去起呂反下風去免去同燼才
性反厭於藍反下同尊客之前不叱狗主人於尊客之前不敢倦嫌若風去之○叱尺質反
狗古口反風芳鳳反讓食不唾嫌有穢惡唾吐卧反穢紆廢反徐烏外反惡烏路反○侍坐
於君子君子欠伸撰杖屨視日蚤莫侍坐者請出矣以君
子有倦意也撰猶持也○欠丘斂反伸音身撰仕轉反屨紀具反下同蚤音早莫音暮重言侍坐於君子本篇
二少儀一○重意少儀問日之蚤莫侍坐於君子君子問更端則起而對
離席對敬異事也君子必令復坐○離力智反令力呈反侍坐於君子若有告者曰
少間願有復也則左右屏而待復白也言欲須少空間有所白也屏猶退也隱
也○間音閑注同毋側聽嫌探人之私也側聽耳屬於垣○探音貪屬之玉反垣音袁毋噭

應毋淫視毋怠荒遊毋倨立毋跛坐毋箕寢毋伏斂髮毋髢冠毋免勞毋袒暑毋褰裳皆為其不敬嗷号呼之声也淫視睇眄也怠荒放散身体也跛偏在也伏覆也髦髲也毋垂餘奸髮也免去也褰袪也髢或為肆○嗷古弟反視如字徐市志反倨音據跛彼義反又波我反髢徒細反髲垂如髲袒徒早反露也褰起連反為于偽反下為妨為干皆為為其為後同号户高反本又作啼字呼火故反又如字睇大計反眄莫遍反覆芳伏反髲皮義反袪丘魚反肆以二反餘也○侍坐於長者屨不上於堂屨賤空則不陳於尊者之側○上時掌反

丁

解屨不當敢階為妨後升者○妨音方就屨跪而舉之屏於側謂獨退也就猶著也屏亦不當階○著于畧反鄉長者而屨跪而還屨俯而納屨謂長者送之也不得屏迸之而已俯俛也納內也迸或為還離坐離立毋往參焉離立者不出中間為干人私也离兩也○男女不雜坐不同椸枷不同巾櫛不親授嫂叔不通問諸母不漱裳外言不入於梱內言不出於梱女子許嫁纓非有大故不入其門姑姊

妹女子子已嫁而反兄弟弗與同席而坐弗與同器而食

皆為重別防淫乱不雜坐謂男子在堂女子在房也椸可以枷衣者通問謂相稱謝也諸母庶母也漱澣也庶母賤可使漱衣不可使漱裳裳賤尊之者亦所以遠別外言内言男女之職也不出入者不以相問也梱門限也女子許嫁繫纓有從人之端也大故宮中有災変若疾病乃後入也女子有宮者亦謂由命士以上也春秋傳曰羣公子之舍則已卑矣女子十年而不出嫁乃成人可以出矣猶不與男子共席而坐亦遠別也○椸羊支反衣枷也枷本又作架又音嫁古本無此字攝側乙反嫂字又作嫂素早反漱悉侯反梱本又作閫苦本反別彼列反下及注同澣戶管反重言外言不入於梱内言不出於梱又内則女子子又喪服表記重意内則篇男女不同椸枷又内言不出外言不入

父子不同席

異尊卑也重意内則男女不同席

男女非有行媒不相知名

見媒往来傳婚姻之言乃相知姓○媒音梅傳直專反

非受幣不交不親

重別有礼乃相纏固

故日月以告君

周礼凡取判妻入子者媒氏書之以告君謂此也○判普叛反

齊戒以告鬼神

昏礼凡受女之礼皆於廟為神席以告鬼神謂此也○齊側皆反

為酒食以召鄉黨僚友

會賓客也

以厚其別

為其
ォ偶也取妻不取同姓故買妾不知其姓則卜之近
獸也妾賤或時非媵取之於賤者世无本繫〇取七住
反本亦作娶下賀取妻同媵羊證反又繩證反繫音計
又戶計反重言取妻不娶同姓故寡婦之子非有見焉
買妾不知其姓則卜之又坊記
弗與為友辟嫌也有見謂有奇才卓然衆人所知〇見
賢遍反辟音避下同餘枚此重言寡婦之子
坊記重意坊記不
有見焉則弗友也〇賀取妻者曰某子使某聞子有客
使某羞謂不在賓客之中使人徃者羞進也言進於客
古者謂候為進其礼蓋壺酒東脩若大也不件
主人昏貧者不以貨財為禮老者不以筋力為禮礼許
礼不賀儉不
非无也年五十始杖八十拜〇名子者不以國不以日
君命一坐再至〇筋音斤
月不以隱疾不以山川此在常語之中為後難諱也春
秋傳曰名終將諱之隱疾衣中
之疾也謂若黑瞖黑肬美疾在外者雖不得言尚可指
摘此則无時可辟俗語云隱疾難為醫〇瞖徒孫反適
吐曆反或音的醫於其反重意內則凡名子不以日月
不以國不以隱疾互注左桓六年子同生公問名於申
繻對曰名有五有信有義有象有假有類不以國不以
官不以山川不以隱疾故以國則廢名以官則廢職以

山川則廢主晉以僖侯廢司徒宋以武公廢司空先君獻武廢二山是以大物不可以命○男女異

長各自為伯季也男女二十冠而字成人矣敬其名○冠古乱反重意上文二十日弱冠

内則二十而冠父前子名君前臣名對至尊无大小皆相名女子許嫁笄

而字以許嫁為成人○笄古兮反重意内則十有五年而笄○凡進食之禮左殽

右胾食居人之左羹居人之右皆便食也殽骨体也胾切肉也食飯屬也居人

左右明其近也殽在俎胾在豆○殽户交反熟肉有骨曰殽胾仄吏反大腐食音嗣飯也注食飯属同羹古衡

反便婢面反下同近如字膾炙處外醯醬處内殽胾之外内也近醯醬者食之主膾炙皆

在豆○膾古外反炙章夜反注同醯徐音海本又作醢呼兮反醬子匠反葱滐處末滐烝葱也處醯

醬之左言末者殊加也滐在豆○滐以制反烝之承反酒漿處右處羹之右此言若酒若漿耳兩

有之則左酒右漿此大夫士向賓客燕食之礼其礼食則冝放公食大夫礼云○漿子羊反燕燕本亦作宴於適

反放方兩反食音嗣此儀礼篇名也後放此下人及注執食同重意少儀客爵居左其飲居右以脯脩

置者左朐右末亦便食也屈中曰朐○朐其俱反客若降等執食興辭

辝者辝主人之臨己食若欲食於堂下然 主人興辭於客然後客坐 復坐重言文下

文 主人延客祭 延道也祭祭先也君子有事不忘本也客不降等則先祭○客祭礼飲食必祭

示有所先也于宝注周礼云祭五行六陰之伸爲人起居道音尊 祭食祭所先進 主人所先

進先祭之所後進後祭之如其次 殽之序徧祭之 謂胾炙膾也以其本出於性体也公食大

夫礼魚腊湆醬不祭也○徧音遍下注同腊音昔湆音泣 三飯主人延客食胾然後

辯殽 先食胾後食殽殽尊也凡食殽辯於肩食肩則飽也○飯扶晚反下注礼飯以手同依字書食旁作

下扶万反食旁作反扶晚反二字不同今則混之故隨俗而音此辯音遍下同 主人未辯客不

虛口 侯主人也虛口謂酳也客自敵以上其酳不待主人飽主人不先飽也○酳音亂又士覲反潄口也

以酒曰酳以水曰潄 侍食於長者主人親饋則拜而食 勸長者食耳虽賊不

得執食興辝拜而已示敬也○饋其類反重言侍食於長者又下文 主人不親饋則不拜

而食 以其礼於己不隆重意坊記主人親饋則客祭主人不親饋則客不祭 共食不飽 謙也

謂共羹飯之大器也 共飯不澤手 爲汙手不絜也澤謂接莎也礼飯以手澤或爲擇○爲于偽反

汗下半反本或作汗接乃禾反沆耳佳反莎息禾反又息隨反毋摶飯為欲致飽不嫌○摶徒湍反為
于偽反下皆同毋放飯去手箇飯於器中人所穢○去起呂反毋流歠大歠嫌欲疾○歠州
悅反重言毋放飯毋流歠又少儀毋咤食嫌傳之○咤陟嫁反叱咤也毋齧骨為有声響
不敬○齧五結反毋反魚肉為己歷口人所穢毋投與狗骨為其賤飲食之物
毋固獲為其不廉也欲專之曰固争取曰獲○獲如字鄭横霸反一音護毋揚飯飯黍
毋以箸毋嚃羹亦嫌欲疾也嚃為不嚼菜○飯扶晚反著直慮反説文云飯敢也嚃他荅反一
音吐計反又音退嚼疾略反毋絮羹為其詳於味也絮猶調也○絮勑慮反謂加以盐梅也
毋刺齒為其弄口也口容止○刺七亦反弄謄凍反毋歠醢亦嫌詳於味也歠者為其淡故
○淡度敢反客絮羹主人辭不能亨客歠醢主人辭以窶僂貧
○亨普彭反煮也窶其禹反貧也濡肉齒決決猶斷也○濡音濾字亦作濾斷音每乾肉
不齒決堅宜用手毋嘬炙為其貪食甚也嘬謂一舉尽脔特牲少牢嚌之加于俎○嘬初怪反
炙章夜反脔力轉反少徐武照反凡少牢皆同嚌才細反卒食客自前跪徹飯齊以

○華

授相者謙也自從也齊醬屬也桓者主人贊饌者公食大夫礼賓卒食北面取粱与醬以降也○卒子
恤反後更不音者同齊本又作齏將兮反相息亮反及注同主人與辭於客然後客
坐不聽親徹侍飲於長者酒進則起拜受於尊所降席拜受敬也燕飲
之礼鄉尊○鄉音向長者辭少者反席而飲長者舉未釂少者不
敢飲不敢先尊者尽爵曰釂燕礼曰公卒爵而後飲也○少式召反下皆同釂子妙反尽也先悉薦反又
如字長者賜少者賤者不敢辭不敢亢礼也賤者僮僕之屬○亢苦浪反僮音同
賜果於君前其有核者懷其核嫌弃尊者物也木實曰果○核戶革反
御食於君君賜餘器之溉者不冩其餘皆冩重汙辱君之器也溉
謂陶梓之器不溉謂萑竹之器也冩者傳己器中乃食之也勸侑曰御○溉古愛反重直勇反徐治龍反陶音
桃厓器也沈音遥萑音丸葺也傳直專反侑音又餕餘不祭父不祭子夫不祭
妻食人之餘曰餕ニ而不祭唯此類也食尊者之餘則祭盛之○餕子閭反御同於長者雖
貳不辭謂侍食於長者餕具与之同也貳謂重殽膳也辞之為長者嫌○重直龍反偶坐不

辭盛饌不為已○偶五口反配也日副貳也坐才卧反又如字羹之有菜者用梜其
無菜者不用梜梜猶著也今人或謂著為梜提○梜古叶反沇音甲字林作筴云箸也公治反
著直慮反為天子削瓜者副之巾以絺副析也既削又四析之乃横斷之而巾覆
焉○為于偽反下同削息暑反瓜古華反副普反絺勑宜反細葛析星歷反下同斷音短下同逼為國
君者華之巾以綌華中裂之不四析也○華胡瓜反綌去逆反麁葛也為大夫累
之累倮也謂不巾覆也○累力果反又如字倮力果反士疐之不中裂横斷去疐而已○疐音帝去
起呂反庶人齕之不横斷○齕恨沒反徐胡切反父母有疾冠者不櫛行
不翔憂不為容也○冠如字徐古亂反為如字徐于偽反言不惰憂不在私好惰不正之言○惰
徒禾反徒卧反琴瑟不御憂不在樂食肉不至變味飲酒不至變
貌憂不在味笑不至矧怒不至詈憂在心難變也齒本曰矧大笑則見○矧本又作哂
失忍反詈力智反罵詈疾止復故自若常也有憂者側席而坐側猶特也憂不
在接人不布它面席有喪者專席而坐降居処也專猶單也○水潦降不獻

魚鼈不饒多也○潦音老雨水謂之潦獻鳥者佛其首為其喙害人也佛戾也蓋為小
竹籠以冒之○佛本又作拂扶弗反下同為于偽反下為其同喙吁廢反陟遘反又知胄丁角反戾力計反籠
力東反冒莫報反畜鳥者則勿佛也畜養也養則馴○畜許六反徐况又反馴似遵反狎
也徐食倫反沈養純反獻車馬者執策綏獻甲者執胄獻杖者執
末獻民虜者操右袂獻粟者執右契獻米者操量鼓獻
熟食者操醬齊獻田宅者操書致凡操執者謂手所舉以告者也設其大者
舉其小者便也甲鎧也胄兜鍪也民虜軍所獲也操其右袂御之契券要也右為尊量鼓量器名○綏音雖執
以登車者胄直又反操七刀反持也下及注皆同契若計反量音亮又音良升斛鼓隱義云樂浪人呼為十二
石者為鼓齊本又作蚤同子兮反便婢面反鎧苦愛反兜丁侯反鍪莫侯反券字又作蒸音勸凡遺人
弓者張弓尚筋弛弓尚角弓有往來体皆欲令其下曲隤然順也遺人無時己定体
則張之味定体則弛之○遺于季反与也注同弛本又作施同式是反謂不張也注同隤本又作頹徒回反
右手執簫左手承弣○簫弭頭也謂之簫簫邪也弣把中○弣音撫徐音甫下同弭亡婢反

弓末也邪似嗟反把音霸手執知也尊卑垂帨帨佩巾也磬折則佩垂授受之儀尊卑一○帨徐始

銳反磬徐苦定反折徐時列反又之列反沈云舊音逝若主人拜拜受也則客還辟

辟拜辟拜謙不敢當○辟辟上扶亦反下音避注同主人自受由客之左接下

承弣由從也從客之左右客尊之接下接客手下也承弣卻手則簫覆手尚○覆芳服反与音餘鄉

與客並然後受於堂上則具南面禮敵者並授進劍者左首左首尊也進戈

者前其鐏後其刃進矛戟者前其鐓後刃敬也三兵鐏鐓雖在下猶為首

銳底曰鐏取其鐏地平底曰鐓取其鐓地○鐏在困反舊子困反注同一讀注音作音反矛本又作鉾音謀兵

錞

器鐓本又作鐓徒對反注同一讀注丁亂反銳以銳反底丁禮反進几杖者拂之尊者所焉

依拂去塵欲○拂如字焉皮氷反去起呂反效馬效羊者右牽之用右手便效猶呈見

○效胡教反下同便婢面反見賢遍反效犬者左牽之大齧齧人右手當禁備之○齧本亦

作噬常世反執禽者左首左首尊飾羔鴈者以繢繢畫也諸侯大夫以布天

子大夫以畫○繢胡對反受珠玉者以掬慎也掬手中○掬九六反兩手曰掬受弓劍

者以袂敬也飲玉爵者弗揮為其宝而脆○揮音輝何云振去餘酒曰揮脆七歲反
凡以弓劍苞苴簞笥問人者問猶遺也苞苴裹魚肉或以葦或以芼簞笥盛飯食
者圓曰簞方曰笥○苞苴子餘反苞裹也苴藉也簞音單笥思嗣反簞笥竹器也裹音果葦韋鬼反盛音成圓
音貟操以受命如使之容謂使者○使色吏反注及下使者使也並同凡為君
使者已受命君言不宿於家急君使也言謂有故所問也聘礼曰君有言則以束
帛如享礼○為于偽反下注為哀樂為其廢事並同君言至則主人出拜君言之
辱使者歸則必拜送于門外敬君命也此謂國君問事於其臣重言聘義拜君命
之辱若使人於君所則必朝服而命之使者反則必下堂
而受命此臣有所告請於其君○朝音條○愽聞強識而讓敦善行而
不怠謂之君子敦厚也○識如字又式異反行下孟反皇如字怠音代君子不盡
人之歡不竭人之忠以全交也歡謂飲食忠謂衣服之物禮曰君子
抱孫不抱子此言孫可以為王父尸子不可以為父尸

貲於有病者之側不能饋焉則不問其所欲有客不能館則不問其所舍○適墓不登壟為其
不敬壟冢也墓塋域○壟力勇反塋音營助葬必執紼葬喪之大事紼引車索○紼音弗引車本
亦作引棺索悉各反臨喪不笑臨哀宜有哀色揖人必違其位礼以变為敬望
柩不歌入臨不翔哀傷之无容樂○柩求又反臨如字舊力鴆反當食不歎食或
以樂非歎所鄰有喪舂不相里有殯不巷歌助哀也相謂送杵声○舂束容
反相息亮反注同杵昌呂反重言見檀弓上適墓不歌非樂所哭日不歌哀未忘也
送喪不由徑送葬不辟塗潦所哀在此○徑經定反邪路也辟音避下注同臨
喪則必有哀色執紼不笑臨樂不歎介胄則有不可犯
之色貌而事宜相配介甲也故君子戒慎不失色於人色厲而內荏皃恭心
狠非情者也○荏而審反柔弱皃狠胡懇反國君撫式大夫下之大夫撫式
士下之撫猶據也據式小俛崇敬也乘車必正立○俛音免禮不下庶人為其遽於事且
不能備物○下遐嫁反又如字遽其庶反刑不上大夫不與賢者犯法其犯法則在八議輕重不

在刑書。上時掌反而音預刑人不在君側為怨恨為害也春秋傳曰近刑人則輕死之道

○兵車不式尚威武不崇敬重意少儀武車不式武車綏旌尽飾也綏謂垂舒之也武車亦兵車。綏耳隹反德車結旌不尽飾也結謂收斂之也德車乘車○史載筆士載言謂從於會同各持其職以待事也筆謂書具之屬言謂會同盟要之辭前有水則載青旌前有塵埃則載鳴鳶前有車騎則載飛鴻前有士師則載虎皮前有摯獸則載貔貅載謂舉於旌首以警衆也禮君行師從卿行旅從前驅舉此則士衆知所有所舉各以其類象青二雀水鳥鳶鳴則將風鴻取飛有行列也士師謂兵衆虎取其有威勇也貔貅亦摯獸也書曰如虎如貔士或為仕○載音戴下及注同埃烏來反鳶說專反鴟也騎其寄反摯音至貔孔安國云执勇反虎屬皆健貅本亦作貅許求反從才用反行戶剛反行前朱鳥而後玄武左青龍而右白虎招搖在上急繕其怒以此四獸為軍陳象天也急猶堅也繕讀曰勁又畫招搖星於旌旗上以起居堅勁軍之威怒象天帝也招搖星在北斗杓端主指者○招搖如字北斗第七星繕依注音勁吉政反陳直覲反杓敷昭反進退有度

度謂伐與步數重言進退有度經辭左右有局各司其局局部分也○分扶問反○
父之讎弗與共戴天父者子之天殺己之天與共戴天非孝子也行求殺之乃止○讎常
由反兄弟之讎不反兵恒執殺之備交遊之讎不同國讎不吾辟則殺
之交遊或為朋友○四郊多壘此卿大夫之辱也辱其謂人之國不能安也
壘軍辟也數見侵伐則多壘○壘徐力鬼反壁本又作辟布狄反數色角反地廣大荒而不
治此亦士之辱也辱其親民不能安荒穢也○臨祭不惰為无神也○為于偽
反下為不為其為有皆同祭服敝則焚之祭器敝則埋之龜筴敝則
埋之牲死則埋之此皆不欲人褻之也焚之必己不用埋之不知鬼神之所為○埋武乖反
褻息列反慢也凡祭於公者必自徹其俎臣不敢煩君使也大夫以下或使人歸之
祭於公助祭於君也○使色吏反○卒哭乃諱敬鬼神之名諱辟也生者不相辟名衛侯名惡
大夫有名惡君臣同名春秋不非○辟音避下皆同禮不諱嫌名二名不偏諱為其
難辟也嫌名謂声音相近若禹與雨丘與區也偏謂二名不一一諱也孔子之母名徵在言在不稱徵言徵不

稱在○禹兩雨並于矩反一讀兩音于許反丘兩區並去求反一讀區音羌虯反案漢和帝名肇不改京兆郡魏武帝名操陳思王詩云脩阪造雲日是不諱嫌名重言二名不遍諱又檀弓下逮事父母則諱王父母不逮事父母則不諱王父母逮及也謂幼孤不及識父母恩不至於祖名孝子聞名心瞿諱之由心此謂庶人適士以上廟事祖雖不逮事父母猶諱祖○逮音代又大計反瞿本又作懼同俱付反適丁歷反君所無私諱謂臣言於君前不辟家諱尊无二大夫之所有公諱辟君諱也重意玉藻於大夫所有公諱无私諱詩書不諱臨文不諱為其失事正重言臨文不諱又玉藻廟中不諱為有事於高祖則不諱曾祖以下尊无二也出於下則諱上重言廟中不諱又玉藻夫人之諱雖質君之前臣不諱也臣於夫人之家恩遠也質猶對也婦諱不出門婦親遠於宮中言辟之大功小功不諱入竟而問禁入國而問俗入門而問諱皆為敬主人也禁謂政教俗謂常所行而所惡也國城中也○竟音境惡烏路反○外事以剛日順其出為陽也出郊為外事春秋傳曰甲午祠兵內事以柔日順其居內為陰重意表記外事用剛日內事用柔日

以孫向祖昭穆同○昭時招反重意祭統孫為王父尸為君尸者大夫士見之則
下之君知所以為尸者則自下之尊尸也下下車也國君戓時幼少不能盡
識羣臣有以告者乃下之○少式召反尸必式礼之重言尸必式又曾子問雜記乘必以
几尊者慎也○乘繩證反下注二処乘車同齊者不樂不弔為哀樂則失正散其思也○齊
側皆反樂音洛下无容樂非樂所同思絲嗣反又如字○居喪之禮毀瘠不形視
聽不衰為其廢喪事形謂骨見○瘠在昔反瘦也見賢遍反升降不由阼階出入
不當門隧常若親存隧道也○阼才故反隧音遂居喪之禮頭有創則沐
身有瘍則浴有疾則飲酒食肉疾止復初不勝喪乃比
於不慈不孝勝任也○創初良反又初亮反瘍音羊本或作痒勝音升任而金反重意雜記下身
有痒則俗首有瘡則沐○檀弓上喪有疾食肉飲酒雜記下有疾飲酒食肉又病則飲酒食肉喪大記有疾食
肉飲酒可也五十不致毀六十不毀七十唯衰麻在身飲酒
食肉處於內所以養衰老人五十始衰也○衰七雷反重言五十不致毀六十不毀又雜記下七

十唯衰麻在身又喪大記一
生與来日死與往日
與猶數也生數来日謂成服杖以死明日數也死數往日謂殯斂以死日數也此士礼貶於大夫者大夫以上皆以来日數士喪礼曰死日而襲厥明而小斂又厥明大斂而殯則死三日而更言三日成服杖以異日矣喪大記曰士之喪二日而殯三日之朝人杖二者相推其然朋矣而或為予○數所主反下皆同殯必刃反斂力驗反下同貶彼檢反
知生者弔知死者傷○知生而不知死弔而不傷知死而不知生傷而不弔
人恩各施於所知也弔傷皆謂致命辭也雜記曰諸侯使人弔辭曰寡君聞君之喪寡君使某如何不淑此施於生者傷辭未聞也說者有弔辭云皇天降灾子遭罹之如何不淑此施於死者蓋本傷辭辭畢退皆哭○傷知字下同
弔喪弗能賻不問其所費問疾弗能遺不問其所欲見人弗能館不問其所舍賜人者不曰来取與人者不問其所欲
皆謂傷恩也見人見什人館舍也而人不問其所欲己物或時非其所欲將不而也○賻音附公羊傳曰錢財曰賻穀梁傳曰歸生者曰賻不問其所費芳味反一本作有所費下句放此遺于季反而也為于僞反下為其皆同重意表記君子於有喪者之側不能賻焉則不問其所

凡卜筮日旬之外曰遠某日旬之内曰近某日旬十日也○筮
市制反喪事先遠日吉事先近日孝子之心喪事葬与練詳也吉事祭祀冠取之
屬也○冠古亂反曰為日假爾泰龜有常假爾泰筮有常命龜筮辭
龜筮於吉凶有常大事卜小事筮○假古雅反下同卜筮不過三求吉不過三魯四卜郊春秋譏
之卜筮不相襲卜不吉則又筮筮不吉則又卜是瀆龜筴也晉獻公卜取驪姬不吉公曰筮之
是也○瀆徒木反驪力知反○重言又表記龜為卜筴為筮卜筮者先聖王
之所以使民信時日敬鬼神畏法令也所以使民決嫌
疑定猶與也故曰疑而筮之則弗非也日而行事則必
踐之弗非无非之者日所卜筮之吉日也踐讀曰善声之誤也筴或為蓍○与音預本亦作豫踐依注音
善王如字云履也蓍音尸互註書洪範乃命卜筮汝則有大疑謀及卜筮左相十一年卜以決疑不疑何卜
○君車將駕則僕執策立於馬前監駕其為馬行○監古御反為干僞反
己駕僕展軨展軨具視○軨歷丁反一音領盧云車轄頭靼也舊云車闌也效駕日己駕

奮衣由右上取貳綏奮振去塵也貳副也○上時掌反下犬馬不上下注而上車同去羌呂反跪乘未敢立敬也○乘繩證反下除乘君不乘奇車乘路馬皆同執策分轡驅之五步而立調試之○轡悲位反四馬八轡故去分君出就車則僕并轡授車上僕所主○并必政反左右攘辟謂羣臣陪位侍駕者攘卻也或者攘古讓字○攘如羊反卻也又音讓辟音避徐扶亦反車驅而騶至于大門君撫僕之手而顧命車右就車門閭溝渠必步車右勇力之士備制非常者君行則陪乘君式則下步行○驅起俱反徐起遇反騶仕救反又七須反凡僕人之禮必授人綏若僕者降等則受不然則否若僕者降等則撫僕之手不然則自下拘之撫小止之謙也自下拘之由僕手下取之也僕而已同爵則不受○拘古侯反又音俱客車不入大門謙也婦人不立乘異於男子犬馬不上於堂非摯幣也○摯本亦作贄音至故君子式黃髮敬老也發句言故明此衆篇雜辭也下卿位尊賢也卿位卿之朝位也君出過之而上車入未至而下車○朝直遙反下同入國不馳愛人也馳善藺

一卷十七

人也○藺力刃反入里必式不誣十室君命召雖賤人大夫士必自

御之御當為訝訝迎也君雖使賤人来必自出迎之尊君命也春秋傳曰跛者御跛者眇者御眇者皆訝

也世人乱之○訝五嫁反跛波我反眇名小者介者不拜為其拜而蓌蓌則矢容節蓌

猶詐也○蓌子卧反又側嫁反挫也沈祖稼反又子猥反盧本又作蹲重言介者不拜又見少儀篇祥車

曠左空神位也祥車葬之乘車乘君之乘車不敢曠左左必式君存惡空

其位○惡烏路反僕御婦人則進左手後右手遠嫌○遠于万反重意下篇則

尚左手御國君則進右手後後左手而俯敬也國君不乘奇

車出入必正也奇車獵衣之屬○奇居冝反奇邪不正之車何云不如法之車車上不廣欬

為若自矜廣猶弘也○欬開代反不妄指為惑衆立視五巂立平視也巂猶規也謂輪

轉之度巂或為○巂本又作巂惠主反車輪轉一周為巂一周丈九尺八寸地本又作蕤如挫反式

視馬尾小俛顧不過轂為掩在後國中以策彗卹勿驅塵不出

軌入國不馳彗竹帚卹勿搔摩也○彗音遂徐雖醉反又因歲反卹蘇沒反注同驅如字勿音沒搔蘇刀反

摩莫何反國君下齊牛式宗廟大夫士下公門式路馬乘路馬必朝服載鞭策不敢授綏左必式步路馬必中道以足蹙路馬芻有誅齒路馬有誅皆廣敬也路馬君之馬載鞭策不敢執也齒欲年也誅罰也○齊則皆反鞭必綿反蹙本又作蹴徐采六反又子六反

曲禮下第二　鄭氏註

凡奉者當心提者當帶高下之節○奉本亦作捧同芳勇反提徒兮反執天子之器則上衡謂高於心彌敬也此衡謂與心平○上時掌反國君則平衡大夫則綏之士則提之綏讀曰妥妥之謂下於心○綏湯果反又他回反執輕如不克重慎之也主君也克勝也○勝音升執主器操幣圭璧則尚左手行不舉足車輪曳踵重慎也尚左手尊左也車輪謂行不絕也○操七刀反行不舉足一本作行舉足曳以制反踵支勇反重言行不舉足文玉藻重意玉藻舉則曳踵○上篇則進左手

立則磬折垂佩主佩倚則臣佩垂主佩垂則臣佩委君臣

俛仰之節倚謂附於身小俛則垂大俛則委於地折之列反又市列反一音逝佩步內反倚於綺反○執
玉其有藉者則裼無藉者則襲藉藻也裼襲文質相變耳有藻為文裼見美亦
文无藻為質襲充美亦質圭璋特而襲璧琮加束帛而裼亦是也○藉在夜反下同裼星歷反藻音早本又作
纏見賢遍反琮才冬反○國君不名卿老世婦大夫不名世臣姪
娣士不名家相長妾雖貴於其國家猶有所尊也卿老上卿也世臣父時老臣○姪大節
反字林丈一反娣大計反相息亮反長丁丈反下注長老同君大夫之子不敢自稱
曰余小子辟天子之子未除喪之名君大夫天子大夫有土地者○辟音避下同大夫士
之子不敢自稱曰嗣子某亦辟其君之子未除喪之名重言大夫士之子又內則
不敢與世子同名辟借傚也其先之生則亦不改世或為大○借作念反傚胡孝反重言不
敢與世子同名又內則○君使士射不能則辭以疾言曰某有負
薪之憂射者所以觀德唯有疾可以辭也使士射謂以備耦也憂或為疾○使音史射市夜反則辭以
疾如字本又作有疾為疾如字本又作疢音救侍於君子不顧望而對非禮也

礼尚謙也不顧望若子路師尔而對○君子行禮不求變俗求猶務也不務變其故俗
重本也謂去先祖之國居他国祭祀之禮居喪之服哭泣之位皆如其
國之故謹脩其法而審行之其法謂其先祖之制度若夏殷去國三世
爵禄有列於朝出入有詔於國三世自祖至孫踰久可以忘故俗而猶不變若
爵禄有列於朝謂君不絶其祖祀復立其族若藏紇奔鄒立藏為矣詔告也謂而卿大夫吉凶往來相赴告○
三世盧王云世歳也萬物以歳為世朝直遥反下皆同復扶富反下復還同紇恨發反徐胡切反沈胡謂反
若兄弟宗族猶存則反告於宗後謂无列無詔者反告亦謂吉凶也宗後宗
子也去國三世爵禄無列於朝出入無詔於國唯興之日
從新國之法以故國與己无恩仍謂起為卿大夫○君子已孤不更名亦重
本己孤暴貴不為父作謚子事父无貴賤○為于偽反謚音示○居喪未
葬讀喪禮既葬讀祭禮喪復常讀樂章為礼各於其時居喪不
言樂祭事不言凶公庭不言婦女非其時也○振書端書於

君前有誅倒筴側龜於君前有誅臣不豫事不敬也振去塵也端正也倒顛
倒也側反側也皆謂甫省視之○倒多老反去羌呂反下徹猶去去琴瑟同顛丁田反龜筴几杖
席蓋重素袗絺綌不入公門龜筴嫌問國家吉凶几杖嫌自長老席蓋載喪車也
雜記曰士輤葦席以為屋蒲席以為裳帷重素衣裳皆素喪服也袗單也孔子曰當暑袗絺綌必表而出之為
其形褻○重素直龍反注同重素衣裳皆素袗之忍反輤千見反葦于鬼反為于偽反重言袗絺綌不入公門
又玉藻袗作振不入公門六本篇三玉藻三苞屨扱衽厭冠不入公門此皆凶服
也苞藨也齊衰藨蒯之菲也問喪曰親始死扱上衽厭猶伏也喪冠厭伏苞或為菲○苞白表反草也扱初洽
反衽而審反厭於涉反藨白表反又扶苗反齊本又作齊音咨衰七雷反下同蒯苦怪反菲扶味反屨也書
方衰凶器不以告不入公門此謂喪在內不得不入當先告君耳方板也士喪禮
下篇曰書賵於方若九若七若五凶器明器也○板字又作版音同賵芳仲反車馬曰賵公事不私
議嫌若姦也○君子將營宮室宗廟為先廐庫為次居室為
後重先祖及國之用○廐九又反○凡家造祭器為先犧賦為次養器

爲後大夫稱家謂家始造事犧賦以稅出牲○凡家造才早反犧許宜反養羊尚反一如字無田
祿者不設祭器有田祿者先爲祭服祭器可假祭服宜自有君子
雖貧不粥祭器雖寒不衣祭服爲宮室不斬於丘木廣敬
鬼神也粥賣也丘壟也○粥音育不於既反大夫士去國祭器不踰竟此用君祿
所作取以出竟恐辱親也○去國祭器不踰竟音境注及下同一本作大夫士去國下去國踰竟亦然大
夫寓祭器於大夫士寓祭器於士寓寄也與得用者言寄覬己後還○寓魚
具反覬音冀大夫士去國踰竟爲壇位鄉國而哭素衣素裳
素冠徹緣鞮屨素簚乘髦馬不蚤鬋不祭食不說人以
無罪婦人不當御三月而復服言以喪禮自處也臣无君猶无天也壇位除地
為位也徹猶去也鞮屨无絇之菲也簚覆苓也髦馬不鬄落也蚤讀為爪鬋鬋鬢也不自說於人以无罪嫌惡
其君也御接見也三月一時天氣變可以遂去也簚或爲幕○壇徐音善注同鄉許亮反緣悅絹反鞮都兮反
又徒兮反簚本又作幭莫曆反注同白狗皮髦音毛蚤依注音爪反謂除爪也鬋子淺反絇求俱反苓力丁反車

闌鬄吐曆反又他計反詤亦芳反又如字惡烏路反見賢遍反下文見國君注謂見同幕莫曆反又音莫大
夫士見於國君君若勞之則還辟再拜稽首謂見君既拜矣而後
見勞也聘禮曰君勞使者及介君皆答拜〇勞力報反注及下君勞同辟婢亦反下同還辟逡巡也使色吏反
君若迎拜則還辟不敢答拜嫌而君亢賓主之禮迎拜謂君迎而先拜之聘禮曰
大夫入門再拜君拜其辱大夫士相見雖貴賤不敢主人敬客則先
拜客客敬主人則先拜主人凡非弔喪非見國君無
不答拜者禮尚往來喪賓不答拜不自賓客也國君見士不答其拜士賤〇見賢遍反下大夫見士
見下注拜見同大夫見於國君國君拜其辱士見於大夫大夫
拜其辱同國始相見主人拜其辱自外來而拜拜見也自內來而拜拜辱也
君於士不答拜也非其臣則答拜之不臣人之臣大夫於其
臣雖賤必答拜之辟正君〇辟音避男女相答拜也嫌遠別不相答拜以
明之〇相答拜一本作不相答拜皇云後人加不字耳別彼列反
國君春田不圍澤大

夫不掩羣士不取麛卵生乳之時重傷其類○麛音迷卵力管反乳如注反重意王制
天子不合圍諸侯不掩群○歲凶年穀不登登成也君膳不祭肺馬不
食穀馳道不除祭事不縣大夫不食梁士飲酒不樂皆自
爲貶損憂民也礼食殺牲則祭先有虞氏以首夏后氏以心殷人以肝周人以肺肰不肺則不殺也天子食日
少牢朔月大牢諸侯食日特牲朔月少牢除治也不治道爲妨民取蔬食也縣樂器鍾磬之屬也梁加食也不
樂去琴瑟○肺芳廢反縣音玄爲如字舊于偽反下爲妨于偽反君無故玉不去身大
夫無故不徹縣士無故不徹琴瑟憂樂不相干也故謂災患喪病○樂音洛
重意玉藻君子无故王不去身士有獻於國君他日君問之曰安取彼
再拜稽首而后對起敬也大夫私行出疆必請反必有獻
士私行出疆必請反必告臣不敢自專也私行謂以已事也士言告者不必有其獻
也告反而已○強居良反下同重意上篇出必告君勞之則拜問其行拜而后
對亦起敬也問行謂道中无恙及所經過○恙羊尚反○國君去其國止之曰奈

何去社稷也大夫曰柰何去宗廟也士曰柰何去墳墓
也皆臣民殷勤之言國君死社稷死其所受於天子也謂見侵伐也春秋傳曰國滅君死之
正也大夫死衆士死制死其所受於君衆謂君師制謂君教令所使為之○君天
下曰天子朝諸侯分職授政任功曰予一人皆擯者辭也天下謂
外及四海也今漢於蠻夷稱天子於王侯稱皇帝覲礼曰伯父實來予一人嘉之余予古今字○分方云反徐
扶問反擯必刃反予一人依字音羊汝反鄭云余予古今字則同音餘重言曰予一人又玉藻踐阼臨
祭祀内事曰孝王某外事曰嗣王某皆祝辭也唯宗廟稱孝天地社稷祭
之郊内而曰嗣王不敢同外内○皆祝辭本或作皆祝祝辭也下祝字之又反又之六反臨諸侯畛
於鬼神曰有天王某甫畛致也祝告致于鬼神辭也曰有天王某甫某甫且字也不名
者不親往也周礼大會同過山川則大祝用事焉鬼神謂百辟卿士也畛或為祗○畛之忍反父音甫注同大
祝音泰下文注除大宗皆同辟必亦反崩曰天王崩史書策辭復曰天子復矣
始死時呼魄辭也不呼名臣不名君也諸侯呼字告喪曰天王登假告起也登上也假已

也上己者若僊去云耳。假音注同登上時掌反下同僊音仙假措之廟立之主曰帝
同之天神春秋傳曰凡君卒哭而祔祔而作主○措七故反置也祔音附天子未除喪曰予
小子謙未敢稱一人春秋傳曰以諸侯之踰年即位亦知天子之踰年即位以天子三年然後稱王亦知
諸侯於其封內三年稱子生名之死亦名之生名之曰小子王死亦曰小子王也晉有小子
侯是僭取於子天號也○天子有后有夫人有世婦有嬪有妻有
○御
妾妻八十一御妻周礼謂之女御以其禦序於王之燕寢妾賤者○嬪音頻天子建天官先
六大曰大宰大宗大史大祝大士大卜典司六典典法也此
蓋殷時制也周則大宰為天官大宗曰宗伯宗伯為春官大史以下屬焉大士以神仕者互注礼天官大宰之
職掌建邦之六典以佐王治邦國春官大宗伯之職掌建邦之天神人鬼地示之礼以佐王建邦国大史掌建
邦之六典以逆邦国之治大祝掌六祝之辭以事鬼神示大卜掌三兆之法天子之五
官曰司徒司馬司空司士司寇典司五眾眾謂羣臣也此亦殷時制
也周則司士屬司馬大宰司徒宗伯司馬司寇司空為六官○天子之六府曰司土

司木、司水、司草、司器、司貨，典司六職。府主藏六物之稅者。此亦殷時制也。周則皆屬司徒。司土，土均也。司木，山虞也。司水，川衡也。司草，稻人也。司器，角人也。司貨，卝人也。○卝，華猛反，又號猛反，徐故孟反。卝人掌金玉錫石未成器者。

天子之六工，曰土工、金工、石工、木工、獸工、草工，典制六材。此亦殷時制也。周則皆屬司空。土工，陶旊也。金工，築冶鳧栗段桃也。石工，玉人磬人也。木工，輪輿弓廬匠車梓也。獸工，函鮑韗韋裘也。唯草工職亡，蓋謂作萑葦之器。○陶音桃。陶人爲瓦器也。旊，方往反。旊人爲簋之屬。築音竹。築氏爲書刀。冶音也。冶氏爲箭鐵。鳧音符。鳧氏爲鍾也。段，本又作鍛，丁亂反。段氏爲鎛器。函音含。函人爲甲。鮑，韗，況万反，一音運，又音況運反。韗爲鼓。萑音丸。

五官致貢曰享。貢，功也。享，獻也。致其歲終之功於王，謂之獻也。周禮大宰歲終則令百官府各正其治，受其會，聽其致事，而詔王廢置。○享，許兩反，舊許亮反，後皆放此，不復重出。治，直吏反。會，古外反。

○五官之長曰伯，謂爲三公者。周禮九命作伯。○長，丁丈反，後皆同。是職方。職，主也。是伯分主東西者。春秋傳曰：自陝以東，周公主之；自陝以西，召公主之；一相處乎內。是或爲氏。○陝，式冉反。依字當作陝。何休注公羊傳云：弘農陝縣是也。一云當作郟，古洽反，謂王城郟鄏也。召，時照反，又作邵，音同。相，息亮反其擯於天子也曰天子之吏擯者辞也春秋傳曰王命委之三吏謂三公也○擯本又作儐必刃反天子同姓謂之伯父異姓謂之伯舅自稱於諸侯曰天子之老於外曰公於其國曰君稱之以父與舅親親之辞也外自其私土之外天子畿內九州之長入天子之國曰牧每一州之中天子選諸侯之賢者以為之牧也周礼曰乃施典於邦國而建其牧○牧牧養之牧徐音目天子同姓謂之叔父異姓謂之叔舅於外曰侯於其國曰君牧尊於大國之君而謂之叔父辟二伯也亦以此為尊礼或損之而益謂此類也外自其国之外九州之中曰侯曰本爵也二王之後不為牧○辟音避下同其在東夷北狄西戎南蠻雖大曰子謂九州之外長也天子亦選其諸侯之賢者以為之子子猶牧也入天子之國曰子天子亦謂之子雖有侯伯之地本爵亦无過子是以同名曰子於內自稱曰不穀與民言之謙称穀善也○謙称尺證反於外自稱曰王老威遠國也外亦其戎狄之中庶方小侯入天子之國曰某人於外曰子自稱曰孤謂戎狄子男君也男者於外亦曰男舉尊

言之

天子當依而立諸侯北面而見天子曰覲天子當宁而立諸公東面諸侯西面曰朝

諸侯春見曰朝受摯於朝受享於廟生氣文也秋見曰覲一受之於廟殺氣質也朝者位於內朝而序進覲者位於廟門外而序入王南面立於依宁而受焉夏宗依春冬遇依秋春秋時齊侯言魯昭公以遇禮相見取易畧也覲禮今存朝宗遇禮今亡○依本又作扆同於豈反注同狀如屏風畫爲黼文高八尺見賢遍反下文注除相見皆同覲其靳反宁徐珍呂反又音儲門屏之閒曰宁夏户嫁反唁音彦谷梁傳云弔失國曰唁易以豉反重意明堂天子負斧南鄉而立

諸侯未及期相見曰遇相見於郤地曰會諸侯使大夫問於諸侯曰聘約信曰誓涖牲曰盟

及至也郤間也涖臨也坎用牲臨而讀其盟書聘禮今存遇會誓盟禮亡誓之辭尚書見有六篇○郤丘逆反涖音利又音類盟音明徐音亡幸反郤閒如字又音閑坎苦感反後同○

諸侯見天子曰臣某侯某

謂擯夫承命告天子辭也其爲州牧則曰天子之老臣某侯某奉圭請覲○擯音賓

其與民言自稱曰寡人

謙也於臣亦然○自謂一本作自稱

其在凶服曰適子孤

凶服亦謂未除喪○適音的

臨

祭祀內事曰孝子某侯某外事曰曾孫某侯某称国者遠辟天子死曰薨亦史書筞辞復曰某甫復矣某甫且字既葬見天子曰類見代父受国類猶象也執皮帛象諸侯之礼見也其礼亡言謚曰類使大夫行象聘問之礼也言謚者序其行及謚其所宜其礼亡○其行下孟反諸侯使人使於諸侯使者自稱曰寡君之老繫於君以爲尊也此謂諸侯之卿上大夫○使於色吏反下同天子穆穆諸侯皇皇大夫濟濟士蹌蹌庶人僬僬皆行容止之貌也聘礼曰賓入門皇又曰皇且行又曰衆介北面鏘焉凡行容尊者躰盤卑者躰蹙○濟子礼反蹌本又作鶬或作鏘同七良反僬子妙反盤步丹反蹙將六反天子之妃曰后后之言後也○妃芳菲反諸侯曰夫人夫之言扶大夫曰孺人孺之言屬○孺而樹反士曰婦人婦之言服庶人曰妻妻之言齊公侯有夫人有世婦有妻有妾貶於天子也先后與嬪去上中○貶皮檢反去

羗呂反夫人自稱於天子曰老婦自称於天子謂畿內諸侯之夫人助祭若時事見自稱於諸侯曰寡小君謂享來朝諸侯之時自稱於其君曰小童自世婦以下自稱曰婢子小童若云未成人也婢之言卑也於其君称此以接見躰敵嫌其當○童本或作僮子於父母則自名也各父母所為也言子者通男女列國之大夫入天子之國曰某士亦謂諸侯之卿也三命以下於天子為士曰某士者若晉韓起聘於周擯者曰晉士起自稱曰陪臣某陪重也○重直恭反於外曰子子有德之称魯春秋曰齊高子來盟○称尺證反於其國曰寡君之老使者自稱曰某使謂使人於諸侯也某名也○使自称色吏反注使謂同本或作使者自称○天子不言出諸侯不生名君子不親惡天子之言出諸侯之生名皆有大惡君

子所遠出名以絶之春秋傳曰天王出居於鄭衛侯朔入於衛是也。遠于萬反諸侯失地名滅同姓名絶之爲人臣之禮不顯諫爲奪美也顯明也謂明言其君惡不幾微。爲奪于僞反三諫而不聽則逃之逃去也君臣有義則合無義則離子之事親也三諫而不聽則號泣而隨之至親無去志在感動之。號户刀反○君有疾飲藥臣先嘗之親有疾飲藥子先嘗之嘗度其所堪○堪苦含反重意親有疾飲藥子先嘗之又文王世子疾之藥必親嘗之醫不三世不服其藥慎物齊也○齊才細反儗人必於其倫儗猶比也倫猶類也比大夫當於大夫比士當於士不以其類則有所褻○儗魚起反注同褻息列反○問天子之年對曰聞之始服衣若干尺矣既不敢言年又不敢斥至尊所能問國君之年長曰能從宗廟社稷之事矣幼曰未能從宗廟社稷之事也問大夫之子長曰能御矣幼曰未能御也問士之子長曰能典謁矣幼曰未能典謁也問庶人之子長曰能負薪矣幼曰未能負薪也皆言其能則長幼可知御猶主也書曰越乃御事謂士事者謁請也謂能擯贊出入以事請告也四十強而仕五十命爲大夫重意自問天子之年未能負薪也重見少儀

十七○問國君之富數地以對山澤之所出問大夫之富曰有宰食力祭器衣服不假問士之富以車數對問庶人之富數畜以對皆在其所制以多少對宰邑士也食力謂民之賦稅○數色主反下數畜同畜許又反

反鄭注周禮云始養曰畜 ○天子祭天地祭四方祭山川祭五祀歲徧

諸侯方祀祭山川祭五祀歲徧大夫祭五祀歲徧士祭

其先 祭四方謂祭五官之神於四郊也句芒在東祝融后土在南蓐收在西玄冥在北詩云來方禋祀方祀者各祭其方之官而已五祀戶竈中霤門行也此蓋殷時制也祭法曰天子立七祀諸侯立五祀大夫立三祀士立二祀謂周制也○徧音遍本亦作遍下同句古侯反下音亡蓐音辱冥亡丁反禋音因霤力救反 重言 天子祭天地三王制第四禮運第九各一 ○凡

祭有其廢之莫敢舉也有其舉之莫敢廢也 為其瀆神也廢興舉謂若殷廢農祀奉棄後不可復廢棄祀農也後有德者繼之不嫌也○爲于僞反復扶又反 非有所祭而祭

之名曰淫祀淫祀無福 妄祭神不饗○妄祭本亦作無福 ○天子以犧牛

諸侯以肥牛大夫以索牛士以羊豕 犧純毛也肥養於滌也索求得而用之○索所百反注同求也牷音全一本作純滌直的反養羊尚反也徐反同弔反 支子不祭祭必告于宗

子 不敢自專謂宗子有故支子當攝而祭者也五宗皆然 ○凡祭宗廟之禮牛曰一元

大武豕曰剛鬣豚曰腯肥羊曰柔毛雞曰翰音犬曰羹

獻雉曰疏趾兔曰明視脯曰尹祭稾魚曰商祭鮮魚曰脡祭水曰清滌酒曰清酌黍曰薌合粱曰薌萁稷曰明粢稻曰嘉蔬韭曰豐本鹽曰鹹鹺玉曰嘉玉幣曰量幣號牲物者異於人用也元頭也武迹也腯亦肥也春秋傳作腯充貌也翰猶長也羹獻食人之餘也尹正也商猶量也脡直也萁辭也嘉善也稻菰蔬之屬也豈古文也大鹹曰鹺今河東云幣帛也○大武如字一音泰鬣力輒反豚徒門反腯徒忽反注同本或作豚翰戶旦反羹古衡反徐又音衡稾苦老反乾魚鮮音仙脡他頂反徐唐頂反薌音香合如字或音閤其字又作萁同音姬語辭也王音期期時也稷曰明粢音咨一本作明粢古本無此句稷本又作齋色兹反韭音久鹹本又作醎音減鹺才何反量音亮又音良作脂徒忽反翰長如字菰音孤本亦作苽音同○天子死曰崩諸侯曰薨大夫曰卒士曰不祿庶人曰死異死名者爲人褻其無知若猶不同然也自上顛壞曰崩薨顛壞之聲卒終也不祿不終其祿死之言澌也精神澌盡也○爲于僞反傎音顛澌本又作𣩠同音賜在牀曰尸尸陳也言形體在在棺曰柩柩之言究也○柩音舊白虎通云久也重言一見周喪十七羽鳥曰降四足曰漬異於人也降落也漬謂相瀸汙而死也春秋傳曰大災者何大漬也○降戶江反又音絳注同漬疾賜反瀸子廉反

汙纖汙之汙一作汙户曰反死寇曰兵異於凡人當饗食祿其後祭王父曰皇祖考
王母曰皇祖妣父曰皇考母曰皇妣夫曰皇辟更設稱號尊神
異於人也皇君也考成也言其德行之成也妣之言媲也媲於考也辟法也妻所取法也○妣必履反辟婢亦反徐扶亦反媲匹詣
反下之稱皆同行下孟反下同媲普計反生曰父曰母曰妻死曰考曰妣曰嬪
嬪婦人有法度者之稱也周禮九嬪掌婦學之法教九御婦德婦言婦容婦功壽考曰卒短折曰不
祿祿謂有德行任爲大夫士而不爲者老而死從大夫之稱少而死從士之稱○折市設反任音壬又如字天子
視不上於袷不下於帶袷交領也天子至尊臣視之目不過此○上時掌反下及注同袷音劫
國君綏視視國君彌高○綏讀爲妥妥視謂視上於袷○綏依注音妥他果反大夫衡視視大夫又
彌高也衡平也平視謂視面也士視五步士視得旁遊目五步之中也視大夫以上上下遊目不得旁○遊如字徐
音流凡視上於面則敖敖則仰○敖五報反下於帶則憂憂則低傾則
姦辟頭旁視心不正也傾或爲側○辟本或作僻匹亦反○君命大夫與士肄肄習也君有命大夫
則與士展習其事謂欲有所發爲也○君命絕句肄本又作肆同以二反在官言官在府言府在

曲礼下　一卷六五

庫言庫在朝言朝唯君命所在就辰者之也官謂板圖文書之處府謂寶藏貨賄之處也庫謂車馬兵甲之處也朝謂君臣謀政事之處也○處昌慮反下皆同藏才浪反賄呼罪反字林音悔朝言不及犬馬非公議也輟朝而顧不有異事必有異慮心不正上巡不在君輟猶止也○輟丁劣反故輟朝而顧君子謂之固固謂不達於礼也在朝言禮問禮對以禮於朝廷言無所不用礼大饗不問卜祭五帝於明堂莫適卜也郊特牲曰郊血大饗腥○適丁歷反腥音星不饒富富之言備也備而已勿多於礼也○凡摯天子鬯諸侯圭卿羔大夫鴈士雉庶人之摯匹童子委摯而退摯之言至也天子無客礼以鬯爲摯者所以唯用告神爲至也童子委摯而退不與成人爲礼也説者以匹爲鶩○摯音至注之二反本又作贄同鬯勑亮反香酒摯匹依注作鶩音木鴨也野外軍中無摯以纓拾矢可也非爲礼之處用時物相礼而已纓馬繁纓也拾謂射韝○樊本又作繁步丹反韝徐音溝又古侯反一音古豆反婦人之摯椇榛脯脩棗栗婦人無外事見以羞物也椇榛木名椇枳也有實今邳鄉之東食之榛實似栗而小○椇俱羽反榛側巾反字林云仕巾反木叢也古本又作亲音壯巾反云似栟實如小栗也見賢遍反椇居紙反邳彼悲反下邳也

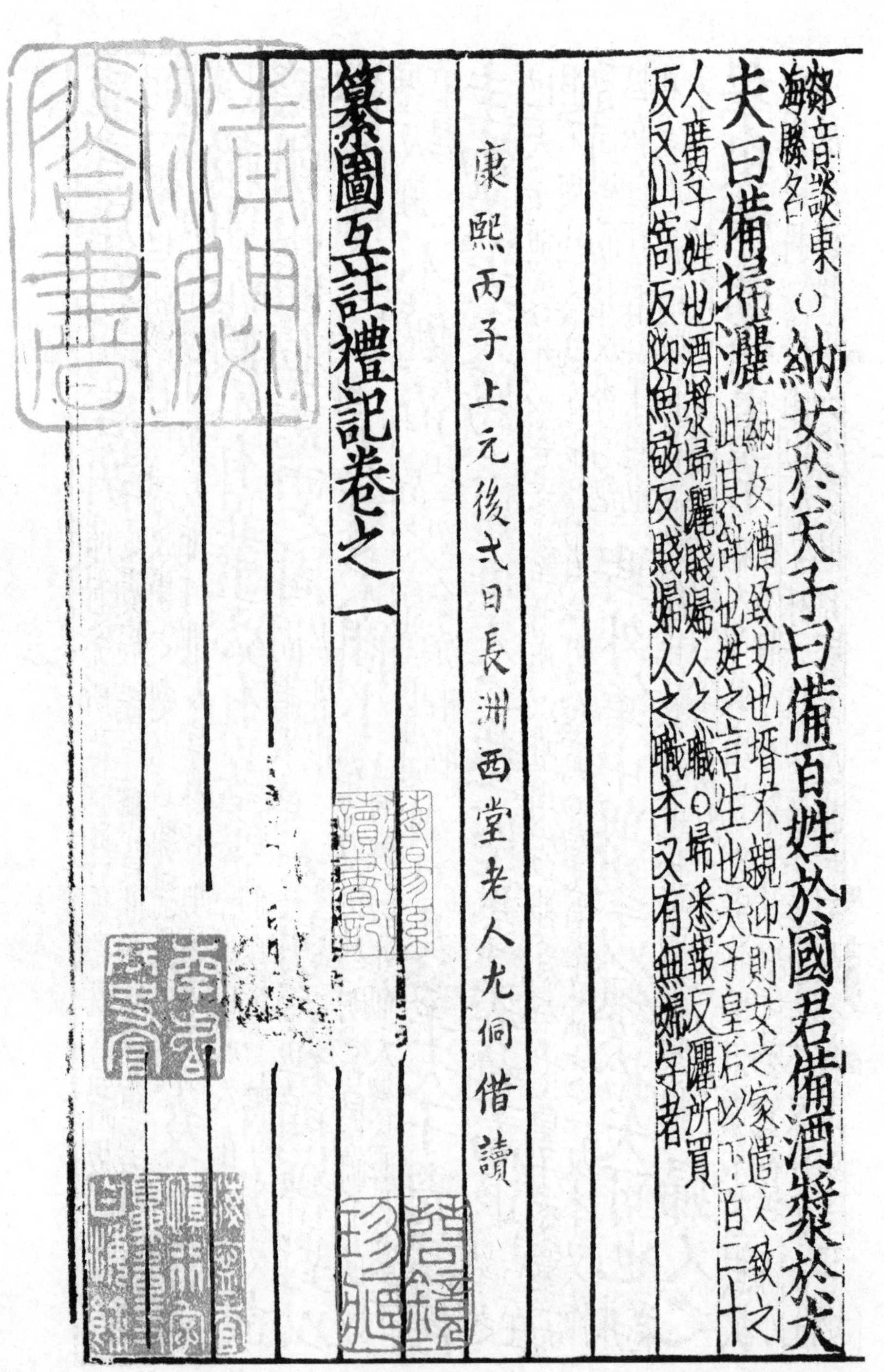

𨙸音談東海縣名○納女於天子曰備百姓於國君曰備酒漿於大夫曰備埽灑納女猶致女也壻不親迎則女之家遣人致之此其辭也姓之言生也天子皇后以下百二十人廣子姓也酒漿埽灑賤婦人之職○埽悉報反灑所買反又山寄反迎魚敬反賤婦人之職本又有無婦字者

纂圖互註禮記卷之一

康熙丙子上元後弍日長洲西堂老人尤侗借讀

纂圖互註禮記卷之二

檀弓上第三 陸曰檀弓魯人。檀大丹反姓也弓名以其善於禮故以名篇

禮記　鄭氏註

公儀仲子之喪檀弓免焉 公儀氏仲子字魯之同姓也其名未聞免音問注同以布廣一寸從項中而前交於額上又卻向後繞於髻袒音但 仲子舍其孫而立其子 此其所立非也公儀蓋魯同姓周禮適子死立適孫爲後。舍音捨下皆同適多歷反下皆同 檀弓曰何居我未之前聞也 居讀爲姬姓之姬齊魯之間語助也前猶故也。居音姬下同 重言 何居三見下文一見郊特牲十一篇。我未之前聞也郊特牲吾未之聞也 趨而就子服伯子於門右曰仲子舍其孫而立其子何也 去賓位就主人兄弟之賢者而問之子服伯子蓋仲孫蔑之玄孫子服景伯蔑魯大夫。蔑芒結反 伯子曰仲子亦猶行古之道也昔者文王舍伯邑考而立武王微子舍其孫腯而立衍也夫仲子亦猶行古之道也 伯子爲親者隱耳立子非也文之立

武王權也微子適子死立其弟衍殷禮也。嫡徐本作適徒本丁反又徒遂反衍以善反爲于僞反下爲晉禮爲爲䟽同子游問諸孔子孔子曰否立孫據周禮孔子曰否絕句。事親有隱而無犯隱謂不稱揚其過失也無犯不犯顏而諫論語曰事父母幾諫左右就養無方左右謂扶持之方猶常也子則然無常人。左右徐上音佐下音佑今並如字下同養以尚反下同服勤至死致喪三年勤勞辱之事也致謂戚容稱其服也凡此以恩爲制。稱尺證反【重意】問喪三十五服勤三年事君有犯而無隱既諫人有問其國政者可以語其得失若齊晏子爲晉叔向言之。語魚據反又如字向香亮反叔向羊舌肸左右就養有方不可侵官服勤至死方喪三年方喪資於事父凡此以義爲制事師無犯無隱左右就養無方服勤至死心喪三年心喪戚容如父而無服也凡此以恩義之間爲制。季武子成寢武子魯公子季友之曾孫季孫夙杜氏之葬在西階之下請合葬焉許之入宮而不敢哭武子曰合葬非古也自周公以來未之有改也自見夷人冢墓以爲宅欲文過之。葬才浪反又如字合如字徐音閤後合葬皆同文如字徐音問吾許其大而不許其細何居命之哭記此者善其不奪人之恩○子上之母死而不喪子上孔子曾孫子思子伋之子名白其母出○不喪如字下同徐息浪反下放此伋音急子思名也孔子之孫門人問諸子思曰昔者子之先君子喪出母乎曰然禮爲出母期父卒爲父後者不服耳○期居宜反本又作朞後放此子之不使白也喪之何也子思曰昔者吾先君子無所失道道隆則從而隆道汙則從而汙汙猶殺也有隆有殺進退如禮○隆力中反盛也汙音烏下同殺所戒反又所例反下同伋則安能自予不能及○予羊許反許也一云我也又音餘爲伋也妻者是爲白也母不爲伋也妻者是不爲白也母故孔氏之不喪出母自子思始也記禮所由變非之○

重意孔氏之不喪出母喪服小記爲父後者爲出母無服○孔子曰拜而后稽顙頽乎其順也此殷之喪拜也頽順也先拜賓順於事也○顙素黨反稽顙觸地無容頽徒回反稽顙而后拜頎乎其至也此周之喪拜也頎至也先觸地無容哀之至○頎音懇惻隱之貌又音畿觸昌欲反三年之喪吾從其至者重者尚哀戚自期如殷可○孔子既得合葬於防

言既得者少孤不知其墓○少詩詔反下文同曰吾聞之古也墓而不墳墓謂兆域今之封塋也古謂殷時也土之高者曰墳○墳扶云反今丘也東西南北之人也不可以弗識也於是封之崇四尺東西南北言居無常処也聚土曰封封之周禮也周禮曰以爵等為丘封之度崇高也高四尺蓋周之士制○識式志反又如字処昌慮反之度本又作之數孔子先反當脩虞事門人後雨甚至後待封也孔子問焉曰爾來何遲也曰防墓崩言所以遲者脩之而來防墓防地之墓墜也庾云防衛墓崩孔子不應以其非禮○應應對之應三三言之以孔子不聞○三息暫反又如字孔子泫然流涕曰吾聞之古不脩墓脩猶治也○泫胡犬反涕音體○孔子哭子路於中庭寢中庭也與哭師同親之有人弔者而夫子拜之為之主也既哭進使者而問故使者自衛來赴者故謂死之意狀○使色吏反下及註同使者曰醢之矣時衛世子蒯聵篡輒而立子路死之醢之者不欲啗食以怖衆○醢音海蒯苦怪反聵五怪反蒯聵衛靈公之太子出公輒之父莊公也篡初患反輒出公名也啗本又作啖徒敢反怖普故反遂命覆醢覆棄之不忍食○覆芳服反注同○曾子曰朋友之墓有宿草而不

哭焉宿草謂陳根也爲師心喪三年於朋友期可○期音基○子思曰喪三日而殯凡附於身者必誠必信勿之有悔焉耳矣三月而葬凡附於棺者必誠必信勿之有悔焉耳矣言其日月欲以盡心脩備之附於身謂衣衾附於棺謂明器之屬○衾音欽喪三年以爲極亡去已以遠而除其喪○以爲極亡並如字極已也徐紀力反王以極字絕句亡作忘向下讀孫依鄭作亡而如王分句則弗之忘矣則之言曾故君子有終身之憂念其親而無一朝之患毀不滅性故忌日不樂謂死日言忌日不用舉吉事○樂如字又音岳○孔子少孤不知其墓孔子之父郰叔梁紇與顏氏之女徵在野合而生孔子徵在恥焉不告○郰側留反又作鄹紇恨發反徐胡切反又胡沒反殯於五父之衢欲有所就而問之孔子亦爲隱焉殯於家則知之者無由怪已欲發問端五父衢名蓋郰曼父之鄰○父音甫注及下同衢求于反爲如字又于爲反曼音萬人之見之者皆以爲葬也見柩行於路其慎也蓋殯也慎當爲引礼家讀然聲之誤也殯引飾棺以輤葬引飾棺以柳翣孔子是時以殯引不以葬引時人見者謂不知礼○慎依注作引羊刃反輤七見反翣所甲反問於郰曼父之母然後得合

葬於防曼父之母与徵在爲鄰相善○鄰有喪舂不相里有殯不巷歌皆所以助哀也相謂以音声相勸○相息亮反注同【重言】一見曲礼上喪冠不緌去飾○緌本又作緌同耳佳反去起呂反○有虞氏瓦棺始不用薪也有虞氏上陶○陶大刀反夏后氏堲周火孰曰堲燒土冶以周於棺也或謂之土周由是也弟子職曰右手折堲○堲周本又作堲同子栗反又音稷注下同何云冶土爲甎四周於冢燒式招反折之設反管子云左手執燭右手折即即燭頭燼也弟子職其篇名殷人棺椁椁大也以木爲之言椁大於棺也殷人上梓○棺音官椁音郭梓音子周人牆置翣牆柳衣也凡此言後王之制文○牆在良反【重意】周人牆置翣明堂周之壁翣周人以殷人之棺椁葬長殤以夏后氏之堲周葬中殤下殤以有虞氏之瓦棺葬無服之殤畧未成人○長殤丁丈反下式羊反十六至十九爲長殤十二至十五爲中殤八歲至十一爲下殤七歲已下爲無服之殤生未三月不爲殤○夏后氏尚黑以建寅之月爲正物生色黑○正音征下同又如字大事斂用昏昏時亦黑此大事謂喪事也○斂力驗反下皆同戎事乘驪戎兵也馬黑色曰驪爾雅曰駵牝驪牡玄○驪力知反徐郎兮反純黑色馬駵音來馬七尺已上爲駵牲用玄玄黑類也殷人尚白以建丑之

月爲正物牙色白大事斂用日中日中時亦白戎事乘翰翰白色馬也易曰白馬翰如○翰字又作鶾胡旦反又音寒牲用白周人尚赤以建子之月爲正物萌色赤○萌亡耕反大事斂用日出日出時亦赤戎事乘騵騵騮馬白腹○騵音原駵力求反赤馬黑鬣尾牲用騂騂赤類○騂息營反徐呼營反純赤色也一云赤黄色【重言】見郊特牲十一篇○穆公之母卒穆公魯哀公之曾孫使人問於曾子曰如之何問居喪之禮曾子曾參之子名申○參所金反一音七南反後同對曰申也聞諸申之父曰哭泣之哀齊斬之情饘粥之食自天子達子喪父母尊卑同○齊音咨本亦作齊齋衰字後皆放此饘本又作飦之然反說文云糜也周謂之饘宋衛謂之餰粥之六反徐又音育字林云淖糜也布幕衛也繆幕魯也幕所以覆棺上也繆縑也繆讀如綃衛諸侯禮魯天子禮兩言之者僭已久矣幕或爲幦○幕本又作冪幕音莫徐音覓下同繆音綃徐又音蕭縑古謙反綃音消本又作綃桑堯反僭子念反幦莫歷反○晉獻公將殺其世子申生信驪姬之譖○驪本又作麗亦作驪同力知反公子重耳謂之曰子蓋言子之志於公乎蓋皆當爲盍盍何不也志意也重耳欲使言見譖之意重耳申生異母弟後立爲文公○

重直龍反注皆同子蓋依注音盍户臘反下同世子曰不可君安驪姬是我傷公之心也言其意則驪姬必誅也驪姬獻公伐驪戎所獲女也申生之母蚤卒驪姬嬖焉○蚤音早嬖必計反曰然則蓋行乎行猶去也世子曰不可君謂我欲弑君也天下豈有無父之國哉吾何行如之言人有父則皆惡欲弑父者○弑本又作殺音試注同徐云字又作殺音同惡烏路反使人辭於狐突曰申生有罪不念伯氏之言也以至于死申生不敢愛其死辭猶告也狐突申生之傅舅犯之父也前此者獻公使申生伐東山皐落氏狐突謂申生欲使之行今言此者謝之伯氏狐突別氏○突徒忽反傅音富咎其九反皐古刀反雖然吾君老矣子少國家多難子驪姬之子奚齊○少詩召反難乃旦反伯氏不出而圖吾君圖猶謀也不出爲君謀國家之政然則自皐落氏反後狐突懼乃稱疾○爲于僞反下爲時同伯氏苟出而圖吾君申生受賜而死賜猶惠也再拜稽首乃卒既告狐突乃雉經○雉經如字徐古定反如雉之自經也是以爲恭世子也言行如此可以爲恭於孝則未之有○共音恭本亦作恭注同行下孟反

互註　左傳四年晉獻公以驪姬爲夫人生奚齊其娣生卓子及

將立奚齊既與中大夫成謀姬謂太子曰君夢齊姜必速祭之太子祭于曲沃歸胙于公公田姬寘諸宮六日公至毒而獻之公祭之地地墳与犬犬斃与小臣小臣亦斃姬泣曰賊由太子太子奔新城公殺其傅杜原款或謂太子子辭君必辯焉太子曰君非姬氏居不安食不飽我辭姬必有罪君老矣吾又不樂曰子其行乎太子曰君實不察其罪彼此名也以出人誰納我十二月戊申縊于新城○魯人有朝祥而莫歌者子路笑之笑其爲樂速○莫音暮樂音洛又音岳夫子曰由爾責於人終無已夫三年之喪亦已久矣夫爲時如此人行三年喪者希抑子路以善彼○已夫音扶絕句本或作已矣夫子路出夫子曰又多乎哉踰月則其善也又復也○復扶又反○魯莊公及宋人戰于乘丘十年夏○乘繩證反夏戶嫁反縣賁父御卜國爲右縣卜皆氏也凡車右勇力者爲之○縣音玄賁音奔下皆同父音甫下名字皆同馬驚敗績驚奔失列馬驚敗一本無驚字公隊佐車授綏戎車之貳曰佐授綏乘公隊直類反綏息佳反公曰末之卜也末之猶微哉言卜國無勇縣賁父曰他日不敗績而今敗績是無勇也公他日戰其御馬未嘗驚奔遂死之二人赴敵而死圉人浴馬有流矢在白肉

圉人掌養馬者白肉股裏肉。圉魚呂反股裏上音古下音里○公曰非其罪也流矢中馬非御與右之罪。○中丁仲反遂誄之誄其赴敵之功以爲謚○誄力軌反謚也士之有誄自此始也記禮失所由來也周雖以士爲爵猶無謚也殷大夫以上爲爵○上時掌反曾子寢疾病病謂疾困樂正子春坐於牀下子春曾參弟子曾元曾申坐於足元申曾參之子童子隅坐而執燭隅坐不與成人並成人並音並絕句。童子曰華而睆大夫之簀與華畫也簀謂牀笫也說者以睆爲刮節目字或爲刮○睆華板反明貌孫炎云太睆滐也徐又音刮簀音責与音餘下同畫衡賣反牀笫上音床下側吏反刮古滑反子春曰止以疾困不可動曾子聞之瞿然曰呼呼虛憊之聲○瞿紀具反下同曰吁音虛注同吹氣聲也一音況于反憊皮拜反羸困也曰華而睆大夫之簀與曾子曰然斯季孫之賜也我未之能易也元起易簀未之能易已病故也曾元曰夫子之病革矣不可以變幸而至於旦請敬易之言夫子者曾子親沒之後齊嘗聘以爲卿而不爲也革急也變動也幸覬也○革紀力反徐又音極注同請七領反覬音冀【重言】夫子之病革矣一並本篇曾子曰爾之愛我也不如彼彼童子也君子之愛人也以德成己之德細人之愛人也以姑息息猶安也言苟容取安也君何求哉吾得正而斃焉斯已矣斃仆也○斃音弊仆蒲北反又音赴舉扶而易之反席未安而沒言病雖困猶勤於礼○沒音歿○始死充充如有窮既殯瞿瞿如有求而弗得既葬皇皇如有望而弗至練而慨然祥而廓然皆憂悼在心之貌也求猶索物○慨苦愛反廓苦郭反何云開也索所白反始死充充如有窮止祥而廓然下篇始死皇皇焉如有求而弗得及殯望望焉如有從而弗及既葬慨焉如不及其反而息問喪第三十五其送往也望望然汲汲然如有追而弗及也其反哭也皇皇然若有求而弗得也○邾婁復之以矢蓋自戰於升陘始也戰於升陘魯僖二十二年秋也時師雖勝死傷亦甚無衣可以招魂○邾音朱婁力俱反或如字邾人呼邾声曰婁故曰邾婁公羊傳与此記同左氏穀梁但作邾陘音形僖許宜反○魯婦人之髽而弔也自敗於臺駘始也敗於臺駘魯襄四年秋也臺當為壺字之誤也春秋傳作狐駘時家家有喪髽而相弔去纚而紒曰髽礼婦人弔服大夫之妻錫衰士之妻則疑衰与皆吉笄無首素總○髽側瓜反臺駘上音胡下音臺去起呂反纚所買反又所綺反黑繒韜髮紒音計錫衰上

恖歷反下七雷反与音餘笄音雞總音揔曽婦人之髽而弔也喪服小記爲婦人則髽 重意 ○南宮縚之妻
之姑之喪 南宮縚孟僖子之子南宮閱也字子容其妻夫子兄女○縚吐刀反閱音悅 夫子誨之髽
曰爾毋從從爾爾毋扈扈爾 誨教也爾女也從從謂大高扈扈謂大廣爾語助○毋音
無後同從音揔高也一音崇又仕江反扈音戶大也女音汝大音泰一音敕佐反下大廣已猶大夫重同 蓋榛以爲
笄長尺而總八寸 總束髮垂爲飾齊衰之總八寸○榛側巾反木名又士鄰反長直亮反凡度長短曰長皆
同此音 ○孟獻子禫縣而不樂比御而不入 可以御婦人矣尚不復寢孟獻
子魯大夫仲孫蔑○禫大感反比必利反下比及同蔑莫結反 夫子曰獻子加於人一等矣
加猶踰也 ○孔子既祥五日彈琴而不成聲 哀未忘彈徒丹反 ○十日
而成笙歌 踰月且異旬也祥亦凶事用遠日五日彈琴十日笙歌除由外也琴以手笙歌以氣○笙音生 ○有
子蓋既祥而絲屨組纓 譏其早也禮既祥白屨無絇縞冠素紕有子孔子弟子有若○屨音句組
音祖絇其俱反縞古老反又古報反 ○死而不弔者三 謂輕身忘孝也 畏 人或時以非罪攻已
不能有以說之死之者孔子畏於匡 厭 行止危險之下○厭於甲反 溺 不乘橋船○溺奴狄反 ○子

路有姊之喪，可以除之矣而弗除也。孔子曰何弗除也。子路曰吾寡兄弟而弗忍也。孔子曰先王制禮行道之人皆弗忍也 行道猶行仁義。弗除如字徐治慮反 子路聞之遂除之 【重言】先王制禮三下以二又禮器第十先王之制禮也。遂除之二一見下文 。太公封於營丘，比及五世皆反葬於周 齊大公受封留為大師死葬於周子孫生焉不忍離也五世之後乃葬於齊齊曰營丘。大音泰注及下注大史公皆同。離力智反下相離同 君子曰樂樂其所自生，禮不忘其本 言其似禮樂之義。樂樂上音岳一讀下五教反又音洛 【重言】樂樂其所自生二見樂記十九禮運第九樂也者樂其所自成 【重意】禮不忘其本禮運禮者反其所自生樂記禮反其所自始 古之人有言曰狐死正丘首仁也 正丘首正首丘也仁恩也。首手又反注同 。伯魚之母死，期而猶哭 伯魚孔子子也名鯉猶尚也。期音基鯉音里 夫子聞之曰誰與哭者。門人曰鯉也。夫子曰嘻其甚也 嘻悲恨之聲。與音餘下餘闕也與同嘻許其反又於其反 伯魚聞之遂除之。舜葬於蒼梧之野 舜征有苗而死因留葬焉書說舜曰陟方乃死蒼梧梧於周南越之地今為郡。○梧音吾。陟知力反，升也。蓋三妃未之從也古者不合葬。帝嚳而立四妃矣，象后妃四星，其一明者為正妃，餘三小者為次妃。帝堯因焉。至舜不告而取，不立正妃，但三妃而已，謂之三夫人。離騷所歌湘夫人，舜妃也。夏后氏增以三三而九，合十二人。春秋說云天子取十二，即夏制也。以虞夏及周制差之，則殷人又增以三九二十七，合三十九人。周人上法帝嚳，立正妃，又三二十七為八十一人以增之，合百二十一人。其位后也，夫人也，嬪也，世婦也，女御也。五者相參以定尊卑。○嚳苦毒反，高辛氏帝也。騷素刀反，一音蕭。湘音相。差初佳反，又初宜反。嬪婢人反。季武子曰：周公蓋祔。祔謂合葬，合葬自周公以來。○祔音父。曾子之喪，浴於爨室。見曾元之辭易簀，矯之以謙儉也。禮，死浴於適室。○爨七亂反。矯居表反。儉其檢反。適丁歷反。○大功廢業。或曰：大功誦可也。許其口習故也。○子張病，召申祥而語之曰：君子曰終，小人曰死。申祥，子張子。欲使執喪成己志也。死之言澌也，事卒為終，消盡為澌。太史公傳曰：子張姓顓孫，今曰申祥，周秦之聲二者相近，未聞孰是。○語魚據反。澌本又作斯，音賜，下同。顓音專。近，附近之近。吾今日其庶幾乎！言易成也。○易以豉反。○曾子曰：始死之奠，其餘閣也與？不容改新。閣，庋藏食物。○奠田練反。閣音各。庋字又作庋，同九毀反，又居偽反。曾子曰：小功不為位也者，是委巷之禮也譏之也位謂以親疏敘列哭也委巷猶街里委曲所爲也○衖音巷子思之哭嫂也爲位善之也禮嫂叔無服○嫂悉早反注同婦人倡踊有服者娣姒婦小功倡先也○倡昌尚反注同踴音勇娣姒大計反下音似申祥之哭言思也亦然說者云言思子游之子申祥妻之昆弟亦無服過此以往獨哭不爲位○古者冠縮縫今也衡縫縮從也今禮制衡讀爲横今冠横縫以其辟積多○縮所六反縫音逢又扶用反下同衡依注音横華彭反從子容反故喪冠之反吉非古也解時人之惑喪冠縮縫古冠耳○解佳買反曾子謂子思曰伋吾執親之喪也水漿不入於口者七日言己以恭時禮而不如○伋音急漿子良反子思曰先王之制禮也過之者俯而就之不至焉者跂而及之故君子之執親之喪也水漿不入於口者三日杖而后能起爲曾子言難繼以禮抑之○俯音甫跂丘豉反爲于僞反○曾子曰小功不稅據禮而言也日月已過乃聞喪而服曰稅大功已上然小功輕不服○稅徐他外反注同上時掌反則是遠兄弟終無服也言相離遠者聞之恒晚而可乎以己恩怪之○伯高之喪伯高死時在衛未聞

何國人孔氏之使者未至謂賻賵者○使色吏反賻音附賵芳用反冉子攝束帛
乘馬而將之冉子孔子弟子冉有攝猶貸也乘繩證反四馬曰乘貸他代反○孔子曰異哉
徒使我不誠於伯高徒猶空也禮所以副忠信也忠信而無禮何傳乎○副音仆傳直專反一本作
傅音附伯高死於衛赴於孔子赴告也凡有舊恩者則使人告之孔子曰吾
惡乎哭諸以其交會尚新○惡音烏惡乎猶於何也兄弟吾哭諸廟父之友吾
哭諸廟門之外別親疏也○別彼列反下同師吾哭諸寢朋友吾哭諸
寢門之外所知吾哭諸野別輕重也於野則已疏於寢則已
重已猶大也夫由賜也見我吾哭諸賜氏本於恩哭於子貢寢門之外○夫舊音扶
皇如字謂丈夫即伯高見如字皇賢遍反遂命子貢爲之主明恩所由曰爲爾哭也
來者拜之知伯高而來者勿拜也異於正主○爲于僞反下皆爲其疾爲褻爲我
我爲皆同來者一本作爲爾哭也來者○曾子曰喪有疾食肉飲酒必有草
木之滋焉增以香味爲其疾不嗜食○滋音咨嗜市志反以爲薑桂之謂也爲記者正

曾子所去草木滋者謂薑桂○薑居良反 ○子夏喪其子而喪其明明目精○而喪息浪

反下喪明喪爾明同 曾子弔之曰吾聞之也朋友喪明則哭之痛之

曾子哭子夏亦哭曰天乎予之無罪也怨天罰無罪 曾子怒

曰商女何無罪也吾與女事夫子於洙泗之間言其有師也洙泗魯

水名○女音汝下同洙音殊泗音四洙泗二水名 退而老於西河之上西河龍門至華陰之地○

華徐胡化反 使西河之民疑女於夫子爾罪一也言其不稱師也 喪

爾親使民未有聞焉爾罪二也言居親喪無異稱○稱尺證反 喪爾子

喪爾明爾罪三也言隆於妻子 而曰女何無罪與子夏投其

杖而拜曰吾過矣吾過矣謝之且服罪也○与音餘吾過矣吾過矣二下篇一又下

文我過矣我過矣 吾離羣而索居亦已久矣羣謂同門朋友也索猶散也○離羣羣朋

友也上音詈索悉各反猶散也下住索居同 ○夫晝居於內問其疾可也似有疾○

晝知又反 夜居於外弔之可也似有喪 是故君子非有大故不

宿於外大故謂喪憂非致齊也非疾也不晝夜居於內內正寢之中○齊側皆反○高子皋之執親之喪也子皋孔子弟子名柴泣血三年言泣无声如血出未嘗見齒言笑之微○見賢遍反君子以爲難言人不能然○

衰與其不當物也寧無衰惡其亂礼不當物謂精麤廣狹不應法制○衰七雷反下同後五服之衰皆放此不復音當丁浪反注同惡烏路反麤本又作麁七奴反狹音洽應應對之應齊衰不以邊坐大功不以服勤爲褻喪服邊偏倚也○褻息列反倚於彼反又於寄反○

孔子之衛遇舊館人之喪前日君所使舍己入而哭之哀出使子貢說驂而賻之賻助喪用也騑馬曰驂○說本又作說同他活反徐又始銳反下及注同驂七南反夾服馬也騑芳非反子貢曰於門人之喪未有所說驂說驂於舊館無乃已重乎言說驂大重比於門人恩爲偏頗○頗破多反夫子曰予鄉者入而哭之遇於一哀而出涕遇見也舊館人恩雖輕我入哭見主人爲我尽一哀是以厚恩待我我爲出涕恩重宜有施惠○鄉本又作嚮許亮反出如字徐尺遂反涕音躰施始豉反予惡夫涕之無從也小子行

之（容行無他物可以易之若使遂以往○惡烏路反夫音扶）○孔子在衛有送葬者而夫子觀之曰善哉為喪乎足以為法矣小子識之子貢曰夫子何善爾也曰其往也如慕其反也如疑（慕謂小兒隨父母啼呼疑者哀親之在彼如不欲還然○識式志反又音式下及注章識皆同呼火故反）子貢曰豈若速反而虞乎（速疾）子曰小子識之我未之能行也（哀戚本也祭祀末也）○顏淵之喪饋祥肉（饋遺也○饋其位反遺于季反）孔子出受之入彈琴而后食之（彈琴以散哀也）○孔子與門人立拱而尚右二三子亦皆尚右（效孔子也○拱恭勇反效本又作斆胡教反下同）孔子曰二三子之嗜學也（嗜貪○嗜市志反注同）我則有姊之喪故也二三子皆尚左（復正也喪尚右右陰也吉尚左左陽也）○孔子蚤作（作起○蚤音早）負手曳杖消搖於門（欲人之怪己○曳羊世反亦作抴消搖本又作逍遙）歌曰泰山其頹乎（泰山眾山所仰○頹徒回反）梁木其壞乎（梁木眾木所放○放方兩反）哲人其萎乎（哲人亦眾人所仰放也以上二句諭

之萎病也詩云無木不萎○萎本又作委同紆危反注同既歌而入當戶而坐蚤坐急見人也子貢
聞之曰泰山其頹則吾將安仰梁木其壞哲人其萎則
吾將安放夫子殆將病也意孔子歌意殆幾也○幾音祈又音機遂趨而入
夫子曰賜爾來何遲也坐則望之夏后氏殯於東階之上則
猶在阼也殷人殯於兩楹之間則與賓主夾之也周人
殯於西階之上則猶賓之也以三王之礼占己夢○阼才故反楹音盈夾本又作俠古洽反
下注同而丘也殷人也予疇昔之夜夢坐奠於兩楹之間
是夢坐兩楹之間而見饋食也言奠者以爲凶象疇發声也昔由前也○食如字又音嗣疇直留反夫明王不興
而天下其孰能宗予予殆將死也孰誰也宗尊也兩楹之間南面鄉明人君聽治
正坐之処今无明王誰能尊我以爲人君乎是我殷家奠殯之象以此自知將死○嚮本又作鄉同許亮反治直吏反坐才臥反又
如字処昌慮反蓋寢疾七日而没明聖人知命○孔子之喪門人疑所
服無喪師之礼子貢曰昔者夫子之喪顏淵若喪子而無服

喪子路亦然。請喪夫子若喪父而無服無服不爲衰弔服而加麻心喪三年。

○孔子之喪，公西赤爲志焉公西赤孔子弟子志謂章識。飾棺牆牆之

障柩猶垣牆障家，置翣牆柳衣翣以布衣木如攝與○置知吏反翣所甲反衣於既反攝所甲反又所治反與音餘，設

披，周也。設崇，殷也。綢練設旐，夏也夫子雖殷人兼用三王之禮尊之披柩行夾引

棺者崇崇牙旌旗飾也綢練以練綢旌之杠此旌葬乘車所建也旌之旒緇布廣充幅長尋曰旐爾雅說旌旗曰素錦綢杠○披彼

義反綢吐刀反韜也徐直留反下同旐直小反杠音江汁辛出乘繩證反廣古曠反凡度廣狹曰廣他皆放此幅方木反【重意】設披至

夏也明堂位曰夏后氏之綢練殷之崇牙周之璧翣。○子張之喪，公明儀爲志焉志亦謂章

識，褚幕丹質以丹布幕爲褚葬覆棺不牆不翣○褚張呂反幕音莫褚幕覆棺者，蟻結于四

隅畫褚之四角其文如蟻行往來相交錯蟻蚍蜉也殷之蟻結似今蚍文畫○蟻魚綺反又作蛾蚍避尸反徐扶夷反蜉音浮，

殷士也學於孔子效殷禮。○子夏問於孔子曰：「居父母之仇，如

之何？」夫子曰：「寢苫枕干，不仕雖除喪居處猶若喪也干盾也○仇音求讎也苫始占反草也

枕之鴆反又如字本又作盾食允反又音允，弗與共天下也不可以並生，遇諸市朝

反兵而鬭（言雖適市朝不釋兵○鬭都豆反注同）曰請問居昆弟之仇如之何曰仕弗與共國銜君命而使雖遇之不鬭（為負而廢君命○銜音咸使色吏反為于偽反下為其負相為同）曰請問居從父昆弟之仇如之何曰不為魁（魁猶首也天文北斗魁為首杓為末○從如字徐才用反魁苦回反杓必遙反又匹遙反）主人能則執兵而陪其後（為其負當成之○陪步回反）

○孔子之喪二三子皆絰而出（尊師也出謂有所之適然則凡弔服加麻者出則變服○絰大結反）羣居則絰出則否（羣謂七十二弟子相為朋友服子夏曰吾離羣而索居）

○易墓非古也（易謂芟治草木不易者丘陵也○易以豉反注同芟所銜反）

○子路曰吾聞諸夫子喪禮與其哀不足而禮有餘也不若禮不足而哀有餘也（喪主哀）祭禮與其敬不足而禮有餘也不若禮不足而敬有餘也（祭主敬）

○曾子弔於負夏（負夏衞地）主人既祖填池（祖謂移柩車去載處為行始也填池當為奠徹聲之誤也奠徹謂徹遣奠設祖奠○填池依注音奠徐盡王並如字徹直列反下同遣弃戰反本或作）

奠哭推柩而反之［反於載處榮曾子弔欲更始。○推昌隹反又吐回反柩其久反］降婦人
而后行禮［禮既祖而婦人降今反柩婦人辟之復升堂矣柩無反而反之而又降婦人蓋欲矜賓於此婦人皆非。○
辟音避下辟賢辟不壞並同。○復扶又反］從者曰禮與［怪之。○從才用反下同與音餘下同］曾子
曰夫祖者且也［且未定之辭。○夫音扶］且胡爲其不可以反宿也
［給說］從者又問諸子游曰禮與［疑曾子言非］子游曰飯於牖下
小斂於戶內大斂於阼殯於客位祖於庭葬於墓所以
即遠也故喪事有進而無退［明反柩非。○飯煩晚反牖羊九反斂力驗反注家凡小斂
大斂之字皆同不重出。○阼才故反【重言】飯於牖下至所以即遠也一一見坊記二十篇即字作小］曾子聞之曰
多矣乎予出祖者［善子游言且服且服也本或作且服過］○曾子襲裘而弔
子游裼裘而弔曾子指子游而示人曰夫夫也爲習於
禮者如之何其裼裘而弔也［曾子蓋知臨喪無飾夫夫猶言此丈夫也子游於時名爲
習禮。○裼星歷反夫夫上音扶下如字一讀並如字注及下同］主人既小斂袒括髮子游趨

而出襲裘帶絰而入於主人變乃變也所弔者朋友○裼星歷反徒皇反下古活反曾子曰我過矣我過矣夫夫是也服且善子游下當吾過矣吾過矣上丈○子夏既除喪而見見於孔子○見賢遍反注及下同予之琴和之不和彈之而不成聲樂由人心○予羊汝反下同和音禾或胡卧反下同樂音岳又音洛作而曰哀未忘也先王制禮而弗敢過也作起○忘音亡子張既除喪而見予之琴和之而和彈之而成聲作而曰先王制禮不敢不至焉雖情異善其俱順禮○司寇惠子之喪惠子衛將軍文子彌牟之弟惠叔蘭也生虎者○彌亡卑反牟莫侯反子游為之麻衰牡麻絰惠子廢適立庶為之重服以譏之麻衰以吉服之布為衰○為之于偽反注為之重服下為之服皆同適丁歷反下文及注同文子辭曰子辱與彌牟之弟游謝其存時又辱為之服敢辭止之服也子游曰禮也文子退反哭子游名習禮文子亦以為當然未覺其所譏子游趨而就諸臣之位深譏之大夫之家臣位在賓後文子又辭曰子辱與彌牟之弟游又辱為

之服又辱臨其喪敢辭止之在臣位子游曰固以請再不從命文子退扶適子南面而立曰子辱與彌牟之弟游又辱為之服又辱臨其喪虎也敢不復位覺所譏也虎適子名文子覬扶而辟敬子游也南面而立則諸臣位在門內北面明矣子游趨而就客位所譏行○將軍文子之喪既除喪而后越人來弔主人深衣練冠待于廟垂涕洟主人文子之子簡子瑕也深衣練冠凶服變也待于廟受弔不迎賓也○涕他計反洟音夷自目曰涕自鼻曰洟瑕音遐本又作瑕古雅反子游觀之曰將軍文氏之子其庶幾乎亡於禮者之禮也其動也中中礼之變○中丁仲反注及下注礼中之中同○幼名冠字五十以伯仲死謚周道也絰也者實也所以表哀戚○冠古乱反掘中霤而浴毀竈以綴足及葬毀宗躐行出于大門殷道也明不復有事於此周人浴不掘中霤葬不毀宗躐行毀宗毀廟門之西而出行神之位在廟門之外○掘求月反又求勿反霤力救反綴丁劣反又丁衞反躐良輒反復扶又反學者行之學於孔子者行之效殷礼

一二三

○子柳之母死子碩請具具謂葬之器用子柳魯叔仲皮之子子碩兄○碩音石子柳
曰何以哉言無其財子碩曰請粥庶弟之母粥謂嫁之也妾賤取之曰買○鬻本
又作粥音育賣也注同子柳曰如之何其粥人之母以葬其母也
不可忠恕既葬子碩欲以賻布之餘具祭器古者謂錢為泉布所以通
布貨財子柳曰不可吾聞之也君子不家於喪惡因死者以為利○
惡烏路反請班諸兄弟之貧者以分死者所矜也祿多則與鄰里鄉黨○君子曰
謀人之軍師敗則死之謀人之邦邑危則亡之利己忘衆非忠
也言亡之者雖辟賢非義退○公叔文子升於瑕丘蘧伯玉從二子衛大夫文
子獻公之孫名拔○蘧本又作璩其魚反從才用反又如字拔皮八反徐蒲末反文子曰樂哉斯丘
也死則我欲葬焉蘧伯玉曰吾子樂之則瑗請前刺其欲害
人良田瑗伯玉名○樂音洛下同一讀下音五教反瑗于卷反又於願反刺七賜反○弁人有其母死而
孺子泣者言聲無節○弁皮彥反孺如住反孔子曰哀則哀矣此誠哀而難

爲繼也失禮中 夫禮爲可傳也爲可繼也故哭踊有節傳直專反○叔孫武叔之母死武叔公子牙之六世孫名州仇毁孔子者既小斂舉者出户出户袒且投其冠括髮尸出户乃變服失哀節冠素委貌○括古活反子游曰知禮嗤之○嗤昌之反○扶君卜人師扶右射人師扶左謂君疾時也卜當爲僕聲之誤也僕人射人皆平生時贊正君服位者○卜人師依注音僕僕師長也謂大僕也本或無師字者非也前儒如字卜人及醫師也君薨以是舉不忍變也周禮射人大喪與僕人遷尸○從母之夫舅之妻二夫人相爲服君子未之言也二夫人猶言此二人也時有此二人同居死相爲服者甥居外家而非之○從才用反夫人音扶注同爲于僞反注及下注夫爲妻同或曰同爨緦以同居生緦之親可○爨七亂反下音緦○喪事欲其縱縱爾趨事貌縱讀如總領之總○縱依注音摠总遂反吉事欲其折折爾安舒貌詩云好人提提○折大兮反注同故喪事雖遽不陵節吉事雖止不怠陵躐也止立俟事時也怠惰也○躐力輒反惰徒卧反故騷騷爾則野謂大疾○騷素刀反急疾貌大音泰一音他佐反下注同鼎鼎爾則小

人謂大斂君子蓋猶猶爾疾斂之中。喪具君子恥具辟不懷也喪具棺衣之屬一日二日而可為也者君子弗為也謂絞紟衾冒。○絞戶交反後同紟其蔭反冒莫報反。○喪服兄弟之子猶子也蓋引而進之也嫂叔之無服也蓋推而遠之也或引或推重親遠別。○遠于萬反別彼列反姑姊妹之薄也蓋有受我而厚之者也欲其一心於厚之者姑姊妹嫁大功夫為妻期。○期音基。○食於有喪者之側未嘗飽也助哀戚也。○曾子與客立於門側其徒趨而出徒謂客之旅曾子曰爾將何之曰吾父死將出哭於巷以為不可發凶於人之館曰反哭於爾次次舍也礼館人使專之若其自有然曾子北面而弔焉。○孔子曰之死而致死之不仁而不可為也之死而致生之不知而不可為也之往也死之生之謂無知與有知也為猶行也。○知音智是故竹不成用瓦不成味木不成斲成猶善也竹不可善用謂邊無縢味當作沬沬靧也。○味依注音沬亡曷反斲陟角反縢本又作滕徒登反靧音悔洗面琴瑟張而不平，竽笙備而不和，無宮商之調。○竽笙，音于，下音生。和，胡卧反。調，直弔反。有鐘磬而無簨虡。不縣之也。横曰簨，植曰虡。○簨，息允反。虡音巨。植，時力反，又音值。其曰明器，神明之也。言神明死者也。神明者非人所知，故其器如此。○有子問於曾子曰：問喪於夫子乎？有子，孔子弟子有若也。夫子，孔子。後問此，庶有異聞也。喪謂仕失位也。魯昭公孫於齊，曰喪人其何稱。○問喪，問或作聞。喪，息浪反，注及下皆同。孫音遜。曰：聞之矣：喪欲速貧，死欲速朽。有子曰：是非君子之言也。○貧朽非人所欲。○朽，許久反。曾子曰：參也聞諸夫子也。有子又曰：是非君子之言也。曾子曰：參也與子游聞之。有子曰：然。然則夫子有爲言之也。曾子以斯言告於子游。子游曰：甚哉，有子之言似夫子也。昔者夫子居於宋，見桓司馬自爲石椁，三年而不成。桓司馬，宋向戌之孫名魋。○有爲，于僞反，下爲桓司馬、爲敬叔、則爲之、注爲民作、爲椁毋皆同。向，式亮反。戌音恤。魋，大回反。夫子曰：若是其靡也，死不如速朽之愈也。死之欲速朽，爲桓司馬言之也。

糜後○後昌氏反又甲氏反南宫敬叔反必載寶而朝敬叔魯孟僖子之子仲孫閱盖嘗失位去魯得反載其寶來朝於君○朝直遥反仕同僖許宜反閱音悅夫子曰若是其貨也喪不如速貧之愈也喪之欲速貧爲敬叔言之也曾子以子游之言告於有子有子曰然吾固曰非夫子之言也曾子曰子何以知之有子曰夫子制於中都四寸之棺五寸之椁以斯知不欲速朽也中都魯邑名也孔子嘗爲之宰爲民作制孔子由中都宰爲司空由司空爲司寇昔者夫子失魯司寇將之荆將應聘於楚○應應對之應蓋先之以子夏又申之以冉有以斯知不欲速貧也言汲汲於仕得祿○汲音急○陳莊子死赴於魯魯人欲勿哭君無哭鄰國大夫之礼陳莊子齊大夫陳恒之孫名伯繆公召縣子而問焉縣子曰古之大夫束脩之問不出竟雖欲哭之安得而哭之以其不外交○脩音木竟音境今之大夫交政於中國雖欲弗哭焉得而弗哭言時君弱臣強政在大夫

專盟會以交接○爲於僞反且臣聞之哭有二道有愛而哭之有畏而哭之以權微勸之公曰然然則如之何而可縣子曰請哭諸異姓之廟明不當哭於是與哭諸縣氏。○仲憲言於曾子曰夏后氏用明器示民無知也所謂致死之仲憲孔子弟子原憲殷人用祭器示民有知也所謂致生之周人兼用之示民疑也言使民疑於無知與有知曾子曰其不然乎其不然乎非其說之非也夫明器鬼器也祭器人器也夫古之人胡爲而死其親乎言仲憲之言三者皆非此或用鬼器或用人祭○公叔木有同母異父之昆弟死問於子游木當爲朱春秋作戍衛公叔文之子定公十四年來奔皆○木音式樹反又音朱徐之樹反子游曰其大功乎疑所服也親者屬大功是狄儀有同母異父之昆弟死問於子夏子夏曰我未之前聞也魯人則爲之齊衰狄儀行齊衰今之齊衰狄儀之問也。○子思之母死於衛子思孔子孫伯魚之子伯魚卒其妻嫁於衛柳若謂子思曰子聖人之後也四方於子乎觀禮子蓋慎諸柳若衛人也見子思欲爲嫁母服恐其失礼戒之嫁母齊衰期子思曰吾何慎哉吾聞之有其禮無其財君子弗行也謂時可行而財不足以備礼有其禮有其財無其時君子弗行也謂財足以備礼而時不得行者吾何慎哉時所止則止時所行則行無所疑也喪之禮如子贈襚之屬不踰主人○襚音遂○縣子瑣曰吾聞之古者不降上下各以其親古謂殷時也上不降遠下不降卑○瑣息果反依字作瑣滕伯文爲孟虎齊衰其叔父也爲孟皮齊衰其叔父也伯文殷時滕君也爵爲伯名文○滕徒登反爲于僞反下及下注爲人同○后木曰喪吾聞諸縣子曰夫喪不可不深長思也后木魯孝公子惠伯鞏之後○鞏恭勇反買棺外內易我死則亦然此孝子之事非所說○易以豉反○曾子曰尸未設飾故帷堂小斂而徹帷仲梁子曰夫婦方亂故帷堂小斂而徹帷斂者動搖尸帷堂爲人褻之言方乱非也仲梁子魯人也○帷意悲反○小斂之奠

子游曰於東方曾子曰於西方斂斯席矣曾子以俗說非又大斂奠於堂乃有席小斂之奠在西方魯禮之末失也末世失禮之爲○縣子曰綌衰繐裳非古也非時尚輕涼慢禮○綌衰去逆反麤葛也下七回反繐音歲布細而疏曰繐涼音良○子蒲卒哭者呼滅滅蓋子蒲名子臯曰若是野哉非之也唯復呼名子臯孔子弟子高柴○臯音高哭者改之○杜橋之母之喪宮中無相以爲沽也沽猶略也○相息亮反沽音古○夫子曰始死羔裘玄冠者易之而已羔裘玄冠夫子不以弔不以吉服弔喪易音亦徐以豉反○子游問喪具夫子曰稱家之有亡子游曰有無惡乎齊惡乎齊問豐省之比○稱尺證反有亡皇如字無也一音無下同惡音烏注同齊才細反又如字注同省所領反比必利反夫子曰有毋過禮苟亡矣斂首足形形躰毋音無還葬還之言便也言已斂即葬不待三月○還音旋斂力驗反縣棺而封不設碑繂不備禮封當爲窆下棺也春秋傳作塴○縣音玄封依注作窆彼驗反徐又甫鄧反碑彼皮反繂音律塴北鄧反人豈有非之者哉不責於人所不能○司

士賁告於子游曰請襲於牀時失之也禮唯始死廢牀○賁音奔人名子游
曰諾縣子聞之曰汰哉叔氏專以禮許人當由言礼然言諾非也叔氏子游
字○汰本又作大音泰自矜大○宋襄公葬其夫人醯醢百甕曾子曰既
曰明器矣而又實之言名之為明器而與祭器皆實之是亂鬼器與人器○醯呼兮反醢音海甕烏
弄反○孟獻子之喪獻子魯大夫仲孫蔑司徒旅歸四布旅下士也司徒使下
士歸四方之賻布夫子曰可也時人皆貪善其能廉○讀賵曾子曰非古也
是再告也曾子言非禮祖而讀賵賓致命將行主人之史又讀賵所以存錄之○成子高寢疾
成子高齊大夫國成伯高父也慶遺入請曰子之病革矣如至乎大病則
如之何觀其意革急也遺慶封之族○遺于季反又如字革紀力反重意本篇曾子寢疾病至曾元曰夫子之病革矣
子高曰吾聞之也生有益於人死不害於人吾縱生無
益於人吾可以死害於人乎哉我死則擇不食之地而
葬我焉不食謂不墾耕○墾苦很反○子夏問諸夫子曰居君之母

與妻之喪居處言語飲食衎爾衎爾自得貌爲小君與隱不能至。衎苦旦反注同爲于僞反下爲之服爲其以爲君服同。賓客至無所館夫子曰生於我乎館死於我乎殯仁者不忍人。國子高曰葬也者藏也藏也者欲人之弗得見也是故衣足以飾身棺周於衣椁周於棺土周於椁言皆所以爲深邃難人發見之也國子高成子高也成謚也。邃先遂反難乃旦反見如字又賢遍反反壤樹之哉反覆也在不如大古也而反封樹之意在於儉非周禮。壤如丈反覆芳伏反又扶又反舊音服非太音泰

。孔子之喪有自燕來觀者舍於子夏氏子夏曰聖人之葬人與人之葬聖人也子何觀焉與及也。燕烏田反昔者夫子言之曰吾見封之若堂者矣封築土爲壟堂形四方而高。壟力勇反見若坊者矣坊形旁殺平上而長。坊音防殺色戒反下同見若覆夏屋者矣覆謂茨尾也夏屋今之門廡也其形旁廣而卑。茨徐在私反茨覆屋廡音武卑如字又音婢見若斧者矣斧形旁殺刃上而長從若斧者焉孔子以爲刃上難登狹又易爲功。狹户甲反易以豉反馬鬣封之

謂也俗間名。鬣力輒反今一日而三斬板而已封板蓋廣二尺長六尺斬板謂斷其縮也三斷止之旁殺蓋高四尺其廣袤未聞也詩云縮板以載○斷音短下同上時掌反下以上同廣袤古曠反下音茂徐又亡侯反尚行夫子之志乎尚庶幾也○婦人不葛帶婦人質不變重者至期除之卒哭變絰而已○有薦新如朔奠重新物爲之殷奠○既葬各以其服除卒哭當變衰麻者亦變之或有除者不視主人○池視重霤如堂之有承霤也承霤以木爲之用行水以宮之飾也柳宮象也以竹爲池衣以青布縣銅魚焉今宮中有承霤云以銅爲之○重直容反衣于既反○君即位而爲椑椑謂杝棺親尸者椑堅著之言也天子椑內又有水兕革棺○椑蒲歷反徐房益反櫬尸棺杝音移著直畧反兕徐里反歲壹漆之若未成然○漆音七藏焉虛之不合○令力政反本又作合令合也○復楔齒綴足飯設飾帷堂並作設飾謂遷尸又加新衣○楔悉節反綴丁劣反又丁衛反飯煩晚反父兄命赴者謂大夫以上也士主人親命之○君復於小寢大寢小祖大祖庫門四郊尊者求之備也亦他日所嘗有事○喪不剝奠也與祭肉也與剝猶倮也有牲肉則巾之爲其久設塵埃加也脯醢之奠不巾○剝邦角反與音餘下同倮力果反謂不巾覆也埃

音哀 既殯，旬而布材與明器。木工宜乾腊，且豫成。材，椁材也。○腊音昔 朝奠日出，
夕奠逮日。陰陽交接，庶幾遇之。○逮音代，或大計反 父母之喪，哭無時，使必知
其反也。謂既練，或時為君服金革之事，反必有祭。重意 問喪云：三十五哭泣無時 練，練衣黃裏，縓
緣。小祥練冠練中衣，以黃為內，縓為飾。黃之色卑於纁，縓，纁之類，明外除。○縓，七絹反，淺赤色，今之紅也。緣，悅絹反，下注同。纁，本
又作纁，許云反 葛要絰，繩屨無絇，角瑱。瑱，充耳也。吉時以玉，人君有瑱。○要，一遙反，下注
小要同。下大結反。絇，其俱反，屨頭飾也。吐練反 鹿裘衡長袪。衡當為橫，字之誤也。袪謂褎緣袂口也。練而為
裘，橫廣之，又長之，又為袪，則先時狹短無袪可知。吉時麛裘。○衡依注作橫，華彭反，下衡三同。袪，起魚反，一音丘據反。褎，本又作袖，
音徐秀反。袂，亡世反 袪，裼之可也。裼，表裘也。有袪而裼之，備飾也。玉藻曰：麛裘青豻褎，絞衣以裼之。鹿裘亦
用絞乎。○裼音昔。麛音迷，本又作麑，同。麑，子也。豻音岸，胡地野犬。絞，戶交反 ○有殯，聞遠兄弟之
喪，雖緦必往；親骨肉也。非兄弟，雖鄰不往。疏無親也。所識其兄弟
不同居者皆弔。就其家弔之，成恩舊也。○天子之棺四重；尚深邃也。諸公三重，諸侯
再重，大夫一重，士不重。○重，直龍反，注皆同。邃，雖遂反 水兕革棺被之，其厚三寸，以水牛、兕

牛之革以爲棺被革各厚三寸合六寸也此爲一重○被皮寄反注同厚胡豆反度厚薄曰厚皆同此音 柂棺一所謂椑棺也爾雅曰椵柂○柂羊支反又木名椵徒乱反 梓棺二所謂屬與大棺梓音子屬音燭 四者皆周周币也凡棺用能濕之物○币本又作匝同子合反能濕乃代反 棺束縮二衡三衽每束一衡亦當爲横衽今小要衽或作漆或作髹○衽而審反又而鴆反髹又作髤許求反 柏椁以端長六尺以端題湊也其方蓋一尺○題徒低反頭也湊七豆反聚也 ○天子之哭諸侯也爵弁絰紂衣服士之祭服以哭之明爲变也天子至尊不見尸柩不弔服麻不加於采此言絰衍字也時人聞有弁絰因云之且周礼王弔諸侯弁絰緦衰也○紂本又作緇又作純同側其反爲于僞反下文及注爲其变皆同衍以善反 或曰使有司哭之非也哀戚之事不可虛 爲之不以樂食蓋謂殯斂之間 ○天子之殯也菆塗龍輴以椁菆木以周龍輴加椁而塗之天子殯以輴車畫轅爲龍○菆才官反輴勑倫反轅音袁 加斧于椁上畢塗屋斧謂之黼白黑文也以刺繡於縿幕加椁以覆棺已乃屋其上盡塗之○黼音甫刺七亦反縿音消幕音莫 天子之禮也○唯天子之喪有別姓而哭使諸侯同姓異姓庶姓相從而爲位別於朝覲來時朝覲爵同同位○別彼列反注同朝直遥反下同

○魯哀公誄孔丘曰天不遺耆老莫相予位焉嗚呼哀哉尼父誄其行以為謚也莫無也相佐也言孔子死無佐助我處位者尼父因其字以為之謚○誄力軌反耆巨支反相息亮反注同父音甫行下孟反【重言】嗚呼哀哉二禮運一【互注】左哀十六年夏四月己丑孔丘卒公誄之曰旻天不弔不憖遺一老俾屏余一人以在位煢煢余在疚嗚乎哀哉尼父無自律○國亡大縣邑公卿大夫士皆厭冠哭於大廟三日君不舉軍敗失地以喪歸也厭冠今喪冠其服未聞○大縣郡縣之縣厭於葉反注同大音泰或曰君舉而哭於后土后土社也○孔子惡野哭者為其驚眾周禮銜枚氏掌禁野叫呼歎呼於國中者行歌哭於國中之道者○惡烏路反銜枚上音咸下木杯反呼火故反胡二反○未仕者不敢稅人如稅人則以父兄之命不專家財也稅謂遺之人○稅始銳反謂以物遺人也遺維季反○士備入而后朝夕踊備猶盡也國君之喪嫌主人哭入則踊○祥而縞縞冠素紕也○縞古老反注同紕避支反是月禫徙月樂言禫明月可以用樂○禫大感反樂音岳○君於士有賜帟帟幕之小者所以承塵賜之則張於殯上大夫以上幕人職供焉○帟音亦共音恭本亦作供

纂圖互註禮記卷之二

纂圖互註禮記卷之三

檀弓下第四

禮記　鄭氏註

君之適長殤車三乘公之庶長殤車一乘大夫之適長殤車一乘皆下成人也自上而下降殺以兩成人遣車五乘長殤三乘下殤一乘尊卑以此差之庶子言公卑遠之傳曰大功之殤中從上○適丁歷反下及下適室同長殤丁丈反下及注同下式羊反乘繩證反下及注同皆下戶嫁反殺色戒反遣弃戰反差初佳反又初宜反遠于萬反○公之喪諸達官之長杖謂君所命雖有官職不達於君則不服斬○君於大夫將葬弔於宮及出命引之三步則止以義奪孝子宮殯宮出謂柩已在路如是者三君退退去也三命引之凡移九步朝亦如之哀次亦如之君弔不必於宮朝喪朝朝也次他日賓客所受大門外舍也孝子至此而哀君或於是弔焉○朝直遥反注同○五十無車者不越疆而弔人氣力始衰○疆居良反本又作壃下越疆同○季武子寢疾蟜固不說齊衰而入見曰斯道

也將亡矣士唯公門說齊衰 季武子魯大夫季孫夙也世爲上卿強且專政國人事之
如君蟜固能守禮不畏之矯失俗也道猶禮也○蟜居表反蟜固人姓名說他活反本亦作稅徐又音申銳反下同見賢遍反矯居
表反 武子曰不亦善乎君子表微 善之表猶明也時無如之何佯若 及其
喪也曾點倚其門而歌 明己不與也點字晳曾參父○點多忝反倚于綺反徐其綺反晳星歷反
○大夫弔當事而至則辭焉 辭猶告也擯者以主人有事告也主人無事則爲大夫出
○擯必刃反本又作儐同後放此爲于僞反下亦爲爲之緣同 弔於人是日不樂 君子哀樂不同日子
於是日哭則不歌○日人一反樂音岳又音洛注同 婦人不越疆而弔人 不通於外 行弔
之日不飲酒食肉焉 以全哀也 弔於葬者必執引若從柩及
壙皆執紼 示助之以力車曰引棺曰紼從柩贏者○引音胤注同車索壙苦晃反又音曠從後同紼音弗棺索贏音盈
○喪公弔之必有拜者 往謝之 雖朋友州里舍人可也 謂無
主後 弔曰寡君承事 示亦爲執事來 主人曰臨 君辱臨其臣之喪○臨如字徐力鴆反
君遇柩於路必使人弔之 君於民臣有父母之恩 大夫之喪庶子

不受弔不以賤者爲有爵者主○妻之昆弟爲父後者死哭之適室以其正也子爲主袒免哭踊親者主之○免音問夫入門右北面辟正主○辟音避下辟難同使人立于門外告來者狎則入哭狎相習知者○使色吏反又如字狎户甲反父在哭於妻之室不以私喪干尊非爲父後者哭諸異室○有殯聞遠兄弟之喪哭于側室嫌哭殯無側室哭于門内之右近南者爲之變位○近附近之近同國則往哭之喪無外事○子張死曾子有母之喪齊衰而往哭之或曰齊衰不以弔以其無服非之曾子曰我弔也與哉於朋友哀痛甚而往哭之非若凡弔○與音餘○有若之喪悼公弔焉悼公魯哀公之子○悼音道子游擯由左擯相侑喪禮者喪禮廢亡時人以爲此儀當如詔辟而皆由右相是善子游正之孝經說曰以身擯侑○擯必刃反注同相息亮反下同詔音照侑音又○齊穀王姬之喪穀當爲告聲之誤也王姬周女齊襄公之夫人○穀音告又古毒反魯莊公爲之大功或曰由魯嫁故爲之服姊妹之服或曰外祖母也

故爲之服 春秋周女由曾嫁卒服之如內女服姊妹是也天子爲之九服嫁於王者之後乃服之莊公齊襄公女弟文姜之子當爲舅之妻非外祖母也外祖母又小功也○爲之于僞反下及注同王如字徐于況反 ○晉獻公之
喪秦穆公使人弔公子重耳 獻公殺其世子申生重耳辟難出奔是時在翟就弔之○重直龍反注及下皆同難乃旦反翟音狄本又作狄 且曰寡人聞之亡國恒於斯得國
恒於斯 言在喪代之際 雖吾子儼然在憂服之中喪亦不可久
也時亦不可失也孺子其圖之 勸其反國意欲納之喪謂亡失位孺稚也○儼魚檢反本亦作儼同喪息浪反注及下皆同孺如樹反後同稚直吏反又作稚同 以告舅犯 舅犯重耳之舅狐偃也字子犯
舅犯曰孺子其辭焉喪人無寶仁親以爲寶 寶謂善道可守者仁親親行仁義 父死之謂何又因以爲利 欲反國求爲後是利父死 而天下
其孰能說之孺子其辭焉 說猶解也 公子重耳對客曰君惠
弔亡臣重耳身喪父死不得與於哭泣之哀以爲君憂 謝之○與音預 父死之謂何或敢有他志以辱君義稽顙而

不拜哭而起起而不私他志謂私心○稽音啓顙桑黨反子顯以致命於穆公使者公子縶也蓋氏云子者名字相配顯當作韅○顯依注音韅呼遍反徐苦見反使色吏反縶陟立反後同穆公曰仁夫公子重耳夫稽顙而不拜則未爲後也故不成拜哭而起則愛父也起而不私則遠利也○夫音符遠于萬反

○帷殯非古也自敬姜之哭穆伯始也穆伯魯大夫季悼子之子公甫靖也敬姜穆伯妻文伯歜之母也禮朝夕哭不帷○歜昌觸反

○喪禮哀戚之至也節哀順變也君子念始之者也始猶生也念父母生已不欲傷其性復盡愛之道也有禱祠之心焉復謂招魂且分禱五祀庶幾其精氣之反○禱丁老反一音丁報反祠音詞望反諸幽求諸鬼神之道也鬼神處幽闇望其從鬼神所來北面求諸幽之義也鄉其所從來也禮復者升屋北面○鄉本又作嚮同許亮反拜稽顙哀戚之至隱也稽顙隱之甚也隱痛也稽顙者觸地無容飯用米貝弗忍虛也不以食道用美焉爾尊之也食道褻米貝美○飯扶晚反褻息列反銘明旌也神明

之精。○銘音名旌音精以死者爲不可別已故以其旗識之不可別形貌不
見。○別彼列反注同本或無已字識式至反又音如字愛之斯錄之矣敬之斯盡其
道焉耳謂重與奠。○与奠也與音如字一本作重与奠与二奠與並音餘重主道也始死未作主以重主
其神也重既虞而埋之乃後作主春秋傳曰虞主用桑練主用栗殷主綴重焉綴猶聯也殷人作主而聯其重
縣諸廟也去顯考乃埋之。○綴丁劣反又丁衞反聯音連縣音玄周主重徹焉周人作主徹重埋之奠
以素器以生者有哀素之心也哀素言哀痛無飾也凡物無飾曰素唯祭
祀之禮主人自盡焉爾豈知神之所饗亦以主人有齊
敬之心也哀則以素敬則以飾禮由人心而已。○齊側皆反辟踊哀之至也有筭
爲之節文也筭數也。○辟婢亦反下音勇筭桑乱反哀之至也三一見下文一見問喪二十重言袒
括髮變也慍哀之變也去飾去美也袒括髮去飾之甚
也有所袒有所襲哀之節也弁絰葛而葬與神交之道
也接神之道不可以純凶天子諸侯變服而葬冠素弁以葛爲環絰既虞卒哭乃服受服也雜記曰凡弁絰其衰侈袂。○括古闊

反愊東皇紆粉反積也又紆運反怨恚也徐又音鬱彰去起呂反下及注去樂樂去桃茢並同衰七雷反侈袂昌氏反下於出反【重言】袒
括髮三上冊一又奔喪三十四括髮袒成踊有敬心焉踰時哀衰而敬生敬則服有飾大夫士三月而葬未
踰時○衰所追反周人弁而葬殷人冔而葬周弁殷冔俱象祭冠而素禮同也○冔况
甫反斆主人主婦室老為其病也君命食之也尊者奪人易也斆或作歠
粥也○斆徐昌悅反一音常悅反為其于為反下注為父母為有凶為人甚甚同食音嗣易以豉反粥之六反後同一反哭
升堂反諸其所作也親所行礼之處處昌慮反下同○主婦入于室反諸
其所養也親所饋食之處○養徐羊尚反一反哭之弔也哀之至也反而
亡焉失之矣於是為甚哀痛甚甚殷既封而弔周反哭而弔
封當為窆窆下棺也○封依注音窆彼驗反下同孔子曰殷已愨吾從周愨者得哀之始
末見其甚○愨本又作愨苦角反注及後同【重言】吾從周二一見坊記三十一見中庸二十葬於北方北
首三代之達禮也之幽之故也北方國北也○首手又反既封主人
贈而祝宿虞尸贈以幣送死者於壙也於主人贈祝先歸既反哭主人與有司

視虞牲日中將虞省其牲有司以几筵舍奠於墓左反日中而虞所使奠墓有司來歸乃虞也舍奠墓左爲父母形體在此禮其神也周禮冢人凡祭墓爲尸舍音捨奠音釋同葬日虞弗忍一日離也弗忍其无所歸○離力智反下同是日也以虞易奠虞喪祭也卒哭曰成事既虞之後卒哭而祭其辭蓋曰哀薦成事成祭事也祭以吉爲成○卒遵律反是日也以吉祭易喪祭卒哭吉祭○易以豉反徐音亦明日祔于祖父祭告於其祖之廟○祔音附其變而之吉祭也比至於祔必於是日也接不忍一日末有所歸也末無也日有所用接之虞祔所謂他用剛日者其祭祝曰哀薦曰成事○比必利反末莫葛反殷練而祔周卒哭而祔孔子善殷期而神之人情○期音基○君臨臣喪以巫祝桃茢執戈惡之也爲有凶邪之氣在側君聞大夫之喪去樂卒事而往未襲也其已襲則止巫去桃茢桃鬼所惡茢萑苕可埽不祥○茢徐音例杜預云黍穰也鄭注周禮云苕帚惡烏路反注及下注后凶邪似嗟反下注同萑音完苕大彫反所以異於生也生人無凶邪○喪有死之道焉言人之死有如鳥獸死之狀鳥獸之死人賤之先王之所難

言也聖人不明說爲人甚惡之○難乃旦反○喪之朝也順死者之孝心也朝謂遷柩於廟○朝直遙反注及下皆同其哀離其室也故至於祖考之廟而后行殷朝而殯於祖周朝而遂葬○孔子謂爲明器者知喪道矣備物而不可用也神與人異道則不相傷哀哉死者而用生者之器也不殆於用殉乎哉殆幾也殺人以衛死者曰殉用其器者漸幾於用人○殉辭俊反以人從死曰殉幾音祈又音機下同其曰明器神明之也神明死者異於生人塗車芻靈自古有之芻靈束茅爲人馬謂之靈者神之類○芻初俱反明器之道也言與明器同孔子謂爲芻靈者善謂爲俑者不仁不殆於用人乎哉俑偶人也有面目機發有似於生人孔子善古而非周○俑音勇○穆公問於子思曰爲舊君反服古與仕焉而已者穆公魯哀公之曾孫○爲于僞反下爲君爲使人皆同與音餘下同子思曰古之君子進人以禮退人以禮故有舊君反服之禮也今之君子進人若將加諸膝退人若將隊諸

淵毋爲戎首不亦善乎又何反服之禮之有言放逐之臣不服舊君也爲兵主來攻伐曰戎首○膝音悉隊本又作墜直媿反○悼公之喪季昭子問於孟敬子曰爲君何食悼公魯哀公之子昭子康子之曾孫名強敬子武伯之子名捷○捷音在接反敬子曰食粥天下之達禮也吾三臣者之不能居公室也四方莫不聞矣言鄰國皆知吾等不能居公室以臣礼事君也三臣仲孫叔孫季孫氏勉而爲瘠則吾能毋乃使人疑夫不以情居瘠者乎哉我則食食存時不盡忠喪又不盡礼非也孔子曰喪事不敢不勉○瘠徐在益反夫音扶食食上如字下音嗣○衛司徒敬子死司徒官氏公子許之後子夏弔焉主人未小斂絰而往子游弔焉主人既小斂子游出絰反哭皆以朋友之礼往而二人異子夏曰聞之也與曰聞諸夫子主人未改服則不絰○曾子曰晏子可謂知禮也已恭敬之有焉言禮者敬而已矣有若曰晏子一狐裘三十年遣車一乘及墓而反國君七个遣

乘七乘大夫五个遣車五乘晏子焉知禮言其太儉偪下非之及墓而反言其既窆則歸不留賓客有事也人臣賜車馬者乃得有遣車遣車之差大夫五諸侯七則天子九諸侯不以命數喪數略也个謂所包遣奠牲體之數也雜記曰遣車視牢具○遣弃戰反下文及注同乘繩證反下同个古賀反下及注同焉於虔反大音泰或他佐反偪音逼本或作逼包伯交反曾子曰國無道君子恥盈禮焉國奢則示之以儉國儉則示之以禮時齊方奢矯之是也國昭子之母死問於子張曰葬及墓男子婦人安位國昭子齊大夫子張曰司徒敬子之喪夫子相男子西鄉婦人東鄉夾羨道為位夫子孔子也○相息亮反下注同鄉許亮反下皆同夾古洽反一音頰羨徐音賤音義隱云羨車道曰噫毋噫不寤之聲毋禁止之辭○噫本又作意同於其反毋音無曰我喪也斯沾斯盡也沾讀曰覘覘視也國昭子自謂齊之大家有事人盡視之欲人觀之法其所為○斯音賜沾依注音覘勑廉反爾專之賓為賓焉主為主焉專猶司也時子張相婦人從男子皆西鄉非也○穆伯之喪敬姜晝哭文伯之喪晝夜哭孔子曰知禮矣喪夫不夜哭嫌思情性也

文伯之喪，敬姜據其牀而不哭，曰：昔者吾有斯子也，吾以將爲賢人也，蓋見其有才藝。吾未嘗以就公室。未嘗與到公室，觀其行也。季氏，魯之宗卿，敬姜有會見之礼。○行，下孟反。見，賢遍反。下文不敢見同。今及其死也，朋友諸臣未有出涕者，而內人皆行哭失聲。斯子也，必多曠於禮矣夫！內人，妻妾。○夫音扶，下同。本亦有無夫字者。○季康子之母死，陳褻衣。褻衣非上服，陳之將以斂。敬姜曰：婦人不飾，不敢見舅姑。將有四方之賓來，褻衣何爲陳於斯？命徹之。言四方之賓嚴於舅姑。敬姜者，康子從祖母。○從，才用反。○有子與子游立，見孺子慕者。有子謂子游曰：予壹不知夫喪之踊也，予欲去之久矣。情在於斯，其是也夫！喪之踊猶孺子之號慕。○去，羌呂反。號，户刀反。子游曰：禮有微情者，節哭踊。有以故興物者，衰絰之制。有直情而徑行者，戎狄之道也。哭踊無節，衣服無制。○徑，古定反。禮道則不然，與戎狄異。人喜則斯陶，陶，鬱陶也。○陶，徒刀反。陶斯咏，咏，謳也。○咏音詠。

重言吾過矣一條誤入說先勝下

齊大饑節注校宋本目不明〻見下有所以然

飢饉甚如一句毛本脫去此句今此本亦脫

閔〻節注且勝也本又

勝過八字張氏音又誤入

又衍一如字

詠謳本亦作嗚烏侯反咏斯猶猶當爲搖聲之誤也搖謂身動搖也秦人猶搖声相近○猶依注作搖音遥注附近之近猶斯舞手舞之舞斯慍慍猶怒也慍斯戚戚憤恚○慍斯戚紆運反注同喜怒哀樂相對本或於此句上有舞斯慍一句并注皆衍文憤扶粉反恚一睡反戚斯歎歎吟息○吟本或作唫音魚今反歎斯辟辟拊心○辟婢亦反拊心也辟斯踊矣踊躍○躍羊灼反品節斯斯之謂禮舞踊皆有節乃成礼人死斯惡之矣無能也斯倍之矣無能心謂之无所復能○惡音烏路反倍音佩下同復扶又反是故制絞衾設蔞翣爲使人勿惡也絞衾尸之飾蔞翣棺之牆飾周礼蔞作柳○絞交卯反下音欽蔞音柳翣所甲反始死脯醢之奠將行遣而行之既葬而食之將行將葬也葬有遣奠食反虞之祭○食音嗣注同謂虞祭也未有見其饗之者也自上世以來未之有舍也爲使人勿倍也舍猶廢也○舍音捨注同故子之所刺於禮者亦非禮之訾也訾病也○訾似斯反○吳侵陳斬祀殺厲祀神位有屋樹者厲疫病吳侵陳以魯哀公元年秋○疫音役師還出竟陳大宰嚭使於師夫差謂行人儀曰是夫也多

言盍嘗問焉師必有名人之稱斯師也者則謂之何太宰
行人官名也夫差吳子光之子盍何不也嘗猶試也夫差修舊怨庶幾其師有善名○還音旋竟音境大音泰注及下文注大宰大
師大史大廟大傅皆同嚭普彼反使色吏反夫差音扶下初佳反吳王名闔廬子盍户臘反大宰嚭曰古之
侵伐者不斬祀不殺厲不獲二毛獲謂係虜之二毛鬢髮斑白○斑伯山反本又
作頒音同今斯師也殺厲與其不謂之殺厲之師與欲微切之故其
言以若不審然正言殺厲重人○與音餘下及注有此與同曰反爾地歸爾子則謂之何
子謂所獲民臣曰君王討敝邑之罪又矜而赦之師與有無名
乎又欲勸之欲繼其意吳楚僭號稱王○顏丁善居喪顏丁魯人始死皇皇焉如
有求而弗得及殯望望焉如有從而弗及既葬慨焉如
不及其反而息從隨也慨憊貌○慨苦愛反憊皮拜反重意前篇云始死充充如有窮既殯瞿瞿如有求而弗
得既葬皇皇如有望而弗至練而慨然祥而廓然子張問曰書云高宗三年不言言
乃讙有諸時人君無行三年之喪禮者問有此與怪之也讙喜說也言乃喜說則民臣望其言久○讙音歡說音悅

下同重意髙宗三年不言喪服四制六髙宗諒闇三年不言仲尼曰胡爲其不然也古者
天子崩王世子聽於冢宰三年冢宰天官卿貳王事者三年之喪使之聽朝○
知悼子卒未葬悼子晉大夫荀盈魯昭九年卒○知音智下同平公飲酒與羣臣燕平公
晉侯彪○彪彼糾反師曠李調侍侍与君飲也燕礼記曰請旅侍臣李調以字左傳作外嬖嬖叔鼓鐘
樂作也燕礼賓入門奏肆夏既獻而樂闋獻君亦如之○闋苦穴反止也杜蕢自外來聞鐘聲曰
安在在之也杜蕢或作屠蒯○蕢苦怪反注蒯同屠音徒曰在寢燕於寢杜蕢入寢歷
階而升酌曰曠飲斯又酌曰調飲斯又酌堂上北面坐
飲之降趨而出三酌皆罰○曠飲於鴆反下飲斯飲之飲曠飲調飲寡人皆同平公呼而進
之曰蕢曩者爾心或開予是以不與爾言曩曏也謂始來入時開謂
諫爭有所發起○曩乃黨反鄉本亦作鄉同許亮反爭爭鬭之爭爾飲曠何也曰子卯不樂
紂以甲子死桀以乙卯亡王者謂之疾日不以舉樂爲吉事所以自戒懼○子卯不樂如字賈逵云桀以乙卯日死受以甲子日亡
故以爲戒鄭同漢書翼奉説則不然張宴云子刑卯卯刑子相刑之日故以爲忌而云夏殷亡日不推湯武以興乎疾日音人一反

知悼子在堂斯其爲子卯也大矣言大臣喪重於疾日也雜記曰君於卿大夫比葬不食肉比卒哭不舉樂○比必利反下同曠也大師也不以詔是以飲之也詔告也大師典奏樂爾飲調何也曰調也君之褻臣也爲一飲一食忘君之疾是以飲之也言調貪酒食褻嬖也近臣亦當規君疾憂○爲于僞反嬖必計反爾飲何也曰蕢也宰夫也非刀匕是共又敢與知防是以飲之也防禁放溢○匕必李反共音供与音預防音房又扶放反平公曰寡人亦有過焉酌而飲寡人聞義則服杜蕢洗而揚觶舉爵於君也禮揚作騰揚舉也又送也揚近得之○觶之豉反字林音支又去酒器近附近之近下声相近同公謂侍者曰如我死則必毋廢斯爵也欲後世以爲戒至于今既畢獻斯揚觶謂之杜舉此爵遂因杜蕢爲名畢獻獻賓与君○公叔文子卒文子衛獻公之孫名拔或作發○拔蒲八反其子戌請謚於君曰日月有時將葬矣請所以易其名者謚者行之迹有時猶言有數也大夫士三月而葬○行下孟反君曰昔者衛國凶饑夫子爲

粥與國之餓者，是不亦惠乎？君靈公也。○粥，之六反。昔者衛國有難，難謂魯昭公二十年盜殺衛侯之兄縶也。時齊豹作乱，公如死鳥。○難，乃旦反，注同。夫子以其死衛寡人，不亦貞乎？夫子聽衛國之政，脩其班制，以與四鄰交，衛國之社稷不辱，不亦文乎？班制謂尊卑之差。故謂夫子貞惠文子。後不言貞惠者，文足以兼之。

○石駘仲卒，駘仲，衛大夫石碏之族。○駘，大來反；碏，七畧反。無適子，有庶子六人，卜所以爲後者，莫適立也。○適，丁歷反，注同。曰：「沐浴佩玉則兆。」言齋絜則得吉兆。○齋，側皆反。五人者皆沐浴佩玉，石祁子曰：「孰有執親之喪而沐浴佩玉者乎？」不沐浴佩玉。心正且知禮。石祁子兆，衛人以龜爲有知也。

○陳子車死於衛，其妻與其家大夫謀以殉葬，子車，齊大夫。定而后陳子亢至，以告曰：「夫子疾，莫養於下，請以殉葬。」子亢，子車弟，孔子弟子。下，地下。○亢，音剛，又苦浪反；養，羊尚反，下皆同。子亢曰：「以殉葬，非禮也。雖然，則彼疾當養者孰若妻與宰得已則吾欲已不得已則吾欲以二子者之爲之也度諫之不能止以斯言拒之禮止也○度大各反重言以殉葬非禮也二下文一於是弗果用果決重意下文弗果殺○子路曰傷哉貧也生無以爲養死無以爲禮也孔子曰啜菽飲水盡其歡斯之謂孝斂手足形還葬而無槨稱其財斯之謂禮還猶疾也謂不及其日月○啜昌劣反菽或作菽音同大豆也王云熬豆而食曰啜菽斂力驗反還音旋後同槨音郭稱尺證反下注之稱同重言斂手足形還葬[illegible]一十[illegible]一○衛獻公出奔反於衛及郊將班邑於從者而后入欲賞從者以懼居者獻公以魯襄十四年出奔齊二十六年復歸於衛○從才用反注下同柳莊曰如皆守社稷則孰執羈靮而從如皆從則孰守社稷言從守若一靮紲也○羈音基靮丁歷反紲息列反君反其國而有私也毋乃不可乎言有私則生怨弗果班○衛有大史曰柳莊寢疾公曰若疾革雖當祭必告革急也○革本又作亟居力反注同公再拜稽首請於尸曰有臣柳

莊也者非寡人之臣社稷之臣也聞之死請往〔急弔賢者〕不釋服而往遂以襚之〔脫君祭服以襚臣親賢也所以此襚之者以其不用襲也凡襚以斂○襚音遂脫本亦作說又作稅同他活反〕與之邑裘氏與縣潘氏書而納諸棺曰世世萬子孫毋變也〔所以厚賢也裘縣潘邑名○縣音玄注同潘普干反〕○陳乾昔寢疾屬其兄弟而命其子尊己曰如我死則必大爲我棺使吾二婢子夾我〔婢子妾也○乾音干屬之玉反夾古洽反〕陳乾昔死其子曰以殉葬非禮也況又同棺乎弗果殺〔善尊己不陷父於不義〕重言以殉葬非禮也二上文一○弗果殺上文弗果用○仲遂卒于垂壬午猶繹萬入去籥〔春秋經在宣八年仲遂魯莊公之子東門襄仲先日辛巳有事於太廟而仲遂卒明日而繹非也萬干舞也籥籥舞也傳曰去其有聲者廢其無聲者○繹音亦去羌呂反注同籥羊灼反〕仲尼曰非禮也卿卒不繹○季康子之母死公輸若方小〔公輸若匠師方小言年尚幼未知禮也〕斂般請以機封〔斂下棺於椁般若之族多技巧者見若掌斂事而年尚幼請代之而欲嘗其技巧○般音班注及下同封〕

彼驗反技其綺反下同將從之時人服般之巧公肩假曰不可夫魯有初初謂故事公室視豐碑言視者時僭天子也豐碑斲大木爲之形如石碑於槨前後四角樹之穿中於間爲鹿盧下棺以繂繞天子六繂四碑前後各重鹿盧也。碑彼皮反僭子念反後皆同斲丁角反繂音律繞而沼反重直龍反三家視桓楹時僭諸侯諸侯下天子也斲之形如大楹耳四植謂之桓諸侯四繂二碑碑如桓矣大夫二繂二碑士二繂無碑。下户嫁反植時力反般爾以人之母嘗巧則豈不得以以已字言豈有強使女者與僭於禮有以作機巧非也以與已字本同爾已古以字。強其丈反女音汝與音餘下若與同其母以嘗巧者乎則病者乎毋無也於女寧有病若與止之。毋音無噫不寤之聲噫於其反。弗果從。戰于郎郎魯近邑也哀十一年齊國書帥師伐我是也公叔禺人遇負杖入保者息遇見也見走辟齊師將入保罷倦加其杖頸上兩手掖之休息者保縣邑小城禺人昭公之子春秋傳曰公叔務人。禺音遇又音務注同辟音避罷音皮倦其卷反頸吉領反掖音亦曰使之雖病也謂時繇役。繇本亦作徭音遥任之雖重也謂時繇賦君子不能爲謀也士弗能死也不可君子謂卿大夫也魯政既惡復無謀臣士又不能死難禺人恥之。弗能弗亦作不爲于僞反下注同爲

下為斃同復扶又反下復射謂不復同難乃旦反我則既言矣欲敵齊師踐其言與其鄰

重汪踦往皆死焉奔敵死齊寇鄰鄰里也重皆當為童童未冠者之稱姓汪名踦○鄰或為談春秋傳曰

童汪踦○重依注音童下同汪烏黃反踦魚綺反冠古乱反魯人欲勿殤重汪踦見其死君事有

士行欲以成人之喪治之言魯人者死君事國為斂葬○行下孟反問於仲尼仲尼曰能執干

戈以衛社稷雖欲勿殤也不亦可乎善之○子路去魯謂

顏淵曰何以贈我贈送曰吾聞之也去國則哭于墓而后

行反其國不哭展墓而入無君事主於孝哭哀去也展省視之謂子路曰何

以處我處猶安也子路曰吾聞之也過墓則式過祀則下居者

主於敬○工尹商陽與陳弃疾追吳師及之工尹楚官名弃疾楚公子弃疾

也以胥昭八年師師滅陳縣之楚人善之因號焉至十二年楚子狩於州來使蕩侯潘子司馬督囂尹午陵尹喜圍徐以懼吳於時

有吳師陳或作陵楚人聲馬裻音篤本亦作督陳弃疾謂工尹商陽曰王事也子

手弓而可手弓手射諸商陽仁不忍傷人以王事勸之○射食亦反下同射之斃

一人韔弓不忍復射斃作仆韔韜也○斃本亦作獘婢世反下同韔勑亮反仆蒲北反又音赴韜吐刀反又及謂之，又斃二人。每斃一人，揜其目。揜其目不忍視之○又及本或作又及一人又一人後人妄加耳止其御曰：朝不坐，燕不與，殺三人亦足以反命矣。朝燕於寢大夫坐於上士立於下然則商陽與御者皆士也兵車參乘射者在左戈盾在右御在中央○朝直遙反與音預乘繩證反盾食允反又音允孔子曰：殺人之中，又有禮焉。善之○諸侯伐秦，曹桓公卒于會。魯成十三年曹伯廬卒于師是也盧諡宣言桓聲之誤也○桓依注音宣諸侯請含，以明友有相啖食之道○含胡闇反啖徒暫反食音嗣徐音自使之襲。非也襲賤者之事○襄公朝于荊，康王卒。在魯襄二十八年康王楚子昭也楚言荊者州言之荊人曰：必請襲。欲使襄公衣之○衣於既反魯人曰：非禮也。荊人強之。欲尊康王○強其丈反下注同巫先拂柩，荊人悔之。巫祝桃茢君臨臣喪之禮○拂芳勿反柩其久反茢音列○滕成公之喪，魯昭三年使子叔敬叔弔，進書，子叔敬叔魯宣公弟叔肸之曾孫叔弓也進書奉君弔書○肸許乙反子服惠伯爲介。惠伯慶父玄孫之子名叔介副也○介音界注及後

后又郊為懿伯之忌不入郊滕之近邑也懿伯惠伯之叔父忌怨也敬叔有怨於懿伯難惠伯
也春秋傳曰敬叔不入〇難乃旦反惠伯曰政也不可以叔父之私不將公
事政君命所為敬叔於昭穆以懿伯為叔父〇昭音常遙反遂入惠伯強之乃入〇哀公使人弔
蕢尚遇諸道辟於路畫宮而受弔焉哀公魯君也畫宮畫地為宮象〇蕢苦怪
反辟音避又婢亦反畫音獲注同曾子曰蕢尚不如杞梁之妻之知禮也
行弔禮於野非齊莊公襲莒于奪杞梁死焉魯襄二十三年齊侯襲莒是也春秋傳曰
杞殖華還載甲夜入且于之隧隧奪声相近或為兌梁即殖也〇于奪徒外反注并兌同杞音起殖時識反華胡化反且子餘反
其妻迎其柩於路而哭之哀莊公使人弔之對曰君之
臣不免於罪則將肆諸市朝而妻妾執肆陳尸也大夫以上於朝士以下於
市執拘也〇肆殺三日音四朝直遙反上時掌反拘音俱君之臣免於罪則有先人之敝
廬在君無所辱命無所辱命辭不受也春秋傳曰齊侯弔諸其室〇廬力居反〇孺子
鞼之喪魯哀公之少子〇鞼吐孫反哀公欲設撥撥可撥引輴車所謂紼〇撥半末反輴勑

倫反問於有若有若曰其可也君之三臣猶設之猶尚也以臣况子也三臣仲孫叔孫季孫氏顔柳曰天子龍輴而椁幬輴殯車也畫轅爲龍幬覆也殯以椁覆棺而塗之所謂菆塗龍輴以椁○椁音郭幬大報反攢塗才丸反下音徒諸侯輴而設幬輴不畫龍爲榆沈故設撥以水澆榆白皮之汁有急以播地於引輴車滑沈本又作瀋同昌審反澆古堯反汁之十反滑于八反三臣者廢輴而設撥竊禮之不中者也而君何學焉止其僭非禮也廢去也紼繫於輴三臣於禮去輴今有紼是用輴僭禮也殯禮大夫菆置西序士掘肂見衽○中丁仲反又如字斈如字或音户教反非注同去羌呂反下同掘求勿反義求月反○又户忽反肂本又作肆以二反棺坎也見賢遍反衽而審反悼公之母死母哀公之妾哀公爲之齊衰有若曰爲妾齊衰禮與譏而問之妾之貴者爲之緦耳○爲于僞反下爲妾注爲之下弗爲爲服皆同與音餘公曰吾得已乎哉魯人以妻我言國人皆名之爲我妻重服嬖妾文過非也○嬖必計反○季子皐葬其妻犯人之禾季子皐孔子弟子高柴孟氏之邑成宰或氏季犯躐也○躐力輒反申祥以告曰請庚之申祥子張子庚償也庚古衡反償徐音尚○子皐曰孟氏不以是

罪予時僭侈○僭子念反侈昌氏反又尺氏反朋友不以是棄予[illegible]以吾爲邑長於斯也買道而葬後難繼也時寵虐民非之○長丁丈反○仕而未有祿者君有饋焉曰獻使焉曰寡君見在臣位與有祿同也君有饋有饋於君○餽本又作饋其位反遺也使色吏反見賢遍反違而君薨弗爲服也以其恩輕也違去也○虞而立尸有几筵卒哭而諱諱辟其名○辟音避生事畢而鬼事始已謂不復饋食於下室而鬼神祭之已辭也既卒哭宰夫執木鐸以命于宮曰舍故而諱新故謂高祖之父當遷者也易說帝乙曰易之帝乙爲成湯書之帝乙六世王天之錫命疏可同名○鐸大各反舍音捨自寢門至于庫門百官所在庫門宮外門明堂位曰庫門天子皐門○二名不偏諱夫子之母名徵在言在不稱徵言徵不稱在稱舉也雜記曰妻之諱不舉諸其側【重言】二名不偏諱一見曲礼上○軍有憂則素服哭於庫門之外憂謂爲敵所敗也素服若縞冠也○敗必邁反赴車不載櫜韔兵不戢示當報也以告喪之辭言之謂還告於國櫜甲衣韔弓衣○櫜音羔韔本亦作韔勑亮反戢側立反○有焚

其先人之室則三日哭謂人燒其宗廟哭者哀精神之有虧傷故曰新宮火亦三日哭火人火也新宮宣公廟也火在魯成三年○孔子過泰山側有婦人哭於墓者而哀夫子式而聽之怪其哀甚使子路問之曰子之哭也壹似重有憂者而曰然昔者吾舅死於虎吾夫又死焉今吾子又死焉而猶乃也夫之父曰舅○重直用反夫子曰何爲不去也曰無苛政夫子曰小子識之苛政猛於虎也○魯人有周豐也者哀公執摯請見之下賢也摯禽摯也諸侯而用禽摯降尊就卑之義○苛音何本亦作荷識申志反又如字摯音至下戶嫁反重言小子識之二見上篇而曰不可辭君以尊見卑士禮先生異爵者請見之則辟公曰我其已夫已止也重強变賢○夫音扶強其丈反使人問焉曰有虞氏未施信於民而民信之夏后氏未施敬於民而民敬之何施而得斯於民也時公與三桓始有惡懼將不安對曰墟墓之間未施哀於民而民哀社稷宗廟之中未施敬於民而

民敬言民見悲哀之處則悲哀見莊敬之處則莊敬非必有使之者墟墓殷滅無後之地○虛本亦作墟同起魚反注同處昌慮反下同殷人作誓而民始畔周人作會而民始疑會謂盟也盟誓所以結衆以信其後外有背叛而信不由中則民畔疑之孔子曰其身正不令而行其身不正雖令不從苟無禮義忠信誠慤之心以涖之雖固結之民其不解乎涖臨也○涖音利又音類解佳買反舊胡買反○喪不慮居謂賣舍宅以奉喪毀不危身謂憔悴將滅性○憔在遙反悴在醉反喪不慮居爲無廟也毀不危身爲無後也

○延陵季子適齊於其反也其長子死葬於嬴博之閒季子名札魯昭二十七年吳公子札聘於上國是也季子讓國居延陵因號焉春秋傳謂延陵延州來嬴博齊地今泰山縣是也○爲于僞反下同長丁丈反下官長并注同嬴音盈札側八反孔子曰延陵季子吳之習於禮者也往而觀其葬焉往弔之其坎深不至於泉以生恕死○深式鳩反其斂以時服以行時之服不改制節既葬而封廣輪揜坎其高可隱也亦節也輪從也隱據也封可手據謂高四尺○廣古曠反揜本又作掩於檢反隱於刃反注同從子容反

既封左袒右還其封且號者三曰骨肉歸復于土命也若魂氣則無不之也無不之也還遶圍也號哭且言也命猶性也○號户高反注同而遂行行去也孔子曰延陵季子之於禮也其合矣乎○

邾婁考公之喪考公隱公益之曾孫考或為定○婁力俱反下同徐君使容居來弔含弔且含○含胡闇反注及下同曰寡君使容居坐含進侯玉其使容居以含欲親含也非也含不使賤者君行則親含大夫歸含耳言侯玉者時徐僭稱王自比天子○僭子念反有司曰諸侯之來辱敝邑者易則易于則于易于雜者未之有也易謂臣禮于謂君禮雜者容居以臣欲行君禮徐自比天子使大夫敵諸侯有同拒之○易則易並以豉反下及注同拒本又作距重言未之有也凡四一見太宰四十一一見射義四十六容居對曰容居聞之事君不敢忘其君亦不敢遺其祖昔我先君駒王西討濟於河無所不用斯言也容居魯人也不敢忘其祖言我祖與今君於諸侯初如是不聞義則服駒王徐先君僭號容居其子孫也濟渡也言西討渡於河廣大其國魯魯鈍也言魯魯鈍者欲

自明不安○蛸徒困反本亦作鈍○子思之母死於衛嫁母也姓庶氏赴於子思子思哭於廟門人至曰庶氏之母死何爲哭於孔氏之廟乎門人弟子也嫁母與廟絕族子思曰吾過矣吾過矣遂哭於他室○天子崩三日祝先服祝佐含斂先病○祝之六反【重言】吾過矣吾過矣二見上篇又我過矣我過矣五日官長服官長大夫士七日國中男女服庶人三月天下服諸侯之大夫虞人致百祀之木可以爲棺椁者斬之虞人掌山澤之官百祀畿內百縣之祀也以爲棺椁作棺椁也斬伐也○畿音祈不至者廢其祀刎其人○齊大饑黔敖爲食於路以待餓者而食之有餓者蒙袂輯屨貿貿然來蒙袂不欲見人也輯斂也斂屨力憊不能屨屨也貿貿目不明之貌○刎勿粉反徐亡粉反饑居宜反岑寸林丸衣反本又作飢同黔其廉反徐渠嚴反而食音嗣下奉食同袂弥世反輯側立反貿貿徐亡救反又音茂一音牟斂力檢反下同黔敖左奉食右執飲曰嗟來食揚其目而視之曰予唯不食嗟來之食以至於斯也嗟來食雖閔而呼之非敬辭○

所以狀其飢憊甚

奉芳勇反從而謝焉終不食而死從猶就也曾子聞之曰微與其嗟也可去其謝也可食微猶無也無與止其狂狷之辭○與音餘注同狷音絹○邾婁定公之時有弑其父者定公貜且也魯文十四年即位○有弑本又作殺同式志反下臣殺子殺同○貜俱縛反且子餘反有司以告公瞿然失席曰是寡人之罪也民之無禮教之罪○瞿本又作矍紀具反曰寡人嘗學斷斯獄矣臣弑君凡在官者殺無赦子弑父凡在宮者殺無赦言諸臣子孫無尊卑皆得殺之其罪無赦○斷音丁亂反殺其人壞其室洿其宮而豬焉明其大逆不欲人復處之豬都也南方謂都為豬○殺如字壞音恠洿音烏豬音誅復扶又反蓋君踰月而后舉爵自貶損○

晉獻文子成室晉大夫發焉文子趙武也作室成晉君獻之謂賀也諸大夫亦發禮以往張老曰美哉輪焉美哉奐焉心譏其奢也輪輪囷言高大奐言眾多○奐火喚反本亦作煥囷起倫反歌於斯哭於斯聚國族於斯祭祀死喪燕會於此足矣言此者欲防其後復為文子曰武也得歌於斯哭於斯聚國族於斯是

全要領以從先大夫於九京也北面再拜稽首全要領猶免於刑誅也晉卿大夫之墓地在九原京蓋字之誤當爲原。要一遥反注及下注要君同京音原下同下亦作原字。君子謂之善頌善禱善頌謂張老之言善禱謂文子之言禱求也。禱丁老反祈也。仲尼之畜狗死畜狗馴守。畜許六反又許又反馴守上音巡下如字又手又反使子貢埋之曰吾聞之也敝帷不弃爲埋馬也敝蓋不弃爲埋狗也丘也貧無蓋於其封也亦予之席毋使其首陷焉封當爲窆陷謂沒於土。貢本亦作贛音同爲埋于僞反下上皆反下並同狗古口反封彼驗反出注路馬死埋之以帷路馬君所乘者其他狗馬不能以帷蓋。季孫之母死哀公弔焉曾子與子貢弔焉閽人爲君在弗內也閽人守門者。閽音昏弗內上如字下音納曾子與子貢入於其廐而脩容焉更莊飾。廐九又反子貢先入閽人曰鄉者已告矣既不敢止以言下之。鄉許亮反下戶嫁反。曾子後入閽人辟之見兩賢相隨弥益恭也。辟音避下同涉內霤卿大夫皆辟位公降一等而

揖之礼入〇罶力又反君子言之曰盡飾之道斯其行者遠矣

〇陽門之介夫死陽門宋國門名介夫甲衞士司城子罕入而哭之

哀宋以武公諱司空爲司城子罕戴公子樂甫術之後樂喜也〇罕呼旱反晉人之覘宋者反報

於晉侯曰陽門之介夫死而子罕哭之哀而民說殆不

可伐也覘闚視也〇覘勑廉反下同說音悅下注同闚去規反孔子聞之曰善哉覘

國乎善其知微詩云凡民有喪扶服救之救猶助也〇扶服並如字又上音蒲下音

蒲北反本又作匍匐音同重言一見孔子閒居卷二十九扶服依匍匐又問喪二十五故匍匐而哭之雖微晉而已

天下其孰能當之微猶非也〇當丁郎反〇魯莊公之喪既葬而絰

不入庫門時子般弑慶父作亂閔公不敢居喪葬已吉服而反正君臣欲以防遏之微弱之至〇般音班弑音試遏

於葛反士大夫既卒哭麻不入麻猶絰也君羣臣畢虞卒哭亦除喪也閔公既吉服不与虞卒哭

〇與音預〇孔子之故人曰原壤其母死夫子助之沐椁沐治

也〇壤如丈反原壤登木曰久矣予之不託於音也木椁材也託寄也謂叩木

以作音○材音才歌曰貍首之斑然執女手之卷然說人佯也○貍音力知反女如字徐音汝卷音權本又作拳夫子爲弗聞也者而過之佯不知○佯音羊從者曰子未可以已乎已猶止也○從才用反以已並音以夫子曰丘聞之親者毋失其爲親也故者毋失其爲故也○趙文子與叔譽觀乎九原叔譽叔向也晉羊舌大夫之孫名肸○譽音預向許亮反肸許乙反文子曰死若可作也吾誰與歸作起也叔譽曰其陽處父乎陽處父襄公之大傅○父音甫注同傅音賦文子曰行并植於晉國不沒其身其知不足稱也并猶專也謂剛而專己爲狐射姑所殺沒級也○植或爲特行舊下孟反皇如字并必正反注同植直吏反又時力反注同知音智射音亦又音夜其舅犯乎文子曰見利不顧其君其仁不足稱也謂從文公辟難至將反國無安君之心及河授璧詐請亡要君以利○辟難乃旦反要一遥反我則隨武子乎利其君不忘其身謀其身不遺其友武子士會也食邑於隨范字季晉人謂文子知人見其所善於前則知其來所舉文子其中退然

如不勝衣中身也退柔和貌鄉射記曰弓二寸以為侯中退或為妥○追然音退本亦作退勝音升妥他果反其言吶吶然如不出諸其口吶吶舒小貌○吶如悅反徐奴劣反所舉於晉國管庫之士七十有餘家管庫之士府史以下官長所置也舉之於君以為大夫士也管鍵也庫物所藏○長丁丈反鍵其蹇偃反徐其偃反籥也生不交利廉絜也死不屬其子焉○屬音燭○叔仲皮學子柳叔仲皮魯叔孫氏之族學教也子柳仲皮之子○學戶教反注同叔仲皮死其妻魯人也衣衰而繆絰衣當為齊壞字也繆讀為不繆垂之繆士妻為舅姑之服也言雖魯鈍其於禮勝學○衣衰依注衣作齊音咨繆依注讀曰樛音居虯反為舅于偽反下為舅為天子不為況不為舊同魯鈍徒困反又作鈍叔仲衍以告告子柳言此非也衍蓋皮之弟衍或為皮○衍以善反注同請繐衰而環絰繐衰小功之縷而四升半之衰環絰弔服之絰時婦人好輕細而多服此者衍既不知禮之本子柳亦以為然而請於衍使其妻為舅服之○繐衰上音歲下七雷反縷力主反好呼報反曰昔者吾喪姑姊妹亦如斯末吾禁也衍荅子柳也姑姊妹在室齊衰與婦為舅姑同末無也言無禁我欲其言行○喪如字末莫曷反退使其妻繐衰而環絰婦以諸侯之大夫為天子之衰弔服之絰服其舅非

○成人有其兄死而不爲衰者聞子皐將爲成宰遂爲衰成人曰蠶則績而蟹有匡范則冠而蟬有緌兄則死而子皐爲之衰蚩兄死者言其衰之不爲兄死如蟹有匡蟬有緌自緌不爲蠶之績范之冠也范蜂也蟬蜩也緌爲蜩喙長在腹下○成本或作郕音成蠶才南反蟹戶買反緌耳佳反蚩昌之反蜂孚逢反蜩音條喙呼惠反又丁角反○樂正子春之母死五日而不食曰吾悔之勉強過禮子春曾子弟子○強其丈反自吾母而不得吾情吾惡乎用吾情惡乎猶於何也○惡音烏注同○歲旱穆公召縣子而問然然之言焉也凡穆或作繆○旱音汗縣音懸繆音穆曰天久不雨吾欲暴尪而奚若奚若何如也尪者面鄉天覬天哀而雨之○雨于付反注及下同暴步卜反下同尪烏光反鄉許亮反覬音冀本又作幾音同曰天則不雨而暴人之疾子虐毋乃不可與錮疾人之所哀暴之是虐暴人之疾子讀以子字向下○与音餘錮音固然則吾欲暴巫而奚若曰天則不雨而望之愚婦人於以求之毋乃已疏乎已猶甚也巫主接神亦覬天哀而雨之春秋傳說巫曰在女曰巫在男曰覡周

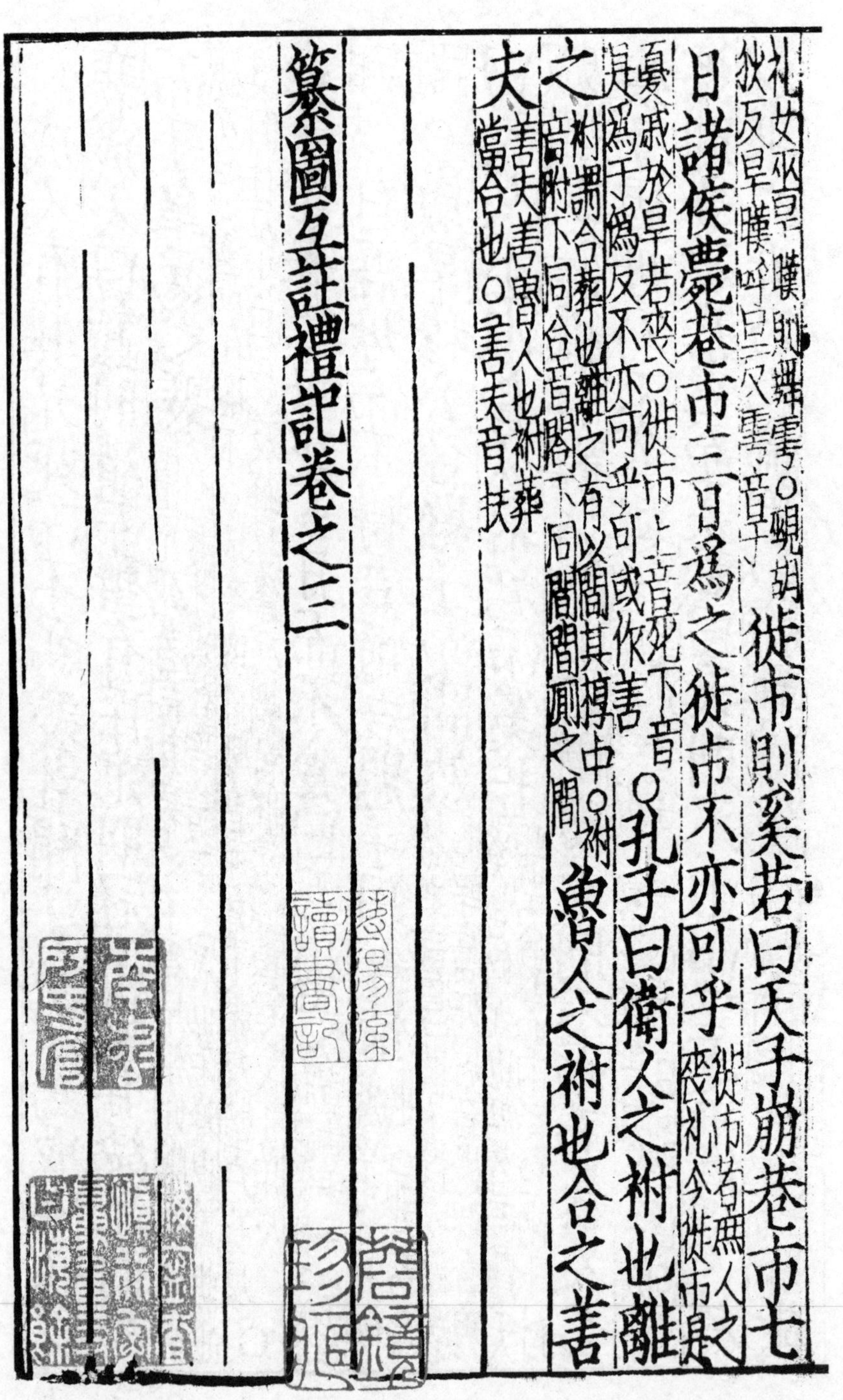
禮女巫旱暵則舞雩。○覡，胡狄反。旱暵，呼旦反。雩音于。徙市則奚若？曰：天子崩，巷市七日；諸侯薨，巷市三日。爲之徙市，不亦可乎？徙市者，庶人之喪禮。今徙市，是憂戚於旱若喪。○徙市，上音蓰，下音是。爲，于僞反。不亦可乎，可或作善。孔子曰：衛人之祔也離之，祔謂合葬也。離之，有以間其槨中。○祔音附，下同。合音閤，下同。間，間廁之間。魯人之祔也合之，善夫！善夫，善魯人也。祔葬當合也。○善夫音扶。

纂圖互註禮記卷之三

禮記

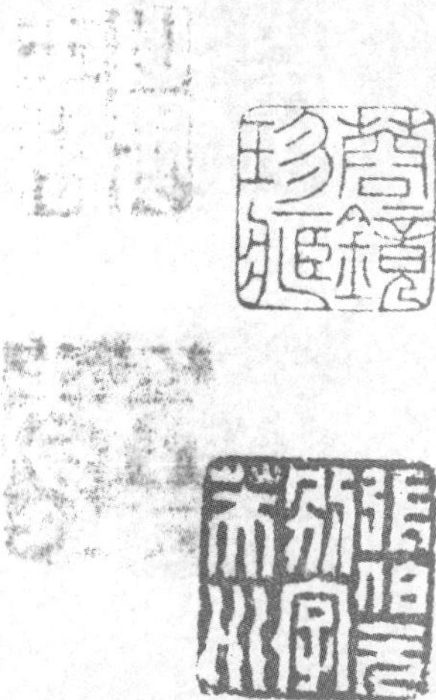

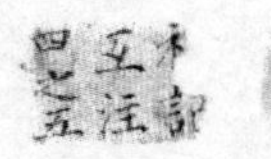

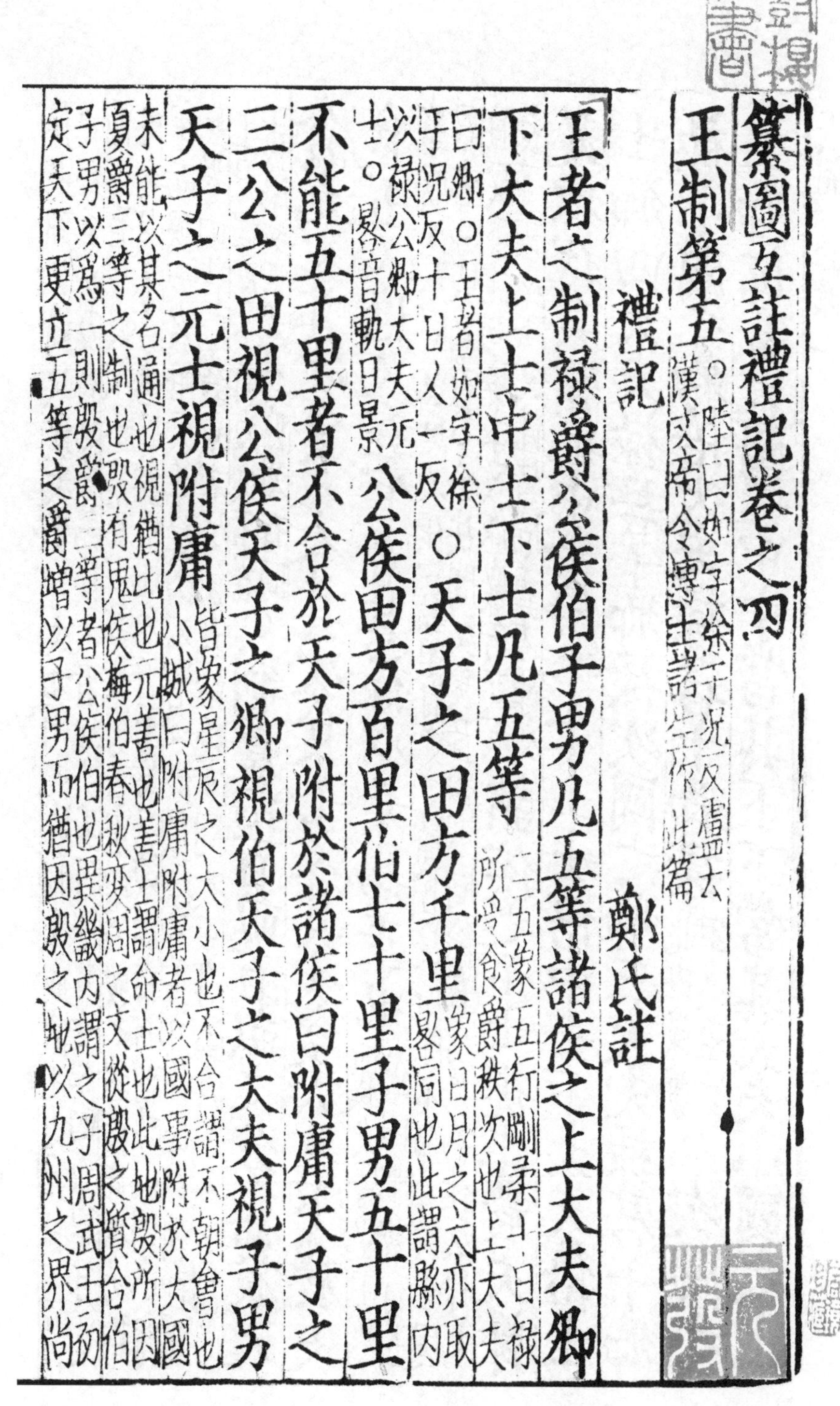

纂圖互註禮記卷之四

王制第五

○陸曰如字徐于況反盧云漢文帝令博士諸生作此篇

禮記　　鄭氏註

王者之制祿爵公侯伯子男凡五等諸侯之上大夫卿下大夫上士中士下士凡五等二五象五行剛柔十日祿所受食爵秩次也上大夫曰卿○王者如字徐于況反十日人一反○天子之田方千里象日月之大亦取晷同也此謂縣內以祿公卿大夫元士○晷音軌日景公侯田方百里伯七十里子男五十里不能五十里者不合於天子附於諸侯曰附庸天子之三公之田視公侯天子之卿視伯天子之大夫視子男天子之元士視附庸皆象星辰之大小也不合謂不朝會也小城曰附庸附庸者以國事附於大國未能以其名通也視猶比也元善也善士謂命士也此地殷所因夏爵三等之制也殷有鬼侯梅伯春秋變周之文從殷之質合伯子男以為一則殷爵三等者公侯伯也異畿內謂之子周武王初定天下更立五等之爵增以子男而猶因殷之地以九州之界尚

狹也周公攝政致太平斥大九州之界制礼成武王之意封王者之後爲公及有功之諸侯大者地方五百里其次侯四百里其次伯三百里其次子二百里其次男百里所因殷之諸侯亦以功黜陟之其不合者皆益之地爲百里焉是以周世有爵尊而国小爵甲而國大者唯天子畿內不增以祿羣臣不主爲治民○朝直遥反卷內皆同畿求衣反狹音洽後字同大平音泰斥昌石反黜陟上丑律反下竹力反王爲于僞反下爲有亦爲有同○制農田百畝百畝之分上農夫食九人其次食八人其次食七人其次食六人下農夫食五人庶人在官者其祿以是爲差也農夫皆受田於公田肥墽有五等收入不同也庶人在官謂府史之屬官長所除不命於天子國君者分或爲糞○分扶問反食音嗣下同徐音自差初佳反徐初宜反下注同墝本又作墽苦交反長丁丈反下又注皆同糞方運反諸侯之下士視上農夫祿足以代其耕也中士倍下士上士倍中士下大夫倍上士卿四大夫祿君十卿祿次國之卿三大夫祿君十卿祿小國之卿倍大夫祿君十卿祿此班祿尊卑之差○次國之上卿位當大國之中中當其下下當其大夫小國之上

卿位當大國之下卿，中當其上大夫，下當其下大夫。此諸侯使卿大夫覜聘並會之序也。其爵位同，小國在下；爵異，固在上耳。○覜音吐弔反。其有中士、下士者，數各居其上之三分。謂其爲介，若特行而並會也。居猶當也。此據大國而言，大國之士爲上，次國之士爲中，小國之士爲下。上之數國皆二十七人，各三分之，上九、中九、下九。以位相當，則次國之上士當大國之中，中當其下；小國之上士當大國之下。凡非命士，亦無出會之事，春秋傳謂士爲微。○三分如字。介音界。○凡四海之內九州，州方千里。州建百里之國三十，七十里之國六十，五十里之國百有二十，凡二百一十國。名山大澤不以封，其餘以爲附庸閒田。八州，州二百一十國。建，立也。立大國三十，十三公也；立次國六十，六卿也；立小國百二十，廿一小卿也。名山大澤不以封者，與民同財，不得障管，亦賦稅之而已。此大界方三千里，三三而九，方千里者九也。其一爲縣內，餘八各立一州。此殷制也。周公制礼，九州大界方七千里，七七四十九，方千里者四十有九也。其一爲畿內，餘四十八，八州各有方千里者六。設法，一州封地方五百里者不過四，謂之大國；又封方四百里者不過六，又封方三百里者不過十一，謂之次國；又封方二百里者不過二十五，及餘方百里者，謂之小國。盈上四等之數，并四十六，一州二百一十國，則餘

方百里者百六十四也凡処地方千里者五方百里者五十九其餘方百里者四十一附庸地也○閒音閑下同章之尚反又如字本又作障音同○

天子之縣內，方百里之國九，七十里之國二十有一，五十里之國六十有三，凡九十三國。名山大澤不以盼，其餘以祿士，以爲閒田。

縣內夏時天子所居州界名也殷曰畿詩殷頌曰邦畿千里維民所止周亦曰畿畿內大國九者三公之田三爲有致仕者副之爲六也其餘三待封王之子弟次國二十一者卿之田六亦爲有致仕者副之爲十二又三爲三孤之田其餘六亦待封王之子弟小國六十三大夫之田二十七亦爲有致仕者副之爲五十四其餘九亦以待封王之子弟三孤之田不副者以其無職佐公論道耳雖有致仕猶可即而謀焉盼讀爲班○盼音班賦也○

凡九州千七百七十三國，天子之元士、諸侯之附庸不與。

不與不在數中也春秋傳曰禹會諸侯於塗山執玉帛者萬國言執玉帛則是惟謂中國耳中國而言萬國則是諸侯之地有方百里有方七十里有方五十里者禹承堯舜而然矣要服之內地方七千里乃能容之夏末既衰夷狄內侵諸侯相并土地減國數少殷湯承之更制中國方三千里之界亦分爲九州而建此千七百七十三國焉周公復唐虞之舊域分其五服爲九其要服之內亦方七千里而因殷諸侯之數廣其土增其爵耳孝經說曰周千八百諸侯布列五千里內此文改周之法關盛衰之中三七之間以

爲說也終此說之意五五二十五方千里者二十五其一爲畿內餘二十四州各有方千里者三其餘諸侯之地大小則未得而聞○與音預注及下注不與同侯音候要一遥反下要服皆同并必政反又如字㦸古軟反閑盛㦸非讀如字○天子百里之內以共官千里之內以爲御謂此地之田稅所給也官謂其文書財用也御謂衣食○共音恭○千里之外設方伯五國以爲屬屬有長十國以爲連連有帥三十國以爲卒卒有正二百一十國以爲州州有伯屬屬連卒州猶聚也伯帥正亦長也凡長皆因賢侯爲之殷之州長曰伯虞夏及周皆曰牧○帥色類反注及下同卒子忽反下及注同牧音木八州八伯五十六正百六十八帥三百三十六長八伯各以其屬屬於天子之老二人分天下以爲左右曰二伯老謂上公周禮曰九命作伯春秋傳曰自陝以東周公主之自陝以西召公主之○陝失冉反一音古洽反召詩照反○千里之內曰甸能治田出穀稅○甸大薦反千里之外曰采九州之內地取其美物以當穀稅○采倉代反當丁浪反又如字曰流謂九州之外也夷狄流移或貢或不貢禹貢荒服之外三百里蠻二百里流○蠻莫還反○天子三公九卿二十七

大夫八十一元士[此夏制也明堂位曰夏后氏之官百舉成數也]○大國三卿皆命於天子下大夫五人上士二十七人○次國三卿二卿命於天子一卿命於其君下大夫五人上士二十七人○小國二卿皆命於其君下大夫五人上士二十七人[命於天子者天子選用之如今詔書除吏矣小國亦三卿一卿命於天子二卿命於其君此文似誤脫耳或者欲見畿內之國二卿與○選宣戀反見賢遍反與音餘]天子使其大夫爲三監監於方伯之國國三人[使佐方伯領諸侯○監古暫反監於古藍反卷末同]重意[篇末天子之大夫爲三監監於諸侯之國者]○天子之縣內諸侯祿也[選賢置之於位其國之祿如諸侯不得世]外諸侯嗣也[有功乃封之使之世也冠礼記曰繼世以立諸侯象賢也○冠古亂反]○制三公一命卷若有加則賜也不過九命次國之君不過七命小國之君不過五命[卷俗讀也其通則曰衮三公八命矣復加一命則服龍衮與王者之後同多於此則賜非命服也虞夏之制天子服有日月星辰周礼曰諸公之服自衮冕而下如王之服○卷音衮古本反復扶又反冕音免]○大國之卿

不過三命下卿再命小國之卿與下大夫一命不若次國之卿

者以大國之下互明之此卿命則異大夫皆同周礼公侯伯之卿三命其大夫再命子男之卿再命其大夫一命○凡

官民材必先論之論謂考其德行道藝○行下孟反論辨然後使之辨謂考問

得其定也易曰問以辨之任事然後爵之爵謂正其秩次○任而鴆反位定然後祿

之【重言】與之以常食○与如字又音預位定然後祿之一下攺一○爵人於朝與士共之刑

人於市與衆弃之必共之者所以審慎之也書曰克明德慎罰是故公家不畜

刑人大夫弗養士遇之塗弗與言也屏之四方唯其所

之不及以政亦弗故生也屏猶放去也已施刑則放之棄之役賦不與亦不授之以田困乏又

无賙餼也虞書曰五流有宅五宅三居是也周則墨者使守門劓者使守閽宫者使守内刖者使守囿髡者使守積○畜許六反涂

音徒本又作塗屏必政反去羌呂反賙音周餼許既反宅王肅注尚書如字鄭音知嫁反懲艾也下同劓魚氣反刖五刮反又音

月囿音又髡五忽反本又作完音同徐户官反積子智反○諸侯之於天子也比年一小

聘三年一大聘五年一朝比年每歲也小聘使大夫大聘使卿朝則君自行然此大聘與朝晉

文覇時所制也虞夏之制諸侯歲朝周之制侯甸男采衛要服六者各以其服數來朝〇朝直遥反數色角反又所具反〇

天子五年一巡守天子以海内為家時一巡省之五年者虞夏之制也周則十二歲一巡守〇守手又反本或作狩後巡守皆同省色景反〇歲二月東巡守至于岱宗岱宗東嶽〇岱音代柴而望祀山川柴祭天告至也〇柴仕佳反依字作此祡覲諸侯覲見也〇覲見如字舊賢遍反問百年者就見之就見老人八十不俟朝君問則就之【重意】祭義二十四命大師陳詩以觀民風陳詩謂采其詩而視之〇大音泰後大學大祖大子大樂正大史皆同命市納賈以觀民之所好惡志淫好辟市典市者賈謂物貴賤厚薄也質則用物貴淫則侈物貴民之志淫邪則其所好者不正〇賈音嫁注同好呼報反下及注同惡烏路反辟匹亦反徐芳亦反侈昌氏反又式氏反邪似嗟反命典禮考時月定日同律禮樂制度衣服正之同陰律也山川神祇有不舉者為不敬不敬者君削以地舉猶祭也〇削息約反宗廟有不順者為不孝不孝者君絀以爵不順者謂若逆昭穆〇絀丑律反退也昭常遥反凡言昭穆放此變禮易樂者為不從不從者君

流流放也○樂音洛○革制度衣服者為畔畔者君討討誅也有功德於民者加地進律律法也重意祭法下二此皆有功烈於民者也○五月南巡守至于南嶽如東巡守之禮八月西巡守至于西嶽如南巡守之禮十有一月北巡守至于北嶽如西巡守之禮歸假于祖禰用特假至也特特牛也祖下及禰皆一牛○嶽音岳下同假音格禰乃礼反父廟也○天子將出類乎上帝宜乎社造乎禰諸侯將出宜乎社造乎禰帝謂五德之帝所祭於南郊者類宜造皆祭名其禮亡○禷音類造七報反下及注同重意大傳十八柴於上帝宜於社○天子無事與諸侯相見曰朝事謂征伐○與如字朝直遥反考禮正刑一德以尊于天子天子賜諸侯樂則以柷將之賜伯子男樂則以鼗將之將謂執以致命柷鼗皆所以節樂○柷昌六反樂音岳鼗音桃○諸侯賜弓矢然後征賜鈇鉞然後殺賜圭瓚然後為鬯未賜圭瓚則資鬯於天子得其器乃敢為其事圭瓚鬯爵也鬯秬酒也○鈇方于反又音斧鉞音越圭字又作

珪案說文珪古字圭今字瓚才旦反鬯丑亮反秬音巨黑黍也。○天子命之教，然後爲學。小學在公宮南之左，大學在郊。學所以學士之宮。尚書傳曰：百里之國二十里之郊，七十里之國九里之郊，五十里之國三里之郊。此小學、大學，殷之制。天子曰辟廱，諸侯曰頖宮。尊卑學異名。辟，明也。雍，和也。所以明和天下。頖之言班也，所以班政教也。○辟音璧，注同。頖音判。○天子將出征，類乎上帝，宜乎社，造乎禰，禡於所征之地。禡，師祭也，爲兵禱，其禮亦亡。○禡，馬伯反，又音百，注同。爲，于僞反，下爲善物同。禱，丁老反。受命於祖，告祖也。受成於學，定兵謀也。出征執有罪，反，釋奠于學，以訊馘告。釋菜奠幣，禮先師也。訊馘，所生獲斷耳者。詩曰：執訊獲醜。又曰：在頖獻馘。○馘或爲國。訊，本又作誶，音信，注同。馘，古獲反，截耳。斷音短，下斷殺同。【重意】反釋奠于學。文王世子：凡立學者，必釋奠于先聖先師。○天子諸侯無事，則歲三田：一爲乾豆，二爲賓客，三爲充君之庖。三田者，夏不田，蓋夏時也。周禮：春曰蒐，夏曰苗，秋曰獮，冬曰狩。乾豆，謂腊之以爲祭祀豆實也。庖，今之廚也。○乾音干。庖，步交反。蒐，所求反。獮，息淺反。腊音昔。無事而不田曰不敬，田不以禮曰暴天物。不敬者，簡祭祀，略賓客。天子不合圍，諸侯不掩羣為盡物也。○合如字，徐音閤。揜音掩，本又作掩。[重意]天子不合圍，諸侯不掩羣。曲禮下國君春田不圍澤，大夫不掩羣。天子殺則下大綏，諸侯殺則下小綏，綏當為緌，緌有虞氏之旌旗也。下謂弊之。○綏依注音緌，耳隹反，下注同。大夫殺則止佐車，佐車止則百姓田獵。佐車，驅逆之車。○獵，力輒反。驅，丘于反，又丘遇反。獺祭魚，然後虞人入澤梁。豺祭獸，然後田獵。鳩化為鷹，然後設罻羅。草木零落，然後入山林。昆蟲未蟄，不以火田。取物必順時候也。梁，絕水取魚者。罻，小網也。昆蟲，明蟲也。明蟲者得陽而生，得陰而藏。○獺，他達反，又他瞎反。豺，仕皆反。罻音尉，一音鬱。零，本又作苓，音同。說文云：草曰苓，木曰落。蟲，直隆反，下同。蟄，直立反。[重言]獺祭魚、豺祭獸、草木零落，二節見月令。[重意]鳩化為鷹，月令鷹化為鳩。不麛，不卵，不殺胎，不殀夭，重傷未成物。殀，斷殺；少長曰夭。○麛，本又作麑，音迷，同。卵，力管反。胎，吐來反。殀，於表反，下烏老反。斷，丁亂反，又音短。少，詩召反。長，丁丈反。[重意]不麛不卵，月令毋麛毋卵。○不殺胎不殀夭，月令毋殺孩蟲胎夭飛鳥。不覆巢。覆，敗也。○覆，芳服反，注同。[重意]月令毋覆巢。○冢宰制國用，必於歲之杪，五穀皆入然後制國用。制國用，如今度支經用。杪，末也。○杪，亡小反。度支，上大各反，下音之。用地小大視年之豐耗（小國大國豐凶之年各以歲之收入制其用多少多不過禮少有所殺。耗呼報反殺色戒反又色例反）以三十年之通制國用量入以爲出（通三十年之率當有九年之蓄出謂所當給爲。量音亮率音律又音類本又作畜之蓄敕六反後皆同）祭用數之仂（筭今年一歲經用之數用其什一。仂音勒又音力什音十）喪三年不祭唯祭天地社稷爲越紼而行事（不敢以卑廢尊越猶躐也紼輴車索。紼音弗躐力輒反輴勑倫反索悉各反）喪用三年之仂（喪大事用三歲之什一）喪祭用不足曰暴有餘曰浩（暴猶耗也浩猶饒也。浩胡老反）祭豐年不奢凶年不儉（常用數之仂）國無九年之蓄曰不足無六年之蓄曰急無三年之蓄曰國非其國也三年耕必有一年之食九年耕必有三年之食以三十年之通雖有凶旱水溢民無菜色然後天子食日舉以樂（菜色食菜之色民無食菜之飢色天子乃日舉樂以食。日人一反下同）天子七日而殯七月而葬諸侯五日而殯五月而葬大夫士庶人三日而殯三月而葬尊者舒卑者速春秋傳曰天子七月而葬同軌畢至諸侯五月同盟至大夫三月同位至士踰月外姻至【重言】五月而葬三月而葬二一見雜記下二十一篇【互註】公羊隱元年秋七月天王使宰咺來歸惠公仲子之賵緩且子氏未薨故名云云見本注相須注出言起早各以遠近為差因以為葬節三年之喪自天子達【重意】三年問三十八篇大三年之喪天下之達喪也下通庶人於父母同天子諸侯降期。期居其反庶人縣封葬不為雨止不封不樹喪不貳事縣封當為縣窆之縣窆者至卑不得引紼下棺雖雨猶葬以其禮儀少封謂聚土為墳不封之不樹之又為至卑無飾也周禮曰以爵等為丘封之度與其樹數則士以上乃皆封樹貳之言二也庶人終喪無二事不使從政也喪大記曰大夫士既葬公政入於家既卒哭弁絰帶金革之事無辟也。縣封上音玄下音窆之彼驗反不為于偽反注又為同紼音弗下時掌反下大夫以上同辟音避自天子達於庶人喪從死者祭從生者支子不祭從死者謂衣衾棺椁從生者謂奠祭之牲器。【重言】自天子達於庶人大學自天子以至於庶人中庸達乎諸侯大夫及士庶人。支子不祭一見曲禮。天子七廟三昭三穆與大祖之廟而七此周制七者大祖及文王武王之祧與親廟四大祖后稷殷則六廟契及湯與二昭二穆夏則五廟無大祖禹與二昭二穆而已。祧他彫反契息列反【重言】天子七廟一見禮器諸侯五廟，二昭二穆，與大祖之廟而五。〔大祖始封之君。王者之後不爲始封之君廟。〕大夫三廟，一昭一穆，與大祖之廟而三。〔大祖別子始爵者。大傳曰：別子爲祖。謂此雖非別子，始爵者亦然。〕士一廟。〔謂諸侯之中士下士，名曰官師者。上士二廟。【重意】天子七廟，諸侯五廟，大夫三廟，士一廟。禮器：天子七廟，諸侯五，大夫三，士一。祭法：王立七廟，諸侯立五廟，大夫立三廟，適士二廟。〕庶人祭於寢。〔寢，適寢也。○適，丁歷反。〕○天子諸侯宗廟之祭，春曰礿，夏曰禘，秋曰嘗，冬曰烝。〔此蓋夏殷之祭名。周則改之，春曰祠，夏曰礿。以禘爲殷祭。詩小雅曰：礿祠烝嘗，于公先王。此周四時祭宗廟之名。○礿，余若反。夏，户嫁反，注"夏曰礿""夏祭"同，下云"夏薦"同。禘，大計反。烝，之承反。祠音詞。【重意】祭統：夏祭曰禘，秋祭曰嘗。郊特牲：春禘而秋嘗。祭法一，十二。禴春禘秋嘗。〕○天子祭天地，諸侯祭社稷，大夫祭五祀。〔五祀，謂司命也，中霤也，門也，行也，厲也。此祭謂大夫有地者，其無地祭三耳。○霤，力救反。【重言】天子祭天地，諸侯祭社稷，一見禮運第九，又曲禮下：天子祭天地。〕天子祭天下名山大川，五嶽視三公，四瀆視諸侯。〔視，視其牲器之數。〕諸侯祭名山大川之在其地者。〔魯人祭泰山，晉人祭河是也。〕○天子諸侯祭因國之在其地

王制　四卷七

一九〇

而無主後者謂所因之國先王先公有功德宜享世祀今絕無後爲之祭主者昔夏后氏郊鯀至杞爲夏後而更郊禹晉侯夢黃熊入國而祀夏郊此其類也○鯀古本反能乃登反本又作熊音雄○天子犆礿祫禘祫嘗祫烝犆猶一也祫合也天子諸侯之喪畢合先君之主於祖廟而祭之謂之祫後因以爲常天子先祫而後時祭諸侯先時祭而後祫凡祫之歲春一礿而已不祫以物無成者不殷祭周改夏祭曰礿以禘爲殷祭也魯禮三年喪畢而祫於大祖明年春禘於群廟自爾之後五年而再殷祭一祫一禘○犆音特祫音洽諸侯礿則不禘禘則不嘗嘗則不烝烝則不礿虞夏之制諸侯歲朝廢一時祭○朝直遙反諸侯礿犆互明犆礿文○互音戶又戶故反禘一犆一祫下天子也祫歲不禘○下戶嫁反嘗祫烝祫○天子社稷皆大牢諸侯社稷皆少牢大夫士宗廟之祭有田則祭無田則薦有田者既祭又薦新祭以首時薦以仲月士薦牲用特豚大夫以上用羔所謂羔豚而祭百官皆足詩曰四之日其早獻羔祭韭○大牢如字又音泰少詩照反日人一反庶人春薦韭夏薦麥秋薦黍冬薦稻韭以卵麥以魚黍以豚稻以鴈庶人無常牲取與新物相宜而已○稻音道卵力管反祭天地之牛角繭栗宗廟之牛

角握賓客之牛角尺握謂長不出膚〇膚字又作臚典反握戹角反長丁丈反膚方于反諸侯無故不殺牛大夫無故不殺羊士無故不殺犬豕庶人無故不食珍故謂祭饗〔重言〕諸侯無故不殺牛大夫無故不殺羊士無故不殺犬豕一一見玉藻士一篇諸侯作君〇庶羞不踰牲祭以羊則不以牛肉為羞燕衣不踰祭服寢不踰廟〇古者公田藉而不稅藉之言借也借民力治公田美惡取於此不稅民之所自治也孟子曰夏后氏五十而貢殷人七十而助周人百畝而徹則所云古者謂殷時〇燕伊見反藉在亦反稅式銳反借子亦反市廛而不稅廛市物邸舍稅其舍不稅物〇廛直連反邸丁礼反關譏而不征譏譏異服識異言征亦稅也周礼國凶札則無門關之征猶譏也〇譏居宜反征本又作正音同注下皆同札側八反又音截林麓川澤以時入而不禁麓山足也〇麓音鹿夫圭田無征夫猶治也征稅也孟子曰卿以下必有圭田治圭田者不稅所以厚賢也此則周礼之士田以任近郊之地稅什一〇圭音畦〇用民之力歲不過三日治宮室城郭道渠田里不粥墓地不請皆受於公民不得私也粥賣也請求也〇粥音育後皆同〇司空執度度地司空冬官卿掌邦事者度丈尺也〇度度上如字下大洛反量也居

民山川沮澤時四時觀寒煖燥濕沮謂萊沛○沮將慮反沮沮洳也煖乃管反又況袁反下文同萊音來何胤云草所生曰萊庾云草也沛普貝反何胤云水所生曰沛何休注公羊傳云草棘曰沛量地遠近制邑井之處○處昌慮反興事任力事謂築邑廬宿市也○任而鴆反築音竹凡使民任老者之事食壯者之食貴其力饒其食○食音嗣又如字下壯側狀反○凡居民材必因天地寒煖燥濕使其材藝堪地氣也○燥素老反廣谷大川異制謂其形象民生其間者異俗謂其所好惡○好惡上呼報反下烏路反剛柔輕重遲速異齊謂其情性緩急○齊才細反緩乃管反五味異和謂香臭與醎苦○和胡臥反下同臭尺救反器械異制謂作務之用○械戶戒反何休注公羊云攻守之器曰械鄭注大傳云禮樂之器及兵甲也郭璞云器之總名許云械器之總名衣服異宜謂旃裘與絺綌○旃裘上之然反下音求絺勑宜反綌去逆反脩其教不易其俗齊其政不易其宜教謂禮義政謂刑禁中國戎夷五方之民皆有性也不可推移地氣使之然東方曰夷被髮文身有不火食者矣南方曰蠻雕題交趾有不火食者矣

彫文謂刻其肌以丹青涅之交趾足相鄉然浴則同川臥則僢不火食地氣煖不爲病○被皮義反下同雕本又作彫同彫刻鏤也題大兮反趾音止刻音克肌音飢涅乃結反相鄉許亮反僢昌兗反西方曰戎被髮衣皮有不粒食者矣北方曰狄衣羽毛穴居有不粒食者矣不粒食地氣寒少五穀○衣於既反下同粒音立中國夷蠻戎狄皆有安居和味宜服利用備器其事雖異各自足五方之民言語不通嗜欲不同達其志通其欲東方曰寄南方曰象西方曰狄鞮北方曰譯皆俗間之名依其事類耳鞮之言知也今冀部有言狄鞮者○嗜市志反寄京義反鞮丁兮反譯音亦間如字又間廁之間○凡居民量地以制邑度地以居民地邑民居必參相得也得猶足也○度大洛反參七南反無曠土無游民食節事時民咸安其居樂事勸功尊君親上然後興學立小學大學○咸行紙反樂音岳又音洛○司徒脩六禮以節民性明七教以興民德齊八政以防淫一道德以同俗養耆老以致孝恤孤獨以逮不

足上賢以崇德簡不肖以絀惡司徒地官卿掌邦教者逮及也簡差擇也○肖本又作坊音同卹辛律反逮音代又大計反俏音笑絀勑律反命鄉簡不帥教者以告帥循也不循教謂敖很不孝弟者司徒使鄉簡擇以告者鄉屬司徒○帥音率循音巡敖本又作傲同五報反很胡懇反弟大計反本又作悌耆老皆朝于庠元日習射上功習鄉上齒大司徒帥國之俊士與執事焉將習礼以化之使之觀焉耆老致仕及鄉中老賢者朝會也庠鄉學也鄉謂鄉飲酒也鄉礼春秋射已嘗而飲酒養老也○朝直遥反庠音祥上時掌反齒昌止反不變命國之右鄉簡不帥教者移之左命國之左鄉簡不帥教者移之右如初禮中年考校而又不變使轉徙其居觀其見新人有所化也亦復反君行礼於鄉序使之觀焉○觀音貫復扶又反下又復徙移復与同不變移之郊如初禮郊鄉界之外者也稍出遠之後中年又爲之習礼於郊序○爲于僞反下爲親爲其大亦爲皆同不變移之遂如初禮遠郊之外曰遂遂大夫掌之又中年復移之使居遂又爲習礼於遂之序不變屏之遠方終身不齒遠方九州之外齒猶録也命鄉論秀士升之司徒曰選士移名於司徒也秀士鄉大夫所考有德行道藝者○選息戀反下皆

同行下孟反

司徒論選士之秀者而升之學曰俊士可使習礼者學大學升於司徒者不征於鄉升於學者不征於司徒曰造士不征不給其繇役造成也能習礼則爲成士○給音急繇本又作徭同音遥

樂正崇四術立四教樂正樂官之長掌國子之教虞書曰夔命汝典樂教胄子崇高也高尚其術以作教也幼者教之於小學長者教之於大學尚書傳曰年十五始入小學十八入大學○樂音岳長丁丈反下同夔求龜反命女音汝

順先王詩書禮樂以造士順此四術而教以成是士也

春秋教以禮樂冬夏教以詩書春夏陽也詩樂者声声亦陽也秋冬陰也書礼者事事亦陰也互言之者皆以其術相成○夏戶嫁反注及下注夏官同【重意】文王世子春夏學十戈秋冬學羽籥又秋學礼冬讀書

王大子王子群后之大子卿大夫元士之適子國之俊選皆造焉皆以四術成之王子王之庶子也群后公及諸侯○適丁歷反下注同造才早反徐七到反

凡入學以齒皆以長幼受學不用尊卑

將出學小胥大胥小樂正簡不帥教者以告于大樂正大樂正以告于王此所簡者謂王大子王子群后之大子卿大夫元士之適子大胥小胥皆樂官屬也出學謂九年大成學止也○胥息徐反又息呂

棘音帛

反下同王命三公九卿大夫元士皆入學不變王親視學

亦謂使習禮以化之不變王又親爲之臨視重弃賢者子孫也習禮皆於大學也不變王三日不舉去食

樂重弃人○去丘呂反【重意】玉藻第十三君不舉曾子問第七取婦之家三日不舉樂郊特牲第十一昏禮不舉樂屏之

遠方西方曰棘東方曰寄終身不齒棘當爲僰僰之言偪使之偪寄於夷戎不

屏於南北爲其大遠○屏必郢反棘依注音僰又作僰蒲北反偪也偪彼力反大音泰徐音他佐反大樂正論造

士之秀者以告于王而升諸司馬曰進士移名於司馬司馬夏官卿主邦

政者進士可進受爵祿也司馬辨論官材辨其蓺能官其材觀其所長○其論如字舊力困反論進

士之賢者以告於王而定其論各署其所長論定然後官之

使之試守任官然後爵之命之○任而金反下注同位定然後祿之大夫廢

其事終身不仕死以士禮葬之以不任大夫也【重言】位定然後祿之上十八有

發則命大司徒教士以車甲乗之兵車衣甲之儀有發謂有軍師興發卒○衣於既反卒子忽反

凡執技論力適四方贏股肱決射御謂擐衣出其臂脛使之射御決勝負見勇

力。技其綺反，本或作伎，後同。嬴本又作嬴，力果反。肱古弘反。擐舊音患，今讀宜音宣，依字作揎，字林云揎捋臂也，先全反。脛胡定反。見賢遍反

凡執技以事上者，祝史射御醫卜及百工。言技謂此七者。凡執技以事上者，不貳事，不移官，欲專其事，亦爲不德。出鄉不與士齒。賤也。於其鄉中則齒，親親也。仕於家者，出鄉不與士齒。亦賤。○

司寇正刑明辟，以聽獄訟，司寇，秋官卿，掌刑者。辟，罪也。○辟婢亦反，注同。必三刺。以求民情，斷其獄訟之中。一曰訊群臣，二曰訊群吏，三曰訊萬民。○刺七智反，殺也。斷丁亂反，下制斷、斷計同。中如字，又丁仲反。有旨無簡不聽。簡，誠也。有其意無其誠者，不論以爲罪。附從輕，附，施刑也。求出之，使從輕。赦從重。雖是罪，可重猶赦之。○

凡制五刑，必即天論，制，斷也。即，就也。必即天論，言與天意合。閔子曰：古之道不即人心。即或爲則，論或爲倫。○論音倫，理也，注同。郵罰麗於事。郵，過也。麗，附也。過人罰人，當各附於其事，不可假他以喜怒。○郵音尤，俗作郵。麗郎計反。當丁浪反。假古雅反。○

凡聽五刑之訟，必原父子之親，立君臣之義以權之，權，平也。意論輕重之序，慎測淺深之量以別之。意，思念也。淺深，謂俱有罪，本心有善惡。○量音亮，後皆同。別彼列

王制　四　卷十一

一九八

反悉其聰明，致其忠愛以盡之。盡其情疑獄汜與衆共之，衆疑赦之。必察小大之比以成之。小大猶輕重已行故事曰比○汜本又作汎孚劒反比必利反注同例也○成獄辭，史以獄成告於正，正聽之。史司寇吏也正於周鄉師之屬今漢有正平丞秦所置○平皮命反正以獄成告于大司寇，大司寇聽之棘木之下。周禮鄉師之屬辨其獄訟異其死刑之罪而要之旬而職聽於朝司寇聽之朝王之外朝也左九棘孤卿大夫位焉右九棘公侯伯子男位焉面三槐三公位焉○棘紀力反要之於妙反謂要最舊一遙反槐回懷反一音大司寇以獄之成告於王，王命三公參聽之。王使三公復與司寇及正共平之重刑也周禮王欲免之乃命公會其期三公以獄之成告於王，王三又，然後制刑。又當作宥宥寬也一宥曰不識再宥曰過失三宥曰遺忘○又義作宥宥忘音亡又[illegible]文王世子第八及三宥不對走出致刑于甸人○凡作刑罰，輕無赦。法雖輕不赦之為人易犯○為于偽反易以豉反後易犯同刑者侀也，侀者成也，一成而不可變，故君子盡心焉。變更也○侀音刑○析言破律，亂名改作，執左道以亂政，殺。析言破律巧賣法令

者也亂名改作謂變易官與物之名更造法度左道若巫蠱及俗禁○析思歷反亂名如字一讀作循名巧起教反又如字蠱音古

作淫聲異服奇技奇器以疑衆殺淫聲鄭衛之屬也異服若聚鷸冠瑰弁也奇技奇器若公輸般請以機窆○鷸尹必反徐音述弁皮變反般百間反行僞而堅言僞而辯學非而博順非而澤以疑衆殺皆謂虛華捷給無誠者也○行下孟反華戶瓜反又如字假於鬼神時日卜筮以疑衆殺今時持喪葬築蓋嫁取卜數文書使民倍禮違制○日人一反此四誅者不以聽爲其爲害大而辭或不可明凡執禁以齊衆不赦過亦爲人滑易犯有圭璧金璋不粥於市命服命車不粥於市宗廟之器不粥於市犧牲不粥於市戎器不粥於市尊物非民所宜有戎器軍器也粥賣也○璋之羊反用器不中度不粥於市兵車不中度不粥於市布帛精麤不中數幅廣狹不中量不粥於市姦色亂正色不粥於市凡以其不可用也用器弓矢耒耜飲食器也度丈尺也數升縷多少○中丁仲反下皆同幅方服反耒耜上力對反下音似錦文珠玉成器不粥於市衣服飲食

不粥於市不示民以奢與貪也成猶善也五穀不時果實未孰不粥於市
物未成不利人木不中伐不粥於市伐之非時不中用周礼仲冬斬陽木仲夏斬陰木○夏戶嫁反
下春夏同禽獸魚鼈不中殺不粥於市殺之非時不中用月令季冬始漁周礼春獻鼈
蜃○蜃常忍反雉化爲之關執禁以譏禁異服識異言關竟上門譏訶察○竟音境訶音何
又呼河反本亦作呵○太史典禮執簡記奉諱惡簡記策書也諱先王名惡忌日若子卯○
惡烏路反注同策書側八反天子齊戒受諫歲終群臣奉歲事諫王當所改爲也○齊側皆反本亦作齋下
皆同司會以歲之成質於天子司會冢宰之屬掌計要者成計要也質平也平其計要○會古
外反注同冢宰齊戒受質贊王受之大樂正大司寇市三官以其
成從質於天子大樂正於周宗伯之屬市司市也於周司徒之屬從從於司會也大司徒大
司馬大司空齊戒受質百官各以其成質於三官大司
徒大司馬大司空以百官之成質於天子百官此三官之屬百官
齊戒受質受平報也然後休老勞農饗養老之○勞力報反成歲事斷計要也

制國用。凡養老有虞氏以燕禮夏后氏以饗禮殷人以食禮周人脩而兼用之〔兼用之備陰陽也凡飲養陽氣凡食養陰氣陽用春夏陰用秋冬。食音嗣注及下注并下文食老之並同養如字徐以尚反下同〕【重言】〔自凡養老至七十唯衰麻爲喪一段並重出內則十二篇〕五十養於鄉六十養於國七十養於學達於諸侯〔天子諸侯養老同也國國中小學在王宮之左學大學也在上郊小學在國中大學在郊此殷制明矣〕。八十拜君命一坐再至瞽亦如之九十使人受〔命謂君不親饗食必以其礼致之。瞽音古〕五十異粻六十宿肉七十貳膳八十常珍九十飲食不離寢膳飲從於遊可也〔粻糧也貳副也遊謂出入止觀。粻陟良反離力智反觀古乱反〕六十歲制七十時制八十月制九十日脩唯絞紟衾冒死而后制〔絞紟衾冒一日二日而可爲者。絞戶交反紟其鴆反冒亡報反〕五十始衰六十非肉不飽七十非帛不煖八十非人不煖九十雖得人不煖矣〔煖溫。煖乃管反下同〕五十杖於家六十杖於鄉七十杖於國八十

釋文萍始生本作蓱石經作

蓱注內亦作蓱是大字誤而注不誤

杖於朝九十者天子欲有問焉則就其室以珍從尊養之。

從才用反又如字七十不俟朝大夫士之老者揖君則退八十月告存每月致膳九十

日有秩秩常也有常膳五十不從力政六十不與服戎七十不

與賓客之事八十齊喪之事弗及也力稍衰也力政成道之役也與及也八十

不齊則不祭也子代之祭是謂宗子不孤。與音預下以注同五十而爵賢者命為大夫六十不親

學不能備弟子禮七十致政唯衰麻為喪致政還君事【重言】凡養老有虞以燕禮全唯衰

麻為喪重見內則十一篇。有虞氏養國老於上庠養庶老於下庠夏

后氏養國老於東序養庶老於西序殷人養國老於右

學養庶老於左學周人養國老於東膠養庶老於虞庠

虞庠在國之西郊皆學名也異者四代相變耳或上西或上東或貴在國或貴在郊上庠右學大學也

在西郊下庠左學小學也在國中王宮之東東序東膠亦大學在國中王宮之東西序虞庠亦小學也西序在西郊周立小學於西

郊膠之言糾也庠之言養也周之小學為有虞氏之庠制是以名庠云其立鄉學亦如之膠或作絿。糾居黝反徐居酉反絿音求

又音蚪【重言】有虞氏養國老於上庠至下章玄衣而養老並重出内則十二篇○有虞氏皇而祭深衣而養老夏后氏收而祭燕衣而養老殷人冔而祭縞衣而養老周人冕而祭玄衣而養老皇冕屬也畫羽飾焉凡冕屬其服皆玄上纁下有虞氏十二章周九章夏殷未聞凡養老之服皆其時与羣臣燕之服有虞氏質深衣而已夏而改之尚黑而黑衣裳殷尚白而縞衣裳周則兼用之玄衣素裳其冠則弁追章甫委貌也諸侯以天子之燕服為朝服燕礼曰燕朝服服是服也王者之後亦以燕服為之魯季康子朝服以縞僭宋之礼也天子皮弁以日視朝也○冔音吁本又作冔况甫反縞古老反又古報反纁許云反全云侯反追丁雷反【重言】有虞氏養國老於上庠至玄衣而養老一重見内則十二篇凡三王養老皆引年已而引户校年當行復除也老人衆多非賢者不可皆養○復除上音福下如字又直慮反八十者一子不從政九十者其家不從政廢疾非人不養者一人不從政廢廢於人事○養如字又以尚反【重言】八十者一子不從政九十者其家不從政二見内則十二篇父母之喪三年不從政齊衰大功之喪三月不從政將從於諸侯三月不從政自諸侯來從家期不從政自從也○期音基

○少而無父者謂之孤，老而無子者謂之獨，老而無妻者謂之矜，老而無夫者謂之寡。此四者，天民之窮而無告者也，皆有常餼。餼，虛氣反，稟也。○少，詩照反，下注少者同。○矜，本又作鰥，同，古頑反。寡，瓜瓦反。○瘖聾跛躃斷者侏儒百工，各以其器食之。斷，謂支節絕也。侏儒，短人也。器，能也。○瘖，於金反，啞也。聾，力東反。跛，彼我反。躃，必亦反，兩足不能行也。侏，音朱。○道路，男子由右，婦人由左，車從中央。道有三塗，遠別也。○別，彼列反，下文并注同。重言 內則：男子由右，女子由左。父之齒隨行，兄之齒鴈行，朋友不相踰。廣敬也，謂於塗中。○行，如字，一音戶剛反，下鴈行同。輕任并，重任分，班白者不提挈。皆謂以與少者。雜色曰班。○并，必性反，本又作併。提，音啼。挈，本亦作挈，苦結反。○重言 祭義二十四：斑白者不以任。君子耆老不徒行，庶人耆老不徒食。徒，猶空也。○重言 庶人耆老不徒食，一內則一。○大夫祭器不假，祭器未成，不造燕器。造，為也。○方一里者為田九百畝。一里方三百步。方十里者為方一里者百，為田九萬畝。方百里者為方十里者百爲田九十億畝（億今十萬億於力反）。方千里者爲方百里者百爲田九萬億畝（萬億今萬萬也）○自恒山至於南河千里而近（冀州域）自南河至於江千里而近（豫州域）自江至於衡山千里而遙（荆州域）自東河至於東海千里而遙（徐州域）自東河至於西河千里而近（亦冀州域）自西河至於流沙千里而遙（雍州域○雍於用反）西不盡流沙南不盡衡山東不盡東海北不盡恒山凡四海之內斷長補短方三千里爲田八十萬億一萬億畝（九州之大計○斷音短）方百里者爲田九十億畝山陵林麓川澤溝瀆城郭宮室塗巷三分去一其餘六十億畝（以一大國爲率其餘所以授民也山足曰麓○去起呂反率音律又音類）○古者以周尺八尺爲步今以周尺六尺四寸爲步古者百畝當今東田百四十六畝三十步古者百里當今百二十一里六十步四尺二寸二分（周尺之數未詳聞也按礼制周猶以十寸爲尺盖六國時多變亂法度或言周尺八寸則步更爲八八六十四寸以此計之古者百畝當今百伍十六畝二十五步古者百里當今百二十五里）○方千里者爲方百里者百封方百里者二十國其餘方百里者七十又封方七十里者六十爲方百里者二十九方十里者四十其餘方百里者四十方十里者六十又封方五十里者百二十爲方百里者三十其餘方百里者十方十里者六十名山大澤不以封其餘以爲附庸閒田諸侯之有功者取於閒田以祿之其有削地者歸之閒田（【重意】封方百里者二十國篇首云州建百里之國二十○又封方七十里者六十篇首云七十里之國六十○又封方五十里者百二十篇首五十里之國百有二十【重言】名山大澤不以封其餘以爲附庸閒田一重出篇首）○天子之縣內方千里者爲方百里者百封方百里者九其餘方百里者九十又封方七十里者二十一爲方百里

者十方十里者二十九其餘方百里者八十方十里者七十一又封方五十里者六十三爲方百里者十五方十里者七十五其餘方百里者六十四方十里者九十六【重言】天子之縣內封方百里者九又封方七十里者二十一又封方五十里者六十三此重見篇首但無又封字。諸侯之下士祿食九人中士食十八人上士食三十六人下大夫食七十二人卿食二百八十八人君食二千八百八十人次國之卿食二百一十六人君食二千一百六十人小國之卿食百四十四人君食千四百四十人次國之卿命於其君者如小國之卿天子之大夫爲三監監於諸侯之國者其祿視諸侯之卿其爵視次國之君其祿取之於方伯之地。方伯爲朝天子皆有湯沐之邑於天子之縣內視元士給齊戒自絜清之用浴用湯沐用潘〇閒田音閑下同祿食音嗣嗣又如字下皆同爲邾趙子儀反清如字又涂李丑反潘芳袁反米汁也【重意】天子之大夫四三監監於諸侯之國爲郁首天子使其大夫爲三監監於○方伯之國

諸侯世子世國象賢也大夫不世爵使以德爵以功謂畿內及列國諸侯爲天子大夫者不世爵而世祿辟賢也○辟音避未賜爵視天子之元士以君其國列國及畿內之國也○諸侯之大夫不世爵祿○六禮冠昏喪祭鄉相見鄉鄉飲酒鄉射○冠古亂反○七教父子兄弟夫婦君臣長幼朋友賓客○八政飲食衣服事爲異別度量數制飲食爲上衣服次之事爲謂百工技藝也異別五方用器不同也度丈尺也量斗斛也數百十也制布帛幅廣狹也○長丁丈反別彼列反幅方服反狹戶甲反

纂圖互註禮記卷之五

月令第六○陸曰此是呂氏春秋十二紀之首後人删合爲此記蔡伯喈王肅云周公所作

禮記　　鄭氏註

孟春之月日在營室昏參中旦尾中孟長也日月之行一歲十二會聖王因其會而分之以爲大數焉觀斗所建命其四時此云孟春者日月會於諏訾而斗建寅之辰也凡記昏明中星者爲人君南面而聽天下視時候以授民事○參所林反中如字徐丁仲反後放此長丁丈反諏足俱反又足侯反本又作娵同訾子斯反爲人于僞反

其日甲乙乙之言軋也日之行春東從青道發生萬物月爲之佐時上物皆解孚甲自抽軋而出因以爲日名焉乙不爲月名者君統臣功也○軋乙八反孚音敷

其帝大皞其神句芒此蒼精之君木官之臣自古以來著德立功者也大皞宓戲氏句芒少皞氏之子曰重爲木官○大皞上音太後文及註大簇大史大寢大室大織大廟大沉大尉皆同皞亦作昊胡老反大昊宓戲也句古侯反下音亡句芒木正也少皞之子曰重爲之後句芒皆放此宓戲音密又音服戲又作羲亦作犧又作羲同許宜反重直龍反

其蟲鱗象物孚甲將解鱗龍蛇之屬

其音角謂樂器之聲也三分羽益一以生角角數六十四屬木者以其清濁中民象也春氣和則角聲調樂記曰角亂則憂其民怨凡聲尊卑取象五

行數多者濁數少者清大不過宮細不過羽**律中大蔟**律候氣之管以銅爲之中猶應也孟春氣至則大蔟之律應應謂吹灰也大蔟者林鍾之所生三分益一律長八寸凡律空圍九分周語曰大蔟所以金奏贊陽出滯○律中丁仲反後放此凡如此之例十二月文注皆可以類求之蔟七豆反奏也應應對之應下皆放此長直亮反又如字後皆放此律空徐音孔

其數八數者五行佐天地生物成物之次也易曰天一地二天三地四天五地六天七地八天九地十而五行自水始火次之木次之金次之土爲後木生數三成數八但言八者舉其成數**其味酸其臭羶**木之臭味也凡酸羶者皆屬焉○羶失然反**其祀戶祭先脾**春陽氣出祀之於戶內陽也祀之先祭脾者春爲陽中於藏直脾脾爲尊凡祭五祀於廟用特牲有主有尸皆先設席于奧祀戶之禮南面設主于戶內之西乃制脾及腎爲俎奠于主北又設盛于俎西祭黍稷祭肉祭醴皆三祭肉脾一腎再既祭徹之更陳鼎俎設饌于筵前迎尸畧如祭宗廟之儀○脾婢支反藏才浪反後放此直丈吏反又如字下宿直同後放此臭昌救反腎時忍反○【重言】其日甲乙至祭先脾三重見仲春季春除律中大蔟一句

○**東風解凍蟄蟲始振魚上冰獺祭魚鴻鴈來**皆記時候也振動也夏小正正月啓蟄魚陟負冰漢始亦以驚蟄爲正月中此時魚肥美獺將食之先以祭也鴈自南方來將北反其居今月令鴻皆爲候○凍東送反蟄直立反上時掌反下注以上同獺它達反又他瞎反【重言】獺祭魚二前見王制第四○鴻鴈來二仲秋一季

秋鴻鴈來賓○天子居青陽左个，乘鸞路，駕倉龍，載青旂，衣青衣，服倉玉，食麥與羊，其器疏以達。皆所以順時氣也。青陽左个，大寢東堂北偏。鸞路，有虞氏之車，有鸞和之節，而飾之以青，取其名耳。春言鸞，冬夏言色，互文。馬八尺以上為龍。凡所服玉，謂冠飾及所珮者之衡璜也。麥實有孚甲，屬木。羊，火畜也，時尚寒，食之以安性也。器疏者刻鏤之，象物當貫土而出也。凡此車馬衣服，皆所取於殷時而有變焉，非周制也。周礼朝祀戎獵車服各以其事，不以四時為異。又玉藻曰：天子龍衮以祭，玄端而朝日，皮弁以日視朝，与此皆殊。○个，古賀反，後放此。乘鸞，力官反。路，本又作輅。載音戴，後放此。旂，巨機反。後放此。衣青，於既反，後放此，下注衣甲保猶衣同。噐，本又作器，同。冬夏此卷內可以意求之。璜音黃。畜，許六反。貫，古亂反。朝，直遥反，下文注同。卷末本又作衮，古本反。玄端音冕。【重言】乘鸞路至其器疏以達，三後見仲春、季春。【重意】其器疏以達，夏令其器高以粗，中央其器圜以閎，秋其器廉以深，冬其器閎以奄。○是月也，以立春。先立春三日，大史謁之天子曰：某日立春，盛德在木。天子乃齊。太史，礼官之屬，掌正歲年以序事。謁，告也。○先，悉薦反。齊，側皆反，本亦作齋，卷內放此。○【重言】是月也，五十八見本篇。○大史謁之天子曰天子乃齊，四後見孟夏、孟秋、孟冬。【重意】盛德在木，夏盛德在火，中央盛德在土，秋盛德在金，冬盛德在水。○立春之日，天子親帥三公、九卿、諸侯、大夫以迎春於東郊還乃賞公卿諸侯大夫於朝迎春祭倉帝靈威仰於東郊之兆也王居明堂礼曰出十五里迎歲盖殷礼也周近郊五十里賞謂有功德者有以顯賜之也朝大寢門外○還音旋後放此【重言】天子親帥三公九卿諸侯大夫四孟夏孟秋孟各一惟冬夏无諸侯字○還反四後見孟夏孟秋孟冬○命相布德和令行慶施惠下及兆民相謂三公相王之事也德謂善教也令謂時禁也慶謂休其善也惠謂恤其不足也天子曰兆民○相息亮反注同下善相并注放此施如字又始豉反休許收許虯二反美也慶賜遂行毋有不當遂猶達也言使當得者皆得得者无非其人○毋音无本亦作無下同當丁浪反【重言】慶賜遂行三後見孟夏○乃命大史守典奉法司天日月星辰之行宿離不貸毋失經紀以初為常典六典法八法也離讀如儷偶之儷宿儷謂其屬馮相氏保章氏掌天文者相与宿偶當審候伺不得過差也經紀謂天文進退度數○宿息六反徐音秀離依注音儷呂計反偶也貸吐得反徐音二馮音憑相息亮反又如字伺音司又息似反○是月也天子乃以元日祈穀于上帝謂以上辛郊祭天也春秋傳曰夫郊祀后稷以祈農事是故啓蟄而郊郊而後耕上帝太微之帝也乃擇元辰天子親載耒耜措之于參保介之御間帥三公九卿

諸侯大夫躬耕帝籍天子三推三公五推卿諸侯九推
元辰蓋郊後吉辰也耒耜之上曲也保介車右也置耒於車右與
御者之間明已勸農非農者也人君之車必使勇士衣甲居右而
參乘備非常也保猶衣也介甲也帝籍爲天神借民力所治之田
也○耒力對反字林云耕曲木垂所作力佳反又力水反耜音似
措七故反置也介音界注同藉在亦反說文作耤千畝推出佳反
又吐回反下同推謂伐也耒編發反爲于僞反下爲仲春爲傷爲
死氣皆同反執爵于大寢三公九卿諸侯大夫皆御命曰勞
酒既耕而宴飲以勞群臣也大寢路寢御侍也○勞力報反注同○是月也天氣下降地氣
上騰天地和同草木萌動此陽氣蒸達可耕之候也農書曰土上冒橛陳根可拔耕者急發○
上時掌反注上上同萌莫耕反烝音蒸又之承反冒莫報反覆也
橛求月反【疏】天氣下降地氣上騰孟冬云天氣上騰地氣下降
王命布農事命田舍東郊皆修封疆審端經術田謂田畯主農
之官也舍東郊順時氣而居以命其事也封疆田首之分職術周
禮作遂夫間有遂遂上有徑遂小溝也步道曰徑今尚書曰分命
羲仲宅嵎夷也○疆居良反注皆同經術古定
反注同術依注音遂畯音俊分扶問反嵎音愚善相丘陵阪
險原隰土地所宜五穀所殖以教道民必躬親之相視也○

阪險上音反又蒲板反下許檢反道音導田事既飭先定準直農乃不惑說所以命

田舍東郊之意也隼有乳謂封疆徑遂也夏小正曰農率均田○飭音敕率所類反謂田正○是月也命樂正

入學習舞為仲春將釋菜[重意]仲春上丁命樂正習舞釋菜○仲丁又命樂正入文字習舞季秋上丁命樂正入學習

吹乃脩祭典重祭祀歲始省錄○禁止伐木盛德所在毋覆巢毋殺孩

姙生之類○牝頻忍反姙壬而林反又而鴆反命祀山林川澤犧牲毋用牝為傷

蟲胎夭飛鳥毋麛毋卵為傷萌幼之類○覆芳服反孩戶哀反胎吐來反夭烏老反麛音迷卵力

管反[重意]毋覆巢去至毋卵王制不麛不殺胎不卵不殀夭不覆巢毋聚大衆毋置城郭為妨農之

始掩骼埋胔謂死氣逆生也骨枯曰骼肉腐曰胔○骼江百反胔才賜反蔡云露骨曰骼有肉曰胔胔亦作骴腐

扶矩反○是月也不可以稱兵稱兵必天殃逆生氣兵戎不

起不可從我始為客不利主人則可毋變天之道以陰政犯陽毋絕地

之理易剛柔之宜毋亂人之紀仁之時而舉義事○孟春行夏令則雨

水不時巳之氣乘之也四月於消息為乾草木蚤落生日促○蚤音早[重意]仲夏王制草木零落孟

夏之草木蚤枯國時有恐以火訛相驚。恐丘勇反【重意】季春國有大恐仲秋國以有恐行秋令
則民大疫申之氣乘之也七月始殺。疫音役猋風暴雨總至正月宿直尾箕箕好風其氣逆
也回風爲猋。猋必遙反徐方遙反本又作飄宿音秀好呼報反藜莠蓬蒿並興生氣亂惡物茂。藜
力兮反莠音酉行冬令則水潦爲敗雪霜大摯首種不入亥之氣乘之也
舊說首種謂稷。潦音老摯音至蔡云傷折種章勇反蔡云宿麥
仲春之月日在奎昏弧中旦建星中仲中也仲春者日月會於降婁而斗建卯
之辰也弧在輿鬼南建星在斗上。奎苦圭反弧音胡降户江反【重意】旦建星中孟秋昏建星中
其日甲乙其帝大皞其神句芒其蟲鱗其音角律中夾鍾其數八其
味酸其臭羶其祀户祭先脾夾鍾者夷則之所生三分益一律長七寸二千一百八十七分
寸之千七十五仲春氣至則夾鍾之律應周語曰夾鍾出四隙之細。夾古洽反一音頰隙去逆反始雨水桃始
華倉庚鳴鷹化爲鳩皆記時候也倉庚驪黄也鳩搏穀也漢始以雨水爲二月節。倉庚亦如字本
或加鳥非。驪力知反搏音博【重意】鷹化爲鳩王制鳩化爲鷹○天子居青陽大廟乘鸞路

駕倉龍載青旂衣青衣服倉玉食麥與羊其器疏以達
青陽大廟東堂當大室○是月也安萌牙養幼少存諸孤助生氣也○少詩召
反擇元日命民社社后土也使民祀焉神其農業也祀社日用甲命有司省囹圄去
桎梏毋肆掠止獄訟順陽寬也省減也囹圄所以禁守繫者若今別獄矣桎梏今械也在手曰梏在
足曰桎肆謂死刑暴尸也周禮曰肆之三日掠謂捶治人○省所省反注同徐所幸反囹音零圄魚呂反囹圄今之獄去羌呂反桎
音質今之械也梏古毒反今之杻也掠音亮考捶械戒反暴步卜反捶之蕊反重言命有司季春仲夏季孟秋各一仲秋一季秋孟
冬一仲冬二季冬一是月也玄鳥至至之日以大牢祠于高禖天子
親往玄鳥燕也燕以施生時來巢人堂宇而孚乳嫁娶之象也媒氏之官以為候高辛氏之出玄鳥遺卵娀簡吞之而生
契後王以為媒官嘉祥而立其祠焉變媒言禖神之也○禖音梅施始豉反孚乳上如字一音方付反下而樹反季春同娀簡厥中
反簡狄有戎氏女契息列反重意元鳥至仲秋元鳥歸后妃帥九嬪御御謂從往侍祠周禮天子有夫
人有嬪有世婦有女御獨云帥九嬪舉中言也○嬪皮人反從才用反乃禮天子所御帶以弓
韣授以弓矢于高禖之前天子所御謂今有娠者於祠大祝酌酒飲於高禖之庭以神惠顯之

也帶以弓韣授以弓矢求男之祥也王居明堂禮曰帶以弓韣禮
之禖下其子必得天材○韣大木反弓衣也娠音身一音晨謂懷妊
○是月也日夜分雷乃發聲始電蟄蟲咸動啟户始出
又記時候發蟄出也○電大練反【重言】日夜分門下又一仲秋○
二○雷乃發聲二仲冬又下又雷將發聲仲秋雷乃收声
先雷三日奮木鐸以令兆民曰雷將發聲有不戒其容
止者生子不備必有凶災主戒婦人有娠者也容止猶動靜○先悉薦反奮方問反鐸大各反
日夜分則同度量鈞衡石角斗甬正權概因晝夜等而平當平也同角正
皆謂平之也丈尺曰度斗斛曰量三十斤曰鈞稱上曰衡百二十
斤曰石甬今斛也稱錘曰權概平斗斛者○度量上音杜下音亮
鈞同甬音勇權概古代反稱尺證反錘丈偽反又丈爲反○
【重言】則同度量角斗甬一仲秋【重意】鈞衡石仲秋平權衡正鈞
石
是月也耕者少舍乃脩闔扇寢廟畢備舍猶止也因蟄蟲啟户耕
事少閒而治門户也用木曰闔用竹葦曰扇畢猶皆也凡廟前曰廟後曰寢○闔户臘反閒音閑
毋作大事以
妨農之事大事兵役之屬【重意】毋作大事仲秋凡舉大事是月也毋竭川澤毋漉
陂池毋焚山林順陽養物也畜水曰陂穿地通水曰池○鹿音鹿竭也陂彼宜反尚書傳云澤障曰陂停水

曰池玄畜勑六反○天子乃鮮羔開冰先薦寢廟鮮當為獻聲之誤也獻羔謂祭司寒也祭司寒而出冰薦於宗廟乃後賦之春秋傳曰古者日在北陸而藏冰西陸朝覿而出之其藏冰也深山窮谷固陰沍寒於是乎取之其出之也朝之祿位賓食喪祭於是乎用之其藏之也黑牡秬黍以饗司寒其出之也桃弧棘矢以除其災其出入也時食肉之祿冰皆與焉大夫命婦喪浴用冰祭寒而藏之獻羔而啓之公始用之火出而畢賦自命夫命婦至于老疾無不受冰○鮮依注音獻覿大歷反沍戶故反朝直遙反秬音巨與音預祭寒本或作祭司寒按左氏傳無司字○重言先薦寢廟七孟夏仲夏孟秋仲秋季秋季冬各一

上丁命樂正習舞釋菜樂正樂官之長也命習舞者順萬物始出地鼓舞也將舞必釋菜於先師以禮之夏小正曰丁亥萬用入學○長丁丈反重言命樂正習見孟春

天子乃帥三公九卿諸侯大夫親往視之順時達物也重言天子乃帥三公九卿諸侯大夫親往視之二季春一

仲丁又命樂正入學習樂為季春將習合樂也習樂者習歌與八音○中丁音仲本亦作仲為于偽反下注同○

是月也祀不用犧牲用圭璧更皮幣為季春將選而合騰之也更猶易也當祀者以玉帛而已○

仲春行秋令則其國大水寒氣揔至酉之氣乘之也八月宿直昴畢畢好雨○

好呼報反冠戎來征金氣動也申又爲邊兵行冬令則陽氣不勝麥乃
不熟子之氣乘之也十一月爲大陰○大音泰民多相掠陰奸衆也行夏令則國乃
大旱煖氣早來午之氣乘之也○煖乃緩反又音暄蟲螟爲害暑氣所生爲災害也○螟
音亡丁反爾雅云食苗心螟
季春之月日在胃昏七星中旦牽牛中季少也季春者日月會於大梁而斗
建辰之辰○胃音謂少詩召反【重意】昏七星中孟冬旦七星中旦牽牛中仲秋昏牽牛中其日甲乙其帝
大皞其神句芒其蟲鱗其音角律中姑洗其數八其味
酸其臭羶其祀戶祭先脾姑洗者南呂之所生也三分益一律長七寸九分寸之一季春氣至
則姑洗之律應周語曰姑洗所以脩絜百物考神納賓○洗素典反○桐始華田鼠化爲鴽虹
始見萍始生皆記時候也鴽鴾毋無螮蝀謂之虹萍蓱也其大者曰蘋○鴽音如毋無也蔡云鶉鴽之屬虹音紅又
音絳螮蝀也見賢遍反萍步丁反水上浮萍也毋無上音牟又如字螮本作蝃丁計反亦作螮同蝀本亦作東同丁孔反萍音平蘋
毗人反【重意】虹始見孟冬虹藏不見○天子居青陽右个乘鸞路駕倉龍載

青旂衣青衣服倉玉食麥與羊其器疏以達青陽右个東堂南偏○是月也天子乃薦鞠衣于先帝為將蠶求福祥之助也鞠衣黃桑之服先帝大皞之屬○鞠居六反如菊華也又去六反如麴塵又為于偽反下文乃為注為為同命舟牧覆舟五覆五反乃告舟備具于天子焉舟牧主舟之官也覆反覆之者備傾漏也○覆芳服反下及注同天子始乘舟薦鮪于寢廟進時美物鮪于軌反乃為麥祈實於含秀求其成也不言所祈承寢廟可知○是月也生氣方盛陽氣發泄句者畢出萌者盡達不可以內時可宣出不可收斂也句屈生者芒而直曰萌○泄息列反句古侯反○天子布德行惠命有司發倉廩賜貧窮振乏絕振猶救也○廩力甚反開府庫出幣帛周天下勉諸侯聘名士禮賢者周謂給不足也勉猶勸也聘問也名士不仕者○是月也命司空曰時雨將降下水上騰循行國邑周視原野修利隄防道達溝瀆開通道路毋有障塞廣平曰原國也邑也平野也溝瀆與道路皆不得不通所以除水潦便民事也古者溝上有路○上時掌反下

出以上同行下孟反隄丁兮反防音房道音導障之亮反又音章便婢面反○田獵罝罘、羅罔、畢翳、餧獸之藥，毋出九門。為鳥獸方孚乳，傷之逆天時也。獸罟曰罝罘，鳥罟曰羅罔，小而柄長謂之畢。翳，射者所以自隱也。凡諸罟及毒藥，禁其出九門，明其常有，時不得用耳。天子九門者，路門也，應門也，雉門也，庫門也，皋門也，城門也，近郊門也，遠郊門也，關門也。今月令無罝罘，翳為弋也。○罝子斜反罘音浮翳於計反餧於偽反罟音古弋羊職反○是月也，命野虞無伐桑柘。愛蠶食也。野虞，謂主田及山林之官。○柘之夜反鳴鳩拂其羽，戴勝降于桑。蠶將生之候也。鳴鳩飛且翼相擊，趨農急也。戴勝，織紝之鳥，是時恒在桑，言降者，若時始自天來，重之也。○戴音帶注同本亦作載戴勝鳥名紝女今反具曲植籧筐。時所以養蠶器也。曲，薄也。植，槌也。○植直吏反籧筐居呂反亦作筥下筐丘往反方曰筐圓曰筥槌直追反又直類反又丈偽反后妃齊戒，親東鄉躬桑。禁婦女毋觀，省婦使，以勸蠶事。后妃親採桑，示帥先天下也。東鄉者，鄉時氣也。是明其不常留養蠶也。留養者，所卜夫人與世婦。婦謂世婦及諸臣之妻也。內宰職曰：仲春，詔后帥外內命婦始蠶于北郊。女，外內子女也。夏小正曰：妾子始蠶，執養宮事。毋觀，去容飾也。婦使，縫線組紃之事。○鄉許亮反注同觀古亂反注同省所景反去起呂反又如字線息賤反組音祖紃音旬蠶事既登，分繭稱絲效功，以共郊

廟之服無有敢惰。登成也效往蠶事若蠶事畢將課功以勸戒之　繭古典反　效戶教反　共音恭　惰徒卧反

重言　蠶事既登　孟春田事既飭

○是月也命工師令百工審五庫之量金鐵皮革筋角齒羽箭幹脂膠丹漆毋或不良。工師司空之屬官也五庫藏此諸物之舍也量謂物善惡之舊法也幹器之木也凡輮幹有當用脂良善也　○量音亮注同　筋音斤　幹古旦反　輮如九反

○百工咸理監工日號毋悖于時毋或作為淫巧以蕩上心。咸皆也於百工皆理治其事之時工師則監之日號令之戒之以此二事也悖猶逆也百工作器物各有時逆之則不善時者若弓人春液角夏治筋秋合三材冬定體之屬也淫巧謂僞飾不如法也蕩謂動之使生奢泰也今月令無于時作爲爲詐僞　○監古銜反注同　悖必內反　巧如字又苦孝反注同　效音亦　重言　毋或作爲淫巧以蕩上心　二見孟冬

○是月之末擇吉日大合樂天子乃率三公九卿諸侯大夫親往視之。大合樂者所以助陽達物風化天下也其禮亡今天子以大射郡國以鄉射禮代之　重言　天子乃帥三公九卿諸侯大夫親往視之　二仲春一

○是月也乃合累牛騰馬遊牝于牧。累騰皆乘匹之名是月所合牛馬謂繫在廄者其牝欲遊則就牧之牡而合之　○累力追反注同　騰大登反　牝頻忍反　徐扶死反　乘繩證反　廄居又反

犧牲

駒犢舉書其數 以在牧而校數書之明出時無他故至秋當錄内因以知生息之多少也○數所主反

○命國難九門磔攘以畢春氣 此難難陰氣也陰寒至此不止害將及人所以及人者陰氣右行此月之中日行歷昴昴有大陵積尸之氣氣佚則厲鬼隨而出行命方相氏帥百隸索室毆疫以逐之又磔牲以攘於四方之神所以畢止其災也王居明堂禮曰季春出疫于郊以攘春氣○難乃多反後及注同磔竹伯反攘本又作禳如羊反佚音逸後同索所白反毆丘于反 重意 命國難仲秋天子乃難季秋命有司大難

○季春行冬令則寒氣時發草木皆肅 丑之氣乘之也肅謂枝葉縮栗 國有大恐 以水訛相驚○恐丘勇反 重意 孟春國時有恐仲秋國乃有恐 行夏令則民多疾疫時雨不降 未之氣乘之也六月宿直鬼鬼為天尸時又有暑也 山陵不收 高者暵於熱也○暵呼旱反又呼旦反 行秋令則天多沈陰淫雨蚤降 戌之氣乘之也九月多陰淫霖也雨三日以上為霖今月令曰衆雨○蚤音早 兵革並起 陰氣勝也

孟夏之月日在畢昏翼中旦婺女中 孟夏者日月會於實沈而斗建巳之辰○婺音務 其日丙丁 丙之言炳也日之行夏南從赤道長育萬物月為之佐時萬物皆炳然著見而強大又因以為

日名焉易曰齊乎巽相見乎離。炳音丙長丁丈反此月內除律長以長大維長皆同著見賢遍反其帝炎帝其神祝融此赤精之君火官之臣自古以來著德立功者也炎帝大庭氏也祝融顓頊氏之子曰黎為火官。炎于廉反炎帝神農也顓頊上音專下音勗其蟲羽象物從風鼓葉飛鳥之屬其音徵三分宮去一以生徵徵數五十四屬火者以其微清事之象也夏氣和則徵聲調樂記曰徵亂則哀其事勤。徵張里反後放此去起呂反律中中呂孟夏氣至則中呂之律應中呂者無射之所生三分益一律長六寸萬九千六百八十三分寸之萬二千九百七十四周語曰中呂宣中氣。中呂音仲又如字射音亦其數七火生數二成數七但言七者亦舉其成數其味苦其臭焦火之臭味也凡苦焦者皆屬焉。焦子遙反其祀竈祭先肺夏陽氣盛熱於外祀之於竈從熱類也祀之先祭肺者陽位在上肺亦在上肺為尊也竈在廟門外之東祀竈之禮先席於門之奧東面設主于竈陘乃制肺及心肝為俎奠于主西又設盛于俎南亦祭黍三祭肺心肝各一祭醴三亦既祭徹之更陳鼎俎設饌于筵前迎尸如祀戶之禮。胇方廢反陘音刑【重言】其日丙丁至祭先肺三件夏季夏名一除律中中呂一句。螻蟈鳴蚯蚓出王瓜生苦菜秀皆記時候也螻蟈蛙也王瓜萆挈也今月令云王萯生夏小正云王萯秀未聞孰是。螻音樓蟈古獲反螻蟈蛙也蔡云螻螻蛄蟈蛙也。蛙烏蝸反即蝦蟇也蚓以忍反萆挈上皮八反下起八反萯房九反【重意】蚯蚓出仲冬蚯蚓結○天子居明堂左个，乘朱路，駕赤駵，載赤旂，衣朱衣，服赤玉，食菽與雞，其器高以粗。明堂左个，大寢南堂東偏也。菽實孚甲堅合，屬水。雞，木畜，時熱食之，亦以安性也。粗猶大也。器高大者，象物盛長。○駵音留，字本又作騮。菽本又作叔，音同。粗，七奴反。畜，許又反，下水畜同。重言乘朱路至其器高以粗七句，三重，一見仲夏，一見季夏。重意見孟春。○是月也，以立夏。先立夏三日，大史謁之天子曰：「某日立夏，盛德在火。」天子乃齊。謁，告也。○先，悉薦反。重言見孟春天子乃齊注下。立夏之日，天子親帥三公、九卿、大夫以迎夏於南郊。還反，行賞，封諸侯，慶賜遂行，無不欣說。迎夏，祭赤帝赤熛怒於南郊之兆也。不言帥諸侯而云封諸侯，諸侯時或無在京師者，空其文也。祭統曰：「古者於禘也，發爵賜服，順陽義也；於嘗也，出田邑，發秋政，順陰義也。」今此行賞可也，而封諸侯則違於古。封諸侯、出土地之事，於時未可，以失之。○欣說，上許斤反，下音悅。熛怒，上必遥反，下奴故反。重言天子親帥三公九卿大夫四見，孟春、孟秋各一，有諸侯字，惟孟冬與此同。○慶賜遂行二，孟春一。○乃命樂師習合禮樂。爲將飲酎。○爲，于僞反，下爲逆、爲姑、爲陽，下文爲天子皆同。酎，直又反，重釀之酒。命大尉贊桀俊，遂賢良，舉長大

助長氣也贊猶出也桀俊能者也遂猶進也三王之官有司馬無大尉秦官則有太尉今俗人皆云周公作月令未通於古○長大

如字下繼長同或丁丈反非也行爵出祿必當其位使順之也當丁浪反○是月

也繼長增高謂草木盛蕃廡○蕃廡音煩下亡甫反下同毋有壞墮亦爲逆時氣○壞音

恠注同墮許規反又作隳下注同毋起土功毋發大衆爲妨蠶農之事毋伐大樹

亦爲逆時氣是月也天子始絺初服暑服絺勑其反○命野虞出行田原、

爲天子勞農勸民毋或失時重敎之○勞力報反下同勞如[illegible]反重意勸民毋或失時

仲秋毋或失大時○命司徒巡行縣鄙命農勉作毋休于都急趣於農也縣

鄙鄉遂之屬主民者也王居明堂禮曰毋宿于國今月令作爲伏○是月也驅獸毋害五穀

毋大田獵爲傷蕃廡之氣農乃登麥天子乃以彘嘗麥先薦寢

廟登進也麥之新氣尤盛以彘食之散其熱也彘水畜重意牛薦寢廟七錄附孟春重意農乃登麥仲夏農乃登黍孟秋農

乃登穀○天子乃以彘嘗麥仲夏天子乃以雛嘗黍季秋天子乃以犬嘗稻又仲秋以犬嘗麻○是月也聚畜

百藥蕃廡之時毒氣盛○畜敕六反又許六反靡草死麥秋至斷薄刑決小

罪舊說云靡草薺亭藶之屬祭統曰草艾則墨謂立秋後也刑無輕於墨者今以純陽之月斷刑決罪與出輕繫自相違似非○斷丁亂反注同薺才禮反艾魚廢反後皆同出輕繫崇寬○蠶事畢后妃獻繭乃收繭稅以桑為均貴賤長幼如一以給郊廟之服后妃獻繭者內命婦獻繭於后妃收繭稅者收於外命婦外命婦雖就公桑蠶室而蠶其夫亦當有祭服以助祭收以近郊之稅耳貴賤長幼如一國服同○是月也天子飲酎用禮樂酎之言醇也謂重釀之酒也春酒至此始成與羣臣以禮樂飲之於朝正尊卑也孟冬云大飲烝此言用禮樂互其文○醇音純重直龍反或直用反釀女亮反朝直遙反烝之承反後皆同○孟夏行秋令則苦雨數來五穀不滋申之氣乘之也苦雨白露之類時物得雨傷○數所角反四鄙入保金氣為害也鄙界上邑小城曰保行冬令則草木蚤枯長日促【重言】草木蚤枯子孟春草木蚤枯後乃大水敗其城郭亥之氣乘之也行春令則蝗蟲為災暴風來格寅之氣乘之也必以蝗蟲為災者寅有啓蟄之氣行於初暑則當蟄者大出矣格至也○蝗徐華孟反范音橫字林音皇秀草不實氣更生之不得成也

仲夏之月日在東井昏亢中旦危中仲夏者日月會於鶉首而斗建午之辰也

○亢音剛又苦浪反其日丙丁其帝炎帝其神祝融其蟲羽其音徵律中蕤賓其數七其味苦其臭焦其祀竈祭先肺蕤賓者應鍾之所生三分益一律長六寸八十一分寸之二十六仲夏氣至則蕤賓之律應周語曰蕤賓所以安靜神人獻酬交錯○蕤人誰反應應對之應酢才各反○小暑至螳蜋生鵙始鳴反舌無聲皆記時候也螳蜋螵蛸母也鵙博勞也反舌百舌鳥○螳音堂蜋音郎鵙古闃反字林工役反反舌蔡伯喈云蝦蟇螵匹遙反蛸音消博音博又作伯○天子居明堂太廟乘朱路駕赤駵載赤旂衣朱衣服赤玉食菽與雞其器高以粗明堂太廟南堂當太室也○養壯佼助長氣也○佼古卯反長丁丈反下長氣同○是月也命樂師脩鞀鞞鼓均琴瑟管簫執干戚戈羽調竽笙箎簧飭鍾磬柷敔爲將大雩帝習樂也脩均執調飭者治其器物習其事之言○鞀大刀反本亦作鞉同鞞步西反竽音于箎音池本又作篪同簧音黃飭音勑柷昌六反敔魚呂反本又作圄爲于僞反下文爲民注爲傷爲其皆同雩音于【重言】命樂師一季冬○命有司爲民祈祀山川百源大雩帝用盛樂乃命百縣雩祀百辟卿

士有益於民者以祈穀實陽氣盛而常旱山川百源能興雲雨者也衆水始所出為百源必先
祭其本乃雩雩吁嗟求雨之祭也雩帝謂為壇南郊之旁雩五精之帝配以先帝也自鞀鞞至柷敔皆作曰盛樂凡他雩用歌舞而
已百辟卿士古者上古若句龍后稷之類也春秋傳曰龍見而雩雩之正當以四月凡周之秋三月之中而旱亦脩雩禮以求雨因
著正雩此月失之矣天子雩上帝諸侯以下雩上公周冬及春夏雖旱礼有禱無雩○辟必亦反注同句古侯反見賢遍反下不御見
同○農乃登黍登進也[重言]孟夏農乃登麥孟秋農乃登穀○是月也天子乃以
雛嘗黍羞以含桃先薦寢廟此嘗雛也而云以嘗黍不以牲主穀也以黍者黍火穀
氣之主也含桃櫻桃也○雛仕于反又仕俱反雞也爾雅云生啄雛含桃本又作函胡南反含桃櫻桃也櫻於耕反[重言]先薦寢廟
七詳見孟夏○令民毋艾藍以染為傷長氣也此月藍始可別夏小正曰五月啓灌藍蓼○藍力
甘反別彼列反下文別羣同○毋燒灰為傷火氣也火之氣於是為盛火之滅者為灰○毋暴布不以陰功
干大陽之事○暴步卜反大音太○門閭毋閉關市毋索順陽敷縱不難物○索所白反難乃
旦反又如字○挺重囚益其食挺猶寬也○挺大頂反○游牝別羣孕妊之欲止也
則縶騰駒為其牡氣有餘相蹄齧也○縶如字蔡本作蟄縶大計反蹋也本或作蹋音同班馬政馬政

謂養馬之政教也廋人職曰掌十有二閑之政教以阜馬佚特教駣攻駒此之謂也○廋所留反駣音兆又音道字林音挑【重言】班馬政二季秋一

○是月也日長至陰陽爭死生分爭者陽方盛陰欲起也分猶半也○爭爭鬬之爭注同【重言】陰陽爭二仲冬一【重意】日長至仲冬日短至君子齊戒處必掩身毋躁掩猶隱翳也躁猶動也今月令毋躁爲欲靜【重言】君子齊戒處必掩身毋躁二仲冬一止聲色毋或進進猶御見也聲謂樂也易及樂春秋說夏至人主與羣臣從八能之士作樂五日今止之非其道也○從子用反【重意】止聲色仲冬去聲色薄滋味毋致和爲其氣異此時傷人○和戶臥反節耆欲定心氣微陰扶精不可散也○耆市志反【重意】節耆欲定心氣仲冬禁耆欲安形性百官靜事毋刑罪罰之事不可以聞今月令刑爲徑以定晏陰之所成晏安也陰稱安○晏伊見反

○鹿角解蟬始鳴半夏生木堇榮又記時候也半夏藥草木堇王蒸也○解戶買反始市志反夏戶嫁反堇音謹一名舜華蒸之承反

○是月也毋用火南方陽氣盛又用火於其方害微陰也可以居高明可以遠眺望可以升山陵可以處臺榭順陽在上也高明謂樓觀也闍者謂之臺有木者謂之榭○榭音謝觀古喚反闍音都

○仲夏行冬令則雹凍

傷穀子之氣乘之也陽氣爲雨陰起脅之凝爲雹○雹步角反凍丁貢反道路不通暴兵來至
盗賊攻劫亦雹之類行春令則五穀晚熟卯之氣乘之也生日長百螣時起
其國乃饑螣蝗之屬言百者明衆類並爲害○螣音特食苗葉蟲饑居疑反又音機行秋令則草
木零落酉之氣乘之也八月宿直昴畢昴畢爲天獄主殺○零本又作苓音同重言草木零落二一見于制第四篇果
實早成生日短民殃於疫大陵之氣來爲害也○殃於良反疫音役
季夏之月日在柳昏火中旦奎中季夏者日月會於鶉火而斗建未之辰也其
日丙丁其帝炎帝其神祝融其蟲羽其音徵律中林鍾
其數七其味苦其臭焦其祀竈祭先肺林鍾者黃鍾之所生三分去一
律長六寸季夏氣至則林鍾之律應周語曰林鍾和展百物俾莫不任肅純恪○去起呂反後放此任音壬又如字恪苦各反溫
風始至蟋蟀居壁鷹乃學習腐草爲螢皆記時候也鷹學習謂攫搏也
夏小正曰六月鷹始摯螢飛蟲螢火也○蟋蟀上音悉下音率腐扶矩反熒熒本又作螢亦作𧏙戶扃反或作腐草化爲螢螢若非也攫俱縛反
一音九縛反搏音博摯音至本亦作鷙鳥同重意鷹乃學習孟秋鷹乃祭鳥○天子居明堂右个乘朱

路駕赤駵載赤旂衣朱衣服赤玉食叔與雞其器高以粗 明堂右个南堂西偏也 ○命漁師伐蛟取鼉登龜取黿 四者甲類秋乃堅成周禮曰秋獻龜魚又曰凡取龜用秋時是夏之秋也作月令者以爲此秋據周之時也周之八月夏之六月因書於此似誤也蛟言伐者以其有兵衛也龜言登尊之也鼉黿言取羞物賤也鼉皮又可以冒鼓今月令漁師爲榜人○蛟音交鼉大多反又徒丹反黿音元冒亡報反榜必孟反 命澤人納材葦 蒲葦之屬此時柔刃可取作器物也○葦于鬼反刃而慎反○ 是月也命四監大合百縣之秩芻以養犧牲令民無不咸出其力 四監主山林川澤之官百縣鄉遂之屬也有山林川澤者也秩常也百縣給國養犧牲之芻多少有常民皆當出力爲艾之今月令四爲田○爲艾于偽反下文爲民注爲求爲其同 以共皇天上帝名山大川四方之神以祠宗廟社稷之靈以爲民祈福 牲以供祠神靈爲民求福明使民艾芻是不虛取也皇天北辰耀魄寶冬至所祭於圜丘也上帝太微五帝○共音恭○

重言 以共皇天上帝二季冬二

○是月也命婦官染采黼黻文章必以法故無或差貸 婦官染人也采五色○黼音甫黻音弗差貸音二又他得反 黑黃倉赤莫

不質良毋敢詐僞〔質正也良善也所用染者當得真采正善也〕以給郊廟祭祀之服以爲旗章以别貴賤等給之度〔旗章旌旗及章識也○别彼列反旗音其識申志反又如字〕○是月也樹木方盛乃命虞人入山行木毋有斬伐〔爲其未堅刃也○行下孟反〕不可以興土功不可以合諸侯不可以起兵動衆〔土將用事氣欲靜〕毋舉大事以搖養氣〔大事興繇役以有爲○繇役音遙〕毋發令而待以妨神農之事也〔發令而待謂出繇役之令以預驚民也民驚則心動是害土神之氣土神稱曰神農者以其主於稼穡〕水潦盛昌神農將持功舉大事則有天殃〔言土以受天雨澤安靜養物爲功動之則致害也孝經說曰地順受澤謙虛開張含泉任萌滋物歸中〕○是月也土潤溽暑〔潤溽謂塗溼也○溽如字本或作辱音同濕也〕大雨時行燒薙行水利以殺草如以熱湯〔薙謂迫地芟草也此謂欲稼萊地先薙其草草乾燒之至此月大雨流水潦畜於其中則草死不復生而地美可稼也薙人掌殺草職曰夏日至而薙之又曰如欲其化也則以水火變之○薙他計反又直履反芟所銜反萊音來畜敕六反復扶又反夏日人一反〕可以糞田疇可以

美土疆土潤溽暑膏澤易行也糞美互文耳土疆強檃之地○糞方問反疆其丈反注並同易以豉反強其兩反檃明又堯反○季夏行春令則穀實鮮落國多風欬辰之氣乘之也未屬巽辰又在巽位二氣相亂爲害○鮮音仙又仙典反欬苦代反民乃遷徙象風轉移物也行秋令則丘隰水潦戌之氣乘之也九月宿直奎奎爲溝瀆溝瀆與此月大雨并而高下大水也禾稼不熟傷於水也乃多女災含任之類敗也行冬令則風寒不時丑之氣乘之也鷹隼蚤鷙得疾厲之氣也○隼息允反蚤鷙上音早下音至亦作鷙擊也四鄙入保象鳥雀之走竄也鄙邑之城曰保○竄七亂反

中央土火休而盛德在土也○央於相反其日戊己戊之言茂也己之言起也日之行四時之間從黃道月爲之佐至此萬物皆枝葉茂盛其含秀者抑屈而起故因以爲日名焉其帝黃帝其神后土此黃精之君土官之神自古以來著德立功者也黃帝軒轅氏也后土亦顓頊氏之子也黎兼爲土官其蟲倮象物露見不隱藏虎豹之屬恒淺毛○倮力果反又乎瓦反見賢遍反其音宮聲始於宮宮數八十一屬土者以其最濁君之象也季夏之氣和則宮聲調樂記曰宮亂則荒其君驕律中黃鍾之宮黃鍾之宮最長也十二律

轉相生五声月終於六十為季夏之氣至則黃鍾之宮聲應礼運曰五声六律十二管還相為宮其數五土生數五成數十但言五者土以生為本其味甘其臭香土之臭味也凡甘香者皆屬之其祀中霤祭先心中霤猶中室也土主中央而神在室古者複穴是以名室為霤霤去祀之先祭心者五藏之次心次肺至此心為尊也祀中霤之礼設主於牖下乃制心及肺肝為俎其祭肉心肺肝各一他皆如祀戶之礼○霤力又反複方服反藏才浪反天子居大廟大室乘大路駕黃騮載黃旂衣黃衣服黃玉食稷與牛其器圜以閎大廟大室中央室也大路殷路也車如殷路之制而飾之以黃稷五穀之長牛土畜也器圜者象土周布於四時閎讀如紘紘謂中寬象土含物○圜于權反閎音宏長丁丈反畜呼又反下金畜同重意春其器疏以達夏其器高以粗秋其器廉以深冬其器閎以奄

孟秋之月日在翼昏建星中旦畢中孟秋者日月會於鶉尾而斗建申之辰也重意昏建星中仲春旦建星中其日庚辛庚之言更也辛之言新也日之行秋西從白道成熟萬物月為之佐萬物皆肅然改更秀實新成又因以為日名焉其帝少皞其神蓐收此白精之君金官之臣自古以來著德立功者也少皞金天氏蓐收少皞氏之子曰該為金官○少詩召反皆出下放此少皞黃帝之子蓐音辱其蟲毛象物

應涼氣而備寒狐貉之屬生旃毛也○應應對之應貉户各反依字作貈旃之然反其音商三分徵益一以生商商數七十二屬金者以其濁次宮臣之象也秋氣和則商声調樂記曰商亂則陂其官壞○陂彼義反律中夷則孟秋氣至則夷則之律應夷則者大呂之所生也三分去一律長五寸七百二十九分寸之四百五十一周語曰夷則所以詠歌九則平民無貳其數九金生數四成數九但言九者亦舉其成數其味辛其臭腥金之臭味也凡辛腥者皆屬焉其祀門祭先肝秋陰氣出祀於門外陰也祀之先祭肝者秋為陰中於藏直肝肝為尊也祀門之禮北面設主于門左樞乃制肝及肺心為俎奠于主南又設盛于俎東其他皆如祭竈之禮○樞昌朱反【重言】其日庚辛至祭先肝十句三仲秋季秋貉一除律中夷則一句涼風至白露降寒蟬鳴鷹乃祭鳥用始行戮皆記時候也寒蟬寒蜩謂蜺也鷹祭鳥者將食之示有先也既祭之後不必盡食若人君行刑戮之而已○戮音六蜩大彫反蜺五兮反寒蟬【重意】鷹乃祭鳥季夏鷹乃學習○天子居總章左个乘戎路駕白駱載白旂衣白衣服白玉食麻與犬其器廉以深總章左个大寢西堂南偏戎路兵車之制如周革路而飾之以白白馬黑鬣曰駱麻實有文理屬金犬金畜也器廉以深象金傷害物入藏○總子孔反駱音洛鬣音獵本亦作鬛音毛又一本作旌毛也【重言】乘戎路至其器廉以深十句三二一見仲

秋一見季秋○是月也以立秋先立秋三日大史謁之天子曰某日立秋盛德在金謁告也○先悉薦反天子乃齋立秋之日天子親帥三公九卿諸侯大夫以迎秋於西郊還反賞軍帥武人於朝迎秋者祭白帝白招拒於西郊之兆也軍帥諸將也武人謂環人之屬有勇力者○帥所類反下同本或作師注放此朝直遥反拒音矩將子匠反下同【重言】皆附孟春天子乃命將帥選士厲兵簡練桀俊專任有功以征不義征之言正也伐也詰誅暴慢以明好惡順彼遠方詰謂問其罪窮治之也順猶服也○詰去吉反好惡並如字又上呼報反下烏路反○是月也命有司脩法制繕囹圄具桎梏禁止姦慎罪邪務搏執順秋氣政尚嚴○繕市戰反邪似嗟反搏音博命理瞻傷察創視折理治獄官也有虞氏曰士夏曰大理周曰大司寇創之淺者曰傷○創初良反注同審斷決獄訟必端平端猶正也○斷丁亂反下同蔡丁管反一讀絶句以決字下屬戮有罪嚴斷刑天地始肅不可以贏肅嚴急之言也贏猶解也○贏音盈注同解古賣反○是月也農乃登

穀天子嘗新先薦寢廟黍稷之屬於是始熟重意農乃登穀孟夏農乃登麥仲夏農乃登黍重言昇薦寢廟七計見孟春命百官始收斂順秋氣收斂物重言命百官三子孟冬季秋各一完隄坊謹壅塞以備水潦備若備八月也八月宿直畢畢好雨○完坊閉宮反隄本又作堤丁兮反防本又作坊音房壅於勇反好呼報反脩宮室坏牆垣補城郭象秋收斂物當藏也○坏步回反垣音袁○是月也毋以封諸侯立大官毋以割地行大使出大幣古者於嘗出田邑此其月也而禁封諸侯割地失其義○使色吏反○孟秋行冬令則陰氣大勝亥之氣乘之也介蟲敗穀介甲也甲蟲屬冬敗穀者稻蟹之屬○介音界注同蟹胡買反戎兵乃來十月宿直營室營室之氣爲害也營室主武事行春令則國乃旱寅之氣乘之也雲雨以風除也陽氣復還五穀無實陽氣能生而不能成○復還上扶又反下音環又音旋行夏令則國多火災巳之氣乘之也寒熱不節民多瘧疾瘧疾寒熱所爲也今月令瘧疾爲疾疫○瘧魚略反

仲秋之月日在角昏牽牛中旦觜觿中仲秋者日月會於壽星而斗建

酉之辰也○觜子斯反又子髓反觿户圭反又户規反【重意】昏牽牛中季春曰牽牛中其日庚辛其帝少皞其神蓐收其蟲毛其音商律中南呂其數九其味辛其臭腥其祀門祭先肝南呂者太蔟之所生三分去一律長五寸三分寸之一仲秋氣至則南呂之律應周語曰南呂者贊陽秀物○盲風至鴻鴈來玄鳥歸群鳥養羞皆記時候也盲風疾風也玄鳥燕也歸謂去蟄也凡鳥隨陰陽者不以中國為居羞謂所食也夏小正曰九月丹鳥羞白鳥說曰丹鳥也者謂丹良也白鳥也者謂閩蚋也其謂之鳥若重其養者也有翼為鳥養也者不盡食也二者文異群鳥丹良未聞孰是○盲亡庚反閩音文依字作蟁又作蚊蚋人銳反又如劣反養餘亮反下同【重意】鴻鴈來二于孟春二季秋鴻鴈來賓○元鳥歸仲春曰元鳥至天子居總章大廟乘戎路駕白駱載白旂衣白衣服白玉食麻與犬其器廉以深總章太廟西堂當太室也○是月也養衰老授几杖行糜粥飲食助老氣也行猶賜也○糜亡皮反粥之六反字林羊六反○乃命司服具飭衣裳文繡有恒制有小大度有長短此謂祭服也文謂畫也祭服之制畫衣而繡裳○飭丑力反後放此衣服有量必循其故此謂朝燕及他

服凡此為其益至也詩云七月流火九月授衣於是作之可也○量音亮下度反量同朝直遙反為于偽反下為民同冠帶

有常因制衣服而作之也○乃命有司申嚴百刑斬殺必當毋或

枉橈枉橈不當反受其殃申重也當謂值其罪○當丁浪反下不當反注同枉紆往反橈女教

反又乃絞反字林作撓非重直用反○是月也乃命宰祝循行犧牲視全具

案芻豢瞻肥瘠察物色必比類量小大視長短皆中度

五者備當上帝其饗於鳥獸肥充之時宜省群牲也宰祝大宰大祝主祭祀之官也養牛羊曰芻犬

豕曰豢五者謂所視也所案也所瞻也所察也所量也此皆得其正則上帝饗之上帝饗之而無神不饗也○行下孟反芻初俱反

草也豢音患養也以所食得名瞻音占瘠在亦反中丁仲反○天子乃難以達秋氣此難難陽

氣也陽暑至此不衰害亦將及人所以及人者陽氣左行此月宿直昴畢昴畢亦得大陵積尸之氣氣佚則厲鬼亦隨而出行於是

亦命方相氏帥百隸而難之王居明堂禮曰仲秋九門磔攘以發陳氣御止疾殃○難乃多反注同以犬嘗麻先

薦寢廟麻始熟也【重言】先薦寢廟七見孟春○是月也可以築城郭建都邑

穿竇窖脩囷倉為民將入物當藏也穿竇窖者入地隋曰竇方曰窖王居明堂禮曰仲秋命庶民畢入于

室曰時殺將至毋罹其災○竇音豆窖古孝反囷丘倫反隋他果反謂狹而長○乃命有司趣民收斂

務畜菜多積聚始為禦冬之備○趣七住反本又作趨又七緑反務畜丑六反乃勸種麥

毋或失時其有失時行罪無疑麥者接絕續乏之穀尤重之【重言】毋或失時一子孟夏

一○是月也日夜分雷始收聲蟄蟲坏戶殺氣浸盛陽

氣日衰水始涸又記時候也雷始收声在地中動內物也坏益也蟄蟲坏戶謂稍小之也涸竭也此甫八月中

氣雨未止而云水竭非也周語曰辰角見而雨畢天根見而水涸又曰雨畢而除道水涸而成梁辰角見九月本也天根見九月末

也王居明堂礼曰季秋除道致梁以利農也○坏音培浸子鴆反涸戶各反見賢遍反下同【重言】日夜分四下文一仲春一【重意】雷

始收声仲春仲冬雷乃發声日夜分則同度量平權衡正鈞石角斗甬

是月也易關市來商旅納貨賄以便民事四方來集遠

鄉皆至則財不匱上無乏用百事乃遂易關市謂輕其稅使民和之商旅貫

客也匱亦乏也遂猶成也○易以豉反注同便婢面反匱其位反注同賈音古又古雅反【重言】則同度量角斗甬一仲春一【重意】平

權衡正鈞石一仲春鈞衡石○凡舉大事毋逆大數必順其時慎因其類事[illegible]

記五　十七

興土功合諸侯舉兵衆也季夏禁之孟秋始征伐此月築城郭孟秋教田獵是以於中爲之戒焉【重意】凡舉大事仲春毋作大事

○仲秋行春令則秋雨不降卯之氣乘之也卯宿直房心心爲天火草木生榮應陽動也○應應對之應國乃有恐以火訛相驚○恐丘勇反行夏令則其國乃旱蟄蟲不藏五穀復生午之氣乘之也○復扶又反行冬令則風災數起子之氣乘之也北風殺物○數所角反收雷先行先猶蚤也冬主閉藏草木蚤死寒氣盛也

季秋之月日在房昏虛中旦柳中季秋者日月會於大火而斗建戌之辰也其日庚辛其帝少皞其神蓐收其蟲毛其音商律中無射其數九其味辛其臭腥其祀門祭先肝無射者夾鍾之所生三分去一律長四寸六千五百六十一分寸之六千五百一十四季秋氣至則無射之律應周語曰無射所以宣布哲人之令德示小民軌儀○射音亦喆貞列反○鴻鴈來賓爵入大水爲蛤鞠有黃華豺乃祭獸戮禽皆記時候也來賓言其客止未去也大水海也戮猶殺也○來賓高誘注呂氏春秋則云賓雀与鄭異蛤古合反鞠本又作菊九六反豺音柴儺音六本或作戮【重意】鴻鴈來賓孟春仲秋鴻鴈來豺乃祭獸[illegible]豺祭獸○天子

居總章右个乘戎路駕白駱載白旂衣白衣服白玉食麻與犬其器廉以深（總章右个西堂北偏）○是月也申嚴號令（申重○重直用反）命百官貴賤無不務内以會天地之藏無有宣出（内謂收斂入之也會猶聚也○【重言】命百官三孟秋季冬各一）○乃命冢宰農事備收（備猶盡也）舉五穀之要（定其租税之簿○簿步古反徐步各反）藏帝藉之收於神倉祗敬必飭（重粢盛之委也帝藉所耕千畝也藏祭祀之穀為神倉祗亦敬也○收如字又守又反委紆僞反）○是月也霜始降則百工休（寒而膠漆之作不堅好也）○乃命有司曰寒氣總至民力不堪其皆入室（總猶猥卒○猥烏罪反下七忽反）○上丁命樂正入學習吹（爲將饗帝也春夏重舞秋冬重吹也○吹昌睡反注同爲于僞反下文縣爲注于爲又爲同【重言】注見仲春）○是月也大饗帝（言大饗者徧祭五帝也曲禮曰大饗不問卜謂此也○徧音遍）嘗犧牲告備于天子（嘗者謂嘗羣神也天子親嘗帝使有司祭於羣神禮畢而告焉）○合諸侯制百縣爲來歲受朔日與諸侯所稅於民輕

重之法貢職之數以遠近土地所宜為度以給郊廟之事無有所私 秦以建亥之月為歲首於是歲終使諸侯及鄉遂之官受此法焉合諸侯制者定其國家宮室車旗衣服礼儀也諸侯言合制百縣言受朔日互文也貢職所入天子周之法以正月和之止歲而縣於象魏○合諸侯制絶句縣音玄

是月也天子乃教於田獵以習五戎班馬政 教於田獵因田獵之礼教民以戰法也五戎謂五兵弓矢殳矛戈戟也馬政謂齊其色度其力使同乘也校人職曰凡軍事物馬而頒之○殳音殊矛亡侯反度大各反乘繩證反校户教反頒音班【重言】班馬政一仲夏

命僕及七騶咸駕載旌旐授車以級整設于屏外 僕戎僕及御夫也七騶謂趣馬主為諸官駕說者也既駕之又為之載旌旗司馬職曰仲秋教治兵如振旅之陳辨旗物之用王載太常諸侯載旂軍吏載旗師都載旜鄉遂載物郊野載旐百官載旟異也級等次也整正列也設陳也屏所田之地門外之蔽○騶側求反載丁代反又如字注同旐音兆級九立反趣七住反又七走反說始銳反陳直覲反太音太旟音餘

司徒搢扑北面誓之 誓軍以軍法也○搢如字又音箭扑普卜反

天子乃厲飾執弓挾矢以獵 厲飾謂戎服尚威武也今月令獵為射○挾子協反又音協

命主祠祭禽于四方 以所獲禽祀四方之神也司馬職曰羅弊致禽

以祀祊。○祊，鄭注周禮音方。○是月也，草木黃落，乃伐薪爲炭。伐木必因殺氣。

○炭，吐旦反。【重言】草木黃落，仲夏王制草木零落。○蟄蟲咸俯在內，皆墐其户。墐謂

塗閉之，辟殺氣。○墐，其靳反，許音覲。乃趣獄刑，毋留有罪。殺氣已至，有罪者即決也。○趣音促，又七

住反。收祿秩之不當、供養之不宜者。天氣殺而萬物咸藏，可以去之也。祿秩之不當，

恩所增加也。供養之不宜，欲所貪耆，若熊蹯之屬非常食。○當，丁浪反，注同。供養，九用反，下餘亮反，注同。去，起呂反。耆，市志反。熊，羽弓

反。蹯音煩。○是月也，天子乃以犬嘗稻，先薦寢廟。稻始熟也。【重言】先薦

寢廟，七詳見孟春。○季秋行夏令，則其國大水，冬藏殃敗，民多

鼽嚏。未之氣乘之也。六月宿直東井，氣多暑雨。○鼽音求，說文云病寒鼻窒。嚏，丁計反。行冬令，則國多

盜賊，邊竟不寧，土地分裂。丑之氣乘之也。地極陰，爲外邊竟之象也。大寒之時，地隆坼也。○竟音

境，注及後同。隆，六中反。坼，丑白反。行春令，則煖風來至，民氣解惰，辰之氣乘之也。

巽爲風。○煖，乃管反，又許元反。解，古賣反。惰，徒卧反。師興不居。辰宿直角，角主兵，不居，象風行不休止也。○

孟冬之月，日在尾，昏危中，旦七星中。孟冬者，日月會於析木之津，而斗建亥之

辰也○析思歷反○重意季春戊己土居中其日壬癸壬之言任也癸之言揆也日之行東北從黑道閉藏萬物月爲之佐時萬物懷任於下揆然萌牙又因以爲日名焉其帝顓頊其神玄冥此黑精之君水官之臣自古以來著德立功者也顓頊高陽氏也玄冥少皞氏之子曰脩曰熙爲水官○顓音專頊許玉反冥亡丁反其蟲介介甲也象物閉藏地中龜鼈之屬○鼈必滅反其音羽三分商去一以生羽羽數四十八屬水者以爲最清物之象也冬氣和則羽聲調樂記曰羽亂則危其財匱○匱其位反律中應鍾孟冬氣至則應鍾之律應應鍾者姑洗之所生三分去一律長四寸二十七分寸之二十周語曰應鍾均利器用俾應復○應應對之應注同其數六水生數一成數六但言六者亦举其成數其味鹹其臭朽水之臭味也凡鹹朽者皆屬焉氣若有若無爲朽○朽許九反本亦作死字林云死腐臭也說文云死或爲朽字其祀行祭先腎冬陰盛寒於水祀之於行從辟除之類也祀之先祭腎者陰位在下腎亦在下腎爲尊也行在廟門外之西爲軷壤厚二寸廣五尺輪四尺祀行之禮北面設主于軷上乃制腎及脾爲俎奠于主南又設盛于俎東祭肉腎一脾再其他皆如祀門之禮○辟必亦反又婢亦反軷步曷反壤如丈反厚戶豆反廣古曠反重言其日壬癸至壬癸先腎十一句除律中應鍾一句重見仲冬季冬○水始冰地始凍雉入大水爲蜃虹藏不見皆記時候也大水淮也大蛤曰蜃○蜃常忍反見賢遍反

下注録見同【重意】中冬虹始見○天子居玄堂左个，乘玄路，駕鐵驪，載玄旂，衣黑衣，服玄玉，食黍與彘，其器閎以奄。玄堂左个，北堂西偏也。鐵驪，色如鐵。黍秀舒散，屬火，寒時食之，亦以安性也。彘，水畜也。器閎而奄，象物閉藏也。今月令曰乘軫路，似當為袗字之誤也。○驪力知反。彘直例反。袗之忍反，又之刃反。【重言】乘玄路至其器閎以奄十句重見仲冬季冬○是月也，以立冬。先立冬三日，太史謁之天子曰：某日立冬，盛德在水。天子乃齊。謁，告也。○先悉薦反。立冬之日，天子親帥三公九卿大夫以迎冬於北郊。還反，賞死事，恤孤寡。迎冬者，祭黑帝叶光紀於北郊之兆也。死事，謂以國事死者，若公叔禺人、顏涿聚者也。孤寡，其妻子也。有以惠賜之，大功加賞。○叶本又作汁，音協。禺音遇。涿丁角反，又作涿同。【重言】天子親帥三公九卿大夫四見孟春○是月也，命大史釁龜筴，占兆，審卦吉凶。筴，蓍也。占兆，龜之繇文也。周禮龜人上春釁龜，謂建寅之月也。秦以其歲首使大史釁龜筴，與周異矣。卦吉凶，謂易也。審省録之而不釁，筮短賤於兆也。今月令曰釁祠，祠衍字。○釁許靳反。筴初格反。蓍音尸。繇直又反。是察阿黨，則罪無有掩蔽。阿黨，謂治獄吏以私恩曲撓相為也。○為于偽反，下為仲冬為天子皆同。○

是月也天子始裘九月授衣至此可以加裘○命有司曰天氣上騰地氣下降天地不通閉塞而成冬使有司助閉藏之氣門戶可閉閉之窗牖可塞塞之命百官謹蓋藏謂府庫囷倉有藏物○藏才浪反又如字○上時掌反又如字下上冊同

【重意】孟春天氣下降地氣上騰

【重言】命百官二孟秋一

命司徒循行積聚無有不斂謂芻禾薪蒸之屬○行下孟反積聚子賜反下才杜反又並如字仲冬同坏城郭戒門閭脩鍵閉愼管籥固封疆備邊竟完要塞謹關梁塞徯徑坏益也鍵牡閉牝也管籥搏鍵器也固封疆謂使有司循其溝樹及其衆庶之守法也要塞邊城要害處也梁橋横也徯徑禽獸之道也今月令疆或爲壃○鍵其輦反又其偃反籥羊灼反疆居良反注及下注同塞先代反注同塞徯上先則反下音奚徑古定反牡亡古反又茂后反搏音博一本作傳直專反又敕尺慮反壐音從○飭喪紀辨衣裳審棺槨之薄厚塋丘壟之大小高卑厚薄之度貴賤之等級此亦閉藏之具順時飭正之也辨衣裳謂襲斂尊卑所用也所用又有多少○塋音營壟力勇反襲音習斂力驗反又力檢反○是月也命工師效功陳祭器案度程毋或作爲淫巧以蕩上心

必功致為上（霜降而百工休至此物皆成也工師工官之長也效功錄見百工所作器物也主於祭器祭器尊也度謂制大小也程謂器所容也淫巧謂奢偽怪好也蕩謂搖動生其奢淫○效戶教反巧如字又苦孝反注同致直吏反下注同長丁丈反重言毋或作為淫巧以蕩上心二一見季春）物勒工名以考其誠（勒刻也刻工姓名於其器以察其信知其不功致）功有不當必行其罪以窮其情（功不當者取材美而器不堅也○當丁浪反注同）○是月也大飲烝（十月農功畢天子諸侯與其羣臣飲酒於大學以正齒位謂之大飲別之於烝也其禮亡今天子以燕禮郡國以鄉飲酒禮代之燕謂有牲體爲俎也黨正職曰國索鬼神而祭祀則以禮屬民而飲酒于序以正齒位亦謂此時也詩云十月滌場朋酒斯饗曰殺羔羊躋彼公堂稱彼兕觥受福無疆是頌大飲之詩○別彼列反索所百反屬之玉反下同滌大歷反場直良反躋子兮反兕徐履反觥古宏反）○天子乃祈來年于天宗大割祠于公社及門閭臘先祖五祀（此周礼所謂蜡祭也天宗謂日月星辰也大割大殺羣牲割之也臘謂以田獵所得禽祭也五祀門戶中霤竈行也或言祈年或言大割或言臘互文○臘力合反蜡仕詐反字林作䄍）勞農以休息之（黨正屬民飲酒正齒位是也○勞力報反）○天子乃命將帥講武習射御角力（爲仲冬將大閱簡習之亦因營室主武士也凡田之禮唯狩最

備夏小正十一月王狩○將帥上子匠反下色類反閱音悅狩手又反○是月也乃命水虞漁師收水泉池澤之賦毋或敢侵削衆庶兆民以爲天子取怨于下其有若此者行罪無赦因盛德在水收其稅○孟冬行春令則凍閉不密地氣上泄寅之氣乘之也○泄息列反下同民多流亡象蟄蟲動行夏令則國多暴風方冬不寒蟄蟲復出巳之氣乘之也立夏巽用事巽爲風○復扶又反行秋令則雪霜不時申之氣乘之也小兵時起土地侵削申陰氣尚微申宿直參參伐參伐爲兵○參所林反下同

仲冬之月日在斗昏東辟中旦軫中仲冬者日月會於星紀而斗建子之辰也○辟必亦反又必狄反其日壬癸其帝顓頊其神玄冥其蟲介其音羽律中黃鍾其數六其味鹹其臭朽其祀行祭先腎黃鍾者律之始也九寸仲冬氣至則黃鍾之律應周語曰黃鍾所以宣養六氣九德○冰益壯地始坼鶡旦不鳴虎始交皆記時候也鶡旦求旦之鳥也交猶合也○壯側亮反鶡本亦作鶡同戶割反鶡旦鳥名○

天子居玄堂大廟乘玄路駕鐵驪載玄旂衣黑衣服玄玉食黍與彘其器閎以奄（玄堂大廟北堂當大室）○飭死事（飭軍士戰必有死志）命有司曰土事毋作愼毋發蓋毋發室屋及起大衆以固而閉地氣沮泄是謂發天地之房諸蟄則死民必疾疫又隨以喪命之曰暢月（而猶女也暢猶充也大陰用事尤重閉藏○暢勑亮反女音汝大音太）○是月也命奄尹申宮令審門閭謹房室必重閉（奄尹主領奄豎之官也於周則爲內宰掌治王之內政宮令幾出入及開閉之屬重閉外內閉也○重直龍反注同）省婦事毋得淫雖有貴戚近習毋有不禁（省婦事所以靜陰類也淫謂女功奢僞怪好物也貴戚謂姑姊妹之屬近習天子所親幸者○省所景反注同）○乃命大酋秫稻必齊麴蘖必時湛熾必絜水泉必香陶器必良火齊必得兼用六物大酋監之毋有差貸（酒孰曰酋大酋者酒官之長也於周則爲酒人秫稻必齊謂孰成也湛漬也熾炊也火齊腥孰之調也物猶事也差貸謂失誤有善有惡也古者穫稻而漬米麴至春而爲酒詩云十月穫稻爲此春酒）

以介眉壽○酋子由反又在由反秫音述麴丘六反蘖魚列反湛子廉反熾尺志反齊才計反注火齊同監古銜反貸音二又他得
反注同長丁丈反擭戶郭反○天子命有司祈祀四海大川名源淵澤
井泉順其德盛之時祭之也今月令淵為深○是月也農有不收藏積聚者
馬牛畜獸有放佚者取之不詰此收斂尤急之時人有取者不罪所以警懼其主也王居
明堂禮曰孟冬之月命農畢積聚繫收牛馬○畜許六反詰起吉反山林藪澤有能取蔬食
田獵禽獸者野虞教道之其有相侵奪者罪之不赦務收
斂野物也大澤曰藪草木之實為蔬食○藪素口反道音導○是月也日短至陰陽爭諸
生蕩爭者陰方盛陽欲起也蕩謂物動萌牙也○爭爭鬭之爭注同【重言】日短至二一見下文仲夏日長至○陰陽爭一
仲夏又君子齊戒處必掩身身欲寧去聲色禁耆欲安
形性事欲靜以待陰陽之所定寧安也聲謂樂也易及樂春秋說云冬至人主与羣
臣從八能之士作樂五日此言去聲色又相反○去起呂反注及下同耆市志反從才用反【重意】詩見仲夏○芸始生
荔挺出蚯蚓結麋角解水泉動又記時候也芸香草也荔挺馬薤也水泉動潤上行

○芸音云荔力計反挺大頂反麋亡悲反解音蟹韰戸介反上時丈反○日短至則伐木取竹箭此其堅成之極時○是月也可以罷官之無事去器之無用者謂先時權所建作者也天地閉藏而万物休可以去之○塗闕廷門閭築囹圄此以助天地之閉藏也順時氣也○仲冬行夏令則其國乃旱午之氣乘之也氛霧冥冥霜降之氣散相亂也○氛芳云反雷乃發聲震氣動也午屬震行秋令則天時雨汁瓜瓠不成酉之氣乘之也酉宿直昴畢畢好雨汁者水雪雜下也子宿直虛危虛危內有瓜瓠○雨汁于付反下音執注同瓠戸故反好呼報反國有大兵兵亦金之氣行春令則蝗蟲為敗當蟄者出卯之氣乘之也水泉咸竭大水爲旱民多疥癘疥癘之病孚甲象也○疥音介

季冬之月日在婺女昏婁中旦氐中季冬者日月會於玄枵而斗建丑之辰也○婺無付反婁力侯反氐丁兮反又音丁計反枵許驕反其日壬癸其帝顓頊其神玄冥其蟲介其音羽律中大呂其數六其味鹹其臭朽其

祀行祭先腎大呂者蕤賓之所生也三分益一律長八寸二百四十三分寸之百四季冬氣至則大呂之律應周語曰大呂助陽宣物○鴈北鄉鵲始巢雉雊雞乳皆記時候也雊雉鳴也詩云雉之朝雊尚求其雌○鄉音向雊古豆反乳如住反○天子居玄堂右个乘玄路駕鐵驪載玄旂衣黑衣服玄玉食黍與彘其器閎以奄玄堂右个北堂東偏○命有司大難旁磔出土牛以送寒氣此難難陰氣也難陰始於此者陰氣右行此月之中日歷虛危虛危有墳墓四司之氣為厲鬼將隨強陰出害人也旁磔於四方之門磔攘也出猶作也作土牛者丑為牛牛可牽止也送猶畢也○難乃多反下注同磔竹百反為厲于偽反○征鳥厲疾殺氣當極也征鳥題肩也齊人謂之擊征或名曰鷹仲春化為鳩○題大兮反乃畢山川之祀及帝之大臣天之神祇四時之功成於冬孟月祭其宗至此可以祭其佐也帝之大臣句芒之屬天之神祇司中司命風師雨師○祇音祈○是月也命漁師始漁天子親往乃嘗魚先薦寢廟天子必親往視漁明漁非常事重之也此時魚絜美○冰方盛水澤腹堅命取冰腹厚也此月日在北陸冰堅厚之時也北陸謂虛也今月令無堅○腹本又作複又方服反冰以入

令告民出五種氷既入而令田官告民出五種明大寒氣過農事將起也○種章勇反注同命農
計耦耕事脩耒耜具田器耜者耒之金也廣五寸田器鎡錤之屬○鎡音兹錤音基○
命樂師大合吹而罷歲將終與族人大飲作樂於大寢以綴恩也言罷者此用禮樂於族人最盛後
年若時乃復然也凡用樂必有禮用禮則有不用樂者王居明堂禮季冬命國為酒以合三族君子説小人樂○合古荅反吹昌睡
反罷如字又音皮復扶又反子説音悦人樂音洛○乃命四監收秩薪柴以共郊廟
及百祀之薪燎四監主山林川澤之官也大者可析謂之薪小者合束謂之柴薪施炊爨柴以給燎春秋
傳曰且以析薪今月令無及百祀之薪燎○共音恭下文以共皆同燎力召反析思歷反下同爨七亂反○是月也
日窮于次月窮于紀星回于天數將幾終言日月星辰運行于此月
皆周帀於故處也次舍也紀會也○幾音祈又音機處昌慮反歲且更始專而農民毋有
所使而猶女也言專一女農民之心令之豫有志於耕稼之事不可徭役徭役之則志散失業也○女音汝令力呈反
○天子乃與公卿大夫共飭國典論時令以待來歲
之宜飭國典者和六典之法也周禮以正月爲之建寅而縣之今用此月則所因於夏殷也○縣音玄○乃

命大史次諸侯之列賦之犧牲以共皇天上帝社稷之饗此所與諸侯共者也列國有大小也賦之犧牲大者出多小者出少饗獻也乃命同姓之邦共寢廟之芻豢此所以與同姓共也芻豢家犧牲命宰歷卿大夫至于庶民土田之數而賦犧牲以共山林名川之祀此所與卿大夫庶民共者也歷猶次也卿大夫采地亦有大小其非采地以其邑之民多少賦之凡在天下九州之民者無不咸獻其力以共皇天上帝社稷寢廟山林名川之祀民非神之福不生雖有其邦國采地此賦要由民出○季冬行秋令則白露蚤降介蟲為妖戌之氣乘之也九月初尚有白露月中乃為霜丑為鼈蟹四鄙入保畏兵辟寒氣○辟毗異反行春令則胎夭多傷辰之氣乘之也夭少長也此月物甫萌芽季春乃句者畢出萌者盡達胎夭多傷者生氣早至不充其性○胎吐來反夭烏老反注同少長上詩召反下丁丈反句古侯反國多固疾生不充性有久病也命之曰逆衆害莫大於此行夏令則水潦敗國時雪不降冰凍消釋未之氣乘之也季夏大雨時行○消釋如字一本作液音亦

禮記卷之五

味經書屋

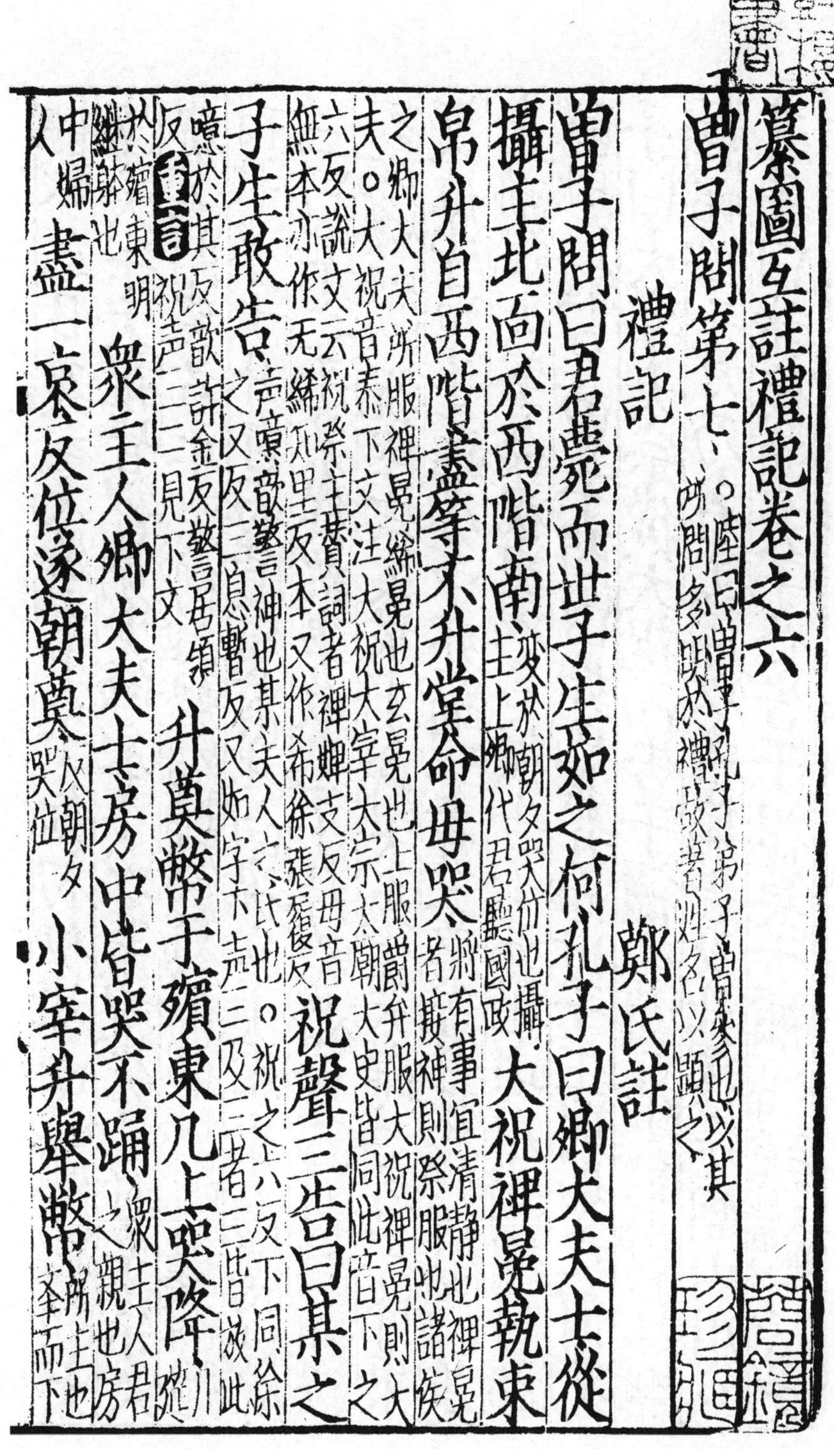

纂圖互註禮記卷之六

曾子問第七○陸曰曾子孔子弟子曾參也以其所問多明於禮故著姓名以顯之

禮記　　鄭氏註

曾子問曰君薨而世子生如之何孔子曰卿大夫士從攝主北面於西階南變於朝夕哭位也攝主上卿代君聽國政大祝裨冕執束帛升自西階盡等不升堂命毋哭將有事宜清靜也裨冕者接神則祭服也諸侯之卿大夫所服裨冕絺冕也玄冕也上服爵弁服大祝裨冕則大夫○大祝音泰下文注大祝大宰太宗太廟大史皆同此音下之六反說文云祝祭主贊詞者裨婢支反毋音無本亦作无絺丑里反本又作希徐張履反祝聲三告曰某之子生敢告聲噫歆警神也其夫人之氏也○祝之六反下同徐之又反三息暫反又如字下聲三及三者三皆放此噫於其反歆許金反警居領反重言祝聲三三見下文升奠幣于殯東几上哭降從於殯東明繼體也眾主人卿大夫士房中皆哭不踊眾主人君之親也房中婦人盡一哀反位遂朝奠反朝夕哭位小宰升舉幣所主也奠而下

[illegible]之階間三日衆主人卿大夫士如初位北面三日負子日也初告生時大

宰大宗大祝皆裨冕少師奉子以衰祝先子從宰宗人

從入門哭者止宰宗人詔贊君事者○少詩照反下少喪并注同○奉芳勇反下注奉者同衰七雷反下同從

才用反下同子升自西階殯前北面祝立于殯東南隅祝聲

三曰某之子某從執事敢見子拜稽顙哭奉子者拜哭○見賢遍反

下而見伯父廟見族見同祝宰宗人衆主人卿大夫士哭踊三者三降東

反位皆袒子踊房中亦踊三者三襲衰杖踊襲衰杖成子禮也奠

出亦謂朔奠大宰命祝史以名徧告于五祀山川因負子名之喪於禮

畧也○徧音遍下同○曾子問曰如已葬而世子生則如之何孔

子曰大宰大宗從大祝而告于禰告生也○禰本又作祢乃禮反 重言 則如之何

五五見前篇三月乃名于禰以名徧告及社稷宗廟山川○

孔子曰諸侯適天子必告于祖奠于禰皆奠幣以告之互文也冕

而出視朝聽國事也諸侯朝天子必裨冕爲將廟受也裨冕者公衮侯伯鷩子男毳○朝直遥反注及下同爲于僞反下爲事同衮古本反鷩必列反毳昌鋭反命祝史告于社稷宗廟山川臨行又偏告宗廟孝敬之心也乃命國家五官而后行五官五大夫典事者命者勑之以其職道而出祖道也聘禮曰出祖釋軷祭酒脯也○軷步末反告者五日而徧過是非禮也既告不敢久留凡告用牲幣反亦如之牲當爲制字之誤也制幣丈八尺○牲幣依注牲音制○諸侯相見必告于禰道近或可以不親告祖朝服而出視朝朝服爲事故也命祝史告于五廟所過山川山川所不過則不告卑於適天子也亦命國家五官道而出反必親告于祖禰乃命祝史告至于前所告者而后聽朝而入反必親告祖禰同出入禮○曾子問曰並有喪如之何何先何後並謂父母若親同者同月死孔子曰葬先輕而後重其奠也先重而後輕禮也自啓及葬不奠不奠務於當葬者行葬不哀次不哀次輕於在殯者反葬奠而后辭於殯遂

脩葬事（殯當爲賓，聲之誤也。辟於賓，謂告將葬，啓期也。○殯音賓，出注）其虞也，先重而後輕，禮也。○孔子曰：宗子雖七十，無無主婦（族人之婦不可無統）。非宗子，雖無主婦可也。○曾子問曰：將冠子，冠者至，揖讓而入，聞齊衰大功之喪，如之何？（冠者，賓及贊者。○冠，古亂反，下及注皆同）孔子曰：內喪則廢，外喪則冠而不醴，徹饌而埽，即位而哭。如冠者未至，則廢（內喪，同門也。不醴，不醴子也。其廢者，喪成服，因喪而冠。○饌，仕戀反。埽，悉報反。【重言】即位而哭二，下文一，奔喪一）。○如將冠子而未及期日，而有齊衰大功小功之喪，則因喪服而冠（廢吉禮而因喪冠，俱成人之服，及至也）。除喪不改冠乎？孔子曰：天子賜諸侯大夫冕弁服於大廟，歸設奠，服賜服，於斯乎有冠醮，無冠醴（酒爲醮，冠禮醴重而醮輕。此服賜服，酌用酒，尊賜也。不醴，明不爲改冠，改冠當醴之。醮，子妙反。○酌而無酬酢曰醮）。父沒而冠，則已冠埽地而祭於禰，已祭而見伯父叔父，而后饗冠者（饗，謂禮之）。○曾子問曰祭如之何則不行旅酬之事矣孔子曰聞之小祥者主人練祭而不旅奠酬於賓賓弗舉禮也奠無尸虞不致爵小祥不旅酬大祥無無筭爵彌吉昔者魯昭公練而舉酬行旅非禮也孝公大祥奠酬弗舉亦非禮也孝公隱公之祖父【重言】非禮也亦非禮也並重見曲禮第一○曾子問曰大功之喪可以與於饋奠之事乎饋奠在殯時也孔子曰豈大功耳自斬衰以下皆可禮也○與音預下至說衰與奠皆同曾子曰不以輕服而重相為乎言以重服而為人執事○為于偽反注為人皆同所為服為君為其皆同孔子曰非此之謂也非謂為人謂於其所為服也天子諸侯之喪斬衰者奠為君服者皆斬衰唯主人不奠大夫齊衰者奠服斬衰者不奠辟正君也齊衰者其兄弟○辟音避下同士則朋友奠不足則取於大功以下者不足則反之服齊衰者不奠辟大夫也言不足者謂殷奠時○上則朋友一本作士則朋友奠○曾子問曰小功可以與於祭乎祭謂虞卒哭時孔子曰何必

小功耳自斬衰以下與祭禮也曾子曰不以輕喪而重
祭乎猶使重者執事孔子曰天子諸侯之喪祭也不斬衰者不
與祭大夫齊衰者與祭士祭不足則取於兄弟大功以
下者○曾子問曰相識有喪服可以與於祭乎問已有喪服可
以助所識者祭否孔子曰緦不祭又何助於人○曾子問曰廢
喪服可以與於饋奠之事乎謂新除喪服也孔子曰說衰與奠
非禮也執事於人之神爲其忘哀疾也○說湯活反以擯相可也○曾子問曰
昏禮既納幣有吉日女之父母死則如之何吉日取女之吉日○
相息亮反取七住反本亦作娶下文取婦取女同孔子曰壻使人弔如壻之父母
死則女之家亦使人弔必使人弔者未成兄弟父喪稱父母喪稱
母禮宜各以其敵者也父使人弔之辭云某子聞某之喪某子使某如何不淑母則若云宋蕩伯姬聞姜氏之喪伯姬使某如何
不淑弔辭一耳父母不在則稱伯父世母弔禮不可廢也伯父母又不在則稱叔父

母壻已葬壻之伯父致命女氏曰某之子有父母之喪
不得嗣爲兄弟使某致命女氏許諾而弗敢嫁禮也必致
命者不敢以累年之喪使人失嘉會之時○累力弭反壻免喪女之父母使人請壻弗
取而后嫁之禮也請請成婚女之父母死壻亦如之女免喪壻之父
母亦使人請其已葬時亦致命○曾子問曰親迎女在塗而壻之父母死
如之何孔子曰女改服布深衣縞總以趨喪布深衣縞總婦人始
喪未成服之服○迎魚敬反下同縞古老反總音揔女在塗而女之父母死則女反
奔喪服期○期居宜反下同如壻親迎女未至而有齊衰大功之喪則
如之何孔子曰男不入改服於外次女入改服於內次
然後即位而哭不聞喪即改服者昏禮重於齊衰以下曾子問曰除喪則不
復昏禮乎復猶償也○償音尚孔子曰祭過時不祭禮也又何
反於初重喻輕也同牢及饋饗相飲食之道○過古臥反飲於鴆反食音寺孔子曰嫁女之

家三夜不息燭思相離也親骨肉也離力智反。取婦之家三日不舉樂思嗣親也重世變也〔重意〕取婦之家三日不舉樂郊特牲昏礼不賀檀弓上已忌日不樂祭統三十六齊者不樂三月而廟見稱來婦也擇日而祭於禰成婦之義也謂舅姑沒者也必祭成婦義者婦有供養之礼猶舅姑存時盥饋特豚於室。供九用反養羊尚反盥管反饋其位反。曾子問曰女未廟見而死則如之何孔子曰不遷於祖不祔於皇姑壻不杖不菲不次歸葬于女氏之黨示未成婦也遷朝廟也壻雖不備喪礼猶爲之服齊衰也。菲一本作屝扶畏反草屨也朝直遥反爲于僞反下爲庶母爲其下妾君爲皆同。曾子問曰取女有吉日而女死如之何孔子曰壻齊衰而弔既葬而除之夫死亦如之未有期三年之恩也女服斬衰。曾子問曰喪有二孤廟有二主禮與怪時有之。与音餘下禮與句孔子曰天無二日土無二王嘗禘郊社尊無二上未知其爲禮也尊喻卑也神雖多猶一一祭之〔重言〕天無二日土無二王一見坊記一見喪服四制。

尊无二上重見坊記昔者齊桓公亟舉兵作僞主以行及反葬諸祖廟廟有二主自桓公始也僞猶假也舉兵以遷廟主行无則主命爲假主非也○亟丁徐起吏反

喪之二孤則昔者衞靈公適魯遭季桓子之喪衞君請弔哀公辭不得命公爲主客入弔康子立於門右北面公揖讓升自東階西鄉客升自西階弔公拜興哭康子拜稽顙於位有司弗辯也今之二孤自季康子之過也辯猶正也君弔康子者君弔其臣之礼也鄰国之君弔君爲之主主人拜稽顙非也當哭踊而已靈公先桓子以魯哀公二年夏卒桓子以三年秋卒是出公也。鄉許亮反先悉薦反夏户嫁反

○曾子問曰古者師行必以遷廟主行乎孔子曰天子巡守以遷廟主行載于齊車言必有尊也今也取七廟之主以行則失之矣齊車金路○守手又反本亦作狩齊側皆反本亦作齋注及下同齊車祭祀所乘金輅也【重意】言必有尊也曲礼上必有尊也當七廟五廟無虛主虛主者唯天子崩諸侯薨與去其國與祫

祭於祖爲無主耳吾聞諸老聃曰天子崩國君薨則祝取羣廟之主而藏諸祖廟禮也卒哭成事而后主各反其廟老聃古壽考者之號也與孔子同時藏諸主於祖廟象有凶事者聚也卒哭成事先祔之祭名也○祫音洽聃他甘反老聃即老子也祔音附君去其國大宰取羣廟之主以從禮也鬼神依人者也○從才用反下禪從而從同祫祭於祖則祝迎四廟之主祝接神者也主出廟入廟必蹕蹕止行也○蹕音畢老聃云○曾子問曰古者師行無遷主則何主孔子曰主命問曰何謂也孔子曰天子諸侯將出必以幣帛皮圭告于祖禰遂奉以出載于齊車以行每舍奠焉而后就舍以脯醢禮神乃敢即安也所告而不以出即埋之反必告設奠卒斂幣玉藏諸兩階之間乃出蓋貴命也○子游問曰喪慈母如母禮與如母謂父卒三年也子游意以爲国君亦當然禮所云者乃大夫以下父所使妾養妾子重意反必告曲禮出必告孔子曰非禮也古者男子

外有傅內有慈母君命所使教子也何服之有言無服也此指謂國君之子也大夫士之子爲庶母慈己者服小功父卒乃不服昔者魯昭公少喪其母有慈母良及其死也公弗忍也欲喪之有司以聞曰古之禮慈母無服據國君也良言其善也謂之慈母固爲其妾子國君之妾子於禮不服也昭公年三十乃喪齊歸猶無慼容是不少又安能乃忍於慈母乎此非昭公明矣未知何公也○少喪如字下及注皆同齊者亦息浪反今也君爲之服是逆古之禮而亂國法也若終行之則有司將書之以遺後世無乃不可乎公曰古者天子練冠以燕居公弗忍也遂練冠以喪慈母喪慈母自魯昭公始也公之言又非也天子練冠以燕居蓋謂庶子王爲其母○遺如字猶垂反又于季反曾子問曰諸侯旅見天子入門不得終禮廢者幾旅衆也○幾居豈反下同孔子曰四請問之曰大廟火日食后之喪雨霑服失容則廢大廟始祖廟宗廟皆然主於始祖耳○霑竹廉反如諸侯皆在而日食則從天子救日各以

其方色與其兵示奉時事有所討也方色者東方衣青南方衣赤西方衣白北方衣黑兵未聞也○衣於旣反又如字下同大廟火則從天子救火不以方色與兵○曾子問曰諸侯相見揖讓入門不得終禮廢者幾孔子曰六請問之曰天子崩大廟火日食后夫人之喪雨霑服失容則廢夫人君之夫人○曾子問曰天子嘗禘郊社五祀之祭簠簋旣陳天子崩后之喪如之何孔子曰廢旣陳謂夙興陳饌牲器時也天子七祀言五者關中言之○禘大計反簠音甫徐方于反又音蒲簋音軌饌仕戀反又仕轉反下同○曾子問曰當祭而日食大廟火其祭也如之何孔子曰接祭而已矣如牲至未殺則廢接祭而已不迎尸也天子崩未殯五祀之祭不行旣殯而祭其祭也尸入三飯不侑酳不酢而已矣自啓至于反哭五祀之祭不行已葬而祭祝畢獻而已旣葬彌吉畢獻祝而後止郊社亦然唯嘗禘宗廟俟吉也○飯扶晚反下同不侑音又絕句下皆放此酳音胤又仕

𧢼反酢才各反○曾子問曰諸侯之祭社稷俎豆既陳聞天子崩后之喪君薨夫人之喪如之何孔子曰廢亦謂夙興陳饌牲器時也自薨比至于殯自啓至于反哭奉帥天子帥循也所奉循如天子者謂五祀之祭也社稷亦然○比必利反○曾子問曰大夫之祭鼎俎既陳籩豆既設不得成禮廢者幾孔子曰九請問之曰天子崩后之喪君薨夫人之喪君之大廟火日食三年之喪齊衰大功皆廢外喪自齊衰以下行也齊衰異門則祭其齊衰之祭也尸入三飯不侑酳不酢而已矣大功酢而已矣小功緦室中之事而已矣室中之事謂賓長獻長知丈反下文注長同○士之所以異者緦不祭然則士不得成禮者十一所祭於死者無服則祭謂若舅舅之子從母昆弟曾子問曰三年之喪弔乎孔子曰三年之喪練不羣立不旅行爲其苟語忘哀也○爲于僞反下爲彼爲親妻爲婦爲己病皆同君子

禮以飾情三年之喪而弔哭不亦虛乎爲彼哀則不專於親也爲親哀則是妄弔○曾子問曰大夫士有私喪可以除之矣而有君服焉其除之也如之何孔子曰有君喪服於身不敢私服又何除焉重喻輕也私喪家之喪也喪服四制曰門外之治義斷恩○治直吏反斷丁亂反重言可以除之矣二見檀弓上第二於是乎有過時而弗除也君之喪服除而后殷祭禮也謂主人也支子則否○除如字徐直慮反○曾子問曰父母之喪弗除可乎以其有終身之憂孔子曰先王制禮過時弗舉禮也非弗能勿除也患其過於制也故君子過時不祭禮也言制禮以爲民中過其時則不成禮○中如字又丁仲反重言先王制禮四檀弓上三○曾子問曰君薨既殯而臣有父母之喪則如之何孔子曰歸居于家有殷事則之君所朝夕否居家者因其後隆於父母殷事朔月月半薦新之奠也曰君既啓而臣有父母之喪則如之何孔子曰歸哭而反送君

按月令初十五字上係鄭注

此本誤作書文

(言若送君則既葬而歸也歸哭者服君服而歸不敢私服也)曰君未殯而臣有父母之喪則如之何孔子曰歸殯反于君所有殷事則歸朝夕否(其哀雜主於君)大夫室老行事士則子孫行事(大夫士其在君所之時則攝其事)大夫内子有殷事亦之君所朝夕否(謂夫之君既殯而有舅姑之喪者内子大夫適妻也妻爲夫之君如婦爲舅姑服齊衰○適丁歷反)○賤不誄貴幼不誄長禮也(誄累也累列生時行迹讀之以作謚謚當由尊者成○誄力水反謂謚也行下孟反謚音示徐又以二反)唯天子稱天以誄之(以其无尊焉春秋公羊説以爲讀誄制謚於南郊若云受之於天然)諸侯相誄非禮也(礼當言誄於天子也天子乃使大史賜之謚)○曾子問曰君出疆以三年之戒以椑從君薨其入如之何(其出有喪備歸喪入必異也戒猶備也謂衣衾也親身棺曰椑其餘可死乃具也○疆居良反椑薄歷反櫬身棺謂杝棺杝)孔子曰共殯服(此謂君以大斂殯服謂布深衣苴絰散帶垂殯時主人所服共之以待其來也其餘殯事亦皆具焉○共殯音恭注同下必刃反苴絰七餘反下大結反散息旦反)則子麻弁絰疏衰菲杖(棺柩未安不忍成服於外也麻弁絰者布弁而加環絰也)

布弁如爵弁而用布杖者爲已病。弁皮彥反柩其又反如爵如或作加誤也爲已音以入自闕升自西
階闕謂毀宗也柩毀宗而入異於生也升自西階亦異生也所毀宗殯宮門西也於此正棺而服殯服既塗而成服殷柩出毀宗
周柩入毀宗礼相变也如小斂則子免而從柩。謂君已小斂也主人布深衣不括髮者行遠不
可无節。免音問。入自門升自阼階親未在棺不忍異入使如生來反君大夫士一
節也。曾子問曰君之喪既引聞父母之喪如之何孔子
曰遂既封而歸不俟子。遂送君也封當爲窆子嗣君也。引以刃反下皆同封音窆彼驗反
○曾子問曰父母之喪既引及塗聞君薨如之何孔子
曰遂既封改服而往。封亦當爲窆改服括髮徒跣布深衣扱上衽不以私喪包至尊。既封依注音
窆彼驗反又音徒扱初洽反衽而審反又而鴆反○曾子問曰宗子爲士庶子爲
大夫其祭也如之何孔子曰以上牲祭於宗子之家貴禄
重宗也上牲大夫少牢祝曰孝子某爲介子某薦其常事介副也不言庶
使若可以祭然。祝之六反又之又反下同爲子爲反下注爲布異居爲无曰同介音界副也下同若宗子有

罪居于他國庶子爲大夫其祭也祝曰孝子某使介子某執其常事此之謂宗子攝大夫○其祭也本或此下有如之何三字非也攝主不厭祭不旅不假不綏祭不配皆辟正主厭厭飫神也厭有陰有陽迎尸之前祝酌奠奠之且饗是陰厭也尸謖之後徹薦俎敦設於西北隅是陽厭也此不厭者不陽厭也不旅不旅酬也假讀爲嘏不嘏不嘏主人也不綏祭謂今主人也綏周礼作墮不配者祝辭不言以某妃配某氏○厭本或作壓於豔反注下皆同綏注作墮同許垂反徐又況垂反注同辟音避下同飫於去反謖色六反起也敦音對又東論反嘏古雅反布奠於賓賓奠而不舉布奠謂主人酬賓奠觶於薦北賓奠謂取觶奠於薦南也此酬之始也奠之不舉止旅○觶之豉反字林音支不歸肉肉俎也謂与祭者留之共燕○歸如字徐其位反与音預其辭於賓曰宗兄宗弟宗子在他國使某辭辭猶告也宿賓之辭与宗子爲列則曰宗兄若宗弟昭穆異者曰宗子而已其辭若云宗兄某在他国使某執其常事使某告○其辭如字告也下及注同昭穆常遥反下音木後放此○曾子問曰宗子去在他國庶子無爵而居者可以祭乎孔子曰祭哉有子孫存不可以乏先祖之祀請問其祭如之何孔子曰望墓而爲壇以

時祭 不祭于廟无爵者賤遠辟正主。壇大丹反下注同注或作墠音善遠徐于万反 若宗子死告於墓而后祭於家 言祭於家容无廟也 宗子死稱名不言孝 孝宗子之稱不敢与之同其辭但言子某薦其常事。稱尺證反 身沒而已 至子可以稱孝 子游之徒有庶子祭者以此 以用也用此礼祭也 若義也 若順 今之祭者不首其義故誣於祭也 首本也誣猶妄也 ○曾子問曰祭必有尸乎 言无益无用爲 若厭祭亦可乎 厭時无尸 孔子曰祭成喪者必有尸尸必以孫孫幼則使人抱之無孫則取於同姓可也 人以有子孫爲成人子不殤父義由此也 重意 尸必以孫曲礼上 祭統一十五亦云孫爲王父尸。孫幼則使人抱之曲礼上君子抱孫不抱子 祭殤必厭蓋弗成也 厭飫而已不成其爲人 祭成喪而無尸、是殤之也 与不成人同 孔子曰有陰厭有陽厭 言祭殤之礼有於陰厭之者有於陽厭之者 曾子問曰殤不祔祭何謂陰厭陽厭 祔當爲備声之誤也 言殤乃不成人祭之不備礼而亦云陰厭陽厭乎此失孔子指也祭成人始設奠於奧迎尸之前謂之陰厭尸謖之後改饌於西北隅謂之陽厭殤則不備。附依注音備本或作袝亦同奥於報反　孔子曰宗子爲殤而死庶子弗爲後也族人以其倫代之明不序昭穆立之廟其祭之就其祖而已代之者主其礼　其吉祭特牲尊宗子從成人也凡殤則特豚自卒哭成事之後爲吉祭　祭殤不舉無所俎無玄酒不告利成此其无尸及所降也其他如成人羊肺脊肺俎利成礼之施於尸者。斷音其又居依反敬也　是謂陰厭是宗子而殤祭之於奥之礼小宗爲殤其祭礼亦如之　凡殤與無後者祭於宗子之家當室之白尊于東房是謂陽厭凡殤謂庶子之適也或昆弟之子或從父昆弟无後者如有昆弟及諸父此則今死者皆宗子大功之内親共祖祢者言祭於宗子之家者爲有異居之道也无廟者爲墠祭之親者共其牲物宗子皆主其礼當室之白尊於東房異於宗子之爲殤當室之白謂西北隅得戶明者也明者曰陽凡祖廟在小宗之家小宗祭之亦然宗子之適亦爲凡殤過此以往則不祭也祭適者天子下祭五諸侯下祭三大夫下祭二士以下祭子而止。適丁曆反下同如有昆弟一本作如有共其音恭。曾子問曰葬引至于堩日有食之則有變乎且不乎堩道也變謂異礼。堩古鄧反且如字徐子餘反　孔子曰昔者吾從老聃助葬於巷黨及堩日有食之老聃曰

二八三

丘止柩就道右止哭以聽變既明反而后行曰禮也巷黨
黨名也就道右者行相左也变日食也反復也○從才用反又如字既明反絶句反葬而丘問之曰
夫柩不可以反者也日有食之不知其已之遲數則豈
如行哉已上也數讀爲速老聃曰諸侯朝天子見日而行逮日
而舍奠大夫使見日而行逮日而舍舍奠每將舍奠行主○朝直遥反使色吏
反下君使所使同夫柩不蚤出不莫宿侵晨夜則近奸寇○蚤音早莫音暮近附近之近
見星而行者唯罪人與奔父母之喪者乎日有食之安
知其不見星也爲无日而慝作豫止也○慝他得反悪也且君子行禮不以
人之親痁患痁病也以人之父母行礼而恐懼其有患害不爲也○痁始占反病也恐丘勇反吾
聞諸老聃云○曾子問曰爲君使而卒於舍禮曰公館
復私館不復凡所使之國有司所授舍則公館已何謂
私館不復也復復始死招魂○爲于僞反又如字【重言】公館復私館不復二見雜記下二千篇一見喪大記一千

孔子曰善乎問之也善其問難明也自卿大夫之家曰私館公館與公所爲曰公館公館復此之謂也公館若今縣官舍也公所爲君所命使舍已者重言此之謂也九礼器大傳祭義喪服內則各一樂記二經解二○曾子問曰下殤土周葬于園遂輿機而往塗邇故也土周堲周也周人以夏后氏之堲周葬下殤於園中以其去成人遠不就墓也機輿尸之牀也以繩組其中央又以繩從兩旁鉤之礼以機舉尸輿之以就園而斂葬焉塗近故耳輿機或爲餘機○邇音尒近也即本又作堲子栗反下同組本又作縆古鄧反一曰古恒反鉤本又作拘古侯反斂力驗反下同今墓遠則其葬也如之何今人斂下殤於宮中而葬於墓与成人同墓塗既遠其葬當輿其棺乎載之也問礼之變也孔子曰吾聞諸老聃曰昔者史佚有子而死下殤也墓遠蓋欲葬墓如長殤從成人也長殤有送葬車者則棺載之矣史佚成王時賢史也賢猶有所不知○佚音逸長丁丈反下同則棺古患反下文棺斂衣棺注棺謂皆同召公謂之曰何以不棺斂於宮中欲其斂於宮中如成人也斂於宮中則葬當載之○召本又作邵同上照反下同史佚曰吾敢乎哉畏知礼也召公言於周公爲史佚問○爲于僞反下爲辟下文

有爲並同周公曰：豈不可。言是豈於禮不可不許也○周公曰豈絕句言是豈絕句於禮不可絕句史佚行之。失指以爲許也遂用召公之言下殤用棺衣棺，自史佚始也。棺謂斂於棺○曾子問曰：卿大夫將爲尸於公，受宿矣，而有齊衰內喪，則如之何？孔子曰：出舍於公館以待事，禮也。吉凶不可以同處○處昌慮反孔子曰：尸弁冕而出，爲君尸或弁各自先祖服或有爲大夫士者卿大夫士皆下之。見而下車尸必式，小俛禮之必有前驅。爲辟道○辟婢亦反【重言】尸必式三見曲禮上一見雜記上○子夏問曰：三年之喪卒哭，金革之事無辟也者，禮與？初有司與？疑有司初使之然○辟音避下同与音餘下皆同孔子曰：夏后氏三年之喪，既殯而致事，殷人既葬而致事，致事還其職位於君則卒哭而致事記曰：君子不奪人之親，亦不可奪親也。此之謂乎？一者恕也孝也【重意】君子不奪人之親亦不可奪親也雜記下二十二服問二十六君子不奪人之喪亦不奪喪也文王世子不奪人親也子夏曰：金革之事無辟也者，非與？

異礼當有然

孔子曰吾聞諸老聃曰昔者魯公伯禽有爲爲之也伯禽周公子封於魯有徐戎作難喪卒哭而征之急王事也征之作費誓。難乃旦反費音秘今以三年之喪從其利者吾弗知也時多攻取之皆言非礼也

文王世子第八○陸曰文王周文王也鄭云以其善爲世子之礼故著謚號標篇言可法也

禮記　　鄭氏註

文王之爲世子朝於王季日三子臣皆曰朝以其礼同。○朝直遥反下及注同三如字又息暫反雞初鳴而衣服至於寢門外問内豎之御者曰今日安否何如内豎小臣之属掌外内之通命者御如今小史直日矣。○衣徐於既反又如字豎上主反【重言】雞初鳴而衣服内則十二雞初鳴内豎曰安文王乃喜喜孝子怕虩虩及日中又至亦如之又復也。○復扶又反及莫又至亦如之莫夕也。○莫音暮注及篇末皆同其有不安節則内豎以告文王文王色憂行不能正履節謂居処故事也履蹈地也。○蹈徒報反王季復膳飲食[illegible]也然後亦復初初憂解。○解胡買反【重言】然後亦復初三篇末二食

上必在視寒煖之節在察也○上時掌反煖乃管反徐況煩反食下問所膳問所食者
命膳宰曰末有原應曰諾然後退末猶勿也原再也勿有所再進爲其失飪臭味惡也
退反其寢○末亡葛反應應對之應爲于僞反飪而審反生孰之節重意至於寢門外止然後退見卷末武王帥而行之
不敢有加焉庶幾程式之節循也文王有疾武王不說冠帶而養言常在側
○挩本亦作脫又作說同吐活反養羊尚反文王一飯亦一飯文王再飯亦再飯欲知
氣力箴藥所勝○一本亦作一飯扶晚反下及篇末皆同箴本亦作鍼之林反勝音升重意篇末嘗饌膳則世子亦能食嘗饌寡則世
子亦不能飽旬有二日乃間間猶瘳也○瘳丑由反差也文王謂武王曰女何夢
矣間後容卧○女音汝後同武王對曰夢帝與我九齡帝天也○齡音零本或作齡文
王曰女以爲何也武王曰西方有九國焉君王其終撫諸撫猶
有也言君王則此受命之後也文王曰非也古者謂年齡齒亦齡也我
百爾九十吾與爾三焉年天氣也齒人壽之數也九齡九十年之祥也文王以勤憂損壽武王以
安樂延年言與爾三者明傳業於女女受而成之○壽音受後同樂音洛予羊汝反傳直專反文王九十七

乃終。武王九十三而終。君子曰終，終其成功。成王幼，不能涖阼，涖視
也。不能視阼階行人君之事。○涖音吏，又音類，下同。涖視本或作涖臨也。【重言】二下大一，明堂十四篇，成王幼弱。周公相，
踐阼而治，踐，履也。代成王履阼階，攝王位治天下也。○相，息亮反。治，直吏反，下以治、定同。一音如字。【重意】周公相
踐阼而治，下文踐祚而治。明堂篇，周公踐天子之位以治天下。抗世子法於伯禽，欲令成王
之知父子君臣長幼之道也。抗，猶舉也。謂舉以世子之法，使與成王居而斈之。○抗，苦
浪反。長，丁丈反，後皆同。【重言】抗世子法於伯禽二，重見下文。○欲令成王之知父子君臣長幼之道也，下文一道作義字，又云欲其
知父子君臣之道也。成王有過，則撻伯禽，所以示成王世子之道
也。以成王之過擊伯禽，則足以感喻焉。○撻，他達反，擊也。文王之為世子也。題上事。○凡
學世子及學士，必時。四時各有宜。斈士，謂司徒論俊選所升於學者。○學，戶教反，教也。下小樂正斈
干，籥師文斈戈，文斈舞干戚同。選，息戀反，後同。春夏學干戈，秋冬學羽籥，皆於東
序。干，盾也。戈，句矛戟也。干戈，萬舞，象武也，用動作之時斈之。羽籥，籥舞，象文也，用安靜之時斈之。詩云：左手執籥，右手秉翟。
○夏，戶嫁反，下放此。籥，羊灼反。楯，人准反，又音尹。句，古侯反。翟，大歷反。【重意】王制春秋教以禮樂，冬夏教以詩書。小樂

正學干大胥贊之籥師學戈籥師丞贊之四人皆樂官之屬也通職秋冬亦學以羽籥小樂正樂師也周禮樂師掌國學之政教國子小舞大胥掌學士之版以待致諸子春入學舍采合舞秋頒學合聲籥師掌教國子舞羽吹籥。大如字又音泰胥思余反又息呂反注皆放此版音板本又作扳舍音捨采音菜釋後舍菜同頒音班胥鼓南南南夷之樂也胥掌以六樂之會正舞位旄人教夷樂則以鼓節之詩云以雅以南以籥不僭。旄音毛僭七尋反又子念反春誦夏弦大師詔之瞽宗秋學禮執禮者詔之冬讀書典書者詔之禮在瞽宗書在上庠誦謂歌樂也弦謂以絲播詩陽用事則學之以聲陰用事則學之以事因時順氣於功易成也周立三代之學學書於有虞氏之學典謨之教所興也學舞於夏后氏之學文武中也學禮樂於殷氏之學功成治定與己同也。大音太下文注大樂正大學大傅大祖大蔟皆同瞽音古瞽宗殷學名庠音詳上庠虞氏學播波我反易以豉反○凡祭與養老乞言合語之禮皆小樂正詔之於東序學以三者之威儀也養老乞言養老人之賢者因從乞善言可行者也合語謂鄉射鄉飲酒大射燕射之屬也鄉射記曰古者於旅也語。合如字徐音閤注同下大合樂放此重意與養老乞言王制內則云凡三王養老皆乞言大樂正學舞干戚語說命乞言皆大樂正

文王世子　六卷十三

授數李以三五者之義也戚斧也語說合語之許也數篇數。說如字徐始銳反注語說同大司成論說在東序論說課其義之深淺才能優劣凡云樂正司業父師司成則大司成司徒之屬師氏也師氏掌以美詔王教國子以三德三行及國中失之事也。論力門反徐力頓反注同行下孟反下文德行同凡侍坐於大司成者遠近間三席可以問間猶容也容三席則得指畫相分別也席之制廣三尺三寸三分則是所謂函丈也。坐才臥反又如字遠近間並如字間猶容也注同徐古辦反同畫乎麥反別彼列反廣古曠反又如字三尺三寸一本作廣三尺三寸三分函胡南反終則負牆卻就後席相辟。辟音避下辟君同重意夫子閒居負牆而立列事未盡不問錯尊者之語不敬也○凡學春官釋奠于其先師秋冬亦如之官謂禮樂詩書之官周禮曰凡有道者有德者使教焉死則以為樂祖祭於瞽宗此之謂先師之類也若漢禮有高堂生樂有制氏詩有毛公書有伏生億可以為之也不言夏夏從春可知也釋奠者設薦饌酌奠而已無迎尸以下之事。億本又作億音抑凡始立學者必釋奠于先聖先師及行事必以幣謂天子命之教始立學官者也先聖周公若孔子凡釋奠者必有合也國無先聖先師則所釋奠者當與鄰國合也有國故則否若唐虞有夔伯夷周有周公魯有孔子則各自奠之不合

[illegible]○夔求龜反○凡大合樂必遂養老。大合樂，謂春入學舍菜合舞，秋頒學合聲。於是時也，天子則視學焉，遂養老者，謂用其明日也。鄉飲酒、鄉射之禮，明日乃息司正，徵唯所欲，以告於先生君子可也，是養老之象類。凡語于郊者，語謂論說於郊學。必取賢斂才焉，或以德進，或以事舉，或以言揚。大樂正論造士之秀者，升諸司馬曰進士，謂此矣。曲藝皆誓之，曲藝爲小技能也。誓，謹也，皆使謹習其事。○技其綺反以待又語。又語爲後復論說也。○復扶又反三而一有焉，三說之中有一善則取之，以有曲藝不必盡善，其曲藝爲次。乃進其等，進於衆學者。以其序，以次。謂之郊人，遠之，候事官之缺者以代之。遠之者，不曰俊選，曰郊人，賤技藝。○遠于萬反，注同。於成均以及取爵於上尊也。董仲舒曰：五帝名大學曰成均，則虞庠近是也。天子飲酒于虞庠，則郊人亦得酌于上尊以相旅。○近附近之近○始立學者，既興器用幣，興當爲釁，字之誤也。禮樂之器成則釁之，又用幣告先聖先師以器成。○興依注爲釁，音虛覲反然後釋菜，告先聖先師以器成有時將用也。○重意月令入學釋采不舞不授器，釋菜禮輕也。釋奠則舞，舞則授器。司馬之屬司兵、司戈、司盾，祭祀授舞者兵也。乃退儐于東序，一獻，無介語可也。言乃退者，謂得立三代之

(享者釋菜于虞庠則儐實于東序廩之享有米廩東序瞽宗也○儐必刃反本亦作擯注同介如字下注同副也廩力甚反)教世子亦題上事○凡三王教世子必以禮樂樂所以脩內也禮所以脩外也禮樂交錯於中發形於外是故其成也懌恭敬而溫文(中心中也懌說懌○懌音亦【重意】樂所以脩內也禮所以脩外也樂記十九祭義二十四云樂也者動於內者也禮也者動於外者也)立大傅少傅以養之欲其知父子君臣之道也(養猶教也言養者積浸成長之○少傅詩照反下音賦後同浸子鴆反【重言】欲其知父子君臣之道也見上文同)大傅審父子君臣之道以示之(謂為之行其礼○為于為反下為說其為君皆同)少傅奉世子以觀大傅之德行而審喻之(為說其義)大傅在前少傅在後(謂其在學時)入則有保出則有師(謂燕居出入時)是以教喻而德成也(以有四人維持之)師也者教之以事而喻諸德者也保也者慎其身以輔翼之而歸諸道者也(慎其身者)

諱安護文 記曰虞夏商周有師保有疑丞(記所云謂天子也取以成說)設

四輔及三公不必備唯其人語使能也語言也得能則用之无則已不必備其官也小人処其位不如且闕君子曰德德成而教尊教尊而官正官正而國治君之謂也仲尼曰昔者周公攝政踐阼而治抗世子法於伯禽所以善成王也聞之曰爲人臣者殺其身有益於君則爲之況于其身以善其君乎周公優爲之聞之者聞之於古也于讀爲迂迂猶廣也大也○治直吏反下而治国治並同于依注作迂音同又音紆重言踐祚而治二前見篇首○抗世子法於伯禽三上文一下文一是故知爲人子然後可以爲人父知爲人臣然後可以爲人君知事人然後能使人成王幼不能涖阼以爲世子則無爲也以爲世子若爲世子時是故抗世子法於伯禽使之與成王居亦孝此礼於成王側欲令成王之知父子君臣長幼之義也君之於世子也親則父也尊則君也有父之親有君之尊然後兼天下而有之

又以德為車車字誤作惠字
中車字未誤閱者反改為惠大謬

是故養世子不可不慎也（處君父之位覽海內之士而近不能教其子則其餘不足觀之矣○令力呈反 重言 欲令成王之知父子君臣長幼之義也重見篇首義字作道）行一物而三善皆得者唯世子而已其齒於學之謂也（物猶事也）故世子齒於學國人觀之曰將君我而與我齒讓何也曰有父在則禮然然而眾知父子之道矣其二曰將君我而與我齒讓何也曰有君在則禮然然而眾著於君臣之義也其三曰將君我而與我齒讓何也曰長長也然而眾知長幼之節矣故父在斯為子君在斯謂之臣居子與臣之節所以尊君親親也故學之為父子焉學之為君臣焉學之為長幼焉（斆○斆音效下及注同 重言 長長也二見大傳十六○所以尊君親二也大傳中庸親二也父）父子君臣長幼之道得而國治語曰樂正司業父師司成一有元良萬國以貞世子之謂也（司主也一一人也元大也良善也貞正也）周

公踐阼亦題上事○庶子之正於公族者教之以孝弟睦友子愛明父子之義長幼之序正者政也庶子司馬之屬掌國子之倅爲政於公族者○弟大計反又作悌下孝弟同倅七對反副也其朝于公內朝則東面北上臣有貴者以齒內朝路寢庭○朝直遙反後不出者並同其在外朝則以官司士爲之外朝路寢門之外庭司士亦司馬之屬也掌群臣之班正朝儀之位也其在宗廟之中則如外朝之位宗人授事以爵以官宗人掌禮及宗廟也以爵貴賤異其位也以官官各有所掌也若司徒奉牛司馬奉羊司空奉豕其登餕獻受爵則以上嗣上嗣君之適長子以特牲饋食禮言之受爵謂上嗣舉奠也獻謂舉奠洗爵酌入也餕謂宗人遣舉奠盥祝命之餕也大夫之嗣無此禮辟君也○餕音俊適丁歷反盥音管庶子治之雖有三命不踰父兄治之治公族之禮也唯於內朝則然其餘會聚之事則與庶姓同一命齒于鄉里再命齒于父族三命不齒不齒者特爲位不在父兄行列中○行戶剛反其公大事則以其喪服之精麤爲序雖於公族之喪亦如之以次主人大事謂死喪也其爲君雖皆斬衰序之以本親也主人主喪者次主人者主人伯在上主人雖有父兄猶不

得下嗌之若公與異族燕則異姓爲賓同宗無相賓客之道膳宰爲主人
君尊不獻酒公與父兄齒親親也族食世降一等親者稠疏者希○稠直由
反密也○其在軍則守於公禰謂從軍者公禰行主也以遷主言禰在外親也公
若有出疆之政謂朝覲會同也○疆居良反庶子以公族之無事者守
於公宮正室守大廟正室適子也大廟大祖之廟○守如字又手又反下同諸父守
貴宮貴室謂守路寢○守貴室本或作守貴宮貴室諸子諸孫守下宮下室下宮
親廟也下室燕寢或言宮或言廟通異語○五廟之孫祖廟未毁雖爲庶人冠
取妻必告死必赴練祥則告赴告於君也實四廟孫而言五廟者容顯考爲始封子也
○冠古亂反取七喻反後放此重言五廟之孫至死必赴五句二重見篇末族之相爲也宜弔不
弔宜免不免有司罰之弔謂六世以往免謂五世○爲于僞反下爲君同免音問下及注同至
于賵賻承含皆有正焉承讀爲贈聲之誤也正正禮也○賵芳鳳反下同賻音附承音贈出注含
胡暗反本又作唅賵賻唅襚皆贈喪之物也車馬曰賵布帛曰賻珠玉曰唅衣服曰襚揔謂之贈贈猶送也公族其

有死罪則磬于甸人不於市朝者隱之也甸人掌郊野之官縣縊殺之曰磬○甸大遍反縣音玄縊一智反

其刑罪則纖剸亦告于甸人纖讀爲殲殲刺也剸割也宫割臏墨劓刖皆以刀鋸刺割人躰也告讀爲鞠讀書用法曰鞠○纖依注音殲之林反徐子廉反注本或作纖讀爲纖者是依徐音而改也剸之兗反告依注作鞠九六反刺七以反又七智反下同臏頻忍反徐扶忍反劓魚器反鋸徐音據

公族無宫刑宫割注刖見篇末【重言】二一

獄成有司讞于公其死罪則曰某之罪在大辟其刑罪則曰某之罪在小辟成平也讞之言白也辟亦罪也○讞魚列反又言也辟婢亦反後不音若放此

公曰宥之宥寛也欲寛其罪出於刑也○宥音又

有司又曰在辟公又曰宥之又復也○復扶又反下不復復自行皆同

有司又曰在辟及三宥不對走出致刑于甸人對荅也先者君每言宥則荅之以辭更寛之至於三罪定不復荅走往刑之欲爲君之恩無已【重意】及三宥王制五六公王二一又

公又使人追之曰雖然必赦之有司對曰無及也罪既正不可宥乃欲赦之重刑殺其類也

反命于公白已刑殺

公素服不舉爲之變如其倫之喪無服素服於凶事爲吉於吉事爲凶非喪

服也。君雖不服，臣卿大夫死則皮弁錫衰以居，往弔當事則弁絰。於士蓋疑衰，同姓則緦衰以弔之。今無服者，不往弔也。倫謂親疏之比也。素服亦皮弁矣。○爲之，于僞反，下不爲服、爲素、祖注非爲、又爲之孫同。比，必利反。親哭之。不往弔，爲位哭之而已。君於臣使有司哭之。○公族朝于內朝，內親也。雖有貴者以齒，明父子也。謂以宗族事會。外朝以官，體異姓也。躰猶連結也。○宗廟之中，以爵爲位，崇德也。崇，高也。宗人授事以官，尊賢也。官各有能。【重言】尊賢貴也一見中庸二十篇，登義二十四。數不代以尊賢貴也。登餕受爵以上嗣，尊祖之道也。上嗣，祖之正統。【重意】大傳十六篇尊祖之義也。喪紀以服之輕重爲序，不奪人親也。紀猶事也。【重意】曾子問弟七，君子不奪人之親。公與族燕則以齒，而孝弟之道達矣。以至尊不自異於親之列。其族食世降一等，親親之殺也。殺，差也。○殺，色戒反，徐所例反。差，初佳反，徐初宜反。戰則守於公禰，孝愛之深也。行主，君父之象。正室守太廟，尊宗室，而君臣之道著矣。以其不敢以庶守君所重。諸父諸兄守貴室，子弟守下室，而讓道達矣。以其貴者

三〇一

守宵賤若守賤上言父子孫此言兄弟互相備也○五廟之孫祖廟未毀雖及庶人冠取妻必告死必赴不忘親也親未絕而列於庶人賤無能也敬弔臨賻賵睦友之道也古者庶子之官治而邦國有倫邦國有倫而眾鄉方矣鄉方言知所鄉○臨如字徐力鴆反治直吏反鄉許亮反注同公族之罪雖親不以犯有司正術也所以體百姓也犯猶干也術法也○百姓本或作異姓非○刑于隱者不與國人慮兄弟也弗弔弗為服哭于異姓之廟為忝祖遠之也素服居外不聽樂私喪之也骨肉之親無絕也公族無宮刑不翦其類也翦割截也○遠于万反○天子視學大昕鼓徵所以警眾也早昧爽擊鼓以召眾也警猶起也周礼凡用樂大胥以鼓徵學士○昕音欣說文云旦明日將出也讀若希警音景眾至然後天子至乃命有司行事興秩節祭先師先聖焉興猶舉也秩常也節猶礼也使有司攝其事舉常礼祭先師先聖不親祭之者視學觀礼耳非為彼報也有司卒事

反命告祭畢也祭畢天子乃入始之養也父之養老之處凡大合樂必遂養老是以往焉言始始立學也○養如字徐羊尚反後皆依徐音處昌慮反下同適東序釋奠於先老親奠之者已所有事也養老東序則是視學於上庠遂設三老五更羣老之席位焉三老五更各一人也皆年老更事致仕者也天子以父兄養之示天下之孝弟也名以三五者取象三辰五星天所因以照明天下者羣老無數其禮亡以鄉飲酒禮言之席位之處則三老如賓五更如介羣老如衆賓必也○更工衡反注同叜依叟素口反適饌省醴養老之珍具親視其所有遂發詠焉退脩之以孝養也發詠謂以樂納之退脩之謂既迎而入獻之以醴獻畢而樂闋○詠音詠闋苦穴反終也反登歌清廟反謂獻羣老畢皆升就席也反就席乃席工於西階上歌清廟以樂之○樂音洛【重意】明堂十四仲尼燕居二十七升歌清廟既歌而語以成之也言父子君臣長幼之道合德音之致禮之大者也既歌謂樂正告正歌備也語談說也歌備而旅旅而說父子君臣長幼之道說合樂之所美以成其意鄉射記曰古者於旅也語下管象舞大武大合衆以事達有神興有德也象周武王伐紂之樂也以管播其聲又爲之舞皆於堂下衆謂所合學士也達有神明天報命周家之有神也興有德美

文王武王有德歸樂爲用前歌後舞。正君臣之位貴賤之

重言 下將象舞大武二明堂祭義各一

等焉而上下之義行矣由清廟與武也有司告以樂闋闋終也告君以

歌舞之樂終此所告者謂無舞樂王乃命公侯伯子男及羣吏曰反養老

幼于東序終之以仁也羣吏鄉遂之官王於燕之末而命諸侯時朝會在此者各反養老如此禮

足以終其仁心孝經說所謂諸侯歸各帥於國大夫勸於朝州里騶於邑是也。騶自皇音異及也本又作𩤹又作騶騶亦作騶○

是故聖人之記事也慮之以大謂先本於孝弟之道愛之以敬謂必自

其所以養老之具行之以禮謂親迎之如見父兄脩之以孝養謂親獻之薦之紀

之以義謂既歌而語之終之以仁謂又以命諸侯歸於國復自行之○是故古之

人一舉事而衆皆知其德之備也古之君子舉大事必

慎其終始而衆安得不喻焉言其爲之本末露見盡可得而知也喻猶曉也○兌命

曰念終始典于學兌當爲說說命書篇名殷高宗之臣傅說之所作典常也念事之終始常於學學禮

義之府○兌依注作說同音悅○世子之記曰朝夕至于大寢之門外問

於內豎曰今日安否何如朝夕朝朝暮夕也日中又親文王之爲世子非禮之制世子之禮亡

言此存其記○朝夕至于直遥反日曰朝暮曰夕舊如字朝朝上如字下文朝夕之食上同下直遥反内豎曰今日安世子乃有喜色其有不安節則內豎以告世子世子色憂不滿容色憂憂民也不及文王行不能正履內豎言復初然後亦復初朝夕之食上世子必在視寒煖之節食下問所膳羞必知所進以命膳宰然後退羞必知所進必知親所食○上時掌反【重意】重見篇首若內豎言疾則世子親齊玄而養親猶自也養食疾者齊玄玄冠玄端也○齊側皆反注同膳宰之饌必敬視之疾者之食齊和所欲或異○齊才細反和胡臥反疾之藥必親嘗之試其毒味也【重意】疾之藥必親嘗之曲禮下親有疾飲藥子先嘗之嘗饌善則世子亦能食善謂多於前嘗饌寡世子亦不能飽又不及武王一飯再飯以至于復初然後亦復初復常所服【重言】然後亦復初三上文一篇首一

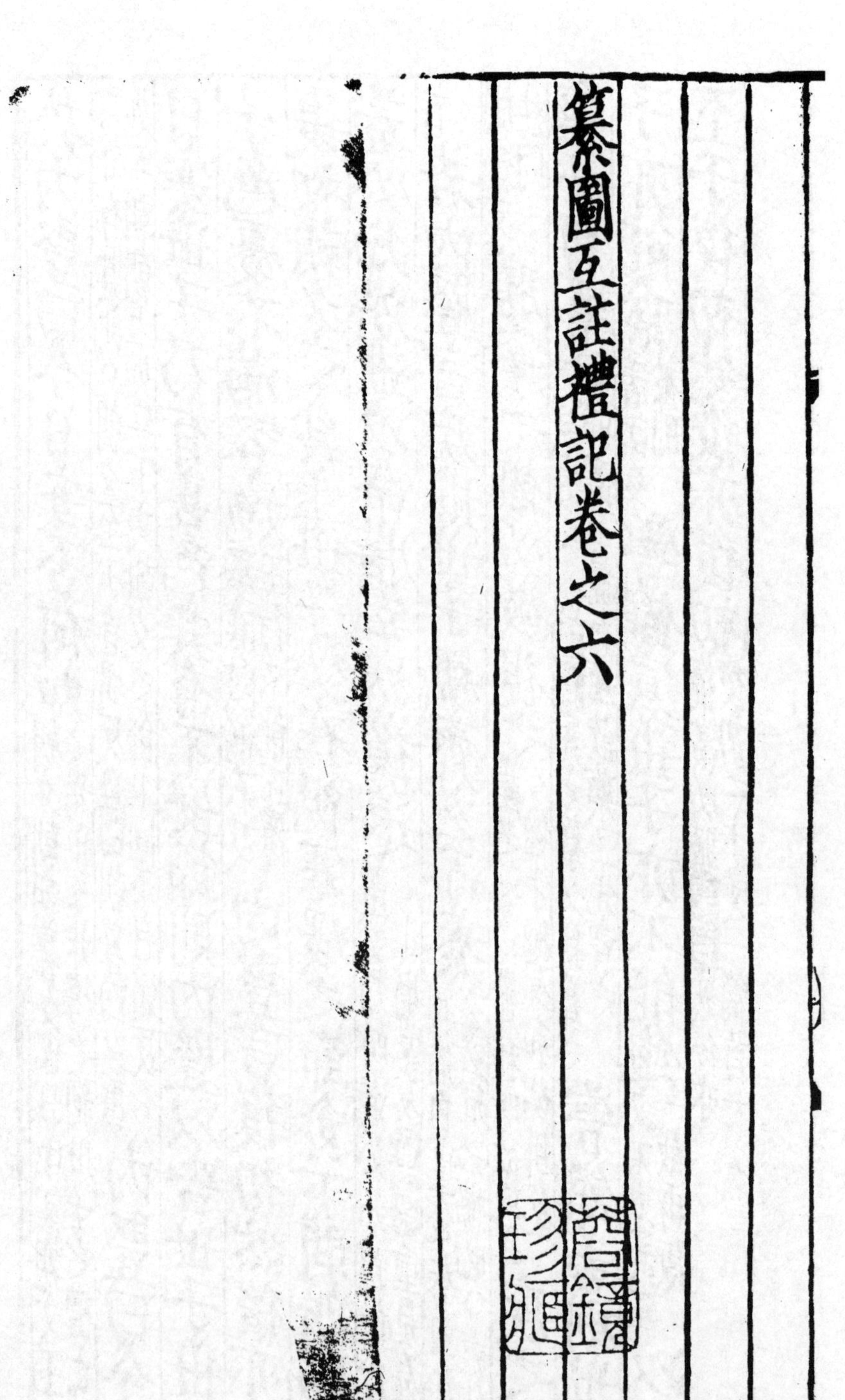

纂圖互註禮記卷之六

宋本纂圖互注禮記

第二册

漢 鄭玄注 唐 陸德明釋文

中國國家圖書館藏宋刻本（卷一之一至二十五頁補鈔，清錢天樹、孫鋆、楊希鈺、李兆洛、陳鑾、吴憲澂、張爾旦、季錫疇、吴輔仁、張蓉鏡跋）

山東人民出版社·濟南

纂圖互註禮記卷之七

禮運第九

○陸曰鄭云禮運者以其記五帝三王相變易及陰陽轉旋之道

禮記　　鄭氏註

昔者仲尼與於蜡賓蜡者索也歲十二月合聚萬物而索饗之亦祭宗廟時孔子仕魯在助祭之中○與音預蜡仕嫁反祭名夏曰清祀殷曰嘉平周曰蜡秦曰臘字林作䄍索所百反事畢出遊於觀之上喟然而嘆觀闕也孔子見魯君於祭禮有不備於此又覩象魏舊章之處感而嘆之○觀古亂反又注同喟去媿反又苦怪反說文云大息處昌慮反下同處同仲尼之嘆蓋嘆魯也言偃在側曰君子何嘆言偃孔子弟子子游孔子曰大道之行也與三代之英丘未之逮也而有志焉大道謂五帝時也英俊選之尤者逮及也言不及見志謂識古文不言魯事為其大切廣言之○逮音代一音代計反選宣面反下同為于偽反下文為己皆同大道之行也天下為公選賢與能講信脩睦公猶共也禪位授聖不家之睦親也○禪善面反〔重言〕講信脩睦四下放三故人不獨親其親不獨子其子孝慈之道廣也使老有

所終壯有所用幼有所長矜寡孤獨廢疾者皆有所養無匱乏也。長丁丈反矜古頑反瘝其鰥反男有分分猶職也。分扶問反下注同女有歸皆得良奧之家。奧烏報反貨惡其弃於地也不必藏於己力惡其不出於身也不必爲己勞事不憚施無吝心仁厚之教也。惡烏故反下同憚大旦反吝力刃反又力覲反是故謀閉而不興盜竊亂賊而不作尚辭讓之故也故外戶而不閉御風氣而已。御魚呂反是謂大同同猶和也平也今大道既隱隱猶去也天下爲家傳位於子。傳丈專反下文聖人耐以天下爲一家【重意】各親其親各子其子貨力爲己俗狹嗇。狹音洽嗇音色大人世及以爲禮城郭溝池以爲固亂賊繁多爲此以服之也大人諸侯也禮義以爲紀以正君臣以篤父子以睦兄弟以和夫婦以設制度以立田里以賢勇知以功爲己故謀用是作而兵由此起以其違大道敦朴之本也教令之稠其弊則然。老子曰法令滋章盜賊多有。知音智朴普角反稠直由反【重言】以正君臣以篤父子以睦兄弟二下一以正君臣四下文冠義聘義名一禹湯文武成王周公由此其選也由用也能用禮義以成治〇治直吏反此六君子者未有不謹於禮者也以著其義以考其信著有過刑仁講讓示民有常考成也刑猶則也如有不由此者在埶者去衆以爲殃埶埶位也去罪退之也殃猶禍惡也〇埶音世本亦作勢去羌呂反注同殃於良反是謂小康康安也大道之人以禮於忠信爲薄言小安者失之則賊亂將作矣〇言偃復問曰如此乎禮之急也孔子曰夫禮先王以承天之道以治人之情故失之者死得之者生詩曰相鼠有體人而無禮人而無禮胡不遄死相視也遄疾也言鼠之有身體如人而無禮者矣人之無禮可憎賤如鼠不如疾死之愈〇復扶又反下復問同相息亮反注同遄市專反【重意】夫禮失之者死得之者生曲禮上有禮則安無禮則危是故夫禮必本於天殽於地列於鬼神聖人則天之明因地之利取法度於鬼神以制禮下教令也既又祀之盡其敬也教民嚴上也鬼者精魂所歸神者引物而出謂祖廟山川五祀之屬也〇殽戶教反法也徐戶交反【重言】夫禮必本於大一三見下文達於喪祭射御冠昏朝

聘民知嚴上則此禮達於下也○冠古亂反朝直遥反故聖人以禮示之故天下國家可得而正也民知禮則易教也○易以豉反○言偃復問曰夫子之極言禮也可得而聞與欲知禮終始所成○極如字徐紀力反與音餘孔子曰我欲觀夏道欲行其禮觀其所成是故之杞杞夏后氏之後也而不足徵也徵成也無賢君不足與成也吾得夏時焉得夏四時之書也其書存者有小正○有小正音日征本或作有夏小正我欲觀殷道是故之宋而不足徵也宋殷人之後也吾得坤乾焉得殷陰陽之書也其書存者有歸藏○坤苦門反乾其連反坤乾之義夏時之等吾以是觀之觀於二書之意互注語八佾篇夏禮吾能言之杞不足徵也殷禮吾能言之宋不足徵也文獻不足故也足則吾能徵之矣○夫禮之初始諸飲食其燔黍捭豚汙尊而抔飲蕢桴而土鼓猶若可以致其敬於鬼神言其物雖質略有齊敬之心則可以薦羞於鬼神鬼神饗德不饗味也中古未有釜甑釋米捭肉加於燒石之上而食之耳今北狄猶然汙尊鑿地爲尊也抔飲手掬之也蕢讀爲由聲之誤也由堛也謂摶土爲桴也土鼓築土爲鼓也○燔音煩捭卜麥反注作擗又作擘皆同汙烏華反注同

一音作烏抔步侯反蕢依注音由苦對反又苦怪反土塊也桴音浮鼓槌蘇興側皆反徐本又作䭑音父甑即孕反燒如字又舒照反鑿在洛反掬九六反本亦作臼音蒲侯反塯普逼反摶旋揲協反桒徐音竹【重言】蕢桴而土鼓玉藻十二篇土鼓蕢桴

及其死也升屋而號告曰皋某復招之於天○號戶毛反皋音羔然後飯腥而苴孰飯以稻米上古未有火化苴孰取遣奠有火利也苴或爲俎○飯扶晚反注同腥音星苴子餘反苞也徐爭初反遣弃戰反故天望而地藏也體魄則降知氣在上地藏謂葬○知音智故死者北首首陰也○首手又反注同生者南鄉鄉陽也○鄉許亮反注同皆從其初謂今行之然也○昔者先王未有宮室冬則居營窟夏則居橧巢寒則累土暑則聚薪柴居其上○窟苦忽反橧本又作增又作曾同則登反樔本又作巢助交反【互注】孟子滕文公下當堯之時水逆行氾濫於中國民無所定下者爲巢上者爲營窟未有火化食草食腥也木之實鳥獸之肉飲其血茹其毛未有麻絲衣其羽皮此上古之時也○茹音汝衣於既反○後聖有作作起然後脩火之利孰治萬物范金鑄作器用○鑄之樹反合土瓦瓴甓及甒大○合如字徐音閤瓴音零甓步歷反甒音武大音泰甒大皆瓦器名以

爲臺榭宮室牖戶榭器之所藏也。○榭音謝，本亦作謝。牖音酉。以炮裹燒之也。○炮，薄交反，徐扶交反。裹音果。以燔加於火上。○燔音煩。以亨煑之鑊也。○亨，普庚反，煑也。下合亨同。鑊，戶郭反。以炙貫之火上。○炙，之石反。貫，古亂反。以爲醴酪烝釀之也。酪，酢酨。○醴音禮。酪音洛。烝，之承反。釀，女亮反。酢，七故反。酨，才再反，徐祖冀反。治其麻絲以爲布帛，以養生送死，以事鬼神上帝，皆從其朔。朔亦初也。亦謂今行之然。○故玄酒在室，醴醆在戶，粢醍在堂，澄酒在下，陳其犧牲，備其鼎俎，列其琴瑟管磬鐘鼓，脩其祝嘏，以降上神與其先祖，以正君臣，以篤父子，以睦兄弟，以齊上下，夫婦有所，是謂承天之祜。此言今禮饌具所因於古及其事義也。粢醍讀爲齊，聲之誤也。周禮五齊：一曰泛齊，二曰醴齊，三曰盎齊，四曰醍齊，五曰沈齊。字雖異，醆與盎、澄與沈，蓋同物也。奠之不同處，重古略近也。祝，祝爲主人饗神辭也。嘏，祝爲尸致福於主人之辭也。祜，福也，福之言備也。○醆，側眼反。粢依注爲齊，才細反，注五齊皆同。醍音體。嘏本或作假，古雅反。祜音戶。粢讀音咨。泛，芳劍反，徐音汎。盎，烏浪反。爲主人，于僞反，下同。【重意】玄酒在室，醴醆在戶，坊記三十篇：醴酒在室，醍酒在堂，【重言】澄酒在下。二見坊記。○作其祝號，玄酒以祭，薦其血毛，腥其俎，孰其殽，與其越席，疏布以冪，衣其澣帛，醴醆以獻，薦其燔炙，君與夫人交獻，以嘉魂魄，是謂合莫。此謂薦上古中古之食也。周禮祝號有六：一曰神號，二曰鬼號，三曰祇號，四曰牲號，五曰齍號，六曰幣號。號者，所以尊神顯物也。腥其俎，謂豚解而腥之，及血毛，皆所以法於大古也。孰其殽，謂體解而爓之，此以下皆所法於中古也。越席，翦蒲席也。冪，覆尊也。澣帛，練染以爲祭服。嘉，樂也。莫，虛無也。孝經說曰：上通無莫。○祝，之六反，徐之又反，注同。殽，本或作肴，戶交反。越席，音活，注同，字書作括，杜元凱云：結草。冪，本又作鼏，同，莫歷反。衣，於既反。澣，戶管反。示號，音祇，本又作祇。齍，音咨，皇二云：黍稷。大古，音太，下大古同。爓，似廉反。染，如豔反，又如琰反。樂也，音洛。○然後退而合亨，體其犬豕牛羊，實其簠簋、籩豆、鉶羹，祝以孝告，嘏以慈告，是謂大祥。此謂薦今世之食也。體其犬豕牛羊，謂分別骨肉之貴賤，以爲衆俎也。祝以孝告，嘏以慈告，各首其義也。祥，善也。今世之食，於人道爲善也。○鉶，本又作鉶，音刑，盛和羹器，形如小鼎。羹，音庚，舊音衡。別，彼列反，下文同。此禮之大成也。解子游以禮之所成也。○孔子曰：嗚呼哀哉！我觀周道，幽厲傷之，吾舍魯何適矣！政亂禮失，以爲魯尚愈。○於，音烏。乎，好奴反。舍，音捨，下舍魯皆同。【重言】嗚呼哀哉一

十見檀弓上篇中魯之郊禘非禮也周公其衰矣非猶失也魯之郊牛口傷
鼷鼠食其角又有四卜郊不從是周公之道衰矣言子孫不能奉行興之○禘大計反鼷音兮杞之郊也禹
也宋之郊也契也是天子之事守也先祖法度子孫所當守○契息列反故
天子祭天地諸侯祭社稷○祝嘏莫敢易其常古是謂
大假假亦大也不敢改其常古之法度是謂大大也將言今不然重言天子祭天地諸侯祭社稷二一見王制第五又曲
禮下太子祭天地○祝嘏辭說藏於宗祝巫史非禮也是謂幽國藏於
宗祝巫史言君不知有也幽闇也國闇者君與大夫俱不明也醆斝及尸君非禮也是謂僭
君僭禮之君也醆斝先王之爵也唯魯與王者之後得用之耳其餘諸侯用時王之器而已○醆斝古雅反又音嫁爵名也夏曰
醆殷曰斝周曰爵僭子念反注同○冕弁兵革藏於私家非禮也是謂脅
君劫脅之君也冕弁君之尊服兵革君之武衛及軍器也○脅許劫反○大夫具官祭器不假
聲樂皆具非禮也是謂亂國臣之奢富儗於國君敗亂之國也孔子謂管仲官事不攝
焉得儉○儗音擬焉於虔反○故仕於公曰臣仕於家曰僕三年之喪

與新有昏者期不使以衰裳入朝與家僕雜居齊齒非禮也是謂君與臣同國臣有喪昏之事而不歸反服其衰裳以入朝或與家僕相等齒而處是謂君臣共國無尊卑也有喪昏者不歸唯君耳臣有喪昏當由致事而歸僕又不可與之齒○期居其反朝直遙反注同或與僕相息亮反一讀如字則連下為句等皆準下以反故天子有田以處其子孫諸侯有國以處其子孫大夫有采以處其子孫是謂制度言今不然也春秋昭元年秦伯之弟鍼出奔晉刺其有千乘之國不能容其母弟○鍼其廉反又祇廉反乘繩證反故天子適諸侯必舍其祖廟而不以禮籍入是謂天子壞法亂紀禮籍入謂大史典禮執簡記奉諱惡也天子雖尊舍人宗廟猶有敬焉自拱敕也○壞音怪惡烏路反拱徐居勇反又俱勇反拱持同重言天子適諸侯三禮器郊特牲各一諸侯非問疾弔喪而入諸臣之家是謂君臣為謔無故而相之是戲謔也陳靈公與孔寧儀行父數如夏氏以取弒焉○謔許約反寧乃定反本又作寍字案左傳作寍字公羊作寍穀各依字讀父音甫數色角反弒申志反又如字○是故禮者君之大柄也所以別嫌明微儐鬼神考制度別仁義所以治政安君也疾今

失禮如此。為言禮之大義也。柄，所操以治事。○柄，兵命反。儐，必刃
反。治政，皇如字，徐直吏反，下文注以治事同。為，于偽反，下文為遂
為皆同。操，七刀反。故政不正則君位危，君位危則大臣倍，小臣
竊。刑肅而俗敝，則法無常；法無常而禮無列，禮無列則
士不事也。刑肅而俗敝，則民弗歸也。是謂疵國。又為言政失君
位之禍敗也。肅，峻也。疵，病也。○倍，步內反。敝音弊，本亦作弊，婢世反。峻，思俊反。故政者君之所以
藏身也。於此又為之言政也。藏，謂輝光於外而形體不見，若日月星辰之神。○輝音暉。見，賢遍反。是故
夫政必本於天，殽以降命。降，下也。殽天之氣以下教令。天有運移之期，陰陽之節也。○殽，戶教
反，注及下同。【重言】必本於天，又上文、下文。命降于社之謂殽地，謂教令由社下者也。社，土地之
主也。周禮土會之法有五地之物生。○會，古外反。降于祖廟之謂仁義，謂教令由祖下者也。
傳曰：自禰率而上至于祖，遠者輕，仁也；自祖率而下至于禰，高者重，義也。○上，時掌反，下上即上生皆同。降於山川
之謂興作，謂教令由山川下者也。山川有草木禽獸，可作器物，共國事。○共音恭。降於五祀之
謂制度，謂教令由五祀下者。五祀有中霤、門戶、竈、行之神，此始為宮室制度。此聖人所以藏

身之固也政之行如此何用城郭溝池之為○故聖人參於天地並於鬼神以治政也處其所存禮之序也玩其所樂民之治也並併也謂比方之也存察也治所以樂其事居也○所樂音岳又音洛又五孝反好也注同治直吏反注同上以自治注自治成治皆放此併步頂反故天生時而地生財人其父生而師教之四者君以正用之故君者立於無過之地也順時以養財尊師以教民而以治政則無過差矣易曰何以守位曰仁何以聚人曰財○差初佳反一音初賣反曰仁本亦作人故天生時而地生財禮器合於天時設於地財○故君者所明也非明人者也君者所養也非養人者也君者所事也非事人者也故君明人則有過養人則不足事人則失位明猶尊也○養羊尚反又如字下同故百姓則君以自治也養君以自安也事君以自顯也故禮達而分定故人皆愛其死而患其生則當為明人之道身治居安名顯則不苟生也不義而死舍義而生是人不愛死患生也○則君則音明出注分扶問反後文注除二分去二三分益一皆同舍音捨○故用

人之知去其詐用人之勇去其怒用人之仁去其貪用知者之謀勇者之斷仁者之施足以成治矣詐者害民信怒者害民命貪者害民財三者亂之原○知音智注同去起呂反後皆同斷丁亂反施始豉反下施生同○故國有患君死社稷謂之義大夫死宗廟謂之變變當爲辯聲之誤也辯猶正也君守社稷臣衛君宗廟者患謂見圍入○之變音辯出注○故聖人耐以天下爲一家以中國爲一人者非意之也必知其情辟於其義明於其利達於其患然後能爲之耐古能字傳書世異古字時有存者則亦有今誤矣意心所無慮也辟開也○耐音能辟婢亦反徐芳益反傳丈專反○何謂人情喜怒哀懼愛惡欲七者弗學而能何謂人義父慈子孝兄良弟弟夫義婦聽長惠幼順君仁臣忠十者謂之人義[互注]左隱三年石碏曰君義臣行父慈子孝兄愛弟敬所謂六順也講信脩睦謂之人利爭奪相殺謂之人患極言人事○惡烏路反下皆同弟弟上如字下音悌長丁丈反爭爭鬭之爭[重言]講信脩睦四並下章篇故聖人之所以治人七情脩十義講信

脩睦尚辭讓去爭奪舍禮何以治之（唯禮可耳）飲食男女人之大欲存焉【互注】（孟子萬章上好色人之所欲富人之所欲）死亡貧苦人之大惡存焉故欲惡者心之大端也人藏其心不可測度也美惡皆在其心不見其色也欲一以窮之舍禮何以哉（言人情之難知明禮之重也度大各反見賢遍反）○故人者其天地之德陰陽之交鬼神之會五行之秀氣也（言人兼此氣性純也）○故天秉陽垂日星（秉猶持也言天持陽氣施生照臨下也）地秉陰竅於山川播五行於四時和而后月生也是以三五而盈三五而闕（竅孔也言地持陰氣出內於山川以舒五行於四時此氣和乃后月生而上配日若臣功成進爵位也一盈一闕屈伸之義也必三五者播五行於四時也一曰水二曰火三曰木四曰金五曰土合爲十五之成數也○竅徐苦弔反播彼左反舒也五行四時絕句本亦作播五行於四時伸音申）五行之動迭相竭也五行四時十二月還相爲本也五聲六律十二管還相爲宮也五味六和十二食還相爲質

也五色六章十二衣還相爲質也還猶負戴也言五行運轉更相爲始也五聲宮商角徵羽也其管陽曰律陰曰呂布十二辰始於黃鍾管長九寸下生者三分去一上生者三分益一終於南呂更相爲宮凡六十也五味酸苦辛鹹甘也和之者春多酸夏多苦秋多辛冬多鹹皆有滑甘是謂六和五色六章畫繢事也周禮考工記曰土以黃其象方天時變火以圜山以章水以龍鳥獸蛇雜四時五色之位以章之謂之巧也○洗大計反又田結反竭義作揭其列反負檐也還音旋下同六和戶臥反注同更古衡反下同徵張里反南事律名京房律始於執始終於南事凡六十繢戶對反圜音環又音圓

○故人者天地之心也五行之端也食味別聲被色而生者也此言兼氣性之効也○別彼列反被皮義反徐扶義反

故聖人作則必以天地爲本以陰陽爲端以四時爲柄以日星爲紀月以爲量鬼神以爲徒五行以爲質禮義以爲器人情以爲田四靈以爲畜天地以至於五行其制作所取象也禮義人情其政治也四靈者其徵報也此則春秋始於元終於麟包之矣呂氏說月令而謂之春秋事類相近焉量猶分也鬼神謂山川也山川助地通氣之象也器所以操事田人所耕治也禮之位賓主象天地介僎象陰陽四面之位象四時三賓象三光夫婦象日月亦是也○柄本又作枋兵命反量音亮下同畜奇又反

下同治直吏反斷良人反令近附近之近操七刀反捊溥侯反徐符音普備反介爾撰上音界下音導以天地爲本故物可舉也物天地所養生以陰陽爲端故情可睹也情以陰陽通也○睹丁古反以四時爲柄故事可勸也事以四時成以日星爲紀故事可列也事以日與星爲侯興作有次第月以爲量故功有藝也藝猶才也十二月各有分猶人之才各有所長也藝或爲倪○倪五計反視也鬼神以爲徒故事有守也山川守職不移五行以爲質故事可復也事下竟復由上始也禮義以爲器故事行有考也考成也器利則事成人情以爲田故人以爲奧也奧猶主也田無主則荒四靈以爲畜故飲食有由也由用也四靈與羞物爲羣○何謂四靈麟鳳龜龍謂之四靈故龍以爲畜故魚鮪不淰鳳以爲畜故鳥不獝麟以爲畜故獸不狘龜以爲畜故人情不失淰之言閃也獝狘飛走之貌也失猶去也龜北方之靈信則至矣○鮪于軌反魚名淰音審徐舒冉反又音閻字又作獝況必反狘況越反閃失冉反○故先王秉蓍龜列祭祀瘞繒宣祝

三三二

嘏辭說設制度故國有禮官有御事有職禮有序皆卜筮所造置也埋牲曰瘞幣帛曰繒宣猶揚也繒或作贈○蓍音尸瘞於例反一音於器反繒本又作贈同似陵反又則登反又似登反

○故先王患禮之不達於下也患下不信也○故祭帝於郊所以定天位也祀社於國所以列地利也祖廟所以本仁也山川所以儐鬼神也五祀所以本事也故宗祝在廟三公在朝三老在學王前巫而後史卜筮瞽侑皆在左右王中心無為也以守至正此所以達禮於下也教民尊神慎居處也宗宗人也瞽樂人也侑四輔也○儐皇音賓敬也舊必信反朝直遥反下同筮市制反瞽音古侑音又

○故禮行於郊而百神受職焉禮行於社而百貨可極焉禮行於祖廟而孝慈服焉禮行於五祀而正法則焉言信得其禮則神物與人皆應之百神列宿也百貨金玉之屬○應應對之應宿音秀

○故自郊社祖廟山川五祀義之脩而禮之藏也脩猶飾也藏若其城郭然○藏如字又徐才浪反

○是故夫禮必本於

大一分而爲天地轉而爲陰陽變而爲四時列而爲鬼
神其降曰命聖人象此下之以爲教令○大音泰下注同其官於天也官猶法也此聖
人所以法於天也○夫禮必本於天本於太一與天之義重言三王文一動而之地後法
地也列而之事後法五祀五祀所以本事也變而從時後法四時協於分藝協合
也言礼合於月之分猶人之才也○合於月之分本或作日月之分衍字其居人也曰養養當爲義
字之誤也下之則爲教令居人身爲義孝經說曰義由人出○養音義出注其行之以貨力辭讓
飲食冠昏喪祭射御朝聘貨贄幣庭實也力筋骸強者也不則假罷○冠古亂反贄本又作摯
音至罷○音皮故禮義也者人之大端也所以講信脩睦而固
人之肌膚之會筋骸之束也所以養生送死事鬼神之
大端也所以達天道順人情之大竇也竇孔穴也○竇音豆重言所以養生
送死一下文一事鬼神之大端也下文事鬼神之常也故唯聖人爲知禮之不可以已
也故壞國喪家亡人必先去其禮言愚若之反聖人也○壞音怪又乎怪反喪息

[illegible]反○故禮之於人也猶酒之有蘖也君子以厚小人以薄皆得以爲美味性善者醇耳○蘖魚列反醇市春反故聖王脩義之柄禮之序以治人情治者去瑕穢養菁華也○菁子丁反故人情者聖王之田也脩禮以耕之和其剛柔陳義以種之樹以善道講學以耨之存是去非類也○耨奴豆反一曰反鉏也本仁以聚之合其所盛○盛市正反又音成播樂以安之感動使之堅固故禮也者義之實也協諸義而協協合也合禮於義則與義合不乖剌○剌力逆反本或作制則禮雖先王未之有可以義起也以其合於義可以義起作義者藝之分仁之節也藝猶才也協於藝講於仁得之者強有義則人服之也仁者義之本也順之體也得之者尊有仁則人仰之也故治國不以禮猶無耜而耕也無以入也○耜音似爲禮不本於義猶耕而弗種也嘉穀無由生也○種之用反不亦作弗何休注公羊云弗者不之深也下皆放此爲義而不講之以學猶種而弗耨也苗不殖草不除講之以學

而不合之以仁猶耨而弗穫也無以知收之豐荒也○穫戶郭反收收如字又手又反合之以仁而不安之以樂猶穫而弗食也不知味之甘苦安之以樂而不達於順猶食而弗肥也功不見也○見賢遍反四體既正膚革充盈人之肥也父子篤兄弟睦夫婦和家之肥也大臣法小臣廉官職相序君臣相正國之肥也天子以德爲車以樂爲御諸侯以禮相與大夫以法相序士以信相考百姓以睦相守天下之肥也是謂大順大順者所以養生送死事鬼神之常也常謂皆有礼用無匱乏也車或爲居重言見上文

故事大積焉而不苑並行而不繆細行而不失深而通茂而有閒連而不相及也動而不相害也此順之至也言人皆明於礼無有蓄乱滯合者各得其分理順其職也○苑于粉反積也繆音謬紉丑六反重言此順之至也二一見祭統二十五篇無此字

故明於順然後能守危也能守自危之道也君子居安如危小人居危如安

安身曰危者安其位○故禮之不同也不豐也不殺也所以持情而合危也禮豐殺謂天子及士名位不同禮亦異數所以扶持其情合安其危○殺所戒反徐所例反注同故聖王所以順山者不使居川不使渚者居中原而弗敝也小洲曰渚廣平曰原山者利其禽獸渚者利其魚鹽中原利其五穀使各居其所安不易其利勞敝之也民失其業則窮窮則濫○渚之汝反用水火金木飲食必時用水謂漁人以時漁為梁春獻鼈蜃秋獻龜魚也用火謂司爟四時變國火以救時疾及季春出火季秋納火也用金謂丱人以時取金玉錫石也用木謂山虞仲冬斬陽木仲夏斬陰木飲食謂食齊視春時羹齊視夏時醬齊視秋時飲齊視冬時○漁音魚鼈必列反蜃市忍反爟古亂反丱華猛反又瓜猛反徐古猛反夏戶嫁反下同謂食音嗣齊才細反下皆同合男女頒爵位必當年德謂媒氏令男三十而娶女二十而嫁司士稽士任進退其爵祿也○頒音班當丁浪反媒音梅取音娶本又作娶稽古兮反用民必順不奪農時故無水旱昆蟲之災民無凶饑妖孽之疾言大順時陰陽和也昆蟲之災螟螽之屬也○栽音災妖孽又作孼魚列反妖又作祆說文云衣服歌謠草木之怪謂之祆禽獸蟲蝗之怪謂之蠥螟亡丁反螽孫音終故天不愛其道地不愛其寶人不愛其情言嘉

禮運　七卷十

三二六

端出人情至也故天降膏露地出醴泉山出器車河出馬圖鳳皇麒麟皆在郊棷龜龍在宮沼其餘鳥獸之卵胎皆可俯而闚也膏猶甘也器謂若銀甕丹甑也馬圖龍馬負圖而出也棷聚草也依此也○醴本又作澧音禮麒麟音其下音嬰入反棷素口反徐總會反澤也本或作藪沼之紹反卵力管反俯上方反俯音府頫本又作闚去規反甕本又作罋烏弄反徐於用反則是無故非有他事使之然也先王能脩禮以達義體信以達順故此順之實也實猶誠也盡也〔五註〕易係辭河出圖洛出書聖人則之

禮器第十○陸曰鄭云以其記禮使人成器孔子謂子貢瑚璉之器是也

禮記　　鄭氏註

禮器是故大備大備盛德也禮器言禮使人成器如耒耜之為用也人情以為田脩禮以耕之此是也大備自耕至於食之而肥禮釋回增美質措則正施則行釋猶去也回邪僻也質猶性也措猶置也○措七路反本又作錯音同去起呂反邪似嗟反僻匹亦反其在人也如竹箭之有筠也如松柏之有心也二者居天下之大端矣

故貫四時而不改柯易葉。箭篠也端本也四物於天下最得氣之本或柔刃於外或和澤於內用此不變傷也人之得禮亦猶然也○箭節見反筠于貧反鄭云竹之青皮也貫古乱反柯古何反篠西了反徐音小刃而慎反故君子有禮則外諧而內無怨。人協服也故物無不懷仁，鬼神饗德。懷歸也○先王之立禮也，有本有文。忠信，禮之本也；義理，禮之文也。無本不立，無文不行。【重言】言必外內具也○禮之本也二下一見昏義四十四篇末禮其本也○禮之文也二一見樂記十九禮也者，合於天時，設於地財，順於鬼神，合於人心，理萬物者也。【重意】鬼神所祀事有德也合於天時設於地財禮運天生時而地生財是故天時有生也，地理有宜也，人官有能也，物曲有利也。言皆有異故天不生，地不養，君子不以為禮，鬼神弗饗也。天不生謂非其時物也地不養謂非此地所生居山以魚鼈為禮，居澤以鹿豕為禮，君子謂之不知禮。不順其鄉之所有也故必舉其定國之數，以為禮之大經。定國之數謂地物所出多少禮之大倫，以地廣狹謂貢賦之常差○狹音洽又戶夾反差初佳反徐初宜反禮之薄厚與年之上下用年之豐凶也○上時掌反是故年雖大殺衆不匡懼則上之制禮也節矣言用之有節也殺謂穀不熟也匡猶恐也○殺色戒反徐所例反注同匡丘方反又丘往反恐丘勇反○禮時為大順次之體次之宜次之稱次之言聖人制禮所先後也○稱尺證反後皆同堯授舜舜授禹湯放桀武王伐紂時也言受命改制度【注】孟子梁惠王下齊宣王問曰湯放桀武王伐紂有諸孟子對曰於傳有之曰臣弑其君可乎曰賊仁者謂之賊賊義者謂之殘殘賊之人謂之一夫聞誅一夫紂矣未聞弑君也詩云匪革其猶聿追來孝革急也猶道也聿述也言文王改作者非以欲急行己之道乃追述先祖之業來居此為孝○革紀力反注同○天地之祭宗廟之事父子之道君臣之義倫也倫之言順也○社稷山川之事鬼神之祭體也天地人之別體也○喪祭之用賓客之交義也義之言宜也人道之宜○羔豚而祭百官皆足大牢而祭不必有餘此之謂稱也足猶得也稱稱牲之大小而為俎此指謂助祭者耳古也一云百官喻衆也諸侯

以龜爲寶以圭爲瑞家不寶龜不藏圭不臺門言有稱
也古者貨貝寶龜大夫以下有貨貝易曰十朋之龜瑞信也諸侯執圭瑞卿以下執摯闍者謂之臺○闍本又作闍音都又丁古
反徐音常邪反○禮有以多爲貴者天子七廟諸侯五大夫三
士一天子之豆二十有六諸公十有六諸侯十有二上
大夫八下大夫六諸侯七介七牢大夫五介五牢天子
之席五重諸侯之席三重大夫再重天子崩七月而葬
五重八翣諸侯五月而葬三重六翣大夫三月而葬再
重四翣此以多爲貴也豆之數謂天子朔食諸侯相食及食大夫公食大夫禮曰宰夫自東房薦
豆六設于醬東西上食下大夫而豆六則其餘著矣聘禮致饔餼於上大夫堂上八豆設于户西則凡致饔餼堂上之豆數亦如此周
禮公之豆四十其東西夾各十有二侯伯之豆三十有二其東西夾各十子男之豆二十有四其東西夾各六諸侯七介七牢者周
之侯伯也大夫五介五牢者侯伯之卿使聘者也周礼上公九介九牢侯伯七介七牢子男五介五牢聘義所云上公七介諸侯五
介子男三介乃謂其使者也天子葬五重者謂抗木與茵也葬者抗木在上茵在下士喪禮下篇陳器曰抗木橫三縮二加抗席三

加菜門蹟布細剪有幅亦縮二廣二尺士之禮一重若以此差之
上公四重。介音界副也後皆同絡讀古賀反非也重直龍反下同
及注同翣所甲反相食音嗣下同繇許既反夾古洽反又古協反
使色吏反杭木苦浪反又音剛又户剛反茵音因縮所六反重言
天子七廟諸侯五大夫三士一王制天子七廟諸侯五廟大夫三
廟士一廟祭法篇王立七廟諸侯立五廟大夫立三廟適士二廟
官師一廟重言天子七月而葬諸侯五月
而葬大夫三月而葬一並見王制第五篇。有以少為貴者天
子無介祭天特牲天子適諸侯諸侯膳以犢諸侯相朝
灌用鬱鬯無籩豆之薦大夫聘禮以脯醢天子一食諸
侯再大夫士三食力無數大路繁纓一就次路繁纓七
就圭璋特琥璜爵鬼神之祭單席諸侯視朝大夫特士
旅之此以少為貴也天子无介無客礼也犢獻也一食再食
三食謂告飽也食力謂工商農也大路
繁纓一就殷祭天之車也周礼王之五路玉路繁纓十有二就金
路九就象路七就革路五就木路翦鞶繁鵠纓圭璋特朝聘以為瑞
無幣帛也琥璜爵者天子酬諸侯諸侯相酬以此玉將幣也大夫
特士旅之謂君揖之。犢音獨本亦作特朝直遥反下及注同鞶
古乱反注同鬯丑亮反脯音甫醢音海繁步干反下及注同
琥音虎又作虎璜音黄單音丹翦子淺反一音戩鵠胡毒反重言

天子適諸侯諸侯膳以犢一一見郊特牲以作用○灌用鬱鬯一一見下篇郊特牲大路繁纓一就一一見下篇郊特牲又次路五就○有以大爲貴者宫室之量器皿之度棺椁之厚丘封之大此以大爲貴也○有以小爲貴者宗廟之祭貴者獻以爵賤者獻以散尊者舉觶卑者舉角五獻之尊門外缶門内壺君尊瓦甒此以小爲貴也凡觴一升曰爵二升曰觚三升曰觶四升曰角五升曰散五獻子男之饗禮也壺大一石瓦甒五斗缶大小未聞也易曰尊酒簋貳用缶○量音亮皿命景反字林音猛散悉旦反注同觶支豉反缶方有反甒音武觚音孤○有以高爲貴者天子之堂九尺諸侯七尺大夫五尺士三尺天子諸侯臺門此以高爲貴也○有以下爲貴者至敬不壇埽地而祭天子諸侯之尊廢禁大夫士棜禁此以下爲貴也廢猶去也棜斯禁也謂之棜者無足有似於棜或因名云耳大夫用斯禁士用棜禁如今方案隋長局足高三寸○壇大丹反棜於據反去起呂反斯禁亦如字劉昌宗音賜隋他果反局如字又古報反【重言】埽地而祭一一見本篇郊特牲○禮有以文爲貴者

天子龍袞諸侯黼大夫黻士玄衣纁裳天子之冕朱綠藻十有二旒諸侯九上大夫七下大夫五士三此以文爲貴也此祭冕服也朱綠似夏殷禮也周禮天子五采藻○卷本又作袞同古本反黼音甫黻音弗纁字又作纁許云反繅本又作璪亦作藻同子老反注同重言藻十有二旒二三郊特牲玉藻各一○有以素爲貴者至敬無文父黨無容大圭不琢大羹不和大路素而越席犧尊疏布鼏樿杓此以素爲貴也大圭長三尺杼上終葵首琢當爲篆字之誤也明堂位曰大路殷路也鼏或作冪樿木白理也○琢字又作瑑丈轉反篆依字丁角反大羹音泰和胡卧反越户括反犧尊鄭素何反王如字幎本又作冪又作冥鼏莫歷反樿章善反又市戰反杓市約反長直亮反杼直呂反冪冪音莫重言大圭不琢二一見郊特牲大羹不和二三郊特牲樂記各一孔子曰禮不可不省也禮不同不豐不殺此之謂也蓋言稱也省察也不同言異也○殺所戒反又所例反下而殺注其殺皆同重言此之謂也九大傳祭義喪服四制各一樂記二經解二○禮之以多爲貴者以其外心者也外心用心於外其德在表也德發揚詡萬物詡猶普也徧也○詡況羽反徧音遍大理

物博如此則得不以多爲貴乎故君子樂其發也發猶見也樂多其外見也○樂五孝反注同見賢遍反下外見告見皆同禮之以少爲貴者以其内心者也内心用心於內其德在內德産之致也精微致致密也○致直致反注皆同觀天下之物無可以稱其德者萬物皆天所生孰可奉薦以稱也如此則得不以少爲貴乎是故君子愼其獨也少其牲物致誠慤○慤字又作慤苦角反下文同○古之聖人内之爲尊外之爲樂少之爲貴多之爲美是故先王之制禮也不可多也不可寡也唯其稱也○是故君子大牢而祭謂之禮匹士大牢而祭謂之攘君子謂大夫以上攘盜竊也○樂音洛匹士本或作正士攘如羊反上時掌反【重言】先王之制礼也五下文二檀弓上一管仲鏤簋朱紘山節藻梲君子以爲濫矣濫亦盜竊也鏤簋謂刻而飾之大夫刻爲龜耳諸侯飾以象天子飾以玉朱紘天子冕之紘也諸侯青組紘大夫士當緇組紘纁邊栭謂之節梁上楹謂之梲宮室之飾士首本大夫達棱諸侯斲而礱之天子加密石焉無畫山藻之礼也○鏤簋力豆反下音軌紘音宏藻梲章悅反依字當作棳丁劣反侏儒柱

栭音而稜力登反斲陟角反雕刀工反紃鏤簋朱紘山節藻梲二重見雜記下二十一重言管晏平仲祀其

先人豚肩不揜豆澣衣濯冠以朝君子以爲隘矣隘猶陋也祀不以少牢與无田者同不盛禮也大夫上有田則祭无田則薦澣衣濯冠儉不務新○澣又作浣戶管反濯直角反朝直遥反隘本又作阨於賣反重言晏平仲祀其先人豚肩不揜豆二一見雜記下○是故君子之行禮也

不可不慎也衆之紀也紀散而衆亂言一大夫皆非也紀絲縷之數有紀孔

子曰我戰則克祭則受福蓋得其道矣我我知禮者也克勝也重言我戰則克祭則受福郊特牲故以戰則克以祭則受福君子曰祭祀不祈祈求也祭祀不爲求福也詩云自求多福福由己耳○爲子僞反下爲毋爲爲父毋皆同不麾蚤麾之言快也祭有時不以先之爲快也齊人所善曰麾○麾本又作麾毀皮反齊人謂快爲麾蚤音早不樂葆大葆謂器幣也葆之言褒也○葆音保又保毛反本又作保不善嘉事嘉事之祭致夫人是也禮宜告見於先祖耳不善之而祭牲不及肥大

薦不美多品以禮之義有以少爲貴也○孔子曰臧文仲安知禮夏

父弗綦逆祀而弗止也燔柴於奥文仲魯公子彄之曾孫臧孫辰也莊文之間爲

大夫於時爲賢，是以非之。文二年八月丁卯，大事于大廟，躋僖公，始逆祀，是夏父弗綦爲宗伯之爲也。奥當爲爨，字之誤也，或作竈。禮，尸卒食而祭饎爨、饔爨也。時人以爲祭火神，乃燔柴。○弗音甫不，綦音忌，亦作弗。燔音煩，又芳云反。奥依注作爨，七乱反，下同。彄，苦侯反。大廟音太，下注大平、下文大廟並同。躋，子西反，升也，本又作隮。饎爨，昌志反，下七乱反。夫奥者，老婦之祭也，盛於盆，尊於瓶。老婦，先炊者也。盆、瓶，炊器也。明此祭先炊，非祭火神，燔柴似失之。○盛音成。瓶，步丁反。○禮也者，猶體也。若人身體。體不備，君子謂之不成人。設之不當，猶不備也。禮有大有小，有顯有微，大者不可損，小者不可益，顯者不可揜，微者不可大也。故經禮三百，曲禮三千，其致一也。致之言至也。一謂誠也。經禮謂周禮也。周禮六篇，其官有三百六十。曲猶事也。事禮謂今禮也。禮篇多亡，本數未聞，其中事儀三千。○當，丁浪反。未有入室而不由戶者。三百三千皆猶誠也。【重意】中庸「禮儀三百，威儀三千，待其人而後行」。君子之於禮也，有所竭情盡慎，致其敬而誠若，謂以少小下素爲貴也。若，順也。有美而文而誠若，謂以多大高文爲貴也。君子之於禮也，有直而行也，謂若

始死哭踊無節也 有曲而殺也 謂若父在爲母期也。○期音基 有經而等也 謂若天子以下至士庶人爲父母三年 有順而討也 討猶去也，謂若天子以十二，公以九，侯伯以七，子男以五爲節也。○去起呂反，下去實同 有摲而播也 摲之言芟也，謂芟殺有所與也，若祭者貴賤皆有所得，不使虛也。○摲所監反，又所覽反，芟所銜反 有推而進也 謂若王者之後得用天子之禮 有放而文也 謂若天子之服，服日月以至黼黻。○放方往反，有放必放同 有放而不致也 謂若諸侯自山龍以下。○不致本或作不至 有順而摭也 謂若君沐粱，大夫沐稷，士沐粱。○摭之石反 三代之禮一也，民共由之，或素或青，夏造殷因。一也，俱趨誠也。由，用也。素尚白，青尚黑者也。言所尚雖異，禮則相因耳。孔子曰：殷因於夏禮，所損益可知也；周因於殷禮，所損益可知也。變白黑言素青者，秦二世時趙高欲作亂，或以青爲黑，黑爲黃，民言從之，至今語猶存也。○ 周坐尸，詔侑武方，其禮亦然，其道一也。言此亦周所因於殷也。武當爲无，聲之誤也。方猶常也。告尸行節，勸尸飲食，无常，若孝子之爲也。孝子就養无方。詔侑或爲詔囿。○侑音又，本或作宥。武音无。養，羊讓反。詔囿音圓，下囿丘同，本亦作詔圓。重意 其道一也，郊特牲篇祭義其義一也，樂記其揆一也。 夏立尸而卒祭，夏禮尸有事乃坐。殷坐尸，無事猶坐。周旅酬六尸使之相酬酢也后稷之尸發爵不受旅曾子曰周禮其猶醵與合錢飲酒爲醵旅酬相酢似之也王居明堂之禮仲秋乃命國醵。醵其庶反又其約反與音餘○君子曰禮之近人情者非其至者也近人情者褻而遠之者敬。近附近之近徃同遠于萬反郊血大饗腥三獻爓一獻孰郊祭天也大饗祫祭先王也三獻祭社稷五祀一獻祭群小祀也爓沉肉於湯也血腥爓孰遠近備古今也尊者先遠差降而下至小祀孰而已。爓似廉反重言三見下篇郊特牲是故君子之於禮也非作而致其情也作起也敬非已情也所以下彼。下戶嫁反此有由始也有所法也是故七介以相見也不然則已愨三辭三讓而至不然則已蹙已猶甚也愨蹙愿貌大愿則辭不見情無由至也。蹙本又作慼子六反又音促愿音願大音泰見賢遍反下龍見同故魯人將有事於上帝必先有事於頖宮上帝周所郊祀之帝謂蒼帝靈威仰也魯以周公之故得郊祀上帝與周同先有事於頖宮告后稷也告之者將以配天先仁也頖宮郊之學也詩所謂頖宮也字或爲郊宮。頖本或作泮依注音判晉人將有事於河必先有事於惡池惡當爲呼聲之誤也呼池嘔夷并州川。惡依注音呼又作虖好故反池大何

反注同偃夷烏侯反齊人將有事於泰山必先有事於配林配林林名
○泰本或作大音同下注放此三月繫七日戒三日宿慎之至也繫繫牲于牛也
戒散齊也宿致齊也將有祭祀之事必先敬慎如此不敢忽也○順之至也順當作慎散齊悉皆反下側皆反後放此○故
禮有擯詔樂有相步溫之至也皆爲溫藉重禮也擯詔告道賓主者也相步扶工也
詔或爲紹○相息亮反注同溫紆運反注同藉徐子夜反道音導○禮也者反本脩古不忘
其初者也故凶事不詔朝事以樂二者反本也哭泣由中非由人也朝廷養賢以
樂樂樂之也○朝直遥反下朝夕注視朝同樂樂上音岳下音洛醴酒之用玄酒之尚割刀之
用鸞刀之貴莞簟之安而稾鞂之設三者脩古穗去實曰鞂禹貢三百里納鞂
服○鸞力端反莞音官一音丸簟徒點反稾又作藁古老反鞂江八反徐古八反穗音遂是故先王之
制禮也必有主也主謂本與古也故可述而多學也以本與古求之而已
○君子曰無節於内者觀物弗之察矣節猶驗也欲察物而
不由禮弗之得矣故作事不以禮弗之敬矣出言不以

禮弗之信矣，故曰禮也者物之致也。致之言至也，極也。○是故昔先王之制禮也，因其財物而致其義焉爾。故作大事必順天時，大事，祭祀也。春秋傳曰：啓蟄而郊，龍見而雩，始殺而嘗，閉蟄而烝。○烝之承反。為朝夕必放於日月，日出東方，月生西方。為高必因丘陵，謂冬至祭天於圓丘之上。為下必因川澤。謂夏至祭地於方澤之中。是故天時雨澤，君子達亹亹焉。亹亹猶勉勉也。君子愛物，見天雨澤，皆勉勉勸樂。○亹亡匪反，徐音尾。樂音洛。○是故昔先王尚有德，尊有道，任有能，舉賢而置之，聚衆而誓之。古者將有大事，必選賢誓衆，重事也。是故因天事天，天高，因高者以事也。因地事地，地下，因下者以事也。因名山升中于天，名猶大也。升，上也。中猶成也。謂巡守至於方嶽，燔柴祭天，告以諸侯之成功也。孝經說曰：封乎泰山，考績燔燎，禪乎梁父，刻石紀號也。○上時掌反，守手又反，燎力妙反，又力弔反，禪善戰反，梁父音甫，本亦作甫。因吉土以饗帝于郊。吉土，王者所卜而居之土也。饗帝於郊，以四時所兆祭於四郊者也。今漢亦四時迎氣，其禮則簡。升中于天而鳳皇降，龜龍假，功成而太平，陰陽氣和而

致象物。假音格至也饗帝於郊而風雨節寒暑時五帝主五行五行之氣和
而庶徵得其序也五行木爲雨金爲暘火爲燠水爲寒土爲風。暘音陽燠於六反是故聖人南面而
立而天下大治南面立者視朝也。治直吏反下及注同重意大傳曰聖人南面而治天下仲尼燕居南面而立夫
是以而天下太平也。天道至教聖人至德自下事也廟堂之上罍尊在
阼犧尊在西廟堂之下縣鼓在西應鼓在東禮樂之器尊西也小
鼓謂之應犧周礼作獻。罍音雷犧素河反注及下同縣音玄應應對之應作犧本又作戲同素河反下同君在阼夫
人在房人君尊東也天子諸侯有左右房大明生於東月生於西此陰陽
之分夫婦之位也大明日也。分扶問反君西酌犧象夫人東酌
罍尊象日出東方而西行也月出西方而東行也周礼曰春祠夏礿祼用雞彝鳥彝皆有舟其朝踐用兩獻尊其再獻用
兩象尊皆有罍諸臣之所酢。夏礿戶嫁反下音藥祼古乱反彝徐音夷禮交動乎上樂交應乎
下和之至也言交乃和。禮也者反其所自生自由也制礼者本己所由得民
心也樂也者樂其所自成作樂者緣民所樂於己之功舜之民樂其紹堯而作大韶湯武之民樂其

濩伐而作濩武。濩戶故反本亦作護【重意】檀弓上樂記十九樂樂其所自生。禮也者反其所自生檀弓礼不忘其本樂記礼反其所自始是故先王之制禮也以節事動反本也脩樂以道志勸之善也。道音導故觀其禮樂而治亂可知也國亂礼慢而樂淫也蘧伯玉曰君子之人達觀其礼樂則知以治亂也蘧伯玉衛大夫也名瑗。蘧其居反瑗于卷反故觀其器而知其工之巧觀其發而知其人之知禮樂亦猶是也。知音智故曰君子慎其所以與人者將以是觀。太廟之內敬矣君親牽牲大夫贊幣而從納牲於庭時也當用幣告神而殺牲。從才用反下同君親制祭夫人薦盎親制祭謂朝事進血膋時所制者制肝洗於欝鬯以祭於室及主。盎烏浪反膋力彫反【重意】祭義二十四節補夫人薦盎君親制牲夫人薦酒親割謂進牲孰體時【重意】夫人薦酒謂祭義夫人薦豆卿大夫從君命婦從夫人洞洞乎其敬也屬屬乎其忠也勿勿乎其欲其饗之也勿勿猶勉勉也。洞音動屬之玉反【重意】卿大夫從君至其饗之也祭義卿大夫相君命婦相夫人齊齊乎其敬也愉愉乎其忠也勿勿乎其欲其饗之也。洞洞乎屬屬乎又見祭義篇納

牲詔於庭，血毛詔於室，羹定詔於堂，三詔皆不同位，蓋
道求而未之得也。肉謂之羹。道猶言也。○定，徐丁聲反，一音如字。設祭于堂，設祭之饌
於堂，人君禮然。爲祊乎外，祊，祭明日之繹祭也。謂之祊者，於廟門之旁，因名焉。其祭之禮，既設祭於室，而事尸於堂，
孝子求神非一處也。周禮曰：夏后氏世室，門堂三之二，室三
之一。詩頌絲衣曰：自堂徂基。○祊，百彭反。繹音亦。處，昌慮反。故曰：
於彼乎？於此乎？不知神之所在也。一一見下篇郊特牲。重言○一獻質，謂祭羣小祀也。
三獻文，謂祭社稷五祀。五獻察，察，明也。謂祭四望山川也。七獻神。謂祭先公。○大
饗其王事與？盛其饌與貢，謂祫祭先王。○事與，音餘。三牲魚腊，四海九州之
美味也；籩豆之薦，四時之和氣也。此饌諸侯所獻。○腊音昔。内金，示
和也。此所貢也。内之庭實先設之。金從革，性和，荆揚二州貢金三品。○内音納。束帛加璧，尊德也。
貢享所執致命者，君子於玉比德焉。龜爲前列，先知也。龜知事情者，陳於庭在前。荆州納錫大龜。
重言一一見下篇。金次之，見情也。金炤物，金有兩義，先入後設。○見，賢遍反，下注出一見同。炤音照，本亦作
照。丹漆絲纊竹箭，與衆共財也。万民皆有此物。荆州貢丹，兖州貢漆絲，豫州貢纊，揚

州貢篠簜。纊音曠綿也劉昌宗古曠反簜大黨反其餘無常貨各以其國之所有

則致遠物也其餘謂九州之外夷服鎮服蕃服之國周禮九州之外謂之蕃國世一見各以其所貴寶爲摯周穆

王征犬戎得白狼白鹿近之。蕃本又作藩方煩反下同近附近之近其出也肆夏而送之盖

重禮也出謂諸侯之賓也禮畢而出作樂以節之肆夏當爲陔夏。肆依注作陔古來反注又作裓音同。祀

帝於郊敬之至也言就天而祭之不敢致也【重言】敬之至也二見郊特牲五見祭義一見聘義【重意】言哀公

問敬之至矣下文仁之至也祭義中庸孝之至也宗廟之祭仁之至也仁恩也父子主恩也喪

禮忠之至也謂哭踊袒襲也。袒音但下音習備服器仁之至也謂小斂大斂之衣服

芻之明器賓客之用幣義之至也謂來賻賵故君子欲觀仁義之

道禮其本也言禮有節於內可以觀也【重意】篇首昏義礼之本也君子曰甘受和白

受采忠信之人可以學禮苟無忠信之人則禮不虛道

是以得其人之爲貴也道猶由也從也。和户卧反。孔子曰誦詩三

百不足以一獻一獻之禮不足以大饗大饗之禮不足

以大旅大旅具矣不足以饗帝（誦詩三百喻習多言而不學禮也大旅祭五帝也饗帝祭天）毋輕議禮（謂若誦詩者不可以強言禮。○強其丈反）○子路爲季氏宰（宰治邑吏也）季氏祭逮闇而祭日不足繼之以燭（謂舊時也）雖有強力之容肅敬之心皆倦怠矣（以其久也）有司跛倚以臨祭其爲不敬大矣（偏任爲跛依物爲倚。○跛彼義反注同倚於綺反注同）他日祭子路與室事交乎戶堂事交乎階質明而始行事晏朝而退（室事祭時堂事儐尸。○與音預朝直遥反又張遥反　【疏】質明而始行事二一見聘義四十八）孔子聞之曰誰謂由也而不知禮乎（多其知禮）

纂圖互註禮記卷之七

本静五注八之批

纂圖互註禮記卷之八

郊特牲第十一 ○陸曰鄭云以其記祭天用騂犢之義也郊者祭天之名用一牛故曰特牲

禮記　　鄭氏註

郊特牲而社稷大牢天子適諸侯諸侯膳用犢諸侯適天子天子賜之禮大牢貴誠之義也故天子牲孕弗食也祭帝弗用也 犢者誠慤未有牝牡之情是以小為貴也孕任子也易曰婦孕不育○膳市戰反犢音獨孕餘證反慤苦角反 重言 天子適諸侯諸侯膳用犢二一見禮器第十用作以字又天子適諸侯諸侯見禮運 大路繁纓一就先路三就次路五就 此因小說以少為貴者出禮器言次路七就上與此乖字之誤也○繁步干反 重言 大路繁纓一就二一見前篇禮器 郊血大饗腥三獻爓一獻孰至敬不饗味而貴氣臭也 血腥爓祭用氣○爓本亦燗似廉反○ 重言 郊血大饗腥三獻爓一獻孰二見禮器下篇 諸侯為賓灌用鬱鬯灌用臭也大饗尚腶脩而已矣 亦不饗味也此大饗饗諸侯也○灌古亂反又作祼古喚反腶脩丁喚反腶脯加薑桂曰腶脩 重言 灌用鬱鬯二前見禮器第

十〇大饗君三重席而酢焉言諸侯相饗獻酬禮敵也○三重直龍反下注同酢才各反獻之介君專席而酢焉此降尊以就卑也三獻卿大夫來聘主君饗燕之以介爲賓賓爲苟敬則徹重席而受酢也專猶單也○介音界注同單音丹下文注同饗禘有樂而食嘗無樂陰陽之義也凡飲養陽氣也凡食養陰氣也故春禘而秋嘗春饗孤子秋食耆老其義一也而食嘗無樂言義同而或用樂或不用樂也此禘當爲禴字之誤也王制曰春禴夏禘○饗禘帝樂下春禘同食音嗣夏戶嫁反【重言】陰陽之義也二此見本篇其義一也四一見下文樂記十九篇祭義二十四各一【互注】春禘而秋嘗王制夏曰禘秋曰嘗祭法春禘秋嘗飲養陽氣也故有樂食養陰氣也故無聲凡聲陽也○鼎俎奇而籩豆偶陰陽之義也籩豆之實水土之品也水土之品言非人常所食○奇居宜反下鼎俎奇同【重言】鼎俎奇而籩豆偶陰陽之義也二一見下文不敢用褻味而貴多品所以交於旦明之義也旦當爲神篆字之誤也○褻息列反旦音神出注篆直轉反【重言】所以交於神明之義也二一下文一又雜記交於神明之道也○賓入大門而奏肆

夏示易以敬也賓朝聘者易和悅也○易以豉反注同朝直遥反下文注朝覲朝服皆同卒爵而樂闋孔子屢歎之美此禮也○闋苦穴反屢力住反本又作婁奠酬而工升歌發德也以詩之義發明賓主之德歌者在上匏竹在下貴人聲也匏笙也○匏步交反竹簫管笛也樂由陽來者也禮由陰作者也陰陽和而萬物得得得其所○旅幣無方所以別土地之宜而節遠邇之期也旅衆也邇近也○別彼列反下注無別同龜爲前列先知也以鐘次之以和居參之也鐘金也獻金爲作器鐘其大者以金參居庭實之間示和也○爲作于僞反下文爲君同

重言龜爲前列先知也見禮器第十

虎豹之皮示服猛也束帛加璧往德也○庭燎之百由齊桓公始也僭天子也庭燎之差公蓋五十侯伯子男皆三十○庭皇如字徐于況反燎力妙反徐力弔反僭子念反後同大夫之奏肆夏也由趙文子始也僭諸侯趙文子晉大夫名武朝覲大夫之私覿非禮也大夫執圭而使所以申信也其君親來其臣不敢私見於主國君也以君命聘則有私見○覿大歷反

下同。使，色吏反。不敢私覿，所以致敬也。而庭實私覿，何爲
見，賢遍反，下同。乎諸侯之庭？非其與君無別。【重言】所以致敬也，四。下文、鄉飲酒、聘義。爲人臣者無外
交，不敢貳君也。私覿，是外交也。○大夫而饗君，非禮也。其饗之由強且
富也。大夫強而君殺之，義也，由三桓始也。三桓，魯桓公之子，莊公之弟公子慶
父、公子牙、公子友。慶父与牙通於夫人以脅公，季友以君命鴆牙，後慶父弒二君，又死也。○慶父音甫。鴆，直蔭反。弒音試。天子
無客禮，莫敢爲主焉。君適其臣，升自阼階，不敢有其室
也。明饗君非禮也。○升自阼，才路反，本又作胙。升自阼階。覲禮，天子不下堂而見諸侯。
正君臣也。下堂而見諸侯，天子之失禮也，由夷王以下。夷王，周康
王之玄孫之子也。時微弱，不敢自尊於諸侯。○諸侯之宮縣，而祭以白牡，擊玉
磬，朱干設錫，冕而舞大武，乘大路，諸侯之僭禮也。言此皆天
子之禮也。宮縣，四面縣也。干，盾也。錫，傅其背如龜也。武，萬舞也。白牡、大路，殷天子禮也。○縣音玄，注及下同。錫音陽，注同。盾，本亦作
楯，純尹反，又音尹。傅音附。背，補佩反。【重言】朱干設錫，冕而舞大武，二。一見明堂廿四篇，設錫作玉戚。臺門而旅

樹反坫繡黼丹朱中衣大夫之僭禮也言此皆諸侯之禮也旅道也屏謂之樹樹所以蔽行道管氏樹塞門塞猶蔽也禮天子外屏諸侯內屏大夫以簾士以帷反坫反爵之坫也蓋在尊南兩君相見主君既獻於反爵焉繡黼丹朱以爲中衣領緣也繡讀爲綃綃繒名也詩云素衣朱綃又云素衣朱襮襮黼領也○坫丁念反繡依注作綃音消注或作綃亦同黼音甫簾音廉於反爵焉本或作賓反爵焉非緣移絹反繒似陵反襮音博故天子微諸侯僭大夫強諸侯脅於此相貴以等相覿以貨相賂以利而天下之禮亂矣言僭所由諸侯不敢祖天子大夫不敢祖諸侯而公廟之設於私家非禮也由三桓始也言仲孫叔孫季孫氏皆立桓公廟魯以周公之故立文王廟三家見而僭焉○天子存二代之後猶尊賢也尊賢不過二代過之遠難法也二或爲三○過古卧反○諸侯不臣寓公故古者寓公不繼世寓寄也寄公之子非賢者世不足尊也寓或爲託○寓音遇○君之南鄉荅陽之義也臣之北面荅君也荅對也○鄉許亮反下君南鄉同○大夫之臣不稽首非尊家臣以辟君也辟國君也○辟

【音義】注同大夫有獻弗親君有賜不面拜爲君之答己也不面拜者於外告小臣小臣受以入也○小臣掌三公及孤卿之復逆也○鄉人禓禓強鬼也謂時儺索室毆疫逐強鬼也禓或爲獻或爲儺○禓音傷鬼名也強其丈反難乃多反下同本又作儺索色百反下文注皆同毆字又作驅同起居反孔子朝服立于阼存室神也神依人也【互註】語鄉黨篇鄉人儺朝服而立于阼階孔子曰射之以樂也何以聽何以射多其射容與樂節相應也【重言】何以聽何以射二見射義四十六篇孔子曰士使之射不能則辭以疾縣弧之義也男子生而設弧於門左示有射道而未能也女子設帨○弧音胡帨始銳反○孔子曰三日齊一日用之猶恐不敬二日伐鼓何居居讀爲姬語之助也何居怪之也伐猶擊也齊者不樂而一日擊鼓則是成二日齊也○齊本又作齋同側皆反後放此何居音姬【重言】何居二檀弓上二孔子曰繹之於庫門內祊之於東方朝市之於西方失之矣祊之禮宜於廟門外之西室繹又於其堂神位在西也此二者同時而大名曰繹其祭禮簡而事尸禮大朝市宜於市之東偏周禮市有三期大市日側而市百族爲主朝市朝時而市商賈爲主夕時而市販夫販婦爲主○繹音亦祊百彭反賈音古販甫萬反

○社祭土而主陰氣也君南鄉於北墉下荅陰之義也牆謂之墉北墉社内北牆○墉本亦作庸音容日用甲用日之始也國中之神莫貴於社天子大社必受霜露風雨以達天地之氣也大社王爲羣姓所立○大音太下文注大社大陽大廟大古大王皆同爲于僞反下文爲社爲焚皆同是故喪國之社屋之不受天陽也薄社北牖使陰明也絕其陽通其陰而已薄社殷之社殷始都薄○喪息浪反薄本又作亳步各反牖音酉社所以神地之道也地載萬物天垂象取財於地取法於天是以尊天而親地也故教民美報焉家主中霤而國主社示本也中霤亦土神也〔重言〕天垂象一下文一取財於地取法於天三年問篇上取象於天下取法於地唯爲社事單出里唯爲社田國人畢作唯社丘乘共粢盛所以報本反始也單出里皆往祭社於都鄙二十五家爲里畢作人則盡行非徒羨也丘十六井也四丘六十四井曰甸或謂之乘乘者以於車賦出長轂一乘乘或爲鄰○乘時證反注同又徒徧反共音恭粢音資甸徒練反又繩證反〔重言〕下文大報本反始也○季春出火爲焚也謂焚萊也凡出

火以火出建辰之月火始出然後簡其車賦而歷其卒伍而君親誓社以習軍旅左之右之坐之起之以觀其習變也簡歷謂算具陳列之也君親誓社誓吏士以習軍旅既而遂田以祭社也言祭社則此是仲春之禮也仲春以火田田止弊火然後獻禽至季春火出而民乃用火今云季春出火乃誓社記者誤也社或爲省。卒祖忽反算思管反省息淺反而流示之禽而鹽諸利以觀其不犯命也流猶行也行行田也鹽讀爲豔行田示之以禽使歆豔之觀其用命不也謂禽爲利者凡田大獸公之小禽私之。鹽依注音豔行行上如字下及下行田皆下孟反歆許金反求服其志不貪其得失伍而獲猶爲犯命故以戰則克以祭則受福【重意】禮器我戰則克祭則受福○天子適四方先柴所到必先燔柴有事於上帝也書曰歲二月東巡守至于岱宗柴。燔音煩守手又反岱音代○郊之祭也迎長日之至也易說曰三王之郊一用夏正夏正建寅之月也此言長日者建卯而晝夜分分而日長也。正音征下同【重言】郊之祭也互見下文大報天而主日也大猶徧也天之神日爲尊。徧音遍。【重意】祭義十四郊之祭大報天而主日兆於南郊就陽位也日太陽之精也掃地而祭於其質也器用陶匏以象天地之性也。（觀天下之物無可以稱其德。○稱，尺證反。【重言】掃地而祭四：一見篇末，一見禮器十篇，一見樂記十九。器用陶匏一篇末。）於郊，故謂之郊。牲用騂，尚赤也。用犢，貴誠也。（尚赤者，周也。○騂，息營反，徐呼營反。【重言】牲用騂二：檀弓上一，祭法二一篇。牲用犢。）郊之用辛也，周之始郊日以至。（言日以周郊天之月而至，陽氣新用事，順之而用辛日。此說非也。郊天之月而日至，魯禮也。三王之郊，一用夏正。魯以無冬至祭天於圓丘之事，是以建子之月郊天，示先有事也。用辛日者，凡為人君，當齋戒自新耳。周衰禮廢，儒者見周禮盡在魯，因推魯禮以言周事。○圜本又作圓，音員，下同。為，如字，或于偽反，非也。）卜郊，受命于祖廟，作龜于禰宮，尊祖親考之義也。（受命，謂告之，退而卜。）卜之日，王立于澤，親聽誓命，受教諫之義也。（澤，澤宮也，所以擇賢之宮也。既卜，必到澤宮，擇可與祭祀者，因誓敕之以禮也。禮器曰：舉賢而置之，聚眾而誓之，是也。○可與，如字，一音預。）獻命庫門之內，戒百官也。大廟之命，戒百姓也。（王自澤宮而還，以誓命重相申敕也。庫門在雉門之外，入庫門則至廟門外矣。大廟者，祖廟也。百官，公卿以下也。百姓，王之親也。入廟戒親，親親也。王自此還齊路寢之室。庫或為廄。○還音旋，下同。重，直用反。廄，九又反。）祭之日，王皮弁以聽祭報，示民嚴上也報猶白也。夙興朝服以待白祭事者乃後服祭服而行事也。周礼祭之日小宗伯逆粢省鑊告時于王告備于王也。鑊戶郭反喪者不哭不敢凶服氾埽反道鄉為田燭謂郊道之民為之也。反道剗令新土在上也。田燭田首為燭也。○氾芳劍反本亦作汎埽素報反剗初産反徐又初展反令力呈反弗命而民聽上化王嚴上祭之日王被袞以象天謂有日月星辰之章此魯禮也周礼王祀昊天上帝則服大裘而冕祀五帝亦如之魯侯之服自袞冕而下也。○被皮義反卷古本反又作袞同古本反注卷冕同冕亡長反守林亡辨反戴冕璪十有二旒則天數也天之大數不過十二。○戴丁代反本亦作戴璪音早繅古禾反【重言】璪十有二旒礼器玉藻篇藻十有二旒乘素車貴其質也旂十有二旒龍章而設日月以象天也設日月畫於旂上素車殷路也魯公之郊用殷礼也【重言】貴其質也三見下文一見鄉飲酒四十四。○旂十有二旒一見明堂十四龍章而設日月明堂篇日月之章天垂象聖人則之郊所以明天道也明謂則之以示人也【互註】易係辭天垂象見吉凶聖人象之河出圖洛出書聖人則之帝牛不吉以為稷牛養牲必養二也帝牛必在滌三月稷牛唯具所以別事天神與人鬼也滌牢中所搜除處也唯具遭時選可用也。滌音狄徐徒歷反別彼列反所搜本又作廋所流反處昌慮反下之處同處音同萬物本乎天人本乎祖此所以配上帝也言俱本可以配郊之祭也大報本反始也【重言】郊之祭也大報本反始也重見上文。天子大蠟八所祭有八神也。蜡八仕詐反蜡祭有八神先嗇一司嗇二農三郵表畷四貓虎五坊六水庸七昆蟲八伊耆氏始為蜡伊耆氏古天子號也。耆音巨夷反或云即帝堯是也蜡也者索也謂求索也歲十二月合聚萬物而索饗之也歲十二月周之正數謂建亥之月也饗者祭其神也萬物有功加於民者神使為之也祭之以報焉造者配之也蜡之祭也主先嗇而祭司嗇也先嗇若神農者司嗇后稷是也祭百種以報嗇也嗇所樹藝之功使盡饗之。種之勇反下之種也同饗農及郵表畷禽獸仁之至義之盡也農田畯也郵表畷謂田畯所以督約百姓於井間之處也詩云為下國畷郵禽獸服不氏所教擾猛獸也。郵本亦作訧有周反字或作御畷丁劣反又丁衛反畯音俊督約因也反擾而沼反馴也【重言】仁之至義之盡也重見下文古之君子使之必報之迎貓為其食田鼠也迎虎為其食田豕也迎而祭之也迎其神也

三五九

○貓字又作猫，音苗。爲，于僞反，下同。祭坊與水庸，事也。水庸，溝也。○坊音房，後注同。曰：「土反其宅，水歸其壑，昆蟲毋作，草木歸其澤。」此蜡祝辭也。若辭同，則祭同處可知矣。壑猶坑也。昆蟲，暑生寒死，螟螽之屬，爲害者也。○壑，火各反。祝，之六反，又之又反。坑，苦衡反。螟，莫經反。螽音終。皮弁素服而祭。素服，以送終也。葛帶榛杖，喪殺也。蜡之祭，仁之至、義之盡也。送終、喪殺，所謂老物也。素服，衣裳皆素。○榛，側巾反，以榛木爲杖也。殺，所界反，徐所例反，注及下德之殺並同。黃衣黃冠而祭，息田夫也。祭謂既蜡臘先祖、五祀也，於是勞農以休息之。論語曰：「黃衣狐裘。」○臘，力合反。勞，力報反。野夫黃冠。黃冠，草服也。言祭以息民服，象其時物之色。季秋而草木黃落。大羅氏，天子之掌鳥獸者也，諸侯貢屬焉。草笠而至，尊野服也。諸侯於蜡使使者戴草笠，貢鳥獸也。詩云：「彼都人士，臺笠緇撮。」又曰：「其餉伊黍，其笠伊糾。」皆言野人之服也。○笠音立。使使，上音史，下及下使者皆色吏反。撮，七活反，又七括反。餉，始尚反。糾，居黝反。羅氏致鹿與女，而詔客告也。以戒諸侯曰：「好田好女者亡其國。」詔，告也。使者歸以此告其君，所以戒之。○好，呼報反，下好女句好皆同。天子樹瓜華，不斂藏之種也。華果蓏也又詔以天子樹瓜蓏而已戒諸侯以畜藏蘊財利也○蓏力果反畜丑六反又許六反蘊於粉反八蜡以記四方，四方方有祭也四方年不順成八蜡不通以謹民財也。其方穀不熟則不通於蜡焉使民謹於用財蜡有八者先嗇一也司嗇二也農三也郵表畷四也貓虎五也坊六也水庸七也昆蟲八也順成之方其蜡乃通以移民也。移之言羨也詩頌豐年曰為酒為醴烝畀祖妣以洽百禮此其羨之與○移以豉反注同羨才箭反又餘見反烝之承反畀必利反妣必履反與音餘既蜡而收民息已故既蜡君子不興功。收謂收斂積聚也息民與蜡異則黃衣黃冠而祭為臘必矣○既蜡而收絕句積聚並如字徐上音茲賜反下才樹反○恒豆之菹水草之和氣也，其醢陸產之物也。加豆陸產也，其醢水物也。此謂諸侯也天子朝事之豆有昌本麋臡茆菹麇臡饋食之豆有葵菹蠃醢脾析蠯醢蜃蚳醢豚拍魚醢其餘則有雜錯云也○菹爭居反醢音海麋音眉臡奴兮反又作䏧乃兮反字林作腝人兮反茆音卯又力首反麇九倫反蠃力戈反拍音博籩豆之薦水土之品也，不敢用常褻味而貴多品，所以交於神明之義也，非食味之道也。言禮以異為敬○薦將見反又作薦同或作薦非【重言】所以交於神明之義也二一見本篇首先王之薦可食也而不可耆也卷冕路車可陳也而不可好也武壯而不可樂也宗廟之威而不可安也宗廟之器可用也而不可便其利也所以交於神明者不可以同於所安樂之義也武万舞也○耆市志反路本亦作輅音同樂音洛下同徐五孝反便婢面反徐扶絹反所以交於神明者二下文一酒醴之美玄酒明水之尚貴五味之本也黼黻文繡之美疏布之尚反女功之始也莞簟之安而蒲越稾鞂之尚明之也大羹不和貴其質也大圭不琢美其質也丹漆雕幾之美素車之乘尊其樸也貴其質而已矣所以交於神明者不可同於所安褻之甚也如是而后宜尚質貴本其至如是乃得交於神明之宜也明水司烜以陰鑑所取於月之水也蒲越稾鞂藉神席也明之者神明之也琢當爲篆字之誤也幾謂漆飾沂鄂也○莞音官徐音丸簟大點反越音活注同稾又作藁古老反鞂間八反徐古八反和胡臥反琢依注爲篆丈轉反雕多調反又作彫幾巨依反注同乘時證反樸普角

反烜音毀鑑古暫反藉字夜反沂魚斤反鄂五各反【重言】大羹不和三一見礼器第十一見樂記十九。大圭不琢二一見礼器

鼎俎奇而籩豆偶陰陽之義也牲陽也然物陰也。奇居宜反【重言】二句重見篇首

黃目鬱氣之上尊也黃者中也目者氣之清明者也言酌於中而清明於外也黃目黃彝也周所造於諸侯為上也【重意】黃目鬱氣之上尊也明堂篇周用黃目

祭天掃地而祭焉於其質而已矣醯醢之美而煎鹽之尚貴天產也割刀之用而鸞刀之貴貴其義也聲和而后斷也。

冠義始冠之緇布之冠也始冠三加先加緇布冠也。醯呼兮反本又作醓同斷丁乱反冠義古乱反下文注始冠冠而敝之而冠冠於阼冠而字之冠礼士礼冠皆同【重意】玉藻始冠緇布

冠大古冠布齊則緇之其緌也孔子曰吾未之聞也太古無飾非時人緌也雜記曰大白緇布之冠不緌大白即太古白布冠今喪冠也齊則緇之者鬼神尚幽闇也唐虞以上曰太古也。齊側皆反緌耳佳反上時掌反後以上皆同【重意】五吾未之聞也檀弓上我未之聞也

冠而敝之可也此重古而冠之耳三代改制齊冠不復用也以白布冠質以為喪冠也。敝本亦作弊婢世反徐又房列反弃也復扶又反【重言】一一見

玉藻十二篇

適子冠於阼以著代也阼東序少北近主位也。適丁歷反近附近之近醮於客位加有成也每加而有成人之道也成人則益尊醮於客位尊之也。醮子妙反三加彌尊喻其志也始加緇布冠次皮弁次爵弁冠益尊則志益大也冠而字之敬其名也重以未成人之時呼之【重言】以著代也三一見冠義四十二一見昏義四十四。冠於阼以著代也醮於客位加有成也三加弥尊冠而字之壯重見冠義委貌周道也章甫殷道也毋追夏后氏之道也常所服以行道之冠也或謂委貌爲玄冠也。毋追上音牟下多雷反周弁殷哻夏收齊所服而祭也。哻況甫反字林作縟火于反三王共皮弁素積【重意】所不易於先代。祭義君皮弁素積無大夫冠禮而有其昏禮古者五十而后爵何大夫冠禮之有也言年五十乃爵爲大夫也其有昏禮或改取也諸侯之有冠禮夏之末造也言夏初以上諸侯雖有幼而即位者猶以士禮冠之亦五十乃爵命也至其衰末未成人者多見其篡弑乃更即位則爵命之以正君臣而有諸侯之冠礼。篡初患反弑音試天子之元子士也天下無生而貴者也諸君副主猶云士也明人有賢行著德乃得貴也。行下孟反下德行同繼世以立諸侯

象賢也賢者子孫恒能法其先父德行以官爵人德之殺也言德益厚官益尊也
死而謚今也古者生無爵死無謚古謂殷以前也大夫以上乃謂之爵死有謚也
周制爵及命士雖及之猶不謚耳今記時死則謚之非礼也禮之所尊尊其義也言礼所以尊尊
其有義也失其義陳其數祝史之事也故其數可陳也其義
難知也知其義而敬守之天子之所以治天下也言政之要
盡於禮之義○天地合而后萬物興焉自禮之義夫昏禮萬世
之始也取於異姓所以附遠厚別也○同姓或則多相褻也取音娶本又作娶
遠于萬反別彼列反下及注皆同重意取於異姓曲礼取妻不取同姓幣必誠辭無不腆誠信也腆
猶善也○腆天典反告之以直信直猶正也此二者所以教婦正直信也信事人也信婦
德也事猶立也○信事側吏反又如字注同壹與之齊終身不改故夫死不
嫁齊謂共牢而食同尊卑也齊或為醮男子親迎男先於女剛柔之義也
天先乎地君先乎臣其義一也先謂倡道也○迎魚敬反先悉見反下及注同倡昌

亮反。道音導。【重言】男先於女一重出昏義四十四。○其義一也。四者倫首一，樂記、祭義各一。執摯以相見，敬
章別也。言不敢相褻也。摯所奠鴈也。○摯音至，本亦作贄。男女有別，然後父子親。
父子親，然後義生。義生，然後禮作。禮作，然後萬物安。言人
倫有別則氣性醇也。【重言】男女有別，四大傳、喪服小記、昏義各一。無別無義，禽獸之道也。言聚
麀之亂類也。○麀音憂。壻親御授綏，親之也。親之也者，親之也。言已親之
所以使之親己。【重意】壻親御授綏，見昏義。御婦車，壻授綏。【重言】親之也，親之也者，親之也，一一見哀公問二十七篇。敬而親
之，先王之所以得天下也。先王若太王、文王。出乎大門而先，男帥
女，女從男，夫婦之義由此始也。先者車居前也。○出乎大門而先，如字絕句，又悉遍
反。婦人，從人者也：幼從父兄，嫁從夫，夫死從子。從謂順其教令。
夫也者，夫也。夫也者，以知帥人者也。夫之言丈夫也。夫或爲傅。○知音智。玄
冕齊戒，鬼神陰陽也。將以爲社稷主，爲先祖後，而可以
不致敬乎？玄冕，祭服也。陰陽謂夫婦也。共牢而食，同尊卑也。故婦人無

爵從夫之爵坐以夫之齒【重言】爵謂夫命為大夫則妻為命婦。共牢而食同尊卑也一見昏義四十四器用陶匏尚禮然也此謂大古之禮器也三王作牢用陶匏言大古無共牢之禮三王之世作之而用大古之器重夫婦之始也厥明婦盥饋舅姑卒食婦餕餘私之也私之猶言恩也。盥音管饋其位又一本無婦盥饋三字餕音俊舅姑降自西階婦降自阼階授之室也明當為家事之主也舅姑降自西階婦降自阼【重言】階二見昏義有先字昏禮不用樂幽陰之義也樂陽氣也幽深也欲使婦深思其義不以陽散之也【重意】昏禮不用樂曾子問七取婦之家三日不舉樂檀弓上忌日不樂祭統篇齊者不樂昏禮不賀人之序也序猶代也。有虞氏之祭也尚用氣血腥爓祭用氣也尚謂先薦之爓或為腊。腊直輒反。殷人尚聲臭味未成滌蕩其聲樂三闋然後出迎牲聲音之號所以詔告於天地之間也滌蕩猶搖動也。滌音狄徐又同弔反三如字徐息暫反周人尚臭灌用鬯臭鬱合鬯臭陰達於淵泉灌以圭璋用玉氣也既灌然後迎牲致陰氣也蕭合黍稷臭陽達於牆屋故既奠然後焫蕭合羶薌焫謂以圭瓚酌鬯始獻神也已乃迎牲於庭殺之天子諸侯之礼也奠謂薦孰時也特牲饋食所云祝酌奠于鉶南是也蕭薌蒿也染以脂合黍稷燒之詩云取蕭祭脂羶當爲馨聲之誤也奠或爲薦○焫用鬯臭絕句使以鬯字絕句爇字又作爇同合鬯絕句焫蕭如悅反下音蕭合如字徐音閤羶依注音馨許經反薌音香瓚在旦反鉶音刑蒿呼毛反染如琰反羶當失然反凡祭慎諸此魂氣歸于天形魄歸于地故祭求諸陰陽之義也殷人先求諸陽周人先求諸陰此其所以先後異也詔祝於室坐尸於堂謂朝事時也朝事延尸于戶西南面布主席東面取牲膟膋燎于爐炭洗肝于鬱鬯而燔之入以詔神於室又出以墮于主主人親制其肝所謂制祭也時尸薦以籩豆至薦孰乃更延主于室之奧尸來升席自北方坐于主北焉○祝之六反下及注並同又之又反膟音律膋力彫反燎力妙反又力弔反下文同爐音盧墮許恚反或許垂反奧烏報反【重言】詔祝於室二見祭統二十四用牲於庭謂殺之時升首於室制祭之後升牲首於北墉下尊首尚氣也○墉音容直祭祝于主謂薦孰時也如特牲少牢饋食之爲也直正也祭以孰爲正則血腥之屬盡敬心耳索祭祝于祊索求神也廟門曰祊謂之祊者以於繹祭名也不知

神之所在於彼乎於此乎室與堂與。○室與，音餘，下或若與同。本作室与堂也，与則如字。讀重言於彼乎於此，亦重見禮器篇。或諸遠人乎祭于祊尚曰求諸遠者與尚庶幾也。○遠，于万反，徐人于万反。祊之為言倞也倞猶索也，倞或為諒。○倞音亮。肵之為言敬也為尸有肵，知此訓也。○肵音祈，為尸于偽反。富也者福也人君嘏辭有富，此訓之也。或曰福也者備也。○嘏，古雅反。首也者直也訓所以升首祭也，直或為犆也。犆，徒得反。相饗之也相謂詔侑也，詔侑尸者，欲使饗此饌也。特牲饋食禮曰：主人拜妥尸，尸答拜，執奠，祝饗。○相，息亮反，注及下之相并注同。侑音又。妥，他果反。嘏長也大也主人受祭福曰嘏，此訓也。○長，直良反，徐知兩反。尸陳也尸或詁為主也。尸，神象，當從主訓之，言陳非也。○詁音古。毛血告幽全之物也幽謂血也。告幽全之物者貴純之道也純謂中外皆善。血祭盛氣也祭肺肝心貴氣主也氣主，盛氣之所舍也。周祭肺，殷祭肝，夏祭心。祭黍稷加肺祭齊加明水報陰也祭黍稷加肺，謂綏祭也。明水，司烜所取於月之水也。齊，五齊也。五齊加明水，則三酒加玄酒也。○齊，才細反，注及下注齊并注同。綏，許恚反。取膟膋燔燎升首報陽也膟膋，腸間脂也，與蕭合燒之，亦有黍稷也。明水涗齊，貴新也。涗猶清也五齊濁泲之使清謂之涗齊及取明水皆貴新也周禮㡃氏以涗水漚絲涗齊或為況齊○涗始鋭反字又作涗泲子礼反下同㡃莫剛反漚烏豆反況本又作泛同凡涗，新之也。新之者敬也其謂之明水也，由主人之絜著此水也。著猶成也言主人齊絜此水乃成可得也○齊側皆反絜帀末又注同○君再拜稽首，肉袒親割，敬之至也。敬之至也，服也。拜，服也。稽首，服之甚也。肉袒，服之盡也。割解牲體〔重言〕敬之至也九一見本篇一見礼器五見祭義二十四篇一見聘義四十八篇祭稱孝孫孝子，以其義稱也。謂事祖禰〔重言〕祭稱孝子孝孫二一見雜記上二十篇稱曾孫某，謂國家也。謂諸侯事五廟也於曾祖以上稱曾孫而已祭祀之相，主人自致其敬，盡其嘉而無與讓也。相謂詔侑尸也言盡善也腥肆爓腍祭，豈知神之所饗也？主人自盡其敬而已矣。治肉曰肆腍孰也爓或為賵○肆勑歷反注同腍而審反爓自輒反舉斝角，詔妥尸。古者尸無事則立，有事而后坐也。尸，神象也。祝，將命也。妥安坐也尸始入舉奠斝若奠角將祭之祝則詔主人拜安尸使之坐尸即至尊之坐，或時不自安，則以拜安之也。天子奠斝，諸侯奠角，古謂夏時也。○斝，古雅反。坐，才卧反。**縮酌用茅，明酌也。**謂泲醴齊以明酌也。周禮曰醴齊縮酌。五齊醴尤濁，和之以明酌，泲之以茅，縮去滓也。明酌者，事酒之上也，名曰明者。事酒，今之醳酒，皆新成也。春秋傳曰：爾貢包茅不入，王祭不共，無以縮酒。酌猶斟也。酒已泲則斟之以實尊彝。昏禮曰：酌玄酒三注于尊。凡行酒亦爲酌也。○縮，所六反，注同。齊，才細反，下皆同。去，起吕反。醳音亦。共音恭。斟，章金反。彝音夷。注，之樹反。**醆酒涗于清，**謂泲醆酒以清酒也。醆酒，盎齊。盎齊差清，和之以清酒，泲之而已。泲盎齊必和以清酒者，皆久味相得。○醆，側產反。盎，烏浪反。差，初賣反，又初佳反。**汁獻涗于醆酒，**謂泲秬鬯以醆酒也。獻讀當爲莎，齊語聲之誤也。秬鬯者，中有煮鬱，和以盎齊，摩莎泲之，出其香汁，因謂之汁莎。不以三酒泲秬鬯者，秬鬯尊也。○汁，之十反。獻依注爲莎，素何反，下注同。**猶明清與醆酒于舊澤之酒也。**猶若也。澤讀爲醳。舊醳之酒，謂昔酒也。泲醴齊以明酌，泲醆酒以清酒，泲汁獻以醆酒，天子諸侯之禮也。天子諸侯禮廢，時人或聞此而不審，知云若今明酌、清酒與醆酒，以舊醳之酒泲之矣。就其所知以曉之也。泲清酒以舊醳之酒者，爲其味厚腊毒也。○澤依注讀爲醳，醳音亦，徐詩石反。爲其，于僞反。腊毒，上音昔。隱義云：腊，久也。久酒有毒。**祭有祈焉，**祈猶求也。謂祈福祥，求永貞也。**有報焉，**謂若穫禾報社。**有由辟焉。**由，用也。辟讀爲弭，謂弭災兵，遠罪疾也。○辟依注作弭，亡婢反。遠，于万反。**齊之玄也，以**

陰幽思也故君子三日齊必見其所祭者齊三日若思其居處思其笑語思其志意思其所樂則見之也

內則第十二◯陸曰鄭云以其記男女居室事父母舅姑之法　鄭氏註

后王命冢宰降德于衆兆民后君也德猶教也万億曰兆天子曰兆民諸侯曰万民周禮冢宰掌飲食司徒掌十二教今一云冢宰記者據諸侯也諸侯并六卿為三或兼職焉◯后王鄭云后君也謂諸侯也王天子也盧一云后王后也王天子也孫炎王肅云后王君王也并必政反兼如字一音古念反◯子事父母雞初鳴咸盥漱櫛縰笄總拂髦冠緌纓端韠紳搢笏咸皆也縰韜髮者也總束髮也垂後為飾拂髦振去塵著之髦用髮為之象幼時鬌其制未聞也緌纓之飾也端玄端士服也庶人深衣紳大帶所以自紳約也搢猶扱也扱笏於紳笏所以記事也◯盥音管洗手漱所救反徐素溝反漱口也下同櫛側乙反梳也縰所買反徐所綺反黑繒韜髮笄古兮反總子孔反髦音毛緌耳隹反韠音必紳音申搢徐音箭又如字音晉插也笏音忽韜吐刀反去起呂反著丁略反下文及注同鬌多果反扱初洽反又作捷又作插初洽反徐采協反重言雞初鳴五下文四文王世子篇雞初鳴而衣服左右佩用自佩也又佩者備尊者使令也◯令力呈反左佩紛帨刀礪小觿金燧

紛帨拭物之巾也今齊人有言紛者刀礪小刀及礪礲也小觽解小結也觽貌如錐以象骨爲之金燧可取火於日○紛芳云反或
作帉同帨始銳反佩巾也觽許規反本或作鑴音同解結錐燧音遂火鏡拭音式礲力工反右佩玦捍管遰
大觽木燧捍謂拾也言可以捍弦也管筆彄也遰刀鞞也木燧鑽火也○捍戶旦反謂射捍遰時世反徐作滯彄苦
侯反鞞必頂反鑽子官反偪偪行縢○偪本又作幅彼力反縢徒登反屨著綦綦屨繫也○屨九具反綦
其記反注及下同○婦事舅姑如事父母雞初鳴咸盥漱櫛縰
笄總衣紳笄今簪也衣紳衣而著紳○如父母一本作如事父母衣於既反注同簪側林反又作
南反【重言】婦事舅姑昏義四丨丨四贊婦見舅姑左佩紛帨刀礪小觽金燧右佩箴
管線纊施縏袠大觽木燧縏小囊也縏袠言施明爲箴管線纊有之○箴之林反線本又
作綫息賤反纊音曠縏字又作槃同步干反袠陳乙反又作袟囊奴郎反又作橐徐音託明爲于僞反衿纓綦屨
衿猶結也婦人有纓示繫屬也○衿其鴆反注同纓又作嬰本又作給纓又作纓以適父母舅姑之所適之
及所下氣怡聲問衣燠寒疾痛苛癢而敬抑搔之怡說也苛
疥也抑按搔摩也○燠本又作奧同於六反暖也苛音何癢本又作養以想反搔素刀反說音悅疥音界說文云瘙瘍也【重言】下氣

怡吉一又見下文出入則或先或後而敬扶持之先後長之須有所扶持也○便婢面反進盥盥少者奉槃長者奉水請沃盥盥卒授巾槃承盥水者巾以帨手○少詩召反後皆同奉芳勇反本或作捧下同長丁丈反後皆同帨始銳反拭手也本又作帨同問所欲而敬進之柔色以溫之溫藉也承尊者必和顏色○溫本又作蘊又作薀同於運反注同藉字夜反饘酏酒醴芼羹菽麥蕡稻黍粱秫唯所欲酏粥也芼菜也蕡熬枲實○饘之然反厚粥也酏羊支反又以支反薄粥也芼毛報反蕡其字又作䕯扶云反徐扶畏反大麻子注同粱音良秫音述粥之六反又羊式反熬五羔反枲思里反棗栗飴蜜以甘之堇荁枌榆免薧滫瀡以滑之脂膏以膏之謂用調和飲食也荁堇類也冬用堇夏用荁榆白曰枌免新生者薧乾也秦人溲曰滫齊人滑曰瀡也○飴羊之反餳也堇音謹菜也荁音丸似堇而葉大也枌扶云反免音問注同薧字又作槁苦老反滫思酒反溲也瀡音髓滑也滑胡八反又于八反下文注皆同膏古報反調如字又徒弔反和如字又胡卧反夏戶嫁反溲所九反父母舅姑必嘗之而后退敬也○男女未冠笄者雞初鳴咸盥漱櫛縰拂髦總角衿纓皆佩容臭總角收髮結之容臭香物也以纓佩之為迫尊者給小使也○

冠古亂反爲于僞反昧爽而朝後成人也○朝直遥反下而朝同後如字徐胡豆反下同問何
食飲矣若已食則退若未食則佐長者視具具饌也○凡
内外雞初鳴咸盥漱衣服斂枕簟灑掃室堂及庭布席
各從其事斂枕簟者不欲人見己褻者簟席之親身也○衣如字又於旣反簟徒點反灑本又作洒所買反又所賣
反掃素報反○孺子蚤寢晏起唯所欲食無時又後未成人者孺子小子也○
孺如樹反蚤音早○由命士以上父子皆異宮昧爽而朝慈以旨
甘日出而退各從其事日入而夕慈以旨甘異宮崇敬也慈愛敬
進之日出乃從事食祿不就農也○以上以或作已上時掌反後放此○父母舅姑將坐奉席
請何鄉將衽長者奉席請何趾少者執牀與坐將衽謂更卧處
○奉芳勇反下同鄉許亮反衽而鴆反又而甚反卧席也止本又作趾足也處昌慮反重意奉席請何鄉將衽長者奉席請何趾由
禮上請席何鄉將衽請衽何趾御者舉几斂席與簟縣衾篋枕斂簟而
襡之須卧乃敷之也襡韜也○縣音玄篋口叶反襡音獨○父母舅姑之衣衾簟席枕

几不傳杖屨祗敬之勿敢近傳移也。○傳丈專反注同。近附近之近敦牟卮匜非餕莫敢用餕乃用之。牟讀曰鍪也。卮匜酒漿器。敦牟黍稷器也。○敦音對又丁雷反。牟木侯反。齊人呼土釜爲牟也。卮音支。匜羊支反，一音以氏反。杜預注左傳云：沃盥器也。餕音俊。鍪字又作蝥，木侯反。與恒食飲非餕莫之敢飲食餕乃食之。恒，常也，旦夕之常食。○父母在朝夕恒食子婦佐餕婦皆與夫共餕也。既食恒餕每食餕而盡之，末有原也。父沒母存冢子御食羣子婦佐餕如初御，侍也。謂長子侍母食也。侍食者不餕，其婦猶皆餕也。旨甘柔滑孺子餕。○在父母舅姑之所有命之應唯敬對進退周旋慎齊齊，莊也。○唯于癸反，徐伊水反。齊側皆反。升降出入揖遜不敢噦噫嚏咳欠伸跛倚睇視不敢唾洟睇，傾視也。易曰：明夷睇于左股。○噦於月反。噫於界反。嚏音帝。咳苦愛反。欠丘劍反。伸音申。侍彼義反。倚於義反，又於綺反，又其寄反。睇大計反。視如字，徐市志反。唾吐臥反。洟本又作涕，同吐細反。寒不敢襲癢不敢搔襲謂重衣。○重直龍反。不有敬事不敢袒裼父黨無容。○袒音但。裼思歷反。不涉不撅撅，揭衣也。○撅居衛反。揭起列反，又起例反，一音起言反。褻衣衾

不見裏爲其可穢。見賢遍反下同爲于僞反穢紆廢反又烏會反父母唾洟不見輒刷

去之。刷色劣反去丘呂反冠帶垢和灰請漱衣裳垢和灰請澣手曰漱足

曰澣和漬也。垢古口反漱素侯反後皆同澣本又作浣户管反漬似賜反衣裳綻裂紉箴請補

綴綻猶解也。綻字或作綻直莧反徐治見反裂本又作列紉箴女陳反徐丞而陳反下之林反綴丁劣反又丁衛反解胡買反又

佳買反五日則燂湯請浴三日具沐其間面垢燂潘請靧

足垢燂湯請洗潘米瀾也。燂詳廉反温也潘芳煩反淅米汁靧音悔洗西瀾力旦反少事

長賤事貴共帥時共猶皆也帥循也時是也礼皆如此也[重言]少事長賤事貴二見篇末。男

不言內女不言外謂事業之次序非祭非喪不相授器祭嚴喪遽不嫌

也。遽其據反其相授則女受以篚其無篚則皆坐奠之而后

取之奠停地也。篚非鬼反外內不共井不共湢浴不通寢席不通

乞假男女不通衣裳內言不出外言不入湢浴室也。湢彼力反本又作

偪[重意]曲禮上外言不入於梱內言不出於梱男子入內不嘯不指夜行以燭無

燭則止。（嘯讀爲叱，叱嫌有隱使也。嘯依注音叱，尺失反）女子出門必擁蔽其面，夜行以燭，無燭則止。（擁猶障也。○障音章）道路男子由右，女子由左。（地道尊右。○重言一見王制，第五女子作婦人）○子婦孝者敬者，父母舅姑之命勿逆勿怠。（恃其孝敬之愛，或則違解。○解佳賣反，下解倦同）若飲食之，雖不耆必嘗而待；（待後命而去也。○飲於鴆反，食音嗣，耆市志反，去起呂反，本又作而食之）加之衣服，雖不欲必服而待；（待後命釋藏也）加之事，人代之，己雖弗欲，（謂難其姑已業。○難乃旦反，下同）姑與之，而姑使之，而后復之。（遠懟怨於勞事，姑猶且也。○姑与以渚反。遠于万反。懟直類反，本又作懟）子婦有勤勞之事，雖甚愛之，姑縱之，而寧數休之。（不可愛此而移苦於彼也。○縱本又作從，足用反。數色角反）子婦未孝未敬，勿庸疾怨，（庸之言用也）姑教之，若不可教，而后怒之。（怒，譴責也。○譴弃戰反）不可怒，子放婦出，而不表禮焉。（表猶明也。猶爲之隱，不明其犯禮之過也。○爲于僞反）父母有過，下氣怡色，柔聲以諫。諫若不入，起敬起

節注內習律當十二氣為一曲下句今一云

寧本內今作令誤也校閱札記亦又自明

本亦誤作令惟惠本不誤

節藤樾節注　雲氣蠱氣欆惠氏

阮本皆作蟲　亦仍蟲字

孝說則復諫。子事父母有隱無犯，起猶更也。○說音悅，下同。重言下氣怡色，二見篇首。重意說則復諫，祭義諫而不逆。不說，與其得罪於鄉黨州閭，寧孰諫。子從父之令，不可謂孝也。周礼曰：二十五家為閭，四閭為族，五族為黨，五黨為州，五州為鄉也。父母怒，不說而撻之流血，不敢疾怨，起敬起孝。撻，擊也。○撻，他達反。重意不敢疾怨，祭義父母惡之，懼而无怨。○父母有婢子若庶子庶孫，甚愛之，雖父母沒，沒身敬之不衰。婢子，所通賤人之子。子有二妾，父母愛一人焉，子愛一人焉，由衣服飲食，由執事，毋敢視父母所愛，雖父母沒不衰。由，自也。子甚宜其妻，父母不說，出。宜猶善也。子不宜其妻，父母曰：是善事我，子行夫婦之禮焉，沒身不衰。父母雖沒，將為善，思貽父母令名，必果；將為不善，思貽父母羞辱，必不果。貽，遺也。果，決也。○貽，以之反。遺，以季反。○舅沒則姑老，謂傳家事於長婦也。○傳，丈專反。冢婦所祭祀賓客，每事必請於姑，婦雖受傳，猶不敢專行也。介婦請於冢婦，以其代姑之事。介婦，衆婦。介音界，注及下同。舅姑使冢婦毋怠，雖有勤勞，不敢解倦。○勸本又作倦，其卷反。不友無禮於介婦，衆婦無礼，冢婦不友之也。善兄弟為友，娣姒猶兄弟也。舅姑若使介婦，毋敢敵耦於冢婦，雖有勤勞不敢掉磬。○掉磬，徒弔反，隱義云：齊人以相絞訐為掉磬，崔云：北海人謂相激事為掉磬也。不敢並行，不敢並命，不敢並坐。下，冢婦也。命，為使令。○下，户嫁反。令，力呈反。凡婦不命適私室，不敢退。婦侍舅姑者也。婦將有事，大小必請於舅姑。不敢專行。子婦無私貨，無私畜，無私器，不敢私假，不敢私與。家事統於尊也。○畜，許六反，又許又反，又勑六反。子婦无私貨，曲礼上父母存不有私財。婦或賜之飲食衣服布帛佩帨茝蘭，則受而獻諸舅姑。舅姑受之則喜，如新受賜。或賜之，謂私親兄弟。○茝，昌改反，本又作芷，昌改反，韋昭注漢書云：香草也。昌以反，又說文云：虈也。虈，火喬反，齊人謂之茝，昌在反。若反賜之則辭，不得命，如更受賜，藏以待乏。待舅姑之乏也。不得命者，不見許也。婦若有私親兄弟將與之，則必復請其故，賜而后與之。○適子庶子祇事宗子宗婦祇敬也宗大宗。復扶又反適丁歷反雖貴富不敢以貴富入宗子之家雖衆車徒舍於外以寡約入入謂入宗子家子弟猶歸器衣服裘衾車馬則必獻其上而后敢服用其次也猶若也子弟若有功德以物見賜當以善者與宗子也若非所獻則不敢以入於宗子之門謂非宗子之爵所當服也不敢以貴富加於父兄宗族加猶高也若富則具二牲獻其賢者於宗子賢猶善也夫婦皆齊而宗敬焉當助祭於宗子之家○齊側皆反終事而后敢私祭祭其祖禰○飯目諸飯也黍稷稻粱白黍黃粱稰穛孰穫曰稰生穫曰穛○稰思呂反穛側角反膳目諸膳也膷臐膮醢牛炙醢牛胾醢牛膾羊炙羊胾醢豕炙醢豕胾芥醬魚膾雉兔鶉鷃此上大夫之禮庶羞二十豆也以公食大夫禮饌校之則膮牛炙閒不得有醢醢衍字也又以鷃爲鴽也○膷音香牛臛也臐許云反羊臛也膮許堯反豕臛也字林云豕羹也沙交反炙章夜反下同胾側吏反膾古外反芥徐姑邁反鶉順倫反鷃音晏又[illegible]音嗣飤食糝食並同鴽音如下文同○飲目諸

三八三

飲也重醴稻醴清糟黍醴清糟粱醴清糟重陪也糟醇也清泲也致飲有醇者有泲者陪設之也○重直龍反注同糟子曹反徐但到反醇常倫反泲子禮反或以酏爲醴釀粥爲醴黍酏酏粥漿酢酨○酢七故反酨才載反水清新醷梅漿○醷本又作臆於紀反徐於力反濫以諸和水也以周禮六飲校之則濫凉也紀莒之間名諸爲濫○濫力暫反以諸乾桃乾梅皆曰諸○酒目諸酒也清白白事酒昔酒也○羞目諸羞也糗餌粉酏糗擣熬穀也以爲粉餌與餈也記以脫周禮羞籩之實糗餌粉餈羞豆之實酏食糝食也酏當爲䬪以稻米與狼臅膏爲䬪是也○糗起九反又昌紹反餌音二下同酏讀曰餈食又作䬪之然反又之善反擣本又作搗丁老反下同餈食本又作粢自私反下同糝西感反臅昌蜀反徐又音昌燭○食目人君燕食所用也○食音嗣飯也下苽食麥食食齊皆同徐如字蝸醢而苽食雉羹麥食脯羹雞羹析稌犬羹兔羹和糝不蓼苽彫胡也稌稻也凡羹齊宜五味之和米屑之糝蓼則不矣此脯所謂析乾牛羊肉也○蝸力戈反苽音孤字又作菰同雉羹絕句麥食脯羹雞羹絕句析之列反稌音杜徐他古反和糝上胡卧反下三敢反注同蓼音了齊才細反下文同析星曆反下同濡豚包苦實蓼濡雞醢醬實蓼濡魚卵醬實蓼濡鱉醢醬實蓼凡濡謂亨之以汁和也苦苦荼也以包豚殺其

內則　八巳　七

氣卵讀爲鯤鯤魚子或作擱也〇濡音而下同苞伯交反醢音海
一本作醢呼亥反下句同卵依注音鯤古門反亨普彭反煮也
豕音徒擱音關本又作捫音門腒脩蚳醢腒以脩牛脯於蟲桂也蚳蚳蚍蜉子也〇腒丁亂反蚳直其反蟻子也捶徐之
叅反蜱本又作蚍音毗蚳丁尸本又作蝭音遲脯羹兎醢麋膚魚醢魚膾芥醬麋腥
醢醬桃諸梅諸卵鹽自腒醢至此六物似皆人君燕所食也其饌則亂雷實切肉也雷實或為渫卵
鹽大鹽也〇卵力管反胖音判〇凡食齊視春時飯宜溫也羹齊視夏時羹宜熱也
〇夏戶嫁反下放此醬齊視秋時醬宜涼也飲齊視冬時飲宜寒也〇凡和
春多酸夏多苦秋多辛冬多鹹調以滑甘多其時味以養氣也〇牛
宜稌羊宜黍豕宜稷犬宜粱鴈宜麥魚宜苽言其氣味相成〇
春宜羔豚膳膏香夏宜腒鱐膳膏臊秋宜犢麛膳膏腥
冬宜鮮羽膳膏羶此八物四時肥美也為其大盛煎以休廢之膏膏香牛膏也膏臊犬膏也膏腥雞膏也膏羶羊
膏羶腒乾雉也鱐乾魚也鮮生魚也羽鴈也〇鄉音香腒其居反盧二云雜腊說文云北方謂鳥腊曰腒鱐本又作牖所求反臊素刀
反麛音迷鹿子也腥音星雞膏也說文作胜云犬膏臭也羶升然反為于僞反大盛音太〇牛脩鹿脯田豕

脯麋脯麕脯麋鹿田豕麕皆有軒雉兔皆有芼脯皆析乾其肉也軒讀爲憲憲謂藿葉切也芼謂菜釀也軒或爲胖○麕九倫反本又作麇又作麏麕下田豕麕同軒音憲出注後放此爵鷃蜩范蜩蟬也范蜂也○蜩范上音條下音犯范又作蠭也又蠭本又作蜂芳凶反芝栭菱椇棗栗榛柹瓜桃李梅杏楂梨薑桂菱芰也椇枳椇也椇棃之不臧者自牛脩至此三十一物皆人君燕食所加庶羞也周禮天子羞用百有二十品記者不能次錄○芝音之栭音而本又作檽蔆音陵椇音矩榛側巾反柹音俟楂側加反芰其寄反枳居氏反○大夫燕食有膾無脯有脯無膾士不貳羹胾庶人耆老不徒食學異羞也【重言】庶人耆老不徒食一見王制第九○膾春用葱秋用芥豚春用韭秋用蓼芥介蓼音了脂用葱膏用薤脂肥凝者釋者曰膏○薤戶界反俗本多作韮非也三牲用藙藙煎茱萸也漢律會稽獻焉爾雅謂之榝○藙魚氣反會古外反稽古兮反榝色八反似茱萸而實赤小和用醯畜與家物自相和也○和戶臥反注皆同注又如字醯呼兮反酢也畜許又反又許六反獸用梅亦野物自相和鶉羹雞羹鴽釀之蓼釀謂切雜之也鴽在羹下烝之不羹也○鶉羹雞羹本又作鶉羹雞羹魴鱮烝雛燒雉薌無蓼鄉蘇

脊之屬也燒烟於火中也肉膾用葱芥此也言調和菜釀之所宜也○鶉鷃上音純下音晏烝之承反雛仕俱反又所俱反賀讀鶉鷃烝雉爲句雉如字一音焦皇絕句雉皇此一句一讀雉鄉爲句鄭芷下卯甚反調從此句不食雛鱉狼去腸狗去腎狸去正脊兔去尻狐去首豚去腦魚去乙鱉去醜皆爲不利人也擗鱉伏乳者乙魚休中害人者名也今東海鰫魚有骨名乙在目旁狀如篆乙食之鯁人不可出醜謂鱉竅也○去起呂反下並同尻苦刀反腦奴老反爲于僞反下皆爲同伏扶又反乳而樹反鰫音容篆直轉反鯁古杏反又作哽古猛反字林云鯁魚骨也又工孟反竅苦弔反肉曰脫之魚曰作之棗曰新之栗曰撰之桃曰膽之柤梨曰攢之皆治擇之名也○膽丁敢反攢再官反本攢又作○牛夜鳴則庮羊泠毛而毳羶狗赤股而躁臊鳥皫色而沙鳴鬱豕望視而交睫腥馬黑脊而般臂漏【注】礼天官內饔食掌腥臊膻香之不可食者牛夜鳴則庮羊泠毛而毳羶狗赤股而躁臊鳥皫色而沙鳴貍豕盲眡而交睫腥馬黑脊而般臂螻雛尾不盈握弗食舒鴈翠鵠鴞胖舒鳧翠雞肝鴈腎鴇奧鹿胃亦皆爲不利人也庮惡臭也春秋傳曰一薰一蕕庮泠毛毳毛別聚結不解者也赤股

股裏无毛也。烏色毛變色也。沙猶嘶也。鬱，腐臭也。望視，視遠也。望當為望，當
為星，聲之誤也。星，肉中如米者。般臂，前脛般般然也。偏當為偏，讀如
螻，蛄臭也。舒鴈，鵝也。翠，尾肉也。鵠，鴞，胖，謂脅側薄肉也。舒鳧，鶩也。
鳩，奧，脾肶也。鵠或為鵠也。○庮，音由，泠，音零，泠結毛如氈也。氈，昏占
鋭反。蹀，早報反。麃，本又作臕，劉昌宗音普保反，徐方表反，又普表
反。沙，如字，一音所嫁反，注同。燥，音消，捷，腥，依注作星，說文云：腥，星見
食，豕，令肉中生小息肉也。字林音先定反。般，音班，臂，本又作擘，字必
避反，徐方避反。漏，依注音螻，力侯反。鵠，胡篤反，鴞，于驕反。胖，音判
鴞，音保，奧，於六反，胃，音謂，字又作膍，同，華許六反，或作君，又作窜，
解，胡買反，勳，音西，字又作斯，音同，脅，扶甫反，肶，朗定反，站，音姑，鵝，
丑何反，鶩，音木，脾，扶移反，肶，昌尸反。○肉腥細者為膾，大者為軒。言大切細切異名也。
膾者必先軒之，所謂聶而切之也。○腥，音星，字林作胜，云不熟也。先丁反。聶，本又作攝，又作牒，皆之涉反，下同。或曰麋
鹿魚為菹，麕為辟雞，野豕為軒，兔為宛脾，切葱若薤，實
諸醯以柔之。此軒、辟雞、宛脾，皆菹類也。釀菜而柔之以醯，殺腥
肉及其氣。今益州有鹿㲋者，近由此為之矣。軒，
且聶而不切，辟雞、宛脾聶而切之。軒，或為胖。宛，或為鬱。○麕，君倫
反。辟，必益反，徐芳益反，注同。宛，于阮反。脾，婢支反。醯，呼兮反，本
或作醢。㲋，於偽反，益州人取鹿殺而埋之地
中，令自臭，乃出食之，名鹿㲋。㲋，臭也。近，附近之近。○羹食自諸侯以
下至於庶人無等。羹食，食之主也。庶人無羹，乃異耳。○食音嗣，注羹食并下文食禮同。大夫無

秩膳謂五十始命未甚老也秩常也大夫七十而有閣有秩膳也庋以板為之庋食物也○庋又作庪九委反或居彼反本亦作㡯天子之閣左達五右達五公侯伯於房中五大夫於閣三士於坫一達夾室大夫言於閣與天子同處天子二五倍諸侯也五者三牲之肉及魚腊也○坫丁念反夾古洽反又古協反處昌慮反○凡養老有虞氏以燕禮夏后氏以饗禮殷人以食禮周人脩而兼用之凡五十養於鄉六十養於國七十養於學達於諸侯八十拜君命一坐再至瞽亦如之九十者使人受五十異粻六十宿肉七十貳膳八十常珍九十飲食不違寢膳飲從於遊可也六十歲制七十時制八十月制九十日脩唯絞紟衾冒死而后制五十始衰六十非肉不飽七十非帛不煖八十非人不煖九十雖得人不煖矣五十杖於家六十杖於鄉七十杖於國八十杖於朝九十者天子欲

有問焉則就其室以珍從七十不俟朝八十月告存九
十日有秩五十不從力政六十不與服戎七十不與賓
客之事八十齊喪之事弗及也五十而爵六十不親學
七十致政凡自七十以上唯衰麻為喪重言凡養老有虞氏以燕禮止
唯衰麻為喪一段重見王制第五篇元此凡自七十以上一句凡三王養老皆引年八十者
一子不從政九十者其家不從政瞽亦如之凡父母在
子雖老不坐有虞氏養國老於上庠養庶老於下庠夏
后氏養國老於東序養庶老於西序殷人養國老於右
學養庶老於左學周人養國老於東膠養庶老於虞庠
虞庠在國之西郊有虞氏皇而祭深衣而養老夏后氏
收而祭燕衣而養老殷人冔而祭縞衣而養老周人冕
而祭玄衣而養老記王制有此。粻知良反粮也字林云量也緇古又反紟其鳩反本又作衿同肩也

[illegible]反煖乃管反朝直遥反下同珍從才用反又疾用反與音預下同齊側皆反衰七回反膠音交冔況甫反縞古老反又古報反有虞氏養國老於上庠止玄衣而養老一段重見王制第五【重言】

○曾子曰孝子之養老也樂其心不違其志樂其耳目安其寢處以其飲食忠養之孝子之身終終身也者非終父母之身終其身也是故父母之所愛亦愛之父母之所敬亦敬之至於犬馬盡然而況於人乎賤喻貴也○樂音洛下同養羊亮反○凡養老五帝憲憲法也養之爲法其德行○爲于僞反行下孟反三王有乞言有讀爲又又從之求善言可施行也○有音又出注五帝憲養氣體而不乞言有善則記之爲惇史三王亦憲既養老而后乞言亦微其禮皆有惇史惇史史惇厚者也微其禮若依違言之求而不切也○惇音敦敦厚也○淳熬煎醢加于陸稻上沃之以膏曰淳熬淳沃也熬亦煎也沃煎成之以爲名○淳之純反熬五羔反下及注同淳毋煎醢加于黍食上沃之以膏曰淳毋毋讀曰模模象也作此象淳熬○毋依注音模莫胡反下同食

音嗣

炮：取豚若將，刲之刳之，實棗於其腹中，編萑以苴之，塗之以謹塗，炮之，塗皆乾，擘之，濯手以摩之，去其皽，為稻粉，糔溲之以為酏，以付豚，煎諸膏，膏必滅之，鉅鑊湯，以小鼎薌脯於其中，使其湯毋滅鼎，三日三夜毋絕火，而后調之以醯醢。炮者，以塗燒之為名也。將當為牂，牂，牡羊也。刲刳，博異語也。謹當為墐，聲之誤也。墐塗，塗有穰草也。皽謂皮肉之上䐴莫也。糔溲亦博異語也。糔讀與滫瀡之滫同。薌脯謂煮豚若羊於小鼎中，使之香美也。謂之脯者，既去皽，則解析其肉，使薄如為脯然。唯豚全耳。豚羊入鼎三日，乃內醯醢可食也。○炮，步交反。牂，依注音牂，子郎反。刲，苦圭反。刳，口孤反，又口侯反。編，必縣反，又步典反。萑音丸，芦也。苴，子餘反，苞裹也。謹，依注作墐，音斤。塗如字。炮之，絕句。塗皆乾，絕句。塗本亦作塗。擘之，必麥反，絕句。濯，直角反。去，起呂反，注同。皽，章善反。糔，息酒反，又相流反，又息了反。溲，所九反。付，徐音賦。鉅音巨，其據反。鑊，戶郭反。使湯，一本作使其湯。穰，如羊反，草也。䐴，莫上普伯反，或音博，下亦作膜，武博反。析，星歷反。○擣珍：取牛羊麋鹿麕之肉，必脄，每物與牛若一，捶反側之，去其餌，孰出之，去其皽，柔其肉。脄，脊側肉也。捶，擣之也。餌，筋腱也。柔之為汁和也。汁和亦醯醢與？○脄音每，徐亡代反。夾脊肉。餌音二。一本或作䰞，下仿作之。筋音斤。腱，徐其偃反，皇紀偃反。一音其言反。隱義云：筋之大者。王逸注楚詞云：筋頭也。与音餘。○漬：取牛肉必新殺者，薄切之，必絶其理，湛諸美酒，期朝而食之，以醢若醯醷。湛亦漬也。○湛，子潛反，直隂反。又將鴆反。一音陟鴆反。注同。期音朞。○爲熬：捶之，去其皽，編萑布牛肉焉，屬桂與薑，以洒諸上而鹽之，乾而食之。施羊亦如之。施麋、施鹿、施麕，皆如牛羊。欲濡肉，則釋而煎之以醢；欲乾肉，則捶而食之。熬，於火上爲之也。今之火脯似矣。欲濡欲乾，人自由也。醢或爲醓。此七者，周礼八珍，其一肝膋是也。○洒，所買反，徐西見反。又監音鹽。又如字。乾而食之，一本乾而食之三字。濡音儒，下同。膋音遼，徐音勞。○糝：取牛羊豕之肉，三如一，小切之，與稻米。稻米二，肉一，合以爲餌，煎之。此周礼糝食也。○食音嗣。下酏食同。○肝膋：取狗肝一，幪之以其膋，濡炙之，舉燋其膋，不蓼。膋，腸間脂。蓼或爲巨。○幪音蒙。焦字又作燋，子消反。取稻米舉糔溲之，小切狼臅膏，以與稻米爲酏。狼臅膏，臆中膏也。以煎稻米，則似今膏𩜹矣。此周礼酏食也。此酏當從餰。

○酏讀爲餰之然反又之善反注餰食同臆音億饘餈上本又作餰食又作餈食並同之然反又音資○禮始於謹夫婦爲宮室辨外內男子居外女子居內深宮固門閽寺守之男不入女不出閽掌守中門之禁也寺掌內人之禁令也○閽音昏男女不同椸枷不敢縣於夫之楎椸不敢藏於夫之篋笥不敢共湢浴竿謂之椸楎杙也○椸本又作䙲以支反枷音嫁縣音玄楎音暉笥息吏反竿音干杙音弋【重言】男女不同椸枷一見曲礼上夫不在斂枕篋簟席襡器而藏之不敢褻也少事長賤事貴咸如之咸皆也【重言】少事長賤事貴一見薦首夫婦之禮唯及七十同藏無間衰老無嫌又猶至也○間徐間厠之間皇如字讀故妾雖老年未滿五十必與五日之御五十始衰不能孕也妾閉房不復出御矣此御謂侍夜勸息也五日一御諸侯制也諸侯取九女姪娣兩兩而御則三日也次兩媵則四日也次夫人專夜則五日也○天子十五日乃一御○年未五十本又作年未滿五十与皆須復扶又反下文夫復同姪大結反娣大計反媵羊證反又繩證反將御者齊漱澣慎衣服櫛縰笄總角拂髦衿纓綦屨其往如朝也角衍字也拂髦或爲縿髦也○齊側皆反下

皆同。澣音浣。朝直遥反，下文朝服注朝於君皆同。繆居虯反。雖婢妾衣服飲食必後長者。人貴賤不可以無禮。○後胡豆反。妻不在妾御莫敢當夕。辟女君之御日也。○辟音避，下辟人縰笄皆同。○妻將生子及月辰居側室。側室謂夾之室，次燕寢也。夫使人日再問之。作而自問之。妻不敢見，使姆衣服而對至于子生。夫復使人日再問之。作有感動。○見賢遍反，下及注同。姆音茂，字林亡又反，女師也。一音母，又音亡久反。夫齊則不入側室之門。若始時使人問。子生男子設弧於門左，女子設帨於門右。表男女也。弧者示有事於武也。帨事人之佩巾也。三日始負子，男射女否。始有事也。負之謂抱之而使鄉前也。○鄉休亮反，下文西鄉皆同。○國君世子生，告于君，接以大牢，宰掌具。接讀爲捷，捷勝也。謂食其母使補虛強氣也。○接依注音捷，字妾反，下接子同。食音嗣，下注食子、食乳皆同。三日卜士負之，吉者宿齊朝服寢門外，詩負之。射人以桑弧蓬矢六射天地四方。詩之言承也。桑弧蓬矢本大古也。天地四方男子所有事也。○射天地食亦反。承如字，徐音拯救之拯。大音泰。【重言】射人以桑弧蓬

三九五

矢六射天地四方一重見射義四十六無射人以三字保受乃負之代士也保保母宰醴負子

賜之束帛醴當爲禮声之誤也礼以一獻之礼酬之以幣也卜士之妻大夫之妾

使食子食子不使君妾適妾有敵義不相褻以勞辱事也士妻大夫之妾謂時自有子○嫡本亦作適同音丁歷反

○凡接子擇日雖三日之内尊卑同皆選其吉焉冢子則大牢天子世子也冢大也冢子

猶言長子通於下也庶人特豚士特豕大夫少牢國君世子大牢

比皆謂長子其非冢子則皆降一等謂冢子之弟及衆妾之子生也天子諸侯少牢大夫特豕

士特豚庶人猶特豚也○異爲孺子室於宮中特埽一處以處之○一處尺御反擇於

諸母與可者必求其寬裕慈惠溫良恭敬愼而寡言者

使爲子師其次爲慈母其次爲保母皆居子室此人君養子之

禮也諸母衆妾也可者傳御之屬也子師教示以善道者慈母知其嗜欲者保母安其居處者士妻食乳之而已○嗜市志反他

人無事不往爲兒精氣微弱將驚動也○爲于僞反下爲改爲大溫皆同三月之末擇日

翦髮爲鬌男角女羈否則男左女右鬌所遺髮也夾囟曰角午達曰

羈也○鬌丁果反徐大果反囟音信又思忍反是日也妻以子見於父貴人則爲
衣服由命士以下皆漱澣貴人大夫以上也由自也男女夙興沐浴衣
服具視朔食朔食天子大牢諸侯少牢大夫特豕士特豚也夫入門升自阼階
立于阼西鄉妻抱子出自房當楣立東面入門者入側室之門也大
夫以下見子就側室見妾子於內寢辟人君也○楣音眉姆先相曰母某敢用時日祗
見孺子某妻姓若言姜氏也祗敬也或作振○相息亮反夫對曰欽有帥父執子
之右手咳而名之欽敬也帥循也言教之敬使有循也執右手明將授之事也○孩字又作咳戶才反妻
對曰記有成遂左還授師記猶識也識夫之言使有成也師子師也○還音旋轉也子師
辯告諸婦諸母名後告諸母君名成於尊○辯音遍下同妻遂適寢復夫之燕
寢夫告宰名宰辯告諸男名書曰某年某月某日某生
而藏之宰謂屬吏也春秋書桓六年九月丁卯子同生宰告閭史閭史書爲二
其一藏諸閭府其一獻諸州史州史獻諸州伯州伯命

藏諸州府。四閭爲族族百家也閭胥中士一人五黨爲州州二千五百家也州長中大夫一人也皆有屬吏獻猶言

也。夫入食如養禮。夫入已見子入室也其與妻食如婦始饋舅姑之禮也。○養羊尚反 ○世

子生則君沐浴朝服夫人亦如之皆立于阼階西鄉世

婦抱子升自西階君名之乃降。子升自西階則人君見世子於路寢也見妾子就側

室凡子生皆就側室諸侯夫人朝於君次而褖衣也。○褖通乱反 適子庶子見於外寢撫其

首咳而名之禮帥初無辭。此適子謂世子弟也庶子妾子也外寢君燕寢也無辭辭謂欲有帥

記有成也。○適丁歷反注及下同 ○凡名子不以日月不以國。終使易諱。○易以豉反

不以隱疾。諱衣中之疾難爲醫也 【重言】 不以日月不以國不以隱疾二曲礼上篇云不以國不以日月不以隱疾

大夫士之子不敢與世子同名。尊世子也其先世子生亦勿爲改。○ 【重言】 一一見曲

礼下 妾將生子及月辰夫使人日一問之子生三月之末

漱澣夙齊見於內寢禮之如始入室君已食徹焉使之

特餕遂入御。內寢適妻寢也礼謂已見子夫食而使獨餕也如始入室始來嫁時妾餕夫婦之餘亦如之既

完子可以御此謂大夫士之妾也凡妾稱夫曰君。三月之末一本作子生三月之末○公庶子生就側
室三月之末其母沐浴朝服見於君擯者以其子見君
所有賜君名之衆子則使有司名之擯者傅姆之屬也人君尊雖妾不抱子有
賜於君有恩惠也有司臣有事者也當桓公名子同於申繻也。繻音須○庶人無側室者及月
辰夫出居羣室其問之也與子見父之禮無以異也夫雖
辟之至問妻及見子禮同也庶人或無妾○凡父在孫見於祖祖亦名之禮如
子見父無辭見子於祖家統於尊也父在則無辭有適子者無適孫適見冢子同也父卒而有適孫則有辭與見
冢子同父雖卒而庶孫猶無辭也○食子者三年而出見於公宮則劬劬勞
也士妻大夫之妾食國君之子三年出歸其家君有以勞賜之。食音嗣注及下文食母同勞賜上力報反大夫之
子有食母選於傅御之中喪服所謂乳母也士之妻自養其子賤不敢使人也○
由命士以上及大夫之子旬而見旬當為均声之誤也有時適妾同時生子子均
而見者以生先後見之既見乃食亦辟人君也易說卦坤為均今亦或作旬也。旬音均出注冢子未食而

見必執其右手適子庶子已食而見必循其首天子諸侯尊別世子雖同毋禮則異矣未食已食急正緩庶之義也○別彼列反下其別反○子能食食教以右手能言男唯女俞男鞶革女鞶絲俞然也鞶小囊盛帨巾者男用韋女用繒有飾緣之則是鞶裂與詩云垂帶如厲紀子帛名裂繻字雖今異意實同也○食食上如字下音嗣唯于癸反徐以水反俞以朱反鞶步干反盛音成緣于絹反裂音列或音厲與音預厲音列六年教之數與方名方名東西七年男女不同席不共食蚤其別也【重意】男女不同席曲禮上父子不同席八年出入門户及即席飲食必後長者始教之讓示以廉恥○後胡豆反九年教之數日朔望與六甲也○數所主反十年出就外傅居宿於外學書記衣不帛襦袴禮帥初朝夕學幼儀請肄簡諒外傅教學之師也不用帛爲襦袴爲大温傷陰氣也禮帥初遵習先日所爲也肄習也諒信也請肄簡謂所書篇數也請習簡信謂應對之言也○襦如字又作襦音儒袴苦故反肄本又作肄同以二反大音泰勺章略反注同十有三年學樂誦詩舞勺成童舞象學射御先學勺後學象文武之次也成童十五以上二十

而冠，始學禮，可以衣裘帛，舞《大夏》，惇行孝弟，博學不教，內而不出。大夏，樂之文武備者也。內而不出，謂人之謀慮也。○冠，古亂反。衣，於既反。行，如字，又下孟反。弟音悌。重意二十而冠，曲禮上「二十曰弱冠」，又「男子二十冠而字」。三十而有室，始理男事，博學無方，孫友視志。室猶妻也。男事，受田給政役也。方猶常也。至此學無常，在志所好也。孫，順也。順於友，視其所志也。○孫音遜，注同。好，呼報反。四十始仕，方物出謀發慮，道合則服從，不可則去。方猶常也。物猶事也。○去，如字。五十命為大夫，服官政。統一官之政也。七十致事。致其事於君而告老。○凡男拜，尚左手。左，陽。○女子十年不出，恒居內也。姆教婉娩聽從。婉謂言語也。娩之言媚也。媚謂容貌也。○婉，紆晚反，徐紆願反。娩音晚，徐音萬。執麻枲，治絲繭，織紝組紃，學女事以共衣服。紃，絛。○枲，思里反。繭，古典反。紝，女金反，又如林反。組音祖。紃音巡。共音恭。絛，他刀反。觀於祭祀，納酒漿、籩豆、菹醢，禮相助奠。當及女時而知。○相，息亮反。十有五年而笄。謂應年許嫁者。女子許嫁，笄而字之。其未許嫁，二十則笄。○應，應對之應。二十而嫁，有故，二十三年而嫁。故謂父母

之喪

聘則爲妻聘問也妻之言齊也以禮見問則得與夫敵體奔則爲妾妾之言接也聞彼有禮走而往焉以得接見於君子也奔或爲衒○見賢遍反衒古縣字本又作衒字魚據反凡女拜尚右手右陰也

纂圖互註禮記卷之八

纂圖互註禮記卷之九

禮記　　鄭氏註

玉藻第十三。陸曰鄭云以其記服冕之事也冕之旒以藻紃貫玉爲飾因以名之

天子玉藻十有二旒前後邃延龍卷以祭祭先王之服也雜采曰藻天子以五采藻爲旒旒十有二前後邃延者言皆出冕前後而垂也天子齊肩延冕上覆也玄表纁裏龍卷畫龍於衣字或作袞。藻本又作璪音早旒力求反邃雖醉反祭也注同延如字徐餘戰反字林作綖弋善反卷音袞古本反注同【重意】郊特牲禮器命篇藻十有二旒

玄端而朝日於東門之外聽朔於南門之外閏月則闔門左扉立于其中端當爲冕字之誤也玄衣而冕冕服之下朝日春分之時也東門南門皆謂國門也天子廟及路寢皆如明堂制明堂在國之陽每月就其時之堂而聽朔焉卒事反宿路寢亦如之閏月非常月也聽其朔於明堂門中還處路寢門終月凡聽朔必以特牲告其帝及神配以文王武王。端音冕出注下諸侯玄端同朝直遥反篇內除下注朝之餘皆同闔胡臘反扉音非一本作則闔門左扉

皮弁以日視朝遂以食日中而餕奏而食日少牢朔月大牢餕食朝之餘也奏奏樂也。餕音俊五飲

上水漿酒醴酏上水水爲上餘其次之。酏以支反卒食玄端而居天子服玄端燕居也動則左史書之言則右史書之其書春秋尚書其存者御瞽幾聲之上下瞽樂人也幾猶察也察其哀樂。瞽音古上時掌反哀樂音洛年不順成則天子素服乘素車食無樂自貶損也。諸侯玄端以祭祭先君也端亦當爲冕字之誤也諸侯祭宗廟之服唯魯與天子同裨冕以朝朝天子也裨冕公袞侯伯鷩子男毳也。裨婢支反鷩必列反毳昌銳反皮弁以聽朔於大廟皮弁下天子也。大音泰後大廟同下戶嫁反朝服以日視朝於内朝朝服冠玄端素裳也此内朝路寢門外之正朝也天子諸侯皆三朝朝辨色始入君臣也入入應門也辨猶正也別也。辨如字徐扶免反別彼列反君日出而視之退適路寢聽政使人視大夫大夫退然後適小寢釋服小寢燕寢也釋服服玄端又朝服以食特牲三俎祭肺食必復朝服所以敬養身也三俎豕魚腊。復扶又反夕深衣祭牢肉祭牢肉異於始殺也天子言日中諸侯言夕天子言餕諸侯言祭牢肉互相挾。挾戶頰反朔月少牢五俎四簋五俎加羊與其腸胃也朔月四簋則日食粱稻各一

簋盉而已○簠音甫本或作簋盉䏐也音胃子卯稷食菜羹忌日貶也○食音嗣夫人與
君同庖不特殺也○庖步交反徐扶交反下同君無故不殺牛大夫無故不
殺羊士無故不殺犬豕故謂祭祀之屬重言一見王制第五篇君作諸侯君子遠
庖廚凡有血氣之類弗身踐也踐當爲翦聲之誤也翦猶殺也○遠于万反踐音翦
翦子淺反出注至于八月不雨君不舉爲旱變也此謂建子之月不雨尽建未月也春秋之義周
之春夏無雨未能成災至其秋秀實之時而無雨則雩雩而得之則書雩喜祀有益也雩而不得則書旱明災成也○爲于僞反下
旱爲猶爲明爲爲失皆同息戶反重意王制篇王二日不舉年不順成君衣布搢本關梁
不租山澤列而不賦土功不興大夫不得造車馬皆爲凶年
變也君衣布者謂若衞文公大布之衣大帛之冠是也搢猶扱也扱茶飾士笏也士以竹爲笏飾本以象關梁不租此周禮也殷則關
恒譏而不征列之言遮列也雖不賦猶爲之禁不得非時取也造謂作新也○衣於既反注君衣布同搢徐音箭又如字去丘呂反
下刷去同珽他頂反茶音舒笏音忽遮支奢反○卜人定龜謂靈射之屬所當用者○射音亦周礼作繹尔
雅作謝史定墨視兆坼也坼勑白反○君定體視兆所得也周公曰體王其無害○君羔

幦虎犆幦覆笭也犆讀皆如直道而行之直直謂緣也此君齊車之飾○幦音覓徐莫狄反犆依注音直下同笭本又
作軨音零緣尹絹反後文注皆放此齊側皆反下文注皆同大夫齊車豹幦犆朝車士
齊車鹿幦豹犆臣之朝車與齊車同飾○君子之居恒當户鄉明○鄉
許亮反寢恒東首首生氣也○首手又反注同若有疾風迅雷甚雨則
必變雖夜必興衣服冠而坐敬天之怒○迅音峻又音信衣於既反下衣布同又如字日
五盥沐稷而靧粱櫛用樿櫛髮晞用象櫛進禨進羞工
乃升歌晞乾也沐靧必進禨作樂盈氣也更言進羞明爲羞籩豆之實○盥音管靧音悔櫛側乙反樿章善反禨其既
一反浴用二巾上絺下綌○刷去垢也○絺丑疑反綌去逆反刷色劣反垢古口反出杅履
蒯席連用湯杅浴器也蒯席澀便於洗足也連猶釋也○杅音雩蒯苦怪反連力旦反釋也注同澀所戢反○
便婢面反履蒲席衣布晞身乃屨進飲進飲亦盈氣也○屨九具反本又作履將
適公所宿齊戒居外寢沐浴史進象笏書思對命思所
思念將以告君者也對所以對君者也命所受君命者也書之於笏爲失忘也既服習容觀玉聲玉佩

乃出揖私朝煇如也登車則有光矣私朝自大夫家之朝也揖其臣乃行○煇音暉

天子搢珽方正於天下也珽亦笏也謂之珽珽之言珽然无所屈也或謂之大圭長三尺杼上終葵首終葵首者於杼上又廣其首方如椎頭是謂无所屈後則恒直相玉書曰珽玉六寸明自炤○長直亮反後放此杼直呂反葵如字終葵椎也椎直追反下同相息亮反珽他頂反本又作珵音呈炤音照

諸侯荼前詘後直讓於天子也荼讀爲舒遲之舒舒懦者所畏在前也詘謂圜殺其首不爲椎頭諸侯唯天子詘焉是以謂笏爲荼○荼音舒詘丘勿反後如字徐胡丘反懦乃亂反又奴亂反怯懦也又作懦人于反弱也皇云學士圜音圓殺色戒反徐所例反篇內皆同

大夫前詘後詘無所不讓也大夫奉君命出入者也上有天子下有己君又殺其下而圜

○侍坐則必退席不退則必引而去君之黨引卻也黨鄉之細者退謂旁側也辟君之親黨也○黨鄉之細也退謂旁側也一本或作黨鄉之細者謂旁側也避君之親黨

○登席不由前爲躐席升必由下也○爲于僞反又如字躐力輒反

徒坐不盡席尺示无所求於前不忘謙也

讀書食則齊豆去席尺讀書聲當聞尊者食爲汚席也○爲于僞反下爲大有同汚汚穢之汚又烏臥反

○若賜之食而君客之則命之祭然後

祭（雖見賓客猶不敢備禮也侍食則正不祭）先飯辯嘗羞飲而俟（俟君食而後食也君將食臣先嘗之忠孝也○飯扶晚反下至三飯文注皆同辯嘗音遍）若有嘗羞者則俟君之食然後食飯飲而俟（不祭侍食不敢備禮也不嘗羞膳宰存也飯飲利將食也）君命之羞羞近者（辟貪味也○辟音避）命之品嘗之然後唯所欲（必先徧嘗之○徧音遍本又作備）凡嘗遠食必順近食（從近始也）君未覆手不敢飧（覆手以循咡已食也飧勸食也○覆芳服反注同飧音孫注及下同咡耳侍反）君既食又飯飧（不敢先君飽○先息薦反下同）飯飧者三飯也（臣勸君食如是可也）君既徹執飯與醬乃出授從者（食於尊者之前當親徹也○從才用反）○凡侑食不盡食食於人不飽（謙也○侑音又）唯水漿不祭若祭爲已傺卑（水漿非盛饌也已猶太也祭之爲大有所畏迫臣於君則祭之○傺虛延反厭也大音泰下同下尾大同）君若賜之爵則越席再拜稽首受登席祭之飲卒爵而俟君卒爵然後授虛爵（不敢先君盡爵）君子之飲酒也受一爵而色洒如也（洒如肅敬

貌洒或爲察○洒先典反又西礼反上爾作察一云明貌也二爵而言言斯言言和敬貌斯猶耳也○言言魚斤反注同禮已三爵而油油油油說敬貌○油油音由本亦作由王肅本亦作一爵而言言注云飲一爵可以語也又一云言言則禮注云語必以禮也三爵而油油注云說敬貌无已及下油字也○說音悅以退禮飲過三爵則敬殺可以夫矣退則坐取屨隱辟而后屨坐左納右坐右納左隱辟俛逡巡而退著屨也○辟匹亦反又徐芳亦反注同而屨一本作而後屨屨俛音免逡七巡反遁音巡著屨丁畧反○凡尊必上玄酒不忘古也【重意】鄉飲酒義四十五尊有玄酒唯君面尊面猶鄉也燕禮曰司宮尊于東楹之西兩方壺左玄酒南上公尊瓦大兩有豐在尊南南上○鄉許亮反【重意】少儀尊壺者面其鼻唯饗野人皆酒貴賤者不備礼○飲於鴆反大夫側尊用棜士側尊用禁棜斯禁也無足有似於棜是以言棜○棜於據反注同斯如字又音賜○始冠緇布冠自諸侯下達冠而敝之可也本太古耳非時王之法服也○冠古亂反下冠而注同敝音弊本亦作弊【重意】始冠緇布冠郊特牲始冠之緇布冠也【重言】冠而敝之可也二見郊特牲十一篇玄冠朱組纓天子之冠也緇布冠繢緌諸侯之冠也皆始冠之冠也玄冠委貌也諸侯緇布冠有緌尊者飾也繢或作繪緌或

作䌨。繢，戶內反，注繪同。綏本又作䌨，耳隹反，注及下皆同。玄冠丹組纓，諸侯之齊冠也。

玄冠綦組纓，士之齊冠也。言齊時所服也。四命以上，齊祭異冠。○齊，側皆反，下同。綦音其，徐其記反，雜色也。上，時掌反，下而上同，後皆放此。縞冠玄武，子姓之冠也。謂父有喪服，子為之不純吉也。武，冠卷也。古者冠卷殊。○縞，古老反，又古報反，下同。為，于偽反。卷，起權反，下同。縞冠素紕，既祥之

冠也。紕，緣邊也。紕讀如埤益之埤。既祥之冠也，已祥祭而服之也。《間傳》曰：大祥素縞麻衣。○紕音埤，又婢支反。閒，古閑反。傳，直專反。垂緌五寸，惰游之士也。惰游，罷民也。亦縞冠素紕，凶服之象也。垂長緌，明非既祥。○惰，徒卧反。罷音皮。玄冠縞武，不齒之服也。所放不帥教者。居冠屬武，謂燕居冠也。著冠於武，少威儀。○屬，章欲反。著，皇直畧反，徐丁畧反。自天子下達，有事然後緌。燕無事者去飾。○去，丘呂反，下同。重言 自天子下達，王制五：自天子達於庶人。五十不散送。送喪不散麻，始衰不備禮。○散，悉旦反，注同。衰，所追反。親沒不髦。去為子之飾。○不髦音毛。大帛不緌。帛當為白，吉之誤也。大帛，謂白布冠也。不緌，凶服去飾。玄冠紫緌，自魯桓公始也。三家僭宋王者之後服也。緌當用繢。○僭，子念反，後同。○朝玄端，夕深衣。深衣三袪。謂大夫士也。三袪者，謂要中之數也。袪，尺

二寸圍之爲二尺四寸三之七尺二寸。䙆自遥反深衣三袪起魚反本或無衣字要一遥反下文注同縫齊倍要

縫紩也紩下齊倍要中齊丈四尺四寸縫或爲逢或爲豐。縫音逢齊音咨本又作齎注同紩直乙反徐治栗反衽當

旁衽謂裳幅所交裂也凡衽者或殺而下或殺而上是以小要取名焉衽屬衣則垂而放之屬裳則縫之以合前後上下相

變。衽而審反又如鴆反屬音燭下同袂可以回肘一尺二寸之節。袂面世反肘竹丑反【重意】袂可以回肘

深衣篇可以運肘長中繼揜尺其爲長衣中衣則繼袂揜一尺若今褎矣深衣則緣而已。褎音袖下文

同袷二寸曲領也。袷音劫袪尺二寸袂口也緣廣寸半飾邊也。廣徐

公曠反後放此【重意】深衣篇廣各寸半以帛裹布非禮也中外宜相稱也冕服絲衣也中衣用素皮

弁服朝服玄端麻衣也中衣用布。裹音里稱尺證反士不衣織織染絲織之士衣染繒也。衣於既反注及下

注同織音志注織染同繒似綾反無君者不貳采大夫去位宜服玄端玄裳。去如字衣正

色裳閒色謂冕服玄上纁下。閒間廁之間非列采不入公門列采正服。【重言】不入公

門六下文二曲禮下三振絺綌不入公門表裘不入公門振讀爲袗袗襌也表裘外

衣也二者形且褻皆當表之乃出。振依注爲袗之忍反襌音丹下文注同【重言】振絺綌一曲禮下一襲裘不入

公門。衣裘必當裼也。○裼思歷反 纊爲繭，縕爲袍。衣有著之異名也。纊謂今之新綿也，縕謂今纊及舊絮也。○纊音曠，繭古典反，縕紆粉反，又紆郡反，袍步羔反，絮息慮反。襌爲絅，有衣裳而無裏。○絅苦迥反，徐又音迥。帛爲褶。有表裏而無著。○褶音牒，袷也。朝服之以縞也，自季康子始也。亦僭宋王者之後。孔子曰：朝服而朝，卒朔然後服之。謂諸侯與羣臣也。諸侯視朝皮弁服。曰：國家未道，則不充其服焉。謂若衛文公者。未道，未合於道。唯君有黼裘以誓省，大裘非古也。僭天子也。天子祭上帝，則大裘而冕。大裘，羔裘也。黼裘以羔與狐白雜爲黼文也。省當爲獮，獮，秋田也。國君有黼裘誓獮田之禮，時大夫又有大裘也。○黼音甫，省依注作獮，息典反，秋獮名。君衣狐白裘，錦衣以裼之。君衣狐白毛之裘，則以素錦爲衣覆之，使可裼也。袒而有衣曰裼，必覆之者，裘褻也。詩云：衣錦絅衣，裳錦絅裳。然則錦衣復有上衣明矣。天子狐白之上衣皮弁服與？凡裼衣象裘色也。○衣於既反，下文不衣同，復扶又反，與音餘。君之右虎裘，厥左狼裘。衛尊者，宜武猛。士不衣狐白。辟君也。狐之白者少，以少爲貴也。○辟音避。君子狐青裘豹褎，玄綃衣以裼之。君子，大夫、士也。綃，綺屬也，染之以玄，於狐青裘相宜。狐青裘，蓋玄衣之裘。○豹包教反，綃音消。麛裘青豻褎，絞衣以裼之。豻，胡犬也。絞，蒼黃之色也。孔子曰：素衣麑裘。○麛音迷。豻音岸，胡地野犬。絞，戶交反。羔裘豹飾，緇衣以裼之。飾猶褎也。孔子曰：緇衣羔裘。狐裘，黃衣以裼之。黃衣，大蜡時臘先祖之服也。孔子曰：黃衣狐裘。○蜡，仕嫁反。臘，力合反。錦衣狐裘，諸侯之服也。諸侯則不用錦衣為裼。犬羊之裘不裼，質略，亦庶人無文飾。不文飾也不裼。裼主於有文飾之事。裘之裼也，見美也。君子於事以見美為敬。○見，賢遍反，注下注及下文同。弔則襲，不盡飾也。喪非所以見美。君在則裼，盡飾也。臣於君所。服之襲也，充美也。充猶覆也。所敬不主於君則襲。是故尸襲，尸尊。執玉龜襲。重寶瑞也。無事則裼，弗敢充也。謂已致龜玉也。○笏：天子以球玉，諸侯以象，大夫以魚須文竹，士竹本象可也。球，美玉也。文猶飾也。大夫士飾竹以為笏，不敢與君並用純物也。○球音求。魚須文竹，崔云用文竹及魚班也。隱義云以魚須飾文竹之邊。須音班。見於天子與射，無說笏，入太廟說笏，非古也。言凡吉事無所說笏也。太廟之中唯君當事說笏也。○說，本又作挩，同，他活反，下及注同。小功不說笏，當事免則說之。免，悲哀哭踊之時，不

(在朝記事也小功輕不當事可以搢笏也○免音問注同)既搢必盥雖有執於朝弗有盥矣(搢笏輒盥爲必執事○爲于僞反)凡有指畫於君前用笏造受命於君前則書於笏笏畢用也因飾焉(畢盡也○畫呼麥反造七報反舊七刀反)笏度二尺有六寸其中博三寸其殺六分而去一(殺猶杼也天子杼上終葵首諸侯不終葵首大夫士又杼其下首廣二寸半○去起呂反下注去上則去去飾同)而素帶終辟大夫素帶辟垂士練帶率下辟居士錦帶弟子縞帶并紐約用組(而素帶終辟謂諸侯也諸侯不朱裏合素爲之如今衣帶爲之下天子也大夫亦如之率繂也士以下皆禪不合而繂積如今作幧頭爲之也辟讀如裨冕之裨裨謂以繒采飾其側人君充之大夫裨其紐及末士裨其末而已居士道藝處士也此自而素帶亂脫在是耳宜承朱裏終辟○帶音戴辟依注爲裨婢支反下同徐又音卑下繂辟終辟皆放此率音律注及下同并必政反紐女久反組音祖下戶嫁反繂音律幧七綃反又七曹反)韠君朱大夫素士爵韋(此玄端服之韠也韠之言蔽也凡韠以韋爲之必象裳色則天子諸侯玄端朱裳大夫素裳唯士玄裳黃裳雜裳也皮弁服皆素韠○韠音必)圜殺直(目韠制○圜音圓)天子直(四角直無圜殺)公侯前後

方殺四角使之方變於天子也所殺者去上下各五寸大夫前方後挫角圜殺其上角變於君也韠以下爲前以上爲後○挫作卧反士前後正士賤與君同不嫌也正直方之閒語也天子之士則直諸侯之士則方韠下廣二尺上廣一尺長三尺其頸五寸肩革帶博二寸頸五寸亦謂廣也頸中央肩兩角皆上接革帶以繫之肩與革帶廣同凡佩繫於革帶○頸吉井反又吉成反大夫大帶四寸雜帶君朱綠大夫玄華士緇辟二寸再繚四寸凡帶有率無箴功雜猶飾也即上之裨也君裨帶上以朱下以綠終之大夫裨垂外以玄內以華華黃色也士裨垂之下外內皆以緇是謂緇帶大夫以上以素皆廣四寸士以練廣二寸再繚之凡帶有司之帶也亦繂之如士帶矣無箴功則不裨士雖繂帶裨亦用箴功凡帶不裨下士也此又亂脫在是宜承紳韠結三齊○繂音律箴音針下士崔如字或户嫁反一命縕韍幽衡再命赤韍幽衡三命赤韍葱衡此玄冕爵弁服之韠尊祭服異其名耳韍之言亦蔽也縕赤黃之間色所謂韎也衡佩玉之衡也幽讀爲黝黑謂之黝青謂之葱周禮公侯伯之卿三命其大夫再命其士一命子男之卿再命其大夫一命其士不命○縕音溫韍音弗幽讀爲黝於糾反黑也韎莫拜反又音妹天子素帶朱裏終辟謂大帶也王后褘衣夫人揄

狄禕讀如翬揄讀如搖翬搖皆翟雉名也刻繒而畫之著於衣以爲飾因以爲名也後世作字異耳夫人三夫人亦侯伯之夫人也王者之後夫人亦禕衣○禕音暈許韋反注及下同揄音搖羊俏反尔雅云伊洛而南素質五色皆備成章曰翬江淮而南青質五色皆備成章曰鷂鷂音遥謂刻畫此雉形以爲后夫人服也翟直歷反著直略反又丁略反○三寸長齊于帶紳長制士三尺有司二尺有五寸子游曰參分帶下紳居二焉紳韠結三齊三寸謂約帶紐組之廣也長齊于帶与紳齊也紳帶之垂者也言其屈而重也論語曰子張書諸紳有司府史之屬也三分帶下而三尺則帶高於中也結約餘也此又亂脫在是宜承約用組紩或爲袗○紳音申本亦作申下同重直龍反君命屈狄再命禕衣一命襢衣士褖衣君女君也屈周礼作闕謂刻繒爲翟不畫也此子男之夫人及其卿大夫士之妻命服也禕當爲鞠字之誤也礼天子諸侯命其臣后夫人亦命其妻以衣服所謂夫尊於朝妻榮於室也子男之卿再命而妻鞠衣則鞠衣襢衣褖衣者諸侯之臣皆分爲三等其妻以次受此服也公之臣孤爲上卿大夫次之士次之侯伯之臣卿爲上大夫次之士次之褖或作稅○屈音闕注同禕依注音鞠居六反又曲六反襢張戰反褖吐亂反注作稅音同唯世婦命於奠繭其他則皆從男子奠猶獻也凡世婦以下蠶事畢獻繭乃命之以其服天子之后夫人九嬪及諸侯之夫人夫人在其位則妻得服其服

玉藻　九巳七

矣自君命屈狄至此亦亂脫在是宜承夫人揄狄　凡侍於君紳垂足如履齊頤霤垂拱視下而聽上視帶以及袷聽鄉任左紳垂則磬折也齊裳下緝也袷交領也○齊音咨本又作齋同頤以之反霤力救反袷居業反鄉許亮反折之列反又市列反緝篇末放此緝七入反○凡君召以三節二節以走一節以趨節所以明信輔君命也使使召臣急則持二緩則持一周禮曰鎮圭以徵守其餘未聞也今漢使者擁節○使使上音史下色吏反鎮珍刃反徐音珍守手又反漢使色吏反　在官不俟屨在外不俟車趨君命也必有執隨授之者官謂朝廷治事處也○處昌慮反　士於大夫不敢拜迎而拜送禮不敵始來拜則士辟也○辟音避下亦辟辟先辟德皆同　士於尊者先拜進面答之拜則走士往見卿大夫卿大夫出迎答拜亦辟也　士於君所言大夫沒矣則稱謚若字名士與大夫言名士字大夫君所大夫存亦名　於大夫所有公諱無私諱公諱若言語所辟先君之名【重意】曲禮下大夫之有公諱又君無所私諱　凡祭不諱廟中不諱謂明祝嘏之辭中有先之名者也凡祭祭群臣廟中上不諱下○古雅反【重言】廟中不諱一見曲禮上　教學臨文不諱爲或

記九

未知者。為于偽反下為動為起○事同【重言】臨文不諱二見曲禮古之君子必佩玉比德焉君
子士巳上右徵角左宮羽玉声所中也徵角在右事也民也可以劳宮羽在左君也物也宜逸○徵張里
反注同中丁仲反下文同趨以采齊路門外之樂節也門外謂之趨文齊當為楚茨之茨○趨七須反下又作趨齊依
注作茨疾私反采茨詩篇名行以肆夏登堂之樂節周還中規反行也宜圜○還音旋本亦作
旋下同圜音圓折還中矩曲行也宜方○折之設反【重】【意】仲尼燕居行中規還中矩進則揖之退
則揚之然後玉鏘鳴也揖之謂小俛見於前也揚之謂小仰見於後也鏘声貌○鏘七羊反見賢
徧反下同故君子在車則聞鸞和之聲行則鳴佩玉是以非
辟之心無自入也鸞在衡和在式自由也○僻本又作僻匹亦反又婢亦反徐芳益反【重言】非僻之心無自
入也重見君在不佩玉左結佩右設佩謂世子也出所處而君在焉則去德佩而
設事佩辟德而示即事也結其左者若於事未有能也結者結其綬不使鳴焉居則設佩謂所處而君不在焉朝
則結佩朝於君亦結左齊則綪結佩而爵韠綪屈也結又屈之思神靈不在事也爵韠
者齊服玄端○齊側皆反注同綪側耕反凡帶必有佩玉唯喪否喪主於哀去飾也凡謂天子以

至士佩玉有衝牙居中央以前後觸也○衝昌容反君子無故玉不去身君子於玉比德焉故謂喪與災眚○烖音災眚色耿反重意君子無故玉不去身曲礼下君無故玉不去身○君子於玉比德焉聘義四十八篇皆著君子比德於玉焉天子佩白玉而玄組綬公侯佩山玄玉而朱組綬大夫佩水蒼玉而純組綬世子佩瑜玉而綦組綬士佩瓀玟而縕組綬玉有山玄水蒼者視之文色所似也綬者所以貫佩玉相承受者也純當爲緇古文緇字或作絲旁才綦文雜色也縕赤黃○綬音受純讀爲緇側其反瑜羊朱反綦音其瓀而兖反徐又作碝同玟武巾反字又作砇同縕音溫孔子佩象環五寸而綦組綬謙不比德亦不事也象有文理者也環取可循而無窮○童子之節也緇布衣錦緣錦紳并紐錦束髮皆朱錦也童子未冠之稱也冠禮曰將冠者采衣紒也○并紐必正反下女丑反冠古亂反下並同尺證反紒音計肆束及帶勤者有事則收之走則擁之肆讀爲肄肄餘也肄束約組之餘組也勤謂執勞辱之事也此亦亂脫在是宜承無箴功○肆音肄以四反童子不裘不帛不屨絇無緦服聽事不麻無事則立主人之北

面見先生從人而入（皆爲幼少不備礼也雖不緦猶免深衣無麻往給事也裘帛溫傷壯氣也絇屨頭飾也○絇其俱反見賢遍反少詩照反下少儀同免音問）○侍食於先生異爵者後祭先飯（謙也○飯扶晚反曲禮上侍坐於先生）重言客祭主人辭曰不足祭也（祭者盛主人之饌也）客飧主人辭以疏（飧者美太主人之食也疏之言麤也○飧音孫注及下同）主人自置其醬則客自徹之（敬主人也徹奠于序端）一室之人非賓客一人徹（同事合居者也賓客則各徹其饌也）壹食之人一人徹（壹猶聚也爲赴事聚食也）凡燕食婦人不徹（婦人質不備禮）○食棗桃李弗致于核（恭也○核行隔反）瓜祭上環食中棄所操（上環頭忖也○操七刀反忖本又作刌寸本反徐子本反）凡食果實者後君子（陰陽所成非人事也○後胡豆反）火孰者先君子（備火齊不得也○先悉薦反齊才細反）有慶非君賜不賀（唯君賜爲榮也）有憂者（此下絕亡非其句也）勤者有事則收之走則擁之（此補脫重○脫音奪重直龍反又直用反）孔子食於季氏不辭不食肉而飧（以其待尸及饌非禮也）君賜車馬

乘以拜。賜衣服，服以拜。敬君惠也。賜，君未有命，弗敢即乘服也。謂卿大夫受賜於天子者，歸以致於其君，君有命乃服之。君賜，稽首，據掌致諸地。致首於地。據掌，以左手覆案右手也。○覆，芳服反。酒肉之賜弗再拜。輕也。受重賜者，拜受，又拜於其室也。凡賜，君子與小人不同日。慎於尊卑。○慎，一本作順。○凡獻於君，大夫使宰，士親，皆再拜稽首送之。敬也。膳於君，有葷、桃、茢，於大夫去茢，於士去葷，皆造於膳宰。膳，美食也。葷、桃、茢，辟凶邪也。大夫用葷桃，士用茢而已。葷，薑及辛菜也。茢，菼帚也。造，詣也。於膳宰，既致命而授之。○葷，或作焄，許云反，注焄同。茢音列，又音例。去，起呂反，下同。造，七報反，注同。辟，必亦反。邪，似嗟反。菼，吐敢反，郭璞云烏蓲也，取其苗爲帚。帚，本或作箒，之手反。大夫不親拜，爲君之荅已也。不敢褻動至尊。○爲，于僞反，下注爲其同。大夫拜賜而退，士待諾而退，又拜，弗荅拜。小臣受大夫之拜，復以入告。大夫拜便辟也。○復，扶又反，下不復同。辟音避，下辟尊者同。大夫親賜士，士拜受，又拜於其室。衣服，弗服以拜。異於君惠也。拜受，又就拜於其家，是所謂再拜也。敵者不在，拜於其室。謂來賜時不見也。見則不復往也。○敵，本又作

適音狄

凡於尊者有獻而弗敢以聞(此謂獻物也少儀曰君將適他臣若致金玉貨貝於君則曰致馬資於有司是其類也)士於大夫不承賀下大夫於上大夫承賀(承受也上有慶事不聽大夫親來賀已不敢變動尊也○聽天丁反)親在行禮於人稱父人或賜之則稱父拜之(事統於尊)○禮不盛服不充(禮盛者服充大事不崇曲敬)故大裘不裼乘路車不式(謂祭天也周禮王祀昊天上帝則服大裘而冕乘玉路或曰乘兵車不式)○父命呼唯而不諾手執業則投之食在口則吐之走而不趨(云至敬○唯于癸反徐以水反)○【重意】曲礼上父召無諾)親老出不易方復不過時(不可以憂父母也易方爲其不信已所処也復反也)親癠色容不盛此孝子之疏節也(言非至孝也癠病也王季有疾文王色憂行不能正履○癠才細反)父沒而不能讀父之書手澤存焉爾母沒而杯圈不能飲焉口澤之氣存焉爾(孝子見親之器物哀惻不忍用也圈屈木所爲謂卮匜之屬○圈起權反注同卮音支匜以支反)

○君入門介拂闑大夫中棖與闑之閒士介拂棖(此謂兩君

相見也棖門楔也君入必中門上介夾闑大夫介士介鴈行於後示不相必也君若迎賓客擯者亦然○介音界下及注同闑魚列反門橛也棖直庚反門楔也謂兩旁木楔○徐古八反皇先結反行户剛反必悦宣反賓入不中門不履閾辟尊者所從也此謂聘客也閾門限○閾音域又況域反【重意】不中門曲礼上云不中門○不履閾曲礼上云不踐閾公事自闑西聘享也私事自闑東覿面也○君與尸行接武尊者尚徐蹈半迹○蹈徒報反【重意】曲礼上云堂上接武大夫繼武迹相及也士中武迹閒容迹徐趨皆用是君大夫士之徐行也皆如与尸行之節也疾趨則欲發而手足毋移疾趨謂直行也蹤數自若發謂起屨也移之言靡匜也毋移欲其直且正欲或爲數○毋音無下如字數色角反下同匜羊尒反圈豚行不舉足齊如流圈轉也豚之言若有所循不舉足曳踵則衣之齊如水之流矣孔子執圭則然此徐趨也○圈丘遠反又去阮反注同豚本又作豚大本反徐徒困反注同齊如字音咨本又作齌同踵章勇反○【重言】行不舉足三一見曲礼下席上亦然尊処亦尚徐也○処尺慮反端行頤霤如矢弁行剡剡起屨此疾趨也端直也頤或爲雷追也○頤霤上音夷下力救反弁皮彦反急也剡以漸反字林因冉反雷追音夷徐音追執龜玉舉前曳踵蹜蹜如也著徐趨之事○宿宿作色六

反本或作蹡同曲礼下車輪曳踵【重意】○凡行容惕惕惕惕直疾貌也凡行謂道路也○惕音傷又音陽直而疾也廟中齊齊恭愨貌也○齊才兮反賀在皆反朝廷濟濟翔翔莊敬貌也○濟徐子礼反有威儀也翔本又作洋音詳【重意】少儀朝廷之儀濟濟翔翔○君子之容舒遲見所尊者齊遬謙愨貌也遬猶蹙蹙足也○齊遬音咨又側皆反下音速蹙子六反足容重舉欲遲也手容恭高且正也目容端不睇視也○睇大計反口容止不妄動也聲容靜不噦欬也○噦於厥反欬苦大反頭容直不傾顧也氣容肅似不息也立容德如有予也○德如字得也徐音置色容莊勃如戰色坐如尸尸居神位敬慎也【重言】二一見曲礼上○燕居告温温告謂教使也詩云温温恭人○凡祭容貌顏色如見所祭者如覩其人在此○覩丁古反○喪容纍纍羸憊貌也○纍良追反羸力皮反憊皮拜反色容顛顛憂思貌也○顛字又作顛音田又丁年反思息嗣反視容瞿瞿梅梅不審貌也○視容又作目容瞿紀具反又紀力反言容繭繭聲氣微也○繭古典反○戎容暨暨果毅貌也○暨其記反言容詻詻教令嚴也○詻五格反○色容厲肅儀形貌也視容清明

察於事也○視如字徐市志反立容辨卑毋謟、辨讀爲貶自貶卑謂磬折也謟謟爲頗身以有下也○辨讀爲貶彼檢反字林貶音方犯反謟音諂舊又音鹽注同下户嫁反、頭頸必中頭容直山立不搖動也

時行時而後行也詩云威儀孔時盛氣顛實揚休顛讀爲闐揚讀爲陽声之誤也盛身中之氣使之闐滿其息若陽氣之休物也○顛依注讀爲闐音田玉色色不變也○「凡自稱天子曰

予一人、謙自別於人而已○別彼列反又如字【重言】曰予一人二一見曲礼下伯曰天子之力

臣伯上公九命分陜者○陜失冉反諸侯之於天子曰某土之守臣某

其在邊邑曰某屛之臣某其於敵以下曰寡人小國之

君曰孤擯者亦曰孤邊邑謂九州之外大国之君自稱曰寡人擯者曰寡君○守手又反上大

夫曰下臣擯者曰寡君之老下大夫自名擯者曰寡大

夫世子自名擯者曰寡君之適擯者之辭士謂見於他国君下大夫自名於他國君曰外臣某○適丁歷反見賢遍反公子曰臣孽孽當爲枿声之誤○孽音枿五曷反徐五列反士曰

傳遽之臣於大夫曰外私傳遽以車馬給使者也士臣於大夫者曰私人○傳陟戀反注同遽

其無反大夫私事使私人擯則稱名私事使謂以君命私行非聘也若魯成公時晉侯使韓穿來言汶陽之田歸之于齊之類○使色吏反注同公士擯則曰寡大夫寡君之老大夫有所往必與公士爲賓也謂聘也大聘使上大夫小聘使下大夫公士爲賓謂作介也往之也○賓必刃反注同

明堂位第十四○陸曰鄭云以其記諸侯朝周公於明堂所陳列之位　鄭氏註

昔者周公朝諸侯于明堂之位周公攝王位以明堂之禮儀朝諸侯也不於宗廟辟王也○朝直遥反注及下皆同辟王音避一本作辟正王天子負斧依南鄉而立天子周公也負之言背也斧依爲斧文屏風於戶牖之閒周公於前立焉○斧音甫依本又作扆同於豈反注同鄉許亮反偝本又作背音佩屏並經反牖音酉依扆曲禮下天子當依而立三公中階之前北面東上諸侯之位阼階之東西面北上諸伯之國西階之西東面北上諸子之國門東北面東上諸男之國門西北面東上九夷之國東門之外西面北上八蠻之國南門之外北面東上

六戎之國，西門之外，東面南上；五狄之國，北門之外，南面東上；九采之國，應門之外，北面東上；四塞世告至。此周公明堂之位也。朝之礼不於此，周公權用之也。朝位之上，近主位尊也。九采，九州之牧，典貢職者也。正門謂之應門。二伯帥諸侯而入，牧居外而糾察之也。四塞，謂夷服、鎮服、蕃服在四方爲蔽塞者，新君即位則乃朝。周礼，侯服歲一見，甸服二歲一見，男服三歲一見，采服四歲一見，衛服五歲一見，要服六歲一見，九州之外謂之蕃国，世一見。○采，七在反。塞，先代反，注同，又先則反。此周公明堂之位也，本或无周公之字。近，附近之近。藩，本又作蕃，方元反，下同。壹見，壹又作一，下賢遍反，下同。要，一遥反。○明堂也者，明諸侯之尊卑也。朝於此，所以正儀辨等也。昔殷紂亂天下，脯鬼侯以饗諸侯，以人肉爲薦羞，惡之甚也。○紂，直九反。是以周公相武王以伐紂。武王崩，成王幼弱，周公踐天子之位以治天下。六年，朝諸侯於明堂，制禮作樂，頒度量而天下大服。踐，猶履也。頒讀爲班。度，謂丈尺高卑廣狹也。量，謂豆區斗斛筐筥所容受。○相，息亮反。頒音班。量音亮，注同。區，烏侯反。筐音匡。筥，紀呂反。【疏】成王幼弱，周公踐天子之位以治天下。文王世子云成王幼，不能涖阼，周公相，踐阼而治。七年致政於成王，成王以周公爲有勳勞於天下。致政以王事歸授之。王功曰勳，事功曰勞。是以封周公於曲阜，地方七百里，革車千乘。曲阜，魯地。上公之封，地方五百里，加魯以四等之附庸，方百里者二十四，并五五二十五，積四十九，開方之得七百里。革車，兵車也。兵車千乘，成國之賦也。詩魯頌曰：王謂叔父，建尔元子，俾侯于魯，大啓尔宇，爲周室輔。乃命魯公，俾侯于東，錫之山川，土田附庸。又曰：公車千乘，朱英緑縢。○乘，繩證反，注同。俾，必尔反，本又作俾，下同。縢，大登反。命魯公世世祀周公以天子之禮樂。同之於周，尊之也。魯公謂伯禽。是以魯君孟春乘大路，載弧韣，旂十有二旒，日月之章，祀帝于郊，配以后稷，天子之禮也。孟春，建子之月，魯之始郊日以至。大路，殷之祭天車也。弧，旌旗所以張幅也。其衣曰韣。天子之旌旗畫日月。帝謂蒼帝靈威仰也。昊天上帝，魯不祭。○載音戴。弧音胡。韣音獨，弓衣也。旂音其。旒本又作斿，力求反。【重意】旂十有二旒二一見郊特牲。日月之章，郊特牲龍章而設日月。○季夏六月，以禘禮祀周公於大廟，牲用白牡，尊用犧象山罍，鬱尊用黄目，灌用玉瓚大圭，薦用玉豆雕篹，爵用玉琖仍雕，加以璧散璧角，俎用梡嶡，升歌清廟，下管象，朱干玉戚，冕而舞大武；皮弁素積，裼而舞大夏。昧，東夷之樂也；任，南蠻之樂也。納夷蠻之樂於大廟，言廣魯於天下也。季夏，建巳之月也。禘，大祭也。周公曰太廟，魯公曰世室，群公稱宮。白牡，殷牲也。尊，酒器也。犧尊，以沙羽爲畫飾。象，骨飾之。鬱鬯之器也。黃目，黃彝也。灌，酌鬱尊以獻也。瓚，形如槃，容五升，以大圭爲柄，是謂圭瓚。篹，籩屬也，以竹爲之，雕刻飾其直者也。爵，君所進於尸也。仍，因也，因爵之形爲之飾也。加，加爵也。散、角皆以璧飾其口也。梡，始有四足也。嶡，爲之距。清廟，周頌也。象，謂周頌武也，以管播之。朱干，赤大盾也。戚，斧也。冕，冠名也。諸公之服，自衮冕而下，如王之服也。大武，周舞也。大夏，夏舞也。周礼昧師掌教昧樂。詩曰：以雅以南，以籥不僭。廣，大也。○季夏，戶嫁反，注及下季夏、夏初皆同。禘，大計反。大廟，音泰，後大廟皆同。犧象，素何反，注下皆同。罍，音雷。灌，古亂反。瓚，才旦反，圭瓚也。彫，本亦作雕。篹，息緩反，又祖管反。琖，側眼反，夏爵名，用玉飾之。散，先旦反，注同。梡，苦管反，虞俎名。嶡，居衛反，又作蹶，音同，夏俎名。裼，星歷反。昧，音妹。任，而林反，或而鴆反。沙，素何反。彝，音夷。直，如字，柄也，循字又作楯，常準反，又音允。卷，本又作衮，同，音古本反，下文同。僭，七尋反，又則念反。○【疏】升歌清廟，下管象，朱干玉戚，冕而舞大武。二一見祭義二十五篇，第二句作下而象管，第四句作以舞大武。又仲尼燕居有上一句。郊特牲云：朱干設錫，冕而舞大武。○皮弁素積。郊特牲：三王皮弁素積。祭義：君皮弁素積。○君卷冕立于阼夫人副褘立于房中君肉袒迎牲于門夫人薦豆籩卿大夫贊君命婦贊夫人各揚其職百官廢職服大刑而天下大服副首飾也今之步摇是也詩云副笄六珈周礼追師掌王后之首服為副褘王后之上服唯魯及王者之後夫人服之諸侯夫人則自揄翟而下贊佐也命婦於内則世婦也於外則大夫之妻也祭祀世婦以下佐夫人揚舉也大刑重罪也天下大服知周公之德宜饗此也○褘音輝注同袒音誕搖本又作䍃同以昭反珈音加追丁回反揄羊昭反重言君卷冕立于阼夫人副褘立于房中一見祭統篇卷冕作絻冕純音緇房中作東房○夫人薦豆籩祭統夫人薦豆○是故夏礿秋嘗冬烝春社秋省而遂大蜡天子之祭也不言春祠魯在東方王東巡守以春或闕之省讀為獮獮秋田名也春田祭社秋田祀祊大蜡歲十二月索鬼神而祭之○礿音藥省讀為獮仙淺反蜡仕詐反守手又反祊音方又作方索所白反○大廟天子明堂庫門天子皋門雉門天子應門言廟及門如天子之制也天子五門皋庫雉應路魯有庫雉路則諸侯三門与皋之言高也詩云乃立皋門皋門有伉乃立應門應門將將○与音餘伉苦浪反將將七良反○振木鐸於朝天子之政也天子將發号令必以木鐸警衆○鐸大各反警京領反○山節藻梲復廟

复檐刮楹達鄉反坫出尊崇坫康圭疏屏天子之廟飾

也山節刻欂櫨為山也藻棁畫侏儒柱為藻文也復廟重屋也重檐重承壁材也刮刮摩也鄉牖屬謂夾戶窗也每室八窗為四

達反坫反爵之坫也出尊當尊南也唯兩君為好既獻反爵於其上礼君尊于兩楹之間崇高也康讀為亢龍之亢又為高坫亢所

受圭奠于上焉屏謂之樹今桴思也刻之為雲氣蟲獸如今闕上為之矣○藻本又作繰音早棁專拙反復音福注同重直龍反注

同檐以占反刮古八反鄉許亮反注同坫丁念反康音抗苦浪反欂音博又皮麥反一音旁各反徐又薄歷反字林平碧反盧如字

本又作櫨音同侏音朱儒莫何反為好呼報反桴思音浮【重言】山節藻棁礼器雜記下各一○鸞車有虞氏

之路也鉤車夏后氏之路也大路殷路也乘路周路也

鸞有鸞和也鉤有曲輿者也大路木路也乘路玉路也漢祭天乘殷之路也今謂之桑根車也春秋傳曰大路素鸞為或為桑也○鉤

古侯反乘徐食證反注同桑刀老反○有虞氏之旂夏后氏之綏殷之大白

周之大赤四者旌旗之屬也綏當為緌讀如冠蕤之蕤有虞氏當言緌夏后氏當言旂此蓋錯誤也緌謂注旄牛尾

於杠首所謂大麾書云武王左杖黃鉞右秉白旄以麾周礼王建大旂以賓建大赤以朝建大白以即戎建大麾以田也○緌依注

為緌耳佳反注之樹反旄音毛杠音江麾毀皮反左仗直亮反鉞音越○夏后氏駱馬黑鬣殷

人白馬黑首周人黃馬蕃鬣○夏后氏牲尚黑殷白牡周騂剛順正色也白馬黑鬣曰駱殷黑首為純白凶也騂剛赤色○駱音洛鬣力輒反蕃鬣字又作番音煩郭璞云兩被髮騂息營反又呼營反正音征又如字爲于僞反○泰有虞氏之尊也山罍夏后氏之尊也著殷尊也犧象周尊也泰用瓦著著地无足○大音泰本亦作泰著直略反注同○爵夏后氏以琖殷以斝周以爵斝畫禾稼也詩曰洗爵奠斝○斝音嫁又古雅反注同○灌尊夏后氏以雞夷殷以斝周以黃目○其勺夏后氏以龍勺殷以疏勺周以蒲勺夷讀為彝周禮春祠夏禴祼用雞彝鳥彝秋嘗冬烝祼用斝彝黃彝龍龍頭也疏通刻其頭蒲合蒲如鳧頭也○勺市灼反下同禴音藥祼古亂反【重意】周以黃目郊特牲黃目鬱氣之上尊也○土鼓蕢桴葦籥伊耆氏之樂也蕢當為凷聲之誤也籥如笛三孔伊耆氏古天子有天下之號也今有姓伊耆氏者○蕢讀為由苦對反桴音浮葦于鬼反籥音藥蕢其位反又苦怪反笛本又作篴音狄【重意】土鼓蕢桴礼運第九蕢桴而土鼓拊搏玉磬揩擊大琴大瑟中琴小瑟四代之樂器也拊搏以韋為之充之以糠形如小鼓揩擊謂柷敔皆所以節樂者也四代虞夏

殷周也○栫芳甫反搏音博揩居八反注同大琴徐本作瑟綠音康柷昌六反敔魚呂反本又作圉○魯公之廟

文世室也武公之廟武世室也此二廟象周有文王武王之廟也世室者不毀之名也魯公伯禽也武公伯禽之玄孫也名敖○米廩有虞氏之庠也序夏后氏之

序也瞽宗殷學也頖宮周學也庠序亦學也庠之言詳也於以考禮詳事也皆謂之米廩虞帝上孝今藏粢盛之委焉序以序王事也瞽宗樂師瞽矇之所宗也古者有道德者使教焉死則以爲樂祖於此祭之頖之言班也於以班政教也○廩力甚反頖音判委于偽反又作積丁賜反矇音蒙○崇鼎貫鼎大璜封

父龜天子之器也崇貫封父皆國名文王伐崇古者伐国迁其重器以分同姓大璜夏后氏之璜春秋傳曰分魯公以夏后氏之璜○貫古喚反璜音黄父音甫注同分魯扶問反越棘大弓天子之戎

器也越國名也棘戟也春秋傳曰子都拔棘○夏后氏之鼓足殷楹鼓周縣

鼓足謂四足也楹謂之柱貫中上出也縣縣之簨虡也殷頌曰植我鞉鼓周頌曰應朄縣鼓○縣音玄注及下注同簨本作筍恤尹反虡音巨植市力反又音置徐音徒吏反又徒力反鞉音桃應應對之應朄音胤○垂之和鍾叔之

離磬女媧之笙簧垂堯之共工也女媧三皇承宓羲者叔未聞也和離謂次序其声縣也笙簧笙中之

簴也出本作曰垂作鍾无句作磬女媧作笙簧○鐘章凶反說文
作鍾以此鍾爲酒器字林之用反媧徐古蛙反又古華反共音恭
宓音密本又作虙音伏戲
音義句其俱反字又作朐○夏后氏之龍簨虡殷之崇牙周
之璧翣簨虡所以縣鐘磬也橫曰簨飾之以鱗屬植曰虡飾之
以贏屬羽屬簨以大版爲之謂之業殷又於龍上刻畫
之爲重牙以挂縣紘也周又畫繒爲翣戴以璧垂五采羽於其下
樹於簨之角上飾弥多也周頌曰設業設虡崇牙樹羽○翣所甲
反又作翣植市力反徐徒力反贏力果反重直龍反挂音掛
紘徐音宏戴以音載**重言**殷之崇牙周之璧翣二下文一○有
虞氏之兩敦夏后氏之四璉殷之六瑚周之八簋皆黍稷
器制之
異同未聞○敦音對又都雷反璉本
又作連同力展反瑚音胡簋音軌○俎有虞氏以梡夏后氏
以嶡殷以椇周以房俎梡斷木爲四足而已嶡之言蹷也謂
中足爲橫距之象周禮謂之距椇之
言枳椇也謂曲橈之也房謂足下跗也上下兩間有似於堂房魯
頌曰籩豆大房○椇俱甫反斷丁乱反又丁管反蹷是俱衛反橫古
曠反又音光又華盲反枳
吉氏反橈音撓跗方于反○夏后氏以楬豆殷玉豆周獻豆
楬无異物之飾也獻疏刻之齊人謂无髮爲禿楬○
揭徐苦瞎反注同又苦八反獻素何反禿土木反○有虞氏
服韍夏后氏山殷火周龍章韍冕服之韠也舜始作之以
尊祭服禹湯至周增以畫文

後王弥飾也山取其仁可仰也火取其明也龍取其變化也天子備焉諸侯火而下卿大夫山士韎韋而已韍或作黻○黻音弗韎莫拜反○有虞氏祭首夏后氏祭心殷祭肝周祭肺氣主盛也○夏后氏尚明水殷尚醴周尚酒此皆其時之用耳言尚非○有虞氏官五十夏后氏官百殷二百周三百周之六卿其屬各六十則周三百六十官也此云三百者記時冬官亡矣昏義曰天子立六官三公九卿二十七大夫八十一元士凡百二十此蓋謂夏時也以夏周推前後之差有虞氏官宜六十夏后氏宜百二十殷宜二百四十不得如此記也有虞氏之綏夏后氏之綢練殷之崇牙周之璧翣綏亦旌旗之緌也夏綢其杠以練爲之旒殷又刻繒爲重牙以飾其側亦飾彌多也湯以武受命恒以牙爲飾也此旌旗及翣皆喪葬之飾周禮大喪葬巾車執蓋從車持旌御僕持翣旌從遣車翣夾柩路左右前後天子八翣皆戴璧垂羽諸侯六翣皆戴圭大夫四翣士二翣皆戴綏孔子之喪公西赤爲志焉亦用此爲尔雅說旌旗曰素錦綢杠纁帛縿素升龍於縿練旒九○綏耳佳反注並同綢吐刀反注同徐音籌從才用反下同遣弃戰反夾古洽反柩其久反重字又作纁香云反縿所銜反重意夏后全璧翣檀弓上飾棺牆置翣設崇殷也綢練夏也凡四代之服器官魯兼用之是故魯王禮也天下傳之久矣君臣

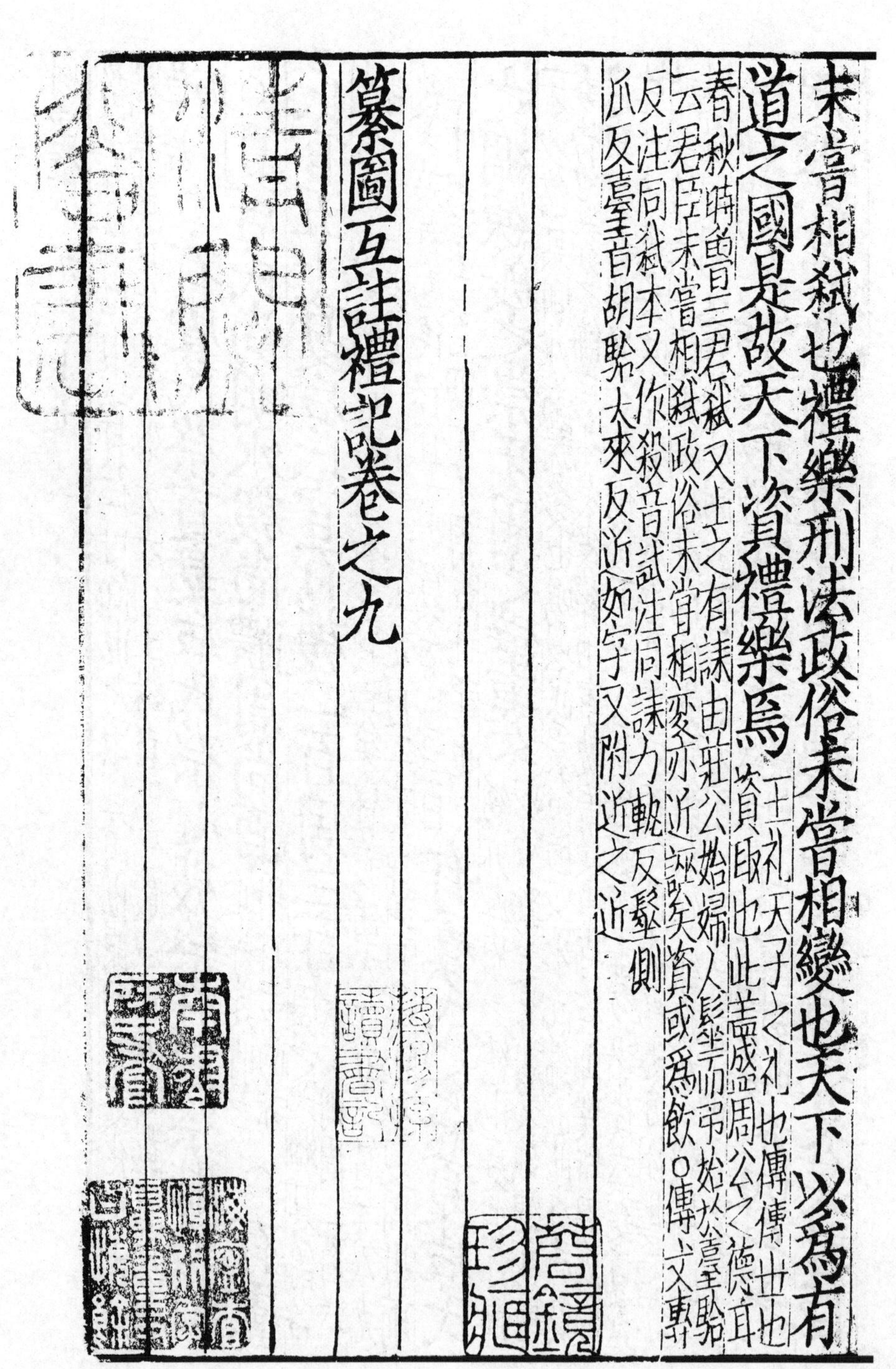

未嘗相弑也禮樂刑法政俗未嘗相變也天下以爲有道之國是故天下資禮樂焉王礼天子之礼也傳傳世也資取也此蓋盛周公之德耳春秋時魯有三君弑又士之有誄由莊公始婦人髽而弔始於臺駘云君臣未嘗相弑政俗未嘗相變亦近誣矣資或爲飲○傳丈專反注同弑本又作殺音試注同誄力軌反髽側瓜反臺音胡駘大來反近如字又附近之近

纂圖互註禮記卷之九

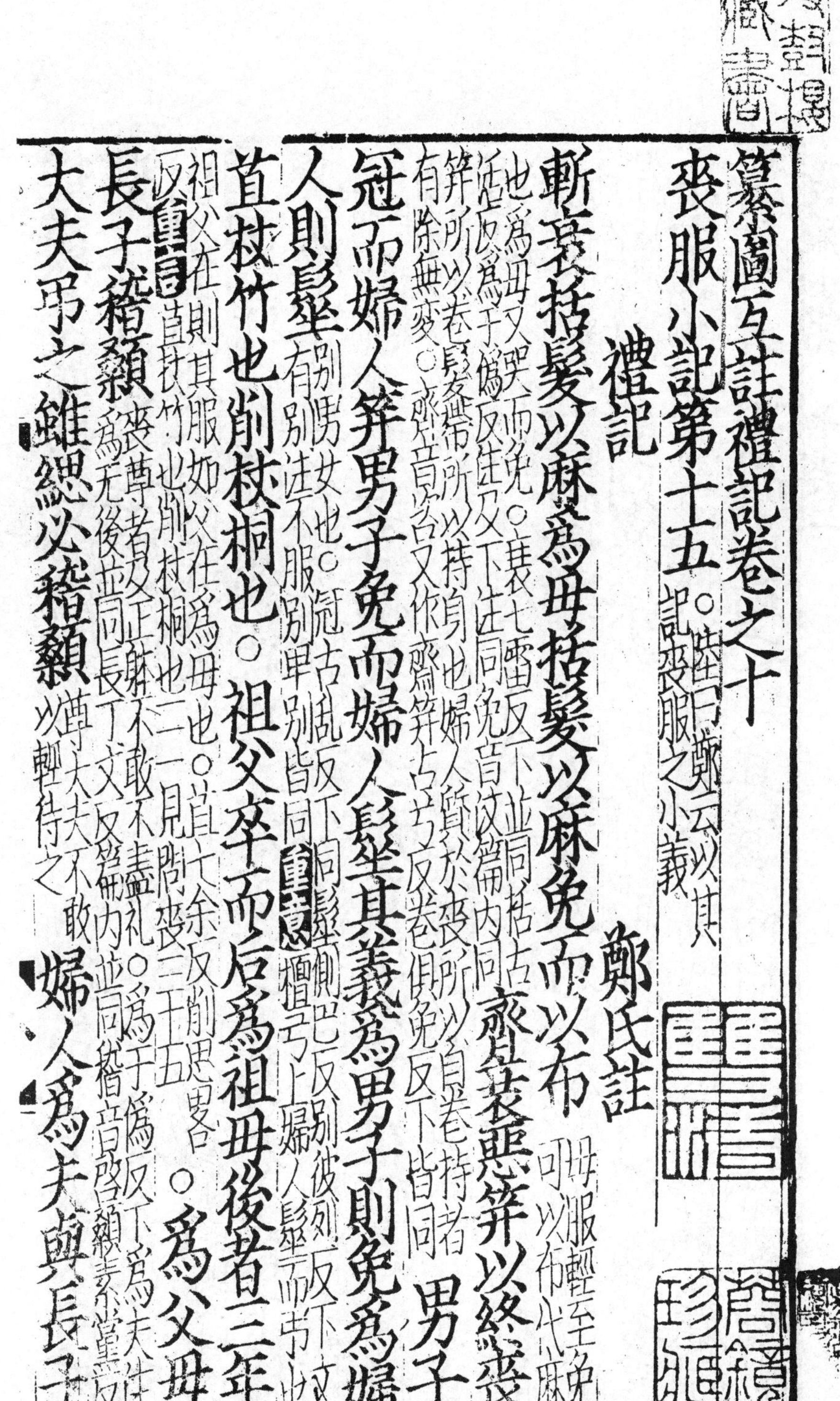

纂圖互註禮記卷之十

喪服小記第十五 ○陸曰：鄭云以其記喪服之小義

禮記　鄭氏註

斬衰括髮以麻，為母括髮以麻，免而以布。母服輕，至免可以布代麻也。為母又哭而免。○衰七雷反，下並同。括古活反。為于偽反，注及下注同。免音問，篇內同。齊衰惡笄以終喪。笄所以卷髮，帶所以持身也。婦人質，於喪所以自卷持者有除無變。○齊音咨，本又作齋。笄古兮反。卷俱免反，下皆同。男子冠而婦人笄，男子免而婦人髽。其義：為男子則免，為婦人則髽。別男女也。○冠古亂反，下同。髽側巴反。別彼列反，下文有別、注不服別、卑別皆同。【重意】檀弓上：婦人髽而弔也。苴杖，竹也；削杖，桐也。○祖父卒而后為祖母後者三年。祖父在，則其服如父在為母也。○苴七余反。削思略反。【重言】苴杖，竹也；削杖，桐也。二一見閒傳，喪三十五。○為父母、長子稽顙。喪尊者首正躬，不敢不盡禮。○為于偽反，下為夫注為无後並同。長丁丈反，篇內並同。稽音啓。顙素黨反。大夫弔之，雖緦必稽顙。尊大夫，不敢以輕待之。婦人為夫與長子

稽顙其餘則否因殺於父母○殺所戒反徐所例反後文注同○男主必使同姓

婦主必使異姓謂爲无主後者爲主也異姓同宗之婦也婦人外成○爲父後者爲

出母無服不敢以己私廢父所傳重之祭祀○爲出于僞反下注爲其族人爲其昆弟同傳丈專反下傳重皆同○親親以三爲五以五爲九上殺下殺

【重言】一笠冊不一檀弓上喪不爲出母

旁殺而親畢矣己上親父下親子三也以父親祖以子親孫五也以祖親高祖以孫親玄孫九也殺謂親益疏

者服之則輕○已音紀○王者禘其祖之所自出以其祖配之禘大祭也

始祖感天神靈而生祭天則以祖配之自外至者無主不止○王如字又于況反下同禘大計反【重言】一下篇大傳一而立

四廟高祖以下與始祖而五庶子王亦如之世子有廢疾不可立而庶子立其祭天立廟亦

凡如世子之立也春秋時衛侯元有兄絷○兄絷絷知急反○別子爲祖諸侯之庶子別爲後世爲始祖也謂之別

子者公子不得禰先君繼別爲宗別子之世長子爲其族人爲宗所謂百世不遷之宗繼禰者爲

小宗別子庶子之長子爲其昆弟爲宗也謂之小宗者以其將遷也○禰乃礼反【重言】別子爲祖繼別爲宗繼禰者爲小

宗一下篇一有五世而遷之宗其繼高祖者也謂小宗也小宗有四或繼

高祖或繼曾祖或繼祖或繼禰皆至五世則迁是故祖遷於上宗易於下尊祖故敬宗敬宗所以尊祖禰也宗者祖禰之正體【重言】尊祖故敬宗二一見大傳【重意】少儀敬宗尊祖之道也庶子不祭祖者明其宗也明其尊宗以為本也禰則不祭矣言不祭祖者主謂宗子庶子俱為適士得立祖禰廟者也凡正體在乎上者謂下正猶為庶也○適丁歷反篇內同庶子不為長子斬不繼祖與禰故也尊先祖之正體不二其統也言不繼祖禰則長子不必五世○為于偽反下注為君母自為己同庶子不祭殤與無後者殤與無後者從祖祔食不祭殤者父之庶也不祭无後者祖之庶也此二者當從祖祔食而已不祭祖无所食之也共其牲物而宗子主其禮焉祖庶之殤則自祭之凡所祭殤者唯適子耳无後者謂昆弟諸父也宗子之諸父无後者為墠祭之○殤音傷祔音附所食音嗣共音恭墠音壇音善徐徒丹反庶子不祭禰者明其宗也謂宗子庶子俱為下士得立禰廟也雖庶人亦然○親親尊尊長長男女之有別人道之大者也言服之所以隆殺【重意】大傳特牲皆若我男女有別○從服者所從亡則已謂若為君母之父母昆弟從母也○亡音以屬從者所從雖沒也服謂若子為母之母黨妾從女君

而出則不爲女君之子服妾爲女君之黨服得與女君同而今俱出女君猶爲子期妾於義絶無施服○則不爲于僞反注妾爲猶爲皆同期音朞下文及注不及期皆同施以豉反○禮不王不禘禘謂祭天〔重言〕一一見大傳十六篇世子不降妻之父母其爲妻也與大夫之適子同世子天子諸侯之適子也不降妻之父母爲妻故親之也爲妻亦家妻不杖若君爲之主子不得伸也士言與大夫之適子同攝服之成文也本所以正見父在爲妻不杖於大夫適子者明大夫以下雖尊猶爲適婦爲士○其爲妻于僞反注爲妻猶爲皆同伸音申中上見賢遍反以上時掌反凡以上皆同○父爲士子爲天子諸侯則祭以天子諸侯其尸服以士服祭以天子諸侯養以子道也尸服士服父本无爵子不敢以己爵加之嫌於卑之○養以尚反〔重言〕父爲士一見中庸○父爲天子諸侯子爲士祭以士其尸服以士服謂以罪誅尸服以士服不成爲君也天子之子當封爲王者後以祀其受命之祖云爲士則擇其宗之賢者若微子者不以封其子爲王者後及所立爲諸侯若祀其先君以礼卒者尸服天子諸侯之服如遂無所封立則尸也祭也皆如士不敢僭用尊者衣服〔重言〕子爲士祭以士一一見中庸○婦當喪而出則除之爲父母喪未練而出則三年既練而出則已未練而反則期既練而反

則遂之當喪當爲舅姑之喪也出除喪絶族也○爲于僞反下文不爲後不相爲爲同○再期之喪三年也期之喪二年也九月七月之喪三時也五月之喪二時也三月之喪一時也言喪之節應歲時之氣也○應應對之應故期而祭禮也期而除喪道也祭不爲除喪也此謂練祭也禮正月存親親亡至今而期期則宜祭期天道一變哀惻之情益衰衰則宜除不相爲也○衰衰亦並色追反下益衰同三年而后葬者必再祭其祭之間不同時而除喪再祭練祥也間不同時者當異月也既祔明月練而祭又明月祥而祭必異月者以葬與練祥本異歲宜異時也而除喪已祥則除不禫○禫大感反大功者主人之喪有三年者則必爲之再祭朋友虞祔而已謂死者之從父昆弟來爲喪主有三年者謂妻若子幼少也大功爲之再祭則小功緦麻爲之練祭可也○必爲于僞反注爲之下注爲父爲之下爲君皆同少詩照反士妾有子而爲之緦無子則已士卑妾無男女則不服不別貴賤生不及祖父母諸父昆弟而父稅喪已則否謂子生於外者也父以他故居異邦而生己己不及此親存時歸見之今其死於喪服年月已過乃聞之父爲之服己則不服者不責非時

之恩於人所不能也當其時則服稅讀如無禮則稅之稅喪者喪與服不相當之言○說喪皇他活反徐他外反注及下同　為君

之父母妻長子君已除喪而后聞喪則不稅臣之恩輕也此謂卿大

夫出聘問以他故久留　降而在緦小功者則稅之謂正親在齊衰大功者親緦小功不稅矣

曾子問曰小功不稅則是遠兄弟終無服也此句補脫誤在是宜承父稅喪已則否○補稅音奪　近臣君服斯

服矣其餘從而服不從而稅謂君出朝覲不時反而不知喪者如臣閽寺之屬也其餘羣介

行人宰史也○朝直遙反閽音昏介音界　君雖未知喪臣服已從服者所從雖在外自若服也○

虞杖不入於室祔杖不升於堂哀益衰敬彌多也虞於寢祔於祖廟○為君

母後者君母卒則不為君母之黨服徒從也所從亡則已○不為于偽反下妾

為君注大夫為庶子同○　絰殺五分而去一杖大如絰如要絰也○去起呂反下去杖

并注同絰大結反要一遙反下文要絰注上云至要比皆同○　妾為君之長子與女君同不敢

以恩輕輕服君之正統　除喪者先重者易服者易輕謂練男子除乎首婦人除乎帶

者謂大喪既虞卒哭而遭小喪也其易喪服男子易乎帶婦人易乎首【重言】除喪者先重者二一見閒傳十二十七喪字作服字○

易服者易易輕者二一見間傳無事不辟廟門、是神尚幽闇也廟殯宮○辟婢亦反徐扶亦反哭皆
於其次無時哭也有事則入即位○復與書銘自天子達於士其辭一
也男子稱名婦人書姓與伯仲如不知姓則書氏此謂殷禮也殷
質不重名復則臣得名君周之礼天子崩復曰皐天子復諸侯薨復曰皐某甫復其餘及書銘則同○如不知姓一本無知姓二字
重意喪大記男子稱名婦人稱字○斬衰之葛與齊衰之麻同絰之大俱七寸五分
寸之一帶五寸二十五分寸之十九齊衰之葛與大功之麻同絰之大俱五寸二十五分寸之
十九帶四寸百二十五分寸之七十六麻同皆兼服之皆者皆上三事也兼服之謂服麻又服葛也男
子則絰上服之葛帶下服之麻婦人則絰下服之麻固自帶其故帶也所謂易服易輕者也報服之又主於男子重言二一見間傳
二十七皆有則字○報葬者報虞三月而后卒哭報讀爲赴疾之赴謂不及期而葬也
既葬即虞虞安神也卒哭之祭待喪殺也○報依注音赴芳付反下同○父母之喪偕先葬者
不虞祔待後事其葬服斬衰偕俱也謂同月若同日死也先葬者母也曾子問曰葬先
輕而後重又曰反葬奠而後辭於殯遂脩葬事其虞也先重而後輕待後事謂如此也其葬服斬衰者喪之隆哀宜從重也假令父

死在前月而同月葬猶服斬衰不葬不變服也言其葬服斬衰則虞祔各以其服矣及練祥皆然卒事反服重○偕音皆令力呈反

○大夫降其庶子其孫不降其父祖不厭孫也大夫爲庶子大功○厭一涉反徐於艷反下文注皆同大夫不主士之喪士之喪雖無主不敢攝大夫以爲主○爲慈母之父母無服恩不能及○爲于僞反下其妻爲爲母後爲妻禫爲庶母爲祖庶母皆同○夫爲人後者其妻爲舅姑大功以不貳降○降一本作隆○士祔於大夫則易牲不敢以卑牲祭尊也大夫少牢也○繼父不同居也者必嘗同居皆無主後同財而祭其祖禰爲同居有主後者爲異居錄恩服深淺也見同財則期同居異財故同居今異居及繼父有子亦爲異居則三月未嘗同居則不服○見賢遍反○哭朋友者於門外之右南面變於有親者也門外寢門外○祔葬者不筮宅宅葬地也前人葬既筮之○士大夫不得祔於諸侯祔於諸祖父之爲士大夫者其妻祔於諸祖姑妾祔於妾祖姑亡則中一以上而祔祔必以其昭穆士大夫謂公子公孫爲士大夫若不得祔於諸侯卑別也既卒

哭父公說見其先君爲祖者兄弟之廟而祔之中猶間也○亡如字又音無昭常遥反後昭穆皆放此間皆閒厠之間諸侯不得祔於天子天子諸侯大夫可以祔於士人孚敢卑其祖也○爲母之君母母卒則不服母之君母外祖適母徒從也所從亡則已○宗子母在爲妻禪宗子之妻尊卑也○爲慈母後者爲庶母可也爲祖庶母可也謂父命之爲子母者也即庶子爲後此皆子也傳重而已不先命之與適妻使爲母子也緣爲慈母後之義父之妾無子者亦可命巳庶子爲後○爲父母妻長子禪目所爲禪者也○爲父母子爲反注目所爲下文則爲其母子爲妻下注恩爲巳爲之變爲今死者皆同○慈母與妾母不世祭也以其非正春秋傳曰於子祭於孫止○丈夫冠而不爲殤婦人笄而不爲殤言成人也婦人許嫁而笄未許嫁與丈夫同○冠古亂反○爲殤後者以其服服之言爲後者據承之也殤無爲人父之道以本親之服服之○久而不葬者唯主喪者不除其餘以麻終月數者除喪則已其餘謂旁親也以麻終月數不葬者喪不變也○箭笄終喪三年亦於喪所以自卷持者有除無變○齊衰三月與大功同者繩屨雖尊

卑異於恩有司同也○練筮日筮尸視濯皆要絰杖繩屨有司告具
而后去杖筮日筮尸有司告事畢而后杖拜送賓臨事去杖
敬也濯謂溉祭器也濯大角反溉古代反○大祥吉服而筮尸凡變除者必服其吉服以即祭事不
以凶臨吉也閒傳曰大祥素縞麻衣○縞古老反○庶子在父之室則為其母不禫
妾子父在厭也庶子不以杖即位下適子也位朝夕哭位也○下適戶嫁反下丁歷反父不
主庶子之喪則孫以杖即位可也祖不厭孫孫得伸也○伸音申父在
庶子為妻以杖即位可也舅不主妾之喪子得伸也○諸侯弔於異
國之臣則其君為主君為之主弔臣恩為已也子不敢當主中庭北面哭不拜○諸
侯弔必皮弁錫衰所弔雖已葬主人必免主人未喪服
則君亦不錫衰必免者尊人君為之變也未喪服未成服也既殯成服○養有疾者
不喪服遂以主其喪不喪服求生主吉惡其凶也遂以主其喪謂養者有親也死則當為之主其為
主之服如素無喪服○養羊尚反惡烏路反非養者入主人之喪則不易已之

喪服入猶來也謂殯後若無親於死者不得爲主其有親來爲主若素有喪服而來爲主與素無服者異其素無服素有服爲
今死者當服則皆三日成也養尊者必易服養卑者否尊謂父兄卑謂子弟之屬○
妾無妾祖姑者易牲而祔於女君可也女君適祖姑也易牲而祔則凡妾下
女君一等○適丁歷反下戶嫁反○婦之喪虞卒哭其夫若子主之祔則
舅主之婦謂凡適婦庶婦也虞卒哭祭婦非舅事也祔於祖廟尊者宜主焉士不攝大夫士
攝大夫唯宗子士之喪雖無主不敢攝大夫以爲士宗子尊可以攝之主人未除喪有
兄弟自他國至則主人不免而爲主親質不崇敬也○陳器之
道多陳之而省納之可也省陳之而盡納之可也多陳之謂
賓客之就器也以多爲榮省陳之謂主人之明器也以節爲禮○省所領反下及注同○奔兄弟之喪先
之墓而後之家爲位而哭所知之喪則哭於宮而后之
墓兄弟先之墓骨肉之親不由主人也宮故殯宮也○父不爲衆子次於外於庶子略
自若居於寢○爲于僞反下注猶來爲下文爲出母爲夫叔同○與諸侯爲兄弟者服斬謂卿

大夫以下也與尊者爲親不敢以輕服服之言諸侯者明雖在異國猶來爲三年也下殤小功帶澡麻不絕本詘而反以報之報猶合也下殤小功本齊衰之親其絰帶澡率治麻爲之帶不絕其本屈而上至要中合而糾之明親重也凡殤散帶垂○澡麻本又作繰音曾十一本無麻字不絕本或作不絕本非也詘丘勿反澡率上音早下所律反又音律上時掌反糾居黝反徐居糾反散先但反下文注並同婦祔於祖姑祖姑有三人則祔於親者謂舅之母死而又有繼母二人也親者謂舅所生○其妻爲大夫而卒而后其夫不爲大夫而祔於其妻則不易牲妻卒而后夫爲大夫而祔於其妻則以大夫牲妻爲大夫夫大夫爲大夫時卒不易牲以士牲也此謂始來仕無廟者無廟者不祔宗子去國乃以廟從○從才用反○爲父後者爲出母無服無服也者喪者不祭故也適子正體於上當祭祖也重言爲父後者爲出母無服二見篇首○婦人不爲主而杖者姑在爲夫杖姑不厭婦母爲長子削杖嫌服男子當杖竹也母爲長子服不可以重於子爲己也女子子在室爲父母其主喪者不杖則子一人杖女子子在室亦童子也無男昆弟使同姓爲攝主

主不杖則子一人杖謂長女也許嫁及二十而笄笄爲成人成人正杖也【音】女子子二一見曲礼上○緦小功虞卒哭則免棺柩已藏嫌恩輕可以不免也言則免若則既殯先啓之間雖有事不免既葬而不報虞則雖主人皆冠及虞則皆免有故不得孩虞雖主人皆冠不可以無飾也皆免自主人至緦麻○報音赴下同冠始字又古亂反下及注皆同爲兄弟既除喪已及其葬也反服其服報虞卒哭則免如不報虞則除之小功以下○爲于僞反下注爲人君爲母下文爲之小功皆同遠葬者比反哭者皆冠及郊而后免反哭墓在四郊之外○比必利反君弔雖不當免時也主人必免不散麻雖異國之君免也親者皆免不散麻者自若絞垂爲人君亦服於大斂之前既啓之後也親者大功以上也異國之君免或爲弔○絞古卯反除殤之喪者其祭也必玄殤無變文不縞冠玄端黃裳而祭不朝服未純吉也於成人爲釋禫之服○朝直遥反下文同○除成喪者其祭也朝服縞冠成成人也縞冠未純吉祭服也既祥祭乃素縞麻衣○奔父之喪括髪於堂上袒降踊襲絰于東方奔母之喪不括髪袒

於堂上降踊襲免于東方經即位成踊出門哭止三日而五哭三袒凡奔喪謂道遠已殯乃來也爲母不括髮以至成服一而已異於父也即位以下於父母同也三日五哭者始至訖夕反位哭乃出就次一哭也與明日又明日之朝夕而五哭三袒者始至袒與明日又明日之朝而三也○適婦不爲舅後者則姑爲之小功謂夫有廢疾他故若死而無子不受重者小功庶婦之服也凡父母於子舅姑於婦將不傳重於適及將所傳重者非適服之皆如庶子庶婦也

大傳第十六

○陸曰鄭云以其記祖宗人親之大義故以大傳爲篇名

鄭氏註

禮不王不禘王者禘其祖之所自出以其祖配之凡大祭曰禘自由也大祭其先祖所由生謂郊祀天也王者之先祖皆感大微五帝之精以生蒼則靈威仰赤則赤熛怒黃則含樞紐白則白招拒黑則汁光紀皆用正歲之正月郊祭之蓋特尊焉孝經曰郊祀后稷以配天配靈威仰也宗祀文王於明堂以配上帝汎配五帝也○不王如字又于況反下同禘徒細反下同大微音泰下文注大祖大王皆同熛必遙反樞昌朱反紐女九反拒俱甫反叶本又作汁户牒反汎配芳劒反○重言二並見前篇諸侯及其大祖大祖受封君也大夫士有大事省於其君干祫及其高祖大事寇戎之事也省善也善於其君謂免於大

難也干猶空也空祫謂無廟祫祭之於壇墠○省息井反禱丁老反系雅云自卑而訴于尊曰禱反無煩改字祫祭音洽難乃旦反壇大丹反墠音善

○牧之野武王之大事也既事而退柴於上帝祈於社設奠於牧室柴祈奠告天地及先祖也牧室牧野之室也古者郊關皆有館焉先祖者行主也○

【重意】柴於上帝祈於社王制類于上帝宜于社

遂率天下諸侯執豆籩逡奔走逡疾也疾奔走言勸事也周頌曰逡奔走在廟○逡息俊反注同

追王大王亶父王季歷文王昌不以卑臨尊也不用諸侯之號臨天子也文王稱王早矣於殷猶為諸侯於是著焉○追王于況反亶丁但反父音甫著知慮反

○上治祖禰尊尊也下治子孫親親也旁治昆弟合族以食序以昭繆別之以禮義人道竭矣治猶正也繆讀為穆聲之誤也竭盡也○禰本或作祢乃禮反繆音木別彼列反下至其庶姓別文注並同繆讀莫侯反又音目

【重言】尊尊也二下文一親親也四下文文王世子八中庸三十各一

○聖人南面而聽天下所且先者五民不與焉且先言未遑餘事○聽綈寧反與音預

○一曰治親二曰報功三曰舉賢四曰使能五曰存愛功功臣也存察也察有仁愛者五者

一得於天下民無不足無不贍者五者一物紕繆民莫得其死物猶事也紕繆猶錯也五事得則民足一事失則民不得其死明政之難○贍本又作澹食艷反紕匹弥反徐孚夷反又方齊反繆音謬本或作謬聖人南面而治天下必自人道始矣人道謂此五事【重意】見礼器第十立權度量考文章改正朔易服色殊徽號異器械別衣服此其所得與民變革者也權稱也度丈尺也量斗斛也文章禮法也服色車馬也徽號旌旗之名也器械禮樂之器及兵甲也衣服吉凶之制也徽或作褘○量音亮注同正音征徽許韋反械戶戒反別彼列反稱尺證反褘許韋反其不可得變革者則有矣親親也尊尊也長長也男女有別此其不可得與民變革者也四者人道之常○長長並丁丈反後除注隷若長長並同別彼列反【重言】親親也二一見文王世子第八一見中庸三十一長長也二一見文王世子○尊尊也一上文○男女有別三郊特牲昏義各一又上篇有親親尊尊長長男女之有別○同姓從宗合族屬異姓主名治際會名著而男女有別合合之宗子之家序昭穆也異姓謂來嫁者也主於母與婦之名耳際會昏禮交接之會也著明也母婦之名不明則人倫亂也亂者若衛宣公楚

平王爲子取而自納焉○際音祭著知慮反爲于僞反下相爲同其夫屬乎父道者妻皆母道也其夫屬乎子道者妻皆婦道也言母婦無昭穆於此統於夫耳母焉則尊之婦焉則卑之尊之卑之明非己倫以厚別也○屬音燭謂弟之妻婦者是嫂亦可謂之母乎言不可也謂之婦與嫂者以其在己之列以名遠之耳復謂嫂爲母則令昭穆不明昆弟之妻夫之昆弟不相爲服者成其親也男女無親則遠於相見○嫂本又作㛐悉早反遠于万反下同復扶又反令力呈反名著人治之大者也可無慎乎人治所以正人○治直吏反注同○四世而緦服之窮也五世袒免殺同姓也六世親屬竭矣四世共高祖五世高祖昆弟六世以外親盡無屬名○免音問殺色界反徐所例反其庶姓別於上而戚單於下昏姻可以通乎問之也玄孫之子姓別於高祖五世而無服姓世所由生○戚七歷反單音丹婚姻如字繫之以姓而弗別綴之以食而弗殊雖百世而昏姻不通者周道然也周之禮所建者長也姓正姓也始祖爲正姓高祖爲庶姓繫之弗別謂若今宗室屬籍也周禮小史掌定繫世辨昭穆○繫音計又戶計反別皇如字徐彼列反注及下同綴丁衛反連也食音嗣定繫戶計反一音計○服

術有六一曰親親二曰尊尊三曰名四曰出入五曰長幼六曰從服術猶道也親親父母爲首尊尊君爲首名世母叔母之屬也出入女子子嫁者及在室者長幼成人及殤也從服若夫爲妻之父母妻爲夫之黨服○夫爲妻于僞反下至其義然也注皆同從服有六有屬從子爲母之黨有徒從臣爲君之黨有從有服而無服公子爲其妻之父母有從無服而有服公子之妻爲公子之外兄弟有從重而輕夫爲妻之父母有從輕而重公子之妻爲其皇姑【重言】有從有服而無服有從無服而有服有從重而輕有從輕而重一又見服問二十六○自仁率親等而上之至于祖名曰輕自義率祖順而下之至于禰名曰重一輕一重其義然也自猶用也率循也用恩則父母重而祖輕用義則祖重而父母輕恩重者爲之三年義重者爲之齊衰然是也○上時掌反【重意】其義然也郊特牲祭義其義一也○君有合族之道族人不得以其戚戚君位也君恩可以下施而族人皆臣也不得以父兄子弟之親自戚於君位謂齒列也所以尊君別嫌也○別彼列反○庶子不祭明其宗也庶子不得爲長子三年不繼祖也明猶

尊也一統焉族人上不戚君下又辟宗乃後能相序○為于偽反下為其士注死為之為其妻為之大功不相為皆同辟音避別
子為祖別子謂公子若始來在此國者後世以為祖也繼別為宗別子之世適也族人尊之謂之
大宗是宗子也○適丁歷反下文及注皆同繼禰者為小宗父之適也兄弟尊之謂之小宗【重言】二上
篇一有百世不遷之宗有五世則遷之宗百世不遷者別
子之後也宗其繼別子之所自出者百世不遷者也宗
其繼高祖者五世則遷者也尊祖故敬宗敬宗尊祖之義
也遷猶變易也繼別子別子之世適也繼高祖者亦小宗也先言繼禰者據別子子弟之子也以高祖與禰皆有繼者則曾祖亦
有也則小宗四與大宗凡五【重意】有五世則遷之宗上篇有五世而遷之宗宗其繼高祖者上篇其繼高祖者○尊祖故敬宗二下
文一上篇一○敬宗尊祖之義也上篇敬宗所以尊祖禰也文王世子尊祖之道也○有小宗而無大宗
者有大宗而無小宗者有無宗亦莫之宗者公子是也
公子有此三事也公子謂先君之子今君昆弟公子有宗道公子之公為其士大
夫之庶者宗其士大夫之適者公子之宗道也公子不得宗君

君命適昆弟爲之宗使之宗之是公子之宗道也所宗者適則如大宗死爲之齊衰九月其母則小君也爲其妻齊衰三月無適而宗庶則如小宗死爲之大功九月其母妻無服公子唯己而已則無所宗亦莫之宗○唯己音紀○絕族無移服族昆弟之子不相爲服○移本或作施同以豉反移猶傍也親者屬也有親者服各以其屬親疏○自仁率親等而上之至于祖自義率祖順而下之至于禰是故人道親親也言先有恩親親故尊祖尊祖故敬宗敬宗故收族收族故宗廟嚴宗廟嚴故重社稷重社稷故愛百姓愛百姓故刑罰中刑罰中故庶民安庶民安故財用足財用足故百志成百志成故禮俗刑禮俗刑然後樂收族序以昭穆也嚴猶尊也孝經曰孝莫大於嚴父百志人之志意所欲也刑猶成也○罰中丁仲反【重言】尊祖故敬宗二上文上篇一詩云不顯不承無斁於人斯此之謂也斁厭也言文王之仁不顯乎不承乎成先人之業乎言其顯且承之人樂之無厭也○斁音亦厭於豔反下同【重言】此之謂也九禮器祭義喪服四制各一樂記三經解二

少儀第十七 ○陸曰少詩照反少猶小也鄭云以其記相見及薦羞之小威儀　鄭氏註

聞始見君子者辭曰某固願聞名於將命者君子卿大夫若有異德者固如故也將猶奉也即君子之門而云願以名聞於奉命者謙遠之也重則云固願奉命傳辭出入○始見賢遍反下文注除注二相見並同聞名如字徐音問注同嗛音謙本又作謙遠于萬反重直用反傳直專反下傳辭同不得階主階上進也言賓之辭不得指斥主人○上時掌反敵者曰某固願見敵當也願見願見於將命者謙也罕見曰聞名罕希也希相見雖於敵者猶為尊敬之辭如於君子乎○罕見賢遍反亟見曰朝夕亟數也於君子則曰某願朝夕聞名於將命者於敵者則曰某願朝夕見於將命者○亟去吏反注及下同數色角反瞽曰聞名瞽無目也以無目辭不稱見○適有喪者曰比適之也曰某願比於將命者比猶比方俱給事童子曰聽事曰某願聽事於將命者童子未成人不敢當相見之禮適公卿之喪則曰聽役於司徒恐喪家無賓主之禮皆為執事來也○為于偽反下文為君喪注為此並同○君將適他臣如致金玉貨貝於君則曰致馬資於有司敵者曰贈從者適他行朝會也資猶用也贈送也○適它音他本亦作他從才用反朝直遥反○

四五九

臣致襚於君則曰致廢衣於賈人敵者曰襚言廢衣不必其以歛也賈人知物善惡也周礼玉府掌凡王之獻金玉兵器文織良貨賄之物受而藏之有賈八人○襚音遂賈音嫁徐音估注同歛力驗反識音志鄭注周礼云金玉畫繢之屬親者兄弟不以襚進不執將命也以即陳而已臣為君喪納貨貝於君則曰納甸於有司甸謂田野之物○甸大見反賵馬入廟門以其主於死者○賵芳仲反賻馬與其幣大白兵車不入廟門以其主於生人也大白兵車革路也亦為死者深陳之於外戰伐田獵之服非盛者也周礼革路建大白以即戎○賻音附重言不入廟門見曲礼○賻者既致命坐委之擯者舉之主人無親受也喪者非尸柩之事則不親也委之委以東○柩音舊○受立授立不坐由便○便婢面反○重意授立不坐曲礼上授立不跪授坐不立性之直者則有之矣有之有跪者也謂卑者授於尊者而尊者短則跪不敢以長臨之○跪其委反長直良反○始入而辭曰辭矣即席曰可矣可猶止也謂擯者為賓主之節也始入則告之辭至就席則止其辭排闔說屨於戶內者一人而已矣雖眾敵猶有所尊也○排步皆反闔胡臘反又音合說吐活反本亦作脫下注同有尊

長在則否在户內也後來之衆皆說屨於户外○長丁丈反下文注尊長皆同問品味曰子亟食於其乎問道藝曰子習於其乎子善於其乎不斥人謙也道三德三行也藝六藝○亟音冀行下孟反○不疑在躬躬身也不服行所不知使身疑也不度民械械兵器也不計度民家之器物使己亦有○度大各反計也注同械戶戒反不願於大家大謂富之度也不訾重器訾思也重猶寶也○訾子斯反氾埽曰埽埽席前曰拚拚席不以鬣執箕膺擖鬣謂帚也帚恒埽地不絜清也膺親也擖舌也持箕將去糞者以舌自鄉○氾埽上芳劍反下悉報反拚弗運反又作糞鬣力輒反膺於陵反鄉許亮反擖以涉反舌也徐音葉清才性反又如字去起呂反下擖去同鄉許亮反○二不貳問當正己之心以問吉凶於蓍龜不得於正也則卜筮其權也○蓍音尸問卜筮曰義與志與義則可問志則否大卜問來卜筮者曰也義正事也志私意也○與音餘下同大音泰○尊長於己踰等不敢問其年踰等父兄黨也問年則己恭孫之心不全○孫音遜本亦作遜同燕見不將命自卑不用賓主之辭求則見者子弟於然○見賢遍反下請閒見遇於道見則面可以隱則隱不敢煩動也曲禮曰遭先生於道不請所之尊長

所之或謂兼○勸裝反列反喪俟事不犆弔不敢煩動也事朝夕哭時○特本亦作犆音特侍坐弗使不執琴瑟不畫地手無容不翣也端慤所以爲敬也尊長或使彈琴瑟則爲之可○畫胡麥反翣本又作萋所甲反扇也一云羽也慤苦角反寢則坐而將命命有所傳辭也坐者不敢臨之侍射則約矢不敢与之拾取也○射食夜反下注及射同拾其劫反侍投則擁矢不敢釋於地也投投壺也投壺坐勝則洗而以請洗爵請行觴不敢直飲之○洗音銑客亦如之客射若投壺坐不勝主人亦洗而請之○勝詩證反不角角謂觥罰爵也於尊長與客如獻酬之爵○觥古橫反不擢馬擢去也謂徹也已徹馬嫌勝故棄之○擢直角反執君之乘車則坐執轡謂守之也君不在其中坐示不行也○乘繩證反轡求媚反僕者右帶劍負良綏申之面拖諸幦面向前也幦覆笭也良綏君綏也負之由左肩上右腋下申之於前覆笭上也○拖徒可反引也又他佐反幦徐音覓笭力丁反腋音亦以散綏升執轡然後步步行也○散悉旦反○請見不請退去止不敢自由○見賢遍反朝廷曰退近君爲進○朝直遥反後朝廷皆同附近之近燕遊曰歸礼褻主於家也師役曰罷罷之言疲勞也春秋傳曰師[illegible]遠曰疲○罷音皮

注同。還音旋，下文注皆同。○侍坐於君子，君子欠伸，運笏，澤劍首，還屨，問日之蚤莫，雖請退可也。以此皆解倦之狀。伸，頻伸也。運、澤，謂玩弄也。今坐者弄之，笏以汗澤。○欠，起劍反。伸，音申。笏，音忽。還，音旋。蚤，音早。莫，音暮。解，佳賣反。頻，本又作頻，音頻。玩，五亂反。[illegible]，以政反。汗，戶旦反，一音旱。【重言】侍坐於君子，君子欠伸，一見曲禮上。問日之蚤莫，曲禮上視日之蚤莫。○事君者量而后入，不入而后量，凡乞假於人，為人從事者亦然。然，故上無怨而下遠罪也。量，量其事意合成否。○量，音亮。乞，如字，又音氣。為，于偽反。遠，于万反。不窺密，嫌伺人之私也。密，隱曲處也。○窺，苦規反。伺，音司。處，昌慮反。不旁狎，安相服習，終或爭訟。○爭，爭鬭之爭。不道舊故，言知識之過失，損友也。孔子曰：故舊不遺，則民不偷。○偷，他侯反。不戲色。暫變傾顏色，為非常，則人不長失敬也。○不長，丁丈反，絕句。○為人臣下者有諫而無訕，有亡而無疾。亡，去也。疾，惡也。○訕，所諫反，徐所姦反。惡，烏路反。【重意】為人臣下者有諫而無訕，曲禮上為人臣之禮不顯諫。頌而無讇，諫而無驕，頌，謂將順其美也。驕，謂言行謀從時知而慢也。○讇，勑檢反。怠則張而相之，怠，惰也。相，助也。○相，息亮反，注同，下從同。惰，徒卧反。廢則埽而更之。廢，敗數，壞亂不可因也。○更，音庚。

謂之社稷之役役爲也○毋拔來毋報往報讀爲赴疾之赴拔赴皆疾也人來往所之當有宿漸不可卒也○拔蒲末反注同急疾也王本作挍古孝反報音赴卒才忽反毋瀆神瀆謂數而不敬○數色角反毋循枉前日之不正不可復遵行以自伸○循枉上音旬下紆往反邪曲也復扶又反毋測未至測意度也○意度如字本又作億音抑下大各反士依於德游於藝德三德也一曰至德二曰敏德三曰孝德藝六藝也一曰五禮二曰六樂三曰五射四曰五御五曰六書六曰九數工依於法游於說法謂規矩尺寸之數也說謂鴻殺之意所宜也考工記曰薄厚之所震動清濁之所由出侈弇之所由興有說說或爲申○於說如字注同又始銳反鴻字又作洪殺色戒反侈昌氏反弇於檢反毋訾衣服成器訾思也成猶善也思此則疾貧也○訾音子斯反毋身質言語質成也聞疑則傳疑若成之或有所誤也○傳丈專反

言語之美穆穆皇皇朝廷之美濟濟翔翔祭祀之美齊齊皇皇車馬之美匪匪翼翼鸞和之美肅肅雍雍匪讀如四牡騑騑之騑齊齊皇皇讀如歸往之往美皆當爲儀字之誤也周禮教國子六儀一曰祭祀之容二曰賓客之容三曰朝廷之容四曰喪紀之容五曰軍旅之容六曰車馬之容○美音儀出注下同○濟子禮反齊皇皇如字皇音往徐于況反匪讀爲騑芳非反

簡皆無服之注 以惠本相校 皆上二事而由下多無服之注 服虔又服皆有

十字 據孔氏經疏所有淺語而疏録鄭又實無是語是鄭注本無是語而以孔

混入如今始為正之 毛本誤同

卌音冊【重意】玉藻 朝廷濟濟翔翔 ○問國君之子長幼長則曰能從社稷之事矣幼則曰能御未能御 御牛調御事○長丁丈反下及注同 問大夫之子長幼長則曰能從樂人之事矣幼則曰能正於樂人未能正於樂人 正樂政也周礼大司樂以樂德教國子中和祗庸孝友以樂語教國子以興道諷誦言語以樂舞教國子舞雲門大卷大咸大韶大夏大濩大武○樂人音岳○興如字又許證反道音導諷福鳳反卷音權濩户故反 問士之子長幼長則曰能耕矣幼則曰能負薪未能負薪 士祿薄子以農事爲業【重意】見曲礼下篇末 ○執玉執龜筴不趨堂上不趨城上不趨 於重器於近尊於迫狹無容也步張足曰趨○筴音策近附近之近狹音洽【重言】堂上不趨二曲礼上 武車不式介者不拜 兵車不以容礼下人也軍中之拜肅拜○介音界下戶嫁反【重意】式兵車不式曲礼上兵車不式【重言】介者不拜二見曲礼上篇末 ○婦人吉事雖有君賜肅拜爲尸坐則不手拜肅拜爲喪主則不手拜 肅拜拜低頭也手拜手至地也婦人以肅拜爲正凶事乃手拜耳爲尸爲祖姑之尸也士虞礼曰男男尸女女尸爲喪主不手拜者爲夫與長子當稽顙也其餘亦手拜而已

肅或為唯或曰君命至則不手拜肅拜也○低丁兮反為去于偽反○葛絰而麻帶謂既虞卒哭也帶所以自結束也婦人質少變於喪之帶有除而無變○取俎進俎不坐以其有足亦柄尺之類○柄兵命反○執虛如執盈入虛如有人重慎【重意】執虛如執盈曲禮重執有如不克凡祭於室中堂上無跣燕則有之祭不跣者主敬也燕則有跣為歡也天子諸侯祭有坐尸於堂之禮祭所尊在室燕所尊在堂將燕降說屨乃升堂○跣悉典反為于偽反稅屨後本又作脫又作說吐活反未嘗不食新嘗謂薦新物於寢廟○僕於君子君子升下則授綏始乘則式君子下行然後還立還還車而立以俟其去○還音旋注同○乘貳車則式佐車則否貳車佐車皆副車也朝祀之副曰貳戎獵之副曰佐魯莊公敗于乾時公喪戎路傳乘而歸○朝直遥反喪息浪反傳丈專反又直專反又陟戀反下繩證反下文除乘車同○貳車者諸侯七乘上大夫五乘下大夫五乘此蓋殷制也周禮貳車公九乘侯伯七乘子男五乘卿大夫各如其命之數有貳車之乘馬服車不齒尊有爵者之物廣敬也服車所乘車也車有新舊觀君子之衣服服劍乘馬弗賈平尊者之物非敬也○賈音嫁其以乘壺

酒束脩一犬賜人若獻人則陳酒執脩以將命亦曰乘壺酒束脩一犬陳重者執輕者便也乘壺四壺也酒謂清也糟也不言陳犬或無脩者牽犬以致命也於卑者曰賜於尊者曰獻○便婢面反下同糟早勞反其以鼎肉則執以將命鼎肉謂牲體已解可升於鼎○已如字又音異解佳買反其禽加於一雙則執一雙以將命委其餘加猶多也犬則執緤守犬田犬則授擯者既受乃問犬名牛則執紖馬則執靮皆右之緤紖靮皆所以繫制之者守犬田犬問名畜養者當呼之名謂若韓盧宋鵲之屬右之者執之宜由便也○緤息列反守手又反又如字注同紖丈引反靮丁歷反畜許六反鵲七畧反犬也臣則左之異於眾物臣謂囚俘○俘音孚車則說綏執以將命甲若有以前之則執以將命無以前之則袒櫜奉胄甲鎧也有以前之謂他摯幣也櫜鎧衣也胄兜鍪也袒其衣出胄兜鍪以致命○說本又作脫又作稅同吐活反袒音但櫜音羔甲衣也奉芳勇反胄直又反鎧苦代反弢吐刀反兜丁侯反鍪亡侯反器則執蓋謂有表裏弓則以左手屈韣執拊韣弓衣也左手屈衣并以拊執之而右手執簫○韣音獨拊芳武反并必政反劍則啟櫝蓋襲之

加夫襓與劍焉櫝謂劍函也襲郤合之夫襓劍衣也加劍於衣上夫或為煩皆發聲○櫝音獨夫襓上音扶注同下如遙反函音咸郤去略反下文同笏書脩苞苴弓茵席枕几熲杖琴瑟戈有刃者櫝策籥其執之皆尚左手苞苴謂編束萑葦以裹魚肉也茵著蓐也熲警枕也策蓍也籥如笛三孔皆十六物也左手執上上陽也右手執下下陰也○苴子余反茵音因熲京領反注同警言枕也又㨡迥反編必綿反萑音丸葦于鬼反裹音果著蓐上音佇下音辱刀卻刃授穎削授拊辟用時頴繯也拊謂把○穎役頂反削音笑辟音壁把音霸凡有刺刃者以授人則辟刃不以正鄉人也○刺七智反又七亦反辟匹亦反注同鄉許亮反下鄉國同乘兵車出先刃入後刃不以刃鄉國也軍尚左左陽也陽主生將軍有廟勝之策左將軍為上貴不敗績卒尚右右陰也陰主殺卒之行伍以右為上示有死志○卒子忽反注同行伍戶剛反下音五○賓客主恭祭祀主敬喪事主哀會同主詡恭在貌也而敬又在心詡謂敏而有勇若齊國佐○詡況矩反軍旅思險隱情以虞險阻出音可覆謀之處也隱意也思也虞度也當思念己情之所能以度彼之將然否○阻側呂反覆芳富反謂伏兵也徐音直譔兒順反譔詐也或云譔謀慮呂慮反度大各反下同○燕侍食於君

子則先飯而後已所以勸也○飯煩晚反下小飯同【重言】曲礼上侍食毋放飯毋流
歠小飯而亟之亟疾也備噦噎若見問也○歠昌悅反亟紀力反注同噦噎上於月反下伊結反數噍
毋為口容口容弄口○數色角反噍字又作嚼才笑反又在笑反客自徹辭焉則止
主人辭其徹○客爵居左其飲居右客爵謂主人所酬賓之爵也以優賓耳賓不舉奠于
薦東【重言】曲礼上食居人之左一羹居人之右介爵酢爵僎爵皆居右三爵皆飲爵也介賓
之輔也酢所以酢主人也古文礼僎作遵遵謂鄉人為卿大夫來觀礼者酢或為作僎或為騶○介音界注同僎音遵騶責留反本
又作騶○音巡羞濡魚者進尾擩之由後鯁肉易離也乾魚進首擩之由前理易析也○濡音儒擩
補麥反下同鯁格猛反易以豉反下同析星歷反冬右腴氣在下腴腹下也○腴以朱反夏右鰭氣在
上鰭脊也○右鰭音祈脊子昔反祭膴膴大臠謂刳魚腹也膴讀如冔○膴舊火吳反依注音冔兒甫反又徐保兒紆反亦閩
力轉反劉口胡○反又苦侯反凡齊執之以右居之於左齊謂食羹醬飲有齊和者也居
於左手之上右手執而正之由便也○齊才細反注及下以齊并注同食音嗣和户卧反下文齊和同便婢面反○贊幣
自左詔辭自右自由也謂為君受幣為君出命也立者尊右○為于偽反下為君同○酌尸

之僕如君之僕當其爲尸則僕其在車則左執轡右受爵祭左
右軌范乃飲周禮大御祭兩軹祭軌乃飲軌與軹於車同謂轊頭也範與范聲同謂軾前也○軌媿美反范音犯
軹音只轊音衛軾音式○凡羞有俎者則於俎內祭俎於人爲橫不得祭於俎閒
也君子不食圂腴周禮圂作豢謂犬豕之屬食米穀者也腴有似於人穢○圂與豢同音患灋本又作
穢紆廢反一音烏外反小子走而不趨舉爵則坐祭立飲小子弟子也卑不得
與賓介俱備禮容也凡洗必盥洗盥乃洗爵先自絜也盥有不洗洗也○盥音管又古亂反牛羊之肺
離而不提心提猶絕也刲離之不絕中央少者使易絕以祭耳○不提心丁禮反注同絕句刲苦圭反刲本又
作離同力智反又力知反凡羞有湆者不以齊齊和也○湆起及反爲君子擇
葱薤則絕其本末爲有萎乾○爲于僞反注同薤户戒反萎於危反又於僞反下音于羞首
者進喙祭耳耳出見也○喙許穢反見賢遍反○尊者以酌者之左爲上
尊尊者設尊者也酌者鄉尊其左則右尊也○樽本又作尊注下皆同鄉許亮反下鄉人同尊壺者面其
鼻鼻在面中言鄉人也[illegible]玉藻唯君面尊飲酒者禨者醮者有折俎不坐

折俎卑獻之乃坐也已沐飲曰機酳曰冠曰醮○機其記反醮子笑反折之設反下及注皆同冠古乱反未步爵不
嘗羞也步行○牛與羊魚之腥聶而切之為膾聶之言牒也先藿葉
切之復報切之則成膾○聶之涉反注及下皆同膾古外反牒直輒反復扶又反麋鹿為菹野豕為
軒皆聶而不切麕為辟雞兔為宛脾皆聶而切之切蔥
若薤實之醯以柔之此軒辟雞宛脾皆菹類也其作之狀以醯與薑桂淹之殺肉及腥氣也○麋音
眉軒音獻注同麕俱倫反辟音壁又補麥反徐扶益反徍同兔他故反宛於阮反脾上於阮反下此支反切蔥若薤實之絕句菹莊居反拏
許云反淹於廉反又於劫反○其有折俎者取祭反之不坐燔亦如之
亦為柄尺之類也燔炙也鄉射曰賓升奠爵于薦西興取肺坐絕祭左手齊之興加于俎坐悅手○燔音煩柄彼命反齊才細反悅
本亦作帨始銳反尸則坐尸尊也少牢饋食禮曰尸左執爵右兼取肝肺擩于俎鹽振祭齊之加于菹豆○食音嗣
擩本又作揳而專反又而悅反徐耳誰反【重意】尸則坐曲禮內則坐如尸○衣服在躬而不知其
名為罔罔猶罔罔無知貌○罔本亦作网又作罔同亡兩反○其未有燭而後至者
則以在者告道瞽亦然為其不見意欲知之也師冕見及階子曰階也及席子曰席也皆坐子告

之曰某在斯某在斯○道音導爲于僞反下爲貴賤下文爲人爲已同見賢遍反凡飲酒爲獻主者執燭抱燋客作而辭然後以授人爲賓言之也主人親執燭敬賓賓不不倦也言獻主若客君使宰夫也古者以燭曰燋○燋側角反又子約反或音在遥反爇火人悦反執燭不讓不辭不歌以燭雖書礼殺○殺色戒反洗盥執食飲者勿氣有問焉則辟咡而對示不敢歆臭也口旁曰咡○辟匹亦反徐芳益反咡而志反歆許金反臭許又反【重意】曲礼上召負劍辟咡詔之○爲人祭曰致福爲已祭而致膳於君子曰膳祔練曰告此皆致祭祀之餘於君子也攝主言致福申其辭也自祭言膳謙也祔練言告不敢以爲福膳也凡膳告於君子主人展之以授使者于阼階之南南面再拜稽首送反命主人又再拜稽首展省具也○使色吏反其禮大牢則以牛左肩臂臑折九个少牢則以羊左肩七个犆豕則以豕左肩五个折斷分之也皆用左若右以祭尒也羊豕不言臂臑因牛序之可知○臂本亦作辟必豉反注同臑奴報反又奴到反說文云臂羊矢大讀若儒字林人於反个古賀反下同犆大得反斷丁管反又大奐反分方云反又扶問反本又作个古賀反

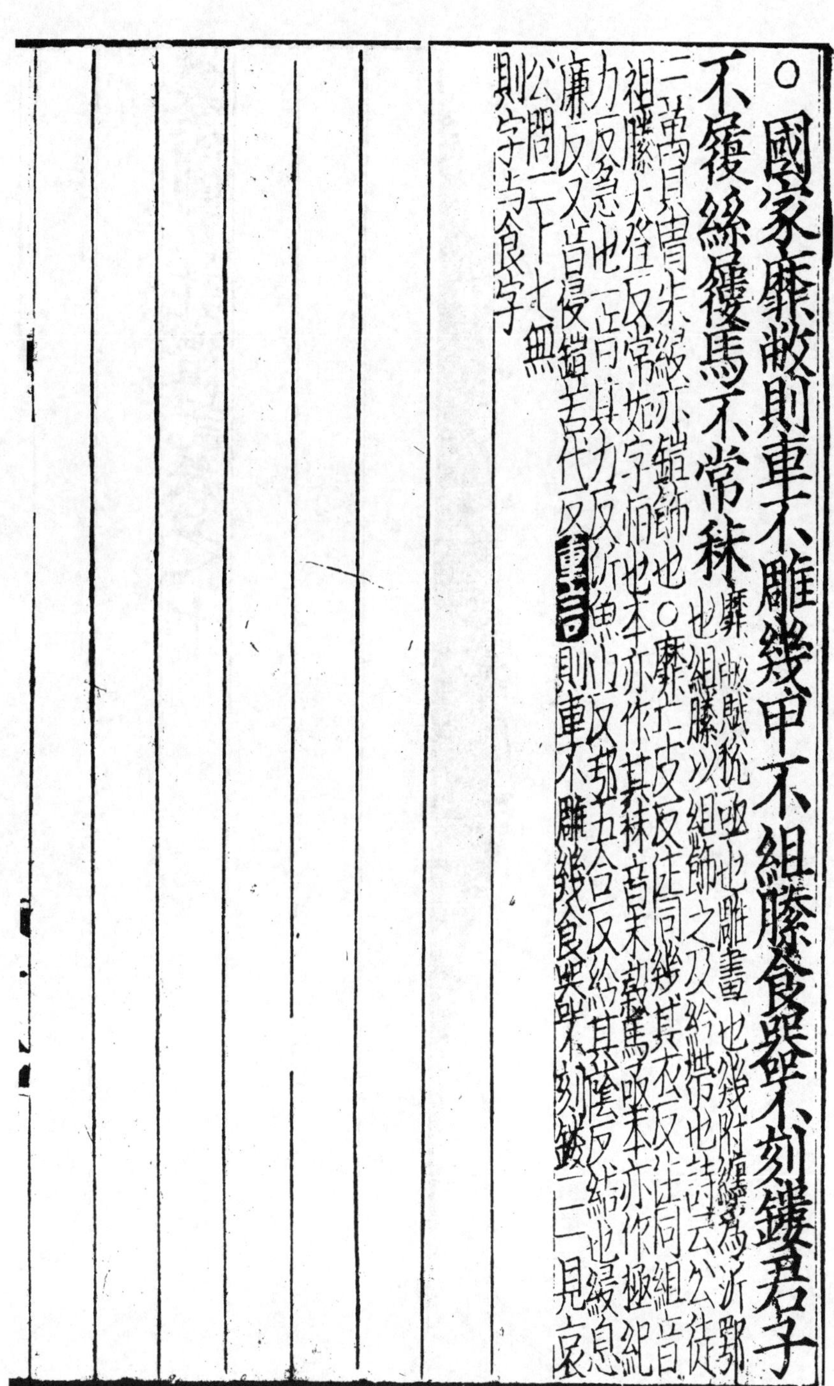

○國家靡敝則車不雕幾甲不組縢食器不刻鏤君子不履絲屨馬不常秣靡敝賦稅亟也雕畫也幾附纏為沂鄂也組縢以組飾之及紟帶也詩云公徒三萬貝胄朱綅亦鎧飾也○靡亡皮反注同幾其衣反注同組音祖縢大登反常如字恒也本亦作其秣音末穀馬也秣本亦作極紀力反亟急也一音其力反沂魚斤反鄂五各反紟其陰反紟結也綅息廉反又音侵鎧苦代反重言則車不雕幾食器不刻鏤二一見哀公問一下七無則字与食字

纂圖互註禮記卷之十

纂圖互註禮記卷之十一

學記第十八

○陸曰鄭云學記者以其記人學教之義

禮記　　鄭氏註

發慮憲求善良足以謏聞不足以動衆憲法也言發計慮當擬度於法式也求謂招來也謏之言小也動衆謂師役之事○憲音獻謏思了反徐所穆反聞音問声聞毋反大名反就賢體遠足以動衆未足以化民就謂躬下之體猶親也○下戶嫁反君子如欲化民成俗其必由學乎所學者聖人之道在方策○策初革反玉不琢不成器人不學不知道是故古之王者建國君民教學爲先謂內則設師保以教使國子學焉外則有太學庠序之官○琢丁角反治玉曰琢大音泰後太學皆同兌命曰念終始典于學其此之謂乎典經也言學之不舍業也兌當爲說字之誤也高宗夢傳說求而得之作說命三篇在尚書今亡○兌依注作說音悅下兌命放此舍音捨兌當爲依外反

重言其此之謂乎五四見此下文

雖有嘉肴弗食不知其旨也雖有至道弗學不知其善也旨美也○

肴戶交反是故學然後知不足教然後知困斈則睹已行之所短教則見已道之所未達○睹丁古反行下孟反下注德行同知不足然後能自反也知困然後能自強也故曰教學相長也自反求諸己也自強脩業不敢倦○強其丈反又其良反下注同長丁兩反下注長猶長者皆同兌命曰學學半其此之謂乎言斈人乃益己之斈半○斈斈上胡孝反下如字斈人胡孝反又音教古之教者家有塾黨有庠術有序國有學術當爲遂聲之誤也古者仕焉而已者歸教於閭里朝夕坐於門門側之堂謂之塾周礼五百家爲黨万二千五百家爲遂黨屬於鄉遂在遠郊之外○塾音孰一音育術音遂出注比年入學中年考校斈者每歲來入也中猶間也鄉遂大夫間歲則考斈者之德行道藝周礼三歲大比乃考焉○中徐丁仲反注同間〻廁之間下同比毗志反一年視離經辨志三年視敬業樂群五年視博習親師七年視論學取友謂之小成九年知類通達強立而不反謂之大成離經斷句絶也辨志謂別其心意所趣鄉也知類知事義之比也強立臨事不惑也不反不違失師道○樂五孝反又音岳下不能樂斈同斷句丁乱反別彼列反趣七住反鄉許亮反比必履反一音必利反夫然

後足以化民易俗，近者說服而遠者懷之，此大學之道也。懷，來也，安也。○說音悅。記曰：「蛾子時術之。」其此之謂乎！蛾蚍蜉也。蚍蜉之子，微蟲耳，時術蚍蜉之所爲，其功乃復成大垤。○蛾，魚起反，注同，本或作蟻。蚍音毗。蜉音孚，亦作蠡。爾雅云：蚍蜉，大螘。復，扶又反。垤，大結反。毛詩傳云：垤，螘冢也。○大學始教，皮弁祭菜，示敬道也。皮弁，天子之朝朝服也。祭菜，禮先聖先師。菜謂芹藻之屬。○朝朝並直遙反。芹音勤。藻音早。[重意]皮弁祭菜，郊特牲：王皮弁以聽祭報。宵雅肄三，官其始也。宵之言小也。肄，習也。習小雅之三，謂鹿鳴、四牡、皇皇者華也。此皆君臣宴樂相勞苦之詩，爲始學者習之，所以勸之以官，且取上下相和厚。○宵音消。肄本又作肄，同，以二反，注同。樂音洛。勞，力告反，又如字。爲，于僞反。入學鼓篋，孫其業也。鼓篋，擊鼓警眾，乃發篋出所治經業也。孫猶恭順也。○篋，苦協反。孫音遜，注及下皆同。警，京領反。夏楚二物，收其威也。夏，稻也。楚，荊也。二者所以扑撻犯禮者。收謂收斂整齊之威儀也。○夏，古雅反，注同。稻，吐刀反。爾雅云：稻，山榎。扑，普卜反。尚書云：扑作教刑。撻，他達反。未卜禘不視學，游其志也。禘，大祭也。天子諸侯既祭，乃視學考校，以游暇學者之志意。○禘，大計反。游音由，本亦作遊。暇，戶嫁反，舊古雅反。時觀而弗語，存其心也。使之悱悱憤憤，然後啟發也。○語，魚據反。悱，芳鬼反。憤，扶粉反。一本直作揲憤反擇直吏反幼者聽而弗問，學不躐等也。斈教也，教之長稺。○斈胡孝反，注同。躐音里輒。此七者，教之大倫也。倫理也。自大斈始教至此，其義七也。記曰：凡學官先事，士先志，其此之謂乎！官居官者也，士斈士也。大學之教也，時教必有正業，退息必有居。有居，有常居也。學：不學操縵，不能安弦；操縵，雜弄。○操七刀反，注同。縵末旦反。雜徂合反。不學博依，不能安詩；博依，廣譬喻也。○依或爲衣，依於豈反，注皆同。不學雜服，不能安禮；雜服，冕服皮弁之屬。雜或爲雅。不興其藝，不能樂學。興之言喜也，歆也。藝謂礼、樂、射、御、書、數。○興虛應反。歆許金反。故君子之於學也，藏焉，脩焉，息焉，遊焉。藏謂懷抱之。脩，習也。息謂作勞休止於之息。遊謂閒暇無事於之遊。○閒音閑。夫然，故安其學而親其師，樂其友而信其道，是以雖離師輔而不反也。兌命曰：敬孫務時敏，厥脩乃來。其此之謂乎！敬孫，敬道孫業也。敏，疾也。厥，其也。斈者務及時而疾其所脩之業乃來。○樂其音岳，又音洛，又五孝反。離力智反。【重言】其此之謂乎，五並見上文。今之教者，呻其佔畢，多其訊，呻吟

也佔視也簡謂之畢訊猶問也言今之師自不曉經之義但吟誦其所視簡之文多其難問也呻或為慕訊或為誶。呻音申一音新吟也佔勑
佔反視也字又作笘音占又作誶音信問也呻吟魚金反又作訟同難乃旦反訾才斯反又音紫言及于數其發言出
說不首其義動云有所法象而已。數色住反進而不顧其安務其所誦多不惟其未曉使人
不由其誠由用也使學者誦之而為之說不用其誠教人不盡其材材道也謂師有所隱也易
曰兼三材而兩之謂天地人之道其施之也悖其求之也佛教者言非則學者失問。施始豉
反下同悖布內反佛本又作拂扶弗反夫然故隱其學而疾其師苦其難而
不知其益也隱不稱揚也不知其益若无益然雖終其業其去之必速速疾
也學不心解則忘之易。去如字又起呂反解胡買反忘亡亮反易以豉反下文注皆同教之不刑其此
之由乎刑猶成也大學之法禁於未發之謂豫未發情欲未生謂年十五時。
禁居鴆反又音金下同慾音欲一音喻下注同當其可之謂時可謂年二十成人時不陵節
而施之謂孫不陵節謂不教長者才者以小教幼者鈍者以大也施猶教也孫順也。鈍徒困反相觀
而善之謂摩不並問則教者思專也摩相切磋也。摩本又作磨莫波反徐亡髮反思息吏反下思放同磋七多

反此四者教之所由興也興起也發然後禁則扞格而不
勝教不能勝其情欲格讀如凍洛之洛扞堅不可入之貌○扞胡半反注同格胡客反又戶隔反扞格不入也注同勝音升又升
證反洛胡客反下同此二字並從二或水旁作非一音戶各反時過然後學則勤苦而難成
時過則思放也○過胡卧反雜施而不孫則壞亂而不脩小者不達大者難識斈者所惑
也○壞音恠徐胡拜反獨學而無友則孤陋而寡聞不相觀也燕朋逆其
師燕猶褻也褻其朋友○燕音宴褻息列反下同燕辟廢其學褻師之譬喻○辟音譬注及下罕譬同
此六者教之所由廢也廢滅君子既知教之所由興又知
教之所由廢然後可以爲人師也故君子之教喻也道
而弗牽強而弗抑開而弗達道示之以道塗也抑猶推也開爲發頭角○道音導注道
示及下同強其良反徐其兩反下同爲于僞反下爲斈者同道而弗牽則和強而弗抑則
易開而弗達則思和易以思可謂善喻矣思而得之則深學者
有四失教者必知之人之學也或失則多或失則寡或

失則易，或失則止。此四者，心之莫同也。失於多謂才少者，失於寡謂才多者，失於易謂好問不識者，失於止謂好思不問者。○好，呼報反，下好思、好述同。知其心，然後能救其失也。救其失者，多與易則抑之，寡與止則進之。教也者，長善而救其失者也。善歌者使人繼其聲，善教者使人繼其志。言為之善者，則後人樂放傚。○長，丁丈反，下文及注同。教，如字，一本作斆，胡孝反。放，方往反。傚，胡教反。其言也約而達，微而臧，罕譬而喻，可謂繼志矣。師說之明，則弟子好述之，其言少而解。臧，善也。○臧，子郎反。解，胡買反，下文注同。君子知至學之難易，而知其美惡，然後能博喻；能博喻，然後能為師；能為師，然後能為長；能為長，然後能為君。美惡，說之是非也。長，安官之長。○惡，烏路反，又如字。故師也者，所以學為君也。弟子學於師，學為君。是故擇師不可不慎也。師善則善。記曰：三王四代唯其師。四代，虞夏殷周。此之謂乎！凡學之道，嚴師為難。嚴，尊敬也。師嚴然後道尊，道尊然後民知敬學。是故君之所不臣於其臣者二當其爲尸則弗臣也當其爲師則弗臣也尸主也爲祭主也大學之禮雖詔於天子無北面所以尊師也尊師重道焉不使處臣位也武王踐阼召師尚父而問焉曰昔黃帝顓頊之道存乎意亦忽不可得見與師尚父曰在丹書王欲聞之則齊矣王齊三日端冕師尚父亦端冕奉書而入負屏而立王下堂南面而立師尚父曰先王之道不北面王行西折而南東面而立師尚父西面道書之言○顓音專頊許玉反与音餘齊側皆反下同奉芳勇反折之設反善學者師逸而功倍又從而庸之不善學者師勤而功半又從而怨之從隨也庸功也功之受其道有功於已善問者如攻堅木先其易者後其節目及其久也相說以解不善問者反此言先易後難以斷入○說音悅善待問者如撞鍾叩之以小者則小鳴叩之以大者則大鳴待其從容然後盡其聲不善荅問者反此從讀如富父舂戈之舂舂謂重撞擊也始者一聲而已學者既開其端意進而後問乃極說之如撞鍾之成聲矣從或爲松○撞丈江反叩音口從依注讀爲舂式容反容音庸重直用反復扶又反此皆進學之道也此皆善問善荅也記問之學

不足以爲人師記問謂豫誦雜難雜説至講時爲學者論之此或時師不心解或學者所未能問○難乃旦反必也其聽語乎必待其問乃説之力不能問然後語之語之而不知雖舍之可也舍之須後○語魚據反下同舍音捨又如字注下同良冶之子必學爲裘仍見其家錮補穿鑿之器也補器者其金柔乃合有似於爲裘○冶音也錮音固穿字又作穿音川鑿在洛反良弓之子必學爲箕仍見其家撓角幹也撓角幹者其材宜調調乃三體相勝有似於爲楊柳之箕○箕音基注同撓而小反下同曲屈也一音乃孝反幹古旦反勝音升任也一本作称尺證反始駕馬者反之車在馬前以言仍見則貫即事易也○始駕者一本作始駕馬者貫古患反習也君子察於此三者可以有志於學矣仍讀先王之道則爲來事不惑古之學者比物醜類以事相況而爲之醜猶比也醜或爲計鼓無當於五聲五聲弗得不和水無當於五色五色弗得不章學無當於五官五官弗得不治師無當於五服五服弗得不親當猶主也五服斬衰至緦麻之親○當丁浪反主也下及注皆同治直吏反君子曰大德不官謂君也大道不器謂聖人之

道不如器施於一物大信不約謂若胥命于蒲无盟約○約徐於妙反沈於畧反注同大時不齊

或時以生或時以死○齊如字察於此四者可以有志於本矣本立而道生言以學爲本

則其德於民无不化於俗无不成三王之祭川也皆先河而後海或源也

或委也此之謂務本源泉所出也委流所聚也始出一勺卒成不測○源本又作原委於僞反注同

勺時酌反

樂記第十九

○陸曰鄭云名樂記者以其記樂之義鄭氏註

凡音之起由人心生也人心之動物使之然也感於物

而動故形於聲宮商角徵羽雜比曰音單出曰聲形猶見也○徵張里反後倣此比毗志反下文同見賢

徧反重言感於物而動下文感於物而后動故形於声○一下文一聲相應故生變樂之器彈其宮則衆

宮應然不足樂是以變之使雜也易曰同声相應同氣相求春秋傳曰若以水濟水誰能食之若琴瑟之專一誰能聽之○應應對

之應下篇内同彈徒丹反樂音岳又音洛變成方謂之音方猶文章也比音而樂之

及干戚羽旄謂之樂干盾也戚斧也武舞所執也羽翟羽也旄旄牛尾也文舞所執周禮舞師樂師

掌教干舞有兵舞有干舞有羽舞有旄舞詩曰左手執籥右手秉翟○旄音毛本又作旄楯述允反又音允翟音狄籥羊灼反

樂者音之所由生也，其本在人心之感於物也。是故其哀心感者其聲噍以殺，其樂心感者其聲嘽以緩，其喜心感者其聲發以散，其怒心感者其聲粗以厲，其敬心感者其聲直以廉，其愛心感者其聲和以柔。六者非性也，感於物而后動。言人聲在所見非有常也噍踧也嘽寬綽貌發猶揚也粗麄也○噍子遙反徐在堯反沈子堯反踧也謂急也殺色界反徐所例反樂音洛嘽昌善反寬緩也散息旦反粗采都反又才古反踧子六反綽處約反

是故先王慎所以感之者，故禮以道其志，樂以和其聲，政以一其行，刑以防其姦。禮樂刑政，其極一也。極至也○道音導行下孟反

重言 礼樂刑政一 同文

所以同民心而出治道也。出其所謂至也○治直吏反下同

凡音者生人心者也。情動於中，故形於聲；聲成文，謂之音。是故治世之音安以樂，其政和；亂世之音怨以怒，其政

亡國之音哀以思其民困聲音之道與政通矣言八音和否隨政也○王肅曰御聲音之上下○治世之音絕句安以樂音洛絕句雷讀上至安絕句樂音岳以樂二字爲句其政和崔讀上句依雷下以樂其政和總爲一句下亂世亡國各放此○思息吏反又音笥不音否禦音早聲音古幾希反又音祈上下時掌反

〔五聲〕詩關雎在心爲志發言爲詩情動於中而形於言云云情發於聲聲成文謂之音

宮爲君商爲臣角爲民徵爲事羽爲物五者不亂則無怗懘之音矣五者君臣民事物也凡聲濁者尊清者卑怗懘敝敗不和貌○怗尺徐昌廉反懘弊也懘昌制反又昌紙反敗也敝音弊

宮亂則荒其君驕商亂則陂其官壞角亂則憂其民怨徵亂則哀其事勤羽亂則危其財匱五者皆亂迭相陵謂之慢如此則國之滅亡無日矣君臣民事物其道亂則其音應而亂也荒猶散也陂傾也書曰王耄荒易曰無平不陂○陂彼義反注同傾也匱其媿反乏也迭田節反散蘇旦反耄莫報反

鄭衛之音亂世之音也比於慢矣比猶同也○比毗志反注同又如字

桑間濮上之音亡國之音也其政散其民流誣上行私而不可止也濮水之上地有

桑間者，亡國之音，於此之水出也。昔殷紂使師延作靡靡之樂，已而自沈於濮水。後師涓過焉，夜聞而寫之，為晉平公鼓之，是之謂也。桑間在濮陽南。○濮音卜，水名。誣音无。生同。涓，古玄反。為，于偽反，下為作法度同。

凡音者，生於人心者也；樂者，通倫理者也。倫猶類也。理，分也。○分，扶問反。是故知聲而不知音者，禽獸是也；知音而不知樂者，衆庶是也。唯君子為能知樂。禽獸知此為聲耳，不知其宮商之變也。八音並作克諧曰樂。○諧，戶皆反。是故審聲以知音，審音以知樂，審樂以知政，而治道備矣。是故不知聲者不可與言音，不知音者不可與言樂。知樂則幾於禮矣。禮樂皆得，謂之有德。德者，得也。幾，近也。聽樂而知政之得失，則能正君臣民事物之禮也。○治，直吏反，下民治行同。幾音機，一音巨依反，注同。是故樂之隆，非極音也；食饗之禮，非致味也。隆猶盛也。極，窮也。○食音嗣，下食饗同。清廟之瑟，朱弦而疏越，壹倡而三歎，有遺音者矣。大饗之禮，尚玄酒而俎腥魚，大羹不和，有遺味者矣。清廟謂作樂歌清廟也。朱弦，練朱弦，練則聲濁。越，瑟底孔也。畫疏之，使聲遲也。倡，發歌句也。三歎，三人從歎之耳。大饗，祫祭先王，以腥魚為俎實，不臑孰之也。大羹，肉湆，不調以鹽菜。遺，猶餘也。○疏音踈，下同。倡，昌諒反，注同。腥音星。和，胡卧反。底，都礼反。畫音獲。祫音洽。臑音而。湆，去及反。【重言】大羹大羹不和二。○見礼器第十篇，一見郊特牲十一篇。

是故先王之制禮樂也，非以極口腹耳目之欲也，將以教民平好惡而反人道之正也。教之使知好惡也。○好惡，上呼報反，下烏路反，又並如字，後好惡二字相連者皆放此。【重言】先王之制礼也二。一檀弓上，一礼器。

人生而靜，天之性也。感於物而動，性之欲也。言性不見物則无欲。物至知知，然後好惡形焉。至，來也。知知，每物來，則又有知也。言見物多則欲益衆。形，猶見也。○見，賢遍反。好惡無節於內，知誘於外，不能反躬，天理滅矣。節，法度也。知，猶欲也。誘，猶道也，引也。躬，猶己也。理，猶性也。○誘音酉。道音導。夫物之感人無窮，而人之好惡無節，則是物至而人化物也。人化物也者，滅天理而窮人欲者也。窮人欲，言无所不為。於是有悖逆詐偽之心，有淫泆作亂之事。是故強者脅弱，衆者暴寡，知者詐愚，勇者苦怯，疾病不養，老幼孤獨不得其所，此大亂之道也。是故先王之制禮樂，人爲之節。言爲作法度以遏其欲。○悖，布内反，下同。佚音逸。强，其良反。脅，許劫反。知音智。怯，起劫反。遏，於葛反，本亦作節。衰麻哭泣，所以節喪紀也；鐘鼓干戚，所以和安樂也；昏姻冠笄，所以別男女也；射鄉食饗，所以正交接也。男二十而冠，女許嫁而笄，成人之礼。射鄉，大射、鄉飲酒也。○衰，七雷反。樂音洛。冠，古乱反，注同。笄音雞。別，彼列反，下文注皆同。禮節民心，樂和民聲，政以行之，刑以防之。禮樂刑政，四達而不悖，則王道備矣。樂者爲同，禮者爲異。同則相親，異則相敬。同謂協好惡也。異謂別貴賤也。樂勝則流，禮勝則離。流謂合行不敬也。離謂析居不和也。○勝，始證反。析，思歷反。合情飾貌者，禮樂之事也。欲其並行斌斌然。○飾音勑，本又作飭，音式。斌，彼貧反，本又作彬。禮義立，則貴賤等矣；樂文同，則上下和矣；好惡著，則賢不肖別矣；刑禁暴，爵舉賢，則政均矣。仁以愛之，義以正之，如此，則民治行矣。等，階級也。○著，張慮反。肖音笑。樂由中出和在心也禮自外作敬在貌也樂由中出故靜禮自外作故文文猶動也大樂必易大禮必簡易簡若於清廟大饗然○易以豉反注同樂至則無怨禮至則不爭揖讓而治天下者禮樂之謂也至猶達也行也○爭爭鬭之爭暴民不作諸侯賓服兵革不試五刑不用百姓無患天子不怒如此則樂達矣合父子之親明長幼之序以敬四海之內天子如此則禮行矣賓協也試用也○長丁丈反大樂與天地同和大禮與天地同節言順天地之氣與其數和故百物不失不失其性節故祀天祭地成物有功報焉明則有禮樂教人者幽則有鬼神助天地成物者也易曰是故知鬼神之情狀與天地相似五帝德說黃帝德曰死而民畏其神百年春秋傳曰若敖氏之鬼不其餒而則聖人之精氣謂之神賢知之精氣謂之鬼○敖五羔反知音智如此則四海之內合敬同愛矣禮者殊事合敬者也樂者異文合愛者也禮樂之情同故明王以相沿也沿猶因述也孔子曰殷因於夏

礼所損益可知也周因於殷礼所損益可知也以殷或作緣○以悅專反因也述也故事與時並事在其時也礼器曰堯授舜々授禹湯放桀武王伐紂時也名與功偕爲名○在其功也○偕猶俱也堯作大章舜作大韶禹作大夏湯作大濩武王作大武各因其得天下之功○偕古諧反俱也濩戶故反下同故鍾鼓管磬羽籥干戚樂之器也屈伸俯仰綴兆舒疾樂之文也簠簋俎豆制度文章禮之器也升降上下周還裼襲禮之文也綴謂酇舞者之位也兆其外營域也○伸音申綴丁劣反徐丁衛反下綴遠綴短皆同簠音甫簋音軌上居洧反並祭器名上下時掌反○還音旋裼思歷反襲音習酇作管反後同故知禮樂之情者能作識禮樂之文者能述述謂訓其義也作者之謂聖述者之謂明明聖者述作之謂也樂者天地之和也禮者天地之序也和故百物皆化序故羣物皆別化猶生也別謂形體異也樂由天作禮以地制言法天地也過制則亂過作則暴過猶誤也暴失文武之意明於天地然後能興禮樂也論倫無患樂之情也欣喜歡愛樂之

官也論猶類也患害也官猶事也中正無邪禮之質也莊敬恭順禮之制也質猶本也邪字又作衺同似嗟反若夫禮樂之施於金石越於聲音用於宗廟社稷事乎山川鬼神則此所與民同也言清官鄭制先王所尊也王者功成作樂治定制禮功成治定同時耳功主於王業治主於教民明堂位說周公曰治天下六年朝諸侯於明堂制禮作樂○王如字徐于況反治直吏反注治定治主下治辯同其功大者其樂備其治辯者其禮具辯徧也○辯本又作徧舊音遍蔡廣雅辯徧也薄見反徧音遍干戚之舞非備樂也樂以文德爲備若咸池者孔子曰韶盡美矣又盡善也謂武盡美矣未盡善也孰亨而祀非達禮也達具也郊特牲曰郊血大饗腥三獻爓一獻孰至敬不饗味而貴氣臭也○亨普庚反饗許兩反爓似廉反五帝殊時不相沿樂三王異世不相襲禮言其有損益也樂極則憂禮粗則偏矣樂人之所好也害在淫侉禮人之所勤也害在倦略○粗才都反後皆同偏音篇下同好呼報反侉苦瓜反及夫敦樂而無憂禮備而不偏者其唯大聖乎敦厚也○夫音扶下皆放此天高地下萬物散

樂記　十一巳九

殊。而禮制行矣。礼爲異也。流而不息，合同而化，而樂興焉。樂爲同也。春作夏長，仁也；秋斂冬藏，義也。仁近於樂，義近於禮。言樂法陽而生，礼法陰而成。○夏長，上户嫁反，下丁丈反，下注長養皆同。近，附近之近，又其靳反，下同。樂者敦和，率神而從天；禮者别宜，居鬼而從地。敦和，樂貴同也。率，循也。從，順也。别宜，礼尚異也。居鬼，謂居其所爲，亦言循之也。鬼神謂先聖先賢也。○敦音純，本又作敦。故聖人作樂以應天，制禮以配地。禮樂明備，天地官矣。官猶事也，各得其事。天尊地卑，君臣定矣。卑高已陳，貴賤位矣。動靜有常，小大殊矣。方以類聚，物以羣分，則性命不同矣。在天成象，在地成形。如此，則禮者天地之别也。卑高謂山澤也。位矣，尊卑之位。象山澤也。動靜，陰陽用事。大小，万物也。大者常存，小者隨陽出入。○方謂行蟲也。物謂殖生者也。性之言生也。命，生之長短也。象，光耀也。形，躰貌也。○卑如字，又音婢，下同。地氣上齊，天氣下降，陰陽相摩，天地相蕩，鼓之以雷霆，奮之以風雨，動之以四時，煖之以日月，而百化興焉。

如此則樂者天地之和也齊讀爲躋躋升也摩猶迫也蕩猶動也奮迅也百化百物化生也○
上齊上時掌反齊依注讀爲躋又作隮子兮反升也摩本又作磨末何反迫也蕩本或作盪同大黨反霆音廷又音挺奮甫問反易作
潤之煖徐許袁反沈況遠反迫音伯訊本又作迅音信重意月令地氣上騰天氣下降化不時則不生男
女無辨則亂升天地之情也辨別也升成也樂失則害物禮失則亂人及夫禮
樂之極乎天而蟠乎地行乎陰陽而通乎鬼神窮高極
遠而測深厚極至也蟠猶委也高遠三辰也深厚山川也言禮樂之道上至於天下委於地則其間无所不之○
蟠步丹反或蒲何反注同樂著大始而禮居成物著之言處也大始百物之始生也○著直畧反
處也注著之言同大音泰注同處昌慮反著不息者天也著不動者地也著猶明白也
行健君子以自強不息也息猶休止也易曰天一動一靜者天地之間也間謂百物也
故聖人曰禮樂云言禮樂之法天地也樂靜而禮動其施用事則亦天地之間耳昔者舜作
五弦之琴以歌南風夔始制樂以賞諸侯夔欲舜與天下之君共此
樂也南風長養之風也以言父母之長養己其辭未聞也夔舜時典樂者也書曰夔命女典樂○夔求龜反舜始閏反女音汝故

天子之爲樂也，以賞諸侯之有德者也。德盛而教尊，五穀時孰，然後賞之以樂。故其治民勞者，其舞行綴遠；其治民逸者，其舞行綴短。民勞則德薄，酇相去遠，舞人少也。民逸則德盛，酇相去近，舞人多也。○行，戶剛反，下同。故觀其舞，知其德；聞其謚，知其行也。謚者，行之迹也。○行，下孟反，注同。大章，章之也。堯樂名也，言堯德章明也。周禮闕之，或作大卷。咸池，備矣。黃帝所作樂名也，堯增脩而用之。咸，皆也。池之言施也，言德之無不施也。周禮曰大咸。○大咸，如字，一本作大卷，卷音權。韶，繼也。舜樂名也。韶之言紹也，言舜能繼紹堯之德。周禮曰大韶。○韶，上遥反，注同。夏，大也。禹樂名也。言禹能大堯舜之德。周禮曰大夏。殷周之樂盡矣。言盡人事也。周禮曰大濩、大武。○濩音護。天地之道，寒暑不時則疾，風雨不節則饑。教者，民之寒暑也，教不時則傷世；事者，民之風雨也，事不節則無功。教，謂樂也。○饑，居祈反。然則先王之爲樂也，以法治也，善則行象德矣。以法治，以樂爲治之法。行象德，民之行順君之德也。○治，直吏反，注同。夫豢豕爲酒，非以爲禍也，而獄訟益繁，則酒之流生禍也。以穀食犬豕曰豢。爲，作也。言豢豕作酒，本以饗祀養賢，而小人飲之善酗，以致獄訟。○豢音患。養，食也。食音嗣。酗，許具反。是故先王因爲酒禮，壹獻之禮，賓主百拜，終日飲酒而不得醉焉。此先王之所以備酒禍也。壹獻，士飲酒之禮。百拜，以喻多。故酒食者，所以合歡也；樂者，所以象德也；禮者，所以綴淫也。綴猶止也。○綴，知劣反。是故先王有大事，必有禮以哀之；有大福，必有禮以樂之。哀樂之分，皆以禮終。大事謂死喪也。○樂音洛，下「所樂」「康樂」皆同。分，扶問反。樂也者，聖人之所樂也，而可以善民心，其感人深，其移風易俗，故先王著其教焉。著猶立也，謂立司樂以下，使教國子。○著，知慮反。夫民有血氣心知之性，而無哀樂喜怒之常，應感起物而動，然後心術形焉。言在所以感之也。術，所由也。形猶見也。○知音智。噍，於遥反。見，賢遍反。是故志微噍殺之音作，而民思憂；嘽諧慢易繁文簡節之音作，而民康樂；粗厲猛起奮末廣賁之音作，而民剛毅；廉直勁正莊誠之音作，而民肅敬；寬裕肉好順成和動之音作，而民慈愛；流辟邪散狄成滌濫之音作，而民淫亂。志微意細也吳公子札聽鄭風而曰其細已甚民弗堪也噍踧也殺少也奮末動使四支也賁讀為憤憤怒氣充實也春秋傳曰血氣狡憤肉肥也狄滌往來疾貌也濫僭差也此皆民心无常之效也肉或為潤○噍子遙反殺色界反又色例反思息吏反又音斯嘽昌善反諧戶皆反慢本又作慢莫諫反易以豉反注同粗七奴反賁依注讀為憤扶粉反勁吉正反裕羊樹反肉如救反肥也注同好呼報反辟匹亦反邪似嗟反後皆同狄他歷反注同滌大歷反注同濫力暫反札側八反賁讀音奔又補義反狡本又作佼古卯反又音郊僭子念反效戶教反

是故先王本之情性，稽之度數，制之禮義，合生氣之和，道五常之行，使之陽而不散，陰而不密，剛氣不怒，柔氣不懾，四暢交於中而發作於外，皆安其位而不相奪也。生氣陰陽氣也五常五行也密之言閉也懾猶恐懼也○稽古兮反道音導行下孟反懾之涉反暢勑亮反恐曲勇反

然後立之學等，廣其節奏，省其文采，以繩德厚。等差也各用其才之差次學之廣

謂[illegible]音之少[illegible]猶審也文采謂節奏合也繩猶度也周禮大司樂以樂語教國子興道諷誦言語以樂舞教國子舞雲門大卷大咸大韶大夏大濩大武。○省西領反度大洛反興道上許應反下音導諷芳鳳反卷音權律小大之稱比終始之序以象事行律六律也周禮典同以六律六同辨天地四方陰陽之聲以為樂器小大謂高聲正聲之類也終始謂始於宮終於羽宗廟黃鍾為宮大呂為角大蔟為徵應鍾為羽以象事行宮為君商為臣。○稱尺證反比毗志反大蔟音泰蔟七豆反使親疏貴賤長幼男女之理皆形見於樂故曰樂觀其深矣謂同聽之莫不和敬莫不和順莫不和親。○長幼丁丈反下同見賢遍反土敝則草木不長水煩則魚鼈不大氣衰則生物不遂世亂則禮慝而樂淫是故其聲哀而不莊樂而不安慢易以犯節流湎以忘本廣則容姦狹則思欲感條暢之氣而滅平和之德是以君子賤之也緣猶成也慝穢也廣謂聲緩也狹謂聲急也感動也動人條暢之善氣使失其所。○敝婢世反慝吐得反注及下同易以豉反湎綿鮮反狹音洽注同和胡卧反滌字又作[illegible][illegible]反[illegible]音烏合反

凡姦聲感人而逆氣應之逆氣成象而淫樂興焉正聲

感人而順氣應之，順氣成象而和樂興焉。倡和有應，回邪曲直各歸其分，而萬物之理各以類相動也。成象謂人樂習焉。○倡，昌尚反，又如字。和，胡臥反，下同。分，扶問反。是故君子反情以和其志，比類以成其行，姦聲亂色不留聰明，淫樂慝禮不接心術，惰慢邪辟之氣不設於身體，使耳目鼻口心知百體皆由順正以行其義。反猶本也。術猶道也。○行，下孟反。慝，他得反。辟，匹亦反。知音智。然後發以聲音，而文以琴瑟，動以干戚，飾以羽旄，從以簫管，奮至德之光，動四氣之和，以著萬物之理。奮猶動也。動至德之光，謂降天神，出地祇，假祖考。著猶成也。○著，張慮反。假，古伯反。是故清明象天，廣大象地，終始象四時，周還象風雨，五色成文而不亂，八風從律而不姦，百度得數而有常，小大相成，終始相生，倡和清濁，迭相爲經。清明謂人聲也。廣大謂鍾鼓也。周還謂舞者。五色，五行也。八風從律，應節至也。百度，百刻也，言日月晝夜不失正也。清謂蕤賓至應鍾也。

謂黃鍾至中呂。○還，音旋，注同。迭，大結反。中，音仲。故樂行而倫清，耳目聰明，血氣和平，移風易俗，天下皆寧。言樂用則正人理，和陰陽也。倫謂人道也。故曰：樂者樂也。君子樂得其道，小人樂得其欲。以道制欲，則樂而不亂；以欲忘道，則惑而不樂。道謂仁義也，欲謂邪淫也。是故君子反情以和其志，廣樂以成其教，樂行而民鄉方，可以觀德矣。方猶道也。○鄉，許亮反。【重意】射義：此可以觀德行矣。然統可以觀政矣。德者性之端也，樂者德之華也，金石絲竹樂之器也。詩言其志也，歌詠其聲也，舞動其容也，三者本於心，然後樂器從之。是故情深而文明，氣盛而化神，和順積中而英華發外，唯樂不可以為偽。三者，本志也、聲也、容也。言无此本於內，則不能為樂也。詩言其志，一本无言字。咏，音詠。樂者心之動也，聲者樂之象也，文采節奏聲之節也。君子動其本，樂其象，然後治其節。是故先鼓以警戒，三步以見方，再始以著往復亂以飭歸奮疾而不拔極幽而不隱獨樂其志不厭其道備舉其道不私其欲是故情見而義立樂終而德尊君子以好善小人以聽過故曰生民之道樂爲大焉文采樂之威儀也先鼓將奏樂先擊鼓以警戒衆也三步謂將舞必先三舉足以見其舞之漸也再始以著往武王除喪至盟津之上紂未可伐還歸二年乃遂伐之武舞再更始以明伐時再往也復乱以飭歸謂鳴鐃而退明以整歸也奮疾謂舞者也極幽謂歌者也○警音景見方賢遍反下及注皆同著張慮反注同復音伏飭音勑注同拔步葛反又皮八反獨樂皇音洛又音岳厭於豔反好呼報反以聽過本或作以聖過○鐃女交反樂也者施也禮也者報也言樂出而不反而禮有往來也施始豉反樂樂其所自生而禮反其所自始樂章德禮報情反始也自由也○一處檀弓重言樂樂其所自生重意樂也者樂其所自成禮也者反其所自始禮器篇○禮不忘其本檀弓所謂大輅者天子之車也龍旂九旒天子之旌也青黑緣者天子之寶龜也從之以牛羊之羣則所以贈諸侯也贈諸侯謂來朝將去送之以禮○旒本又作流音留緣悅絹反

朝直遙反樂也者情之不可變者也禮也者理之不可易者也理猶事也樂統同禮辨異統同同和合也辨異異尊卑也禮樂之說管乎人情矣管猶包也窮本知變樂之情也著誠去偽禮之經也禮樂偩天地之情達神明之德降興上下之神而凝是精粗之體領父子君臣之節偩猶依象也降下也興猶出也凝成也精粗謂万物大小也領猶理治也○去起呂反偩音負粗七奴反治直吏反是故大人舉禮樂則天地將爲昭焉言天地將爲之昭然明也天地訢合陰陽相得煦嫗覆育萬物然後草木茂區萌達羽翼奮角觡生蟄蟲昭蘇羽者嫗伏毛者孕鬻胎生者不殰而卵生者不殈則樂之道歸焉耳訢讀爲熹熹猶蒸也氣曰煦體曰嫗屈生曰區无䏰曰觡昭曉也蟄蟲以發出爲曉更息曰蘇孕任也鬻生也內敗曰殰殈裂也今齊人語有殈者○訢依注音熹許其反一讀依字音欣煦許具反徐況甫反嫗於具反下及注同區依注音句古侯反徐丘于反一音烏侯反萌莫耕反奮方問反觡古伯反蟄直立反伏扶又反孕以證反鬻音育生也徐又扶表反

名及節注不責祀時之喪惠本責作

則據責字又長應再查別本

胎也才反殰音獨鄭云内敗曰殰蔡謂懷任不成也字林云胎敗卵也力官反殈呼闃反𧣾音孟徐況逼反一音況狄反卵析不成曰殈猶裂也翦之雁曷反鰓息才反内乃對反或作胬肉之字者誤樂者非謂黃鍾大呂弦歌干揚也樂之末節也故童者舞之鋪筵席陳尊俎列籩豆以升降爲禮者禮之末節也故有司掌之言禮樂之本由人君也禮本者誠去僞樂本者窮本知變○鋪普胡反又音敷去起呂反樂師辨乎聲詩故北面而弦宗祝辨乎宗廟之禮故後尸商祝辨乎喪禮故後主人辨猶別也正也爲於僞反謂歌琴瑟也後尸戶后反後贊禮儀也言知本者尊知末者卑是故德成而上藝成而下行成而先事成而後德三德也行三行也藝才技也先謂位在上也後謂位在下也○上如字或時掌反行下孟反注同技其綺反是故先王有上有下有先有後然後可以有制於天下也言尊卑備乃可制作以爲治法○治直吏反魏文侯問於子夏曰吾端冕而聽古樂則唯恐卧聽鄭衛之音則不知倦敢問古樂之如彼何也新樂之如此何也魏文侯晉大夫畢万

之後僭諸侯者也端玄衣也古樂先王之正樂也

子夏對曰今夫古樂進旅退旅和正以廣弦匏笙簧會守拊鼓始奏以文復亂以武治亂以相訊疾以雅君子於是語於是道古脩身及家平均天下此古樂之發也

旅猶俱也俱進俱退言其齊一也和正以廣無姦聲也會猶合也皆也言衆皆待擊鼓乃作周禮大師職曰大祭祀帥瞽登歌令奏擊拊下管播樂器令奏鼓朄文謂鼓也武謂金也相即拊也亦以節樂拊者以韋爲表裝之以糠糠一名相因以名焉今齊人或謂糠爲相雅亦樂器名也狀如漆筩中有椎○大音泰扶下同廣字舊古曠反鞄白交反笙音生簧音皇拊音撫注同復音伏相息亮反注同即拊也以韋爲之實之以糠王云輔相也徐思章反訊音信大師音泰播彼佐反朄音胤糠音東漆音七筩音勇椎直追反

今夫新樂進俯退俯姦聲以濫溺而不止及優侏儒獶雜子女不知父子樂終不可以語不可以道古此新樂之發也

俯猶曲也言不齊一也濫濫竊也溺而不止聲淫乱無以治之獶獼猴也言舞者如獼猴戲也乱男女之尊卑獶或爲優○俯本又作俛濫力暫反溺乃狄反優音憂侏音朱儒音儒獶乃刀反獼猴也依字亦作猱獼音彌武夷反本亦作彌猴音侯本亦作猴

今君之所問者樂也所

好者音也。夫樂者與音相近而不同。言文侯好音而不知樂也。鏗鎗之類皆爲音，應律乃爲樂。○好，呼報反，注同。近，附近之近，徐如字。鏗，苦耕反。鎗，七羊反，又士衡反。

文侯曰：敢問何如？欲知音樂異意。重言敢問何如二。見仲尼燕居二十八。

子夏對曰：夫古者天地順而四時當，民有德而五穀昌，疾疢不作而無妖祥，此之謂大當。然後聖人作爲父子君臣，以爲紀綱。紀綱既正，天下大定。天下大定，然後正六律，和五聲，弦歌詩頌，此之謂德音，德音之謂樂。當謂樂不失其所。○當，丁浪反，下及注同。疢，勑覲反。

詩云：莫其德音，其德克明。克明克類，克長克君。王此大邦，克順克俾。俾于文王，其德靡悔。既受帝祉，施于孫子。此之謂也。此有德之音，所謂樂也。德正應和曰莫，照臨四方曰明，勤施無私曰類，教誨不倦曰長，慶賞刑威曰君，慈和徧服曰順。俾當爲比，聲之誤也。擇善從之曰比。施，延也。言文王之德皆能如此，故受天福，延於後世也。○莫，亡伯反。長，丁丈反，注同。王，于況反。俾，依注音比，必履反，下及注同，徐扶志反。祉，勑紀反。施，以豉反，注施延同。和，如字，又胡臥反。照臨，本亦作照臨，如字。施，始豉反。徧音遍。重言此之謂也下文祭義喪服四制各一經解三傳今君之所好者其溺音乎言无文王之德則所好非樂也文侯曰敢問溺音何從出也既習之以久知所由出也○玩又作翫音五換反子夏對曰鄭音好濫淫志宋音燕女溺志衛音趨數煩志齊音敖辟喬志此四者皆淫於色而害於德是以祭祀弗用也言四國皆出此溺音濫濫竊姦聲也燕安也春秋傳曰懷與安實敗名趨數讀為促速聲之疾數也煩勞也祭祀者不用淫樂○燕於見反趨音促數音速數字又作數同敖五報反辟匹亦反徐芳益反喬徐音驕本亦作驕居兆反詩云肅雍和鳴先祖是聽夫肅肅敬也雍雍和也夫敬以和何事不行言古樂敬且和故无事而不用溺音无所施為人君者謹其所好惡而已矣君好之則臣為之上行之則民從之君好之二十見緇衣二十二[重意]緇衣上之所好惡不可不謹也則民從之大文子五而民從之詩云誘民孔易此之謂也誘進也孔甚也言民從君所好惡進之於善无難○易以豉反[重言]然後聖人作為鞉鼓椌楬壎篪此六者德音之音也六者為本以其聲質也椌楬謂柷敔

也。壎篪，或為簨簴。○鞉音桃。椌，苦江反。柷，柷也。楬，苦瞎反，敔也。壎，許袁反。篪，直支反。柷，昌六反。圉，本又作敔，魚呂反。簨，恤尹反。簴，音巨。然後鐘磬竽瑟以和之，干戚旄狄以舞之，此所以祭先王之廟也，所以獻酬酳酢也，所以官序貴賤各得其宜也，所以示後世有尊卑長幼之序也。官序貴賤，謂尊卑樂器列數有差次。○竽音于。和，如字，徐胡卧反。酬，市由反。酳，音胤，又仕覲反。酢，音昨。長，丁丈反。鐘聲鏗，鏗以立號，號以立橫，橫以立武，君子聽鐘聲則思武臣。號，號令所以警衆也。橫，充也，謂氣作充滿也。○鏗，苦耕反，徐苦庚反。號，胡到反。橫，古曠反，充也，下及注同。石聲磬，磬以立辨，辨以致死，君子聽磬聲則思死封疆之臣。石聲磬，磬當為罄字之誤也。辨謂分明於節義。○磬，依注音罄，口挺反，一音口定反。聽磬，口定反。疆，居良反，下是疆同。絲聲哀，哀以立廉，廉以立志，君子聽琴瑟之聲則思志義之臣。廉，廉隅也。竹聲濫，濫以立會，會以聚衆，君子聽竽笙簫管之聲則思畜聚之臣。濫之意猶擥聚也。會猶聚也。聚或為最。○濫，力敢反，下及注皆同。會，戶外反，又古外反，下同。畜，丑六反。擥，力敢反。

鼓鼙之聲讙，讙以立動，動以進衆。君子聽鼓鼙之聲，則
思將帥之臣。聞讙囂則人意動作。讙或爲歡，動或爲勳。○鼙，步西反。讙，呼端反，又音喧。將，子亮反，下注大將、下將
帥同。帥本又作率，所類反，下將帥同。囂，許驕反，又五羔反。君子之聽音，非聽其鏗鏘而已
也，彼亦有所合之也。以聲合成己之志。○鏘，七羊反，又七衡反，徐勑庚反。賓牟賈侍
坐於孔子，孔子與之言及樂，曰：夫武之備戒之已久，何
也？對曰：病不得其衆也。武謂周舞也。備戒，擊鼓警衆。病猶憂也，以不得衆心爲憂，憂其難也。○牟，
亡侯反。坐，才卧反，又如字。咏歎之，淫液之，何也？對曰：恐不逮事也。咏歎、淫液，
歌遲之也。逮，及也。事，戎事也。○咏歎，上音詠，下音歎。液音亦。逮音代，又大計反。遲，直冀反。發揚蹈厲之已
蚤，何也？對曰：及時事也。時至武事當施也。○蹈音悼。蚤音早。武坐致右憲
左，何也？對曰：非武坐也。言武之事無坐也。致謂膝至地也。憲讀爲軒，聲之誤也。○依注音軒。聲
淫及商，何也？對曰：非武音也。言武歌在正其軍，不貪商也。時人或說其義爲貪商也。子
曰：若非武音，則何音也？對曰：有司失其傳也。若非有司

凡音者由人心生也節於内後世之音
不諧陳氏言又混鄭注

失其傳則武王之志荒矣。有司典樂者也傳猶說也荒老耄也言典樂者失其說也而時人妄說也書曰王耄荒○傳直專反下文若此同傳猶說也耄莫報反下同子曰：唯丘之聞諸萇弘，亦若吾子之言是也。萇弘周大夫○萇直良反賓牟賈起，免席而請曰：夫武之備戒之已久，則既聞命矣，敢問遲之遲而又久，何也？遲之遲謂久立於綴○遲之遲並直詩反徐直尼反子曰：居，吾語女。夫樂者，象成者也。揔干而山立，武王之事也。發揚蹈厲，大公之志也。武亂皆坐，周召之治也。居猶安坐也成謂已成之事也揔干持盾也山立猶正立也象武王持盾正立待諸侯也發揚蹈厲所以象威武時也武舞象戰鬪也亂謂失行列也失行列則皆坐象周公召公以文止武也○語魚據反女音汝下且女同大音泰召音邵注及下同治直吏反下注及下同盾述尹反又音允行戶剛反下同【重言】居吾語女仲尼燕居孔子曰居吾語女且夫武始而北出，再成而滅商，三成而南，四成而南國是疆，五成而分周公左、召公右，六成復綴以崇。成猶奏也每奏武曲一終爲一成○始奏象觀兵盟津時也再奏象克殷時也三奏象克殷有餘力而反也四奏象南方荊疆之國侵畔者服也五奏象周公召公分職而治也六奏象兵還振旅也復綴反位止也崇充也凡六奏以充武樂也○夫音扶綴丁劣反又丁衛反注及下同孟津本亦作盟音孟天子夾振之而駟伐盛威於中國也夾振之者王與大將夾舞者振鐸以為節也駟當為四聲之誤也武舞戰象也每奏四伐一擊一刺為一伐牧誓曰今日之事不過四伐五伐○夾古洽反注及下同鐸大各反一刺本亦作壹刺七亦反分夾而進事蚤濟也分猶部曲也事猶為也濟成也舞者各有部曲之列又夾振之者象用兵務於早成也○分扶問反注同分部曲久立於綴以待諸侯之至也象武王伐紂待諸侯也且女獨未聞牧野之語乎欲語以作武樂之意○牧野音也徐又以汝反欲語魚據反武王克殷反商未及下車而封黃帝之後於薊封帝堯之後於祝封帝舜之後於陳下車而封夏后氏之後於杞投殷之後於宋封王子比干之墓釋箕子之囚使之行商容而復其位庶民弛政庶士倍祿濟河而西馬散之華山之陽而弗復乘牛散之桃林之野而弗復服車甲衅而藏之府庫

而弗復用倒載干戈包之以虎皮將帥之士使爲諸侯名之曰建櫜然後天下知武王之不復用兵也

反商當爲及字之誤也及商謂至紂都也牧野書曰至于商郊牧野封謂故无土地者也投舉徙之辭也時武王封紂子武庚於殷墟所徙者微子也後周公更封而大之積土爲封封比干墓崇賢也行猶視也使箕子視商禮樂之官賢者所處皆令反其居也弛政去其紂時苛政也倍祿復其紂時薄者也散猶放也桃林在華山旁甲鎧也衅釁字也包干戈以虎皮明能以武服兵也建讀爲鍵字之誤也兵甲之衣曰櫜鍵櫜言閉藏兵甲也詩曰載櫜弓矢春秋傳曰垂櫜而入周礼曰櫜之欲其約也衅或爲續祝或爲鑄○反依注音及封黃帝之後於薊音計今涿郡薊縣是也即燕国之都也孔安国司馬遷及鄭皆云燕国郡召公与周同姓案黃帝姓姬君奭蓋其後也或黃帝之後封薊者滅絕而更封燕乎疑不能明也○皇甫謐以邵公爲文王之庶子記傳更無所出又左傳富辰之言亦无燕也○祝之六反杞音起使之行下孟反注同視也商容如字孔安国云殷之賢人也鄭云商礼樂之官也復音伏弛始氏反注同散但華如字又户化反而弗復扶又反下同衅字又作釁許靳反倒丁老反建依注讀爲鍵其展反徐其偃反櫜音羔注同虛音墟令力呈反去起呂反苛音何本又作荷役也鎧苦代反又開改反鑄止樹反

散軍而郊射左射貍首右射騶虞而貫革之射息也裨冕搢笏而虎賁之士

說劒也祀乎明堂而民知孝朝覲然後諸侯知所以臣耕藉然後諸侯知所以敬五者天下之大敎也郊射爲射宮於郊也○左東斈也右西斈也貍首騶虞所以歌爲節也貫革射穿甲革也裨冕衣裨衣而冠冕也裨衣袞之屬也搢猶插也賁憤怒也文王之廟爲明堂制耕藉藉田也○郊射食亦反左射下右射同洗皆食良夜反貍力之反騶側由反貫古亂反後同裨婢支反搢音進笏音忽賁音奔注同孔安國云虎賁若虎賁獸言其猛也說吐活反朝直遥反射穿食亦反衣裨衣上於既反下如字而冠古亂反猶插本亦作揷初合反徐采協反賁扶粉反【重言】祀乎明堂一一見祭義○五者天下之大敎也一又見祭義【重意】祭義耕藉所以敎諸侯之養也朝覲所以敎諸侯之臣也食三老五更於大學天子袒而割牲執醬而饋執爵而酳冕而摠干所以敎諸侯之弟也三老五更互言之耳皆老人更知三德五事者也冕而摠干親在舞位也周名大斈曰東膠○食音嗣更古衡反注同大斈音泰注大斈同饋其媿反酳音胤又仕覲反弟大計反膠音交【重言】食三老五更於大斈至諸侯之弟也二祭義若此則周道四達禮樂交通則夫武之遲久不亦宜乎言武遲久爲重禮樂○夫音扶爲于僞反君子曰禮樂不可斯須去身致樂以治心則

易直子諒之心油然生矣易直子諒之心生則樂樂則安安則久久則天天則神天則不言而信神則不怒而威致樂以治心者也 致猶深審也子讀如不子之子油然新生好貌也善心生則寡於利欲寡於利欲則樂矣志明行成不言而見信如天也不怒而見畏如神也樂由中出故治心○易以豉反下及注皆同子如字徐將吏反諒音亮油音由行下孟反 致禮以治躬則莊莊敬則嚴威 躬身也禮自外作故治身 心中斯須不和不樂而鄙詐之心入之矣 鄙詐入之謂利欲生 外貌斯須不莊不敬而易慢之心入之矣 易輕易也 故樂也者動於內者也禮也者動於外者也樂極和禮極順內和而外順則民瞻其顏色而弗與爭也望其容貌而民不生易慢焉故德煇動於內而民莫不承聽理發諸外而民莫不承順 德煇顏色潤澤也理容貌之進止也○爭爭鬬之爭煇音輝 故曰致禮樂之道舉而錯之天下無難矣樂也者動於內者也禮也者動

於外者也故禮主其減樂主其盈禮主其減人所倦也樂主其盈人所歡也○錯
本亦作措同七路反減胡斬反又古斬反注及下同禮減而進以進爲文樂盈而反
以反爲文進謂自勉強也反謂自抑止也文猶美也善也○強其丈反又其兩反禮減而不進
則銷樂盈而不反則放故禮有報而樂有反放淫於聲樂不能止也
報讀曰褒褒猶進也○銷音消報依注讀曰褒音保毛反下同禮得其報則樂樂得其反
則安得謂曉其義知其吉凶之歸○樂樂上音洛下音岳禮之報樂之反其義一也
俱趨立於中不銷不放也【重言】自君子曰禮樂不可斯須去身止其義一也一章五十八句見祭義○夫樂者樂
也人情之所不能免也樂必發於聲音形於動靜人之
道也聲音動靜性術之變盡於此矣免猶自止也人之道人之所爲也性術言此
出於性也盡於此不可過○【重言】人之道也二見中庸故人不耐無樂樂不耐無形形
而不爲道不耐無亂形聲音動靜也耐古書能字也後世變之此獨存焉古以能爲三台字○耐古
能字下及注同台吐才反先王恥其亂故制雅頌之聲以道之使其聲

足樂而不流，使其文足論而不息，使其曲直繁瘠廉肉節奏足以感動人之善心而已矣，不使放心邪氣得接焉，是先王立樂之方也。流猶淫放也。文，篇辭也。息猶銷也。曲直，歌之曲折也。繁瘠廉肉，聲之鴻殺也。節奏，闋作進止所應也。方，道也。○以道，音導。瘠，在亦反。肉，如又反，注同。邪，似嗟反。折，之設反。鴻，本亦作洪。殺，色界反，徐所例反。闋，苦穴反。【重言】是先王立樂之方也。二，重見下文。

是故樂在宗廟之中，君臣上下同聽之，則莫不和敬；在族長鄉里之中，長幼同聽之，則莫不和順；在閨門之內，父子兄弟同聽之，則莫不和親。故樂者審一以定和，比物以飾節，節奏合以成文，所以合和父子君臣，附親萬民也，是先王立樂之方也。審一，審其人聲也。比物，謂雜金革土匏之屬也。以成文，五聲八音克諧相應和。○長，丁丈反。鄉，音香。比，毗志反，注同，雜也。飾，音式，又音勑。

故聽其雅頌之聲，志意得廣焉；執其干戚，習其俯仰詘伸，容貌得莊焉；行其綴兆，要其節奏，行列得正焉，進退得齊焉。

故樂者天地之命中和之紀人情之所不能免也〔綴表也所以表行列也詩云荷戈與綴兆域也舞者進退所至也要猶會也命教也紀總要之名也○詘丘勿反要一遙反下注要猶會同行戶剛反注同荷本又作何胡可反一音何綴詩作祋同都外反〕夫樂者先王之所以飾喜也軍旅鈇鉞者先王之所以飾怒也故先王之喜怒皆得其儕焉〔儕猶輩類○鈇方夫反又音甫鉞音越儕仕皆反輩補內反〕喜則天下和之怒則暴亂者畏之先王之道禮樂可謂盛矣〔天子之於天下也喜怒節之以禮樂則兆民和從而畏敬之禮樂王者所常興則盛也〕子贛見師乙而問焉曰賜聞聲歌各有宜也如賜者宜何歌也〔子贛孔子弟子師樂官也乙名也聲歌各有宜氣順性也○贛音貢〕師乙曰乙賤工也何足以問所宜請誦其所聞而吾子自執焉〔樂人稱工執猶處也○誦七頌反徐音情〕愛者宜歌商溫良而能斷者宜歌齊夫歌者直己而陳德也動己而天地應焉四時和焉星辰理焉萬物育焉〔重言萬物育焉二六又見中庸一千十一〕故商者

五帝之遺聲也寬而靜柔而正者宜歌頌廣大而靜疏達而信者宜歌大雅恭儉而好禮者宜歌小雅正直而靜廉而謙者宜歌風肆直而慈愛此文換簡失其次寬而靜宜在上愛者宜歌商宜承此下行讀云肆直而慈愛者宜歌商、宋詩也愛或為哀直巳而陳德也因其德歌所宜育生也○斷丁乱反下及注同好呼報反遜戶乱反行戶剛反商之遺聲也商人識之故謂之商齊者三代之遺聲也齊人識之故謂之齊一云商之遺聲也衍字也又誤上所云故商者五帝之遺聲也當居此衍字処也○処昌慮反明乎商之音者臨事而屢斷明乎齊之音者見利而讓屢數也數斷事以其肆直也見利而讓以其溫良能斷也斷猶決也○屢力住反數色角反下同臨事而屢斷勇也見利而讓義也有勇有義非歌孰能保此保猶安也知也故歌者上如抗下如隊曲如折止如槁木倨中矩句中鉤纍纍乎端如貫珠言歌聲之著動人心之審如有此事○上時掌反抗苦浪反隊直類反折之設反槁苦老反倨音據中丁仲反句紀具反鉤古侯反纍累本又作累力追反故歌之爲言也長言之也說之故言之言之不足故長言之長言之不足故嗟嘆之嗟嘆之不足故不知手之舞之足之蹈之也長言之○引其聲也嗟歎和續之也不知手之舞之足之蹈之歡之至也○說音悅和胡卧反○

互註 詩關雎言之不足故嗟嘆之嗟嘆之不足故永歌之永歌之不足不知手之舞之足之蹈之也云云

子貢問樂上下同美之也

纂圖互註禮記卷之十一

纂圖互註禮記卷之十二

雜記上第二十

○陸曰鄭云雜記者以其雜記諸侯及士之喪事

禮記　鄭氏註

諸侯行而死於館則其復如於其國如於道則升其乘車之左轂以其綏復館主國所致舍復招魂復魄也如於其國主國館賓予使有之得升屋招用襃衣也如於道道上廬宿也升車左轂象升屋東榮綏當爲緌讀如蕤賓之蕤字之誤也緌謂旌旗之旄也去其旒而用之異於生也○乘繩證反下及注同轂工木反綏依注作緌耳佳反下及注同複音伏下同予羊汝反襃本又作褒保毛反後皆同去起呂反下去輤同

其輤有裧緇布裳帷素錦以爲屋而行輤載柩將殯之車飾也輤取名於櫬與蒨讀如蒨旆之蒨櫬棺也蒨染赤色者也將葬載柩之車飾曰柳裧謂鼈甲邊緣緇布裳帷圍棺者也裳帷用緇則輤用赤矣輤象宮室屋其中小帳櫬覆棺者若未大斂其載尸而歸車飾皆如之○輤千見反注與蒨同裧昌占反緇裳裳帷本或作緇布裳帷殯必刃反本或作賓音同櫬初靳反又楚陣反與蒨絕句一本作輤讀以与字絕句與則音餘蒨倩旆上千見反下步貝反緣悅絹反

至於廟門不毀牆遂入適所殯唯輤爲說於廟

門外廟所殯宮牆裳帷也○注所殯謂兩楹之間者[illegible]乃入廟門以其入自有宮室也毀或爲徹凡柩自外來者正棺於兩楹之間尸亦使之於此皆因殯焉異者柩入自闕升自西階尸入自門升自阼階其殯必於兩楹之間者以其死不於室而自外來留之於中不忍遠也○說吐奪反本亦作脫下并注皆同夷音○大夷隱義云使之言移也使依韻集太兮反息也遠于萬反

夫士死於道則升其乘車之左轂以其綏復如於館死則其復如於家綏亦緌也大夫復於家以玄冕士以爵弁服大夫以布爲輤而行至於家而說輤載以輲車入自門至於阼階下而說車舉自阼階升適所殯大夫輤言用布白布不染也言輤者達名也不言裳帷俱用布无所別也至門亦說輤乃入言載以輲車入自門明車不易也輲讀爲輇或作槫許氏說文解字曰有輻曰輪无輻曰輇周礼又有蜃車天子以載柩蜃輇聲相近其制同乎輇崇蓋半乘車之輪諸侯言不毀牆大夫士言不易車互相明也不易者不易以楯也廟中有載柩以輴之礼此不耳○輲依注作輇及槫同市專反又市轉反注及下同別彼列反蜃蜃慎忍反近附近之近楯勑倫反下同一本作輴同

士輤葦席以爲屋蒲席以爲裳帷言以葦席爲屋則无素錦爲帳○葦于鬼反

○凡訃於其君曰君之臣某死訃或皆作赴赴至也臣死其子使人至君所告之○

〔訃音赴注及下同〕父母妻長子曰君之臣某之某死〔此臣於其家喪所主者○長丁丈反後長子皆同〕君訃於他國之君曰寡君不祿敢告於執事夫人曰寡小君不祿大子之喪曰寡君之適子某死〔君夫人不稱薨告他國君謙也○大音泰後大子同適丁歷反下文注適子其適宗適適妻並同〕大夫訃於同國適者曰某不祿訃於士亦曰某不祿訃於他國之君曰君之外臣寡大夫某死訃於適者曰吾子之外私寡大夫某不祿使某實訃於士亦曰吾子之外私寡大夫某不祿使某實〔適讀為匹敵之敵謂爵同者也實當為至此讀周秦之人聲之誤也○適依注音敵大歷反下適者同實依注音至下同〕士訃於同國大夫曰某死訃於士亦曰某死訃於他國之君曰君之外臣某死訃於大夫曰吾子之外私某死訃於士亦曰吾子之外私某死大夫次於公館以終喪士練而歸士次於公館〔公館館公宮之舍也練而歸之士謂邑宰也練而猶處公館〕

朝廷之士也唯大夫三年無歸也○朝直遥反下注同大夫居廬士居堊室謂未練時也士居堊室亦
謂邑宰也朝廷之士亦居廬【互註】士居堊室喪大記閒傳居堊室大夫爲其父母兄弟之
未爲大夫者之喪服如士服士爲其父母兄弟之爲大
夫者之喪服如士服大夫雖尊不以其服服父母兄弟嫌若踰之也士謂大夫庶子爲士者也已卑
又不敢服尊者之服今大夫喪服禮逸與士異者未得而備聞也
春秋傳曰齊晏桓子卒晏嬰麤衰斬苴絰帶杖菅屨食粥居倚廬
寢苫枕草其老曰非大夫之禮也曰唯卿爲大夫此平仲之謙也
言已非大夫故爲父服士服耳麤衰斬者其縷在齊斬之間謂縷
如三升半而三升不緝也斬衰以三升爲正微細焉則屬於麤也
然則士與大夫爲父服異者有麤衰斬枕草矣其爲母五升縷而
四升爲兄弟六升縷而五升乎唯大夫以上乃能備儀盡飾士以
下則以臣服君之斬衰爲其父以臣從君而服之齊衰爲其母與
兄弟亦以勉人爲高行也大功以下大夫士服同○大夫爲其于
僞反下士爲其同注除爲士卿爲爲正皆放此晏於諫反嬰一盈
反衰七雷反苴七餘反絰大結反菅古顔反屨九具反粥之六反
倚於綺反苫始占反枕之鴆反下同縷力住反齊音咨下齊衰皆
同緝七入反上時掌反卷內以上皆放此行下孟反大夫之適子服大夫之服仕至大夫
賢著而德成適子得服其服亦尊其適象賢○著知慮反○大夫之庶子爲大夫則爲其

父母服大夫服其位與未爲大夫者齒雖庶子得服其服尚德也使齒於士不可不宗適。○則爲其于僞反。下則爲之注爲之造字皆同士之子爲大夫則其父母弗能主也使其子主之無子則爲之置後大夫之子得用大夫之礼而士不得也置猶立也大夫卜宅與葬日有司麻衣布衰布帶因喪屨緇布冠不蕤占者皮弁有司卜人也麻衣白布深衣而著衰焉及布帶緇布冠此服非純吉亦非純凶也皮弁則純吉之尤者也占者尊於有司卜求吉其服弥吉大夫士朔服皮弁。○著丁畧反如筮則史練冠長衣以筮占者朝服筮者筮宅也謂下大夫若士也筮史筮人也長衣深衣之純以素也長衣練冠純凶服也朝服純吉服也大夫士日朝服以朝也。○朝直遥反注及下文皆同純音準又之閏反大夫之喪既薦馬薦馬者哭踊出乃包奠而讀書嫌与士異記之也既夕礼曰包牲取下體又曰主人之史請讀賵。薦馬音薦本又作薦賵芳鳳反大夫之喪大宗人相小宗人命龜卜人作龜卜葬及日也相相主人禮也命龜告以所問事也作龜謂揚火灼之以出兆。○相息亮反注同內子以鞠衣褻衣素沙下大夫以襢衣其餘如士此復所用衣也當在夫人狄稅素沙下爛脫失處在此上耳内子卿之適妻也春秋傳曰晉趙姬請逆叔隗於狄趙衰以爲内子而已下之是也下大夫謂下大夫之妻禮周禮作展王后之服六唯上公夫人亦有褘衣侯伯夫人自揄狄而下子男夫人自闕狄而下卿妻自鞠衣而下大夫妻自展衣而下士妻稅衣而已素沙若今紗縠之帛也六服皆袍制不禪以素紗裏之如今袿袍襈重繒矣稅衣者始爲命婦見加賜之衣也其餘如士之妻則亦用稅衣。鞠九六反又曲六反注同禮張戰反復音伏狄稅他喚反下文放此爛力旦反脫音奪下同隗五罪反裏初危反下戶篋反展張戰反下同褘音輝揄音遥下文并注同縠戶木反袍步羔反禪音丹袿音圭襈士眷反重直龍反繒疾陵反

復諸侯以褒衣冕服爵弁服復招魂復魄也冕服者上公五侯伯四子男三褒衣亦始命爲諸侯及朝覲見加賜之衣也褒猶進也

夫人稅衣揄狄狄稅素沙言其招魂用稅衣上至揄狄也狄稅素沙言皆以白紗縠爲裏。稅他喚反下文放此揄音遥下文同縠戶木反下注同

復西上北面而西上陽長左也復者多少各如其命之數。長丁丈反

大夫不揄絞屬於池下謂池飾也揄揄翟也采青黃之間曰絞屬猶繫也人君之揄其池繫絞繒於下而畫翟雉焉名曰振容又有銅魚在其間大夫去振容士去魚此无人君及士亦爛脫。絞戶交反注同屬音燭注及下條屬并注同翟音狄去起呂反下同

大夫附於士士不附於大夫附於大夫之昆弟無昆弟則

從其昭穆雖王父母在亦然附讀皆爲祔大夫祔於士不敢以己尊自殊於其祖也士不祔於大夫自卑別於尊者也大夫之昆弟謂爲士者也從其昭穆中一以上祖又祖而已祔者祔於先死者○附依注作祔音同下並同昭常遥反卷內皆同別彼列反婦附於其夫之所附之妃無妃則亦從其昭穆之妃妾附於妾祖姑無妾祖姑則亦從其昭穆之妾夫所附之妃於婦則祖姑男子附於王父則配女子附於王母則不配配謂并祭王母不配則不祭王父也有事於尊者可以及卑有事於卑者不敢援尊配與不配祭饌如一祝辭異不言以其妃配某氏耳女子謂未嫁者也嫁未三月而死猶歸葬於女氏之黨○并必政反援音袁公子附於公子不敢戚君君薨大子號稱子待猶君也謂未踰年也雖稱子與諸侯朝會如君矣春秋魯僖公九年夏葵丘之會宋襄公稱子而与諸侯序待或爲侍○有三年之練冠則以大功之麻易之唯杖屨不易謂既練而遭大功之喪者也練除首絰要絰葛又不如大功之麻重也言練冠易麻互言之也唯杖屨不易言其餘皆易也屨不易者練与大功俱用繩耳○要一遥反重直龍反【重言】下文三年之練冠有父母之喪尚功衰而附兄弟之殤則練冠

附於殤稱陽童某甫不名神也此兄弟之殤謂大功親以下之殤也斬衰齊衰之喪練皆受以大功之衰此謂之功衰以是時而祔大功親以下之殤大功親以下之殤輕不易服冠而兄爲殤謂同年者也兄十九而死已明年因喪而冠陽童謂庶殤也宗子則曰陰童童未成人之稱也某甫且字也尊神不名爲之造字○衰七雷反冠古亂反下而冠同之稱尺證反○凡異居始聞兄弟之喪唯以哭對可也則但之痛不以辭言爲禮也○始曰未反其始麻散帶絰與居家同也凡喪小斂而麻○散悉但反後散帶皆同未服麻而奔喪及主人之未成絰也疏者與主人皆成之親者終其麻帶絰之日數疏者謂小功以下也親者大功以上也疏者及主人之節則用之其不及亦自用其日數○主妾之喪則自祔至於練祥皆使其子主之其殯祭不於正室祔自爲之者以其祭於祖廟君不撫僕妾略於賤也○女君死則妾爲女君之黨服攝女君則不爲先女君之黨服妾於女君之親若其親然○妾爲于僞反下不爲妻注爲舊君同聞兄弟之喪大功以上見喪者之鄉而哭奔喪節也適兄弟之送葬者弗及

遇主人於道則遂之於墓言骨肉之親不待主人也凡主兄弟之喪雖踈亦虞之喪事虞祔乃畢○凡喪服未畢有弔者則爲位而哭拜踊客始來主人不可以殺禮待之○殺色界反徐所例反○大夫之哭大夫弁絰大夫與殯亦弁絰弁絰者大夫錫衰相弔之服也如爵弁而素加環絰曰弁絰○與音預錫息歷反大夫有私喪之葛則於其兄弟之輕喪則弁絰私喪妻子之喪也輕喪緦麻也大夫降爲弔服而往不以私喪之末臨兄弟○爲長子杖則其子不以杖即位辟尊者○辟音避○爲妻父母在不杖不稽顙尊者存不敢盡禮於私喪也○稽徐音啓顙桑黨反母在不稽顙稽顙者其贈也拜言獨母在於贈拜得稽顙則父在拜不得稽顙違諸侯之大夫不反服○違大夫之諸侯不反服其君尊卑異也違猶去也去諸侯仕諸侯去大夫仕大夫乃得爲舊君服喪冠條屬以別吉凶三年之練冠亦條屬右縫別吉凶者吉冠不條屬也條屬者通屈一條繩若布爲武垂下爲纓屬之冠象大古喪事畧也吉冠則纓武異材焉右縫者右辟而縫之○別彼列反注同縫音逢注同又扶用反大古音泰下大古

同材，才再反，又如字。辟，必亦反，下同。小功以下左，左辟象吉，輕也。緦冠繰纓。繰當爲澡麻帶絰之繰，声之誤也。謂有事其布以爲纓。○繰依注爲澡，音早。繰，所銜反，又音早。大功以上散帶。小功緦輕，初而絞之。○絞，古郊反。○朝服十五升去其半而緦加灰錫也。緦精麄与朝服同，去其半則六百縷而疏也，又无事其布不灰焉。○朝，直遥反，後朝服放此，注同。去，起吕反，注同。諸侯相襚，以後路與冕服，先路與褒衣不以襚。不以己之正者施於人，以彼不以爲正也。後路，貳車，貳車行在後也。○襚音遂。遣車視牢具。言車多少各如所包遣奠牲躰之數也。然則遣車載所包遣奠而藏之者与？遣奠天子大牢包九个，諸侯亦大牢包七个，大夫亦大牢包五个，士少牢包三个，大夫以上乃有遣車。○遣，弃戰反，注同，下遣車遣奠皆放此。与音餘。个，古賀反，下同。䟽布輤，四面有章，置于四隅。輤，其蓋也。四面皆有章蔽，以隱翳牢肉。四隅，樽中之四隅。○章本或作鄣，音同，注亦同。翳，於計反。載粻，有子曰：非禮也。粻，米糧也。○粻，陟良反。喪奠脯醢而已。言死者不食糧也。遣奠本无黍稷。○醢音海。祭稱孝子孝孫，喪稱哀子哀孫。各以其義稱。○稱，昌升反，又尺證反。【重言】祭稱孝子孝孫，重見郊特牲下。端衰喪車皆無等。喪車，惡車也。喪者衣衰及所乘之車，貴賤同等。

子於親一也衣裳言端者玄端吉時常服喪之衣裳當如之○衣裳上於旣反下七雷反下同大白冠緇布之

冠皆不蕤委武玄縞而后蕤不蕤質無飾也大白冠大古之布冠也春秋傳曰衛文公大布之衣大白之冠委武冠卷也秦人曰委齊東曰武玄玄冠也縞縞冠也○縞古老反又古報反注同卷苦圓反大夫冕

而祭於公弁而祭於己士弁而祭於公冠而祭於己弁爵弁也冠玄冠也祭於公助君祭也大夫爵弁不祭於己唯孤爾士弁而親迎然則士弁而祭

於己可也緣類欲許之也親迎雖亦己之事攝盛服爾非常也○迎魚敬反注同暢臼以椈杵

以梧所以擣鬱也椈柏也○鬯勑亮反本亦作暢臼其宄反椈弓六反杵昌呂反梧音吾桐木也擣本亦作擣丁老反

批以桑長三尺或曰五尺批所以載牲體者此謂喪祭也吉祭批用棘○批音匕本亦作朼音同注同長直亮反下同畢用桑長三尺刊其柄與末畢所以助主人載者刊猶削也

○刊苦干反柄兵命反率帶諸侯大夫皆五采士二采此謂襲尸之大帶率繂也繂之不加箴功大夫以上更飾以五采士以朱綠襲事成於帶變之所以異於生○率帶上音律下音帶本亦作帶繂音律箴之金反

○醴者稻醴也甕甒筲衡實見間而后折入此謂葬時

藏物也。衡當爲桁，所以庪㢈甒之屬，声之誤也。實見間，藏於見外椁內也。折，承席也。○㢈，於貢反，盛醯醢之器。甒音武，瓦器。筲，所交反，竹器。衡，依注作桁，户剛反，徐户庚反。見音間，廁之間，棺衣也，注同。間如字，徐古莧反。一解云：鄭合見間二字共爲𨵮字，音古辯反。折，之設反，注同，形如牀，无足也。庪，九委反，又九僞反，徐居綺反，字亦作庋，同。[重意]祭義見間以俠甒。○重既虞而埋之。就所倚處埋之。○重，直龍反。埋，亡皆反。倚，於綺反。處，昌慮反。○凡婦人從其夫之爵位。婦人無專制，生禮死事，以夫爲尊卑。小斂、大斂、啓，皆辯拜。嫌當事來者，終不拜，故明之也。此既事皆拜。○辯音徧。○朝夕哭不帷。緣孝子心，欲見殯肂也。既出，則施其帷，鬼神尚幽闇也。○帷，位悲反，下同。肂，以二反，埋棺之坎也。屋，字林户臘反，閉也；纂文云古闔字；玉篇羌據、公荅二反，云閉也。無柩者不帷。謂既葬也。棺柩已去，鬼神在室堂，无事焉，遂去帷。○去，起呂反。○君若載而后弔之，則主人東面而拜，門右北面而踊，出待，反而后奠。主人拜踊於賓位，不敢迫君也。君即位東，出待，不必君留也。君反之，使奠。○子羔之襲也：繭衣裳與稅衣纁袡爲一，素端一，皮弁一，爵弁一，玄冕一。曾子曰："不襲婦服。"繭衣裳表者，若今大襦也。纊爲繭，縕爲袍，表之以稅衣，乃爲一稱。稅衣若玄端而連衣裳者也。大夫而以纁爲之緣非也唯婦人纁袡礼以冠名服此襲其服非襲其冠曾子譏襲婦服而已玄冕又大夫服未聞子羔曷爲襲衣之玄冕或爲玄冠或爲玄端○繭古典反稅他喚反注同纁許云反袡字又作紟而占反裳下襈也王肅云婦人蔽膝也襡音獨絖字又作纊音曠縕于粉反袍傳勞反稱尺證反下放此緣悅絹反爲君使而死公館復私館不復公館者公宮與公所爲也私館者自卿大夫以下之家也公所爲君所作離宮別館也○爲于僞反又如字使色吏反復音伏館本亦作觀音同【重言】公館復私館不復二見曾子問七見喪大記二十三○公七踊大夫五踊婦人居間士三踊婦人皆居間公君也始死及小斂大斂而踊君大夫士一也則皆三踊矣君五日而殯大夫三日而殯士三日而殯士小斂之朝不踊君大夫大斂之朝乃不踊婦人居間者踊必拾主人踊婦人踊賓乃踊○拾其劫反下同公襲卷衣一玄端一朝服一素積一纁裳一爵弁二玄冕一褒衣一朱綠帶申加大帶於上朱綠帶者襲衣之帶飾之雜以朱綠異於生也此帶亦以素爲之申重也重於革帶也革帶以佩韍必言重加大帶者明雖有變必備此二帶也士襲三稱子羔襲五稱今公襲九稱則尊卑襲數不同矣諸侯七稱天子十二稱與○卷音袞古本反重直龍反又直用反下同韍音弗稱尺證反下同與音餘小斂環絰公大

夫士一也環絰者一服所謂纏絰也士素委貌大夫以上素爵弁而加此絰焉散帶○服音古纏直連反公視大斂公升商祝鋪席乃斂喪大記曰大夫之喪將大斂既鋪絞紟衾君至此君升乃鋪席則君至為之改始新之也○鋪普胡反又音敷徐芳烏反後放此絞戶交反下文同紟其鴆反為于偽反魯人之贈也三玄二纁廣尺長終幅言失之也士喪禮下篇曰贈用制幣玄纁束帛○廣古曠反長直亮反幅方服反弔者即位于門西東面其介在其東南北面西上西於門賓立門外不當門○介音界後皆同主孤西面立於阼階下相者受命曰孤某使某請事客曰寡君使某如何不淑受命受主人命以出也不言擯者喪无接賓也○淑善也如何不善言君痡之甚使某弔○相息亮反下皆同相者入告出曰孤某須矣稱其君名者君薨稱子某使人知適嗣也須矣不出迎也○適丁歷反○【重意】四見下文二弔者入主人升堂西面弔者升自西階東面致命曰寡君聞君之喪寡君使某如何不淑子拜稽顙弔者降反位子孤子也降反位者出反門外位无出字脫【重言】子拜稽顙五下文四含者執璧將命曰寡君使其

含相者入告出曰孤某須矣含以玉爲璧制其分寸大小未聞○含本又作唅說文作琀同胡闇反下同含者入升堂致命子拜稽顙含者坐委于殯東南有葦席既葬蒲席降出反位言降出反位則是介也春秋有既葬歸含賵襚无譏焉此皆受之於殯宮○襚音遂宰夫朝服即喪屨升自西階西面坐取璧降自西階以東朝服告鄰國之礼也即就也以東藏於內也襚者曰寡君使某襚相者入告出曰孤某須矣襚者執冕服左執領右執要入升堂致命曰寡君使某襚子拜稽顙委衣于殯東亦於席上所委璧之北順其上下○要一遥反襚者降受爵弁服於門內霤將命子拜稽顙如初受皮弁服於中庭自西階受朝服自堂受玄端將命子拜稽顙皆如初襚者降出反位授襚者以服者賈人○霤力救反賈音嫁宰夫五人舉以東降自西階其舉亦西面亦西面者亦襚者委衣時上介賵執圭將命曰寡君使某賵相者入告

反命曰孤某須矣陳乘黃大路於中庭北輈執圭將命客使自下由路西子拜稽顙坐委于殯東南隅宰舉以東輈轅也自率也下謂馬也馬在路之下覲礼曰路下四亞之客給使者入設乘黃於大路之西客入則致命矣使或爲吏○賵方鳳反孤須矣從此盡篇末皆无其字有者非乘繩證反注同輈竹由反車轅也凡將命鄉殯將命子拜稽顙西面而坐委之宰舉璧與圭宰夫舉襚升自西階西面坐取之降自西階凡者説不見者也鄉殯將命則將命時立於殯之西南宰夫宰之佐也此言宰舉璧與圭則上宰夫執服衍大字○鄉許亮反注同見賢遍反賵者出反位于門外乃者言門外明礼畢將更有事上客臨曰寡君有宗廟之事不得承事使一介老某相執綍上客弔者也臨視也言欲入視喪所不足一而給助之謙也其實爲哭耳○臨如字徐力鴆反注及下同介音界舊古賀反相息亮反綍音弗爲于僞反相者反命曰孤某須矣臨者入門右介者皆從之立于其左東上入門右不自同於賓客宗人納賓升受命于君降曰孤敢辭吾子之辱請吾子之復

位客對曰寡君命某毋敢視賓客敢辭宗人反命曰孤敢固辭吾子之辱請吾子之復位客對曰寡君命某毋敢視賓客敢固辭宗人反命曰孤敢固辭吾子之辱請吾子之復位客對曰寡君命使臣某毋敢視賓客是以敢固辭固辭不獲命敢不敬從賓主三辭而稱使臣爲恭也爲恭君將從其命○寡君命絕句下放此毋音無下同使色吏反注同爲爲如字舊于僞反下同【重意】投壺毋辭其固辭不得命敢不敬從客立于門西介立于其左東上孤降自阼階拜之升哭與客拾踊三拜客謝其厚意○拾其劫反客出送于門外拜稽顙不迎而送喪無接賓之禮○其國有君喪不敢受弔辟其痛傷己之親如君○辟音避下辟之同○外宗房中南面小臣鋪席商祝鋪絞紟衾士盥于盤北舉遷尸于斂上卒斂宰告子馮之踊夫人東面坐馮之興踊此喪大記脫字重錄者於是○盥音管斂力驗反下同馮皮冰反本或作憑下同脫音奪重直用反○士喪有

與天子同者三其終夜燎及乘人專道而行乘人謂使人執引也專猶人辟之○燎力召反又力弔反乘繩證反注同引以忍反一音餘刃反

雜記下第二十一　　鄭氏註

有父之喪如未沒喪而母死其除父之喪也服其除服卒事反喪服沒猶竟也除服謂祥祭之服也卒事既祭反喪服服後死者之服○雖諸父昆弟之喪如當父母之喪其除諸父昆弟之喪也皆服其除喪之服卒事反喪服雖有親之大喪猶爲輕服者除骨肉之恩也唯君之喪不除私服言當者期大功之喪或終始皆在三年之中小功緦麻則不除殤長中乃除○爲于僞反下乃爲同期音基長丁丈反下長中同如三年之喪則既穎其練祥皆行言今之喪既服穎乃爲前三年者變除而練祥祭也此主謂先有父母之服今又喪長子者其先有長子之服今又喪父母其禮亦然然則言未沒喪者已練祥矣穎草名无葛之鄉去麻則用穎○穎口迥反徐孔穎反沈苦頂反草也注同又喪如字又息浪反下又喪同去起呂反王父死未練祥而孫又死猶是附於王父也未練祥嫌未洽祭序於昭穆尒王父既附則孫可祔焉猶當爲

由由用也附皆當作祔○附義作祔出注祫音洽○有殯聞外喪哭之他室明所哭者異也哭之爲位入奠卒奠出改服即位如始即位之禮謂後日之哭朝入奠於其殯既乃更即位就他室如始哭之時○大夫士將與祭於公既視濯而父母死則猶是與祭也次於異宮既祭釋服出公門外哭而歸其它如奔喪之禮如未視濯則使人告告者反而后哭猶亦當爲由次於異宮不可以吉與凶同處也使者反而后哭不敢專己於君命也○與音預下同濯大角反它音他處昌慮反下之處同使色吏反如諸父昆弟姑姊妹之喪則既宿則與祭卒事出公門釋服而后歸其它如奔喪之禮如同宮則次于異宮宿則與祭出門乃解祭服皆爲差緩也○差初賣反又初佳反○曾子問曰卿大夫將爲尸於公受宿矣而有齊衰內喪則如之何孔子曰出舍乎公宮以待事禮也尸重受宿則不得哭內喪同宮也孔子曰尸弁冕而出卿大夫士皆下之尸必式必有前驅冕兼言弁者君之尸

或服士大夫之服也諸臣見尸而下車敬也尸式以禮【重言】尸必式二曲禮上一曾子問一 ○父母之喪將祭而昆弟死既殯而祭如同宮則雖臣妾葬而后祭祭主人之升降散等執事者亦散等雖虞附亦然將祭謂練祥也言君同宮則是昆弟異宮也古者昆弟異居同財有東宮有西宮有南宮有北宮有父母之喪當在殯宮而在異宮者疾病或歸者主人適子散等𥫗階爲新喪畧威儀 ○適丁歷反爲于僞反下爲人說同 ○自諸侯達諸士小祥之祭主人之酢也嚌之衆賓兄弟則皆啐之大祥主人啐之衆賓兄弟皆飲之可也嚌啐皆嘗也嚌至齒啐入口 ○酢音昨嚌才細反啐七内反徐蒼快反 ○凡侍祭喪者告賓祭薦而不食薦脯醢也吉祭告賓祭薦賓既祭而食之喪祭賓不食 子貢問喪子曰敬爲上哀次之瘠爲下顏色稱其情戚容稱其服問喪問居父母之喪也喪尚哀言敬爲上者疾時尚不能敬也容威儀也孝經曰容止可觀 ○瘠在益反稱尺證反下同【重言】敬爲上祭義敬爲難 請問兄弟之喪子曰兄弟之喪則存乎書策矣言踈者如禮行之未有加也齊斬之喪哀容之體經不能載矣君

子不奪人之喪（重喪禮也）亦不可奪喪也（不可以輕之於己也）〔重言〕（君子不奪人之喪亦不奪喪也二一見服問三十六又曾子問君子不奪人之親亦不可奪親也文王世子不奪人親也）孔子曰少連大連善居喪三日不怠三月不解期悲哀三年憂東夷之子也（言其生於夷狄而知禮也怠惰也解倦也○少詩召反解佳買反注同期音基惰徒臥反倦其眷反）〔重言〕（三日不怠三月不解期悲哀三年憂二一見喪服四制四十九）○三年之喪言而不語對而不問廬堊室之中不與人坐焉在堊室之中非時見乎母也不入門（言居喪事也為人說為語在堊室之中以時事見乎母乃後入門則居廬時不入門○堊烏各反字亦作惡同見賢遍反〔重言〕喪服四制斬衰之喪唯而不對齊衰之喪對而不言大功之喪言而不議）疏衰皆居堊室不廬廬嚴者也（言廬哀敬之處非有其實則不居）○妻視叔父母姑姊妹視兄弟長中下殤視成人（視猶比也所比者哀容居處也○長丁丈反）○親喪外除（日月已竟而哀未忘）兄弟之喪內除（日月未竟而哀已殺○已殺或作以下色界反徐所例反）○視君之母與妻比之兄弟發諸顏色者亦不

飲食也言小君服輕亦內除也發於顏色謂醲美酒食使人醉飽○醲女龍反○免喪之外行於道路見似目瞿聞名心瞿弔死而問疾顏色戚容必有以異於人也如此而后可以服三年之喪其餘則直道而行之是也惻隱之心能如是則其餘齊衰以下直道而行盡自得也似謂容貌似其父母也名與親同○瞿九遇反下同○祥主人之除也於夕為期朝服祥因其故服為期為祭期也朝服以期至明日而祥祭亦朝服始即吉正祭服也喪服小記曰除成喪者其祭也朝服縞冠是也祭猶縞冠未純吉也既祭乃服大祥素縞麻衣釋禫之禮云玄衣黃裳則是禫祭玄冠矣黃裳者未大吉也既祭乃服禫服朝服綅冠踰月吉祭乃玄冠朝服既祭玄端而居復平常也○朝直遥反下及下武叔朝皆同禫大感反綅息廉反黑經白緯曰綅○子游曰既祥雖不當縞者必縞然後反服謂有以喪事贈賵來者雖不及時猶變服服祥祭之服以受之重其禮也其於此時始弔者則衛將軍文子之為之是矣反服反素縞麻衣也○當袒大夫至雖當踊絕踊而拜之反改成踊乃襲尊大夫來至則拜之不待事已也更成踊者新其事也○袒音但○於士既事成踊襲而后拜之不改成踊於士士至也事謂大

小斂之屬上大夫之虞也少牢卒哭成事附皆大牢下大夫之虞也犆牲卒哭成事附皆少牢卒哭成事附言此皆則卒哭成事附與虞皆其矣下大夫虞以犆牲與士虞禮同與○犆音特同與音餘○祝稱卜葬虞子孫曰哀夫曰乃兄弟曰某卜葬其兄弟曰伯子某祝稱卜葬虞者卜葬卜虞祝稱主人之辭也孫謂爲祖後者稱曰哀孫某卜葬其祖某甫夫曰乃某卜葬其妻某氏兄弟相爲卜稱名而已○祝之六反徐之又反注同稱昌升反徐尺證反注祝稱同爲于僞反下賓爲飯爲其同○古者貴賤皆杖叔孫武叔朝見輪人以其杖關轂而輠輪者於是有爵而后杖也記無人失禮所由始也叔孫武叔魯大夫叔孫州仇也輪人作車輪之官○關轂工木反輠胡罪反又胡瓦反又胡管反回也仇音求○鬵巾以飯公羊賈爲之也記士失禮所由始也士親飯必發其巾大夫以上賓爲飯焉則有鬵巾○鬵在各反飯扶晚反注同○冒者何也所以揜形也自襲以至小斂不設冒則形是以襲而后設冒也言設冒者爲其形人將惡之也襲而設冒言后衍字耳○冒莫報反下及注同揜於儉反惡烏路反○或問於曾子曰夫既遣而包其

餘猶既食而裹其餘與君子既食則裹其餘乎言遣既奠而又包之是与食於人已而裹其餘將去何異与君子寄爲是乎言傷廉也○遣弃戰反注同裹音果与音餘何異与同曾子曰吾子不見大饗乎夫大饗既饗卷三牲之俎歸于賓館父母而賓客之所以爲哀也子不見大饗乎既饗歸賓俎所以厚之也言父母家之主今賓客之是孝子哀親之去也○見如字夫音扶卷紀轉反又驅挽反歸如字徐音匱注同○非爲人喪問與賜與此上滅脫未聞其首云何是言非爲人喪而問之与人喪而賜之与問遺也久无事曰問○爲于僞反注爲母爲姑姊妹皆同問与賜与並音餘注皆同脫音奪下同遺于季反下文皆同○三年之喪以其喪拜非三年之喪以吉拜謂受問受賜者也稽顙而後拜曰喪拜拜而后稽顙曰吉拜三年之喪如或遺之酒肉則受之必三辭主人衰絰而受之受之必正服明不苟於滋味○必三如字又息暫反如君命則不敢辭受而薦之爲於廟貴君之禮喪者不遺人人遺之雖酒肉受也從父昆弟以下既卒哭遺人可也言各斬之喪重志不在施惠於人○施始豉反縣子

篇不獨注文緒子下脫去
絕男為之陽六七字
毛本不誤

曰三年之喪如斬期之喪如剡言其痛之惻怛有淺深也○縣音玄期音基下同剡徐以漸反怛旦末反期之喪十一月而練十三月而祥十五月而禫此謂父在爲母也當在練則弔上爛脫在此○禫大感反三年之喪雖功衰不弔自諸侯達諸士如有服而將往哭之則服其服而往功衰既練之服也諸侯服新死者之服而往哭謂所不臣也練則弔父在爲母功衰可以弔人皆以父在故輕於出也然則凡齊衰十一月皆可以出矣既葬大功弔哭而退不聽事焉聽猶待也事謂襲斂執綍之屬○綍音弗期之喪未葬弔於鄉人哭而退不聽事焉功衰弔待事不執事謂爲姑姊妹無主殯不在己族者○功衰弔本又作大功衰弔更一本有大字非小功緦執事不與於禮禮謂饋奠也○與音預下文注不與同○相趨也出宮而退相揖也哀次而退相問也既封而退相見也反哭而退朋友虞附而退此弔者恩薄厚去遲速之節也相趨謂相聞姓名來會喪事也相揖嘗會於他也相問嘗相惠遺也相見嘗相執摯相見也附皆當爲祔○封彼驗反又如字摯音至○弔非從主人也四十者執綍

言弔者必助主人之事從猶隨也成人二十以上至四十丁壯時鄉人五十者從反哭四十者待盈坎非鄉人則長少皆反哀遠也坎或爲壙〇坎口感反下同長少丁丈反下詩詔反壙苦晃反又音曠〇喪食雖惡必充飢飢而廢事非禮也飽而忘哀亦非禮也視不明聽不聰行不正不知哀君子病之故有疾飲酒食肉五十不致毁六十不毁七十飲酒食肉皆爲疑死病猶憂也疑猶恐也〇視沈如字徐市志反爲于僞反注爲食父爲主父母所爲亦爲不爲並同【重言】有疾飲酒食肉一曲禮上一又喪大記有疾食肉飲酒可也〇七十飲酒食肉喪大記老病不止酒肉四曲禮飲酒食肉處於內〇五十不致毁六十不毁二曲礼上一〇有服人召之食不往大功以下既葬適人人食之其黨也食之非其黨弗食也往而見食則可食也爲食而往則不可黨猶親也非親而食則是食於人無數也〇人食之音嗣注見食同功衰食菜果飲水漿無鹽酪不能食食鹽酪可也功衰齊斬之末也酪酢酨〇酪音洛食上如字下音嗣酢七故反酨才代反孔子曰身有瘍則浴首有創則沐病則飲酒食肉毁瘠爲

病，君子弗為也。毀而死，君子謂之無子。毀而死，是不重親。○瘍音羊，創初良反。[重言]曲礼上：頭有創則沐，身有瘍則浴，有疾則飲酒食肉。

○非從柩與反哭，無免於堩。言喪服出入，非此二事，皆冠也。免所以代冠，人於道路不可以无飾。堩，道路。○免音問，注同。堩，古鄧反。

○凡喪，小功以上，非虞、附、練、祥，無沐浴。言不有飾事，則不沐浴。

○踈衰之喪，既葬，人請見之則見，不請見人。小功，請見人可也。大功不以執摯。唯父母之喪，不辟涕泣而見人。言重喪不行求見人爾，人來求見已，亦可以見之矣。不辟涕泣，言至哀无飾也。○辟音避，注同。

○三年之喪，祥而從政；期之喪，卒哭而從政；九月之喪，既葬而從政；小功、緦之喪，既殯而從政。以王制言之，此謂庶人也。從政，謂為政者教令，謂給繇役。○期音基。繇音遙，本又作徭。[重言]王制云：父母之喪，三年不從政；齊衰大功之喪，三月不從政。

曾申問於曾子曰：「哭父母有常聲乎？」曰：「中路嬰兒失其母焉，何常聲之有？」嬰猶鷖彌也。言其若小兒亡母啼號，安得常聲乎？所謂哭不偯。○鷖，於奚反。弥，徐五兮反，一音米。啼，徒奚反，本又作謕，同。號，徐本又作唬，胡刀反。偯，於豈反，下文同，說文作您。

卒哭而諱自此而鬼神事之尊而諱其名王父母兄弟世父叔父姑姊妹子與父同諱父為其親諱則子不敢不從諱也謂王父母以下之親諱是謂士也天子諸侯諱群祖母之諱宮中諱妻之諱不舉諸其側與從祖昆弟同名則諱母之所為其親諱子孫於宮中不言妻之所為其親諱夫於其側亦不言也孝子聞名心瞿凡不言人諱者亦為其相感動也子與父同諱則子可以曾祖之親也從祖昆弟在其中於父輕不為諱與母妻之親同名重則諱之○重直龍反以喪冠者雖三年之喪可也既冠於次入哭踊三者三乃出言雖者明齊衰以下皆可以喪冠也始遭喪以其冠月則喪服因冠矣非其冠月待變除卒哭而冠冠冬后也雖或為唯○冠古亂反下及注皆同三息暫反大功之末可以冠子可以嫁子父小功之末可以冠子可以嫁子可以取婦已雖小功既卒哭可以冠取妻下殤之小功則不可此皆謂可用吉禮之時父大功卒哭而可以冠子嫁子小功卒哭而可以取婦已大功卒哭而可以冠子小功卒哭而可以取妻必偕祭乃行也下殤小功齊衰之親除喪而後可為昏禮凡冠者其時當冠則因喪而冠之○取七住反又如字凡弁絰其衰侈袂侈猶大也弁絰服者弔服也其衰錫也緦

也疑也袂之小者二尺二寸大者半而益之則侈袂袂三尺三寸○侈昌氏反袂彌世反

父有服宮中子不與於樂母有服聲聞焉不舉樂妻有服不舉樂於其側宮中子與父同宮者也礼由命士以上父子異宮不与於樂謂出行見之不得觀也○与音預注同聞音問又如字大功將至辟琴瑟亦所以助哀也至來也○辟音避一音婢亦反小功至不絕樂○姑姊妹其夫死而夫黨無兄弟使夫之族人主喪妻之黨雖親弗主此謂姑姊妹无子寡而死也夫黨无兄弟无緦之親也其主喪不使妻之親而使夫之族人婦人外成主必得宜夫之姓類夫若無族矣則前後家東西家無有則里尹主之喪无无主也里尹閭胥里宰之屬王度記曰百戶爲里里一尹其祿如庶人在官者里或爲士諸侯弔於異国之臣則其君爲主里尹主之亦斯義也或曰主之而附於夫之黨妻之黨自主之非也夫之黨其祖姑也○麻者不紳執玉不麻麻不加於采吉凶不相干也麻謂絰也紳大帶也喪以要絰代大帶也麻不加於采采衣采者不麻謂弁絰者必服弔服是也采玄纁之衣○紳音申要絰一遙反下大結反衣於既反又如字纁許云反○国禁哭則止朝夕之奠即位自因也禁哭謂大祭祀

明雖不哭猶朝夕奠自因自用故事童子哭不偯不踊不杖不菲不廬未成人者
不能備礼也當室則杖○菲本又作扉扶味反孔子曰伯母叔母疏衰踊不絶地
姑姊妹之大功踊絶於地如知此者由文矣哉由文矣
哉由用也言知此踊絶地不絶地之情者能用礼文哉能用礼文哉美之也伯母叔母義也姑姊妹骨肉也○世
柳之母死相者由左世柳死其徒由右相由右相世柳
之徒爲之也亦記失礼所由始也世柳魯穆公時賢人也相相主人之礼○柳良九反相息亮反下及注皆同
○天子飯九貝諸侯七大夫五士三此蓋夏時礼也周礼天子飯含用玉○飯
扶晚反注同含本又作唅胡闇反下文同士三月而葬是月也卒哭大夫三月
而葬五月而卒哭諸侯五月而葬七月而卒哭士三虞
大夫五諸侯七尊卑恩之差也天子至士葬即反虞重言大夫三月而葬諸侯五月而葬重見王制第四諸
侯使人弔其次含襚賵臨皆同日而畢事者也其次如
此也言五者相次同時○臨如字徐力鴆反卿大夫疾君問之無筭士壹問

之君於鄉大夫比葬不食肉比卒哭不舉樂爲士比殯不舉樂。○升正柩諸侯執綍五百人四綍皆銜枚司馬執鐸左八人右八人匠人執羽葆御柩大夫之喪其升正柩也執引者三百人執鐸者左右各四人御柩以茅升正柩者謂將葬朝于祖正棺於廟也五百人謂一黨之民諸侯之大夫邑有三百戶之制綍引同耳廟中曰綍在塗曰引互言之御柩者居前道正之大夫士皆二綍。○筭悉乱反比必利反下同爲于偽反枚音衘鐸大洛反葆音保引以慎反注同茅亡交反朝直遥反道音導

○孔子曰管仲鏤簋而朱紘旅樹而反坫山節而藻梲賢大夫也而難爲上也言其僭天子諸侯鏤簋刻爲蟲獸也冠有笄者爲紘紘在纓處兩端上屬下不結旅樹門屏也反坫反爵之坫也山節欂櫨刻之爲山梲侏儒柱畫之爲藻文○鏤音陋簋音軌紘音宏坫丁念反藻音早梲章悦反笄音雞屬音燭欂音薄又皮麥反又步博反徐又薄歷反櫨音盧侏音朱【重言】管仲鏤簋而朱紘山節而藻梲二見礼器第十又明堂山節藻梲

晏平仲祀其先人豚肩不揜豆賢大夫也而難爲下也言其偪士庶人也豚俎實豆徑尺言并豚兩肩不能覆豆喻小也○揜於檢反

本亦作拚拚併步頂反重言晏平仲祀其先人豚肩不揜豆二見礼器第十　君子上不僭上下不偪下○婦人非三年之喪不踰封而弔踰封越竟也或為越疆○偪音逼本又作偪彊紀良反　如三年之喪則君夫人歸奔父母喪也　夫人其歸也以諸侯之弔禮其待之也若待諸侯然謂夫人行道車服主國致礼　夫人至入自闈門升自側階君在阼其他如奔喪禮然女子子不自同於女賓也宮中之門曰闈門為相通者也側階亦旁階也他謂哭踊髽麻闈門或為帷門○闈音韋宮中之門刘昌宗音暉髽側瓜反○嫂不撫叔叔不撫嫂遠別也○嫂悉早反　君子有三患未之聞患弗得聞也既聞之患弗得學也既學之患弗能行也君子有五恥居其位無其言君子恥之有其言無其行君子恥之既得之而又失之君子恥之地有餘而民不足君子恥之眾寡均而倍焉君子恥之恥民不足若古者居民量地以制邑度地以居民地邑民居必參相得也眾寡均謂俱有役事人數等也倍焉彼功倍己也○其行下孟反○

重言 表記三十二君子恥之有其辭而無其德恥有其德而無其行○孔子曰凶年則乘駑馬

祀以下牲自貶損亦取易供也駑馬六種最下者下牲少牢若特豕特豚也○駑音奴貶必檢反易供上以豉反下音恭種章勇反○恤由之喪哀公使孺悲之孔子學士喪禮士喪禮於是乎書時人轉而僭上士之喪禮已廢矣孔子以教孺悲國人乃復書而存之○孺而樹反本亦作孺復扶又反○子貢觀於蜡孔子曰賜也樂乎對曰一國之人皆若狂賜未知其樂也蜡也者索也歲十二月合聚万物而索饗之祭也国索鬼神而祭祀則黨正以礼屬民而飲酒于序以正齒位於是時民无不醉者如狂矣曰未知其樂怪之○蜡仕嫁反樂音洛下及注同索色白反下同屬音燭子曰百日之蜡一日之澤非爾所知也蜡之祭主先嗇也大飲烝烝勞農以休息之言民皆勤稼穡有百日之勞喻久也今一日使之飲酒燕樂是君之恩澤非女所知言其義大○嗇音色烝之承反勞力報反女音汝張而不弛文武弗能也弛而不張文武弗爲也一張一弛文武之道也張弛以弓弩喻人也弓弩久張之則絶其力之則失其體○弛戸是反下及注同弩乃古反○孟獻子曰正月日至可以有事於上帝七月

日至可以有事於祖七月而禘獻子爲之也記魯失禮所由也孟
獻子魯大夫仲孫蔑也魯以周公之故得以正月日至之後郊天亦以始祖后稷配之獻子欲尊其祖以郊天之月對月禘之非也
魯之宗廟猶以夏時之孟月爾明堂位曰季夏六月以禘禮祀周公於大廟○大廟音泰○夫人之不命於
天子自魯昭公始也亦記魯失禮所由也周之制同姓百世昏姻不通吳大伯之後魯同姓昭公取
於吳謂之吳孟子不告於天子自此後取者遂不告於天子天子亦不命之○外宗爲君夫人猶
內宗也皆謂嫁於國中者也爲君服斬夫人齊衰不敢以其親服服至尊也外宗謂姑姊妹之女舅之女及從母皆是
也內宗五屬之女也其无服而嫁於諸臣者從爲夫之君嫁於庶人從爲國君○外宗爲于僞反注同下爲火爲之服下注爲其亦
同○廄焚孔子拜鄉人爲火來者拜謝之拜之士壹大夫
再亦相弔之道也言拜之者爲其來弔己宗伯職曰以弔禮哀禍災孔子曰管仲
遇盜取二人焉上以爲公臣曰其所與遊辟也可人也
言此人可也但居惡人之中使之犯法○上時掌反辟匹亦反管仲死桓公使爲之服宦於
大夫者之爲之服也自管仲始也有君命焉爾也亦記失禮

所由也善己狥公不忘賢者之舉官猶仕也此仕於大夫更升於公与違大夫之諸侯同尓禮不反服○過而舉君之諱則起舉猶言也起立者失言而變自新與君之諱同則稱字謂諸臣之名也○內亂不與焉外患弗辟也謂卿大夫也同僚將爲乱已力不能討不与而已至於鄰国爲冦則當死之也春秋魯公子友如陳葬原仲傳曰君子辟內難而不辟外難○与音預注同辟音避注同僚本又作寮力雕反難乃旦反下同○贊大行曰圭公九寸侯伯七寸子男五寸博三寸厚半寸剡上左右各寸半玉也藻三采六等贊大行者書說大行人之礼者名也藻藉爲玉者也三采六等以朱白蒼畫之再行也子男執璧作此贊者失之矣○厚户豆反剡以冉反畫胡卦反徐胡麥反再行户罔反哀公問子羔曰子之食奚當問其先人始仕食祿以何君時○當如字注同舊丁浪反對曰文公之下執事也○成廟則釁之其禮祝宗人宰夫雍人皆爵弁純衣廟新成必釁之尊而神之也宗人先請於君曰請命以釁某廟君諾之乃行○釁許靳反純側其反雍人拭羊宗人視之宰夫北面于碑南東上居上者宰夫也宰夫攝主也拭靜也○拭音式碑彼皮反靚本亦作靜同才性反雍人

衈羊升屋自中中屋南面刲羊血流于前乃降門夾室皆用雞先門而後夾室其衈皆於屋下割雞門當門夾室中室自由也衈謂將刲割牲以釁先滅耳旁毛薦之耳聽声者告神欲其聽之周礼有刉衈○刲苦圭反夾古洽反衈如志反刉古代反又古對反一音其既反珥如志反有司皆鄉室而立門則有司當門北面有司宰夫祝宗人○鄉許亮反下同既事宗人告事畢乃皆退告者告宰夫反命于君曰釁某廟事畢反命于寢君南鄉于門內朝服既反命乃退君朝服者不至廟朝也○朝直遙反注同路寢成則考之而不釁釁屋者交神明之道也言路寢者生人所居不釁者不神之也考之者設盛食以落之尔檀弓曰晉獻文子成室諸大夫發焉是也【重意】郊特牲所以交神明之義也凡宗廟之器其名者成則釁之以豭豚宗廟名器謂尊彝之屬○豭音加彝以之反○諸侯出夫人夫人比至于其國以夫人之禮行至以夫人入行道以夫人之礼者弃妻致命其家乃義絕不用此爲始○比必利反使者將命曰寡君不

敏不能從而事社稷宗廟使使臣某敢告於執事主人對曰寡君固前辭不教矣寡君敢不敬須以俟命前辭不教謂納采時也此辭賓在門外擯者傳焉賓入致命如初主人卒辭曰敢不聽命○使色吏反下使臣使者同賓必刃反本又作擯傳丈專反有司官陳器皿主人有司亦官受之器皿其本所齎物也律弃妻畀所齎○皿武景反字林又音猛齎子兮反下同畀必利反与也又婢支反償賫也

妻出夫使人致之曰某不敏不能從而共粢盛使某也敢告於侍者主人對曰某之子不肖不敢辟誅敢不敬須以俟命使者退主人拜送之肖似也不似言不如人誅猶罰也○共音恭粢音咨下音成肖音笑辟音避如舅在則稱舅舅沒則稱兄無兄則稱夫言弃妻者父兄在則稱之命當由尊者出也唯國君不稱兄主人之辭曰某之子不肖如姑姊妹亦皆稱之姑姊妹見弃亦曰某之姑某之姊若妹不肖

孔子曰吾食於少施氏而飽少施氏食我以禮言貴其以禮待己而為之飽也時人倨慢若季氏則不以禮矣少施氏魯惠公子施父之後○少失

台反下及注同食我音嗣為于偽反下來為亦為同倨音據優武諫反本亦作慢父音甫吾祭作而辭曰

疏食不足祭也吾飧作而辭曰疏食也不敢以傷吾子

納幣一束束五兩兩五尋納幣謂昏禮納徵也十个為束貴成數兩兩者合其卷是謂五兩八

尺曰尋五兩五尋則每卷二丈也合之則四十尺今謂之匹猶匹偶之云与○飧音孫个古賀反卷音眷徐紀勉反下同与音餘

婦見舅姑兄弟姑姊妹皆立于堂下西面北上是見已

婦來為供養也其見主於尊者兄弟以下在位是為已見不復特見○婦見賢遍反下注同供恭用反養羊尚反復扶又反見

諸父各就其寢旁尊也亦為見時不來女雖未許嫁年二十而笄

禮之婦人執其禮雖未許嫁年二十亦為成人矣礼之酌以成之言婦人執其礼明非許嫁之笄

內則篇云十有五年而笄二十而嫁曲礼上女子許嫁笄而字燕則鬈首既笄之後去之猶若女有鬈青紒也○

鬈卷音權又居阮反去起居反鬈青丁果反紒音計字又作髻○韠長三尺下廣二尺上廣一

尺會去上五寸紕以爵韋六寸不至下五寸純以素紃

以五采會謂領上縫也領之所用蓋与紕同在旁曰紕在下曰純素生帛也紕六寸者中執之表裏各三寸也純紃所

五六六

不至者五寸與會去上同紃施諸縫中若今時絛也○韠音必長直諒反廣古曠反下同會古外反注同紕婢支反又方移反注同純之閏反又支允反注同徐方移反紃音巡徐辭均反縫扶用反下同絛本又作縧同吐刀反

纂圖互註禮記卷之十二

纂圖互註禮記之十三

喪大記第二十二

○陸曰鄭云以其記人君以下始死小斂大斂殯葬之大事故以大記爲名

禮記　鄭氏註

疾病外内皆埽爲賓客將來問病也疾困曰病○埽悉報反爲于僞反下爲其爲賓爲主人比同君大夫徹縣士去琴瑟聲音動人病者欲靜也凡樂器天子宮縣諸侯軒縣大夫判縣士特縣去琴瑟者不命之士○縣音玄注同去起呂反注及下注同寢東首於北牖下謂君來視之時也病者恒居北牖下或爲墉下○首手又反下注生南首同牖音酉舊音容下注牖下放此墉音容廢牀徹褻衣加新衣體一人廢去也人始生在地去牀庶其生氣反徹褻衣則所加者新朝服矣互言之也加朝服者明其終於正也体手足也四人持之爲其不能自屈伸也○牀仕良反本或作床字褻息列反新朝直遥反後朝服皆同男女改服爲賓客來問病亦朝服也庶人深衣屬纊以俟絕氣纊今之新綿易動搖置口鼻之上以爲候○屬音燭纊音曠一音古曠反易以豉反男子不死於婦人之手婦人不死於男子之手君子重終爲其相褻君夫人卒於路寢大夫世婦卒於適寢

內子未命，則死於下室，遷尸于寢。士之妻皆死于寢。言死者必皆於正處也。寢室通耳，其尊者所不燕焉。君謂之路寢，大夫謂之適寢，士或謂之適室。此變命婦言世婦者，明尊卑同也。世婦以君下寢之上爲適寢。內子，卿之適妻也。下室，其燕處也。○適，丁歷反，注同。處，昌慮反，下同。

復，有林麓則虞人設階，無林麓則狄人設階。復，招魂復魄也。階，所乘以升屋者。虞人，主林麓之官也。狄人，樂吏之賤者。階，梯也，簨簴之類。○麓音鹿。梯，它兮反。簨，息尹反。簴音巨。

小臣復，復者朝服。君以卷，夫人以屈狄；大夫以玄赬，世婦以襢衣；士以爵弁，士妻以稅衣。皆升自東榮，中屋履危，北面三號，捲衣投于前，司服受之，降自西北榮。小臣，君之近臣也。朝服而復，所以事君之衣也。用朝服而復之者，敬也。復用死者之祭服，以其求於神也。君以卷，謂上公也。夫人以屈狄，互言耳。上公以衮，則夫人用褘衣；而侯伯以鷩，其夫人用揄狄；子男以毳，其夫人乃用屈狄矣。赬，赤也。玄衣赤裳，所謂卿大夫自玄冕而下之服也。其世婦亦以襢衣。榮，屋翼也。升東榮者，謂卿大夫士也。天子諸侯言東霤。危，棟上也。號，若云「皋某復」也。司服以篋待衣於堂前。○卷本又作衮，同古本反，注同。屈音闕，注同。赬，勅貞反。襢，知彥反。稅，它亂反。榮如字，屋翼也，劉昌宗音營。號，戶高反，注同。捲，俱勉反，徐紀阮反。褘音揮。鷩，必列反。揄音遥。毳，昌鋭反。霤，力又反。篋

苦牒反 其爲賓則公館復私館不復其在野則升其乘車之左轂而復 私館卿大夫之家也不於之復爲主人之惡○乘繩證反轂工木反惡烏路反 重言 公館復私館不復三見曾子問第七一見雜記二十一 復衣不以衣尸不以斂 不以衣尸謂不以襲也復者庶其生也若以其衣襲斂是用生施死於義相反士喪禮云以衣衣尸浴而去之○衣尸於既反注衣尸同斂力驗反後不出者皆同去起呂反 婦人復不以袡 袡嫁時上服而非事鬼神之衣○袡而廉反婦人嫁時上服 凡復男子稱名婦人稱字 婦人不以名行男子称名婦人書姓與伯仲 重意 喪小記 唯哭先復復而後行死事 氣絕則哭哭而復復而不蘇可以爲死事 始卒主人啼兄弟哭婦人哭踊 悲哀有深淺也若嬰兒中路失母能勿啼乎○啼大兮反本又作嗁 既正尸子坐于東方卿大夫父兄子姓立于東方有司庶士哭于堂下北面夫人坐于西方內命婦姑姊妹子姓立于西方外命婦率外宗哭于堂上北面 正尸者謂遷尸牖下南首也子姓謂衆子孫也姓之言生也其男子立於主人後女子立於夫人後世婦爲內命婦卿大夫之妻爲外命婦外宗姑姊妹之女 大夫

之喪三人坐于東方主婦坐于西方其有命夫命婦則坐無則皆立命夫命婦來哭者同宗父兄子姓姑姊妹子姓也凡此哭者尊者坐卑者立士之喪主人父兄子姓皆坐于東方主婦姑姊妹子姓皆坐于西方士賤同宗尊卑皆坐凡哭尸于室者主人二手承衾而哭承衾哭者哀慕若欲攀援○扳本又作攀普班反一音班援音爰徐于願反君之喪未小斂為寄公國賓出大夫之喪未小斂為君命出士之喪於大夫不當斂則出父母始死悲哀非所尊不出也出者或至庭或至門國賓聘大夫不當斂其來非斂時○為寄于僞反下皆同下注為母為其罷倦皆同凡主人之出也徒跣扱衽拊心降自西階君拜寄公國賓于位大夫於君命迎于寢門外使者升堂致命主人拜于下士於大夫親弔則與之哭不逆於門外拜寄公國賓於位者於庭鄉其位而拜之此時寄公位在門西國賓位在門東皆北面小斂之後寄公東面國賓門西北面上於大夫親弔謂大夫身來弔士也與之哭既拜之即位西階東面哭大夫特來則北面○跣悉典反扱初洽反衽而審反

（又而鴆反裳際也拊音撫使色吏反鄉許諒反【重意】問喪篇雞斯徒跣扱上衽）夫人爲寄公夫人出，命婦爲夫人之命出，士妻不當斂，則爲命婦出。（出拜之於堂上也。此時寄公夫人、命婦位在堂上北面，小斂之後尸西東面。）小斂，主人即位于戶內，主婦東面，乃斂。卒斂，主人馮之踊，主婦亦如之。主人袒說髦，括髮以麻。婦人髽，帶麻于房中。（士既殯說髦，此云小斂，蓋諸侯禮也。士之既殯，諸侯之小斂，於死者俱三日也。婦人之髽帶麻於房中，則西房也。天子諸侯有左右房。○馮皮冰反，本或作憑，後皆同。袒大旱反。說吐活反。髦本作毤，同，他活反，徐他外反，注同。髦音毛。髽側瓜反。）徹帷，男女奉尸夷于堂，降拜。（夷之言尸也。於遷尸，主人主婦以下從而奉之，孝敬之心。降拜，拜賓也。○奉芳勇反，注同。夷于堂如字，陳也，本或作侇，同，音移，一本作奉尸于堂。從才用反，又如字。）君拜寄公、國賓，大夫、士拜卿大夫於位，於士旁三拜。夫人亦拜寄公夫人於堂上，大夫內子、士妻特拜命婦，氾拜衆賓於堂上。（衆賓謂士妻也。尊者皆特拜，拜士與其妻皆旅之。○氾芳劍反。）主人即位，襲帶絰踊。（即位，阼階之下位也。有襲絰乃踊，尊卑相變也。）母之喪，即位而免謂男子者礼斬衰括髮齊衰免以至成服而冠爲母重初亦括髮既小斂則免○免音問後放此乃奠小斂奠也弔者襲裘加武帶絰與主人拾踊始死弔者朝服裼裘如吉時也小斂則改襲而加武與帶絰矣武吉冠之卷也加武者明不改冠亦不免也檀弓曰主人既小斂子游趨而出襲裘帶絰而入○拾其劫反裼思歷反卷起權反

君喪虞人出木角狄人出壺雍人出鼎司馬縣之乃官代哭代更也未殯哭不絕聲爲其罷倦既小斂可以爲漏刻分時而更哭也木給爨竈角以爲斞水斗壺漏水之器也冬漏以火爨鼎沸而後沃之此挈壺氏所掌也屬司馬司馬涖縣其器○壺音胡縣音玄及下注同更古行反下同罷音皮倦其卷反漏音陋爨七乱反又七官反下爨鼎同斞音俱斞水斗也隱義云容四升也挈苦結反又音結大夫官代哭不縣壺下君也○下戶嫁反下成君不相下下大夫同士代哭不以官自以親疏哭也

君堂上二燭下二燭大夫堂上一燭下二燭士堂上一燭下一燭燭所以照饌也滅燎而設燭○饌仕眷反燎力召反又力弔反賓出徹帷君與大夫之礼也士卒斂則徹帷徹或爲廢

哭尸于堂上主人在東方由外來者在西方諸婦南鄉由外來謂奔喪者也無奔喪者婦人猶東面○鄉許亮反婦人

喪大記　十三　巳三

五七四

迎客送客不下堂下堂不哭男子出寢門見人不哭婦人所有事自堂及房男子所有事自堂及門非其事處而哭猶野哭也出門見人謂迎賓也○處昌慮反其無女主則男主拜女賓于寢門內其無男主則女主拜男賓于阼階下子幼則以衰抱之人爲之拜爲後者不在則有爵者辭無爵者人爲之拜在竟內則俟之在竟外則殯葬可也喪有無後無無主拜者皆拜賓於位也爲後者有爵攝主爲之辭於賓耳不敢當尊者禮也○衰七雷反人爲于僞反下人爲位爲下爲君皆同竟音境下亦同

君之喪三日子夫人杖五日既殯授大夫世婦杖子大夫寢門之外杖寢門之內輯之夫人世婦在其次則杖即位則使人執之子有王命則去杖國君之命則輯杖聽卜有事於尸則去杖大夫於君所則輯杖於大夫所則杖三日者死之後三日也爲君杖不同日人君禮大可以見親疏也輯斂也斂者謂舉之不以拄地也夫人世婦次於房中即位堂上堂上有尸殯使人執杖不敢自持也子於

國君之命輒杖，下成君，不敢敵之也。卜，卜葬卜日也。凡喪祭虞所有尸，大夫於君所輒杖，謂與之俱即寢門外位也。獨爲則杖，君謂子也。於大夫所杖，俱爲君杖，不相下也。○輒，側立反，下同。斂也。去，起呂反，後去杖皆同。見，賢遍反。斂，力驗反，下同。柱，知主反。近，附近之近。重言三日子夫人杖，五日既殯授大夫世婦杖。喪服四制三日授子杖，五日授大夫杖。

大夫之喪，三日之朝既殯，主人、主婦、室老皆杖。大夫有君命則去杖，大夫之命則輯杖。內子爲夫人之命去杖，爲世婦之命授人杖。大夫有君命士去杖，此指大夫之子也，而云大夫者，通實大夫有父母之喪也。授人杖與使人執之同也。爲夫，于僞反，下及注妾爲君爲人得並同。

士之喪，二日而殯，三日之朝，主人杖，婦人皆杖。於君命、夫人之命如大夫，於大夫世婦之命如大夫。士二日而殯者，下大夫也。士之礼，死与往日，生与來日，此二日於死者亦得三日也。婦人皆杖，謂主婦容妾爲君、女子子在室者。

子皆杖，不以即位。子謂凡庶子也。不以即位，与去杖同。

大夫士哭殯則杖，哭柩則輯杖。哭殯謂既塗也，哭柩謂啓後也。大夫士之子於父，父也，尊近，哭殯可以杖。天子諸侯之子於父，父也，君也，尊遠，杖不入廟門。

弃杖者，斷而弃之於隱者。杖以喪至尊，爲人得而褻之也。○弃，棄。

本亦作古弃字断丁管反下注断足爪同君設大盤造冰焉大夫設夷盤造冰焉士併瓦盤無冰設牀襢笫有枕含一牀襲一牀遷尸于堂又一牀皆有枕席君大夫士一也此事皆沐浴之後宜承濡濯弃於坎下礼襢说在此耳造猶内也襢笫袒簀也謂無席如浴時牀也礼自仲春之後尸既襲既小斂先内冰盤中乃設牀於其上不施席而迁尸焉秋凉而止士不用冰以瓦爲盤併以盛水耳漢礼大盤廣八尺長丈二深三尺赤中夷盤小焉周礼天子夷盤士喪礼君賜冰亦用夷盤然則其制宜同之○盤本又作槃步干反造七報反下及注皆同併步頂反注同襢之善反笫側里反含胡暗反濡如乱反下文同濯直孝反下文同坎口感反扎側入反欄力旦反簀音責盛音成廣古曠反長直亮反深尸鴆反

始死遷尸于牀幠用斂衾去死衣小臣楔齒用角柶綴足用燕几君大夫士一也牀謂所設牀笫當牖者也士喪禮曰士死於適室幠用斂衾去死衣病時所加新衣及複衣也去之以俟沐浴○幠荒胡反去起呂反注同楔桑結反柶音四綴丁劣反又丁衛反下注同適丁歷反

管人汲不說繘屈之盡階不升堂授御者御者入浴小臣四人抗衾御者二人浴浴水用盆沃水用枓浴用絺

巾拒用浴衣如它日小臣爪足浴餘水弃于坎其母之喪則内御者抗衾而浴抗衾者蔽上重形也拒拭也爪足斷足爪也○管人如字掌管籥之人又古亂反掌館舍之人也下同汲音急說吐活反繘均必反汲水綆也抗苦浪反舉也盆蒲奔反沃烏谷反枓音主又音斗絺勑其反一本作浴去學反拒音震它音他下同拭音式管人汲授御者御者差沐于堂上君沐粱大夫沐稷士沐粱甸人爲垼于西牆下陶人出重鬲管人受沐乃煑之甸人取所徹廟之西北厞薪用爨之管人授御者沐乃沐沐用瓦盤拒用巾如它日小臣爪手翦須濡濯弃于坎差浙也浙飯米取其潘以爲沐也浴沃用枓沐於盤中文相變也士喪禮沐稻此云士沐粱蓋天子之士也以差率而上之天子沐黍與○差七何反注差浙同沐音木甸田遍反垼音役鄭注儀禮云塊竈也陶音桃重直龍反鬲音歷煑諸許反厞扶味反隱也舊作扉音非門扉也爨七亂反浙先歷反潘芳袁反米汁也差初佳反率音律又音類上時掌反　君之喪子大夫公子衆士皆三日不食子大夫公子食粥納財朝一溢米莫一溢米食之無筭士

疏食水飲食之無筭夫人世婦諸妻皆疏食水飲食之無筭納財謂食穀也二十兩曰溢於粟米之法一溢爲米一升二十四分升之一諸妻御妾也同言無筭則是皆一溢米或粥或飯○粥之育反又音育下同溢音逸劉昌宗又音實下同莫音暮疏食音嗣下及下注疏食皆同大夫之喪主人室老子姓皆食粥衆士疏食水飲妻妾疏食水飲室老其貴臣也衆士所謂衆臣士亦如之如其子食粥妻妾疏食水飲既葬主人疏食水飲不食菜果婦人亦如之君大夫士一也練而食菜果祥而食肉果瓜桃之屬食粥於盛不盥食於篹者盥食菜以醯醬始食肉者先食乾肉始飲酒者先飲醴酒盛謂今時杯杅也篹竹筥也歠者不盥手絕飯者盥篹或作簨○盥古緩反篹卷本又作匴又作算悉緩反又蘇管反醯呼雞反杅音于筥居呂反劉昌宗悉呂反飯扶晚反簨悉尹反徐音選期之喪三不食食疏食水飲不食菜果三月既葬食肉飲酒期終喪不食肉不飲酒父在爲母爲妻九月之喪食飲猶期之喪也食肉飲酒不與人樂之

食肉飲酒亦謂既葬○期音基下同爲母爲並于僞反下注爲其同與音預下同五月三月之壹不食再不食可也比葬食肉飲酒不與人樂之叔母世母故主宗子食肉飲酒義服恩輕也故主謂舊君也言故主者關大夫及君也○比必利反不能食粥羹之以菜可也謂性不能者可食飯菜羹有疾食肉飲酒可也爲其氣微五十不成喪成猶備也所不能備謂不致毁不散送之屬也七十唯衰麻在身言其餘居處飲食與吉時同也既葬若君食之則食之大夫父之友食之則食之矣不辟粱肉若有酒醴則辭尊者之前可以食美也變於顔色亦不可○君食音嗣下父之友食之皆同辟音避粱音良粱米也

小斂於戶內大斂於阼君以簟席大夫以蒲席士以葦席簟細葦席也三者下皆有莞○簟徒點反葦于鬼反莞音官又音完

小斂布絞縮者一橫者三君錦衾大夫縞衾士緇衾皆一衣十有九稱君陳衣于序東大夫士陳衣于房中皆西領北上絞紟不在列絞既斂所用束堅之者縮從也衣十有九

稱法天地之終數也士喪禮小斂陳衣於房中南領西上与大夫異今此同亦盖天子之士也絞紟不在列以其不成稱不連數也小斂无紟因絞不在列見之也或曰縮者二○絞戶交反後同縮所六反縞古老反稱尺證反杜預云衣單複具曰稱後放此紟其鴆反後皆同從足容反數色主反見賢遍反

大斂布絞縮者三廣者五布紟二衾君大夫士一也君陳衣于庭百稱北領西上大夫陳衣于序東五十稱西領南上士陳衣于序東三十稱西領南上絞紟如朝服絞一幅爲三不辟紟五幅無紞

二衾者或覆之或薦之如朝服者謂布精麤朝服十五升小斂之絞也廣終幅析其末以爲堅之強也大斂之絞一幅三析用之以爲堅之急也紞以組類爲之綴之領側若今被識矣生時禪被有識死者去之異於生也士喪禮大斂亦陳衣於房中南領西上与大夫異今此又同亦盖天子之士紞或爲點○幅本又作畐方服反爲三絕句不辟補麥反又音壁徐扶移反紞丁覽反廣古曠反折思歷反下同強其丈反識式志反又音志又音式下同去起呂反下注同

小斂之衣祭服不倒

導祭服也斂者要方散衣有倒○倒丁老反注及下同去悉但反

君無襚大夫士畢主人之祭服親戚之衣受之不以即陳

無襚者不陳不以斂○襚音遂

小斂君

大夫士皆用複衣複衾。大斂，君、大夫、士祭服無筭，君褶衣褶衾，大夫士猶小斂也。褶，袷也。君衣尚多，去其著也。○複音福，褶音疊，袷古洽反。袍必有表，不襌，衣必有裳，謂之一稱。袍，褻衣，必有以表之，乃成稱也。雜記曰：「子羔之襲，繭衣裳與稅衣纁袡爲一。」是也。論語曰：「當暑袗絺綌，必表而出之。」亦爲其褻也。○袍步毛反，襌音丹，繭古典反，稅吐乱反，纁許云反，袡而廉反，袗之忍反，亦爲于僞反，下文「則爲之」同。凡陳衣者實之篋，取衣者亦以篋，升降者自西階。取猶受也。○篋古協反。凡陳衣不詘，非列采不入，絺綌紵不入。不詘，謂舒而不卷也。列采，謂正服之色也。絺綌紵者，當暑之褻衣也。襲尸重形，冬夏用袍，及斂則用正服。○詘丘勿反，紵直呂反。凡斂者袒，遷尸者襲。袒者，於事便也。○便婢面反。君之喪，大胥是斂，衆胥佐之；大夫之喪，大胥侍之，衆胥是斂；士之喪，胥爲侍，士是斂。胥，樂官也，不掌喪事。胥當爲祝，字之誤也。侍猶臨也。大祝之職，大喪贊斂；喪祝，卿大夫之喪掌斂；士喪禮，商祝主斂。○大胥依注作祝，之六反，下同。胥，樂官，思餘反。小斂大斂，祭服不倒，皆左衽，結絞不紐。左衽，衽鄉左，反生時也。○紐女九反，舊而慎反，鄉許亮反。斂者既斂必哭士與其執事則斂斂焉則為之壹不食凡斂者六人（斂者必使所與執事者不欲妄人褻之執或為槷○與音預注同執音執本亦作執）君錦冒黼殺綴旁七大夫玄冒黼殺綴旁五士緇冒赬殺綴旁三凡冒質長與手齊殺三尺自小斂以往用夷衾夷衾質殺之裁猶冒也（冒者既襲所以韜尸重形也殺冒之下裙韜足上行者也小斂又覆以夷衾裁猶制也字或為材○冒莫報反下及注同黼音甫殺色戒反徐所例反下及注同裁才再反注同韜本又作弢吐刀反下同）君將大斂子弁絰即位于序端卿大夫即位于堂廉楹西北面東上父兄堂下北面夫人命婦尸西東面外宗房中南面小臣鋪席商祝鋪絞紟衾衣士盥于盤上士舉遷尸于斂上卒斂宰告子馮之踊夫人東面亦如之（子弁絰者未成服弁如爵弁而素大夫之喪子亦弁絰○鋪普吳反又普故反下皆同）大夫之喪將大斂既鋪絞紟衾衣君至主人迎先入門右巫止于門外君釋菜祝先

升堂君即位于序端卿大夫即位于堂廉楹西北面東上主人房外南面主婦尸西東面遷尸卒斂宰告主人降北面于堂下君撫之主人拜稽顙君降升主人馮之命主婦馮之先入右者入門而右也巫止者君行必與巫巫士辟凶邪也釋菜禮門神也及禮門神者君非問疾弔喪不入諸臣之家也主人房外南面大夫之子尊得升視斂也○巫止本或作巫止門外門外衍字耳辟必亦反邪似嗟反士之喪將大斂君不在其餘禮猶大夫也其餘謂卿大夫及主婦之位鋪絞紟踊鋪衾踊鋪衣踊遷尸踊斂衣踊斂衾踊斂絞紟踊目孝子踊節君撫大夫撫內命婦大夫撫室老撫姪娣撫以手按之也內命婦君之世婦○姪大結反娣大計反君大夫馮父母妻長子不馮庶子士馮父母妻長子庶子庶子有子則父母不馮其尸凡馮尸者父母先妻子後目於其親所馮也馮謂扶持服膺○長丁丈反下同膺於陵反君於臣撫之父母於子執之子於父母馮之婦

於舅姑奉之，舅姑於婦撫之，妻於夫拘之，夫於妻於昆弟執之。此恩之深淺尊卑之儀也。馮之類必當心。○奉，芳勇反。拘音俱，一音古侯反。馮尸不當君所。不敢與尊者所馮同。○馮，皮冰反。凡馮尸，興必踊。悲哀哀至，馮尸必坐。父母之喪，居倚廬，不塗，寢苫枕凷，非喪事不言。君爲廬宮之，大夫士襢之。宮謂圍障之也。襢，袒也，謂不障。○倚，於綺反。苫，始占反。枕，之鴆反。凷，苦内反。襢音袒，注同，露也。障音章，下同。既葬，柱楣，塗廬，不於顯者。君大夫士皆宮之。不於顯者，不塗見面。○柱，張主反。楣音眉。見，賢徧反。凡非適子者，自未葬以於隱者爲廬。不欲人屬目，蓋廬於東南角，既葬猶然。○適，丁歷反。屬音燭。既葬，與人立，君言王事，不言國事；大夫士言公事，不言家事。此常禮也。君既葬，王政入於國，既卒哭而服王事；大夫士既葬，公政入於家，既卒哭，弁絰帶，金革之事無辟也。此權禮也。弁絰帶者，變喪服而弔服，輕可以即事也。○辟音避，下注猶辟同。既練，居堊室，不與人居。君謀國政，大夫士謀家事。既

祥黝堊祥而外無哭者禫而內無哭者樂作矣故也黝堊
堊室之飾也地謂之黝牆謂之堊外无哭者於門外不哭也內无哭者入門不哭也禫踰月而可作樂樂作无哭者黝堊或為要期
禫或皆作道○黝於糾反堊烏路反又烏各反注同禫大感反道音導禫而從御吉祭而復寢
從御御婦人也復寢不復宿殯宮也○不復扶又反期居廬終喪不御於內者父在
為母為妻齊衰期者大功布衰九月者皆三月不御於
內婦人不居廬不寢苫喪父母既練而歸期九月者既
葬而歸歸謂歸夫家也○期音基下同為母為並于偽反下為之賜注為之則為並同公之喪大夫
俟練士卒哭而歸此公公士大夫有地者也其大夫士歸者謂素在君所食都邑之臣大夫
士父母之喪既練而歸朔月忌日則歸哭于宗室諸父
兄弟之喪既卒哭而歸歸謂歸其宮也忌日死日也宗室宗子之家謂殯宮也命士以上父子
異宮○上時掌反父不次於子兄不次於弟謂不就其殯宮為次而居君於大
夫世婦大斂焉為之賜則小斂焉為之賜謂有恩惠也於外命婦

既加蓋而君至於臣之妻略也於士既殯而往為之賜大斂焉
夫人於世婦大斂焉為之賜小斂焉於諸妻為之賜大
斂焉於大夫外命婦既殯而往大夫士既殯而君往焉
使人戒之主人具殷奠之禮俟于門外見馬首先入門
右巫止于門外祝代之先君釋菜于門內祝先升自阼
階負墉南面君即位于阼小臣二人執戈立于前二人
立于後殷猶大也朝夕小奠至月朔則大奠君將來則具大奠之禮以待之榮君之來也祝負墉南面直君北房戶東
也小臣執戈先後君君升而夾階立大夫殯即成服成服則君亦成服錫衰而往弔之○直如字又音值當也先後悉見反下胡豆
反一音並如字夾古洽反擯者進當擯其主人也擯立門東北面主人拜稽顙君稱言
視祝而踊主人踊稱言舉所以來之辭也視祝祝相君之禮當因節之也○相息亮反下相止並同
大夫則奠可也士則出俟于門外命之反奠乃反奠卒
奠主人先俟于門外君退主人送于門外拜稽顙迎不拜拜

送者拜迎則爲君之答己君於大夫疾三問之在殯三往焉士疾壹問之在殯壹往焉所以致殷勤也君弔則復殯服復反也反其未殯未成服之服新君事也謂臣喪既殯後君乃始來弔也復或爲服夫人弔於大夫士主人出迎于門外見馬首先入門右夫人入升堂即位主婦降自西階拜稽顙于下夫人視世子而踊奠如君至之禮夫人退主婦送于門内拜稽顙主人送于大門之外不拜視世子而踊世子從夫人夫人以爲節也世子之從夫人位如祝從君也大夫君不迎于門外入即位于堂下主人北面衆主人南面婦人即位于房中若有君命夫命婦之命四鄰賓客其君後主人而拜入即位於下不升堂而立阼階之下西面下正君也衆主人南面於其北婦人即位于房中君雖不升堂猶辟之也後主人而拜者將拜賓使主人陪其後而君前拜不俱拜者主人無二也○下正户嫁反君弔見尸柩而后踊塗之後繼往不踊也○踊或爲哭或爲浴大夫士若君不戒而往不具殷奠君退

必奠[illegible]君之[illegible]君大棺八寸屬六寸椑四寸上大夫大棺八寸屬六寸下大夫大棺六寸屬四寸士棺六寸大棺棺之在表者也檀弓曰天子之棺四重水兕革棺被之其厚三寸杝棺一梓棺二四者皆周此以內說而出也然則大棺及屬用梓椑用杝以是差之上公革棺不被三重也諸侯無革棺再重也大夫無椑一重也士無屬不重也庶人之棺四寸上大夫謂列國之卿也趙簡子云不設屬椑時僭也○屬音燭後皆同椑步歷反重直龍反下同兕詞履反被皮義反下同厚戶豆反杝以支反差初佳反徐初宜反僭子念反

君裏棺用朱綠用雜金鐕大夫裏棺用玄綠用牛骨鐕士不綠鐕所以琢著裏○鐕子南反釘也琢陟角反本又作椓並丁角反著直略反

君蓋用漆三衽三束大夫蓋用漆二衽二束士蓋不用漆二衽二束用漆者塗合牝牡之中也衽小要也○要一遙反下同

君大夫鬊爪實于綠中士埋之綠當為角聲之誤也角中謂棺內四隅也鬊亂髮也將實爪髮棺中必為小囊盛之此綠或為簍○鬊音舜爪側巧反囊乃剛反徐音託盛音成簍魯口反

君殯用輴欑至于上畢塗屋大夫殯以幬欑置于西序塗不暨于棺士殯見衽塗上帷之欑猶菆也

屋，殯上覆如屋者也。幬，覆也。暨，及也。此記參差，以檀弓參之，天子之殯，居棺以龍輴，攢木題湊象椁，上四注如屋以覆之，盡塗之。諸侯輴不畫龍，攢不題湊象椁，其他亦如之。大夫之殯，廢輴，置棺西牆下，就牆攢其三面，塗之，不及棺者，言攢中狹小，裁取容棺。然則天子諸侯差寬大矣。士不攢，掘地下棺，見小要耳。帷之，鬼神尚幽闇也。士達於天子皆然。幬或作錞，或作埻。○輴，勑倫反。攢，才完反，下同。幬，音道，注同。暨，其器反，注同。見，賢遍反，注同。菆，才工反，本亦作叢。參，初金反。差，初宜反。題，音啼。湊，七豆反，注，徐之掛反，下同。差，寬初賣反，又初佳反。掘，其越反，又其勿反。錞，徒對反，又徒臥反，又徒猥反。埻，依字支允反，又支閏反，徐都臥反。洸，鄉雷反。

熬，君四種八筐，大夫三種六筐，士二種四筐，加魚腊焉。熬者，煎穀也。將塗，設於棺旁，所以惑蚍蜉，使不至棺也。士喪禮曰：熬黍稷各二筐。又曰：設熬，旁各一筐。大夫三種，加以粱。君四種，加以稻。四筐則手足皆一，其餘設於左右。○熬，五羔反。種，章勇反，下及注同。筐，音匡。腊，音昔。蚍，音毗。蜉，音浮。

飾棺：君龍帷，三池，振容，黼荒，火三列，黻三列，素錦褚，加偽荒，纁紐六，齊五采五貝，黼翣二，黻翣二，畫翣二，皆戴圭，魚躍拂池。君纁戴六，纁披六。大夫畫帷，二池，不振容，畫荒，火三列，黻三列，素錦褚，纁紐二，玄紐二，齊三采三貝，黻翣二，畫翣二，皆戴綏；魚躍拂池。大夫戴前纁後玄，披亦如之。士布帷，布荒，一池，揄絞；纁紐二，緇紐二；齊三采，一貝；畫翣二，皆戴綏。士戴前纁後緇，二披，用纁。飾棺者，以華道路及壙中，不欲衆惡其親也。荒，蒙也。在旁曰帷，在上曰荒，皆所以衣柳也。士布帷布荒者，白布也。君大夫加文章焉。黼荒，緣邊爲黼文；畫荒，緣邊爲雲氣；火黼爲列於其中耳。偽當爲帷，或作于，聲之誤也。大夫以上有褚以襯覆棺，乃加帷荒於其上。紐所以結連帷荒者也。池以竹爲之，如小車笭，衣以青布。柳象宮室，縣池於荒之爪端，若承霤然云。君大夫以銅爲魚，縣於池下。揄，揄翟也。青質五色，畫之於絞繒而垂之，以爲振容，象水草之動搖，行則又魚上拂池。雜記曰：大夫不揄絞，屬於池下。是不振容也。士則去魚。齊，象車蓋蕤，縫合雜采爲之，形如瓜分然，綴貝落其上及旁。戴之言值也，所以連繫棺束與柳材，使相值，因而結前後披也。漢禮，翣以木爲筐，廣三尺，高二尺四寸，方，兩角高，衣以白布，畫者畫雲氣，其餘各如其象，柄長五尺，車行使人持之而從，既窆，樹於壙中。檀弓曰：周人牆置翣。是也。綏當爲緌，讀如冠蕤之蕤，蓋五采羽注於翣首也。○黻音弗。褚，張呂反。偽，依注讀爲帷，位悲反，又音如字，徐才細反。翣，所甲反。戴，丁代反，下同，及注同。披，彼義反，徐甫髲反，下同。綏，依注爲緌，音蕤，耳隹反，下同。揄音遥，注同。絞，女九反。緇，側其反。壙，苦晃反。惡，烏路反。衣，於既反，下衣以皆同。以上，時掌反，下魚上同。笭音零。縣音玄，下皆同。搖音遥，一音以照反。去，起呂反。車蓋蕤絕句，一讀以蕤向下。爪，古早華反。

分扶問反又○反莧反又夫一云反廣古曠反髙古報反又如字長良說反又如字後放此從才用反君葬用輴四綍二碑御棺用羽葆大夫葬用輴二綍二碑御棺用茅士葬用國車二綍無碑比出宮御棺用功布大夫廢輴此言輴非也輴皆當為載以輇車之輇聲之誤也輇字或作團是以文誤為国輇車柩車也尊卑之差也在棺曰綍行道曰引至壙將窆又曰綍而設碑是以連言之碑桓楹也御棺居前為節度也士言比出宮用功布則出宮而止至壙無矣綍或為率○輴依注音輇市專反下同又勑倫反綍音弗碑彼皮反御棺一本作御柩葆音保用国依注亦作輇市專反又士如字一云一国所用此以利反注同團徒丸反引音胤率音律凡封用綍去碑負引君封以衡大夫士以咸君命毋譁以鼓封大夫命毋哭士哭者相止也封周礼作窆窆下棺也此封或皆作斂檀弓曰公輸若方小斂般請以機封謂此斂也然則棺之入坎為斂與斂尸相似記時同之耳咸讀為緘凡柩車及壙說載除飾而屬紼於柩之緘又樹碑於壙之前後以紼繞碑間之鹿盧輓棺而下之此時棺下窆使輓者皆繫紼而繞要負引舒縱之備失脫也用紼去碑者謂縱下之時也衡平也人君之喪又以木橫貫緘耳居旁持而平之又擊鼓為縱舍之節大夫士旁牽緘而已庶人縣窆不引紼也礼唯天子葬有隧今齊人謂棺束為緘繩咸或為椷○封依注作窆彼驗反下及注機封同緘

依注讀爲緘古鹹反毋音无下同𦁤音畢說吐活反輗音倪絻五卯沼反要一遥反縱子用反下同合音閤搭隧遂音隧延道也緘古咸反一本作緘

君松椁大夫柏椁士雜木椁椁謂周棺者也天子柏椁以端長六尺夫子制於中都使庶人之椁五寸五寸謂端方也此謂尊者用大材卑者用小材耳自天子諸侯卿大夫士庶人六等其椁長自六尺而下其方自五寸而上未聞其差所定也抗木之厚蓋與椁方齊天子五重上公四重諸侯二重大夫再重士一重○而上時掌反抗苦浪反徐户剛反重直龍反下同

棺椁之間君容柷大夫容壺士容甒間可以藏物因以爲節○柷昌六反甒音武

君裏椁虞筐大夫不裏椁士不虞筐裏椁之物虞筐之文未聞也

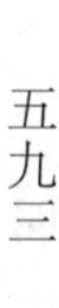

纂圖互註禮記卷之十三

禮記
互注
十四之十五

宋本纂圖互注禮記

第三册

漢　鄭玄注　唐　陸德明釋文

中國國家圖書館藏宋刻本（卷一之一至二十五頁補鈔，清錢天樹、孫鋆、楊希鈺、李兆洛、陳鑾、吴憲澂、張爾旦、季錫疇、吴輔仁、張蓉鏡跋）

山東人民出版社·濟南

纂圖互註禮記卷之十四

祭法第二十三 陸曰鄭云以其記有虞氏至周天子以下所祭祀群神之數也

禮記　　鄭氏註

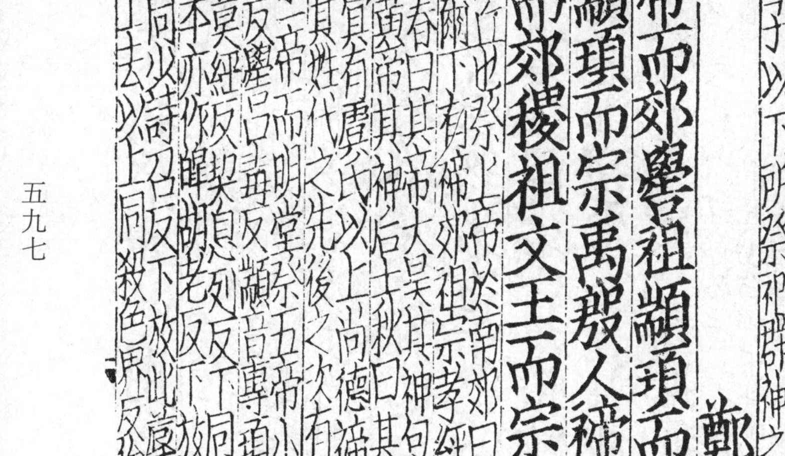

祭法有虞氏禘黄帝而郊嚳祖顓頊而宗堯夏后氏亦禘黄帝而郊鯀祖顓頊而宗禹殷人禘嚳而郊冥祖契而宗湯周人禘嚳而郊稷祖文王而宗武王 禘郊祖宗謂祭祀以配食也此禘謂祭昊天於圜丘也祭上帝於南郊曰郊祭五帝五神於明堂曰祖宗祖宗通言爾下有禘郊祖宗孝經曰宗祀文王於明堂以配上帝明堂月令春曰其帝大昊其神句芒夏曰其帝炎帝其神祝融中央曰其帝黄帝其神后土秋曰其帝少昊其神蓐收冬曰其帝顓頊其神玄冥有虞氏以上尚德禘郊祖宗配用有德者而已自夏已下稍用其姓代之先後之次有虞氏夏后氏宜郊顓頊殷人宜郊契郊祭一帝而明堂祭五帝小德配寡大德配衆亦禮之殺也○禘大計反嚳口毒反顓音專頊許玉反鯀本又作鮌古本反冥莫經反契息列反下同圜音員大昊音泰下大皞大祖大昊同昊本亦作皞胡老反下放此句古侯反芒音亡夏戶嫁反後夏曰皆同少詩召反下放此蓐音辱本亦作辱以上時掌反下上去以上同殺色界反祭所例反

燔柴於

泰壇祭天也瘞埋於泰折祭地也用騂犢壇折封土為祭處也壇之言坦也坦明貌也折炤晢也必為炤明之名尊神也地陰祀用黝牲與天俱用犢連言爾○燔音煩爾雅云祭天曰燔柴壇大丹反下同瘞於例反埋武皆反爾雅云祭地曰瘞埋折之設反又之世反注同舊音逝又音制騂私營反字林火營反處昌慮反坦吐但反炤本又作昭同章遙反又之召反晢之設反又一音制黝於糾反【重意】用騂犢犢乃上郊特牲十一篇牲用騂

埋少牢於泰昭祭時也相近於坎壇祭寒暑也王宮祭日也夜明祭月也幽宗祭星也雩宗祭水旱也四坎壇祭四方也山林川谷丘陵能出雲為風雨見恠物皆曰神有天下者祭百神諸侯在其地則祭之亡其地則不祭昭明也亦謂壇也時四時也亦謂陰陽之神也埋之者陰陽出入於地中也凡此以下皆祭用少牢相近當為禳祈聲之誤也禳猶卻也祈求也寒暑不時則或禳之或祈之寒於坎暑於壇王宮日壇王君也日稱君宮壇營域也夜明亦謂月壇也宗皆當為禜字之誤也幽禜亦謂星壇也星以昏始見禜之言營也雩禜亦謂水旱壇也雩之言吁嗟也春秋傳曰日月星辰之神則雪霜風雨之不時於是乎禜之山川之神則水旱癘疫之不時於是乎禜之四方即謂山林川谷丘陵之神也祭山林丘陵於壇川谷於坎每方各為坎為壇恠

物怪雲氣非常見者也有天下謂天子也百者假成數也○相近依注讀爲禳如羊反下音巨依反王肅作祖迎也坎苦感反幽宗雩宗宗並依注讀爲禜禜榮敬反王如字見賢遍反注同王如字無也一音無呼許于反及音役大凡生於天地之間者皆曰命其萬物死皆曰折人死曰鬼此五代之所不變也生時形體異可同名至死腐爲野土異其名嫌同也折弃敗之言也鬼之言歸也五代謂黃帝堯舜禹湯周之禮樂所存法也○大如字徐音泰腐音輔七代之所更立者禘郊宗祖其餘不變也七代通數顓頊及嚳也所不變者則數其所法而已變之則通數所不法爲記者之微意也少昊氏脩黃帝之法後王無所取焉○更古衡反數色主反下同天下有王分地建國置都立邑設廟祧壇墠而祭之乃爲親疏多少之數是故王立七廟一壇一墠曰考廟曰王考廟曰皇考廟曰顯考廟曰祖考廟皆月祭之遠廟爲祧有二祧享嘗乃止去祧爲壇去壇爲墠壇墠有禱焉祭之無禱乃止去墠曰鬼諸侯立五廟一壇一墠曰考廟曰王考廟曰皇考廟皆月祭

之顯考廟祖考廟享嘗乃止去祖爲壇去壇爲墠壇墠有禱焉祭之無禱乃止去墠爲鬼大夫立三廟二壇曰考廟曰王考廟曰皇考廟享嘗乃止顯考祖考無廟有禱焉爲壇祭之去壇爲鬼適士二廟一壇曰考廟曰王考廟享嘗乃止顯考無廟有禱焉爲壇祭之去壇爲鬼官師一廟曰考廟王考無廟而祭之去王考爲鬼庶士庶人無廟死曰鬼建國封諸侯也置都立邑爲卿大夫之采地及賜士有功者之地廟之言貌也宗廟者先祖之尊貌也祧之言超也超上去意也封土曰壇除地曰墠書曰三壇同墠王皇皆君也顯明也祖始也名先人以君明始者所以尊本之意也天子遷廟之主以昭穆合藏於二祧之中諸侯無祧藏於祖考之廟中聘禮曰不腆先君之祧是謂始祖廟也享嘗謂四時之祭天子諸侯爲壇墠所禱謂後遷在祧者也既事則反其主於祧鬼亦在祧顧遠之於無事祫乃祭之爾春秋文二年秋大事於大廟傳曰毁廟之主陳于大祖未毁廟之主皆升合食於大祖是也魯煬公者伯禽之子也至昭公定公久已爲鬼而季氏禱之而立其宮則鬼之主在祧明矣唯天子諸侯有主禘祫大夫有祖考者亦鬼其百世不禘祫無主爾其無祖考者庶士以下

鬼其考王考官師鬼其皇考大夫適士鬼其顯考而已大夫祖考謂別子也凡鬼者薦而不祭王制曰大夫士有田則祭無田則薦適士上士也官師中士下士庶士府史之屬此適士云顯考無廟非也當爲皇考字之誤○廟本亦作庿古字墠音善禱丁老反一音丁報反適丁歷反篇內同顯考無廟顯音皇出注采七代反昭上遥反腆他典反祫戶夾反煬餘讓反徐音傷【重意】王制第五天子七廟諸侯五廟大夫三廟士一廟禮器第十天子七廟諸侯五大夫三士一

王爲羣姓立社曰大社王自爲立社曰王社諸侯爲百姓立社曰國社諸侯自爲立社曰侯社大夫以下成羣立社曰置社羣衆也大夫以下謂下至庶人也大夫不得特立社與民族居百家以上則共立一社今時里社是也郊特牲曰唯爲社事單出里○爲于僞反下皆同注爲社事亦同

王爲羣姓立七祀曰司命曰中霤曰國門曰國行曰泰厲曰戶曰竈王自爲立七祀諸侯爲國立五祀曰司命曰中霤曰國門曰國行曰公厲諸侯自爲立五祀大夫立三祀曰族厲曰門曰行適士立二祀曰門曰行庶士庶人立一祀或立戶或立竈此非大神所祈報大事者也小神居人之

間司察小過作譴告者爾樂記曰明則有禮樂幽則有鬼神鬼神謂此與司命主督察三命中霤主堂室居處門户主出入行主道路行作厲主殺罰竈主飲食之事明堂月令春曰其祀户祭先脾夏曰其祀竈祭先肺中央曰其祀中霤祭先心秋曰其祀門祭先肝冬曰其祀行祭先腎聘禮曰使者出釋幣於行歸釋幣於門士喪禮曰疾病禱於五祀司命與厲其時不著今時民家或春秋祠司命行神山神門户竈在旁是必春祠司命秋祠厲也或者合而祠之山即厲也民惡言厲巫祝以厲山爲之謬乎春秋傳曰鬼有所歸乃不爲厲○霤力又反譴棄戰反此與音餘脾婢支反肺芳廢反肝音干腎上忍反使色吏反惡烏路反繆音謬 王下祭殤五適子適孫適曾孫適玄孫適來孫諸侯下祭三大夫下祭二適士及庶人祭子而止祭適殤者重適也祭適殤於廟之奧謂之陰厭王子公子祭其適殤於其黨之廟大夫以下庶子祭其適殤於宗子之家皆當室之白謂之陽厭凡庶殤不祭○殤音傷奧烏報反厭於豔反下同 夫聖王之制祭祀也法施於民則祀之以死勤事則祀之以勞定國則祀之能禦大菑則祀之能捍大患則祀之是故厲山氏之有天下也其子曰農能殖百穀夏之衰也周弃繼之故祀以爲稷共工氏之霸九

州也其子曰后土能平九州故祀以爲社帝嚳能序星辰以著衆堯能賞均刑法以義終舜勤衆事而野死鯀鄣鴻水而殛死禹能脩鯀之功黃帝正名百物以明民共財顓頊能脩之契爲司徒而民成【互註】書舜典帝曰契百姓不親五品不遜汝作司徒敬敷五教在寬冥勤其官而水死湯以寬治民而除其虐【互註】書曰伊訓惟我商王布昭聖武代虐以寬兆民允懷又微子之命乃惟成湯撫民以寬除其邪虐文王以文治武王以武功去民之菑此皆有功烈於民者也及夫日月星辰民所瞻仰也山林川谷丘陵民所取財用也非此族也不在祀典此所謂大神也春秋傳曰封爲上公祀爲大神厲山氏炎帝也起於厲山或曰有烈山氏弃后稷名也共工氏無錄而王謂之霸在大昊炎帝之閒著衆謂使民興事知休作之期也賞謂禪舜封禹稷等也能刑謂去四凶義終謂既禪二十八載乃死也野死謂征有苗死於蒼梧也殛死謂不能成其功也明民謂使之衣服有章也民成謂知五教之禮也冥契六世之孫也其官玄冥水官也虐謂桀紂也烈業也族猶類也祀典謂祭祀也○嚳苦毒反共音恭下同

下文或作災注或作栽並同扞胡旦反厲力世反左傳作烈山共音恭下及注同鄣音章殛紀力反鉅同尚書云殛鮌于羽山去鮌則殛死顓頊能脩之本或作顓頊脩黃帝之功文治直吏反去起呂反夫音扶此上五字王于況反梧音吾【重言】此皆有功烈於民者也王制第五皆有功德於民者

祭義第二十四

陸曰鄭云名祭義者以其記祭齊戒薦羞之義

鄭氏註

祭不欲數數則煩煩則不敬祭不欲疏疏則怠怠則忘是故君子合諸天道春禘秋嘗忘與不敬違禮莫大焉合於天道因四時之變化孝子感時念親則以此祭之也春禘者夏殷禮也周以禘爲殷祭更名春祭曰祠○數色角反下同怠大改反祠嗣思反【重言】春禘秋嘗郊特牲春禘而秋嘗又王制第四夏曰禘秋曰嘗祭統篇夏祭曰禘秋祭曰嘗霜露既降君子履之必有悽愴之心非其寒之謂也春雨露既濡君子履之必有怵惕之心如將見之非其寒之謂謂悽愴及怵惕皆爲感時念親也霜露既降禮說在秋此無秋字蓋脫爾○悽音妻愴初亮反怵本亦作鉥音黜惕他歷反爲于僞反下文見所爲并注同樂以迎來哀以送往故禘有樂而嘗無樂迎來而樂樂親之將來也送去而哀哀其

享否不可知也小言之則爲一祭之間孝子不知鬼神之期推而廣之放其去來於陰陽○放方往反 致齊於內散齊於外齊之日思其居處思其笑語思其志意思其所樂思其所嗜齊三日乃見其所爲齊者致齊思此五者也散齊七日不御不樂不弔耳見所爲齊者思之熟也所嗜素所欲飲食也春秋傳曰屈到嗜芰○齊側皆反後不出者同散悉但反注同所樂音岳又五孝反嗜市志反注及下並同屈居勿反屈到楚莫敖芰其寄反 祭之日入室僾然必有見乎其位周還出戶肅然必有聞乎其容聲出戶而聽愾然必有聞乎其嘆息之聲周還出戶謂薦設時也無尸者闔戶若食間則有出戶而聽之○僾音愛微見貌還音旋本亦作旋注同愾開代反闔戶臘反 是故先王之孝也色不忘乎目聲不絕乎耳心志嗜欲不忘乎心致愛則存致愨則著著存不忘乎心夫安得不敬乎存著則謂其思念也○愨苦角反 君子生則敬養死則敬享思終身弗辱也享猶祭也饗也○養羊尚反鄉許亮反下文鄉也鄉之注鄉之同 君子有終身之喪忌日之謂也忌日

不用非不祥也言夫日志有所至而不敢盡其私也忌日親亡之日忌日者不用舉他事如有時日之禁也將若也志有所至至於親以此日亡其哀心如喪時○言夫日音扶本或作言夫忌日【重意】忌日不用下文忌日必哀稱諱上忌日不樂唯聖人為能饗帝孝子為能饗親親謂祭之能使之饗食也帝天也饗者鄉也鄉之然後能饗焉言中心鄉之乃能使其祭見饗食也上饗或為相○相息亮反下文同是故孝子臨尸而不怍君牽牲夫人奠盎君獻尸夫人薦豆卿大夫相君命婦相夫人齊齊乎其敬也愉愉乎其忠也勿勿諸其欲其饗之也色不和曰怍奠盎設盎齊之奠也此時　君牽牲將薦毛血君獻尸而夫人薦豆謂繹日也儐尸主人獻尸主婦自東房薦韭菹醢勿勿猶勉勉也愨愨愛之貌○怍才各反盎烏浪反齊齊如字崔音子禮反愉羊朱反盎齊才細反繹音亦儐音賓【重言】君牽牲王勿勿卄其欲其饗食之也礼器第十篇君親制祭夫人薦盎君親割牲夫人薦酒卿大夫從君命婦從夫人洞洞乎其敬也屬屬乎其忠也勿勿乎其欲其饗之也文王之祭也事死者如事生思死者如不欲生忌日必哀稱諱如見親祀之忠也如見親之

所愛如欲色然其文王與（思死者如不欲生言思親之深也如欲色者以時人於色厚假以諭之○忠如字明盡中心與音餘【重言】事死者如事生二一見中庸篇无者字）詩云明發不寐有懷二人文王之詩也祭之明日明發不寐饗而致之又從而思之祭之日樂與哀半饗之必樂已至必哀（明發不寐謂夜而至旦也祭之明日謂繹日也言繹之夜不寐也二人謂父母容尸侑也○樂音洛下同侑音又）仲尼嘗奉薦而進其親也慤其行也趨趨以數（嘗秋祭也親謂身親執事時也慤与趨趨言少威儀也趨讀如促數之言速也仲尼嘗絕句嘗秋祭奉薦而進絕句其親也慤絕句○趨音促注及下注皆同數色角反徐音速注同）已祭子贛問曰子之言祭濟濟漆漆然今子之祭無濟濟漆漆何也子曰濟濟者容也遠也漆漆者容也自反也容以遠若容以自反也夫何神明之及交夫何濟濟漆漆之有乎（漆漆讀如朋友切切自反猶言自脩整也容以遠言非所以接親親也容以自反言非孝子所以事親也及与也此皆非與神明交之道○贛音貢徐子礼反下同漆依注音切下同容也口白反實容也下容以遠同容也注中）

凶反儀儀容也下一君容以自反同反饋樂成薦其薦俎序其禮樂備其百官

君子致其濟濟漆漆夫何慌惚之有乎天子諸侯之祭或從血腥始至反饋

是進孰也薦俎豆與俎也慌惚思念益深之時也言祭事既備使百官助己祭然而見其容而自反是无慌惚之思念○樂成音岳

又五教反慌況往反往及下同一音荒惚音忽往及下同本又作忽重言序其禮樂備其百官三一見燕居一下十八篇一見下文更

有薦其薦俎一句夫言豈一端而已夫各有所當也豈一端之言不可以一

槩也礼各有所當行祭宗廟者賓客濟濟漆漆主人慤而趨趨○當丁浪反槩古代反孝子將祭慮事

不可以不豫比時具物不可以不備虛中以治之比時猶先

時也虛中言不兼念餘事○比必利反徐甫至反注同先悉薦反又如字宮室既脩牆屋既設百

物既備夫婦齊戒沐浴盛服奉承而進之洞洞乎屬屬

乎如弗勝如將失之其孝敬之心至也與脩謂掃除及黝堊○洞音動

下同屬音燭下同弗本亦作不何休云弗者不之深也勝音升与音餘黝於糾反堊烏路反重言洞洞乎屬屬乎二一見礼器十○

如將失之二一見下文薦其薦俎序其禮樂備其百官奉承而進

之(百官助主人進之)於是諭其志意以其慌惚以與神明交庶或饗之庶或饗之孝子之志也(諭其志意謂使祝祝饗食及侑尸也或猶有也言想見其彷彿來○祝祝上之六反下之又反又並之六反彷孚往反髴孚味反【重言】孝子之志也四一見問喪二十九篇一見本篇末)孝子之祭也盡其慤而慤焉盡其信而信焉盡其敬而敬焉盡其禮而不過失焉進退以敬如親聽命則或使之也(言當盡己而已如居父母前將受命而使之【重言】孝子之祭也二一見下文)孝子之祭可知也其立之也敬以詘其進之也敬以愉其薦之也敬以欲退而立如將受命已徹而退敬齊之色不絕於面(詘充詘形容喜貌也進之謂進血腥也愉顏色和貌也薦之謂明進孰也欲婉順貌齊謂齊莊○詘求勿反注及下并篇末同徐丘勿反敬齊如字注及下同王徐側皆反婉憂阮反)孝子之祭也立而不詘固也進而不愉踈也薦而不欲不愛也退立而不如受命敖也已徹而退無敬齊之色而忘本也如是而祭失之矣(固猶質陋也而)

志本而衍字。敖也五報反。孝子之有深愛者必有和氣，有和氣者必有愉色，有愉色者必有婉容。和氣謂立而訓。孝子如執玉，如奉盈，洞洞屬屬然如弗勝，如將失之。嚴威儼恪，非所以事親也，成人之道也。成人既冠者，然則孝子不失其孺子之心也。○奉芳勇反。儼魚檢反。恪苦各反。冠古亂反。孺而樹反。[重言]成人之道也二，後見冠義四十三。

先王之所以治天下者五：貴有德，貴貴，貴老，敬長，慈幼。此五者，先王之所以定天下也。貴有德何為也？為其近於道也。貴貴，為其近於君也。貴老，為其近於親也。敬長，為其近於兄也。慈幼，為其近於子也。言治國有家道。○長丁丈反，下及下注皆同。為其于偽反，下為其同。近，附近之近。是故至孝近乎王，至弟近乎霸。至孝近乎王，雖天子必有父；至弟近乎霸，雖諸侯必有兄。先王之教，因而弗改，所以領天下國家也。天子有所父事，諸侯有所兄事，謂若三老五更也。天子哀諸侯因此，故曰霸。○乎王于況反。弟音悌，下同。更

古衡反下及下更相同子曰立愛自親始教民睦也立敬自長始教

民順也親長父兄也睦和厚也【互註】書曰伊訓立愛惟親立敬惟長始于家邦終于四海教以慈睦而

民貴有親教以敬長而民貴用命尊長也教令者孝以事親順

以聽命錯諸天下無所不行郊之祭也喪者不敢哭凶

服者不敢入國門敬之至也祭者吉禮不欲聞見凶人○錯諸七路反【重言】敬之至也重見

郊特牲十一篇敬之至也九本篇五禮器一義各一郊特牲一祭之日君牽牲穆荅君卿大

夫序從祭謂祭宗廟也穆子姓也荅對也序以次第從也序或爲豫○從才用反注同【重言】君牽牲二上見又一既

入廟門麗于碑卿大夫袒而毛牛尚耳鸞刀以刲取膟

膋乃退爓祭祭腥而退敬之至也麗猶繫也毛牛尚耳以耳毛爲上也膟膋血與

腸間脂也爓祭祭爓肉腥肉也湯肉曰爓爓祭祭腥或爲合祭腥出腥孰也○碑彼皮反袒徒旦反鸞力端反刲苦圭反膟音

律膋力彫反爓音尋出息列反腥音星郊之祭大報天而主日配以月夏后

氏祭其闇殷人祭其陽周人祭日以朝及闇主日者以其光明天

之神可見者莫若烏闇昏時也陽讀爲曰雨曰暘之暘謂日中時也朝日出時也夏后氏大事以昏殷人大事以日中周人大事以日出亦謂此祭也以朝及闇謂終日有事○神見賢遍反一本作神可見則如字暘音陽 【疏】郊之祭大報天而主日一見郊特牲

祭日於壇祭月於坎以別幽明以制上下幽明者謂日照晝月照夜祭日於東祭月於西以別外内以端其位端正也別彼列反下同日出於東月生於西陰陽長短終始相巡以致天下之和巡讀如沿漢之沿謂更相從道○巡依注音沿悅專反天下之禮致反始也致鬼神也致和用也致義也致讓也因祭之義汎説禮也致之言至也使人勤行至於此也至於反始謂報天之屬也至於鬼神謂祭宗廟之屬也至於和用謂治民之事以作用也○汎説芳劒反致反始以厚其本也致鬼神以尊上也致物用以立民紀也致義則上下不悖逆矣致讓以去爭也合此五者以治天下之禮也雖有奇邪而不治者則微矣物猶事也致和言物互文也微猶少也○悖布内反去起呂反爭爭鬭之爭奇紀宜反邪似嗟反治直吏反宰我曰吾聞鬼神之名不知

其所謂子曰氣也者神之盛也魄也者鬼之盛也合鬼與神教之至也

氣謂噓吸出入者也耳目之聰明爲魄合鬼神而祭之聖人之教致之也○魄普白反噓音虛吸許及反

衆生必死死必歸土此之謂鬼骨肉斃于下陰爲野土

陰讀爲依蔭之蔭言人之骨肉蔭於地中爲土壤○斃本亦作斃婢世反陰依注音蔭於鴆反壤如丈反

其氣發揚于上爲昭明焄蒿悽愴此百物之精也神之著也

焄謂香臭也蒿謂氣烝出貌也上言衆生此言百物明其與人同也不如人貴爾蒿或爲藨○焄許云反香臭之氣耳蒿許羔反烝之膺反藨[illegible]表驕反又皮表反

因物之精制爲之極明命鬼神以爲黔首則百衆以畏萬民以服

明命猶尊名也尊極於鬼神不可加也黔首謂民也則法也爲民作法使民亦事其祖禰鬼神民所畏服○黔其廉反徐又其嚴反黑也黔首謂民也秦謂民爲黔首自復扶又反爲民于僞反

聖人以是爲未足也築爲宮室設爲宗祧以別親疏遠邇教民反古復始不忘其所由生也衆之服自此故聽且速也

自由也言人由此服於聖人之教也聽謂順教令也速疾也○邇音爾重言不忘其所由生也一見下文

端既立報以二禮建設朝事燔燎羶薌見以蕭光以報氣也此教衆反始也薦黍稷羞肝肺首心見間以俠甒加以鬱鬯以報魄也教民相愛上下用情禮之至也二端既立謂氣也魄也毋以有尊名云鬼神也二禮謂朝事與薦黍稷也朝事謂薦血腥時也薦黍稷所謂饋食也見及見間皆當為覸字之誤也古燔當為爇聲之誤也燔燎馨香覸以蕭光取牲祭脂也光猶氣也有虞氏祭首夏后氏祭心殷祭肝周祭肺覸以俠甒謂雜之兩甒醴酒也相愛用情謂此以人道祭之也報氣以氣報魄以實各首其類○燔音煩燎力召反又力弔反羶依注音馨許經反後擯鄉同鄉音香見以依注見作覸音間間廁之間徐古莧反見間依注合為覸字音間廁之間俠古洽反甒音武【重意】見間以俠甒雜記上篇甒筲俠甒實見間而後折入君子反古復始不忘其所由生也是以致其敬發其情竭力從事以報其親不敢弗盡也從事謂脩薦可以祭者也是故昔者天子為藉千畝冕而朱紘躬秉耒諸侯為藉百畝冕而青紘躬秉耒以事天地山川社稷先古以為醴酪齊盛於是乎取之敬之至也藉藉田也先古先祖

○藉，在亦反，藉田。紘，又作䌸，紘，音宏。耒，力內反。酪，音洛。齊，側皆反，本又作齋。古者天子諸侯必有養獸之官，及歲時齊戒沐浴而躬朝之。犧牷祭牲必於是取之，敬之至也。君召牛，納而視之，擇其毛而卜之，吉然後養之。君皮弁素積，朔月、月半，君巡牲，所以致力，孝之至也。歲時齊戒沐浴而躬朝之，謂將祭祀卜牲。君朔月月半巡視之，君召牛納而視之，更本擇牲意。○朝，直遥反，注躬朝同。牷，音全。【重言】君皮弁素積，重一，下文一，郊特牲十一、十二、三五、廿六。皮弁素積孝之至也，二見中庸三十一。古者天子諸侯必有公桑蠶室，近川而為之，築宮仞有三尺，棘牆而外閉之。及大昕之朝，君皮弁素積，卜三宮之夫人、世婦之吉者，使入蠶于蠶室，奉種浴于川，桑于公桑，風戾以食之。大昕，季春朔日之朝也。諸侯夫人三宮，半王后也。風戾之者，及早凉脆採之，風戾之，使露氣燥，乃以食蠶，蠶性惡濕。○近，附近之近。仞，音刃，七尺曰仞。昕，許斤反，日欲出。蠶，才南反。奉，芳勇反，下及注同。種，章勇反。戾，力計反，燥也。食，音嗣。蚤，音早，本亦作早。脆，七歲反。燥，悉早反。惡，烏路反。歲既單矣，世婦卒蠶，奉繭以示于君，遂

獻繭于夫人夫人曰此所以為君服與遂副褘而受之

因少牢以禮之歲單謂三月月盡之後也言歲者蠶歲之大功事畢於此也副褘王后之服而云夫人記者容二王之後與禮之禮奉繭之世婦○單音丹繭古典反與音餘注同褘音暉古之獻繭者其率用此與問者之辭○率音類又音律又所律反及良日夫人繅三盆手遂布于三宮夫人世婦之吉者使繅遂朱綠之玄黃之以為黼黻文章服既成君服以祀先王先公敬之至也三盆手者三淹也凡繅每淹大總而手振之以出緒也○繅悉刀反下同說文作繰云抽繭出絲也以此為繰繰字音所咸反盆蒲奔反淹於撿本亦作淹依於驗反又於斂反

君子曰禮樂不可斯須去身斯須猶須臾也重言見祭義樂記十九篇致樂以治心則易直子諒之心油然生矣易直子諒之心生則樂樂則安安則久久則天天則神天則不言而信神則不怒而威致樂以治心者也子讀如不子之子諒信也油然物始生好美貌○易以豉反下同子如字徐將吏反下及注同諒音亮下同油音由樂樂並音洛下不樂同重言見

自此以下十一字係孔釋文

鄭恒

樂記

致禮以治躬則莊敬，莊敬則嚴威（躬身也）。心中斯須不和不樂，而鄙詐之心入之矣；外貌斯須不莊不敬，而慢易之心入之矣。故樂也者，動於內者也；禮也者，動於外者也。樂極和，禮極順，內和而外順，則民瞻其顏色而不與爭也，望其容貌而衆不生慢易焉（極至也○争争鬬之争[重言]見樂記不与争也作弗與争也○而衆作而民）。故德煇動乎內，而民莫不承聽；理發乎外，而衆莫不承順（理謂言行也○煇音揮行下孟反下理行而行皆同[重言]故德煇動乎內凡一重見樂記篇）。故曰：致禮樂之道，而天下塞焉，舉而錯之無難矣（塞充滿也○而措本亦作錯七故反[重言]上二重見樂記）。樂也者，動於內者也；禮也者，動於外者也。故禮主其減，樂主其盈。禮減而進，以進爲文；樂盈而反，以反爲文（減猶倦也盈猶溢也樂以統情礼以理行人之情有溢而行有倦則進之以能進者爲文盈則使反以能反者爲文文謂才美○減胡斬反又古斬反下同○[重意]樂也者動於內者也禮也者動於外者也文王世子八樂所）

以脩内也。所以脩外也。禮減而不進則銷，樂盈而不反則放，故禮有報而樂有反。報皆當為褒，聲之誤。○銷音消。報依注音褒，保毛反，下同。禮得其報則樂，樂得其反則安。禮之報，樂之反，其義一也。【重言】樂以和者，動於内者也。至其義一也，重出樂記。又郊特牲有義一也。

曾子曰：孝有三：大孝尊親，其次弗辱，其下能養。公明儀問於曾子曰：夫子可以為孝乎？曾子曰：是何言與！是何言與！君子之所謂孝者，先意承志，諭父母於道。參直養者也，安能為孝乎？公明儀，曾子弟子。○養，羊尚反，後皆同。與音餘。先，悉薦反。參，所林反。

曾子曰：身也者，父母之遺體也。行父母之遺體，敢不敬乎？居處不莊，非孝也；事君不忠，非孝也；涖官不敬，非孝也；朋友不信，非孝也；戰陳無勇，非孝也。五者不遂，烖及於親，敢不敬乎？遂猶成也。○涖音利，又音類，本又作蒞。陳，直覲反。烖音災，本亦作裁，及於身。歟不敬乎二下鄒宗公問敢不敬與。【重言】

亨孰羶薌，嘗而薦之

祭義十四　卷十一

非孝也養也君子之所謂孝也者國人稱願然曰幸哉有子如此所謂孝也已然猶而也○立子曾彭反薦將見反衆之本教曰孝其行曰養養可能也敬為難敬可能也安為難安可能也卒為難父母既沒慎行其身不遺父母惡名可謂能終矣仁者仁此者也禮者履此者也義者宜此者也信者信此者也強者強此者也樂自順此生刑自反此作曾子曰夫孝置之而塞乎天地溥之而橫乎四海施諸後世而無朝夕推而放諸東海而準推而放諸西海而準推而放諸南海而準推而放諸北海而準無朝夕言常行無已時也放猶至也準猶平也○置如字又于季反樂音岳又五孝反溥本亦作敷同芳于反放甫往反下同至世準諸尹反平也輟張劣反【重意】敬為難雜記下敬為上詩云自西自東自南自北無思不服此之謂也曾子曰樹木以時伐焉禽獸以時殺焉夫子

曰斷一樹殺一獸不以其時非孝也夫子孔子也曾子述其言以云○斷丁管反重言此之謂也九礼器大傳喪服四制各一樂記二經解三孝有三小孝用力中孝用勞大孝不匱勞猶功也○匱其媿反下同思慈愛忘勞可謂用力矣尊仁安義可謂用勞矣博施備物可謂不匱矣思慈愛忘勞思父母之慈愛己而自忘己之勞苦○施始豉反互注詩孝子不匱永錫爾類父母愛之嘉而弗忘父母惡之懼而無怨無怨無怨於父母之心○惡烏路反重意懼而無怨坊記勞而不怨父母有過諫而不逆順而諫之重意內則說則復諫坊記微諫不倦父母既沒必求仁者之粟以祀之此之謂禮終諭貧困猶不取惡人物以事亡親樂正子春下堂而傷其足數月不出猶有憂色門弟子曰夫子之足瘳矣數月不出猶有憂色何也樂正子春曰善如爾之問也善如爾之問也吾聞諸曾子曾子聞諸夫子曰天之所生地之所養無人為大父母全而生之子全而歸

之可謂孝矣不虧其體不辱其身可謂全矣曾子聞諸夫子曾子所聞於孔子之言○數色主反下同瘳丑留反差也【重言】天之所生地之所養一下節養依長可謂孝矣五下文一坊記二故

君子頃步而弗敢忘孝也今予忘孝之道予是以有憂色也頃當為跬聲之誤也予我也○頃讀為跬缺婢反又丘弭反一舉足為跬再舉足為步壹舉足而不敢忘父母壹出言而不敢忘父母壹舉足而不敢忘父母是故道而不徑舟而不游不敢以先父母之遺體行殆壹出言而不敢忘父母是故惡言不出於口忿言不反於身不辱其身不羞其親可謂孝矣徑步邪趨疾也忿言不反於身人不能无忿怒忿怒之言當由其直則人服不敢以忿言來也○徑古定反邪似嗟反趨七俱反昔者有虞氏貴德而尚齒夏后氏貴爵而尚齒殷人貴富而尚齒周人貴親而尚齒貴謂燕賜有加於諸臣也尚謂有事尊之於其黨也臣能世祿曰富舜時多仁聖有德後德則在小臣虞夏殷周天下之盛王也未有遺年者年之

貴乎天下久矣次乎事親也言其先老也是故朝廷同爵則尚齒七十杖於朝君問則席八十不俟朝君問則就之而弟達乎朝廷矣同爵尚齒老者在上也君問則席爲之布席於堂上而與之言凡朝位立於庭魯哀公問於孔子命席不俟朝君揖之即退不待朝事畢也就之就其家也老而致仕君或不許異其禮而已○於朝直遥反後皆同弟音悌下及下注同爲于僞反○重意王制內則篇八十杖於朝行肩而不併不錯則隨見老者則車徒辟斑白者不以其任行乎道路而弟達乎道路矣錯鴈行也父黨隨行兄黨鴈行車徒辟乘車步行皆辟老人也斑白者髮雜色也任所擔持也不以任少者代之○併步頂反徐扶頂反辟音避注同行戶剛反下同擔都甘反少詩照反下同重意不錯則隨王制父之齒隨行斑白者不以其任王制斑白者不提挈居鄉以齒而老窮不遺強不犯弱衆不暴寡而弟達乎州巷矣老窮不遺以鄉人尊而長之雖貧且无子孫无弃忘也一鄉者五州巷猶閭也○遺如字一本作匱其媿反長丁丈反下文皆同重言居鄉以齒至衆不暴寡四句一下文一居鄉作鄉里古之道五十不爲甸徒頒禽隆諸長者而弟達乎獀狩矣四井爲邑四邑

為丘四丘為甸甸六十四井也以為軍田出役之法五十始衰不從力役之事也頒之言分也隆猶多也及田者分禽多其老者謂揭作末五十者春獵為獀冬獵為狩○甸田見反頒音班獀本又作蒐所求反狩音獸軍旅什伍同爵則尚齒而弟達乎軍旅矣什伍士卒部曲也少儀曰軍尚左卒尚右○卒子忽反下同孝弟發諸朝廷行乎道路至乎州巷放乎獀狩脩乎軍旅衆以義死之而弗敢犯也死之死此孝弟之禮○放方往反祀乎明堂所以教諸侯之孝也食三老五更於大學所以教諸侯之弟也祀先賢於西學所以教諸侯之德也耕藉所以教諸侯之養也朝覲所以教諸侯之臣也五者天下之大教也祀乎明堂宗祀文王西學周小學也先賢有道德王所使教國子者○食音嗣下同更古衡反下同大學音泰下大學注大小皆同【重言】五者天下之大教也一一見樂記十九食三老五更於大學天子袒而割牲執醬而饋執爵而酳冕而揔干所以教諸侯之弟也是故鄉里有齒而老窮不遺強不犯弱衆不暴寡

祭法

祭義

此由大學來者也割牲制俎實也冕而揔干親在舞位以樂侑食也教諸侯之弟以事親○酳音胤又仕覲反【重言】食三老五更於大學至所以教諸侯之弟也二一見樂記十九篇又見故至州巷矣二上文一天子設四學當入學而大子齒四學謂周四郊之虞庠也文王世子曰行一物而三善皆得唯世子而已其齒於斈之謂也天子巡守諸侯待于竟天子先見百年者問其國君以百年者所在而往見之○守手又反本或作狩竟居領反八十九十者東行西行者弗敢過西行東行者弗敢過欲言政者君就之可也弗敢過者謂道經也之則見之壹命齒于鄉里再命齒于族三命不齒族有七十者弗敢先此謂鄉射飲酒時也齒者謂以年次立若坐也三命列國之卿也不復齒席之於賓東不敢先族之七十者謂既一人來辯乃入也雖非族亦然承上齒乎族故言族尔○復扶又反下文注將復入同辯之皈反七十者不有大故不入朝若有大故而入君必與之揖讓而后及爵者謂致仕在家者其入朝君先與之爲禮而后揖卿大夫士天子有善讓德於天諸侯有善歸諸天子卿大夫有善薦於諸侯士庶

〃舉節注內穀之原

此重千穀十四字係陸

氏釋文混入鄭注

此句四節注內本曰師年疑

此字是陸氏釋文混入鄭注

人有善本諸父母存諸長老祿爵慶賞成諸宗廟所以示順也（爲猶也成成諸宗廟於宗廟命之祭統有十倫六曰見爵賞之施焉○見賢遍反施始豉反）昔者聖人建陰陽天地之情立以爲易易抱龜南面天子卷冕北面雖有明知之心必進斷其志焉示不敢專以尊天也善則稱人過則稱己教不伐以尊賢也（立以爲易易謂作易易抱龜易官名周禮曰大卜大卜主三兆三易三夢之占○卷古本反又知音智斷丁亂反○【重言】善則稱人過則稱己五四見坊記二十）孝子將祭祀必有齊莊之心以慮事以具服物以脩宮室以治百事（謂齊之前後也）及祭之日顏色必溫行必恐如懼不及愛然（如懼不及見其所愛者○恐丘勇反）其奠之也容貌必溫身必詘如語焉而未之然（奠之謂酌尊酒奠之及酳之屬也如語焉而未之然如有所以語親而未見答○以語魚據反）宿者皆出其立卑靜以正如將弗見然（宿者皆出謂賓助祭者事畢出去也如將弗見然祭事畢而不知親所在思念之深如不見出也）及祭之後陶陶遂遂如將復

入然思念既深如覩親將復入也陶陶遂遂相隨行之貌○陶音遥遂本又作遂音遂是故慤善不違

身耳目不違心思慮不違親結諸心形諸色而術省之

孝子之志也術當爲述聲之誤也○思息嗣反術義作述建國之神位右社稷而

左宗廟周尚左也○重言孝子之志也四十三又一問喪篇一

祭統第二十五陸曰鄭云統猶本也以其記祭祀之本故名祭統 鄭氏註

凡治人之道莫急於禮禮有五經莫重於祭禮有五經謂吉禮凶禮賓禮軍禮嘉禮也莫重於祭謂以吉禮爲首也大宗伯職曰以吉禮事邦國之鬼神示○五經吉凶軍賓嘉之五禮也祇祈之反

夫祭者非物自外至者也自中出生於心也心怵而奉

之以禮是故唯賢者能盡祭之義怵感念親之貌也怵或爲述○怵勑律反賢

者之祭也必受其福非世所謂福也福者備也備者百

順之名也無所不順者之謂備言內盡於己而外順於

道也忠臣以事其君孝子以事其親其本一也世所謂福者謂

受鬼神之祐助也賢者之所謂福者謂受大順之顯名也其本一者言忠孝俱由順出也○祐音又上則順於鬼神外則順於君長內則以孝於親如此之謂備唯賢者能備能備然後能祭是故賢者之祭也致其誠信與其忠敬奉之以物道之以禮安之以樂參之以時明薦之而已矣不求其爲此孝子之心也明猶絜也爲謂福祐爲己之報○長丁丈反下所長同道音導其爲于僞反注爲謂同一音如字此孝子之心也問喪篇此孝子之志也重上篇無此字【重意】祭者所以追養繼孝也孝者畜也順於道不逆於倫是之謂畜畜謂順於德教○養羊尚反下同畜許六反下同是故孝子之事親也有三道焉生則養沒則喪喪畢則祭養則觀其順也喪則觀其哀也祭則觀其敬而時也盡此三道者孝子之行也没終也○盡徐子忍反下同行下孟反○【重言】孝子之行也見曲禮上二前篇問喪孝子之志也既內自盡又外求助昏禮是也故國君取夫人之辭曰請君之玉女與寡人

共有敝邑事宗廟社稷此求助之本也言玉女者美言之也君子於玉比德焉。○敝婢世反夫祭也者必夫婦親之所以備外內之官也官備則具備具謂所供眾物。○共音恭下文以共此皆同水草之菹陸產之醢小物備矣三牲之俎八簋之實美物備矣昆蟲之異草木之實陰陽之物備矣水草之菹芹茆之屬陸產之醢蚳蝝之屬天子之祭八簋昆蟲謂溫生寒死之虫也內則可食之物有蜩范草木之實菱芡榛栗之屬。○芹其斤反茆音卯蚳丈之反蝝悅專反蜩音條蔆陵本亦作菱又音陵芡音儉榛仄巾反凡天之所生地之所長苟可薦者莫不咸在示盡物也外則盡物內則盡志此祭之心也咸皆也。○【重言】天之所生地之所長二十篇一長又作養是故天子親耕於南郊以共齊盛王后蠶於北郊以共純服諸侯耕於東郊亦以共齊盛夫人蠶於北郊以共冕服天子諸侯非莫耕也王后夫人非莫蠶也身致其誠信誠信之謂盡盡之謂敬敬盡然後可以事神明此祭之道也純服亦冕服也互言之爾純以見繒色冕以著祭服東郊少陽諸侯象也夫人不蠶於西郊婦人禮少變也齊或爲粢○文齊盛本亦作齍盛与粢同音咨下及注同純側其反注及下純冕同見賢遍反少詩召反○重言天子親耕於南郊表記云天子親耕於南郊及時將祭君子乃齊齊之爲言齊也齊不齊以致齊者也是故君子非有大事也非有恭敬也則不齊不齊則於物無防也耆欲無止也及其將齊也防其邪物訖其耆欲耳不聽樂故記曰齊者不樂言不敢散其志也心不苟慮必依於道手足不苟動必依於禮訖猶止也○乃齊側皆反本又作齋文齊下不出者同言齊也齊不齊並如字下以齊之同耆市志反邪似嗟反訖居乙反重意齊者不樂檀弓上忌日不樂是故君子之齊也專致其精明之德也故散齊七日以定之致齊三日以齊之定之之謂齊齊者精明之至也然後可以交於神明也定者定其志意是故先期旬有一日宮宰宿夫人夫人亦散齊七日致齊三日宮宰守宮官也

宿讀爲肅肅猶戒也戒輕肅重也○先悉薦反又如字　君致齊於外夫人致齊於內然後會於大廟君純冕立於阼夫人副褘立於東房君執圭瓚祼尸大宗執璋瓚亞祼及迎牲君執紖卿大夫從士執芻宗婦執盎從夫人薦涗水君執鸞刀羞嚌夫人薦豆此之謂夫婦親之大廟始祖廟也圭瓚璋瓚祼器也以圭璋爲柄酌鬱鬯曰祼大宗亞祼容夫人有故攝焉紖所以牽牲也周禮作絼芻謂藁也殺牲時用薦之周禮封人祭祀飾牲共其水槀涗盎齊也盎齊涗酌也凡尊有明水因兼云水嚌嚌肺祭肺之屬也君以鸞刀割制之天子諸侯之祭禮先有祼尸之事乃後迎牲紖或爲絼○大廟音泰下大廟皆同褘音暉瓚才旦反祼古亂反紖直忍反注同徐以忍反從才用反下皆同芻初俱反盎烏浪反注同從夫人絕句一讀以從字絕句涗舒銳反徐音歲羞本亦作嚌才細反注同柄兵命反絼直忍反藁苦老反下同其音基盎齊才細反下盎齊同○君純冕立於阼夫人副褘立於東房三下文一明堂篇一東房作房中夫人薦豆二下文一明堂篇夫人薦豆籩　重言　及入舞君執干戚就舞位君爲東上冕而揔干率其羣臣以樂皇尸是故天子之祭也與天下樂之諸侯之祭也與竟

內樂之竟而揔干率其羣臣以樂皇尸此與竟內樂之之義也【君爲東上近主位也皇君也言君尸者尊之○以樂音洛下同竟音境篇內皆同近附近之近】夫祭有三重焉獻之屬莫重於祼聲莫重於升歌舞莫重於武宿夜此周道也【武宿夜武曲名也周道猶周之禮○獻之屬莫重於祼一本无之屬二字】凡三道者所以假於外而以增君子之志也故與志進退志輕則亦輕志重則亦重輕其志而求外之重也雖聖人弗能得也是故君子之祭也必身自盡也所以明重也道之以禮以奉三重而薦諸皇尸此聖人之道也夫祭有餕餕者祭之末也不可不知也是故古之人有言曰善終者如始餕其是已是故古之君子曰尸亦餕鬼神之餘也惠術也可以觀政矣【術猶法也爲政尚施惠○美能知能惠與詩云維此惠君民人所瞻○道之音導餕音俊施惠始豉反下文注並同能知音智○重言君子之祭也一篇末一可以觀政矣下文一樂記並可以觀德矣】是

故尸謖君與卿四人餕君起大夫六人餕臣餕君之餘也大夫起士八人餕賤餕貴之餘也士起各執其具以出陳于堂下百官進徹之下餕上之餘也〔進當爲餕聲之誤也百官謂有事於君祭者也既餕乃徹之而去所謂自卑至賤進徹或作俱爲餕○謖所六反起也百官進依注作餕卑如字還義音必利反〕凡餕之道毎變以衆所以別貴賤之等而興施惠之象也是故以四簋黍見其脩於廟中也廟中者竟內之象也〔鬼神之惠徧廟中如國君之惠徧竟內也○別彼列反下同見賢遍反下同脩於一本脩作徧徧音遍下同〕祭者澤之大者也是故上有大澤則惠必及下顧上先下後耳非上積重而下有凍餒之民也是故上有大澤則民夫人待于下流知惠之必將至也由餕見之矣故曰可以觀政矣〔鬼神有祭不獨饗之使人餕之恩澤之大者也國君有蓄積不獨食之亦以施惠於竟內也○重直龍反下同餒乃罪反夫音扶見如字徐賢遍反蓄勑六反〕夫祭之爲物大矣其興物備矣順以備

者也其教之本與（爲物猶爲禮也以爲物謂薦百品○與音餘下是與同）是故君子之教也外則教之以尊其君長內則教之以孝於其親是故明君在上則諸臣服從崇事宗廟社稷則子孫順孝盡其道端其義而教生焉（崇猶尊也○長丁丈反下長幼皆同）是故君子之事君也必身行之所不安於上則不以使下所惡於下則不以事上非諸人行諸己非教之道也（必身行之言恕己乃行之○惡烏路反○【重意】所不安於上則不以使下所惡於下則不以事上大學四十二篇所惡於上毋以使下所惡於下毋以事上）是故君子之教也必由其本順之至也祭其是與故曰祭者教之本也已（教由孝順生也）夫祭有十倫焉見事鬼神之道焉見君臣之義焉見父子之倫焉見貴賤之等焉見親疏之殺焉見爵賞之施焉見夫婦之別焉見政事之均焉見長幼之序焉見上下之際焉此之謂十倫（倫猶義也○見

事賢遍反下皆同殺色界反餘所例反下同○重言 順之至也一 禮運第九篇末一鋪筵設同几爲依神也詔祝於室而出于祊此交神明之道也同之言詷也祭者以其妃配亦不特几也詔祝告事於尸也出於祊謂索祭也○鋪普胡反又芳扶反延羊然反爲于僞反下注爲其皆同祊伯更反詷徒貢反索所伯反○重言 詔祝於室一 一見郊特牲此郊於神明之道也一 雜記一又郊特牲所以交於神明之義也君迎牲而不迎尸別嫌也尸在廟門外則疑於臣在廟中則全於君君在廟門外則疑於君入廟門則全於臣全於子是故不出者明君臣之義也不迎尸者欲全其尊也尸神象也鬼神之尊在廟中人君之尊出廟門則伸○伸音申夫祭之道孫爲王父尸所使爲尸者於祭者子行也父北面而事之所以明子事父之道也此父子之倫也子行猶子列也祭祖則用孫列皆取於同姓之適孫也天子諸侯之祭朝事延尸於戶外是以有北面事尸之禮○行戶剛反注同伶胡孟反適丁歷反孫爲王父尸曲禮上此言孫可以爲王父尸重意 尸飲五君洗玉爵獻卿尸飲七以瑤爵獻大夫尸飲九以散爵獻士及

群有司皆以齒，明尊卑之等也。尸飲五，謂酳尸五獻也。大夫士祭三獻而獻賓。○群音逡，散悉但反，差本又作之等，酳音胤，又仕覲反。夫祭有昭穆，昭穆者，所以別父子、遠近、長幼、親疏之序而無亂也。是故有事於大廟，則群昭群穆咸在，而不失其倫，此之謂親疏之殺也。昭穆咸在同宗父子皆來。○昭上遙反，後放此。古者明君爵有德而祿有功，必賜爵祿於大廟，示不敢專也。故祭之日，一獻，君降立于阼階之南，南鄉，所命北面，史由君右執策命之，再拜稽首，受書以歸，而舍奠于其廟，此爵賞之施也。一獻，酳尸也。舍當為釋，聲之誤也。非時而祭曰奠。○鄉許亮反，舍依注音釋。君卷冕立于阼，夫人副褘立于東房。夫人薦豆執校，執醴授之執鐙。尸酢夫人執柄，夫人受尸執足。夫婦相授受，不相襲處，酢必易爵，明夫婦之別也。校，豆中央直者也。執醴授醴之人授夫人以豆，則執鐙。鐙，豆下跗也。○卷古本反，校戶教反，又戶孝反，又下卯反，下同。柄也。鐙音登，又丁

鄹反怒旨盧反斷芳符反 吶夫人副禕立于東房 三見上文 重言 君卷冕立于阼 一見上文 一見明堂 凡爲俎者以骨

爲主骨有貴賤殷人貴髀周人貴肩凡前貴於後俎者

所以明祭之必有惠也是故貴者取貴骨賤者取賤骨

貴者不重賤者不虛示均也惠均則政行政行則事成

事成則功立功之所以立者不可不知也俎者所以明

惠之必均也善爲政者如此故曰見政事之均焉殷人貴髀

爲其厚也周人貴肩爲其顯也凡前則貴於後謂春秋胥臑之屬○髀必氏反又必爾反後胡豆反重直龍反臑乃報反肱骨也 凡賜

爵昭爲一穆爲一昭與昭齒穆與穆齒凡羣有司皆以

齒此之謂長幼有序昭穆備特牲少牢饋食之禮衆兄弟也君羣有司備衆賓下及執事者君賜之爵

謂若詶之 夫祭有畀煇胞翟閽者惠下之道也唯有德之君

爲能行此明足以見之仁足以與之畀之爲言與也能

以其餘畀其下者也煇者甲吏之賤者也胞者肉吏之

賤者也翟者樂吏之賤者也閽者守門之賤者也古者不使刑人守門此四守者吏之至賤者也尸又至尊以至尊旣祭之末而不忘至賤而以其餘畀之是故明君在上則竟内之民無凍餒者矣此之謂上下之際明足以見之仁足以與之與此畀者也與此畀者也煇周礼作韗韗謂韗磔皮革之官也翟謂教羽舞者也古者不使刑人守門謂夏殷時○畀必利反下及注同與也煇依注作韗同况万反又音運下同甲吏也胞步交反下同吏也翟音狄樂吏也閽音昏守門者也以見賢遍反注皆同此畀如字舊必利反下同欒知宅反○重言明足以見之仁足以與之二並本篇 凡祭有四時

春祭曰礿夏祭曰禘秋祭曰嘗冬祭曰烝謂夏殷時礼也○礿羊灼反字又作禴夏戶嫁反下注夏者孟夏同○重言夏祭曰禘秋祭曰嘗王制第五篇夏曰禘秋曰嘗郊特牲篇春禘而秋嘗祭義篇春禘秋嘗礿禘陽義也嘗烝陰義也禘者陽之盛也嘗者陰之盛也故曰莫重於禘嘗夏者尊卑著而秋乃物成古者於禘也發爵賜服順陽義也於嘗也出田邑發秋政順陰義也言爵命屬陽國

(地屬陰)故記曰嘗之日發公室示賞也草艾則墨未發秋政則民弗敢草也(發公室出賞物也草艾謂艾取草也秋草木成可芟艾以給爨亨則始行小刑也○艾音刈亥廢反芟所銜反爨七亂反亨普彭反倸普孟反)故曰禘嘗之義大矣治國之本也不可不知也明其義者君也能其事者臣也不明其義君人不全不能其事爲臣不全(全猶具也)夫義者所以濟志也諸德之發也是故其德盛者其志厚其志厚者其義章其義章者其祭也敬祭敬則竟內之子孫莫敢不敬矣(濟成也發謂機發也竟內之子孫萬人亞子孫)是故君子之祭也必身親涖之有故則使人可也雖使人也君不失其義者君明其義故也(涖臨也君不失其義者言君雖不自親祭祭礼无闕於君德不損也)其德薄者其志輕疑於其義而求祭使之必敬也弗可得已祭而不敬何以爲民父母矣夫鼎有銘銘者自名也自名以稱揚其先祖之

美而明著之後世者也爲先祖者莫不有美焉莫不有惡焉銘之義稱美而不稱惡此孝子孝孫之心也唯賢者能之銘謂書之刻之以識事者也自名謂稱揚其先祖之德著己名於下○自名如字徐武政反下及注自名同○【重意】何以爲民父母矣孔子閒居何如斯可謂民之父母矣銘者論譔其先祖之有德善功烈勳勞慶賞聲名列於天下而酌之祭器自成其名焉以祀其先祖者也顯揚先祖所以崇孝也身比焉順也明示後世教也列業也下功曰勳事功曰勞酌之祭器言斟酌其美傳著於鐘鼎也身比焉謂自著名於下也順也自著名以稱揚先祖之德孝順之行也教也所以教後世○譔音撰比毗志反謂次比也下及注皆同斟之林反傳音附徐音賦一音直專反謂傳述著直略反徐張慮反行下孟反夫銘者壹稱而上下皆得焉耳矣是故君子之觀於銘也既美其所稱又美其所爲美其所爲美此人爲此銘爲之者明足以見之仁足以與之知足以利之可謂賢矣賢而勿伐可謂恭矣明足以見之見其先祖之美也仁足以與之與

其先祖之銘也非有仁恩君子不使與之也知足以利之利已名得此於先祖○見賢遍反注同知音智注同○重言明足以見之上一足以與之一見上文故衛孔悝之鼎銘曰六月丁亥公假于大廟孔悝衛大夫也公衛莊公蒯聵也得孔悝之立己依禮褒之以靜國人自固也假至也至於大廟謂以夏之孟夏禘祭○悝口回反假加百反注同蒯苦怪反聵五怪反褒保毛反公曰叔舅乃祖莊叔左右成公成公曰叔舅公乃命莊叔隨難于漢陽即宮于宗周奔走無射若公爲策書尊呼孔悝而命之也乃猶女也莊叔悝七世之祖衛大夫孔達也隨難者謂成公爲晉文公所伐出奔楚命莊叔從焉漢楚之川也即宮於宗周後反得國坐殺叔弟長叔武晉人執而歸之於京師寘之深室也射厭也言莊叔常奔走至勞苦而不厭倦也周既去鎬京猶名王城爲宗周也○左音佐右音又下啓右注同同一讀此左右並如字難乃旦反奔本亦作犇射音亦注同爲筴初革反女音汝後皆同從才用反坐才臥反寘之豉反厭於豔反下同鎬胡老反啓右獻公獻公乃命成叔纂乃祖服獻公衛侯衎成公曾孫也亦失國得反國言莊叔之勇流於後世啓右獻公使得反國也成叔莊叔之孫成子烝鉏也右助也纂繼也服事也獻公反國命成子繼女祖莊叔之事欲其從女如孔達也○纂子管反衎苦旦反烝之承反下文注同鉏仕居反乃考文叔興舊耆欲作率慶士躬恤衛國其

首節注內五經者吉凶軍賓嘉之五禮句係陸氏釋文混入鄭注

勤公家夙夜不解民咸曰休哉文叔者成叔之曾孫文子圉圉即悝父也作起也率循也慶善也士之言事也言文叔能興行先祖之舊德起而循其善事○耆欲市志反解古賣反休許虯反圉魚呂反公曰叔舅予女銘若纂乃考服若乃猶女也公命悝予女先祖以銘以尊顯之女繼女父之事欲其忠也文子也成公獻公莊公皆失國得反言孔氏世有功爲寵之也○女羊許反注同悝拜稽首曰對揚以辟之對遂也辟明也言遂揚君命以明我先祖之德也○辟婢亦反又婢尺反注同明也勤大命施于烝彝鼎施猶著也言我將行君之命又刻著於烝祭之彝鼎彝尊也周禮大約劑書於宗彝○施如字彝以支反著張慮反又直略反下同約如字又徐於妙反劑子隨反此衛孔悝之鼎銘也言銘之類衆多也略取其一以言之古之君子論譔其先祖之美而明著之後世者也以比其身以重其國家如此如莊公命孔悝之爲也莊公孔悝雖无令德以然其事於禮是行之非子孫之守宗廟社稷者其先祖無美而稱之是誣也有善而弗知不明也知而弗傳不仁也此三者君子之所恥也昔者周公旦有勳勞於天下周公既沒成王康王

追念周公之所以勳勞者而欲尊魯故賜之以重祭外祭則郊社是也內祭則大嘗禘是也言此者美王室所銘其周公之功。勳若無不傳直專反不本亦作弗夫大嘗禘升歌清廟下而管象朱干玉戚以舞大武八佾以舞大夏此天子之樂也康周公故以賜魯也清廟頌文王之詩也管象吹管而舞武象之樂也朱干赤楯戚斧也此武象之舞所執也佾猶列也大夏禹樂文舞也執羽籥而文舞之舞皆八列互言之耳康猶褒大也易晉卦曰康侯用錫馬。佾音逸肯食準反又音允籥羊灼反。重言升歌清廟下而管象朱干玉戚以舞大武一見明堂位十四无而字有冕而舞大武又仲尼燕居升歌清廟下而管象又云下管象武子孫纂之至于今不廢所以明周公之德而又以重其國也不廢不廢其此礼樂也重猶尊也

纂圖互註禮記卷第十四

祭統　十四　卷二十三

纂圖互註禮記卷之十五

經解第二十六陸曰鄭云經解者以其記六藝政教得失解音佳買反徐胡賣反一音蟹

禮記　　鄭氏註

孔子曰入其國其教可知也觀其風俗則知其所以教其為人也溫柔敦厚詩教也疏通知遠書教也廣博易良樂教也絜靜精微易教也恭儉莊敬禮教也屬辭比事春秋教也屬猶合也春秋多記諸侯朝聘會同有相接之辭罪辯之事○易良以豉反下易良同屬音燭註及下同比毗志反下同朝聘直遙反篇內同故詩之失愚書之失誣樂之失奢易之失賊禮之失煩春秋之失亂失謂不能節其教者也詩敦厚近愚書知遠近誣易精微愛惡相攻遠近相取則不能容人近於傷害春秋習戰爭之事近亂近愚附近之近下除遠近一字並同惡烏路反爭爭鬭之爭下文同其為人也溫柔敦厚而不愚則深於詩者也疏通知遠而不誣則深於書者也廣博易良而不奢則深於樂者也絜靜

精微而不賊則深於易者也恭儉莊敬而不煩則深於禮者也屬辭比事而不亂則深於春秋者也言深者既能以教又防其失天子者與天地參故德配天地兼利萬物與日月並明明照四海而不遺微小其在朝廷則道仁聖禮義之序燕處則聽雅頌之音行步則有環佩之聲升車則有鸞和之音居處有禮進退有度百官得其宜萬事得其序詩云淑人君子其儀不忒其儀不忒正是四國此之謂也道猶言也環佩佩環玉也所以為行節也玉藻曰進則揖之退則揚之然後玉鏘鳴也環取其无窮止玉則比德焉孔子佩象環五寸人君之環其制未聞也鸞和皆鈴也所以為車行節也韓詩內傳曰鸞在衡和在軾前升車則馬動馬動則鸞鳴鸞鳴則和應居處朝廷與燕也進退行步與升車也○歟常六反忒吐得反鏘七羊反本又作鏘鈴音零軾音式應應對之應【重意】天子者与天地參中庸至誠則可与天地參矣孔子閒居斯可與天地參矣【重言】進退有度二一見曲禮上此之謂也九下文二禮器大傳祭義喪服四制各二樂記三發號出令而民悅謂之和上下相親

謂之仁民不求其所欲而得之謂之信除去天地之害謂之義義與信和與仁霸王之器也有治民之意而無其器則不成器謂所操以作事者也義信和仁皆存乎禮。說音悅去羌呂反下而去之同王徐于况反操七刀反禮之於正國也猶衡之於輕重也繩墨之於曲直也規矩之於方圜也故衡誠縣不可欺以輕重繩墨誠陳不可欺以曲直規矩誠設不可欺以方圜君子審禮不可誣以姦詐衡稱也縣謂錘也陳設謂彈畫也誠猶審也或作成。圜音圓縣音玄注同稱尺證反錘直僞反彈徒丹反畫胡麥反是故隆禮由禮謂之有方之士不隆禮不由禮謂之無方之民敬讓之道也故以奉宗廟則敬以入朝廷則貴賤有位以處室家則父子親兄弟和以處鄉里則長幼有序孔子曰安上治民莫善於禮此之謂也隆禮謂盛行禮也方猶道也春秋傳曰教之以義方故朝覲之禮所以明君臣之義也聘問之禮所以使諸侯相尊敬也喪祭之禮所以明臣子之恩也鄉飲酒之禮所以明長幼之序也昏姻之禮所以明男女之别也夫禮禁亂之所由生猶坊止水之所自來也故以舊坊爲無所用而壞之者必有水敗以舊禮爲無所用而去之者必有亂患春見曰朝小聘曰問其篇今亡昏曰姻謂嫁取也胥曰昏妻曰姻自亦由也○覲其靳反長丁丈反下同姻音因别彼列反坊音房本又作防下同壞音怪見賢遍反取七住反本亦作娶【重言】所以明君臣之義也所以明長幼之序也二句重出射義四十六篇所以明男女之别也昏義篇所以成男女之别故昏姻之禮廢則夫婦之道苦而淫辟之罪多矣鄉飲酒之禮廢則長幼之序失而爭鬬之獄繁矣喪祭之禮廢則臣子之恩薄而倍死忘生者衆矣聘覲之禮廢則君臣之位失諸侯之行惡而倍畔侵陵之敗矣苦謂不至不合之屬○辟匹亦反倍音佩下同行下孟反故禮之教化也微其止邪也於未

形使人日徙善遠罪而不自知也是以先王隆之也易曰君子愼始差若豪氂繆以千里此之謂也【隆謂尊盛之也始謂其微眇也○邪似嗟反遠于萬反差初佳反徐初宜反豪戶刀反依字作毫氂李其反徐音來本又作釐繆音謬】

哀公問第二十七【陸曰魯哀公也鄭云善其問禮著謚以顯之】　鄭氏註

哀公問於孔子曰大禮何如君子之言禮何其尊也孔子曰丘也小人不足以知禮【謙不答也】君曰否吾子言之也孔子曰丘聞之民之所由生禮爲大非禮無以節事天地之神也非禮無以辨君臣上下長幼之位也非禮無以別男女父子兄弟之親昏姻疏數之交也君子以此之爲尊敬然【言君子以此故尊禮○長丁丈反別彼列反數色角反】然後以其所能教百姓不廢其會節【言君子以其所能於禮教百姓使其不廢此上事之期節】有成事然後治其雕鏤文章黼黻以嗣【上事行於民有成功乃後續以治文飾以】

爲尊卑之差○雕本亦作彫鏤力豆反黼音甫黻音弗其順之然後言其喪筭備其鼎
俎設其豕腊脩其宗廟歲時以敬祭祀以序宗族即安
其居節醜其衣服卑其宮室車不雕幾器不刻鏤食不
貳味以與民同利昔之君子之行禮者如此言語也筭數也即就
也醜類也幾附纆之也言君子既尊礼民以爲順乃後語以喪祭之礼就安其居処正其衣服教之節儉与之同利當上下俱足也
○筭悉乱反備其鼎俎本亦无此句腊音昔卑如字又音婢幾音祈注同語以魚據反論音倫車不雕幾器不刻鏤二見少儀十七
公曰今之君子胡莫之行也孔子曰今之君子好實無
厭淫德不倦荒怠敖慢固民是盡午其衆以伐有道求
得當欲不以其所昔之用民者由前今之用民者由後
今之君子莫爲禮也實猶富也淫放也固猶故也午其衆逆其族類也當猶稱也所猶道也由前用
上所言由後用下所言○好呼報反厭於豔反敖五報反午五故反七音如字注同王肅作迕迕違也當丁浪反注同稱尺證反
孔子侍坐於哀公哀公曰敢問人道誰爲大孔子愀然

尼嘗注內　仲尼嘗絕白玉共親也懸

句三字係他氏音義混入鄭注

作色而對曰君之及此言也百姓之德也固臣敢无辭而對人道政爲大愀然变動貌也作猶变也德猶福也辭讓也○作才臥反愀七小反舊音慈糾反又在由反又音秋又子了反下同重言君之及此言也二下文一重意中庸篇人道敏政公曰敢問何謂爲政孔子對曰政者正也君爲正則百姓從政矣君之所爲百姓之所從也君所不爲百姓何從言君當務於政公曰敢問爲政如之何孔子對曰夫婦別父子親君臣嚴三者正則庶物從之矣○庶物猶衆事也○別彼列反公曰寡人雖无似也願聞所以行三言之道可得聞乎无似猶言不肖○肖音笑孔子對曰古之爲政愛人爲大所以治愛人禮爲大所以治禮敬爲大敬之至矣大昏爲大大昏至矣大昏既至冕而親迎親之也親之也者親之也是故君子興敬爲親舍敬是遺親也弗愛不親弗敬不正愛與敬其政之本與大昏国君取礼

也至矣大言至大也因與敬爲親言相敬則親親。迎魚敬反下及注同
舍音捨不親不正一本不皆作弗与音餘下本与敬与並同重言
古之爲政愛人爲大一下文一敬之至矣礼器篇敬之至也親
之也親之也者親之也一冕郊特牲其政之本与下文一公
曰寡人願有言然冕而親迎不已重乎已猶太也怪親迎乃服祭服。大音泰
孔子愀然作色而對曰合二姓之好以繼先聖之後
以爲天地宗廟社稷之主君何謂已重乎先聖周公也。好呼報反重言
合二姓之好二氏皆義篇將合二姓之好以繼先聖之後以
爲宗廟社稷之主氏皆義篇上以事宗廟下以繼後世也公曰
寡人固不固焉得聞此言也寡人欲問不得其辭請少
進固不固言吾由鄙固故也請少進欲其
爲言以曉已。焉於虔反爲于僞反孔子曰天地不合
萬物不生大昏萬世之嗣也君何謂已重焉孔子遂言
曰内以治宗廟之禮足以配天地之神明出以治直言
之禮足以立上下之敬物恥足以振之国恥足以興之
爲政先禮禮其政之本與宗廟之礼祭宗廟也夫婦配天地
有日月之象焉礼器曰君在阼夫

人在房大明生於東月生於西此陰陽之分夫婦之位也直猶正也正言謂出政教也政教有夫婦之禮焉昏義曰天子聽外治后聽內職教順成俗外內和順國家理治此之謂盛德物猶事也事恥臣恥也振猶救也國恥君恥也君臣之行有可恥者禮足以救之足以與復之○分扶問反治直吏反下同行下孟反下君臣之行同孔子遂言曰昔三代明王之政必敬其妻子也有道妻也者親之主也敢不敬與子也者親之後也敢不敬與君子無不敬也敬身爲大身也者親之枝也敢不敬與不能敬其身是傷其親傷其親是傷其本傷其本枝從而亡三者百姓之象也身以及身子以及子妃以及妃君行此三者則愾乎天下矣大王之道也如此國家順矣愾猶至也大王王居邠爲狄所伐乃曰土地所以養人也君子不以其所養害所養乃去之岐是言百姓之身猶吾身也百姓之妻子猶吾妻子也不忍以土地之故而害君之去之岐而去迹因與焉○妃芳非反愾許乙反又許氣反大音泰注同邠彼貧反【重言】敢不敬內二祭統篇敢不敬乎君子無不敬也曲禮上毋不敬公曰敢問何謂敬身孔子對曰君子過言則民作辭過動則

民作則。君子言不過辭，動不過則，百姓不命而敬恭。如是則能敬其身，能敬其身則能成其親矣。（則，法也。民者，化君者也。君之言雖過，民猶稱其辭；君之行雖過，民猶以為法。【重意】君子言不過辭，動不過則。中庸：君子動而為天下道，言而為天下則。能敬其身則能成其親矣。中庸：反諸身不誠，不順其親矣。）公曰：「敢問何謂成親？」孔子對曰：「君子也者，人之成名也。百姓歸之名，謂之君子之子，是使其親為君子也，是為成其親之名也已。」孔子遂言曰：「古之為政，愛人為大。不能愛人，不能有其身；不能有其身，不能安土；不能安土，不能樂天；不能樂天，不能成其身。」（有猶保也。不能保身者，言人將害之也。不能安土，動移失業也。不能樂天，不知已過而怨天也。○樂天，音洛，下及注同。怨，於元反，又於願反。）公曰：「敢問何謂成身？」孔子對曰：「不過乎物。」（物猶事也。）公曰：「敢問君子何貴乎天道也？」孔子對曰：「貴其不已。如日月東西相從而不已也，是天道也；不閉其久，是天道

也無爲而物成是天道也已成而明是天道也已猶此也是天
道也者言人君法之當如是也日月相從君臣相朝會也不閉其久通其政教不可以倦无爲而成使民不可以煩也已成而明照
察有功○朝直遥反炤音照本亦作照【重意】是天道也中庸天之道也公曰寡人惷愚冥煩子
志之心也志讀爲識識知也冥煩者言不能明理此事子之心所知也欲其要言使易行○惷始容反徐昌容反又
湯邦反一音丁絳反字林丑凶反又丑絳反愚也冥莫亭反徐亡定反志依注音識徐音試易以豉反孔子蹴然辟
席而對曰仁人不過乎物孝子不過乎物是故仁人之
事親也如事天事天如事親是故孝子成身蹴然敬貌物猶事也
事親事天孝敬同也孝經曰事父孝故事天明不過事以孝事親是所以成身○蹴子六反又在育反辟音避公曰
寡人既聞此言也無如後罪何既聞此言也若欲勤行之也无奈後日過於事之罪
何爲謙辭孔子對曰君之及此言也是臣之福也善哀公及此言此言
善言也

仲尼燕居第二十八陸曰鄭云善其不倦燕居猶使三子侍言及於禮著其字言可法也退朝

而處曰燕居　　　　鄭氏註

仲尼燕居子張子貢言游侍縱言至於禮言游言偃子游也縱言汎說事。燕於見反汎芳劍反子曰居女三人者吾語女禮使女以禮周流無不徧也居女三人者女三人且坐也使之坐凡与尊者言更端則起。女音汝後同本亦作汝語魚據反下及注語女皆同徧音遍重言子曰居吾語女礼樂記居吾語女子貢越席而對曰敢問何如對應也重言敢問何如二見樂記子曰敬而不中禮謂之野恭而不中禮謂之給勇而不中禮謂之逆子曰給奪慈仁奪猶乱也巧言足恭之人似慈仁實非仁特言是者感子貢也子貢辯近於給。中丁仲反下同給音急徐渠急反又其劫反下同足將注反又如字鮮仙淺反近附近之近子曰師爾過而商也不及子產猶眾人之母也過猶与不及言敏鈍不同俱違礼也眾人之母言子產慈仁多不能教又与子張相反能食之不能教也子產嘗以其乘車濟冬涉者而車梁不成是慈仁亦違禮。食音嗣徼頓徒遜反乘繩證反又如字子貢越席而對曰敢問將何以為此中者也子曰禮乎禮夫禮所以制中也禮乎禮唯有禮也子貢退言游進曰敢問禮也領惡而全好者與子曰然領猶治也好善也○與音餘下無相與同然則何如子曰郊社之義所以仁鬼神也嘗禘之禮所以仁昭穆也饋奠之禮所以仁死喪也射鄉之禮所以仁鄉黨也食饗之禮所以仁賓客也仁猶存也凡存此者所以全善之道也郊社嘗禘饋奠存死之善者也射鄉食饗存生之善者也郊有后稷社有句龍○昭穆上遥反穆亦作繆音同食饗音嗣注同句古侯反【重意】郊社之義所以仁鬼神也中庸三十一篇郊社之礼所以事上帝也嘗禘之禮所以仁昭穆也中庸宗廟之禮所以事昭穆也子曰明乎郊社之義嘗禘之禮治國其如指諸掌而已乎是故以之居處有禮故長幼辨也以之閨門之內有禮故三族和也以之朝廷有禮故官爵序也以之田獵有禮故戎事閑也以之軍旅有禮故武功成也是故宮室得其度量鼎得其象味得其時樂得其節車得其式鬼神得其饗喪

紀得其哀，辨說得其黨，官得其體，政事得其施，加於身而錯於前，凡衆之動得其宜。（治国指諸掌，言易知也。郊社嘗禘，尊卑之事，有治国之象焉。辨，別也。三族，父子孫也。凡言得者，得法於禮也。量，豆區斗斛也。味，酸苦之屬也。四時有所多少屬所宜也。式謂載也，所載有尊卑。辨禮之說，謂禮樂之官教斈者。黨，類也。躬尊卑異而合同。○長，丁丈反，後皆同。量音諒，注及下同。錯，七故反，本又作措，後同。易，以豉反。別，彼列反，下其別同。區，烏侯反。重意明乎郊社之義，嘗禘之禮，治国其如指諸掌而已乎。中庸：明乎郊社之禮，禘嘗之義，治国其如示諸掌乎。）子曰：禮者何也？即事之治也。君子有其事，必有其治。治國而無禮，譬猶瞽之無相與，倀倀乎其何之？譬如終夜有求於幽室之中，非燭何見？若無禮，則手足無所錯，耳目無所加，進退揖讓無所制。是故以之居處，長幼失其別，閨門三族失其和，朝廷官爵失其序，由獵戎事失其策，軍旅武功失其制，宮室失其度，量鼎失其象，味失其時，樂失其節，車失其式，鬼神失其饗，喪紀失其哀，辨說失其黨，官失其體，政事失其施，加於身而錯於前，凡衆之動失其宜，如此則無以祖洽於衆也。凡言失者无禮故也。策謀也。祖始也。洽合也。言失禮無以爲衆倡始，无以合和衆。○洽古夾反，下其洽、洽國並同。瞽音古。相息亮反。倀敕良反，无見貌。策初革反。爲衆于僞反，又如字。倡尺亮反。

子曰：「慎聽之！女三人者，吾語女禮猶有九焉，大饗有四焉。苟知此矣，雖在畎畝之中，事之聖人已。兩君相見，揖讓而入門，入門而縣興，揖讓而升堂，升堂而樂闋，下管象武，夏籥序興，陳其薦俎，序其禮樂，備其百官，如此而后君子知仁焉。行中規，還中矩，和鸞中采齊，客出以雍，徹以振羽，是故君子無物而不在禮矣。入門而金作，示情也；升歌清廟，示德也；下而管象，示事也。是故古之君子不必親相與言也，以禮樂相示而已。」猶有九焉，吾所欲語女餘有九也，但大饗有四。大饗謂饗諸侯來朝者也。四者謂金再作，升歌清廟，下管象也。事之謂立置於位也聖人已若是聖人也縣興金作也金冊作者獻王君又作也下謂堂下也象武武舞也夏籥文舞也序更也堂下吹管舞文武之樂更起也知仁爲知礼樂所存也釆齊雍振羽皆樂章也振羽振鷺及雍金作示情也賓主人各以情相示也金聲內明象人情也示德也相示以德也清廟頌文王之德示事也相示以事也武象武王之大事也。畎古犬反縣音玄注同闋苦穴反籥音藥中丁仲反下同還音旋齊本又作齋在細在私二反注同更音庚下同鷺音路【重意】行中規旋中矩玉藻十一篇周旋中規折旋中矩

子曰禮也者理也樂也者節也君子無理不動無節不作不能詩於禮繆不能樂於禮素薄於德於禮虛繆誤也素猶質也歌詩所以通禮意也作樂所以同成禮文也崇德所以實禮行也王制曰樂正崇四術立四教順先王詩書禮樂以造士春秋教以禮樂冬夏教以詩書王大子王子群后之大子卿大夫元士之適子国之俊選皆造焉則古之人皆知諸侯之礼樂。繆音謬注同行下孟反又如字夏户嫁反大子音泰下大子下文大平同適丁歷反選宣面反造才早反徐又七到反子曰制度在禮文爲在禮行之其在人乎文爲文章所爲子貢越席而對曰敢問夔其窮與見其不達於禮。夔求龜反與音餘子曰古之人與古之人也達於禮而不達於樂謂之素達於樂而不達

於禮謂之偏夫夔達於樂而不達於禮是以傳於此名也古之人也（素與偏俱不備耳夔達於樂專世名此賢人也非不能非所謂窮○傳丈專反注同）子張問政子曰師乎前吾語女乎君子明於禮樂舉而錯之而已（言禮樂足以爲政也錯猶施行也子曰師乎絕句）子張復問子曰師爾以爲必鋪几筵升降酌獻酬酢然後謂之禮乎爾以爲必行綴兆興羽籥作鍾鼓然後謂之樂乎言而履之禮也行而樂之樂也君子力此二者以南面而立夫是以天下太平也諸侯朝萬物服體而百官莫敢不承事矣禮之所興衆之所治也禮之所廢衆之所亂也目巧之室則有奧阼席則有上下車則有左右行則有隨立則有序古之義也室而無奧阼則亂於堂室也席而無上下則亂於席上也車而無左右則亂於車也行而無隨則亂

於塗也立而無序則亂於位也昔聖帝明王諸侯辨貴賤長幼遠近男女外內莫敢相踰越皆由此塗出也服躲躲服也謂萬物之符長皆來為瑞應也衆之所治衆之所以治也衆之所亂衆之所以亂也目巧謂但用巧目意作室不由法度循有奧阼賓主之處也自目巧以下古今常事不可廢改也○復扶又反鋪普胡反徐音孚樂之音洛又音岳治直吏反注同奧字又作奧烏報反阼才故反符長丁丈反隱義云符謂甘露醴泉之屬長謂麟鳳五靈之屬應應對之應徐於甑反勵呂慮反重意南面而立夫是以天下大平也礼器十篇並云人南面而立而天下大治大傳十六篇並云聖人南面而治天下三子者既得聞此言也於夫子昭然若發矇矣乃曉礼樂不可廢改之意也○昭章遙反徐之紹反又明也矇音蒙矣本亦无矣字

孔子閒居第二十九陸曰閒音閑鄭云名孔子閒居者善其倦而不褻使一子侍為之說詩著其氏言可法也退燕避人曰閒居

鄭氏註

孔子閒居子夏侍子夏曰敢問詩云凱弟君子民之父母何如斯可謂民之父母矣凱弟樂易也○凱本又作愷又作豈丘在反注同弟本作悌徒

禮反注同樂音洛易以豉反大學四十二篇此之謂民之父母【重意】孔子曰夫民之父母乎必達於禮樂之原以致五至而行三無以橫於天下四方有敗必先知之此之謂民之父母矣原猶本也橫充也敗謂禍烖也○烖音災【重言】必先知之三中庸三十一篇一【互註】書泰誓亶元后作民父母洪範天子作民父母以爲天下王子夏曰民之父母既得而聞之矣敢問何謂五至孔子曰志之所至詩亦至焉詩之所至禮亦至焉禮之所至樂亦至焉樂之所至哀亦至焉哀樂相生是故正明目而視之不可得而見也傾耳而聽之不可得而聞也志氣塞乎天地此之謂五至凡言至者至於民也志謂恩意也言君恩意至於民則其詩亦至也詩謂好惡之情也自此以下皆謂民之父母者善推其所有以与民共之人耳不能聞目不能見行之在胸心也塞滿也○哀樂音洛舊音岳頃耳音傾好惡並如字一音上呼報反下烏路反子夏曰五至既得而聞之矣敢問何謂三無孔子曰無聲之樂無體之禮無服之喪此之謂三

無子夏曰三無既得略而聞之矣敢問何詩近之（於意未察求其類於詩詩長人情。近附近之近長丁丈反）孔子曰夙夜其命宥密【互註】（詩昊天二云云）無聲之樂也威儀逮逮不可選也無體之禮也【互註】（詩邶柏舟威儀逮逮不可選也）凡民有喪匍匐救之無服之喪也（詩讀其爲基声之誤也基謀也密靜也言君夙夜謀爲政教以安民則民樂之此非有鍾鼓之声也逮逮安和之貌也言君之威儀安和逮逮然則民傚之此非有升降揖讓之礼也救之賙恤之言君於民有喪有以賙恤之則民傚之此非有衰絰之服○其命依注音基宥音又逮大計反注同選宣面反匍音扶又音蒲匐音服又蒲北反傚胡孝反賙音周衰七雷反絰大結反【重言】一檀弓上一匍作扶又問喪篇匍匐而哭之）子夏曰言則大矣美矣盛矣言盡於此而已乎孔子曰何爲其然也君子之服之也猶有五起焉（言盡於此乎意以爲說未盡也服猶習也君子習讀此詩起此之義其說有五也）子夏曰何如孔子曰無聲之樂氣志不違無體之禮威儀遲遲無服之喪內恕孔悲無聲之樂氣志既得無體之禮威儀翼翼無服之喪施及四國無聲之樂氣志既從無體之禮上下和同無服之喪以畜萬邦互註詩節南山式訛爾心以畜万邦無聲之樂日聞四方無體之禮日就月將互註詩敬之日就月將學有緝熙于光明無服之喪純德孔明無聲之樂氣志既起無體之禮施及四海無服之喪施于孫子不違者民不違君之氣志也孔甚也施易也從順也畜孝也使万邦之民競爲孝也就成也將大也使民之效礼曰有所成云土月則大矣起循行也○施以豉反下同畜許六反聞音問下今聞并注同施易也並以豉反互註詩皇矣既受帝祉施于孫子子夏曰三王之德參於天地敢問何如斯可謂參天地矣孔子曰奉三無私以勞天下三王謂禹湯文王也參天地者其德与天地爲三也勞勞來○勞力報反注及下同來力代反子夏曰敢問何謂三無私孔子曰天無私覆地無私載日月無私照奉斯三者以勞天下此之謂三無私其在詩曰帝命不違至于湯齊湯降不遲聖敬日齊昭假遲遲上帝是祗

帝命式于九圍，是湯之德也。帝，天帝也。詩頌湯，齊爲湯，降躋升也，降下也，齊莊也，昭明也，假至也，祗敬也，式用也，九圍九州之界也。此詩云殷之先君，其爲政不違天之命，至於湯升爲君，又下天之政教甚疾，其聖敬日躋，其明道至於民遲遲然安和，天是用敬之，命之用事於九州，謂使王也。是湯之德者，是湯奉天無私之德也。○昭音照，本亦作照。湯齊依注音躋，亦作躋，子兮反，詩如字，曰人實反，齊側皆反，注齊莊同。詩作躋，子兮反。假音格，注同。遲直私反。祗諸夷反。使王于況反，下王天下、王功皆同。天有四時，春秋冬夏，風雨霜露，無非教也。地載神氣，神氣風霆，風霆流形，庶物露生，無非教也。言天之施化收殺，地之載生萬物，此非有所私也。凡非教者，皆人君所當奉行以爲政教。○神氣風霆，音廷，絕句。風霆流形，絕句。清明在躬，氣志如神，耆欲將至，有開必先，天降時雨，山川出雲。其在詩曰：嵩高惟嶽，峻極于天，惟嶽降神，生甫及申，惟申及甫，惟周之翰，四國于蕃，四方于宣。此文武之德也。清明在躬，氣志如神，謂聖人也。耆欲將至，謂其王天下之期將至也。神有以開之，必先爲之生賢知之輔佐，若天將降時雨，山川爲之先出雲矣。峻，高大也。翰，幹也。言周道將興，五嶽爲之生賢輔佐仲山甫及申伯，爲周之幹臣，天下之蕃衛，宣德於四方，以成其王功此文武之德也是文王武王奉天地無私之德也此宣王詩也文武之時其德如此而詩無以言之取類以明之○旹徵市志反注同嵩息忠反嶽音岳峻私俊反翰胡旦反徐音寒蕃方袁反爲之于僞反下川爲嶽爲皆同賢知音智 重言 峻極于天二中庸

三代之王也必先其令聞詩云明明天子令聞不已三代之德也令善也言以名德善聞天下乃命之王也不已不倦止也弛其文德協此四國大王之德也弛施也協和也大王文王之祖周道將興始有令聞○弛徐式氏反一音式王文反注同皇作弛大音泰注同弛施如字皇本作施布也子夏蹶然而起負牆而立曰弟子敢不承乎承奉承不失隊也起負牆者所問竟辟後來者○蹶居衛反徐音厥隊直媿反辟音避 重意 文王世子八二云終則負牆

坊記第三十 陸曰坊音防徐扶訪反經注文皆同鄭云名坊記者以其記六藝之義所以坊人之失也

子言之君子之道辟則坊與坊民之所不足者也民所不足謂仁義之道也失道則放辟邪侈也○辟匹亦反注同舊芳益反徐又音譬邪似嗟反侈昌氏反又尺氏反大爲之坊民猶踰之言最其禁尚不能止況不禁乎故君子禮以坊德刑以坊

淫命以坊欲命謂教令子云小人貧斯約富斯驕約斯盜驕斯亂約猶窮也○喬音驕本亦作驕下同禮者因人之情而爲之節文以爲民坊者也故聖人之制富貴也使民富不足以驕貧不至於約貴不慊於上故亂益亡此節文者謂農有田里之差士有爵命之級慊恨不滿之貌也慊或爲嫌○慊口簟反級音給子云貧而好樂富而好禮衆而以寧者天下其幾矣言如此者寡也寧安也大族衆家而多作乱○好呼報反下同樂音洛又音岳幾居豈反又音譏詩云民之貪亂寧爲荼毒言民之貪爲乱者安其荼毒之行惡之也○荼音徒行下孟反惡烏路反下猶惡皆同故制國不過千乘都城不過百雉家富不過百乘以此坊民諸侯猶有畔者古者方十里其中六十四井出兵車一乘此兵賦之法也成國之賦千乘雉度名也高一丈長三丈爲雉百雉爲長三百丈方五百步子男之城方五里百雉者此謂大都三國之一○乘繩證反下注同高古報反長直亮反下同重言以此坊民十四字見本卷篇重意左隱元年祭仲曰都城過百雉國之害也先王之制大都不過參國之一中五之一小九之一子云夫禮者所以章疑別微

以爲民坊者也故貴賤有等衣服有別朝廷有位則民有所讓位朝位也○別彼列反下同朝直遥反下皆同子云天無二日土無二王家無二主尊無二上示民有君臣之別也春秋不稱楚越之王喪禮君不稱天大夫不稱君恐民之惑也楚越之君僭號稱王不稱其喪謂不書葬也春秋傳曰吳楚之君不書葬辟其僭號也臣者天君稱天子爲天王稱諸侯不言天公辟王也大夫有臣者稱之曰主不言君辟諸侯也此者皆爲使民疑惑不知孰者尊也周禮曰主友之讎視從父昆弟○僭子念反下同辟音避下同皆爲于僞反

重言 天無二日土無二王三一見曾子問第七一見喪服四十九尊無二上一曾子問

詩云相彼盍旦尚猶患之盍旦夜鳴求旦之鳥也求不可得也人猶惡其欲反晝夜而亂晦明况於臣之僭君求不可得之類亂上下惑衆也○相息亮反盍音渴徐苦曷反注同子云君不與同姓同車與異姓同車不同服示民不嫌也以此坊民民猶得同姓以弑其君同姓者謂先王先公子孫有繼及之道者也其非此則无嫌也僕右恒朝服君則各以時事唯在軍同服爾○弑音試本又作弑子云君子辭貴不辭賤辭富不辭貧則亂益

亡坊無也子云自此以下本或作子曰故君子與其使食浮於人也寧使人浮於食浮謂祿也在上曰浮祿勝己則近貪己勝祿則近廉○近附近之近子云觴酒豆肉讓而受惡民猶犯齒衽席之上讓而坐下民猶犯貴朝廷之位讓而就賤民猶犯君犯猶僭也齒年也禮六十以上籩豆有加貴秩異者○觴音傷衽而審反又而鴆反上時掌反詩云民之無良相怨一方受爵不讓至于已斯亡良善也言无善之人善相怨貪爵祿好得无讓以至亡己○好呼報反子云君子貴人而賤己先人而後己則民作讓故稱人之君曰君自稱其君曰寡君寡君猶言少德之君言之謙子云利祿先死者而後生者則民不偝先亡者而後存者則民可以託言不偝於死亡則於生存信○偝音佩下及注同偷音偷本亦作偷詩云先君之思以畜寡人此衛夫人定姜之詩也定姜无子立庶子衎是爲獻公畜孝也獻公无礼於定姜定姜作詩言獻公當思先君定公以孝於寡人○畜許六反注同毛詩作勗定姜之詩此是魯詩毛詩爲莊姜衎苦旦反以此坊民民猶偝死而號無

告死者見骨其家之老弱號呼稱冤無所告無理也○號戶羔反注同冤於袁反子云有國家者貴人而賤祿則民興讓尚技而賤車則民興藝言人君貴尚賢者能者而不吝於班祿賜車服則讓道興賢者能者人所服也技猶藝也○技其綺反注同吝力刃反又力鎮反故君子約言小人先言言人尚德不尚言也約與先互言耳君子約則小人多矣小人先則君子後矣易曰君子以多識前言往行以畜其德○行下孟反畜勑六反子云上酌民言則下天上施上不酌民言則犯也下不天上施則亂也酌猶取也取眾民之言以為政教則得民心得民心則恩澤所加民受之如天矣言其尊○施始豉反下同重言則亂也二二出表記二十一故君子信讓以涖百姓則民之報禮重涖臨也報禮重者猶言能死其難○涖音利又音類難乃旦反詩云先民有言詢于芻蕘先民謂上古之君也詢謀也芻蕘下民之事也言古之人君將有政教必謀之於庶民乃施之○詢音荀芻初俱反蕘如遙反子云善則稱人過則稱己則民不爭善則稱人過則稱己則怨益亡詩云爾卜爾筮履無咎言爾女也履礼也言女鄉卜筮然後与我為礼則无咎惡之言矣言惡在己彼過淺○爭爭鬬之爭下履如字毛詩

依躲女音汝下以下文皆同鄉高許亮反本亦作鄉【重言】善則稱人過則稱己四一見孫宗義二見本篇又過則稱己七本篇五孫義二

子云：善則稱人，過則稱己，則民讓善。詩云：考卜惟王，度是鎬京，惟龜正之，武王成之。度謀也鎬京鎬宮也言武王卜而謀居此鎬邑龜則出吉兆正之武王築成之此臣歸美於君○度徒洛反注同毛詩作宅鎬胡老反

子云：善則稱君，過則稱己，則民作忠。君陳曰：爾有嘉謀嘉猷，入告爾君于內，女乃順之于外，曰：此謀此猷，惟我君之德。於乎是惟良顯哉！君陳蓋周公之子伯禽弟也名篇在尚書今亡嘉善也猷道也於乎是惟良顯哉美君之德○於音烏下以呉反注同【重言】則民作忠二一見表記二十一

子云：善則稱親，過則稱己，則民作孝。大誓曰：予克紂，非予武，惟朕文考無罪；紂克予，非朕文考有罪，惟予小子無良。大誓尚書篇名也克勝也非予武非我武功也文考文王也无罪則言有德也无良无功善也此武王誓眾以伐紂之辭也○大誓无此章則其篇散亡○大音泰本亦作泰注同【重言】則民作孝二下一文

子云：君子弛其親之過，而敬其美。弛猶棄忘也孝子不藏識父母之過○弛

式氏反注同論語曰三年無改於父之道可謂孝矣不以已善駮親之過○駮邦角反【重言】可謂孝矣五下文二祭義二高宗云三年其惟不言言乃讙高宗殷王武丁也名篇在尚書三年不言有父小乙喪之時也讙當爲歡聲之誤也其既言天下皆歡喜樂其政教也○讙依注音歡火官反樂音洛子云從命不忿微諫不倦勞而不怨可謂孝矣微諫不倦者子於父母尚和順不用鄂鄂論語曰事父母幾諫見志不從又敬不違內則曰父母有過下氣怡色柔聲以諫諫若不入起敬起孝說則復諫此所謂不倦○鄂五各反本又作諤說音悅復扶又反【重意】微諫不倦內則篇說則復諫祭義篇諫而不逆勞而不怨三見祭義詩云孝子不匱匱乏之也孝子无乏止之時○匱其媿反【互注】左隱元年云云君子曰頌考叔純孝也愛其母施及莊公詩曰孝子不匱永錫爾類其是之謂乎子云睦於父母之黨可謂孝矣睦厚也黨猶親也故君子因睦以合族合族謂与族人燕与族人食詩云此令兄弟綽綽有裕不令兄弟交相爲瘉令善也綽綽寬容貌也交猶更也瘉病也○綽昌灼反裕羊樹反瘉羊主反更古衡反子云於父之執可以乘其車不可以衣其衣君子以廣孝也父之執与父執志同者也可以乘其車車於身

差，遂也。謂令與己位等。○衣，於既反。差，初賣反。子云：小人皆能養其親，君子不敬，何以辨？辨，別也。○養，羊尚反。子云：父子不同位，以厚敬也。同位，尊卑等，爲其相褻。○爲，于僞反，下「事爲」同。褻，息列反。【重意】曲礼云：父子不同席。書云：「厥辟不辟，忝厥祖。」厥，其也。辟，君也。忝，辱也。爲君不君，与臣子相褻，則辱其先祖矣。君父之道宜尊嚴。○厥辟不辟，必亦反，注同。子云：父母在，不稱老。言孝不言慈，閨門之内，戲而不歎。孝上施，言慈則嫌下流也。戲謂孺子言笑者也。孟子曰：舜年五十而不失其孺子之心。歎謂有憂戚之声也。○孺，而注反。君子以此坊民，民猶有薄於孝而厚於慈。子云：長民者朝廷敬老，則民作孝。長民謂天子諸侯也。○長，丁丈反，注及下「事長」同。子云：祭祀之有尸也，宗廟之有主也，示民有事也。脩宗廟，敬祀事，教民追孝也。有事，有所尊事。以此坊民，民猶忘其親。子云：敬則用祭器。祭器，籩豆簋鉶之屬也。有敬事於尊者，則用之，謂饗食也。般盂之屬爲燕器。○簋音軌。鉶音刑。食音嗣，下文「食礼」同。般，步干反。盂音于。故君子不以菲廢禮，不以美沒禮。言不可以其薄不及礼而不行礼，亦不可以其美過礼而

去禮禮主敬廢滅之是不敬○菲芳鬼反尊也去起呂反故食禮主人親饋則客祭主人
不親饋則客不祭故君子苟無禮雖美不食焉易曰東
鄰殺牛不如西鄰之禴祭寔受其福東鄰謂紂國中也西鄰謂文王國中也此
辭在既濟既濟離下坎上離爲牛坎爲豕西鄰禴祭則用豕与言殺牛而凶不如殺豕受福喻奢而慢不如儉而敬也春秋傳曰黍
稷非馨明德惟馨信矣○饋其位反禴音藥寔時力反易依實与音餘【重言】主人親饋則客祭主人不親饋則客不祭二見曲礼
主人親饋則拜而食主人不親饋則不拜而食詩云既醉以酒既飽以德言君子饗燕非
專爲酒肴亦以觀威儀講德美○肴户交反以此示民民猶爭利而忘義子云
七日戒三日齊承一人焉以爲尸過之者趨走以教敬
也戒謂散齊也承猶事也○齊側皆反注同散悉但反醴酒在室醍酒在堂澄酒在下
示民不淫也淫猶貪也澄酒清酒也三酒尚質不尚味○醍音體【重言】醴酒在室醍酒在堂澄酒在下礼運元酒
在室醴酒在户澄酒在下尸飲三衆賓飲一示民有上下也上下猶尊卑也主人主婦
上賓獻尸乃後主人降洗爵獻賓【重言】示民有上下也二下文一因其酒肉聚其宗族以教

民睦也言祭有酒肉羣昭羣穆皆至而獻酬之咸有薦俎○昭常遙反故堂上觀乎室堂
下觀乎上謂祭時肅敬之威儀也詩云禮儀卒度笑語卒獲卒盡也獲
得也言在廟中者不失其禮儀皆歡喜得其節也○度如字法度也徐涂洛反子云賓禮每進以讓
喪禮每加以遠浴於中霤飯於牖下小斂於戶內大斂
於阼殯於客位祖於庭葬於墓所以示遠也遠之所以崇敬也所或爲
堂○霤力救反飯扶晚反牖音酉重言飯於牖下至所以示遠也二見檀弓上第三示字作即殷人弔於壙
周人弔於家示民不偕也既葬弁哀而哭踊於是弔之○壙苦晃反子云死民
之卒事也吾從周周於送死尤備重言吾從周二一見檀弓上一見中庸二十一以此坊
民諸侯猶有薨而不葬者子云升自客階受弔於賓位
教民追孝也謂反哭時也既葬弁矣猶不由阼階不忍即父位也未沒喪不稱君示
民不爭也故魯春秋記晉喪曰殺其君之子奚齊及其
君卓沒終也春秋傳曰諸侯於其封內三年稱子至其臣子踰年則謂之君矣奚齊卓子皆獻公之子也獻公卒其年

坊記 十五巳十六

奚齊殺明年而卓子殺矣○爭爭鬬之爭下民爭同殺音弑注及下同一音如字卓勑角反注同以此坊民子
猶有弑其父者弑父不子之甚子云孝以事君弟以事長示民
不貳也故君子有君不謀仕唯卜之日稱二君不貳不自貳於
尊者也自貳謂若鄭與叔段者也君子有君謂君之子父在者也不謀仕嫌違為政也卜之日謂君有故而為之卜也二當為貳唯卜
之辭得曰君之貳某爾晉惠公獲於秦命其大夫歸擇立君曰其卜貳圉也○弟音悌鄭與段徒亂反本亦云鄭與叔段也違直志反
而為于偽反圉魚呂反晉惠公太子懷公名喪父三年喪君三年示民不疑也
不疑於君之尊也君無骨肉之親不重其服至尊不明父母在不敢有其身不敢私其
財示民有上下也身及財皆當統於父母也有猶專也重意父母在不敢有其身不敢私其財曲禮上
不許友以死不有私財又內則篇子婦無私貨故天子四海之內無客禮莫敢為
主焉故君適其臣升自阼階即位於堂示民不敢有其
室也臣亦統於君父母在饋獻不及車馬示民不敢專也車馬
家物之重者○饋本又作餽音同以此坊民民猶忘其親而貳其君子云

禮之先幣帛也，欲民之先事而後祿也。此禮謂所執之摯以見者也既相見乃奉幣帛以修好也或云禮之先幣而後幣帛。贄音至見賢遍反好呼報反先財而後禮則民利，財幣帛也利猶貪也【重意】鄉飲酒四十四先禮而後財則民作敬聘義四十八輕財重禮則民作讓矣無辭而行情則民爭。辭辭讓也情主利欲也故君子於有饋者弗能見則不視其饋。饋遺也不能見謂有疾也不視猶不內也。遺于季反下遺民同內音納又如字易曰：不耕穫，不菑畬，凶。言必先種之乃得穫若先菑乃得畬也安有无事而取利者乎田一歲曰菑二歲曰畬三歲曰新田。穫戶郭反菑側其反畬音餘以此坊民，民猶貴祿而賤行。行猶事也言務得其祿不務其事。行下孟反注同

子云：君子不盡利以遺民。不與民爭利也詩云：彼有遺秉，此有不斂穧，伊寡婦之利。言穫者之遺餘捃拾所以爲利。穧子賜反又才計反捃君運反拾音十故君子仕則不稼，田則不漁，食時不力珍，大夫不坐羊，士不坐犬。食時謂食四時之膳也力猶務也天子諸侯有秩膳古者殺牲食其肉坐其皮不坐犬羊是不無故殺之詩云：采葑采菲，無以下體。德音莫違，及爾同

死葑蔓菁也陳宋之間謂之葑菲葍類也下體謂其根也采葑菲之菜者采其葉而可食无以其根美則幷取之苦則弃之幷取之是盡利也此詩故親今踈者言人之交當如采葑采菲取一善而已君子不求備於一人能如此則德美之音不離令名我顛與女同死矣論語曰故舊無大故則不弃也○葑芳容反菲芳尾反蔓音万菁音精又子丁反葍音富又音福幷必政反又如字下同離力智反女音汝以此坊民民猶忘義而爭利以亡其身子云夫禮坊民所淫章民之別使民無嫌以爲民紀者也淫猶貪也章明也嫌嫌疑也故男女無媒不交無幣不相見恐男女之無別也重男女之會所以遠別之於禽獸也有幣者必有媒有媒者不必有幣仲春之月會男女之時不必待幣○媒音梅注同【重意】男女无媒不交无幣不相見曲礼上男女非有行媒不相知名非受幣不交不親以此坊民民猶有自獻其身獻猶進也詩云伐柯如之何匪斧不克取妻如之何匪媒不得蓺麻如之何橫從其畝取妻如之何必告父母伐柯伐木以爲柯也克能也蓺猶樹也橫從橫行治其田也言取妻之法必有媒如伐柯之必須斧斤也取妻之道必告父母如樹麻當先易治其田○柯古何反斧斤柄取七樹反後皆同從子容反注同橫行治其田本亦作遊行治其

田易以戲反子云取妻不取同姓以厚別也厚猶遠也。不取如字又七樹反。【重言】見曲禮故買妾不知其姓則卜之妾言買者以其賤同之於衆物也士庶之妾恒多凡庸有不知其姓者【重言】見曲禮以此坊民魯春秋猶去夫人之姓曰吳其死曰孟子卒吳大伯之後魯同姓也昭公取焉去姬曰吳而已至其死亦畧云孟子卒不書夫人某氏薨孟子蓋其且字。去起吕反注同大音泰子云禮非祭男女不交爵交爵謂相獻酢以此坊民陽侯猶殺繆侯而竊其夫人同姓也以貪夫人之色至弑君而立其國未聞。○殺音試注同一音如字繆音穆故大饗廢夫人之禮大饗饗食諸侯來朝者也夫人之礼使人攝。○朝直遥反子云寡婦之子不有見焉則弗友也君子以辟遠也有見謂睹其才藝也同志為友。○見賢遍反注及下同辟音避遠于万反下遠色同【重言】寡婦之子不有見焉則弗友也一曲禮上下二句云非有見焉弗与為友故朋友之交主人不在不有大故則不入其門大故喪病以此坊民民猶以色厚於德子云好德如好色此句似不足論語曰未見好德如好色疾時人厚於色之甚而薄於德也。○好呼報反下及注同諸

侯不下漁色謂不内取於國中也内取國中爲下漁色昏禮始納采謂采擇其可者也國君而内取象捕魚然中
網取之是無所擇○捕蒲布反中網丁仲反故君子遠色以爲民紀故男女授
受不親不親者不以手相與也内則曰非祭非喪不相授器其相授則女受以篚其無篚則皆坐奠之而後取之○篚
音匪【重意】曲禮上男女不雜坐不親受御婦人則進左手御者在右前左手則身微背之【重意】曲禮
上僕御婦人則進左手姑姊妹女子子已嫁而反男子不與同席而
坐女子十年而不出也嫁及成人可以出矣猶不與男子共席而坐遠别【重言】二一見曲礼上寡婦不夜哭
嫌思人道婦人疾問之不問其疾嫌媚略之也問增損而已以此坊民民猶
淫泆而亂於族乱族犯非妃匹也○泆音逸本又作佚同妃匹音配一音如字子云昏禮壻
親迎見於舅姑舅姑承子以授壻恐事之違也舅姑妻之父母
也妻之父爲外舅妻之母爲外姑父戒女曰夙夜无違命母戒女曰毋違宫事○迎魚敬反【重意】見於舅姑昏義替見於舅姑以
此坊民婦猶有不至者不至不親夫以孝舅姑也春秋成公九年春二月伯姬歸於宋夏五月季
孫行父如宋致女是時宋共公不親迎恐其有違而致之也○父音甫

纂圖互註禮記之十五

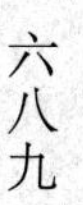

纂圖互註禮記卷第十六

禮記　　鄭氏註

中庸第三十一　陸曰鄭云以其記中和之爲用也庸用也孔子之孫子思作之以昭明聖祖之德也

天命之謂性率性之謂道脩道之謂教天命謂天所命生人者也是謂性命木神則仁金神則義火神則礼水神則信土神則知孝經説曰性者生之質命人所稟受度也率循也循性行之是謂道脩治也治而廣之人放傚之是曰教○率所律反知音智下知者大知皆同放方往反傚胡教反道也者不可須臾離也可離非道也道猶道路也出入動作由之離之惡乎從也○離力智反下及注同惡音烏是故君子戒慎乎其所不睹恐懼乎其所不聞小人閒居爲不善无所不至也君子則不然雖視之无人聽之无声猶戒慎恐懼自脩正是其不須臾離道○睹丁古反恐匡勇反注同閒音閑下同莫見乎隱莫顯乎微故君子慎其獨也慎獨者慎其閒居之所爲小人於隱者動作言語自以爲不見睹不見聞則必肆盡其情也若有佔聽之者是爲顯見甚於衆人之中爲之○見賢遍反注顯見同一音如字佔勑廉反【重言】故君子謹其獨也四一見礼器第十篇二見大學四十二篇喜怒哀樂之未發謂之

中發而皆中節謂之和中也者天下之大本也和也者
天下之達道也中爲大本者以其含喜怒哀樂禮之所由生政教自此出也○樂音洛註同中丁仲反下註爲
之中同【重言】中也者天下之大本也篇末至誠立天下之大本致中和天地位焉萬物育焉
致行之至也位猶正也育生也長也○長丁丈反【重言】萬物育焉二一見樂記十九仲尼曰君子中庸
小人反中庸君子之中庸也君子而時中小人之中庸
也小人而無忌憚也庸常也用中爲常道也反中庸者所行非中庸然亦自以爲中庸也君子而時
中者其容貌君子而又時節其中也小人而无忌憚其容貌小人又以无畏難爲常行是其反中庸也○小人之中庸也王肅本作
小人之反中庸也忌憚徒旦反忌畏也憚難也難乃旦反行下孟反子曰中庸其至矣乎民鮮
能久矣鮮罕也言中庸爲道至美顧人罕能久行○中庸其至矣乎一本作中庸之爲德其至矣乎鮮息淺反下及注
同罕呼旱反反又希少也子曰道之不行也我知之矣知者過之愚者
不及也道之不明也我知之矣賢者過之不肖者不及
也人莫不飲食也鮮能知味也罕知其味謂愚者所以不及也過與不及使道不行唯禮

能爲之中。知音智下文大知也予知注有知皆同肖音笑下同

【重言】賢者過之不肖者不及也喪服四制四十九賢者不得過不肖者不得不及。鮮能知味也大學四十二食而不知其味 子曰道其不行矣夫閔无明君教之。夫音扶 子曰舜其大知也與舜好問而好察邇言隱惡而揚善執其兩端用其中於民其斯以爲舜乎邇近也近言而善易以進人察而行之也兩端過與不及也用其中於民賢與不肖皆能行之也斯此也其德如此乃號爲舜舜之言充也。與音餘下驗與皆同好呼報反下同易以豉反 子曰人皆曰予知驅而納諸罟擭陷阱之中而莫之知辟也人皆曰予知擇乎中庸而不能期月守也予我也言凡人自謂有知人使之入罟不知辟也自謂擇中庸而爲之亦不能久行言其實愚又無恒。罟音古罔之總名擭胡化反尚書傳云捕獸機檻陷陷沒之陷阱才性反本或作穽同阱穽坑也陷獸也說文云穽阱或爲阱字也辟音避注知辟辟害皆同期音基 子曰回之爲人也擇乎中庸得一善則拳拳服膺而弗失之矣拳拳奉持之貌。拳音權又起阮反徐羌權反膺徐音應又於陵反奉芳勇反 子曰天下國家可均也爵祿可辭也白刃可蹈也中庸不可能

也言中庸難為之難○蹈音悼又徒報反子路問強強勇者所好也○強其良反下同好呼報反子曰南方之強與北方之強與抑而強與言三者所以為強者異也抑辭也而之言女也謂中國也○女音汝下抑女同寬柔以教不報無道南方之強也君子居之南方以舒緩為強不報無道謂犯而不校也○校交孝反報也衽金革死而不厭北方之強也而強者居之衽猶席也北方以剛猛為強○衽而審反又而鴆反厭於豔反故君子和而不流強哉矯中立而不倚強哉矯國有道不變塞焉強哉矯國無道至死不變強哉矯此抑女之強也流猶移也塞猶實也國有道不變以趨時国无道不變以辟害有道无道一也矯強貌塞或為色○矯居表反下同倚依彼反徐其蟻反子曰素隱行怪後世有述焉吾弗為之矣素讀如攻城攻其所傃之傃傃猶鄉也言方鄉辟害隱身而行詭譎以作後世名也弗為之矣恥之也○傃音素鄉本又作嚮許亮反下皆同詭九委反下同譎音決君子遵道而行半塗而廢吾弗能已矣廢猶罷止也弗能已矣汲汲行道不為時人之隱行○汲音急隱行下孟反君子依乎中庸遯世不見知而不悔唯聖

者能之言隱者當如此也唯舜爲能如此。遯本又作遁同徒頓反君子之道費而隱言可隱之節也費猶佹也道不費則仕。費本又作拂同扶弗反徐音弗注同夫婦之愚可以與知焉及其至也雖聖人亦有所不知焉夫婦之不肖可以能行焉及其至也雖聖人亦有所不能焉與讀爲贊者皆與之與言匹夫匹婦愚耳亦可以其與有所知可以其能有所行者以其知行之極也聖人有不能如此舜好察邇言由此故與。以與音預注皆與之與以其與同好呼報反故与音餘【重言】其至也三又見下文天地之大也人猶有所憾憾恨也天地至大無不覆載人尚有所恨焉况於聖人能盡備之乎。憾本又作感胡暗反注同故君子語大天下莫能載焉語小天下莫能破焉語猶說也所說大事謂先王之道也所說小事謂若愚不肖夫婦之知行也聖人盡兼行詩云鳶飛戾天魚躍于淵言其上下察也察猶著也言聖人之德至于天則鳶飛戾天至於地則魚躍于淵是其著明於天地也。鳶悅專反字又作鳶戾力計反徐又力結二反躍羊灼反著張慮反下同君子之道造端乎夫婦及其至也察乎天地夫婦謂匹夫匹婦之所知所行。造在老反子曰道不遠人人之爲道

而遠人不可以爲道言道即不遠於人人不能行也詩云伐柯伐柯其
則不遠執柯以伐柯睨而視之猶以爲遠則法也言持柯以伐木將以爲
柯近以柯爲尺寸之法此法不遠人人尚遠之明爲道不可以遠○柯古何反睨徐音詣睥睨也故君子以人
治人改而止言人有罪過君子以人道治之其人改而止赦之不責以人所不能忠恕違道不
遠施諸己而不願亦勿施於人違猶去也君子之道四丘未
能一焉所求乎子以事父未能也所求乎臣以事君未
能也所求乎弟以事兄未能也所求乎朋友先施之未
能也聖人而曰我未能明人當勉之無已庸德之行庸言之謹有所不足不
敢不勉有餘不敢盡言顧行行顧言庸猶常也言德常行也言常謹也聖人之
行實過於人有餘不敢盡常爲人法從禮也○行行皆下孟反注聖人之行同或一讀皆如字君子胡不慥慥
爾君子謂衆賢也慥慥守實言行相應之貌○慥七到反行下孟反應於陵反舊音應對之應君子素其位
而行不願乎其外素富貴行乎富貴素貧賤行乎貧賤

素夷狄行乎夷狄素患難行乎患難君子無入而不自得焉傃皆讀爲素不願乎其外謂思不出其位也自得謂所鄉不失其道○難乃旦反下同在上位不陵下在下位不援上援謂牽持之也○援音爰注同正已而不求於人則無怨上不怨天下不尤人無怨人無怨之者也論語曰君子求諸已小人求諸人○已音紀怨於願反又於元反下以注並同故君子居易以俟命小人行險以徼幸易猶平安也俟命聽天任命也險謂傾危之道○易以豉反注同徼古堯反子曰射有似乎君子失諸正鵠反求諸其身反求於其身不以怨人畫曰正棲皮曰鵠○正音征注同鵠古毒反注同正鵠皆鳥名也一曰正正也鵠直也大射則張皮侯而棲鵠賓射張布侯而設正也棲細兮反重言失諸正鵠射義四十六發而不失正鵠者○反求諸其身射義反求諸已而已矣君子之道辟如行遠必自邇辟如登高必自卑自從也邇近也行之以近者卑者始以漸致之高遠○辟音譬下同邇音爾卑音婢又如字注同詩曰妻子好合如鼓瑟琴兄弟既翕和樂且耽宜爾室家樂爾妻帑琴瑟聲相應和也翕合也耽亦樂也古者謂子孫曰帑此詩言和室家之道自近者始○好呼報反

翕許及反樂音洛下及注同耽丁南反帑音奴子孫也本又作孥同尚書傳毛詩箋並云子也杜預注左傳云妻子也應應對之應和胡臥反子曰父母其順矣乎謂其教令行使室家順子曰鬼神之為德其盛矣乎視之而弗見聽之而弗聞體物而不可遺體猶生也可猶所也不有所遺言萬物無不以鬼神之氣生也重言視之而弗見聽之而弗聞大文子四十二視而不見聽而不聞使天下之人齊明盛服以承祭祀洋洋乎如在其上如在其左右明猶潔也洋洋人想思其傍僾之貌○齊側皆反本亦作齋洋音羊傍皇薄剛反謂左右也傍方岡反僾依於豈反又音愛詩曰神之格思不可度思矧可射思格來也矧況也射猒也思皆声之助言神之來其形象不可億度而知事之盡敬而已況可厭倦乎○格古百反度待洛反注同矧詩忍反注同射音亦厭於豔反字又作猒下同盡子忍反夫微之顯誠之不可揜如此夫言神無形而著不言而誠○揜音掩於檢反此夫音扶著張慮反子曰舜其大孝也與德為聖人尊為天子富有四海之內宗廟饗之子孫保之保安也○与音餘重言德為聖人至子孫保之二見下文故大德必得其位必得其祿必得其名必

中庸十六卷四

得其壽名令聞也。○聞音問，下令聞同。故天之生物，必因其材而篤焉。材謂其質性也。篤，厚也。言善者天厚其福，惡者天厚其毒，皆由其本而爲之。故栽者培之，傾者覆之。栽讀如"文王初載"之載。栽猶殖也。培，益也。今時人名草木之殖曰栽，築牆立板亦曰栽。栽或爲兹。覆，敗也。○栽，依注音災，將才反，注同，植也。培，蒲回反。覆，芳伏反，注同。載之載，並音災，本或作哉，同。詩曰："嘉樂君子，憲憲令德。宜民宜人，受禄于天。保佑命之，自天申之。"憲憲，興盛之貌。保，安也。佑，助也。○嘉，戶嫁反，詩本作假，音同。假，嘉也。皇音加，嘉也。憲憲音顯，注同，一音如字。佑音祐，下注同。故大德者必受命。"

子曰："無憂者其唯文王乎！以王季爲父，以武王爲子，父作之，子述之。聖人以立法度爲大事，子能述成之，則何憂乎？堯舜之父子則有凶頑，禹湯之父子則寡令聞。父子相成，唯有文王。武王纘大王、王季、文王之緒，壹戎衣而有天下，身不失天下之顯名，尊爲天子，富有四海之内，宗廟饗之，子孫保之。纘，繼也。緒，業也。戎，兵也。衣讀如殷，聲之誤也，齊人言殷聲如衣。虞、夏、殷、周氏者多矣，今姓有衣者，殷之冑與？壹戎殷者，壹用兵伐殷也。○纘，徐音纂，哉管反。大音泰，下及注大王、王季皆同。壹戎衣，依注衣作殷，於巾反，謂一用兵伐殷也。尚書依字讀，謂一著戎衣而天下大定冑與直救反下音餘武王末受命周公成文武之德追王大王王季上祀先公以天子之禮斯禮也達乎諸侯大夫及士庶人父爲大夫子爲士葬以大夫祭以士父爲士子爲大夫葬以士祭以大夫期之喪達乎大夫三年之喪達乎天子父母之喪無貴賤一也末猶老也追王大王王季者以王迹起焉先公組紺以上至后稷也斯禮達於諸侯大夫士庶人者謂葬之從死者之爵祭之用生者之禄也言大夫葬以大夫士葬以士則追王者改葬之矣期之喪達於大夫者謂旁親所降在大功者其正統之期天子諸侯猶不降也大夫所降天子諸侯絶之不爲服所不臣乃服之也承葬祭說期三年之喪者明子事父以孝不用其尊卑變○末亡遏反追王于況反注追王同期音基注同組音祖紺古闇反組紺大王之父也亦曰諸盩盩音置留反以上時掌反不爲于僞反【重意】天子之禮達乎諸侯大夫及士庶人○王制自天子達于庶人大學自天子以至于庶人○父爲士子爲大夫二一見喪服小記子曰武王周公其達孝矣乎夫孝者善繼人之志善述人之事者也春秋脩其祖廟陳其宗器設其裳衣薦其時食脩謂埽糞也宗器祭器也

中庸十六卷五

裳衣先祖之遺衣服也設之當以授尸也時食四時祭也○埽悉報反糞弗運反本亦作瀵亦作拚同宗廟之禮所以序昭穆也序爵所以辨貴賤也序事所以辨賢也旅酬下爲上所以逮賤也燕毛所以序齒也序猶次也爵謂公卿大夫士也事謂薦羞也以辨賢者以其事別所能也若司徒羞牛宗伯共雞牲矣文王世子曰宗廟之中以爵爲位崇德也宗人授事以官尊賢也旅酬下爲上者謂若特牲饋食之禮賓弟子兄弟之子各舉觶於其長也逮賤者宗廟之中以有事爲榮也燕謂既祭而燕也燕以髮色爲坐祭時尊尊也至燕親親也齒亦年也○昭穆常遙反穆又作繆音同遝本又作逮同音代燕於見反注並同別彼列反共音恭饋其位反觶音至長丁丈反下謂長同【重意】宗廟之禮所以序昭穆也仲尼燕居二十八禘嘗之禮所以仁昭穆也踐其位行其禮奏其樂敬其所尊愛其所親事死如事生事亡如事存孝之至也踐猶升也其者其先祖也踐或爲纘○【重言】事死如事生二一見祭義二十四○孝之至也二一見祭義郊社之禮所以事上帝也宗廟之禮所以祀乎其先也社祭地神不言后土者省文○省色領反○【重意】郊社之禮所以事上帝也仲尼燕居亦社之義所以仁鬼神也明乎郊社之禮禘嘗之義治國其如示諸掌

乎示讀如寘諸河干之寘寘置也物而在掌中易爲知力者也序爵辨賢尊尊親親治國之要○示依注音寘之豉反易以豉反知力音智本亦無力字治之要治音直吏反一本作治國之要治則如字【重意】明乎郊社之禮禘嘗之義治國其如示諸掌乎仲尼燕居云明乎郊社之義禘嘗之禮治國其如指諸掌而已乎○哀公問政子曰文武之政布在方策其人存則其政舉其人亡則其政息方版也策簡也息猶滅也○方策初革反版音板本亦作板人道敏政地道敏樹敏猶勉也樹謂殖草木也人之無政若地無草木矣敏或爲謀夫政也者蒲盧也蒲盧蜾蠃謂土蜂也詩曰螟蛉有子蜾蠃負之螟蛉桑蟲也蒲盧取桑蟲之子去而變化之以成爲己子政之於百姓若蒲盧之於桑蟲然○蒲盧並如字爾雅云蜾蠃蒲盧即今之細腰蜂也一名蠮螉蜾音果蠃力果反本亦作螺音同蜂芳封反字亦作蠭同螟莫瓶反蛉音零已音紀故爲政在人在於得賢人也取人以身脩身以道脩道以仁取人以身言明君乃能得人仁者人也親親爲大義者宜也尊賢爲大親親之殺尊賢之等禮所生也人也讀如相人偶之人以人意相存問之言○殺色界反徐所例反【重言】仁者人也二見表記二十在下位不獲乎上民不可得而治矣此句其屬在下著脫誤重在此○治

直吏反，一音如字。朊音奪，重去直用反。【重言】在下位不獲乎上，民不可得而治矣，二下文一。故君子不可以不脩身，思脩身不可以不事親，思事親不可以不知人，思知人不可以不知天。言脩身乃知孝，知孝乃知人，知人乃知賢不肖，知賢不肖乃知天命所保佑。天下之達道五，所以行之者三，曰君臣也，父子也，夫婦也，昆弟也，朋友之交也，五者天下之達道也。知、仁、勇三者，天下之達德也，所以行之者一也。達者，常行百王所不變也。○知音智，下近乎知、注言有知皆同。【重言】所以行之者一也，二一見下文。或生而知之，或學而知之，或困而知之，及其知之一也。困而知之，謂長而見禮義之事，已臨之而有不足，乃始學而知之，此達道也。○長丁丈反，已音紀。或安而行之，或利而行之，或勉強而行之，及其成功一也。利謂貪榮名也。勉強，恥不若人。○強其兩反，注同。子曰：好學近乎知，力行近乎仁，知恥近乎勇。知斯三者，則知所以脩身；知所以脩身，則知所以治人；知所以治人，則知所以治天下國

家矣。言有知有仁有勇乃知脩身則脩身以此三者爲其基。○好呼報反近附近之近下同行皇如字徐下孟反

凡爲天下國家有九經，曰：脩身也，尊賢也，親親也，敬大臣也，體羣臣也，子庶民也，來百工也，柔遠人也，懷諸侯也。體猶接納也子猶愛也遠人蕃國之諸侯也○子如字徐將吏反下句放此蕃方元反【重言】凡爲天下國家有九經二見下文一○尊賢也二一見文王世子第八又祭義二十四教不伐以尊賢也○親親也三一見下文一見大傳十六

脩身則道立，尊賢則不惑，親親則諸父昆弟不怨，敬大臣則不眩，體羣臣則士之報禮重，子庶民則百姓勸，來百工則財用足，柔遠人則四方歸之，懷諸侯則天下畏之。不惑謀者良也不眩所任明也○眩賢遍反

齊明盛服，非禮不動，所以脩身也。去讒遠色，賤貨而貴德，所以勸賢也。尊其位，重其祿，同其好惡，所以勸親親也。官盛任使，所以勸大臣也。忠信重祿，所以勸士也。時使薄斂，所以勸百姓也。日省月試，旣廩稱事，所

以勸百工也送往迎來嘉善而矜不能所以柔遠人也繼絶世舉廢國治亂持危朝聘以時厚往而薄來所以懷諸侯也同其好惡不特有所好惡於同姓雖恩不同義必同也尊重其祿位所以貴之不必授以官守天官不可私也官盛任使大臣皆有屬官所任使不親小事也忠信重祿有忠信者重其祿也時使使之以時日省月試考校其成功也既讀爲餼餼廩稍食也槀人職曰乘其事考其弓弩以下上其食○齊側皆反注同去起呂反遠于萬反好呼報反下烏路反又並如字注同歛力驗反既依注音餼許氣反廩彼錦反一本又力錦反稱尺證反朝直遥反槀苦報反一音古老反上時掌反〔重意〕所以勸百姓也文王世子所以躰百姓也凡爲天下國家有九經所以行之者一也凡事豫則立不豫則廢言前定則不跲事前定則不困行前定則不疚道前定則不窮一謂當豫也跲躓也疚病也人不能病之○跲其劫反皇音給行下孟反疚音救躓徐音致在下位不獲乎上民不可得而治矣獲得也言臣不得於君則不得居位治民獲乎上有道不信乎朋友不獲乎上矣信乎朋友有道不順乎親不信乎朋友矣順乎親

有道反諸身不誠不順乎親矣誠身有道不明乎善不誠乎身矣言知善之爲善乃能行誠○【重意】反諸身不誠不順乎親矣哀公問能敬其身則能成其親矣誠者天之道也誠之者人之道也誠者不勉而中不思而得從容中道聖人也誠之者擇善而固執之者也言誠者天性也誠之者學而誠之者也因誠身說有大至誠○中丁仲反又如字下中道同從七容反【重言】天之道也哀公問一十七是天道也○人之道也二下文一博學之審問之愼思之明辨之篤行之有弗學學之弗能弗措也有弗問問之弗知弗措也有弗思思之弗得弗措也有弗辨辨之弗明弗措也有弗行行之弗篤弗措也人一能之已百之人十能之已千之果能此道矣雖愚必明雖柔必強此勸人學誠其身也果猶決也○措七路反下及注皆同置也強其良反自誠明謂之性自明誠謂之教誠則明矣明則誠矣自由也由至誠而有明德是聖人之性者也由明德而有至誠是賢人學以成之也有至誠則必有明德有明德則必有

化工有如節候此其言會之何

人此何誤作向文脫去人字

此公羊文查閱便知

至誠唯天下至誠爲能盡其性能盡其性則能盡人之性能盡人之性則能盡物之性能盡物之性則可以贊天地之化育可以贊天地之化育則可以與天地參矣盡性者謂順理之使不失其所也贊助也育生也助天地之化生謂聖人受命在王位致大平○大音泰

其次致曲曲能有誠誠則形形則著著則明明則動動則變變則化唯天下至誠爲能化其次謂自明誠者也致至也曲猶小小之事也不能盡性而有至誠於有義焉而已形謂人見其功也盡性之誠人不能見也著形之大者也明著之顯者也動動人心也變改惡爲善也變之久則化而性善也

至誠之道可以前知國家將興必有禎祥國家將亡必有妖孽見乎蓍龜動乎四體禍福將至善必先知之不善必先知之故至誠如神可以前知者言天不欺至誠者也前亦先也禎祥妖孽蓍龜之占雖其時有小人愚主皆爲至誠能知者出也四體謂龜之四足春占後左夏占前左秋占前右冬占後右○禎音貞妖於驕反左傳云地反物爲妖說文作祅云衣服歌謠草木之怪謂之祅孽魚列反說文作蠥云禽獸蟲蝗之怪謂之蠥見乎賢遍反下不見乎者見

同一本乎作於者音戶注同爲于僞反○【重言】必先知之二一見孔子閒居二十九誠者自成也而道自道也言人能至誠所以自成也有道藝所以自道達○自道音導注自道同誠者物之終始不誠無物物萬物也亦事也大人無誠萬物不生小人無誠則事不成是故君子誠之爲貴言貴至誠誠者非自成己而已也所以成物也成己仁也成物知也性之德也合外內之道也以至誠成己則仁道立以至誠成物則知弥博此五性之所以爲德也外內所須而合也外內猶上下○知音智注同故時措之宜也時措言得其時而用也

故至誠無息不息則久久則徵徵則悠遠悠遠則博厚博厚則高明徵猶效驗也此言至誠之德既著於四方其高厚日以廣大也徵或爲徹博厚所以載物也高明所以覆物也悠久所以成物也博厚配地高明配天悠久無疆悠久言至誠之德既至博厚高明配乎天地又欲其長久行之○疆居良反如此者不見而章不動而變無爲而成天地之道可壹言而盡也言其德化與天地相似可一言而盡要在至誠其爲物不貳則

其生物不測言至誠無貳乃能生萬物多無數也○不貳貳本亦作貳音二天地之道博也厚也高也明也悠也久也此言其著見成功也今夫天斯昭昭之多及其無窮也日月星辰繫焉萬物覆焉今夫地一撮土之多及其廣厚載華嶽而不重振河海而不洩萬物載焉今夫山一卷石之多及其廣大草木生之禽獸居之寶藏興焉今夫水一勺之多及其不測黿鼉蛟龍魚鼈生焉貨財殖焉此言天之高明本生昭昭地之博厚本由撮土山之廣大本起卷石水之不測本從一勺皆合少成多自小致大爲至誠者亦如此乎昭昭猶耿耿小明也振猶收也卷猶區也○夫音扶下同昭章遙反注同本亦作炤同撮七活反華戶化反又戶瓜反本亦作山嶽洩息列反卷李音權又羌權反范羌阮反注同藏才浪反勺徐市若反黿音元鼉徒何反一音直丹反鮫音交本又作蛟鼈必列反耿公迥反又公頂反舊音孔頂反區羌俱反詩曰惟天之命於穆不已蓋曰天之所以爲天也於乎不顯文王之德之純蓋曰文王之所以爲文也純亦不已天所以爲天文王所以爲文皆由行之無

已爲之不止如天地山川之云也易曰君子以順德積小以成高大是與○於穆上音烏下於乎亦同乎好放反偁如字一本又作順與音餘大哉聖人之道洋洋乎發育萬物峻極于天育生也峻高大也○洋音羊峻思閏反【重言】峻極于天二見孔子閒居優優大哉禮儀三百威儀三千待其人然後行故曰苟不至德至道不凝焉言爲政在人政由禮也凝猶成也○優於求反倡優也凝本又作疑魚陵反故君子尊德性而道問學致廣大而盡精微極高明而道中庸温故而知新敦厚以崇禮德性謂性至誠者道猶由也問學學誠者也廣大猶博厚也温讀如燖温之温謂故學之孰矣後時習之謂之温○燖音尋是故居上不驕爲下不倍國有道其言足以興國無道其默足以容興謂起在位也驕本亦作喬音嬌倍音佩默亡北反詩曰既明且哲以保其身其此之謂與保安也○哲陟列反徐本作知音智與音餘子曰愚而好自用賤而好自專生乎今之世反古之道如此者烖及其身者也反古之道謂曉一孔之人不知今王之新政可從○好呼報反下同烖音災非天子不

議禮不制度不考文此天下所共行天子乃能一之也禮謂人所服行也度國家宮室及車輿也文書名也
今天下車同軌書同文行同倫今孔子謂其時○行下孟反 雖有其位苟
無其德不敢作禮樂焉雖有其德苟無其位亦不敢作禮
樂焉言作禮樂者必聖人在天子之位 子曰吾說夏禮杞不足徵也吾學殷
禮有宋存焉吾學周禮今用之吾從周徵猶明也吾能說夏禮顧杞之君不足與明之
也吾從周行今之道○杞音起 重言吾從周二檀弓一坊記 王天下有三重焉其寡過矣乎三重
三王之禮○王于況反又如字 上焉者雖善無徵無徵不信不信民弗從下
焉者雖善不尊不尊不信不信民弗從上謂君也君雖善善無明徵則其善不信也下
謂臣也臣雖善善而不尊君則其善亦不信也徵或為證 故君子之道本諸身徵諸庶民考諸
三王而不繆建諸天地而不悖質諸鬼神而無疑百世以
俟聖人而不惑質諸鬼神而無疑知天也百世以俟聖人
而不惑知人也知天知人謂知其道也鬼神從天地者也易曰故知鬼神之情狀與天地相似聖人則之百世同道

○繆或爲謬繆音謬悖布內反後同是故君子動而世爲天下道行而世爲天下法言而世爲天下則遠之則有望近之則不厭用其法度想思若其將來也○遠如字又于萬反近如字又附近之近厭於豔反後皆同詩曰在彼無惡在此無射庶幾夙夜以永終譽君子未有不如此而蚤有譽於天下者也射厭也永長也○射音亦注同蚤音早仲尼祖述堯舜憲章文武上律天時下襲水土此以春秋之義說孔子之德孔子曰吾志在春秋行在孝經二經固足以明之孔子祖述堯舜之道而制春秋而斷以文王武王之法度春秋傳曰君子曷爲爲春秋撥亂世反諸正莫近諸春秋其諸君子樂道堯舜之道與末不亦樂乎堯舜之知君子也又曰是子也繼文王之體守文王之法度文王之法無求而求故譏之也又曰王者孰謂謂文王也此孔子兼包堯舜文武之盛德而著之春秋以俟後聖者也律述也述天時謂編年四時具也襲因也因水土謂記諸夏之事山川之異○行下孟反斷丁亂反曷爲于僞反又如字撥半末反近附近之近又如字與音餘編必綿反又甫連反辟如天地之無不持載無不覆幬辟如四時之錯行如日月之代明萬物並育而不相害道並行而不相悖

小德川流，大德敦化，此天地之所以為大也。聖人制作其德配天地如此唯五始可以當焉幬亦覆也小德川流浸潤萌牙諭諸侯也大德敦化厚生萬物諭天子也○幬或作燾辟音譬下同幬徒報反錯七各反當丁浪反又丁郎反浸子鴆反燾徒報反

唯天下至聖為能聰明叡知，足以有臨也；寬裕溫柔，足以有容也；發強剛毅，足以有執也；齊莊中正，足以有敬也；文理密察，足以有別也。言德不如此不可以君天下也蓋傷孔子有其德而無其命○叡音銳知音智下聖知同齊側皆反別彼列反

溥博淵泉，而時出之。言其臨下普徧思慮深重非得其時不出政教○溥音普徧音遍思息嗣反又如字

溥博如天，淵泉如淵。見而民莫不敬，言而民莫不信，行而民莫不說。是以聲名洋溢乎中國，施及蠻貊，舟車所至，人力所通，天之所覆，地之所載，日月所照，霜露所隊，凡有血氣者莫不尊親，故曰配天。如天取其運照不已也如淵取其清深不測也尊親尊而親之○見賢徧反說音悅施以豉反貉本又作貊武伯反說文云北方人也隊直類反

唯天下至誠為能經綸天下之

大經立天下之大本知天地之化育至誠性至誠謂孔子也大經謂六藝而指春秋也大本孝經也○論本又作綸同音倫夫焉有所倚肫肫其仁淵淵其淵浩浩其天安有所倚言無所偏倚也故人人自以被德尤厚似偏頗者肫肫讀如誨爾忳忳之忳忳忳懇誠貌也肫肫或爲純純○焉於虔反倚依綺於綺二反注同肫依注音之淳反浩胡老反被皮義反頗破河反懇苦很反純純一音淳又之淳反苟不固聰明聖知達天德者其孰能知之言唯聖人乃能知聖人也春秋傳曰末不亦樂乎堯舜之知君子明凡人不知詩曰衣錦尚絅惡其文之著也故君子之道闇然而日章小人之道的然而日亡言君子深遠難知小人淺近易知人所以不知孔子以其深遠禪爲絅錦衣之美而君子以絅表之爲其文章露見似小人也○絅本又作熲詩作褧同口迥反徐口定反一音口穎反惡烏路反著張慮反闇於感反又如字日而一反下同的丁歷反易以豉反下易學同禪爲音丹爲其于僞反見賢遍反君子之道淡而不厭簡而文溫而理知遠之近知風之自知微之顯可與入德矣淡其味似薄也簡而文溫而理猶簡而辨直而溫也自謂所從來也三知者皆言其睹末察本探端知緒也入德入聖人之德○淡徒暫反又大敢反下注同厭於豔反睹音

觀探音貪詩云潛雖伏矣亦孔之昭故君子內省不疚無惡於志孔甚也昭明也言聖人雖隱居其德亦甚明矣疚病也君子自省身無愆病雖不遇世亦無損害於己志○昭本又作炤同之召反又章遥反疚九又反遯大困反本又作遁字亦同愆起虔反君子所不可及也者其唯人之所不見乎詩云相在爾室尚不愧于屋漏言君子雖隱居不失其君子之容德也相視也室西北隅謂之屋漏視女在室獨居猶不愧于屋漏屋漏非有人也況有人乎○相息亮反注同愧本又作媿同九位反女音汝故君子不動而敬不言而信詩曰奏假無言時靡有爭假大也此頌也言奏大樂於宗廟之中人皆肅敬金聲玉色無有言者以時太平和合無所爭也○奏如字詩作鬷子公反假古雅反爭爭鬭之爭注同太平音泰○【重言】不言而信二見表記一十二是故君子不賞而民勸不怒而民威於鈇鉞詩曰不顯惟德百辟其刑之不顯言顯也辟君也此頌也言不顯乎文王之德百君盡刑之謂諸侯法之也○鈇方于反又音斧鉞音越辟音壁注同是故君子篤恭而天下平詩曰予懷明德不大聲以色予我也懷歸也言我歸有明德者以其不大聲為嚴厲之色以威我也子曰聲色之於以化民末

也詩曰德輶如毛輶輕也言化民當以德德之易舉而用其輕如毛耳○末亡曷反輶音酉一音由注同易以豉反毛猶有倫上天之載無聲無臭至矣倫猶比也載讀曰栽謂生物也言毛雖輕尚有所比有所比則有重上天之造生萬物人無聞其聲音亦無知其臭氣者化民之德清明如神淵淵浩浩然後善○載依注讀曰栽音災生也詩音再此必栽復反下同或音昨志反又必利反皆非也重直勇反又直容反

纂圖互註禮記卷之十六

纂圖互註禮記卷第十七

表記第三十二陸曰鄭云以其記君子之德見於儀表者也

禮記　　鄭氏註

子言之歸乎君子隱而顯不矜而莊不厲而威不言而信此引子行與聘諸侯莫能用已以厭倦之辭也矜謂自尊大也厲謂嚴顏色也○矜居陵反應應對之應已音紀厭於豔反重言不言而信二見中庸子曰君子不失足於人不失色於人不失口於人是故君子貌足畏也色足憚也言足信也失謂失其容止之節也玉藻曰足容重色容莊口容止○憚大旦反甫刑曰敬忌而罔有擇言在躬甫刑尚書篇名忌之言戒也言己外敬而心戒慎則無有可擇之言加於身也子曰裼襲之不相因也欲民之毋相瀆也不相因者以其或以裼爲敬或以襲爲敬禮盛者以襲爲敬執玉龜之屬也禮不盛者以裼爲敬受享是也○裼襲思歷反下音習毋音無下同瀆大木反子曰祭極敬不繼之以樂朝極辨不繼之以倦極猶盡也辨分別政事也祭義曰祭之日樂與哀半饗之必樂已至必哀○樂音洛注同

又音岳朝直遥反下注朝聘同倦本又作勌苦眷反别彼列反已音以子曰君子慎以辟禍篤以不揜恭以遠恥篤厚也揜猶困迫也○辟音避揜於檢反遠于萬反子曰君子莊敬日強安肆日偷肆猶放恣也偷苟且也肆或爲藪○日強上人實反下同下其良反肆音四偷他侯反注同恣咨嗣反君子不以一日使其躬儳焉如不終日儳焉可輕賤之貌也如不終日言人而無禮死無時○儳徐在鑑反又仕鑑反子曰齊戒以事鬼神擇日月以見君恐民之不敬也擇日月以見君謂臣在邑竟者○齊側皆反見賢遍反注同竟音境子曰狎侮死焉而不畏也忕於無敬心也○狎下甲反昔日也侮亡甫反忕時世反又時設反子曰無辭不相接也無禮不相見也欲民之毋相褻也辭所以通情也禮謂摯也春秋傳曰古者諸侯有朝聘之事賓辭必稱先君以相接也○褻息列反摯音至本亦作贄易曰初筮告再三瀆瀆則不告瀆之言褻之○筮市制反二息暫反又如字子言之仁者天下之表也義者天下之制也報者天下之利也報謂禮也禮尚往來子曰以德報德則民有所勸以怨報怨則民有

所懲懲謂創艾。懲直陵反，創初亮反，又初良反，又或又作艾，魚廢反，又呈魚蓋反。詩曰：無言不讎，無德不報。讎猶荅也。讎音酬。大甲曰：民非后無能胥以寧，后非民無以辟四方。大甲湯孫也，書以名篇。胥，相也。民非君不能以相安。○大音泰，注同。無能胥以寧，尚書作罔克胥匡以生。辟音壁，君也。子曰：以德報怨，則寬身之仁也；以怨報德，則刑戮之民也。寬猶愛也。愛身以息怨，非禮之正也。仁亦當言民，聲之誤。○戮音六，本或作僇，音同。子曰：無欲而好仁者，無畏而惡不仁者，天下一人而已矣。是故君子議道自己，而置法以民。一人而已，喻少也。自己，自盡己所能行。○好，呼報反。惡，烏路反。重言天下一人而已矣，二，下文一。子曰：仁有三，與仁同功而異情。三謂安仁也，利仁也，強仁也。利仁、強仁，功雖與安仁者同，本其情則異。○強，其兩反，下文同。與仁同功，其仁未可知也；與仁同過，然後其仁可知也。仁者安仁，知者利仁，畏罪者強仁。功者人所貪也，過者人所辟也。在過之中，非其本情者，或有悔者焉。○知者音智。辟音避。仁者右也，道者左也。仁者人也，道者義也。右也、左也，言相須而成也。人也，謂施以人恩也。

義也謂斷以事宜也春秋傳曰無未有言合之者也其言合言之詞也○斷丁亂反【尊】仁者人也二一見中庸二十一厚於仁者薄於義親而不尊厚於義者薄於仁尊而不親言仁義並行者也仁多則人親之義多則人尊之道有至義有考至道以王義道以霸考道以爲無失此讀當言道有至有義有考考字脫一有耳有至謂兼仁義者有義則無仁矣有考考成也能取仁義之一成之以不失於人非性也○首有至義依注讀爲道有至有義王于況反脫音奪子言之仁有數義有長短小大中心憯怛愛人之仁也率法而強之資仁者也資取也數與長短小大互言之耳性仁義者其數長大取仁義者其數短小○數所住反憯七感反怛丹曷反詩云豐水有芑武王豈不仕詒厥孫謀以燕翼子武王烝哉數世之仁也芑枸檵也仕之言事也詒遺也燕安也烝君也言武王豈不念天下之事乎如豐水之有芑矣乃遺其後世之子孫以善謀以安翼其子也君哉武王美之也○豐芳弓反芑音起詒以之反烝之承反數色主反枸本亦作苟檵音計遺于季反下同國風曰我今之不閱皇恤我後終身之仁也閱猶容也皇暇也恤憂也言我今尚恐不能自容何暇憂我後之人乎○我今之詩作我躬閱音悅子曰仁之

爲器重，其爲道遠，舉者莫能勝也，行者莫能致也，取數多者仁也。夫勉於仁者，不亦難乎？取數多，言計天下之道，仁居其多。○勝音升。數色住反。是故君子以義度人，則難爲人；以人望人，則賢者可知已矣。言以先王成法儗度人，則難中也；當以時人相比方耳。○度待洛反，注同。儗魚起反。中丁仲反。子曰：「中心安仁者，天下一人而已矣。大雅曰：『德輶如毛，民鮮克舉之；我儀圖之，惟仲山甫舉之，愛莫助之。』輶，輕也。鮮，罕也。儀，匹也。圖，謀也。愛猶惜也。言德之輕如毛耳，人皆以爲重，罕能行之者。作此詩者，周宣王之大臣也。言我之匹謀之，仲山甫則能行之，美之也。惜乎時人無能助之者，言賢者少。○輶音酉，一音由。鮮息淺反，注及下並同。重言天下一人而已矣二，一見上文。小雅曰：『高山仰止，景行行止。』」仰高勤行者，仁之次也。景，明也。有明行者，謂古賢聖也。○仰止，本亦作仰之。景行，下孟反，注明行同。行止，詩作行之。子曰：「詩之好仁如此。鄉道而行，中道而廢，忘身之老也，不知年數之不足也，俛焉日有孳孳，斃而后已。」廢喻力極罷頓，不能復行則止也。俛焉，勤勞之貌。孳孳，仆也。○好呼報反，下同。鄉許亮反。數色住反。強其兩

反一本作俛音勉本或作隱非也兹字音兹斃音弊仆也本又作斃已音以罷音皮頓如字又徒困反復扶又反仆蒲北反又音赴

子曰仁之難成久矣人人失其所好言仁道不成人所由不得其志○重言仁之難成久矣三見下文故仁者之過易辭也辭猶解說也仁者恭儉雖有過不爲甚矣唯聖人無過○易以豉反下同解古買反徐又音蟹子曰恭近禮儉近仁信近情敬讓以行此雖有過其不甚矣夫恭寡過情可信儉易容也以此失之者不亦鮮乎言恭寡以此失之○近附近之近下同詩云溫溫恭人惟德之基子曰仁之難成久矣唯君子能之言能成人道者少也是故君子不以其所能者病人不以人之所不能者愧人病愧謂罪咎之○咎其九反是故聖人之制行也不制以己使民有所勸勉愧恥以行其言以中人爲制則賢者勸勉不及者愧恥聖人之言乃行也○制行下孟反已音紀禮以節之信以結之容貌以文之衣服以移之朋友以極之欲民之有壹也移讀如水氾移之移移猶廣大也極致也壹謂專心於善○移昌氏反注氾移之移移猶

夫也同徐又抬者反一音以示反汜芳劒反小雅曰不愧于天不畏于人言人有所行當
慙怍於天人也○怍昔故反是故君子服其服則文以君子之容有其
容則文以君子之辭遂其辭則實以君子之德遂猶成也是
故君子恥服其服而無其容恥有其容而無其辭恥有
其辭而無其德恥有其德而無其行○無其行謂不行其德行下孟反注無其
行同是故君子衰絰則有哀色端冕則有敬色甲冑則有
不可辱之色言色稱其服也○衰七雷反絰田節反冑直又反稱尺證反下文并注同詩云惟鵜
在梁不濡其翼彼記之子不稱其服鵜鶘胡汚澤也汚澤善居泥水之中在
梁以不濡汚其翼爲才如君子以稱其服爲有德○鵜音啼徒兮反鶘鶘胡汚澤之鳥一名淘河濡而朱反記本又作己音同徐
吏反汚澤一音烏本又作洿一音火故反濡汚汚哀于之汚子言之君子之所謂義者貴賤
皆有事於天下天子親耕粢盛秬鬯以事上帝故諸侯
勤以輔事於天子言無事而居位食祿是不義而富且貴○粢盛音成杜預云黍稷曰粢在器曰盛秬音巨

黑黍鬯勅亮反香酒也【重言】天子親耕粢盛天子親耕於南郊

子曰：下之事上也，雖有庇民之大德，不敢有君民之心，仁之厚也。庇覆也無君民之心是思不出其位○庇必利反徐方至反又音秘是故君子恭儉以求役仁，信讓以求役禮，不自尚其事，不自尊其身，儉於位而寡於欲，讓於賢，卑己而尊人，小心而畏義，求以事君，役之言為也求以事君者欲成其忠臣之名也得之自是，不得自是，以聽天命。言不易道徼祿利也○易音亦徼古堯反詩云：「莫莫葛藟，施于條枚，凱弟君子，求福不回。」凱樂也弟易也言樂易之君子其求福脩德以俟之不為回邪之行以要之如葛藟之延蔓於條枚是其性也○藟音誄力水反施以豉反條枚亡回反毛詩傳云枚曰條幹曰枚凱本亦作愷又作豈同開待反後放此弟本又作悌音同注及下皆同樂音洛下同易以豉反下同邪似嗟反曲也行下孟反下至下文行之浮於名也文注皆同要一遥反蔓音萬其舜、禹、文王、周公之謂與！有君民之大德，有事君之小心。言此德當不回也○與音餘詩云：「惟此文王，小心翼翼，昭事上帝，聿懷多福，厥德不回，以受方國。」

昭明也上帝天也聿述也懷至也言述行上帝之德以至於多福也方四方也受四方之國謂王天下○聿尹必反謂王于況反

子曰先王謚以尊名節以壹惠恥名之浮於行也謚者行之迹也名者謂聲譽也言先王謚行以為謚以尊名者使聲譽可得而尊言也壹謂為一惠猶善也言聲譽雖有衆多者節以其行一大善者為謚耳在上曰浮君子恥行成功聲譽踰行是所恥○謚音示是故君子不自大其事不自尚其功以求處情過行弗率以求處厚彰人之善而美人之功以求下賢率循也過行不復循行猶不一過○下戶嫁反復扶又反是故君子雖自卑而民敬尊之言謙者所以成行立德

子曰后稷天下之為烈也豈一手一足哉烈業也言后稷造稼穡天下世以為業豈一手一足所用之者多無數也唯欲行之浮於名也故自謂便人亦言其謙也辟仁聖之名云自便習於此事之人耳○行下孟反便婢面反又婢綿反注同辟音避

子言之君子之所謂仁者其難乎詩云凱弟君子民之父母凱以強教之弟以說安之樂而毋荒有禮而親威莊而安孝慈而敬使民有父之

尊有母之親如此而后可以爲民父母矣非至德其孰能如此乎有父之尊有母之親謂其尊親己如父母○强其良反徐其兩反説音悦毋音無【重言】其孰能如此乎二下文一今父之親子也親賢而下無能母之親子也賢則親之無能則憐之母親而不尊父尊而不親水之於民也親而不尊火尊而不親土之於民也親而不尊天尊而不親命之於民也親而不尊鬼尊而不親或見尊或見親以其嚴與恩所尚異也命謂四時政令所以教民勤事也鬼謂四時祭祀所以訓民事君也○憐力田反【重言】親而不尊七並本篇尊而不親四並本篇子曰夏道尊命事鬼敬神而遠之近人而忠焉先禄而後威先賞而後罰親而不尊遠鬼神近人謂外宗廟內朝廷○遠于萬反注及下同近附近之近注及下同朝直遥反下同【重言】近人而忠焉二下文其民之敝惷而愚喬而野朴而不文以本不困於刑罰也誇謾也敝謂政教衰失之時也○惷傷容反徐昌容反范陽江反又丁絳反字林音丑降反又丑凶反喬音驕朴普角反謾況袁反誇也忘也殷人尊神率民以事神先

鬼而後禮，先罰而後賞，尊而不親。先鬼後禮，謂內宗廟外朝廷也。禮者，君臣朝會，凡以摯交接相施予。○以摯音至。相施，始豉反，下文同。其民之敝，蕩而不靜，勝而無恥。以其忕於鬼神，虛無之事，令其心放蕩無所定，困於刑罰，苟勝免而無恥也。《月令》曰「無作淫巧，以蕩上心」。○勝而，始證反。忕音誓，與上忕於同。令其，力呈反。巧，苦教反，又如字。周人尊禮尚施，事鬼敬神而遠之，近人而忠焉，其賞罰用爵列，親而不尊。賞罰用爵列，以尊卑爲差。其民之敝，利而巧，文而不慙，賊而蔽。以其數交接，以言辭尊卑，多獄訟。○蔽，畢世反，又音弊。數，色角反。

子曰：夏道未瀆辭，不求備，不大望於民，民未厭其親。殷人未瀆禮，而求備於民。周人強民，未瀆神，而賞爵刑罰窮矣。未瀆辭者，謂時王不尚辭，民不褻爲也。不求備，不大望，言其政寬，賦稅輕也。強民，言承殷難變之敝也。賞爵刑罰窮矣，言其繁文備設。○厭，於豔反。強，其兩反，注同。稅，中銳反。子曰：虞夏之道，寡怨於民；殷周之道，不勝其敝。勝猶任也。言殷周極文，民無恥而巧利，後世之政難復。○勝音升，注同。敝音弊。任，如金反。復音伏。子曰：虞夏之質，殷周之文，至矣。言後有王者，其作質，文不能易之。○易音亦虞夏之文不勝其質殷周之質不勝其文言王者相變質與文各有所多。勝式證反又音升子言之曰後世雖有作者虞舜弗可及也已矣君天下生無私死不厚其子子民如父母有憯怛之愛有忠利之教親而尊安而敬威而愛富而有禮惠而能散其君子尊仁畏義恥費輕實忠而不犯義而順文而靜寬而有辨死不厚其子言既不傳位又無以豐饒於諸臣也恥費不爲繇費出空言也實謂財貨也辨別也猶寬而栗也靜或爲情。憯七感反怛旦達反費芳貴反傳丈專反別彼列反下不別同甫刑曰德威惟威德明惟明非虞帝其孰能如此乎德所威則人皆畏之言服罪也德所明則人皆尊寵之言得人也。曰音越威加字威畏也讀者亦依尚書音畏也子言之事君先資其言拜自獻其身以成其信資謀也獻猶進也言臣事君必先謀定其言乃後親進爲君言也是故君有責於其臣臣有死於其言故其受祿不誣其受罪益寡死其言者竭力於其所言之事死而不負於事不信曰誣。誣音無子曰事君大言入則望大利小言入則望小利大言可以立大事也小言可以立小事也入爲君受之利祿賞也入或爲人○爲君子爲反故君子不以小言受大祿不以大言受小祿言臣受祿各用其德能也易曰不家食吉此大畜彖辭也彖曰不家食吉養賢也言君有大畜積不與家食之而已○以祿賢者賢有大小祿有多少○畜勑六反下同彖吐亂反子曰事君不下達不尚辭非其人弗自不下達不以私事自通於君也不尚辭不多出浮華之言也弗自不身與相親小雅曰靖共爾位正直是與神之聽之式穀以女靖治也爾女也式用也穀祿也言敬治女位之職事正直之人乃與爲倫友神聽女之所爲用祿與女○共音恭本亦作恭同女音汝注同子曰事君遠而諫則讇也近而不諫則尸利也尸謂不知人事無辭讓也○讇本亦作諂勑撿反子曰邇臣守和宰正百官大臣慮四方邇近也和謂調和君事者也若景公曰唯據與我和宰主冢宰也冢宰主治百官子曰事君欲諫不欲陳陳謂言其過於外也詩云心乎愛矣瑕不謂矣中心藏之何日忘之瑕之言胡也謂猶告也○藏如字鄭解詩作臧臧善也子曰事君難進而易退則位有序易進而

難退則亂也亂謂賢否不別○易以豉反下及注易絕同重意事君難進而易退儒行四十一其難進而易退也

重言則亂也三一見下文一見坊記三十故君子三揖而進一辭而退以遠亂也

進難者爲主人之擇己也退速者爲君子之倦也○遠于萬反爲主人于爲反下同子曰事君三違而

不出竟則利祿也人雖曰不要君弗信也違猶去也利祿言爲貪祿留也

臣以道去君至於三而不遂去是貪祿以以其強与君要也○竟音境要於遥反注同言爲于僞反強其良反舊其兩反子曰

事君慎始而敬終輕交易絕君子所恥子曰事君可貴可賤可富可

貧可生可殺而不可使爲亂亂謂叛違廢事君之礼子曰事君軍旅不

辟難朝廷不辭賤言尚忠且謙也○不辟音避難乃旦反朝直遥反處其位而不履

其事則亂也履猶行也故君使其臣得志則慎慮而從之否

則孰慮而從之終事而退臣之厚也使謂使之聘問師役之屬也慎慮而從之者此己志也欲其必有成也否謂非己志也孰慮而從之又計於己利害也終事而退非己志者事成則去也事或爲身○慎本亦作古昚字

易曰不事王侯高尚其事言臣致仕而去不復事君也君猶高尚其所爲之事言臣尊

表記 十七之七

大其成功也○復扶又反子曰唯天子受命于天士受命于君言皆有所受不
敢專也唯當爲雖字之誤也○唯大子唯音雖出注故君命順則臣有順命君命逆則
臣有逆命言臣受順則行順受逆則行逆如其所受於君則爲君不易矣○易以豉反詩曰鵲之
姜姜鶉之賁賁人之無良我以爲君姜姜賁賁爭鬭惡貌也良善也言我以惡
人爲君亦使我惡如大鳥姜姜於上小鳥賁賁於下○鵲字林作鵲說文作雖音七略反姜居良反鶉士倫反賁音奔注同子
曰君子不以辭盡人不見人之言語則以爲善言其餘行或時惡也○行下孟反下文并注同故
天下有道則行有枝葉天下無道則辭有枝葉行有枝葉所以
益德也言有枝葉是衆盛華也枝葉依幹而生言行亦由禮出是故君子於有喪者之側不
能賻焉則不問其所費於有病者之側不能饋焉則不
問其所欲有客不能館則不問其所舍皆爲有言而无其實○賻音附費芳
貴反饋其位反辟音避〔重意〕君子於有喪者之側至不問其所舍曲礼上云弔喪弗能賻不問其所費問疾弗能遺不問其所欲見
人弗能館不問其所舍故君子之接如水小人之接如醴君子淡以

成小人甘以壞水相得合而已酒醴相得則敗淡无酸酢少味也接或爲交○醴音礼淡大敢反又大暫反
徐徒闞反注同酸悉官反酢七故反小雅曰盜言孔甘亂用是餤盜賊也孔甚也餤進也○
餤音談徐本作鹽以占反子曰君子不以口譽人則民作忠與譽繩也○譽音餘注同繩
市升反左傳以繩爲譽重言則民作忠一坊記一故君子問人之寒則衣之問人之
飢則食之稱人之美則爵之皆爲有言不可以无實○衣於既反食音似爲于僞反國風
曰心之憂矣於我歸說欲歸其所說忠信之人也○說音悅又始銳反注同子曰口
惠而實不至怨菑及其身善言而无信人所惡也○菑音災惡烏路反是故君
子與其有諾責也寧有已怨已謂不許也言諾而不與其怨大於不許○已音以國風
曰言笑晏晏信誓旦旦不思其反反是不思亦已焉哉
此皆相与爲昬礼而不然者也言始合會言笑和說要誓甚信今不思其本恩之反覆之不思亦已焉哉无如此人何悲之深
也○晏於諫反信誓本亦作大誓言旦如字梂亦作悬亦巳音以說音悅覆反覆並芳服反子曰君子不以
色親人情疏而貌親在小人則穿窬之盜也與子曰情

欲信辭欲巧巧謂順而說也○穿音川窬沱羊朱反徐音臾與音餘說音悅子言之昔三代明王皆事天地之神明無非卜筮之用不敢以其私褻事上帝言動任卜筮也神明謂羣神也是故不犯日月不違卜筮日月謂冬夏至正月及四時也所不違者日與牲尸也○夏戶嫁反【重意】不違卜筮卜又不違龜筮卜筮不相襲也襲因也大事則卜小事則筮○【重言】卜筮不相襲也曲禮上無也字大事有時日大事有事於大神有常時常日也小事無時日有筮有事於小神無常時常日有筮臨有事筮之外事用剛日內事用柔日順陰陽也陽為外陰為內事之外內別乎四郊○別彼列反【重意】外事用剛日內事用柔日曲禮上外事以剛日內事以柔日不違龜筮子曰牲牷禮樂齊盛是以無害乎鬼神無怨乎百姓牷猶純也○牷音全純色也本亦作全注同齊音咨本亦作齍子曰后稷之祀易富也其辭恭其欲儉其祿及子孫富之言備也以傳世之祿共儉者之祭易備也○易以豉反注同傳丈專反下同共音恭詩曰后稷兆祀庶無罪悔以迄于今兆四郊之祭處也迄至也言祀后稷於郊以配天庶幾其無罪悔乎福祿傳世乃至於今迄許訖反處昌慮反下建國之

處同

子曰大人之器威敬言其用之尊嚴天子無筮謂征伐出師若巡守也天子至尊大事皆用卜也春秋傳曰先王卜征五年歲襲其祥○守手又反諸侯有守筮守筮守國之筮國有事則用之天子道以筮始將出卜之道有小事則用筮諸侯非其國不以筮卜宅寢室入他國則不筮不敢問吉凶於人之國也諸侯受封乎天子因國而國唯宮室欲改易者得卜之耳天子不卜處大廟卜可建國之處吉則宮廟吉可知○大音太子曰君子敬則用祭器謂朝聘待賓客崇敬不敢用其器也○朝直遙反是以不廢日月不違龜筮以敬事其君長用龜筮問所貢獻也○長丁丈反是以上不瀆於民下不褻於上言上之於下以直則下應之以正不褻慢也○應應對之應慢字又作慢武諫反

緇衣第三十三陸曰鄭云善其好賢者之厚故述其所稱之詩以爲其名也緇衣鄭詩美武公也劉瓛云公孫尼子所作也

禮記　鄭氏註

子言之曰爲上易事也爲下易知也則刑不煩矣言君不苛虐臣無姦心則刑可以措○子言之曰此篇二十四章唯此一子言之後皆作子曰易以豉反下同苛音何錯七故反本亦作措同

子曰好賢如緇衣惡惡如巷伯則爵不瀆而民作愿刑不試而民咸服緇衣巷伯皆詩篇名也緇衣首章曰緇衣之宜兮敝予又改爲兮適子之館兮還予授子之粲兮言此衣緇衣者賢者也宜長爲國君其衣敝我願改制授之以新衣是其好賢欲其貴之甚也巷伯六章曰取彼讒人投畀豺虎豺虎不食投畀有北有北不受投畀有昊此其惡惡欲其死亡之甚也爵不瀆者不輕爵人也試用也咸皆也○好呼報反注同緇則其反惡惡上烏路反下如字注同巷户降反巷伯小雅篇名愿音願還音旋粲七旦反衣緇衣上於既反下如字讒人本又依詩作譖人投畀必利反下同豺仕皆反昊胡老反本或作皓同

大雅曰儀刑文王萬國作孚刑法也孚信也儀法文王之德而行之則天下無不爲信者也文王爲政克明德慎罰

子曰夫民教之以德齊之以禮則民有格心教之以政齊之以刑則民有遯心格來也遯逃也○格古伯反遯徒遜反亦作遁故君民者子以愛之則民親之信以結之則民不倍恭以涖之則民有孫心涖臨也孫順也○倍音佩下注同涖音利又音類孫音遜注同

甫刑曰苗民匪用命制以刑惟作五虐之刑曰法是以民有惡德而遂絶其世也甫刑尚書篇名匪非也命謂政

令也高辛氏之末諸侯有三苗者作亂其治民不用政令專制御之以嚴刑乃作五虐蚩尤之刑以是爲法於是民皆爲惡起倍畔也三苗由此見滅無後世由不任德○蚩尺之反畔本或作叛俗字非也任而鴆反子曰下之事上也不從其所令從其所行言民化行不拘於言○行下孟反注同又如字拘音俱【疏】下之事上也三下文一上好是物下必有甚者矣甚者甚於君也○好呼報反下皆同故上之所好惡不可不慎也是民之表也言民之從君如影逐表○惡烏路反影如字一音英領反【疏】是民之表也三下文一子曰禹立三年百姓以仁遂焉豈必盡仁言百姓效禹爲仁非本性能仁也遂猶達也○效胡孝反詩云赫赫師尹民具爾瞻甫刑云一人有慶兆民賴之大雅曰成王之孚下土之式皆言化君也孚信也式法也○赫許百反王如字徐于況反子曰上好仁則下之爲仁爭先人故長民者章志貞教尊仁以子愛百姓民致行己以說其上矣章明也貞正也民致行己者民之行皆盡己心○長丁丈反說音悅詩云有梏德行四國順之梏大也直也○梏音角詩作覺行下孟反子曰王言如絲其出如

綸王言如綸其出如綍言言出彌大也綸今有秩嗇夫所佩也綍引棺索也○綸音倫又古頑反綬也如字綍音弗大索嗇音色索悉洛反故大人不倡游言游猶浮也不可用之之言也○倡昌尚反可言也不可行君子弗言也可行也不可言君子弗行也則民言不危行而行不危言矣危猶高也言不高於行行不高於言言行相應也○行下而行皆下孟反注及下皆同應應對之應詩云淑慎爾止不愆于儀淑善也愆過也言善慎女之容止不可過於禮之威儀也○愆起虔反女音汝子曰君子道人以言而禁人以行禁猶謹也○道音導故言必慮其所終而行必稽其所敝則民謹於言而慎於行稽猶考也議也○稽古兮反詩云慎爾出話敬爾威儀話善言也○話胡快反大雅曰穆穆文王於緝熙敬止緝熙皆明也言於明明乎敬其容止○於音烏注同緝七入反熙許其反毛詩傳云緝熙光明也子曰長民者衣服不貳從容有常以齊其民則民德壹貳不壹也○長丁丈反下君長同貳本或作貣同音二下同從七凶反詩云彼都人士狐裘黃黃其容不改出言有章行歸

于周萬民所望黃衣則狐裘大蜡之服也詩人見而說焉章文章也忠信爲周此詩毛氏有之三家則亡○黃絲本作纊音黃蜡仕詐反說音悅子曰爲上可望而知也爲下可述而志也則君不疑於其臣而臣不惑於其君矣志猶知也尹吉曰惟尹躬及湯咸有壹德吉當爲告告古文誥字之誤也尹告伊尹之誥也書序以爲咸有壹德今亡咸皆也君臣皆有壹德不貳則無疑惑也○吉依注爲告音誥羔報反詩云淑人君子其儀不忒子曰有國者章義癉惡以示民厚則民情不貳章明也癉病也○忒他得反本或作貳音二章義如字尚書作善皇云義善也癉丁但反詩云靖共爾位好是正直子曰上人疑則百姓惑下難知則君長勞難知有姦心也○共音恭本亦作恭好呼報反故君民者章好以示民俗愼惡以御民之淫則民不惑矣淫貪侈也孝經曰示之以好惡而民知禁○好如字又呼報反注同惡如字又烏路反注同後昌氏反又式氏反臣儀行不重辭不援其所不及不煩其所不知則君不勞矣儀當爲義聲之誤也言臣之義事君則行也重猶尚也援猶引也引君所不

反謂必使其君所行如堯舜也不煩以其所不知謂必使其知惠如聖人也凡告諭人當隨其才以誘之○行如字遂音遂注同知
惠音智詩云上帝板板下民卒癉上帝以喻君也板板辟也卒盡也癉病也此君使民惑之詩
○板布綰反注同亶丁但反本亦作癉辟匹亦反字亦作僻同小雅曰匪其止共惟王之邛
匪非也邛勞也言臣不止於恭敬其職惟使王之勞此臣使君勞之詩也○共音恭皇本作躬一云躬恭也邛其恭反子曰
政之不行也教之不成也爵祿不足勸也刑罰不足恥
也故上不可以褻刑而輕爵言政教所以明賞罰○褻息列反康誥曰敬
明乃罰甫刑曰播刑之不迪康誥尚書篇名也播猶施也不衍字耳迪道也言施
刑之道○播徐補餓反迪音狄衍延善反子曰大臣不親百姓不寧則忠敬不
足而富貴已過也大臣不治而邇臣比矣忠敬不足謂臣不忠於君君不
敬其臣亦近也言近以見遠言大以見小互言之此私相親也○治音值比毗志反注同親也見賢遍反下並同故大臣
不可不敬也是民之表也邇臣不可不慎也是民之道
也民之道言民循從也君毋以小謀大毋以遠言近毋以內圖外圖亦

其謀也言凡謀之當各於其黨於其黨知其過審也大臣柄權於外小臣執命於內或時交爭轉相陷害○毋音无下同柄音秉兵永反爭爭鬭之爭則大臣不怨邇臣不疾而遠臣不蔽矣疾猶非也○蔽必世反

葉公之顧命曰毋以小謀敗大作毋以嬖御人疾莊后毋以嬖御士疾莊士大夫卿士葉公楚縣公葉公子高也臨死遺書曰顧命小謀小臣之謀也大作大臣之所爲也嬖御人愛妾也疾亦非也莊后適夫人齊莊得禮者嬖御士愛臣也莊士亦謂士之齊莊得禮者今爲大夫卿士○葉舒涉反注同葉公楚大夫沈諸梁也字子高爲葉縣尹僭稱公也敗補邁反嬖必惠反徐甫詣反又補弟反字林方豉反賤而得幸曰嬖云便嬖愛妾莊后側良反齊莊也下及注同適丁歷反齊側皆反下同

子曰大人不親其所賢而信其所賤民是以親失而教是以煩親失失其所當親也教煩由信賤也賤者无壹德也詩云彼求我則如不我得執我仇仇亦不我力言君始求我如恐不得我既得我持我仇仇然不堅固亦不力用我是不親信我也○仇音求尒雅云讎也君陳曰未見聖若已弗克見既見聖亦不克由聖克能也由用也○陳本亦作古陳字若已弗克見音紀尚書无已字

子曰小人溺於水君子溺於

口夫人溺於民皆在其所褻也言人不溺於所敬者常謂覆没没不能自理出也○溺乃歷反覆芳服反夫水近於人而溺人德易狎而難親也易以溺人言水人之所沐浴自絜清者至於深淵洪波所當畏慎也由近人人之故或泳之游之褻慢而无戒心以取溺焉有德者亦如水矣而時於其近者小者以從人事自以爲可則侮狎之至於先王大人道德與天合則遂扞格不入迷惑无聞如溺於大水矣難親親之當肅敬如臨深淵○近附近之近注由近人同易以豉反下同狎徐戶甲反清如字又才性反洪本又作鴻泳音詠潜行爲泳○游音由侮亡甫反捍胡旦反格戶白反重言易以溺人凡二見下文口費而煩易出難悔易以溺人費猶惠也言口多空言且煩數也過言一出駟馬不能反又不可得悔也口舌所覆亦如溺矣費或爲哱或爲悖○費芳貴反注同數色角反覆芳服反又芳又反哱或爲悖並布內反夫民閉於人而有鄙心可敬不可慢易以溺人言民不通於人道而心鄙詐難卒告諭人君敬慎以臨之則可若陵虐而慢之分崩怨畔君无所尊亦如溺矣○慢本又作漫音武諫反卒寸忽反故君子不可以不慎也慎所可褻乃不溺矣太甲曰毋越厥命以自覆也若虞機張往省括于厥度則釋越之言蹷也厥其也覆敗也言无自顛蹷女之政教以自毀敗虞主田獵之地者也機弩牙也

度謂所擬射也虞人之射禽弩已張從機間視括與所射參相得乃後釋弦發矢爲政亦以已心參於羣臣及萬民可乃後施也○大音泰要復芳服反注同括古活反于厥度如字又大各反注同尚書无厥字蹷是其厥反又紀衛反一音厥女音汝擬魚起反本亦作擬射食亦反下同兌命曰惟口起羞惟甲冑起兵惟衣裳在笥惟干戈省厥躬兌當爲說謂殷高宗之臣傅說也作書以命高宗尚書篇名也羞猶辱也衣裳朝祭之服也推口起辱當慎言語也推甲冑起兵當慎軍旅之事也推衣裳在笥當服以爲禮也推干戈必省厥躬當恕已不尚害人也○兌依注作說本亦作說兵尚書作戎笥司吏反爲說說音悅下傅說同朝直遥反太甲曰天作孽可違也自作孽不可以逭違猶辟也逭逃也○孽魚列反下同尚書作天作孽猶可違也不可以逭本又作逭乎亂反尚書作弗可逭无以字辟音避尹吉曰惟尹躬天見于西邑夏自周有終相亦惟終尹吉亦尹誥也天當爲先字之誤忠信爲周相助也謂臣也伊尹言尹之先祖見夏之先君臣皆忠惟以自終今天絶桀者以其自作孽伊尹始仕於夏此時就湯矣夏之邑在亳西見或爲敗邑或爲予○吉音誥出注羔報反天依注作先西田反相息亮反亳步各反子曰民以君爲心君以民爲體心莊則體舒心肅則容敬心好之身必安之君好之民必欲之心

以體全亦以體傷君以民存亦以民亡莊齊莊也。○好，呼報反，下同。齊，側皆反。【重言】君好之二見樂記 詩云昔吾有先正其言明且清國家以寧都邑以成庶民以生誰能秉國成不自爲正卒勞百姓先正，先君長也。誰能秉國成，傷今無此人也。成，邦之八成也。誰能秉行之，不自以所爲者正，盡勞來百姓，憂念之者，哀疾時大臣專功爭美。○昔吾有先正，從此至庶民以生，揔五句，今詩皆無此語，餘在小雅節南山篇，或皆逸詩也。清，舊音才性反。一云此詩協韻，宜如字。上先正，音征。誰能秉國成，毛詩無能字。勞，力報反，注勞來同。詩依字讀，長丁丈反。來，力拜反，又音餘。 君雅曰雅，書序作牙。夏日暑雨小民惟曰怨資冬祁寒小民亦惟曰怨雅，書序作牙，假借字也。君雅，周穆王司徒，作尚書篇名也。資，當爲至，齊魯之語，聲之誤也。祁之言是也，齊西偏之語也。夏日暑雨，小民怨天，至冬是寒，小民又怨天，言民恒多怨，爲其君難。○雅，音牙，注同。尚書作牙。夏日，戶嫁反，注同。尚書無曰字。資依注音至，尚書作咨，連上句，云怨咨。祁，巨夷反，徐巨尸反，字林上尸反。 子曰下之事上也身不正言不信則義不壹行無類也類，謂比式。○行，下孟反，下行有格同。比式，如字，比方法式。【重言】下之事上也二二上文 子曰言有物而行有格也是以生則不可奪志死

則不可奪名物謂事驗也格舊法也是故一本作以故君子多聞質而守之
多志質而親之精知略而行之質猶少也多志謂博交汎愛人也精知孰慮於衆也精或
爲清○知如字一音智注同泯音民君陳曰出入自爾師虞庶言同自由也師庶皆
衆也虞度也言出內政教當由女衆之所謀度衆言同乃行之政教當由一也○度待洛反下同詩云淑人君
子其儀一也子曰唯君子能好其正小人毒其正正當爲匹
字之誤也匹謂知識朋友○好呼報反下皆同正音匹出注下同故君子之朋友有鄉其惡
有方鄉方喻輩類也小人徼利其友無常也○鄉許亮反又音香注同輩布內反徼五堯反下同是故邇者
不惑而遠者不疑也言其可望而知邇近也詩云君子好仇仇匹也
子曰輕絕貧賤而重絕富貴則好賢不堅而惡惡不著
也人雖曰不利吾不信也言此近微利也○惡惡上烏路反下如字著張慮反近附近之近
詩云朋友攸攝攝以威儀攸所也言朋友以禮義相攝正不以貧富貴賤之利也子曰
私惠不歸德君子不自留焉私惠謂不以公禮相慶賀饋以小物相問遺也言其物一不同以

爲德，則君子不以身留此人也。相惠以褻瀆邪辟之物，是爲不歸於德。歸或爲懷。○遺，于季反。邪，似嗟反，徐以車反。辟，匹亦反。詩云：人之好我，示我周行。行，道也。言示我以忠信之道。○行，户剛反，又如字。子曰：苟有車，必見其軾；苟有衣，必見其敝；人苟或言之，必聞其聲；苟或行之，必見其成。言凡人舉事，必有後驗也。見其軾，謂載也。敝，敗衣也。衣或在内，新時不見。○軾音式。敝，鄭婢世反，敗也；庾必世反，隱蔽也。人苟或言之，一本無人字。不見，如字，又賢遍反。葛覃曰：服之無射。射，厭也。言己願采葛以爲爲君子之衣，令君子服之無厭，言不虛也。○覃，徒南反。射音亦，注同。厭，於豔反，後皆同。令，力呈反。子曰：言從而行之，則言不可飾也；行從而言之，則行不可飾也。從，猶隨也。○行從，下孟反，下則行下注以行同。故君子寡言而行以成其信，則民不得大其美而小其惡。以行爲驗，虛言無益於善也。寡當爲顧，聲之誤也。○寡音顧，出注。詩云：白圭之玷，尚可磨也；斯言之玷，不可爲也。玷，缺也。言圭之缺尚可磨而平，之言之缺無如之何。○玷，丁簟反，又丁念反，下及注同。磨，莫何反。小雅曰：允也君子，展也大成。允，信也。展，誠也。君奭曰：昔在上帝，周田觀文王之德，其集大命于厥躬奭召公名也作尚書篇名也古文周田觀文王之德爲割申勸寧王之德今博士讀爲厥亂勸寧王之德三者皆異古文似近之割之言蓋也言文王有誠信之德天蓋申勸之集大命於其身謂命之使王天下也○奭音釋周田觀文依注讀爲割申勸寧召尚照反本亦作邵近附近之近王于況反

子曰南人有言曰人而無恒不可以爲卜筮古之遺言與龜筮猶不能知也而況於人乎恒常也不可爲卜筮言卦兆不能見其情定其吉凶也○與音餘詩云我龜既厭不我告猶猶道也言褻而用之龜厭之不告以吉凶之道也兌命曰爵無及惡德民立而正事純而祭祀是爲不敬事煩則亂事神則難惡德無恒之德純猶皆也言君祭祀賜諸臣爵毋與惡德之人也民將立以爲正也言倣傚之疾事皆如是而以祭祀是不敬鬼神也惡德之人使事煩事煩則亂使事鬼神又難以得福也純或爲煩○兌音悅毋音無倣方往反傚户教反易曰不恒其德或承之羞恒其德偵婦人吉夫子凶羞猶辱也偵問也問正爲偵婦人從人者也以問正爲常德則吉男子當專行斡事而以問正爲常德是亦無恒之人也○偵音貞周易作貞斡古旦反

纂圖互註禮記卷之十七

緇衣　十七　巳十五

纂圖互註禮記卷第十八

奔喪第三十四陸曰鄭云奔喪者居於他邦聞喪奔歸之禮實曲禮之正篇也

禮記　鄭氏註

奔喪之禮始聞親喪以哭荅使者盡哀問故又哭盡哀親父母也以哭荅使者驚怛之哀無辭也問故問親喪所由也雖非父母聞喪而哭其禮亦然也○奔喪此正字也說文云從哭亡亡亦聲也哭荅木反使色吏反怛同但都達反遂行日行百里不以夜行雖有哀戚猶辟害也唯父母之喪見星而行見星而舍晝夜之分別於昏明哭則遂行者又為位○辟音避分扶問反又方云反別彼列反若未得行則成服而后行侵晨冒昏彌益促也言唯者異也○冒亡北反又亡報反著張慮反過國至竟哭盡哀而止謂以君命有為者也成喪服得行則行○為于僞反一音如字哭辟市朝感此念親○竟音境下同望其國竟哭為驚眾也○辟音避朝直遥反為于僞反至於家入門左升自西階斬衰者也自是哭且遂行○衰七雷反後皆同殯東西面坐哭盡哀括髮袒括髮去飾也未成服者素委貌深衣已成服者因自

喪服矣○括古活反袒徒旱反去羌呂反○重言括髮袒下文互出檀弓上下但括髮二降堂東即位西鄉哭成踊已踊者位在下○鄉許亮反下西鄉同○重言降堂東即位西鄉哭成踊重見下文襲絰于序東絞帶反位拜賓成踊襲服衣也不於又哭乃絰者發喪已踰日節於是可也其未小斂而至與在家同耳不散帶者不見尸柩凡拜賓者就其位既拜反位哭踊○絞七[illegible]卯交又下同徐戶交反成踊音勇散悉但反送賓反位有賓後至者則拜之成踊送賓皆如初衆主人兄弟皆出門出門哭止闔門相者告就次次倚廬也○闔戶臘反相息亮反下相者皆同倚於綺反重言有賓後至者則拜之成踊送賓皆如初見下文於又哭括髮袒成踊於三哭猶括髮袒成踊又哭至明日朝也三哭又其明日朝也皆升堂括髮袒如始至必又哭三哭者象小斂大斂時也雜記曰士三踊其夕哭從朝夕哭不括髮不袒不踊不以爲數○不以數也色主反本亦作不以爲數數色具反重言括髮袒成踊重見下文三日成服拜賓送賓皆如初三日三哭之明日也既哭成其服喪服杖於序東奔喪者非主人則主人爲之拜賓送賓奔喪者自齊衰以下入門左中庭北面哭盡哀免麻于序東

即位袒與主人哭成踊不升堂哭者非父母之喪袒絻於主人也麻亦絰帶也於此言麻者明所奔
喪雖有輕者不全喪所無改服也凡袒者於位襲於序東袒襲不袒因位此麻乃袒變於爲父母也○爲于僞反注變於爲父下注
爲母皆同齊音咨下同免音問下及注皆同【重言】入門左三下文一於又哭三哭皆免袒有賓
則主人拜賓送賓又哭三哭亦入門左中庭北面如始至時也丈夫婦人之待
之也皆如朝夕哭位無變也待奔喪者無變嫌賓客之也於賓客以哀變爲敬此骨肉哀則
自哀矣於此乃言待之明奔喪者至三哭猶不以序入也奔母之喪西面哭盡哀括髮袒
降堂東即位西鄉哭成踊襲免絰于序東拜賓送賓皆
如奔父之禮於又哭不括髮爲母於又哭而免輕於父也其他則同○而免本或作而不免
者非婦人奔喪升自東階殯東西面坐哭盡哀東髽即位
與主人拾踊婦人謂姑姊妹女子子也東階東面階也婦人入者由闈門東髽髽於東序不髽於房變於在室者
也去纚大紒曰髽拾更也主人與之更踊賓客之○髽側瓜反拾其劫反注同闈音韋舊音暉去起呂反纚色買所綺二反紒音計
更音庚下同奔喪者不及殯先之墓北面坐哭盡哀主人之

待之也即位於墓左婦人墓右成踊盡哀括髮東即主人位經絞帶哭成踊拜賓反位成踊相者告事畢主人之待之謂在家者也哭於墓爲父母則祖告事畢者於此後無事也○相息亮反下同爲于僞反【重言】相者告事畢互見下文遂冠歸入門左北面哭盡哀括髮袒成踊東即位拜賓成踊賓出主人拜送有賓後至者則拜之成踊送賓如初衆主人兄弟皆出門出門哭止相者告就次於又哭括髮成踊於三哭猶括髮成踊三日成服於五哭相者告事畢又哭三哭不袒者哀戚已久殺之也逸奔喪禮說不及殯日於又哭猶括髮即位不袒告事畢者五哭而不復哭也成服之朝爲四哭此謂既期乃後歸至者也其未期猶朝夕哭不止於五哭○冠音官袒音但殺色界反下哀殺同復扶又反期音基下同○【重言】遂冠歸二下文一爲母所以異於父者壹括髮其餘免以終事他如奔父之禮壹括髮謂歸入門哭時也於此乃言爲母異於父者明及殯不及殯其異者同○爲于僞反注及下爲父同齊衰以下不及殯先之墓西面哭盡哀不北面者亦就於主

人免麻于東方即位與主人哭成踊襲有賓則主人拜賓送賓賓有後至者拜之如初相者告事畢不言袒言襲者容齊衰親者或袒可遂冠歸入門左北面哭盡哀免袒成踊東即位拜賓成踊賓出主人拜送於又哭免袒成踊於三哭猶免袒成踊三日成服於五哭相者告事畢為父於又哭括髮而不袒此又哭三哭皆言袒袒衍字也聞喪不得奔喪哭盡哀問故又哭盡哀乃為位括髮袒成踊襲絰絞帶即位聞父母喪而不得奔謂以君命有事不然者不得為位位有酇列之處如於家朝夕哭位矣不於又哭乃絰者喪至於此踰日節於是可也○酇子短反處昌慮反下之處同拜賓反位成踊賓出主人拜送于門外反位若有賓後至者拜之成踊送賓如初於又哭括髮袒成踊於三哭猶括髮袒成踊三日成服於五哭拜賓送賓如初不言就次者當從其事不可以喪服廢公職也其在官亦告就次言五哭者以迫公事五日哀殺亦可以止若除喪而后歸則之

墓哭成踊東括髮袒絰拜賓成踊送賓反位又哭盡哀
遂除於家不哭東東即主人位如不及殯者也遂除除於墓而歸主人之待之也無
變於服與之哭不踊無變於服自若時服也亦即位于墓左婦人墓右自齊衰以
下所以異者免麻凡為位非親喪齊衰以下皆即位哭
盡哀而東免絰即位袒成踊謂無君事又无故可得奔喪而以已私未奔者也父母之喪則
不為位其哭之不離聞喪之處齊衰以下更為位而哭大皆可行乃行○離力智反襲拜賓反位哭成
踊送賓反位相者告就次三日五哭卒主人出送賓衆
主人兄弟皆出門哭止相者告事畢成服拜賓卒猶止也三日
五哭者始聞喪訖夕為位乃出就次一哭也與明日又明日之朝夕而五哭不五朝哭而數朝夕備五哭而止亦為忩奔喪已私事
當畢亦明日乃成服凡云五哭者其後有賓亦于之哭而拜之○之朝朝旦也下同數色主反為于僞反若所為位
家遠則成服而往謂所當奔者外喪也外喪緦麻而道遠成服乃行容待齎也○齎子西反資糧也一音咨
齊衰望鄉而哭大功望門而哭小功至門而哭緦麻即

位而哭奔喪哭親疏遠近之差也差初佳反又初宜反下同哭父之黨於廟母妻之
黨於寢師於廟門外朋友於寢門外所識於野張帷此因
五服聞喪而哭列人因恩諸所當哭者也黨謂族類无服者也凡此奔喪礼曰哭父族與母黨於廟妻之黨於寢朋友於寢門外壹哭而
已不踊言壹哭而已則不為位矣凡為位不奠以其精神不存乎是哭天子九諸侯七
卿大夫五士三此臣聞君喪而未奔為位而哭尊卑日數之差也士亦有屬吏賤不得君臣之名大夫
哭諸侯不敢拜賓謂哭其舊君不敢拜賓辟為主○辟音避諸臣在他國為位
而哭不敢拜賓謂大夫士使於列國○使色吏反與諸侯為兄弟亦為位
而哭族親昏姻在異國者凡為位者壹袒謂於礼正同為位而哭也始聞喪哭大而袒其明日則不袒父
母之喪自若三袒也所識者弔先哭于家而後之墓皆為之成踊從
主人北面而踊從主人而踊拾踊也北面自外來使也主人墓左西面○為于偽反下注各為同拾其劫反使
鄉面反凡喪父在父為主与賓客為礼宜使尊者父沒兄弟同居各主
其喪各為其妻子之喪為主也祔則宗子主之○祔音附親同長者主之父母沒如昆弟之喪宗子

丈夫○長丁丈反如若也不同親者主之從父昆弟之喪聞遠兄弟之喪既除喪而后聞喪免袒成踊拜賓則尚左手小功緦麻不税者也雖不服猶免袒尚左手吉拜也逸奔喪禮曰凡拜吉喪皆尚左手○税吐外反無服而爲位者惟嫂叔及婦人降而無服者麻雖无服猶弔服加麻袒免爲位哭也正言嫂叔尊嫂也兄公於弟之妻則不能也婦人降而無服族姑姊妹嫁者也逸奔喪禮曰無服袒免爲位者唯嫂與叔凡爲其男子服其婦人降而无服者麻○嫂悉早反凡爲于僞反下注同【重意】无服而爲位者唯嫂叔擅弓上子思之哭嫂也爲位凡奔喪有大夫至袒拜之成踊而后襲於士襲而后拜之主人袒降哭大夫至因拜之不敢成已礼乃礼尊者或曰大夫後至者袒拜之謂之成踊

問喪第三十五陸曰鄭云問喪者善其問以知居喪之禮所由也　　鄭氏註

親始死雞斯徒跣扱上衽交手哭惻怛之心痛疾之意傷腎乾肝焦肺水漿不入口三日不舉火故鄰里爲之糜粥以飲食之親父母也雞斯當爲笄纚聲之誤也親始死去冠二日乃去笄纚括髮也今時始喪者邪巾貊

頭笄纚之存家也徒猶空也上衽深衣之裳前五藏者腎在下肝在中肺在上三者之焦傷而心脾在其中矣五家爲鄰五鄰爲里○雞斯依注爲笄纚笄音古兮反纚色買反徐所綺反跣悉典反扱初洽反衽而鴆反又而甚反注同怛都達反腎市軫反乾並音干肺方廢反粲本亦作糅子羊反糜武皮反本亦作糜同粥之六反字林與六反云淖糜也飲音蔭食音嗣去冠起呂反邪似嗟反別作耶宿云膺反本亦作豹藏才浪反脾婢支反重意雞斯徒跣扱上衽喪大記徒跣扱衽

夫悲哀在中，故形變於外也，痛疾在心，故口不甘味，身不安美也。言人情之中外相應○夫音扶應應對之應

三日而斂，在牀曰尸，在棺曰柩，動尸舉柩，哭踊無數，惻怛之心，痛疾之意，悲哀志懣氣盛，故袒而踊之，所以動體安心下氣也。婦人不宜袒，故發胷擊心爵踊，殷殷田田，如壞牆然，悲哀痛疾之至也。故曰：辟踊哭泣，哀以送之，送形而往，迎精而反也。故袒而踊之言聖人制法故使之然也爵踊足不絕地辟拊心也哀以送之謂葬時也迎其精神而反謂反哭及日中而虞也○斂力驗反下同柩其又反懣亡本反又音滿范音悶下同殷殷並音隱壞音怪字林作斅音同辟婢尺反徐扶亦反注及下皆同拊芳甫反重言在牀曰尸在棺

曰柩二重見曲礼上其往送也望望然汲汲然如有追而弗及也其反哭也皇皇然若有求而弗得也故其往送也如慕其反也如疑望望瞻望之貌也慕者以其親之在前疑者不知神之來否○汲音急重言故其往送也如慕其反也如疑見檀弓上其往也如慕其退也如疑求而無所得之也入門而弗見也上堂又弗見也入室又弗見也亡矣喪矣不可復見已矣故哭泣辟踊盡哀而止矣辟婢亦反哭大之義也○上時掌反復扶又反又下復反復生皆同心悵焉愴焉惚焉愾焉心絶志悲而已矣祭之宗廟以鬼饗之徼幸復反也辟踊愴之義○悵勑亮反愴初亮反惚音忽愾徐音慨苦代反徼古堯反成壙而歸不敢入處室居於倚廬哀親之在外也寢苫枕塊哀親之在土也言親在外在土孝子不忍反室自安也入處室或爲入宮○壙古晃反倚於綺反苫始占反草也枕之鴆反塊苦對反又苦怪反土也重言居於倚廬寢苫枕塊三見問傳二十七一見三年問二十八又檀弓上寢苫枕干故哭泣無時服勤三年思慕之心孝子之志也人情之實也

勤謂憂勞。【重言】哭泣無時憂勤三年二一見下文檀弓上服勤至死心喪三年○此孝子之志也三一篇末一祭義一或問曰死三日而后斂者何也俟其遲也曰孝子親死悲哀志懣故匍匐而哭之若將復生然安可得奪而斂之也故曰三日而后斂者以俟其生也三日而不生亦不生矣孝子之心亦益衰矣家室之計衣服之具亦可以成矣親戚之遠者亦可以至矣是故聖人為之斷決以三日為之禮制也匍匐猶顛蹶或作扶服○匍音蒲又音扶匐蒲北反又音服衰色追反為于偽反下注相為為褻同斷決丁段反下古穴反顛丁年反蹶求月反又九月反○【重意】故匍匐而哭之檀弓下孔子間居匍匐救之或問曰冠者不肉袒何也怪冠衣之相為也○冠音官曰冠至尊也不居肉袒之體也故為之免以代之也言自充飾者不敢冠冠為褻尊服肉袒則著免免狀如冠而廣一寸○免音問注及下皆同褻息列反著張慮反又張略反廣古曠反然則禿者不免傴者不袒跛者不踊非不悲也身有錮疾不可以備禮也故曰喪禮唯哀爲主矣女子哭泣悲哀擊胸傷心男子哭泣悲哀稽顙觸地無容哀之至也將踊先袒將袒先免此二者俱不踊不袒不免顧其所以不同各爲一耳擊字胸傷心稽顙觸地不踊者若此而可或曰男女哭踊○禿吐祿反無髮也傴於縷反一音紆矩反背曲也跛補禍反又彼我反足廢也錮音故稽音啟顙桑朗反下注同重言禿者不免傴者不袒跛者不踊二一見喪服四制四十九不免作不髽或問曰免者以何爲也怪本所爲施也○何爲于僞反盡篇末文注皆同曰不冠者之所服也禮曰童子不緦唯當室緦緦者其免也當室則免而杖矣不冠者猶未冠也當室謂無父兄而主家者也童子不杖不杖者不免當室則杖而免免冠之細別以次成人也緦者其免也言免乃有緦服也○緦音思冠古亂反或問曰杖者何也怪其義各異○重言杖者何也二一見喪服四制四十九曰竹桐一也故爲父苴杖苴杖竹也爲母削杖削杖桐也言所以杖者義一也顧所用異耳○苴七餘反削悉若反重言苴杖竹也削杖桐也二一見喪小記十五節或問曰杖者以何爲也怪所爲施曰孝子喪親哭泣無數服勤三年身病體羸以杖扶病也言得杖乃能起也數或爲時○羸力

垂反劣也疲也【重意】以杖扶病也喪服四制婦人童子不杖不能病也則父在不敢杖矣尊者在故也堂上不杖辟尊者之處也堂上不趨示不遽也此孝子之志人情之實也禮義之經也非從天降也非從地出也人情而已矣父在不杖謂為母喪也尊者在不杖辟尊者之處不杖有事不趨皆為其感動使之憂戚也○辟音避處昌慮反下同遽其據反【重言】堂上不趨三見曲禮上二見少儀十七○此孝子之志也見上文又祭統六此孝子之心也

服問第二十六陸曰鄭云服問者善其問以有服而遭喪所變易之節也　鄭氏註

傳曰有從輕而重公子之妻為其皇姑皇君也諸侯妾子之妻為其君姑齊衰與為小君同舅不厭婦也○傳此引大傳文也從如字范才用反為其于為反注及下此皆同齊音咨下七雷反後放此厭於涉反下同有從重而輕為妻之父母妻齊衰而夫從緦麻不降一等言非服差○差初佳反又初宜反下同有從無服而有服公子之妻為公子之外兄弟謂為公子之外祖父母從母緦麻有從有服而無服公子為其妻之父母

凡公子厭於君降其私親女君之子不降也○【重言】有從輕而重有從重而輕有從无服而有服有從有服而无服二重見少儀十六篇

傳曰母出則爲繼母之黨服母死則爲其母之黨服爲其母之黨服則不爲繼母之黨服雖外親亦無二統三年之喪既練矣有期之喪既葬矣則帶其故葛帶經期之經服其功衰帶其故葛帶者三年既練期既葬差相似也經期之葛經三年既練首經除矣爲父既練首經除矣爲父既練衰七升母既葬衰八升凡齊衰既葬衰或八升或九升服其功衰服麤衰○期音基下及注皆同有大功之喪亦如之大功之麻變三年之練葛期既葬之葛帶小於練之葛帶又當有經亦反服其故葛帶經期之經差之宜也此雖變麻服葛大小同耳亦服其功衰凡三年之喪既練始遭齊衰大功之喪經帶皆麻小功無變也无所變於大功齊斬之服不用輕累重也○累劣彼反又劣僞反麻之有本者變三年之葛有本謂大功以上也小功以下澡麻斷本○上時掌反澡音早斷丁管反下文同既練遇麻斷本者於免經之既免去經每可以經必經既經則去之雖无變緣練无首經於有事則免經如其倫免无不經經有不免其无事則自若練服也○免音問下及注不免者皆同去起呂反下同小功不

易喪之練冠如免則經其緦小功之絰因其初葛帶緦之麻不變小功之葛小功之麻不變大功之葛以有本爲稅稅亦變易也小功以下之麻雖與上葛同猶不變也此要其麻有本者乃變上耳雜記曰有三年之練冠則以大功之麻易之唯杖屨不易也○爲稅上如字下吐外反注及下皆同要一遥反殤長中變三年之葛終殤之月筭而反三年之葛是非重麻爲其無卒哭之稅下殤則否謂大功之親爲殤在緦小功者也可以變三年之葛正親親也三年之葛大功變既練齊衰變既虞卒哭凡喪卒哭受麻以葛殤以麻終喪之月數非重之而不變爲殤未成人文不縟耳下殤則否言賤也男子爲大功之殤中從上服小功婦人爲之中從下服緦麻○長丁丈反筭徐音蒜悉亂反重直勇反徐治龍反注同爲于僞反注除爲殤在緦皆同縟音辱繁縟節也君爲天子三年夫人如外宗之爲君也外宗君外親之婦也其夫與諸侯爲兄弟服斬妻從服期諸侯爲天子服斬夫人亦從服期喪大記曰外宗房中南面○君爲于僞反後音皆同注諸侯爲天子下注亦爲此三人士爲國君同世子不爲天子服遠嫌也不服與畿外之民同也○遠于万反畿音祈君所主夫人妻大子適婦言妻見大夫以下亦爲此三人爲喪主也○大子音泰下及注

同適丁歷反下同見賢遍反大夫之適子爲君夫人大子如士服大夫不世子不嫌也士爲国君斬小君期大子君服斬臣從服期君之母非夫人則羣臣無服唯近臣及僕驂乗從服唯君所服服也妾先君所不服也禮庶子爲後爲其母緦言唯君所服伸君也春秋之義有以小君服之者時若小君在則益不可○驂七南反乗音剩爲于僞反下爲其母同伸音申公爲卿大夫錫衰以居出亦如之當事則弁經大夫相爲亦然爲其妻往則服之出則否弁經如爵弁而素加經也不當事則皮弁出謂以他事不至喪所○錫思歷反凡見人無免經雖朝於君無免經唯公門有稅齊衰傳曰君子不奪人之喪亦不可奪喪也見人謂行求見人也无免經經重也稅稅猶免也古者說或作稅有免經齊衰謂不杖齊衰也於公門有免齊衰則大功有免經也○免經音問去也下无免經并注皆同徐並音問恐非朝直遥反稅吐活反注同說吐活反又始銳反重言君子不奪人之喪亦不可奪喪也一見雜記下又曾子問君子不奪人之親亦不可奪親也傳曰罪多而刑五喪多而服五上附下附列也列等比也○罪本或作皋正字也秦始皇以皋似皇字改爲罪也上時掌反列徐音例注同本亦作例比必利反

閒傳第三十七

陸曰鄭云名閒傳者以其記喪服之閒輕重所宜也

鄭氏註

斬衰何以服苴苴惡貌也所以首其内而見諸外也斬衰貌若苴齊衰貌若枲大功貌若止小功緦麻容貌可也此哀之發於容體者也有大憂者面必深黑止謂不動於喜樂之事枲或為似○苴七余反見賢遍反齊音咨下同枲思里反樂音洛斬衰之哭若往而不反齊衰之哭若往而反大功之哭三曲而偯小功緦麻哀容可也此哀之發於聲音者也三曲一舉聲而三折也偯聲餘從容也○偯於起反說文作㥞云痛聲折之設反從七容反斬衰唯而不對齊衰對而不言大功言而不議小功緦麻議而不及樂此哀之發於言語者也議謂陳說非時事也○唯于癸反徐以水反【重意】斬衰至不及樂喪服四制云斬衰之喪唯而不對齊衰之喪對而不言大功之喪言而不議緦麻小功之喪議而不及樂又雜記下斬衰之喪言而不語對而不問斬衰三日不食齊衰二日不食大功三不食小功緦麻再不食士與斂焉則壹不食故父

母之喪既殯食粥朝一溢米莫一溢米齊衰之喪疏食水飲不食菜果大功之喪不食醯醬小功緦麻不飲醴酒此哀之發於飲食者也父母之喪既虞卒哭疏食水飲不食菜果期而小祥食菜果又期而大祥有醯醬中月而禫禫而飲醴酒始飲酒者先飲醴酒始食肉者先食乾肉先飲醴酒食乾肉者不忍發御厚味○丐音[illegible]斂力驗反粥之六反溢音逸劉音益莫一十兩也莫音暮疏食音似下疏食同醯本亦作醢呼兮反下同醴音礼期音基下及注皆同中如字徐丁仲反禫大感反【重言】三日不食朝一溢米莫一溢米疏食水飲不食菜果又見下文及喪服大記二十一篇○始飲酒者先飲醴酒始食肉者先食乾肉二日見喪大記父母之喪居倚廬寢苫枕塊不說絰帶齊衰之喪居堊室苄翦不納大功之喪寢有席小功緦麻牀可也此哀之發於居處者也父母之喪既虞卒哭柱楣翦屏苄翦不納期而小祥居堊室寢有席又期而大祥居復寢中月而

禫禫而牀苄今之蒲苹也○倚於綺反寢本亦作寑七審反苫古始占反枕之鴆反塊苦對反又苦怪反稅吐活反苄下戶嫁反翦子踐反牀徐仕良反拄知矩反一音張炷反揖音揖復音伏重言居倚廬寢苫枕塊四一見喪大記一見問喪一見三年問又檀弓上寢苫枕干○居堊室二一見喪大記二十二又雜記上居堊室斬衰三升齊衰四升五升六升大功七升八升九升小功十升十一升十二升緦麻十五升去其半有事其縷無事其布曰緦此哀之發於衣服者也此文齊衰多一等大功小功多一等服主於受是極列衣服之差也○去起呂反下去麻同縷力主反差初佳反後放此

斬衰三升既虞卒哭受以成布六升冠七升爲母疏衰四升受以成布七升冠八升去麻服葛葛帶三重期而小祥練冠縓緣要絰不除男子除乎首婦人除乎帶男子何爲除乎首也婦人何爲除乎帶也男子重首婦人重帶除服者先重者易服者易輕者又期而大祥素縞麻衣中月而禫禫而纖無所不佩葛帶三重謂男子也

五分去一而四分之帶輕既変因爲飾也婦人葛絰不葛帶舊説云三分絰之練而帶去一股去一股則小於小功之絰似非也易服謂爲後喪所変也婦人重帶帶在下體之上婦人重之辟男子也其爲帶猶五分絰去一耳喪服小記曰除成喪者其祭也朝服縞冠此素縞者玉藻所云縞冠素紕既祥之冠麻衣十五升布深衣也謂之麻者純用布无采飾也大祥除衰杖黑經白緯曰纖舊説纖冠者采纓也无所不佩紛帨之屬如平常也纖或作綅○爲母于僞反下注爲後同重直龍反注二重同總七恐反緣徐音掾悅絹反要一遥反縞古老反又古報反注同纖息廉反注同去起吕反下同斜居黝反下同股音古辟音避朝直遥反紕婢支反又甫緷緯音謂紛芳云反帨始銳反綅徐息廉反又音侵【重言】易服者除服者先重者易服者易輕者二一見喪服小記十五

何爲易輕者也因上説而問之斬衰之喪既虞卒哭遭齊衰之喪輕者包重者特說所以易輕者之義也既虞卒哭謂齊衰可易斬服之節也輕者可施於卑服齊衰之麻以包斬衰之葛謂男子帶婦人絰也重者宜主於尊謂男子之絰婦人之帶特其葛不変之也此言包特者明於卑可以兩施而尊者不可貳既練遭大功之喪麻葛重此言大功可易斬服之節也斬衰已練男子除絰而帶獨存婦人除帶而絰獨存謂之單單獨也遭大功之喪有麻絰婦人有麻帶又皆易其輕者以麻謂之重麻既虞卒哭男子帶其故葛帶絰期之葛絰婦人絰其故葛絰帶期之葛帶謂之重葛○重直龍反注及下不言重言重者同齊衰之喪

既虞卒哭遭大功之喪麻葛兼服之此言大功可易斉衰期服之節也兼猶兩也不言包特而兩言者包特著其義兼者明有經有帶耳不言重者三年之喪既練或无経或无帶言重者以明今皆有期以下固皆有矣兩者有絰有葛耳葛者亦特其重麻者亦包其輕○著張慮反斬衰之葛與齊衰之麻同齊衰之葛與大功之麻同大功之葛與小功之麻同小功之葛與緦之麻同麻同則兼服之此竟言有上服既虞卒哭遭下服之差也唯大功有変三年既練之服小功以下則於上皆无易焉此言大功之葛与小功之麻同小功之葛与緦之麻同主為大功之殤長中言之○為于偽反長丁丈反兼服之服重者則易輕者也服重者謂特之也則者則男子与婦人也凡下服虞卒哭男子反其故葛帶婦人反其故葛経其上服除則固自受以下服之受矣

三年問第三十八

陸曰鄭云名三年問者善其以知喪服年月所由也

鄭氏註

三年之喪何也曰稱情而立文因以飾羣別親疏貴賤之節而弗可損益也故曰無易之道也稱情而立文稱人之情輕重而制其禮也羣謂親之黨也无易猶不易也○稱尺證反注及下皆同別彼列反易音亦注同創鉅者其日久痛

甚者其愈遲三年者稱情而立文所以爲至痛極也斬衰苴杖居倚廬食粥寢苫枕塊所以爲至痛飾也飾情之章表也〇創音瘡初良反鉅音巨大也愈徐音庾差也遲徐直移反倚於綺反枕之鴆反【重意】居倚廬寢苫枕塊四一見喪大記二十一一見問喪三十五一見閒傳三十七〇斬衰杖苴削篇斬衰何以服苴三年之喪二十五月而畢哀痛未盡思慕未忘然而服以是斷之者豈不送死有已復生有節也哉復生除喪反生者之事也〇思如字一音息吏反斷丁亂反復音伏凡生天地之閒者有血氣之屬必有知有知之屬莫不知愛其類今是大鳥獸則失喪其羣匹越月踰時焉則必反巡過其故鄉翔回焉鳴號焉蹢躅焉踟蹰焉然後乃能去之小者至於燕雀猶有啁噍之頃焉然後乃能去之故有血氣之屬者莫知於人故人於其親也至死不窮匹偶也言燕雀之恩不如大鳥獸大鳥獸不如人含血氣之類人最有知而恩深也於其九服之親念之至死无止已〇屬音蜀喪

息浪反又如字○沿徐詞均反過徐音戈一音古臥反號音豪戶羔反躑本又作蹢直亦反徐治革反躅直錄反蹢躅不行也踶音題
寧或作踟躕音廚燕於見反雀本又作爵啁啾張留反噍子流反啁噍聲也頃苦潁反知音智將由夫愚陋邪淫之
人與則彼朝死而夕忘之然而從之則是曾鳥獸之不
若也夫焉能相與羣居而不亂乎言惡人得於恩死則忘之其相與聚狠必失禮
也○夫音扶下皆同邪似嗟反人与音餘下君子与同曾則能反焉於虔反將由夫脩飾之君子
與則三年之喪二十五月而畢若駟之過隙然而遂之
則是無窮也駟之過隙喻疾也遂之謂不時除也○駟音四馬也過古臥反徐音戈隙本又作郤去逆反穴末原之
地也故先王焉爲之立中制節壹使足以成文理則釋之
矣立中制節謂服之年月也釋猶除也去也○爲于僞反下注爲毋同中如字又丁仲反注同去起呂反然則何
以至期也言三年之義如此則何以有降至於期也期者謂爲人後者父在爲母也○期音基注及下同曰至
親以期斷言服之正雖至親皆期而除也○斷丁亂反下注同是何也問服斷於期之義也曰天
地則已易矣四時則已變矣其在天地之中者莫不更

始焉以是象之也 法此變易可以期也 然則何以三年也 言法此變易可以期何以乃三年爲 曰加隆焉爾也焉使倍之故再期也 言於父母加隆其恩使倍期也 下焉猶然○加隆焉爾一本作加隆爲爾焉徐如字一音於乾反焉猶然也一云發声也注及下同倍步罪反注同 由九月以下何也曰焉使弗及也 言使其恩不若父母 故三年以爲隆緦小功以爲殺期九月以爲間上取象於天下取法於地中取則於人人之所以羣居和壹之理盡矣 取象於天地謂法其變易也自三年以至緦皆歲時之數也言既象天地又足以盡人聚居純厚之恩也○殺色界反徐所例反重意上取象於天下取法於地郊特牲篇取則於地取法於天 故三年之喪人道之至文者也夫是之謂至隆 言三年之喪禮之最盛也 是百王之所同古今之所壹也未有知其所由來者也 不知其所從來喻此三年之喪前世行之久矣 孔子曰子生三年然後免於父母之懷夫三年之喪天下之達喪也 達謂自天子至於庶人

深衣第三十九陸曰鄭云以其記深衣之制也名曰深衣者謂連衣裳而純之以采也有表則謂之中衣以素純則曰長衣也

鄭氏註

古者深衣蓋有制度以應規矩繩權衡言聖人制事必有法度○應於證反短毋見膚衣取蔽形○毋音無下同見賢遍反長毋被土爲汙辱也○被皮義反爲于僞反汙汙辱之汙一音烏臥反續衽鉤邊續猶屬也衽在裳旁者也屬連之不殊裳前後也鉤讀如鳥喙必鉤之鉤鉤邊若今曲裾也續或爲裕○衽而審反又而鴆反鉤古侯反屬音燭下皆同喙許穢反裕以樹反要縫半下三分要中減一以益下下宜寬也要或爲優○要一遙反注同縫扶用反下注同袼之高下可以運肘肘不能不出入袼衣袂當掖之縫也○袼本亦作胳音各腋也肘竹九反又張柳反掖本又作腋音亦【重意】可以運肘王藻可以回肘袂之長短反詘之及肘袂屬幅於衣詘而至肘當臂中爲節臂骨上下各尺二寸則袂肘以前尺二寸肘或爲腕○袂弥世反袪末曰袂詘丘勿反腕烏亂反帶下毋厭髀上毋厭脅當無骨者當骨緩急難爲中也○厭於甲反徐於涉反下同髀畢婢反徐亡婢反一音步啓反脅許劫反當丁浪反注同又丁郎反中丁仲反又如字制十有二幅以應十有二月裳六幅幅分之以爲上下之殺應應對之

應下同○殺色界反徐所例反袂圜以應規謂胡下也○圜音圓胡下垂曰胡曲袷如矩以應方袷交領也古者方領如今小兒衣領○袷音劫下注同負繩及踝以應直繩謂裻衣与後幅相當之縫也踝跟也○踝胡瓦反裻音督跟音根下齊如權衡以應平齊緝○齊音咨亦作齋下同緝七入反故規者行舉手以爲容行舉手謂揖讓負繩抱方者以直其政方其義也故易曰坤六二之動直以方也言深衣之直方應易之文也政或爲正下齊如權衡者以安志而平心也心平志安行乃正或低或仰則心有異志者与○行下孟反又如字卬音仰本又作仰一音五郎反与音餘五法已施故聖人服之言非法不服也故規矩取其無私繩取其直權衡取其平故先王貴之貴此衣也故可以爲文可以爲武可以擯相可以治軍旅完且弗費善衣之次也完且弗費言可苦衣而易有也深衣者用十五升布鍛濯灰治純之以采善衣朝祭之服也自士以上深衣爲之次庶人吉服深衣而已○相息亮反完音丸費芳貴反又芳佛反注同苦衣於既反易以豉反鍛丁亂反濯音濁純之允反又之閏反後皆同朝直遥反上時掌反具父母大父

母衣純以繢具父母衣純以青如孤子衣純以素尊者存以多飾爲孝繢畫文也三十以下无父稱孤○大父母音泰大父母祖父母也繢胡對反重言衣純以素曲礼上冠衣不純素純袂緣純邊廣各寸半純謂緣之也緣袂謂其口也緣緆也緣邊衣裳之側廣各寸半則表裏共三寸矣袂末袷廣二寸○緣悦絹反注同廣古曠反注同緆徐音以豉反皇音錫案鄭注既夕礼云飾衣領袂口曰純裳邊側曰綼下曰緆也○重言廣各寸半玉藻緣廣寸半

纂圖互註禮記卷第十八

纂圖互註禮記卷第十九

投壺第四十

陸曰鄭云投壺者主人與客燕飲講論才藝之禮也別錄屬吉禮亦實曲禮之正篇也皇云與射爲類宜屬嘉禮或云宜屬賓禮也

禮記　　鄭氏註

投壺之禮主人奉矢司射奉中使人執壺矢所以投者也中士則鹿中也射人奉之若投壺射之類也其奉之西階上北面○投壺壺器名以矢投其中射之類奉音捧芳勇反下及注皆同徐音如字下奉中同主人請曰某有枉矢哨壺請以樂賓賓曰子有旨酒嘉肴某既賜矣又重以樂敢辭燕飲酒既脫屨升坐主人乃請投壺也不曰則或射所謂燕射也枉哨不正貌爲謙辭○枉紆往反哨七笑反徐又以救反枉哨不正貌干寶云枉不直哨不正也樂賓音洛下同一讀下以樂音岳下言投壺以樂者皆放此肴戶交反重直用反下及注同稅本亦作脫吐活反請七井反下文同主人曰枉矢哨壺不足辭也敢固以請賓曰某既賜矣又重以樂敢固辭固之言如故也言如故辭者重辭也主人曰枉矢哨壺不足辭也敢固以請賓曰某固辭不得命敢不敬從不得命不以命見許○重直用某固辭不得命敢不敬從雜

記一十固辭不獲命敢不敬從賓再拜受主人般還曰辟賓再拜受拜受矢也主人既辟進授矢兩楹之間也○般步干反下同還音旋下同辟音避徐扶亦反注及下同主人阼階上拜送賓般還曰辟拜送送矢也辟亦於其階上已拜受矢進即兩楹間退反位揖賓就筵主人既拜送矢又自受矢進即兩楹間者言將有事於此也退乃揖賓即席欲与階進明爲偶也賓席主人席皆南鄉間相去如射物○鄉許亮反司射進度壺間以二矢半反位設中東面執八筭興度壺度其所設之処也壺去坐二矢半則堂上去賓席主人席邪行各七尺也反位西階上位也設中東面既設中亦實八筭於中橫委其餘於中西執筭而立以請賓投○度徒洛反注同以二矢半一本无此四字依注則有筭悉乱反下皆同処昌慮反坐才卧反又如字下同邪似嗟反請賓曰順投爲入比投不釋勝飲不勝者正爵既行請爲勝者立馬一馬從二馬三馬既立請慶多馬請主人亦如之請猶告也順投矢本入也比投不拾也勝飲不勝言以能養不能也正爵所以正禮之爵也或以罰或以慶馬勝筭也謂之馬者若云投壺如此任爲將帥乘馬也射投壺皆所以習武因爲樂○比毗志反類也徐扶質反注同勝飲上乃謐反下於鴆反注及下同爲于僞反勝者立馬俗本或此句下有一

馬從二馬五字誤拾其劫反下文及注皆同拔其綺反任而林反將子匠反帥色類反樂音洛命弦者曰請奏貍首間若一大師曰諾弦哉瑟者也貍首詩篇名也今逸射義所云詩曰曾孫侯氏是也間若一者投壺當以為志取節焉○貍吏持反間間廁之間注同大音泰左右告矢具請拾投有入者則司射坐而釋一筭焉賓黨於右主黨於左拾更也告矢具請更投者司射也司射東面立釋筭則坐以南為右北為左也巳投者退反其位○更古衡反下同卒投司射執筭曰左右卒投請數二筭為純一純以取一筭為奇遂以奇筭告曰某賢於某若干純奇則曰奇鈞則曰左右鈞卒巳也賓主之黨畢巳投司射又請數其所釋左右筭如數射筭一純以取實於左手十純則縮而委之每委異之有餘則橫諸純下一筭為奇奇則縮諸純下兼斂左筭實於左手一純以委十則異之其他如右獲畢則司射執奇筭以告於賓左于主人也若告云某賢於某若未斥主黨勝與賓黨勝與以勝為賢皆同拔埶云也鈞猶等也等則左右手各執一筭以告○數色主反注同為純音全下及注同鄭注儀礼如字云純全也奇紀宜反下同遂以奇筭告一本此向上更有勝者司射五字誤鈞居勻反縮色六反直也其佗音他觴与音餘下勝与同拔其綺反命酌曰請行觴酌者曰諾司射又請於賓

与主人以行正爵酌者勝黨之弟子○觴失羊反字或作觴同當飲者皆跪奉觴曰賜灌勝
者跪曰敬養酌者亦酌奠於豊上不勝者坐取乃退而跪飲之灌猶飲也言賜灌者服而爲尊敬辭也周礼曰以
灌賓客賜灌敬養各呈其偶於西階上如飲射爵○跪其委反奉芳勇反下注奉觴同灌古乱反養羊尚反注同飲於鴆反下飲不
勝同正爵既行請立馬馬各直其筭一馬從二馬以慶慶
禮曰三馬既備請慶多馬賓主皆曰諾飲不勝者畢司射又請爲勝者立馬
當其所釋筭之前三立馬者投壺如射亦三而止也三者一黨不必三勝其一勝者并其馬於再勝者以慶之明一勝不得慶也飲
慶爵者偶親酌不使弟子无豊○直如字又持吏反爲于僞反正爵既行請徹馬投壺礼畢可以去與
勝筭也既徹馬无筭爵乃行○去起呂反筭多少視其坐筭用當由視坐投壺者之衆寡爲數也投壺者人
四矢亦人四筭○坐如字又才卧反注同籌室中五扶堂上七扶庭中九扶籌矢
也鋪四指曰扶一指按寸春秋傳曰膚寸而合投壺者或於室或於堂或於庭其礼褻隨晏早之宜无常処○籌直由反扶芳于反
下及注同鋪普烏反又芳夫反褻息列反処昌慮反筭長尺二寸其節三扶可也或曰筭長尺有握握素也○長
直亮反注同壺頸脩七寸腹脩五寸口徑二寸半容斗五升

壺中實小豆焉爲其矢之躍而出也壺去席二矢半脩長也腹容斗五升三分益一則爲二斗得圜囷之象積三百二十四寸也以腹脩五寸約之所得求其圜周圜周二尺七寸有奇是爲腹徑九寸有餘也實以小豆取其滑且堅○頸吉井反又九領反徐其吉反爲于僞反躍羊略反圜音圓囷去倫反奇紀宜反滑乎八反矢以柘若棘毋去其皮取其堅且重也舊說云矢大七分或言去其皮節○柘止夜反木名毋音无下皆同去起呂反注同魯令弟子辭曰毋幠毋敖毋偝立毋踰言偝立踰言有常爵薛令弟子辭曰毋幠毋敖毋偝立毋踰言若是者浮弟子賓黨主黨年稺者也爲其立堂下相褻慢司射戒令令之記魯薛辭者禮衰尊卑異不知孰是也幠敖慢也偝立不正鄉前也踰言遠談語也常爵常所以罰人之爵也浮亦謂是也晏子春秋曰酌者奉觴而進曰君令浮晏子時以罰浮丘擴浮或作匏或作符俞或爲遥○幠好五吕反下同敖也敖五報反舊五羔反敖慢也偝音佩徐符代反舊又蒲來反浮縛謀反罰也稺直吏反爲于僞反敖五報反又五羔反下同傲也五報反鄉許亮反擭本又作処同音据匏薄交反鼓○□

○○□□○□○○□半○□○□○○□□○□○魯鼓

○□○○○□□○□○○□□○□○○□□○半○□○○

○□□○鼙鼓此魯薛擊鼓之節也圜者擊鼙方者擊鼓古者舉事鼓各有節聞其節則知其事矣○圜音員鼙薄迷反鄭呼爲鼙也其声下其音榻榻然榻音吐臘反又口方鼓鄭呼爲鼓也其声高其音鏜鏜然鏜音吐郎反取半以下爲投壺禮盡用之爲射禮投壺之鼓半射節者投壺射之細也射謂燕射司射庭長及冠士立者皆屬賓黨樂人及使者童子皆屬主黨庭長司正也使者主人所使薦羞者樂人國子能爲樂者此皆与於投壺○長丁丈反注同冠古亂反与音預魯鼓

○□○○□□○○半○□○□○○○□○□○薛鼓○□

○○○○□○□○□○○○□○○□○□○○□○半○□○□○

○○○□○此二者記兩家之異故兼列之

儒行第四十一陸曰行音下孟反鄭云以其記有道德之所行儒之言優也和也言能安人能服人也此注云儒行之作蓋孔子自衛初反魯之時也

禮記 鄭氏註

魯哀公問於孔子曰夫子之服其儒服與哀公館孔子見其服與士大夫異又与庶人不同疑爲儒服而問之○服与音餘孔子對曰丘少居魯衣逢掖之

衣長居宋冠章甫之冠丘聞之也君子之學也博其服也鄉丘不知儒服逢猶大也大掖之衣大袂禪衣也此君子有道藝者所衣也孔子生魯長而之宋而冠焉宋其祖所出也衣少所居之服冠長所居之冠是之謂鄉言不知儒服非哀公意不在於儒乃今問其服庶人禪衣袂一尺二寸袪尺二寸○少詩照反注同衣於既反注所衣也衣少所居同逢掖上如字下音亦長丁丈反注同冠章甫古乱反注而冠焉冠長所居同章甫殷冠也單衣本亦作禪音丹袪去居反哀公曰敢問儒行孔子對曰遽數之不能終其物悉數之乃留更僕未可終也遽猶卒也物猶事也留久也僕大僕也君燕朝則正位掌擯相更之者爲久將倦使之相代○行下孟反下力行同遽其據反急也數色主反下同更古衡反代也注同一音加孟反卒于七忽反大音泰朝直遙反擯必刃反相息亮反爲于僞反下爲孔子同哀公命席爲孔子布席於堂與之坐也君適其臣升自阼階所在如主孔子侍曰儒有席上之珍以待聘夙夜強學以待問懷忠信以待舉力行以待取其自立有如此者席猶鋪陳也鋪陳往古堯舜之善道以待見問也大問曰聘舉見舉用也取進取位也○鋪普吾反又音孚下同【重言】其自立有如此者二一見下文儒有衣冠中動作慎其大讓如慢

小讓如僞大則如威小則如愧其難進而易退也粥粥
若無能也其容貌有如此者中中間謂不嚴厲也如慢如僞言之不愊怛也如威如愧如有
所畏○慢音曼易以豉反下陵易同粥徐本作鬻章六反卑謙貌一音羊六反愊普力反一音逼謂愊怛也怛丁達反敬焉怛也本或
作悵若非【重言】其難進而易退也表記二十一事君難進而易退儒有居處齊難其坐起恭
敬言必先信行必中正道塗不爭險易之利冬夏不爭
陰陽之和愛其死以有待也養其身以有爲也其備豫
有如此者齊難齊莊可畏難也行不爭道止不選處所以遠鬬訟○齊側皆反注同難乃旦反注同行皇如字舊下
孟反夏戶嫁反爲于僞反處昌慮反遠于万反儒有不寶金玉而忠信以爲寶不
祈土地立義以爲土地不祈多積多文以爲富難得而
易祿也易祿而難畜也非時不見不亦難得乎非義不
合不亦難畜乎先勞而後祿不亦易祿乎其近人有如
此者祈猶求也立義以爲土地以義自居也難畜難以非義久留也勞猶事也積或爲貨○積子賜反又如字易以豉反又如

士君子節臣　不能事其惠下
士君子一百八字係傳氏傳與
文混入節注　據申孝證別本脫去　未詳考
謂以修身節臣　或為懷府於
識為盡是

七八七

字亦許六反見賢遍反近附近之近下可近同重意先勞而後禄坊記欲民先事而後禄也儒有委之以貨財淹之以樂好見利不虧其義劫之以衆沮之以兵見死不更其守鷙蟲攫搏不程勇者引重鼎不程其力往者不悔來者不豫過言不再流言不極不斷其威不習其謀其特立有如此者淹謂浸漬之劫劫脅也沮謂恐怖之也鷙蟲猛鳥猛獸也字從鳥摯省聲也程猶量也重鼎大鼎也搏猛引重不量勇力堪之與不當之則往也雖有負者後不悔也其所未見亦不豫備平行自若也不再猶不更也不極不問所從出也不斷其威常可畏也不習其謀口及則言不豫其說而順也斷或為繼○淹於廉反樂五孝反又音岳好呼報反劫居業反沮在呂反注同鷙與摯同音至攫俱縛反一音九碧反搏音博程音呈斷音短直卵反又絕也又丁乱反注同浸子鴆反漬才賜反脅許劫反恐曲勇反怖普路反少省所景反量音亮又音良下同更居孟反儒有可親而不可劫也可近而不可迫也可殺而不可辱也其居處不淫其飲食不溽其過失可微辨而不可面數也其剛毅有如此者淫謂傾邪也恣滋味為溽溽之言欲也○溽音辱數所具反毅魚既反邪似嗟反儒有忠

信以爲甲胄禮義以爲干櫓戴仁而行抱義而處雖有暴政不更其所其自立有如此者甲鎧胄兜鍪也干櫓小楯大楯也○胄直又反櫓音魯載音戴本亦作戴鎧開代反兜丁侯反鍪莫侯反小楯時準反又音允徐辭尹反儒有一畝之宮環堵之室篳門圭窬蓬戶甕牖易衣而出并日而食上荅之不敢以疑上不荅不敢以諂其仕有如此者言貧窮屈道仕爲小官也宮爲牆垣也環堵面一堵也五版爲堵五堵爲雉篳門荊竹織門也圭窬門旁窬也穿牆爲之如圭矣并日而食二日用一日食也上荅之謂君應用其言○堵音覩方丈爲堵篳徐音畢杜預云柴門也圭窬徐音臾說文云穿木戶也郭璞注三蒼解詁云門旁小窬也音臾左傳作竇杜預云圭竇小戶也上銳下方狀如圭邪也蓬步紅反蓬戶以蓬爲戶也甕烏貢反牖音酉以甕爲牖并必政反注同日而一反諂本又作讇勑檢反穿音川應應對之應儒有今人與居古人與稽今世行之後世以爲楷適弗逢世上弗援下弗推讒諂之民有比黨而危之者身可危也而志不可奪也雖危起居竟信其志猶將不忘百姓之病也其憂思有如此

者稽猶合也古人與合則不合於今人也援猶引也取也推猶進也舉也危欲毀害之也起居猶舉事動作信讀如屈伸之伸假借字也猶圖也信或為身○稽古奚反注同楷苦駭反法式也援音爰注下同推昌誰反注同讒仕咸反比毗志反徐扶至反信依注為伸音申思息嗣反儒有博學而不窮篤行而不倦幽居而不淫上通而不困禮之以和為貴忠信之美優游之法舉賢而容眾毀方而瓦合其寬裕有如此者不窮不止也幽居謂獨處時也上通謂仕道達於君也既仕則不困於道德不足也忠信之美美忠信者也優游之法法和柔者也毀方而瓦合去己之大圭角下與眾人小合也必瓦合者亦君子為道不遠人○行下孟反上時掌反又如字注同裕羊樹反去起呂反遠于万反又如字儒有內稱不辟親外舉不辟怨程功積事推賢而進達之不望其報君得其志苟利國家不求富貴其舉賢援能有如此者君得其志者君所欲為賢臣成之○辟音避下同怨於元反又於願反推賢而進達之舊至此絕句皇以達之連下為句儒有聞善以相告也見善以相示也爵位相先也患難相死也久相待也遠相致也其任舉有如此者相先

猶相讓也久相待謂其友久在下位不升巳則待之乃進也遠相致者謂已得明君而仕友在小國不得志則相致遠也○難乃旦反卒如字徐音掾儒有澡身而浴德陳言而伏靜而正之上弗知也麤而翹之又不急為也不臨深而為高不加少而為多世治不輕世亂不沮同弗與異弗非也其特立獨行有如此者麤猶疏也微也君不知已有善言正行則觀色緣事而微翹發其意使知之又必舒而脫脫焉已爲之疾則君納之速君納之速怪妬所由生也不臨深而爲高臨衆不以己位尊自振貴也不加少而爲多謙事不以已小勝自矜大也世治不輕不以賢者並衆不自重愛也世亂不沮不以道衰廢壞已志也○澡音早靜如字徐本作諍音爭麤本亦作麄七奴反翹祈饒反治直吏反注同沮徐在呂反注同行下孟反注及下注同又如字脫並吐外反妬丁路反壞乎怪反又音怪■意不臨深而爲高曲礼上不臨深不登高儒有上不臣天子下不事諸侯慎靜而尚寬強毅以與人博學以知服近文章砥厲廉隅雖分國如錙銖不臣不仕其規爲有如此者強毅以与人彼來辨言行而不止不苟從以順之也博学以知服不用已之知勝於先出賢知之所言也雖分国如錙銖言君分国以祿之視之輕如錙銖矣八兩曰錙近謂附近之

近祗音脂又音旨厲力世反分如字錙側其反說文云六銖銖音殊說文云權分十黍之重賢知音智

儒有合志同方營道同術並立則樂相下不厭久不相見聞流言不信其行本方立義同而進不同而退其交友有如此者

同方同術等志行也聞流言不信不信其友所行如毀謗也。並如字又步頂反本亦作並樂音洛又音岳下戶嫁反厭於豔反行皇音衡又下孟反本方絕句立義絕句志行下孟反下儒行同謗補浪反

溫良者仁之本也敬慎者仁之地也寬裕者仁之作也孫接者仁之能也禮節者仁之貌也言談者仁之文也歌樂者仁之和也分散者仁之施也儒皆兼此而有之猶且不敢言仁也其尊讓有如此者

此兼上十有五儒者盡聖人之儒行也孔子嫌若斥已假仁以為說仁聖之次也。孫音遜接似輒反又如字分方云反徐扶問反施始豉反斥音尺

儒有不隕穫於貧賤不充詘於富貴不慁君王不累長上不閔有司故曰儒

隕穫困迫失志之貌也充詘喜失節之貌慁猶辱也累猶係也閔病也言不為天子諸侯卿大夫羣吏所困迫而違道孔子自謂也充或為統閔或為文。隕

（于敏反獲本又作穫同户郭反注同詘求勿反注同徐音丘勿反慁胡困反注同累力僞反注同一音力追反長丁丈反閔本亦作愍武謹反不爲于僞反）今衆人之命儒也妄常以儒相詬病（妄之言無也言今世名儒無有常人遭人名爲儒而以儒靳故相戲此哀公輕儒之所由也詬病猶恥辱也○命儒命名也妄鄭音亡亡無也王音志尚反虛妄也詬徐音遘又呼候反靳居覲反杜預云戲而相愧爲靳也）孔子至舍哀公館之聞此言也言加信行加義終沒吾世不敢以儒爲戲（儒行之作蓋孔子自衛初反魯時也孔子歸至其舍哀公就而禮館之聞儒服而遂問儒行乃始覺焉言沒世不敢以儒爲戲當時服○行加下孟反注同）

大學第四十二

（陸曰鄭云大學者以其記博學可以爲政也）

鄭氏註

大學之道在明明德在親民在止於至善知止而后有定定而后能靜靜而后能安安而后能慮慮而后能得物有本末事有終始知所先後則近道矣（明明德謂顯明其至德也止猶自處也得謂得事之宜也○大舊音泰劉直帶反近附近之近）古之欲明明德於天下者先治其國欲治其國者先齊其家欲齊其家者先脩其身

欲脩其身者先正其心欲正其心者先誠其意欲誠其意者先致其知知謂知善惡吉凶之所終始也○其知如字徐音智下致知同致知在格物格來也物猶事也其知於善深則來善物其知於惡深則來惡物言事緣人所好來也此致或爲至○格古百反好呼報反物格而后知至知至而后意誠意誠而后心正心正而后身脩身脩而后家齊家齊而后國治國治而后天下平自天子以至於庶人壹是皆以脩身爲本其本亂而末治者否矣其所厚者薄而其所薄者厚未之有也此謂知本此謂知之至也壹是專行是也○治國治並直吏反下同【重言】未之有也下文檀弓射義各一【重意】自天子以至於庶人王制第五自天子達于庶人中庸二十一天子之禮達乎諸侯大夫及士庶人

所謂誠其意者毋自欺也如惡惡臭如好好色此之謂自謙故君子必慎其獨也小人閒居爲不善無所不至見君子而后厭然揜其不善而著其善人之視己如見其肺肝然

則何益矣此謂誠於中形於外故君子必慎其獨也謙讀爲慊慊之言厭也厭讀爲黶黶閉藏貌也○毋音無惡惡上烏路反下如字臭昌救反好好上呼報反下如字謙依注讀爲慊徐苦簟反閒音閑厭讀爲黶烏斬反又烏簟反揜於檢反著張慮反注同肺芳廢反肝音干言厭於琰反一音於漸反【重言】故君子必謹其獨也四本篇二見禮器第十篇一見中庸第三十一篇曾子曰十目所視十手所指其嚴乎富潤屋德潤身心廣體胖故君子必誠其意嚴乎言可畏敬也胖猶大也三者言有實於內顯見於外○胖步丹反注及下同見賢遍反詩云瞻彼淇奧菉竹猗猗有斐君子如切如磋如琢如磨瑟兮僩兮赫兮喧兮有斐君子終不可諠兮如切如磋者道學也如琢如磨者自脩也瑟兮僩兮者恂慄也赫兮喧兮者威儀也有斐君子終不可諠兮者道盛德至善民之不能忘也此心廣體胖之詩也澳隈崖也菉竹猗猗喻美盛斐有文章貌也諠忘也道猶言也恂字或作峻讀如嚴峻之峻言其容貌嚴栗也民不能忘以其意誠而德著也○淇音其澳本亦作奧於六反本又作澳一音烏報反菉音綠猗於宜反斐芳尾反一音匪反

章貌瑳七何反琢丁角反摩本亦作磨末何反尔雅云骨曰切象曰磋玉曰琢石曰磨僩下板反又胡板反赫許百反喧本亦作咺况晚反諠許袁反詩作諼或作喧音同恂依注音峻思俊反一音思旬反慄利悉反澳於六反喂烏回反詩云於戲前王不忘君子賢其賢而親其親小人樂其樂而利其利此以沒世不忘也聖人既有親賢之德其政又有樂利於民君子小人各有以思之○於音烏下於緝熙同戲好胡反徐范音義樂其樂並音岳又音洛注同康誥曰克明德大甲曰顧諟天之明命帝典曰克明峻德皆自明也皆自明明德也克能也顧念也諟猶正也帝典堯典亦尚書篇名也峻大也諟或為題○誥古報反大音泰顧諟上音故本又作顧同下音是峻徐音俊又私俊反題徐徙兮反湯之盤銘曰苟日新日日新又日新康誥曰作新民詩曰周雖舊邦其命惟新是故君子無所不用其極盤銘刻戒於盤也極猶盡也君子日新其德常盡心力不有餘也○盤步干反銘徐音冥亡丁反詩云邦畿千里惟民所止詩云緡蠻黃鳥止于丘隅子曰於止知其所止可以人而不如鳥乎於止於鳥之所止也就而觀之知其所止知鳥擇岑蔚安閑而止處

之耳言人亦當擇礼義樂土而自止處也論語曰里仁爲美擇不處仁焉得知○畿音祈又作幾音同緡蛮音緜一音亡巾反毛詩作緜傳云緜蛮小鳥貌岑仕金反蔚音鬱又音尉間音閑處齒諸反樂音洛烏於虔反知音智詩云穆穆文王於緝熙敬止爲人君止於仁爲人臣止於敬爲人子止於孝爲人父止於慈與國人交止於信緝熙光明也此美文王之德光明敬其所以自止處○緝七入反熙許其反子曰聽訟吾猶人也必也使無訟乎情猶實也无實者多虛誕之辭聖人之聽訟與人同耳必使民无實者不敢盡其辭大畏其心志使誠其意不敢訟○吾聽訟似用反猶人也論語作聽訟吾猶人也毋訟音無誕音但此謂知本本謂誠其意也所謂脩身在正其心者身有所忿懥則不得其正有所恐懼則不得其正有所好樂則不得其正有所憂患則不得其正心不在焉視而不見聽而不聞食而不知其味此謂脩身在正其心懥怒貌也或作懫或爲懥○忿弗粉反懥勑值反范音稚徐丁四反又音勣恐丘勇反好呼報反下放好而知同樂徐五孝反一音岳懫音致懥音致又得尒計反【重意】

視而不見聽而不聞中庸視之而弗見聽之而弗聞○食而不知其味中庸鮮能知味也所謂齊其家在脩其身者人之其所親愛而辟焉之其所賤惡而辟焉之其所畏敬而辟焉之其所哀矜而辟焉之其所敖惰而辟焉故好而知其惡惡而知其美者天下鮮矣故諺有之曰人莫知其子之惡莫知其苗之碩此謂身不脩不可以齊其家之適也辟猶喻也言適彼而以心度之曰吾何以親愛此人非以其有德美與吾何以敖惰此人非以其志行薄與反以喻已則身脩與否可自知也鮮罕也人莫知其子之惡猶愛而不察碩大也○辟音譬下及注同謂譬喻也賤惡烏路反下惡而知同敖五報反惰徒臥反其惡惡上如字下烏路反鮮仙善反注同諺魚變反俗語也碩徒洛反與音余下薄與同行下孟反

所謂治國必先齊其家者其家不可教而能教人者無之故君子不出家而成教於國孝者所以事君也弟者所以事長也慈者所以使衆也康誥曰如保赤子心誠求之雖不中不遠矣未有學養子而后嫁者也

養子者推心爲之而中於赤子之耆欲也○弟音悌長丁丈反下長長并注同中丁仲反注同耆時志反一家仁

一國興仁一家讓一國興讓一人貪戾一國作亂其機

如此此謂一言僨事一人定國一家一人謂人君也戾之言利也機發動所由也僨猶覆敗也春秋傳曰登戾之又曰鄭伯之車僨於濟戾或爲吝僨或爲奔○戾力計反僨音奮本又作賁注同覆芳福反濟子礼反奔音奔堯舜率天下以仁而民從之桀紂率天下以暴而民

從之其所令反其所好而民不從言民化君行也君若好貨而禁民淫於財利不能止也○好呼報反注同行下孟反或如字【重意】而民從之表記則民從之是故君子有諸己而

后求諸人無諸己而后非諸人所藏乎身不恕而能喻

諸人者未之有也故治國在齊其家有於己謂有仁讓也无於己謂无貪戾也

詩云桃之夭夭其葉蓁蓁之子于歸宜其家人宜其家

人而后可以教國人詩云宜兄宜弟宜兄宜弟而后可

以教國人詩云其儀不忒正是四國其爲父子兄弟足

法而后民法之也此謂治國在齊其家夭夭蓁蓁美盛貌之子者是子也○夭於驕反蓁音臻忒他得反

所謂平天下在治其國者上老老而民興孝上長長而民興弟上恤孤而民不倍是以君子有絜矩之道也老老長長謂尊老敬長也恤憂也民不倍不相倍弃也絜猶結也挈也矩法也君子有挈法之道謂常執而行之動作不失之倍或作偝矩或作巨○弟音悌倍音佩注同絜音結矩之音矩本或作矩弁音佩本亦作倍下同挈也苦結反巨音拒本或作拒其呂反

所惡於上毋以使下所惡於下毋以事上所惡於前毋以先後所惡於後毋以從前所惡於右毋以交於左所惡於左毋以交於右此之謂絜矩之道絜矩之道善持其所有以恕於人曰治國之要盡於此○惡烏路反下皆同毋音无下同重意所惡於上毋以使下所惡於下毋以事上祭統二十五節備所不安於上則不以使下所惡於下則不以事上

詩云樂只君子民之父母民之所好好之民之所惡惡之此之謂民之父母言治民之道无他取於己而已○只音紙好好皆呼報反重意此之謂民之父母孔子閒居二十九節可謂民之父母矣

詩云節

彼南山維石巖巖赫赫師尹民具爾瞻有國者不可以不愼辟則爲天下僇矣巖巖喻師尹之高嚴也師尹天子之大臣爲政者也言民皆視其所行而則之可不愼其德乎邪辟失道則有大刑○節徐音截前切反又音如字巖五銜反辟匹亦反注同僇音六行下孟反又如字邪似嗟反詩云殷之未喪師克配上帝儀監于殷峻命不易道得衆則得國失衆則失國是故君子先愼乎德有德此有人有人此有土有土此有財有財此有用德者本也財者末也外本内末爭民施奪是故財聚則民散財散則民聚是故言悖而出者亦悖而入貨悖而入者亦悖而出師衆也克能也峻大也言殷王帝乙以上未失其民之時德亦有能配天者謂天享其祭祀也及紂爲惡而民怨神怒以失天下監視殷時之事天之大命持之誠不易也道猶言也用謂國用也施奪施其劫奪之情也悖猶逆也言君有逆命則民有逆辭也上貪於利則下人侵畔老子曰多藏必厚亡○喪息浪反峻恤俊反易以豉反注同爭爭鬭之爭施如字悖布内反下同上時掌反藏才浪反康誥曰惟命不于常道善則得之不善則失之

矣于於也天命不於常言不彔祐一家也○彔祐音又楚書曰楚國無以爲寶惟善以爲寶楚書楚昭王時書也言以善人爲宝時謂觀射父昭奚恤也○射父食亦反又食夜反父音甫舅犯曰亡人無以爲寶仁親以爲寶舅犯晋文公之舅狐偃也亡人謂文公也時辟驪姬之讒亡在翟而獻公薨秦穆公使子顯弔因勸之復國舅犯爲之對此辞也仁親猶言親愛仁道也明不因喪規利也○辟音避驪力宜反本又作麗亦作孋同翟音狄顯許遍反爲之于僞反秦誓曰若有一个臣斷斷兮無它技其心休休焉其如有容焉人之有技若己有之人之彥聖其心好之不啻若自其口出寔能容之以能保我子孫黎民尚亦有利哉人之有技娟疾以惡之人之彥聖而違之俾不通寔不能容以不能保我子孫黎民亦曰殆哉秦誓尚書篇名也秦穆公伐鄭爲晉所敗於殽還誓其羣臣而作此篇也斷斷誠一之貌也它技異端之技也有技才藝之技也若己有之不啻若自其口出皆樂人有善之甚也美士爲彥黎衆也尚庶幾也娟妬也違猶戾也俾使也佛戾賢人所爲使功不通於君也殆危也彥或作盤○一个古賀反一讀作介音界介臣此所引與尚書文小異斷丁乱反無它音他技

其縟反下及注同休休許虯反尚書傳曰樂善也鄭注尚書云寬容貌何休注公羊云美大之貌好呼報反啻音試詩豉反媢莫報反尚書作冒音同謂覆蔽也惡烏路反下能惡人同俾本又作卑必尔反敗必邁反殺尸交反樂音岳又音洛妬丁路反佛本上扶弗反下力計反

唯仁人放流之迸諸四夷不與同中國此謂唯仁人爲能愛人能惡人放去惡人媢嫉之類者獨仁人能之如舜放四罪而天下咸服○迸比孟反又逼諍反諍音爭鬬之爭皇云迸猶屏也去起呂反見賢而不能舉舉而不能先命也見不善而不能退退而不能遠過也命讀爲慢聲之誤也舉賢而不能使君以先己是輕慢於舉人也○命依注音慢武諫反遠于万反好人之所惡惡人之所好是謂拂人之性菑必逮夫身拂猶佹也逮及也○好呼報反下皆同惡烏路反下同拂扶弗反注同菑音哉下同逮音代一音大計反夫音扶佹九委反是故君子有大道必忠信以得之驕泰以失之道行所由生財有大道生之者衆食之者寡爲之者疾用之者舒則財恒足矣是不務祿不肖而勉民以農也○肖音笑仁者以財發身不仁者以身發財發起也言仁人有財則務於施與以起身成其令名不仁之人有身貪於

聚斂以起財務成富○施始豉反予由汝反　未有上好仁而下不好義者也未有好義其事不終者也未有府庫財非其財者也言君行仁道則其臣必義以義舉事無不成者其爲誠然如己府庫之財爲己有也　孟獻子曰畜馬乘不察於雞豚伐冰之家不畜牛羊百乘之家不畜聚斂之臣與其有聚斂之臣寧有盜臣此謂國不以利爲利以義爲利也孟獻子魯大夫仲孫蔑也畜馬乘謂以士初試爲大夫也伐冰之家卿大夫以上喪祭用冰百乘之家有采地者也雞豚牛羊民之所畜養以爲財利者也國家利義不利財盜臣損財耳聚斂之臣乃損義論語曰季氏富於周公而求也爲之聚斂而附益之子曰非吾徒也小子鳴鼓而攻之可也○畜許六反下同乘繩證反下及注同蔑莫結反以上時掌反采七代反本亦作菜爲之于僞反　長國家而務財用者必自小人矣言務聚財爲己用者必忘義是小人所爲也○長丁丈反　彼爲善之小人之使爲國家菑害並至雖有善者亦無如之何矣彼君也君將欲以仁義善其政而使小人治其國家之事患難猥至雖云有善不能救之以其惡之已著也○難乃旦反猥烏罪反捄音救本亦作救惡烏路反　此謂國不以利爲利以

義爲利也

纂圖互註禮記卷之十九

纂圖互註禮記卷第二十

冠義第四十三（陸曰冠古亂反鄭云名冠義者以其記冠礼成人之義）

禮記　鄭氏註

凡人之所以爲人者禮義也禮義之始在於正容體齊顔色順辭令（言人爲礼以此三者爲始）容體正顔色齊辭令順而后禮義備以正君臣親父子和長幼（言三始既備乃可求以三行也○長丁丈反下同行下孟反【重言】以正君臣親父子和長幼一後見聘義礼運第九以正君臣以篤父子）君臣正父子親長幼和而后禮義立（立猶成也）故冠而后服備服備而后容體正顔色齊辭令順（言服未備者未可求以三始也童子之服采衣紒○冠古亂反除下文玄冠及注緇布冠玄冠以外並同紒音計）故曰冠者禮之始也是故古者聖王重冠古者冠禮筮日筮賓所以敬冠事敬冠事所以重禮重禮所以爲國本也（國以礼爲本○筮市制反筮日筮重直用反後同【重言】冠者礼之始也一見下文又下篇夫礼始）

於冠。禮之始也曲禮上禮之經也下篇禮之本也故冠於阼以著代也醮於客位三
加彌尊加有成也阼謂主人之北也適子冠於阼若不醴則醮用酒於客位敬而成之也戶西為客位庶子
冠於房戶外又因醮焉不代父也冠者初加緇布冠次加皮弁次加爵弁每加益尊所以益成也。阼才故反著張慮反醮子笑反
彌音沵適音嫡醴音礼【重言】以著代也又出昏義四十四已冠而字之成人之道也字所以相
尊也【重言】冠而字之重見郊特牲成人之道也一見祭義四十四見於母母拜之見於兄弟
兄弟拜之成人而與為禮也玄冠玄端奠摯於君遂以
摯見於鄉大夫鄉先生以成人見也鄉先生同鄉老而致仕者服玄冠玄端異於朝
也。見賢遍反下皆同摯本亦作贄同音至鄉大夫鄉先生並音香注同朝直遙反成人之者將責成
人禮焉也責成人禮焉者將責為人子為人弟為人臣
為人少者之禮行焉將責四者之行於人其禮可不重
與言責人以大禮者已接之不可以苟。少詩照反之行下孟反下同與音余故孝弟忠順之行立
而后可以為人可以為人而后可以治人也故聖王重

禮故曰冠者禮之始也嘉事之重者也是故古者重冠重冠故行之於廟行之於廟者所以尊重事尊重事而不敢擅重事不敢擅重事所以自卑而尊先祖也嘉事嘉礼也宗伯掌五礼有吉礼有凶礼有賓礼有軍礼有嘉礼而冠屬嘉礼周礼曰以昏冠之礼親成男女也○卑音婢治直吏反擅市戰反【重言】冠者礼之始也一篇首一○聖王重礼下篇昏義聖王重之

昏義第四十四陸曰鄭云昏義者以其記娶妻之義内教之所由成也

鄭氏註

昏禮者將合二姓之好上以事宗廟而下以繼後世也故君子重之是以昏禮納采問名納吉納徵請期皆主人筵几於廟而拜迎於門外入揖讓而升聽命於廟所以敬慎重正昏禮也聽命謂主人聽使者所傳壻家之命○昏昏者一本作昏礼者婚礼用昏故經典多止作昏字合如字徐音閤好呼報反采七在反采擇也請徐音情又如字筵音延使色吏反傳直專反【重意】將合二姓之好上以事宗廟而下以繼後世也哀公問合二姓之好以繼先聖之後以為天地宗廟社稷之主父親醮子而命之

迎男先於女也子承命以迎主人筵几於廟而拜迎于門外壻執鴈入揖讓升堂再拜奠鴈蓋親受之於父母也降出御婦車而壻授綏御輪三周先俟于門外婦至壻揖婦以入共牢而食合巹而酳所以合體同尊卑以親之也

酌而无酬酢曰醮醮之礼如冠醮与其異者於寢耳壻御婦車輪三周御者代之壻自乘其車先道之歸也共牢而食合巹而酳成婦之義○醮子妙反迎魚敬反下以迎同先悉薦反又如字承本或作丞下承父命謂壻本又作智悉計反女之夫也依字從士從疋俗從知下作耳奠大見反綏音雖合徐音閤又如字巹徐音謹破瓢爲巹也說文作𢀩云蠡也字林几敏反以此巹爲酳壻有所承說文二云讀若赤舄几酳徐音胤又仕覲反酳音昕如冠古亂反下文始於冠同与音餘道音導〔重意〕御婦車而壻授綏郊特牲壻親御授綏〔重言〕共牢而合食同尊卑一一見郊特牲

敬慎重正而后親之禮之大體而所以成男女之別而立夫婦之義也男女有別而后夫婦有義夫婦有義而后父子有親父子有親而后君臣有正故曰昏禮者禮之本也

言子受氣性純則孝孝則忠也○別彼列

反下同【重意】所以成男女之別經解一下十六篇所以明男女之別也【重言】男女有別四郊以特牲長幼小記大傳各一○礼之本也一礼

器一冠義礼之始也夫禮始於冠本於昏重於喪祭尊於朝聘和

於射鄉此禮之大體也始猶根也本猶幹也鄉鄉飲酒○朝聘直遥反下四政反【重意】夫礼始於

冠冠義冠者礼之始也夙興婦沐浴以俟見質明贊見婦於舅姑執

笲棗栗段脩以見贊醴婦婦祭脯醢祭醴成婦禮也成其

爲婦之礼也贄醴婦當作礼声之誤也○沐音木浴音欲見賢遍反下及注同笲音煩一音皮彦反器名以竹若葦為之其形如筥

衣之以青繒以盛棗栗腶脩之屬棗音早小雅云棘實謂之棗栗俗作栗誤段脩丁乱反本又作腶或作鍛同脩脯也加薑桂曰腶脩

何休云婦執腶脩者取其斷斷自脩飾也贄醴依注作礼醢音海【重意】贊醴婦見舅姑內則篇婦事舅姑舅姑入室

婦以特豚饋明婦順也以饋明婦順者供養之礼主於孝順○婦以特豚饋其位反一本无婦字

供俱用反養羊尚反厥明舅姑共饗婦以一獻之禮奠酬舅姑先

降自西階婦降自阼階以著代也言既獻也而授之以室事也降者各還其燕寢

婦見及饋饗於適寢昏礼不言厥明此言之者容大夫以上礼多或異日○適丁歷反上時掌反【重言】舅姑先降自西階婦降自阼

階一郊特牲一无先字○以著代也一郊特牲一冠義一成婦禮明婦順又申之以著代所以重責婦順焉也婦順者順於舅姑和於室人而后當於夫以成絲麻布帛之事以審守委積蓋藏室人謂女妐女叔諸婦也當猶稱也後言稱夫者不順舅姑不和室人雖有善者猶不爲稱夫也○當丁浪反一音丁郎反下注同下注和當亦同委於僞反積子賜反藏才浪反又猶稱尺證反下同是故婦順備而后內和理內和理而后家可長久也故聖王重之順備者行和當事成審也○行下孟反【重意】故聖王重之冠義故聖王重礼是以古者婦人先嫁三月祖廟未毀教于公宮祖廟既毀教于宗室教以婦德婦言婦容婦功教成祭之牲用魚芼之以蘋藻所以成婦順也謂天子諸侯同姓者也嫁女者必就尊者教成之教成之者女師也祖廟女所出之祖也公君也宗室宗子之家也婦德貞順也婦言辭令也婦容婉娩也婦功絲麻也祭之祭其所出之祖也魚蘋藻皆水物陰類也魚爲俎實蘋藻爲羹菜祭无牲牢告事耳非正祭也其齊盛用黍云君使有司告之宗子之家若其祖廟已毀則爲壇而告焉○先悉薦反芼毛報反蘋音頻藻音早毛詩傳云蘋大萍也藻聚藻詩箋云蘋

之言實寔之言是婉紆免反娩音晩詩箋云婉娩貞順貌又音挽又月音咨亶徒丹反

古者天子后立六宮三夫人九嬪二十七世婦八十一御妻以聽天下之內治以明章婦順故天下內和而家理天子立六官三公九卿二十七大夫八十一元士以聽天下之外治以明章天下之男教故外和而國治故曰天子聽男教后聽女順天子理陽道后治陰德天子聽外治后聽內職教順成俗外內和順國家理治此之謂盛德天子六寢而六宮在後六官在前所以承副施外內之政也三夫人以下百二十人周制也三公以下百二十人以夏時也合而言之取其相應有象天數也內治婦學之法也陰德謂主陰事陰令也○嬪毗人反治直吏反下及注除后治陰德皆同應如字音應對之應【重言】此之謂盛德二見聘義內十八

是故男教不脩陽事不得適見於天日為之食婦順不脩陰事不得適見於天月為之食是故日食則天子素服而脩六官之職蕩天下之陽事月食則后素

服而脩六宮之職，蕩天下之陰事。故天子之與后，猶日之與月、陰之與陽，相須而后成者也。適之言責也。食者，見道有虧傷也。蕩，蕩滌去穢惡也。○適，直革反，下注同。見，賢遍反，下及注同。曰爲，于僞反，下文皆同。蕩，徒浪反。滌，直歷反，又杜亦反。去，起呂反。穢，紆廢反。

天子脩男教，父道也；后脩女順，母道也。故曰：天子之與后，猶父之與母也。故爲天王服斬衰，服父之義也；爲后服資衰，服母之義也。父母者，施教令於婦子者也，故其服同。資當爲齊，聲之誤也。○衰，七雷反，下同。資，依注作齊，音咨。注又作齊，音同。

○

鄉飲酒義第四十五

陸曰：鄭云：鄉飲酒義者，以其記鄉大夫飲賓於庠序之禮、尊賢養老之義也。別錄屬吉禮。

禮記　鄭氏註

鄉飲酒之義：主人拜迎賓于庠門之外，入三揖而后至階，三讓而后升，所以致尊讓也。庠，鄉學也。州黨曰序。○庠音詳。學記云：古之教者家有塾，黨有庠，術有序，國有學。【重言】入三揖而后至階，三讓而后升，所以致尊讓也。一重見聘義四十八。○

盥洗揚觶所

以致絜也揚，辛也，今礼皆作騰。○盥音管，觶之豉反，説文云鄉飲酒角也。字林音支。絜，音結，下同。一本作致絜敬也。拜至拜洗拜受拜送拜既所以致敬也拜至謂始升時拜拜賓至【重言】所以致敬也四郊特牲一聘義一尊讓絜敬也者君子之所以相接也君子讓則不爭絜敬則不慢不慢不爭則遠於鬭辨矣不鬭辨則無暴亂之禍矣斯君子所以免於人禍也故聖人制之以道道謂此礼。○爭，爭鬭之爭，下同。遠，于万反。辟，如字。徐甫兒反，下同。【重言】則無暴亂之禍矣二見下篇射義鄉人士君子尊於房户之間賓主共之也尊有玄酒貴其質也鄉人，鄉大夫也。士，州長、黨正也。君子，謂鄉大夫、士也。鄉大夫士飲國中賢者，亦用此礼也。共尊者，人臣卑不敢專大惠。鄉人上君子。周礼天子六鄉，鄭司農云：百里内爲六鄉，外爲六遂。司徒職云：五家爲比，五比爲閭，四閭爲族，五族爲黨，五黨爲州，五州爲鄉。鄉大夫每鄉一人，州長每州中大夫一人，黨正每黨下大夫一人，族師每族上士一人，閭胥每閭中士一人，比長五家下士一人。諸侯則三鄉。長，丁丈反，篇内皆同。謂鄉，去京反，注同。飲，於鴆反。【重言】貴其質也三二見郊特牲羞出自東房主人共之也羞無私，可以自專也。○羞音脩，共音恭。洗當東榮主人

之所以自絜而以事賓也絜猶清也○絜如字皇音潔也劉古結清如字皇才性反賓主

象天地也介僎象陰陽也三賓象三光也讓之三也象

月之三日而成魄也四面之坐象四時也陰陽助天地養成万物之氣也

三賓象天三光者繫於天也古文禮僎皆作遵○介音戒下放此輔賓者僎音遵輔主人者魄普白反說文作霸云月始生魄然也坐才臥反又如字

天地嚴凝之氣始於西南而盛於西北此天地

之尊嚴氣也此天地之義氣也天地溫厚之氣始於東

北而盛於東南此天地之盛德氣也此天地之仁氣也凝猶成也○凝魚陵反

主人者尊賓故坐賓於西北而坐介於西南

以輔賓賓者接人以義者也故坐於西北賓者接人以義言賓來以成主人之德

主人者接人以德厚者也故坐於東南而坐僎於

東北以輔主人也以僎輔主人以其仕在官也

仁義接賓主有事俎豆

有數曰聖聖立而將之以敬曰禮禮以體長幼曰德聖通

也所以通賓主之意也將猶奉也德也者得於身也故曰古之學術道者將以得身也是故聖人務焉術猶藝也得身者謂成己令名免於刑罰也言文字術道則此說賓賢能之禮祭薦祭酒敬禮也嚌肺嘗禮也啐酒成禮也於席末言是席之正非專爲飲食也爲行禮也此所以貴禮而賤財也卒觶致實於西階上言是席之上非專爲飲食也此先禮而後財之義也先禮而後財則民作敬讓而不爭矣非專爲飲食言主於相敬以礼也致實謂尽酒酒爲觴實祭薦祭酒嚌肺於席中唯啐酒於席末也○薦本亦作荐同嚌才細反肺芳廢反啐七內反專爲于僞反下及注專爲同【重意】先禮而後財則民作敬坊記先財而後礼則民爭利聽義輕財則重礼則民作讓矣鄉飲酒之禮六十者坐五十者立侍以聽政役所以明尊長也六十者三豆七十者四豆八十者五豆九十者六豆所以明養老也民知尊長養老而后乃能入孝弟民入孝弟出尊長養老而后成教成教

而后國可安也君子之所謂孝者非家至而日見之也合諸鄉射教之鄉飲酒之禮而孝弟之行立矣此說鄉飲酒謂黨正國索鬼神而祭祀則以禮屬民而飲酒于序以正齒位之禮也其鄉射則州長春秋以禮會民而射于州序之禮也謂之鄉者州黨鄉之屬也或則鄉之所居州黨鄉大夫親爲主人焉如今郡國下令長於鄉射飲酒從太守相臨之禮也○弟音悌下同行下孟反索色百反屬音燭大守音泰下手又反相息亮反漢制郡有太守国有相或息羊反則以連下句孔子曰吾觀於鄉而知王道之易易也鄉鄉飲酒也易易謂教化之本尊賢尚齒而已○易易皆以豉反注及下易易同主人親速賓及介而衆賓自從之至于門外主人拜賓及介而衆賓自入貴賤之義別矣速謂即家召之別猶明也○別彼列反注及下注同三揖至于階三讓以賓升拜至獻酬辭讓之節繁及介省矣至于衆賓升受坐祭立飲不酢而降隆殺之義辨矣繁猶盛也小減曰省辨猶別也尊者礼隆卑者礼殺尊卑別也○省所領反徐所景反注同酢音昨殺色戒反注及下同工入升歌三終主人獻之笙入三終主人獻之

間歌三終合樂三終工告樂備遂出一人揚觶乃立司正焉知其能和樂而不流也（工謂樂正也樂正既告備而降言遂出者自此至去不復升也流猶失礼也立司正以正礼則礼不失可知一人或為二人○笙音生間間厠之間合如字徐音閤復扶又反）賓酬主人主人酬介介酬衆賓少長以齒終於沃洗者焉知其能弟長而無遺矣（遺猶脫也忘也○少詩照反沃於木反弟音悌下弟長同脫徒活反又音奪）降說屨升坐脩爵無數飲酒之節朝不廢朝莫不廢夕賓出主人拜送節文終遂焉知其能安燕而不亂也（朝夕朝莫聽事也不廢之者既朝乃飲先夕則罷其正也終遂猶充備也○廢朝直遥反注朝夕既朝同莫音暮下同先悉薦反）貴賤明隆殺辨和樂而不流弟長而無遺安燕而不亂此五行者足以正身安國矣彼國安而天下安故曰吾觀於鄉而知王道之易易也鄉飲酒之義立賓以象天立主以象地設介僎以象日月立三賓以象三光古之制禮

也經之以天地紀之以日月參之以三光政教之本也日出於東僎所在也月生於西介所在也三光三大辰也天之政教出於大辰焉○行下孟反亨狗於東方祖陽氣之發於東方也祖猶法也狗所以養食賓陽氣主養長万物○亨普庚反洗之在阼其水在洗東祖天地之左海也海水之委也○阼才路反委於偽反尊有玄酒教民不忘本也大古无酒用水而已○大音泰賓必南鄉東方者春春之爲言蠢也産萬物者聖也南方者夏夏之爲言假也養之長之假之仁也西方者秋秋之爲言愁也愁之以時察守義者也北方者冬冬之爲言中也中者藏也是以天子之立也左聖鄉仁右義偕藏也春猶蠢也春蠢動生之貌也聖之言生也假大也愁讀爲揫揫斂也察猶察察嚴殺之貌也南鄉鄉仁之賓長大萬物也察或爲殺○鄉許亮反下及注鄉仁南鄉東鄉皆同春蠢尺允反春蠢動生之貌夏戶嫁反下同假古雅反下同愁依注讀爲揫子留反下同尒雅云揫聚也藏如字下同徐才浪反偕音偕殺如字又色戒反介必東鄉介賓主也獻酬之礼主人將酌賓將南介閒其間也○閒音間廁之間

主人必居東方東方者春春之爲言蠢也産萬物者也

主人者造之産萬物者也言礼之所共由生人出也○共音恭月者三日則

成魄三月則成時是以禮有三讓建國必立三卿三賓

者政教之本禮之大參也言礼者陰也大数取法於月也○卿去京反參七南反

射義第四十六陸曰鄭云射義者以其記燕射大射之禮觀德行取其士之義也別録屬吉禮

禮記　鄭氏註

古者諸侯之射也必先行燕禮卿大夫士之射也必先行鄉飲酒之禮故燕禮者所以明君臣之義也鄉飲酒之禮者所以明長幼之序也言別尊卑老穉然後射以觀德行也○長丁丈反別彼列反穉音値行下孟反下又注德行皆同【重言】燕礼者所以明君臣之義也三見下篇燕義又經解二十六朝覲之礼所以明君臣之義也○鄉飲酒之禮所以明長幼之序也重見經解　故射者進退周還必中禮内志正外體直然後持弓矢審固持弓矢審固然後可以言中

此可以觀德行矣　内正外直習於禮樂有德行者也正鵠之名出自此也。中丁仲反下同正音征鵠古毒反徐又如字【重言】拱乃矢鵠因重見篇末【重意】此可以觀德行矣樂記可以觀德矣其節天子以騶虞爲節諸侯以貍首爲節卿大夫以采蘋爲節士以采蘩爲節騶虞者樂官備也貍首者樂會時也采蘋者樂循法也采蘩者樂不失職也是故天子以備官爲節諸侯以時會天子爲節卿大夫以循法爲節士以不失職爲節故明乎其節之志以不失其事則功成而德行立德行立則無暴亂之禍矣功成則國安故曰射者所以觀盛德也　騶虞采蘋采蘩今詩篇名貍首逸下云曾孫侯氏是也樂官備者謂騶虞曰壹發五豝喻得賢者多也于嗟乎騶虞歎仁人也樂會時者謂貍首曰小大莫處御于君所樂循法者謂采蘋曰于以采蘋南澗之濱循澗以采蘋喻循法度以成君事也樂不失職者謂采蘩曰被之僮僮夙夜在公。騶側尤反徐側侯反貍力之反貍之言不來也其自先也此逸詩也其以下所引曾孫侯氏爲貍首之詩也蘋音頻蘩音煩循徐辭均反豝百加反獸一歲曰豝詩傳云豕牝曰豝澗音諫山夾水曰澗濱音賓涯也披皮義反徐扶義反僮音童本亦作童毛詩傳云竦敬也【重言】則無暴亂之禍矣二見上篇鄉飲酒義 是故古者天子以射選諸侯卿大夫士射者男子之事也因而飾之以禮樂也故事之盡禮樂而可數為以立德行者莫若射故聖王務焉選士者先考德行乃後決之於射男子生而有射事長又學禮樂以飾之○數色角反下同長丁丈反【重意】故聖王務焉上篇是故聖人務焉 是故古者天子之制諸侯歲獻貢士於天子天子試之於射宮其容體比於禮其節比於樂而中多者得與於祭其容體不比於禮其節不比於樂而中少者不得與於祭數與於祭而君有慶數不與於祭而君有讓數有慶而益地數有讓而削地故曰射者射為諸侯也歲獻國事之書及計偕物也三歲而貢士舊說云大國三人次國二人小國一人○比毗志反下同親合也中丁仲反下同得與音預下皆同削息略反偕音皆俱也 是以諸侯君臣盡志於射以習禮樂夫君臣習禮樂而以流亡者未之有也流猶

故也書曰流共工於幽州○共音恭【重言】未之有也重見大學四十二篇 故詩曰曾孫侯氏四正具舉大夫君子凡以庶士小大莫處御于君所以燕以射則燕則譽言君臣相與盡志於射以習禮樂則安則譽也是以天子制之而諸侯務焉此天子之所以養諸侯而兵不用諸侯自為正之具也此曾孫之詩諸侯之射節也四正正爵四行也四行者獻賓獻公獻卿獻大夫乃後樂作而射也莫無也無安居其官次者也御猶侍也以燕以射先行燕禮乃射也則燕則譽言國安則有名譽與譽或為上

孔子射於矍相之圃蓋觀者如堵牆矍相地名也樹菜蔬曰圃○矍俱縛反注同相息亮反矍相地名圃音補徐音布觀如字又古亂反堵丁古反又子蹠一本作蹠所魚反 射至於司馬使子路執弓矢出延射曰賁軍之將亡國之大夫與為人後者不入其餘皆入蓋去者半入者半先行飲酒禮將射乃以司正為司馬子路執弓矢出延射則為司射也延進也出延進觀者欲射者也賁讀為僨僨猶覆敗也亡國亡君之國者也與猶奇也後人者一人而已既有為者而往奇之是貪財也子路陳此三者而觀者畏其義則或去也延或為誓○賁依注讀為僨音奮覆

敗也將子匠反與音預注同不入一本作不得入者非也賁讀音奔弃覆芳卜反羈居宜反下同後如字又音侯又使公罔之裘序點揚觶而語公罔之裘揚觶而語曰幼壯孝弟耆耋好禮不從流俗脩身以俟死者不在此位也蓋去者半處者半序點又揚觶而語曰好學不倦好禮不變旄期稱道不亂者不在此位也蓋勤有存者之發聲也射畢又使此二人舉觶若古者於旅也語語謂說義理也三十曰壯耆耋比老也流俗失俗也耄猶留也八十九十曰旄百年曰期頤稱循言也行也者不言何此行不可以在此賓位也序點或爲徐點壯或爲將旄期或爲耄勤今礼揚皆作騰○公罔人姓也又作因之裘裘名也之語助序點多曾反序姓點名也觶之豉反弟音悌耆音祁巨支反六十曰耆耋大結反七十曰耋一云八十曰耋好呼報反下同脩身以俟死絕句者不在此二字一句下放此注皆同旄本又作耄莫報反八十九十曰耄期本又作旗音其如字百年曰期頤頤養也稱如字不亂絕句本或作而不亂勤音勤又音覲少也期頤以之反鄭注曲禮云期要也頤養也言有此行不絕句行音下孟反射之爲言者繹也或曰舍也繹者各繹己之志也故心平體正持弓矢審固持弓矢審固則射中矣故曰

爲人父者以爲父鵠爲人子者以爲子鵠爲人君者以爲君鵠爲人臣者以爲臣鵠故射者各射己之鵠故天子之大射謂之射侯射侯者射爲諸侯也射中則得爲諸侯射不中則不得爲諸侯大射將祭擇士之射也以爲某鵠者將射還視侯中之時意曰此鵠乃爲某之鵠吾中之則成人不中之則不成人也得爲諸侯謂有慶也不得爲諸侯謂有讓也○繹音亦徐音釋舍戶如字舊音捨中丁仲反下及注皆同鵠古毒反徐如字注同射食亦反下射天地四方同天子將祭必先習射於澤澤者所以擇士也已射於澤而后射於射宮射中者得與於祭不中者不得與於祭不得與於祭者有讓削以地得與於祭者有慶益以地進爵絀地是也澤宮名也士謂諸侯朝者諸臣及所貢士也皆先令習射於澤已乃射於射宮課中否也諸侯有慶者先進爵有讓者先削地○与音預下皆同絀勑律反朝直遙反令力呈反已音以課口卧反故男子生桑弧蓬矢六以射天地四方天地四方者男子之所有事也故必先有志於

其所有事然後敢用穀也飯食之謂也男子生則設弧於門左三日負之人爲之射乃食子也○桑弧音胡以桑木爲弓蓬步工反飯扶晚反食音嗣注同爲于僞反【重言】桑弧蓬矢六以射天地四方一見內則十二篇有射人以三字射者仁之道也射求正諸己己正而后發發而不中則不怨勝己者反求諸己而已矣諸猶於也孔子曰君子無所爭必也射乎揖讓而升下而飲其爭也君子必也射乎言君子至於射則有爭也下降也飲射爵者亦揖讓而升降勝者袒決遂執張弓不勝者襲說決拾卻左手右加弛弓於其上而升飲君子恥之是以射則爭中○爭爭鬭之爭下及注有爭皆同揖讓而升下絕句而飲一句袒音但決古穴反說吐活反拾音十卻去逆反又起略反弛式氏反又始氏反中丁仲反下文注同【重言】反求諸己而已矣中庸反求諸其身孔子曰射者何以射何以聽循聲而發發而不失正鵠者其唯賢者乎若夫不肖之人則彼將安能以中何以言其難也聲謂樂節也畫曰正棲皮曰鵠正之言正也鵠之言梏也梏直也言人正直乃能中也發或爲射○正音征注同夫音扶肖音笑棲音西梏古角反下同○【重言】何以射何以聽二重見郊特牲○發而不失諸正鵠者中庸失諸正鵠詩云發彼有的以祈爾

爵祈求也求中以辭爵爵也酒者所以養老也所以養病也求中以辭爵爵者辭養也〔發猶射也的謂所射之識也言射的以欲中之者以求不飲女爵也〕〔辭若養讓皆見養也亦或爲有。的丁歷反養如字徐羊尚反職音式一音日上志女音汝〕

燕義第四十七

〔陸曰鄭云名燕義者以其記君臣燕飲之禮上下相報之義也〕

鄭氏註

古者周天子之官有庶子官庶子官職諸侯卿大夫士之庶子之卒掌其戒令與其教治別其等正其位〔職主也庶子猶諸子也周禮諸子之官司馬之屬也卒子讀皆爲倅諸子副代父者也戒令致於大子之事教治脩德學道位朝位也。卒依注音倅七對反又音忽反副也治直吏反注及下同別彼列反大子音泰後大子大斈同朝直遥反〕國有大事則率國子而致於大子唯所用之若有甲兵之事則授之以車甲合其卒伍置其有司以軍法治之司馬弗正〔國子諸子也軍法百人爲卒五人爲伍弗不也國子屬大子司馬雖有軍事不賦也。合如字徐音閤卒子忽反注同伍音五弗正音征〕凡國之政事國子存游卒使之脩德學道春合諸學秋合諸射以考其藝而進退之游卒未仕者也宰大宰也射射宮也燕礼有庶子官是以全義載此以爲說○卒子忽反注同諸侯燕禮之義君立阼階之東南南鄉爾卿大夫皆少進定位也君席阼階之上居主位也君獨升立席上西面特立莫敢適之義也定位者爲其始入踧踖揖而安定也○鄉許亮反適音敵大歷反本亦作敵爲于僞反下文爲疑同踧本亦作蹴子六反踖子昔反又積亦反設賓主飲酒之禮也使宰夫爲獻主臣莫敢與君亢禮也不以公卿爲賓而以大夫爲賓爲疑也明嫌之義也賓入中庭君降一等而揖之禮之也設賓主者飲酒致歡也宰夫主膳食之官也天子使膳宰爲主人公孤也疑自下上至之辭也公卿尊矣復以爲賓則尊與君大相近○亢苦浪反使宰夫本亦作使膳夫上時掌反復扶又反大音泰舊他佐反近附近之近君舉旅於賓及君所賜爵皆降再拜稽首升成拜明臣禮也君答拜之禮無不答明君上之禮也臣下竭力盡能以立功於國君必報之以爵祿故臣下

皆務竭力盡能以立功是以國安而君寧禮無不答言上之不虛取於下也上必明正道以道民民道之而有功然後取其什一故上用足而下不匱也是以上下和親而不相怨也和寧禮之用也此君臣上下之大義也故曰燕禮者所以明君臣之義也言聖人制禮因事以託政臣再拜稽首是其竭力也君答拜之是其報以祿惠也○稽徐本作䭫音啓以道音導下同什音十匱求位反【重言】燕禮者所以明君臣之義也一見上冊射義又經解一十六朝覲之禮所以明君臣之義也席小卿次上卿大夫次小卿士庶子以次就位於下獻君君舉旅行酬而后獻卿卿舉旅行酬而后獻大夫大夫舉旅行酬而后獻士士舉旅行酬而后獻庶子俎豆牲體薦羞皆有等差所以明貴賤也牲體俎實也薦謂脯醢也羞庶羞也○差初佳反又初宜反醢音海【重言】所以明貴賤也二重見下篇

聘義第四十八陸曰鄭云名聘義者以其記諸侯之國交相聘問重禮輕財之義　鄭氏註

聘禮上公七介侯伯五介子男三介所以明貴賤也此皆使卿出聘之介數也大行人職曰凡諸侯之卿其禮各下其君二等○介音界下及注同下户嫁反[重言]所以明貴賤也一重見前篇介紹而傳命君子於其所尊弗敢質敬之至也質謂正自相當○傳丈專反下同[重言]敬之至也九礼器一祭義五郊特牲三三讓而后傳命三讓而后入廟門三揖而后至階三讓而后升所以致尊讓也此揖讓主謂賓也三讓而後傳命賓至廟門主人請事時也賓見主人陳擯以大客禮當己則三讓之不得命乃傳其君之聘命也三讓而後入廟門讓主人入廟受也小行人職曰凡四方之使者大客則擯小客則受其幣聽其辭○擯必刃反本又作儐下文及注皆同說文云擯或儐字使所吏反[重意]三揖而后至階三讓而后升所以致尊讓也前見鄉飲酒君使士迎于竟大夫郊勞君親拜迎于大門之內而廟受北面拜貺拜君命之辱所以致敬也貺賜也賓致命公當楣再拜拜聘君之恩惠辱命來聘者也○竟音境勞力報反拜况本亦作貺音同楣音眉[重意]拜君命之辱曲礼上拜君命之辱[重言]所以致敬也四一見郊特牲十一一見鄉飲酒四十五敬讓也者君子之所以相接也故諸侯相接以敬讓

則不相侵陵〔君子之相接賓讓而上人敬也〕卿爲上擯大夫爲承擯士爲紹擯君親禮賓賓私面私覿致饔餼還圭璋賄贈饗食燕所以明賓客君臣之大義也〔設大礼則賓客之也或不親而使臣則爲君臣也〇覿大歷反見也雍字又作饔食音嗣餼許旣反還音旋下及注同璋音章賄呼罪反字林音悔享許兩反本又作饗食音嗣下同〕故天子制諸侯比年小聘三年大聘相厲以禮使者聘而誤主君弗親饗食也所以愧厲之也諸侯相厲以禮則外不相侵內不相陵此天子之所以養諸侯兵不用而諸侯自爲正之具也〔比年小聘所謂歲相問也三年大聘所謂殷相聘也〇比必利反使色吏反媿本又作愧音同〕以圭璋聘重禮也已聘而還圭璋此輕財而重禮之義也諸侯相厲以輕財重禮則民作讓矣〔圭瑞也尊圭璋之類也用之還之比皆爲重禮及親之不可以己之有爲復之也財謂璧帛享幣也旣又云爲輕財者財可還後重賄及幣是也〇皆爲下僞反琮才工反〕【重意】諸侯相厲以輕財重禮則民作讓矣坊記二十一篇先財而後禮則民爭利鄉飲酒四十五先禮而後財則民作敬主

國待客出入三積餼客於舍五牢之具陳於內米三十車禾三十車芻薪倍禾皆陳於外乘禽日五雙群介皆有餼牢壹食再饗燕與時賜無數所以厚重禮也厚重禮厚此聘禮也。積子賜反芻初俱反倍步罪反乘繩證反壹食壹又作一食音嗣古之用財者不能均如此然而用財如此其厚者言盡之於禮也盡之於禮則內君臣不相陵而外不相侵故天子制之而諸侯務焉爾不能均如此言已无則從其實也言盡之於礼欲令富者不得過也聘射之禮至大禮也質明而始行事日幾中而后禮成非強有力者弗能行也故強有力者將以行禮也禮成礼畢也或曰行成。幾徐音鑑反音基行成下孟反

重言

質明而始行事十二一見礼器第十

酒清人渴而不敢飲也肉乾人飢而不敢食也日莫人倦齊莊正齊而不敢解惰以成禮節以正君臣以親父子以和長幼此衆人之所難而君子行

之故謂之有行有行之謂有義有義之謂勇敢故所貴於勇敢者貴其能以立義也所貴於立義者貴其有行也所貴於有行者貴其行禮也故所貴於勇敢者貴其敢行禮義也故勇敢強有力者天下無事則用之於禮義天下有事則用之於戰勝用之於戰勝則無敵用之於禮義則順治外無敵内順治此之謂盛德故聖王之貴勇敢強有力如此也勇敢強有力而不用之於禮義戰勝而用之於爭鬬則謂之亂人刑罰行於國所誅者亂人也如此則民順治而國安也勝克敵也或爲陳○倡苦葛反乾音干莫音暮猝側皆反解佳買反惰徒卧反長丁丈反有行有行並下孟反下有行同治直吏反陳直覲反【重言】以正君臣以親父子以和長幼二一見禮義又禮運以正君臣以篤父子

子貢問於孔子曰敢問君子貴玉而賤碈者何也爲玉之寡而碈之多與○碈石似玉或作玟也碈武巾反字亦作

碈似玉之石爲于僞反下同與音餘玟武巾反又音枚孔子曰非爲碈之多故賤之也玉之寡故貴之也夫昔者君子比德於玉焉溫潤而澤仁也色柔溫潤似仁也潤或爲濡。濡音儒君子比德於玉焉王肅第十二君子於玉比德焉重意昔者縝密以栗知也縝緻也栗堅貌。縝音軫一音眞。知音智。緻直智反本亦作緻廉而不劌義也劌傷也義者不苟傷人也。劌九衛反字林云利傷也又音已芮反垂之如隊禮也禮尚謙卑。隊直位反又音遂叩之其聲清越以長其終詘然樂也樂作則有聲止則無也越猶揚也詘絕止貌也樂記曰上如槀木。叩音口詘其勿反槀苦老反亦作槁瑕不揜瑜瑜不揜瑕忠也瑕玉之病也瑜其中間美者玉之性善惡不相揜似忠也。瑕音遐揜音掩瑜羊朱反玉中美孚尹旁達信也孚讀爲浮尹讀如竹箭之筠浮筠謂玉采色也采色旁達不有隱翳似信也孚或作姇或爲扶。孚依注音浮尹依注音筠又作筠于貧反翳於計反姇音孚徐芳附反氣如白虹天也精神見于山川地也精神亦謂精氣也虹天氣也山川地所以通氣也。虹音紅見賢遍反圭璋特達德也特達謂以朝聘也璋特達則有幣將行焉者无所不達不有須而成也。朝直遥反天下莫不貴者道也道者人无不由之詩

云言念君子溫其如玉故君子貴之也（言，我也。貴玉者，以其似君子也）

喪服四制第四十九

（陸曰：鄭云以其記喪服之制，取其仁義禮智四者也。別錄屬喪禮）

凡禮之大體，體天地，法四時，則陰陽，順人情，故謂之禮。訾之者，是不知禮之所由生也。（禮之言體也，故謂之禮，言本有法則而生也。○毀曰訾，訾，徐音紫，毀也，一音才斯反）夫禮，吉凶異道，不得相干，取之陰陽也。（吉禮、凶禮異道，謂衣服容貌及器物也）喪有四制，變而從宜，取之四時也。有恩有理，有節有權，取之人情也。恩者，仁也；理者，義也；節者，禮也；權者，知也。仁義禮知，人道具矣。（取之四時，謂其數也。取之人情，謂其制也。○知音智，下同）其恩厚者，其服重，故為父斬衰三年，以恩制者也。（服莫重斬衰也。○為，于偽反，下及注同。衰，七回反，注及下同）門內之治恩揜義，門外之治義斷恩。資於事父以事君而敬同，貴貴尊尊，義之大者也，故為君亦斬衰三年，以義制者也。（資猶操也。貴貴，謂為大夫君也。尊尊謂爲天子諸侯也。○治直吏反，下同。揜於檢反。斷丁亂反。捶七刀反，皇云持也。三日而食，三月而沐，期而練，毀不滅性，不以死傷生也。喪不過三年，苴衰不補，墳墓不培，祥之日鼓素琴，告民有終也，以節制者也。資於事父以事母而愛同，天無二日，土無二王，國無二君，家無二尊，以一治之也。故父在爲母齊衰期者，見無二尊也。食食粥也。沐謂將虞祭時也。補培猶治也。鼓素琴，始存樂也。三年不爲樂，樂以崩。○期音基，下同。苴七餘反。墳扶云反。培步回反，徐扶來反。爲于僞反，下注爲君同。齊音咨。見賢遍反。粥之六反。

杖者何也？爵也。三日授子杖，五日授大夫杖，七日授士杖。或曰擔主，或曰輔病。婦人、童子不杖，不能病也。百官備，百物具，不言而事行者，扶而起；言而后事行者，杖而起；身自執事而后行者，面垢而已。禿者不髽，傴者不袒，跛者不踊，老病不止酒肉。凡此八者，以權制者也。五日七日授杖，謂爲君喪也。扶而起，謂天子諸侯也。杖而起，謂大夫士也面垢而已謂庶民也髮婦人也男子免而婦人髽髽或爲免。擔是豔反又食豔反又餘輦反不言而事行者扶而起一本作扶而後起扶或作杖非先音悉禿吐木反髽側瓜反傴紆主反袒徒旱反跛彼我反免音問下同 重言 杖者何也二見問喪三十五。禿者不髽傴者不袒跛者不踴二見問喪三十五

始死三日不怠三月不解期悲哀三年憂恩之殺也聖人因殺以制節不怠哭不絕聲也不解不解衣而居不倦息也。解佳買反期音基之殺色戒反解衣古買反。 重言 三日不怠三月不解期悲哀三年憂二見雜記下二十一

此喪之所以三年賢者不得過不肖者不得不及此喪之中庸也王者之所常行也書曰高宗諒闇三年不言善之也諒古作梁楣謂之梁闇讀如鶉鶕之鶕闇謂廬也廬有梁者所謂柱楣也。肖音笑宗諒闇依注讀爲梁闇讀爲鶕音烏南反下同鶕又亟如字安案徐後音是依杜預義鄭謂卒哭之後翦屏柱楣故曰諒闇闇即廬也孔安國讀爲諒陰諒信也陰默也楣音眉鶕音得柱知主反 重言 賢者不得過不肖者不得不及中庸篇賢者過之不肖者不及也

王者莫不行此禮何以獨善之也曰高宗者武丁武丁者殷之賢王也繼世即位而慈良於喪當此之時殷衰而復興禮

發而復起故善之善之故載之書中而高之故謂之高宗三年之喪君不言書云高宗諒闇三年不言此之謂也然而曰言不文者謂臣下也言不文者謂喪事辨不所當共也孝經說曰言不文者指士民也○衰色追反復扶又反下同文如字徐音問辨本又作辯同皮莧反共音恭〔重意〕高宗諒闇三年不言檀弓上高宗三年不言

禮斬衰之喪唯而不對齊衰之喪對而不言大功之喪言而不議緦小功之喪議而不及樂此謂與賓客也唯而不對侑者爲之應耳言謂先發口也○唯余癸反徐以水反注同齊音咨本又作齊侑音又爲于僞反應應對之應〔重言〕斬衰之喪止議而不及樂二重見閒傳三十七無之喪二字雜記下斬衰之喪言而不語對而不問父母之喪衰冠繩纓菅屨三日而食粥三月而沐期十三月而練冠三年而祥比終茲三節者仁者可以觀其愛焉知者可以觀其理焉強者可以觀其志焉禮以治之義以正之孝子弟弟貞婦皆可得而察焉仁有恩者也理義也察猶知也○衰七雷反菅古顏反屨九具反徐紀具反粥之六反期

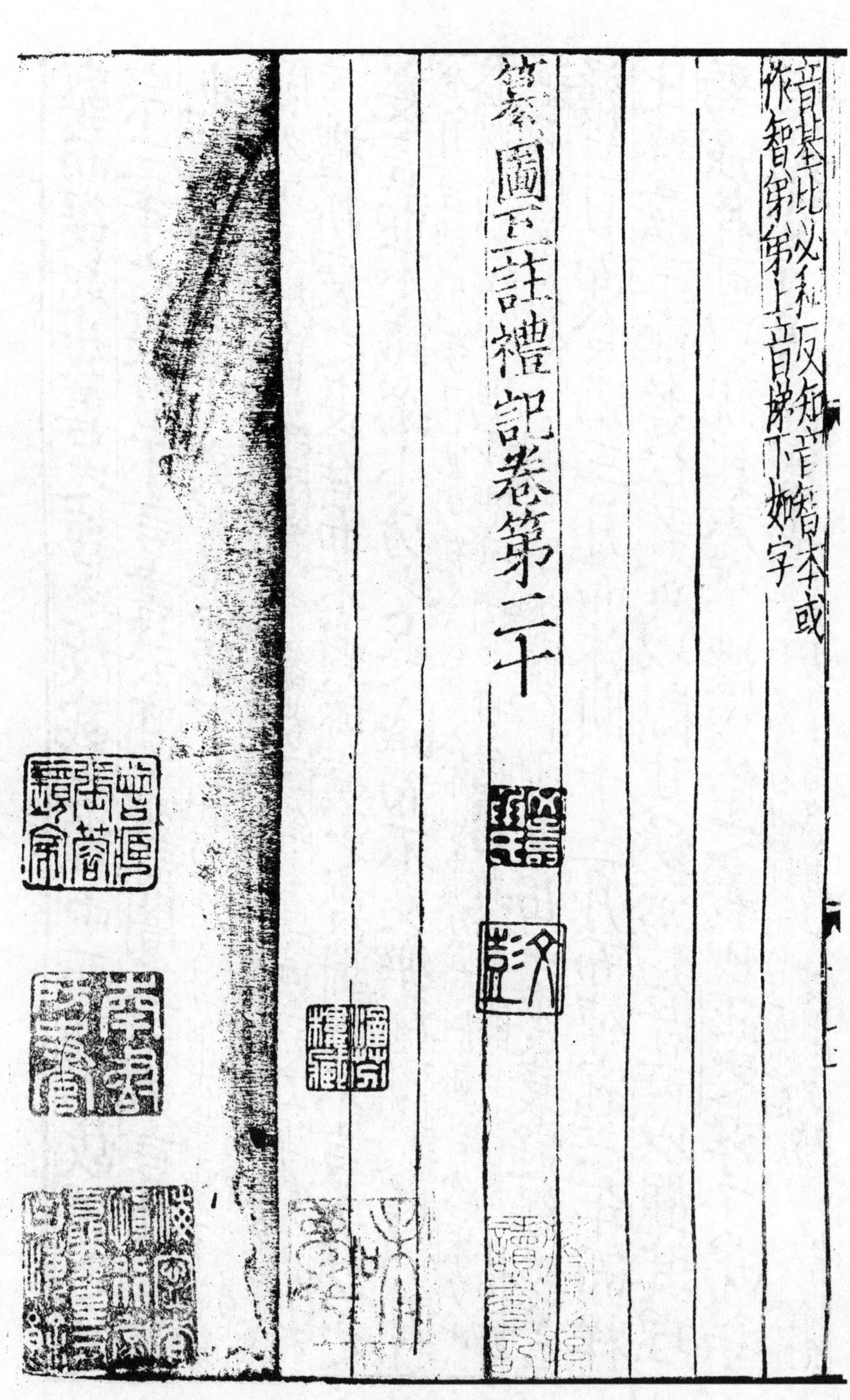

音基，比必利反，知音智，本或作智。第，第上音娣，下如字。

纂圖互註禮記卷第二十

郭栢恒頁傎慎

右宋板纂圖互注禮記，今年秋金閶友人携來。
余昔於蕘翁處見此，因極力慫恿顧澗薲遂以歸藏。
後復以知省任友人攜去，悵然累日。小春二十八日，碧川
琛芙川先生遠寄是書屬跋，復得重觀，爲緣不淺。
幸因有玉磬山房、三橋等藏印，其本亦一書缺。
二十五天，按彌者疑是待訪與傳二十五手經義貫
實非，是細審是與博士弟子排出者所習先
生爲文嘉之兄。隆慶戊辰以歲貢生初任國子
升衛輝府同知，致嘉隱麓，卒後私謚靖節先
生。從祀蘇州府學鄉賢祠及蘭江縣名宦祠，生
著有蘭雪堂稿、清溪居士集、文章證集、嬰圖

金隨筆續隨筆等書惜俱未得寓目諸文書存
傳世者惟揭先生遺跡甚夥其藏印有劉履
坦無是明初人曾著有選詩補注者　國朝康熙
時又藏海昌查君聲山先生家亦有印記流傳有自
尤足寶貴查后爲　芝川先生得之屢易其主今乃
歸吳廷來古齋得觀韓章甚藏之
道光十二年壬辰小春二十八日嘉興錢天樹識

上有清閟閣印是元時倪雲林家也
此又有項謝郭氏蔣楊藏印記則又曾在
南沙相國處　芝川佳品罕更宜珍重
同日燮元又識

壬辰仲冬雪夜小飲　芙川出示此冊紙古墨古的係初印宋本自元迄　今珍藏印記皆有名人氏夫聖学主于敬心傳本一中、与敬合而禮行焉禮也者百行之軌範六經之統宗也　芙川　令祖觀察公以味經名其書屋今得是古本而摩挲之則念先澤而挹清芬意更於是乎無窮焉已

秋山孫鋆觀因識

此誤字

此宋刻纂圖互注本重言重意本義例無足取而鄭注具在賴可校正依本如禮于司徒旅歸四布節曾子問喪禮袒而誤賵表作非袒作祖天子之棺節凡棺因能湛之物因作用王制凡四海之內節盈上四等之制并四十九九作六天之縣內諸侯節不得位之作世儒行席上之珍節注三十三字爛奪訛誤此不

自陳澔注行于學宮而鄭氏廢學者欲從事
馬又患注疏本浩繁而望洋返矣得鄭注單
行本以刊布之便於誦習漢學其復興乎
茲本流傳六百有餘載皆出名家珍藏今
芙川收得之並繪其
令先祖觀察公像於卷端亦思其所嗜而不
忘繩武之意云爾繙閱一過不勝懷古之思
道光癸巳夏杪恬莊楊希鈺拜觀并識

此宋刻纂圖互注重言重意本義例無足
取而鄭注具在頗可校正時俗之本如檀弓
司徒旅歸四布節曾子云喪禮祖而讀賵喪
作非祖作祖天子之棺節凡棺因能濕之物因
作困王制凡四海之內節盈上四等之數并四十九
九作六天子之縣內諸侯節不得位下作世儒行席
上之珍注三十三字爛奪亦誤此不誤鄉飲酒義
鄉人士君子節不敢專大惠下注脫一百八字此不脫

又檀弓峯在出户出户，祖子君注同，王劉之舛誤。生地有石經同，皆可與阮氏校刊記參證，其餘小小同異處，定是不少。茲依校刊記挨次補入，以廣異文也。莫以以此本見示，或録所見於此。道光甲午初秋李兆洛識禮記自宋人以大學中庸別爲四子書而戴氏之菁華已漓自明代教士專習陳氏集説而康成之古注不讀葢欲壹學者之心思不知適以隘學者之耳目也芙川出示此本猶見小戴氏之舊第其爲圖頗簡略重言重意亦非治經者所亟殆宋時訓詁初學之書然宋槧日少佳者尤不易得

此書校訂極精字畫腴潤南宋刊本之最善者芙川好古殖學每得佳刻輙摹其大父都轉公小像于卷端益思其所嗜其用意又有出于治經之外者矣

道光甲午人日江夏陳鑾書于吳門藩廨之箴白堂

陳鑾之印

紫蘧山館

甲午冬芙川以宋刻纂圖互注重言重意本禮記
見示，其義例爲初學而設，多閲得失，惟鄭注舉行
附以陸氏釋文，可藉以校正別本，因於前李跋所舉
外，更爲考正。如王肅氏四誄去所離節爲寅爲宗大雨
務不可習習非明，文王世子篇遂設三老五更節帝位之要
帝作席，既報而語，節語合樂之所美語作説，下發象
武節前報沒武，武作舞，禮器三代之禮節青尚黑
作墨，中青向則莫食，自諸侯以下皆庶羞，亦衍耳

亦作乃玉藻君衣布搢本節去挺荼佩士笏如佩作
飾出杅履蒯席節連同如同作釋肆束及帶節約組
之條組如上組作紐喪服小記生不及祖父節不責非時
之恩責作責大傳百治親節察存仁愛也存作有
也作此少儀其有折俎此節天禍作禍天祭義居鄉
以齒節雖貧見無子孫見他且表記君子不自
大節行過不復循行作過行子曰后稷天下節
恭儉也之祭荼他共昏義古者天子后立六宮節有

象大數如大作天又檀弓孤子之表設披周如節崇牙崇字上重一崇字禮運作虛祝禱節翦蒲下有序字坊記此令兄弟節釋文下有如字中庸是故不賞如節百姓畏刑之下有語字表記詩云惟此文王節言述行上帝懷德字上有之字詩云莫莫葛藟節不爲回邪之行要之行字下有以字皆是書精[illegible]要足以訂惠本之失且可補阮氏校勘記所不及至飲鄉飲酒義鄉人士君子節李

跋謂坊本脱注一百零八字此本不脱能考注内不敢專大惠下鄉人士君子一百零八字皆作氏釋文本内未加圈間隔遂混鄭注而檢查別本亦俱在音義並未脱去申耆先生偶未詳審耳而是本誤處亦復迭出取惠氏阮氏諸本復加校勘改正經文誤字十注誤字九十七補脱字二千四刊衍文十二正釋文羼入鄭注十處俾是書益臻完善惟有念學業荒落老眼昏花遺漏必多倘有精於校對者更爲審定

殊無遺憾玉首卷抄補二十五頁書法亦工訛
謬不少其爲庸手無疑可置勿論時道光乙未之
春後百小廬居士吳寔澂識

朱子於詩廢小序，此必不可廢者；於易廢王弼，此必當廢者。獨於禮則謂其多雜亂不切於日用，疑非出於自孔氏之徒，是併欲即經而廢之矣。然馬融以授鄭氏，而鄭氏為之注。漢儒去古未遠，宜有可崇信者。今祖朱子之說，人必譁咲之矣。獨爾旦幼讀是經，嘗舉數條以問當世之經師，亦未能曲為之辨，則雖廢之亦奚不可哉。芙川家藏多宋槧本，此書尤以文氏舊物珍惜異常，屬為跋語。夫書畫為耳目之玩，尚可價同趙璧，況經籍之傳自先儒乎？爾旦荒經之士，聊書所見，世之為漢學者，其勿訶諸。

道光丁酉十月張爾旦識

此書為南宋麻沙本足備鄭注參覈自可珍
貴其可采者已詳蕃一子筱軒丈二跋文
併為此書訂正數處可為原刻本不逮處可
逮者在善讀者別而觀之耳　吳川仁兄
以余好觀古籍出以相示溽暑不獲竟讀
僅一觀古澤而已　丙午閏夏季錫疇記

是書與宋刊荀子纂圖互註於戊己年間張伯夏沪鍠表兄得於族兄芙川家庚申粵逆陷蘇常吳地藏書為賊焚燬幾盡而兄之尊翁印川公練勇禦賊力竭陣亡室燬於賊書籍蕩然是編以先期寄出得免一火

大兵克復後伯兄已西逝緝甫表弟索諸友人始得珠還合浦丙寅余館於緝甫家幸讀是書書之可貴前跋盡言之夫何庸贅弟思宋槧本在未亂前獲之者已若奇珍而

經此兵燹之後則宋槧之貴而益貴者又何待言緝甫善
藏之則伯兄好古之精心如或寄焉嗚呼是書在而受是書
者已亡覩物興懷曷勝人琴之感云
同治丙寅夏六月二十有三日長卿吳輔仁識

宋刻纂圖互注本毛詩每頁二十四行每行大二十一字小
二十五字余於愛日精廬見之蓋南宋刊本也壬辰十月
書友邵松巖以此纂圖互注重言重意本禮記來售
行款與毛詩同知宋時所刻原不止一種也重以宋槧宋
印遂以重價購之家黄於錢夢廬爲玩爰跋語以
首冊不缺二十餘頁爲文字悱先生手鈔細審劉履
印即鈐於補鈔首頁紙上是知文氏所抄劉氏所補
録之夢廬特未加詳審耳　纂圖互注本所見惟宋
本卷中有清閟閣印是在元時已知珍重宜文氏父子
之寶愛之　圖記又蔣文肅家舊物也此時流傳郡中
今爲小讀書堆散逸仍歸海虞聚散無常煙雲過

眼亦獨見是本暇也，從來宋槧素本罕覯，得見一二殘
編斷簡居多，若此墨香紙韻，古光亦易得。癸巳夏
倩善工重加潢治，漫諓數語，俾讀是書者知所授
受，後之視余，當更為感慨耳。六月十日 蕘綫忭識
卷首有錢選方印，米色已脱，天時未必由錢時入清
閟，閬風柳亦識 舜舉向倪氏借讀也 又記